人力资源和社会保障岗位资格证书考试教材
高等教育自学考试人力资源和社会保障专业本科教材

企业人力资源开发与管理

人力资源和社会保障部教育培训中心　组织编写

主　编　宋连辉

副主编　岳俊林

中国劳动社会保障出版社

图书在版编目(CIP)数据

企业人力资源开发与管理/人力资源和社会保障部教育培训中心组织编写.—北京：中国劳动社会保障出版社，2014
ISBN 978-7-5167-1089-0

Ⅰ.①企… Ⅱ.①人… Ⅲ.①企业管理-人力资源开发②企业管理-人力资源管理 Ⅳ.①F272.92

中国版本图书馆 CIP 数据核字(2014)第 106125 号

中国劳动社会保障出版社出版发行
(北京市惠新东街 1 号 邮政编码：100029)

＊

保定市中画美凯印刷有限公司印刷装订 新华书店经销

787 毫米×1092 毫米 16 开本 33.25 印张 493 千字
2014 年 7 月第 1 版 2014 年 7 月第 1 次印刷
定价：**68.00 元**

读者服务部电话：(010) 64929211/64921644/84643933
发行部电话：(010) 64961894
出版社网址：http://www.class.com.cn

版权专有 侵权必究

如有印装差错，请与本社联系调换：(010) 80497374
我社将与版权执法机关配合，大力打击盗印、销售和使用盗版图书活动，敬请广大读者协助举报，经查实将给予举报者奖励。
举报电话：(010) 64954652

编审委员会

主　任　宋连辉
副主任　汪春慧　杨晓春　陈　伟
编　委　(按姓氏笔画排序)
　　　　刘　磊　孙丽华　易长生　岳俊林　赵应文
　　　　秦瑞芳　程　芳　熊桂云

前　　言

　　人力资源是第一资源。教育培训中心作为人力资源和社会保障部直属事业单位，一直致力于通过不同方式提升系统干部和企业管理者的政策理论水平。在30年的教育培训实践中，教育培训中心紧紧围绕国家出台的法律法规和政策措施，探索干部培训和成人教育规律，走出了一条立足政策、回报社会的发展之路。实际工作中，我们发现现有的企业人力资源管理教材虽然林林总总，但或多或少存在一些缺憾。比如，高等院校企业人力资源管理教材长于对国外理论的介绍，但对我国人力资源社会保障法律法规和政策存在疏离，培训市场中的实战教材应用性虽强，但理论深度不够，政策解读不足。

　　当今时代，开发人力资源、保障改善民生成为时代潮流。因此，由我们编写一本企业人力资源管理的核心教材尤显必要而紧迫。本书的撰写创造性地将我国的现行政策、本土企业实践与国外理论有机融合，是一本适用广泛的企业人力资源管理实战性教材。具有以下三个显著特点：

　　一是对法律法规和政策解读的权威性。在中外企业的人力资源管理实践中，法律法规和政策环境是重要的强制性力量。本教材在布局和结构上做了有益的尝试，增加了大量篇幅描绘我国人力资源社会保障法律法规和政策环境。比如，第一章涉及"人力资源管理的发展历程"，第三章涉及"工作分析应注意的事项"，第四章涉及"招聘过程中的风险控制"，第五章涉及"我国的企业员工培训介绍"，第七章涉及"员工福利的中国经验"，第八章涉及"劳务派遣用工管理、劳动争议与处理"等。与此同时，这些章节涵盖了人力资源和社会保障部就业、社会保障、人才队伍建设、人事制度改革、工资收入分配和劳动关系等六大板块的工作并与人力资源管理紧密相关的内容。另外，还包括企业治理、金融监管等方面的法律法规和政策。

　　二是知识体系的完整性和科学性。以求真务实为出发点，在加强相关法律法规和政策介绍的同时，我们以开放的心态学习借鉴国外企业人力资源管理理论和实践。本书的编写比较全面地反映了人力资源管理领域的核心问题和重要内容，反映了人力资源教材的基本逻辑，对企业人力资源管理理论、技术要求和企业实践的介绍均与中外企业人力资源管理的最新教材同步。同时，在本教材的编写中还紧密穿插我国的政策和本土企业的实践，也是本书"离土不离乡"，而又力图创新的亮点之一。阅读此书，系统干部会觉得亲切而熟悉，既能加深对企业运行和管理原理的认识，又可加强"接地气、促民生"服务群众的能力。

三是以应用为导向的实战性。本书在诸多方面的设计和结构体现了以应用为目的的实战取向，而且阅读链接、阅读参考和案例分析等栏目又增加了本书的趣味性和可读性。在介绍国外企业人力资源管理理论的同时，增加了国内学术界的研究内容；在介绍相关法律法规和政策时，对中外政策进行横向和纵向的剖析；在中外企业的实践方面，尽量多关注国内的优秀企业，并注意囊括不同行业、不同性质的经典案例。大量鲜活而生动的案例呈现出理论的来龙去脉，勾画出中国社会转型的背景，这样，企业管理者能够在历史的长河中、在中外的比较中更好地理解企业当下的处境，做出理性的选择。

作为人力资源和社会保障部与教育部联合开展的人力资源和社会保障专业（本科）高等教育自学考试及人力资源和社会保障岗位资格"双证书"项目教材，本书还特别关注对读者技能和素质能力的培养，将学历教育与能力提升这两个并行的体系融会贯通。

本书的编写尚处在探索之中，由于水平所限，加之时间紧、任务重，难免有疏漏之处，在逻辑上、风格上可能还存在不成熟和不完善的地方，恳请各位读者海涵，并给予批评指正。

教材编审委员会

2014 年 7 月

第一章　人力资源管理概述/1

- 第一节　人力资源与人力资源管理 …………………………………………… 1
- 第二节　人力资源管理环境 …………………………………………………… 18
- 第三节　人力资源管理的角色与职责 ………………………………………… 26
- 第四节　人力资源管理的发展历程 …………………………………………… 32

第二章　人力资源战略与规划/52

- 第一节　组织战略概述 ………………………………………………………… 52
- 第二节　人力资源战略 ………………………………………………………… 59
- 第三节　企业人力资源规划 …………………………………………………… 84

第三章　工作分析与工作设计/106

- 第一节　组织设计 ……………………………………………………………… 106
- 第二节　工作设计 ……………………………………………………………… 132
- 第三节　工作分析与工作说明书 ……………………………………………… 151
- 第四节　收集工作分析信息的方法 …………………………………………… 167

第四章　员工招聘/192

- 第一节　招聘概述 ……………………………………………………………… 192
- 第二节　招聘的渠道和方法 …………………………………………………… 200
- 第三节　甄选的方法和技术 …………………………………………………… 213
- 第四节　录用及风险控制 ……………………………………………………… 249

第五章　培训与开发/259

- 第一节　培训与开发的含义及作用 ································ 259
- 第二节　培训开发体系的构建 ···································· 266
- 第三节　培训开发的流程分析 ···································· 275
- 第四节　培训开发的技术和方法 ·································· 290
- 第五节　职业生涯管理与职业发展设计 ···························· 305

第六章　绩效管理/316

- 第一节　绩效与绩效管理概述 ···································· 316
- 第二节　绩效管理工具 ·· 332
- 第三节　绩效评价的主要方法 ···································· 354
- 第四节　绩效反馈 ·· 374

第七章　薪酬管理/389

- 第一节　薪酬 ·· 389
- 第二节　薪酬管理 ·· 402
- 第三节　薪酬水平的确定 ·· 415
- 第四节　绩效奖励计划 ·· 429
- 第五节　员工福利 ·· 446

第八章　员工关系管理/460

- 第一节　员工关系概述 ·· 460
- 第二节　劳动关系管理 ·· 468
- 第三节　离职管理 ·· 495
- 第四节　员工安全与健康 ·· 504

主要参考文献/520

后记/522

第一章

人力资源管理概述

本章导读

自美国著名经济学家约翰·R.康芒斯第一个使用"人力资源"概念以来,人力资源管理已经成为市场经济众多领域中劳动(员工)管理的普遍有影响的管理方法,并被许多国家或地区广泛采用。随着社会的发展和进步,人力资源管理理念、理论、方法和作用日益突出,不仅对于企业,而且对于任何国家、地区、组织和机构来说都是至关重要的。在我国,人力资源管理的一些新概念已经改变了自新中国成立至改革开放初期所实行的人事和劳动"双轨制"的管理模式。随着社会转型和市场经济体制的不断完善,我国政府把建立人力资源强国作为国家发展战略——这是十分有远见的决策,借鉴国外发达国家成熟和先进的人力资源管理经验,结合中国的实际,走出一条符合中国国情的人力资源管理之路,是每一个从事人力资源管理和理论研究工作者义不容辞的责任。

第一节 人力资源与人力资源管理

一、人力资源的基本概念及内涵

(一)资源

按照逻辑从属关系,人力资源属于资源这一大的范畴,是资源的一种具体形式。《辞海》把资源解释为"资财的来源"。资源是人类赖以生存的物质基础,对资源从不同的角度有不同的解释。从经济学的角度来看,资源是指能给人们带来新的使用价值和价值的客观存在物,它泛指社会财富的源泉。自人类出现以来,财富的来源不外乎两类：一类是来自自然界的物质，可以称之为自然资源，如森林、矿藏、河流、草原等；另一类就是来自人类自身的知识和体力，可以称之为人力资源。在相当长的时期里，自然资源一直是财富形成的主要来源，但是随着科学技术的突飞猛进，人力资源对财富形成的贡献越来越大，并逐渐占据了主导地位。

从财富创造的角度来看，资源是指为了创造物质财富而投入生产过程的一切要素。马克思认为，生产要素包括劳动对象、劳动资料和劳动者，而劳动对象和劳动资料又构成了生产资料，因此，"不论生产的社会形式如何，劳动者和生产资料始终是生产的要素"。而法国经济学家萨伊认为，土地、劳动、资本是构成资源的三要素。著名经济学家熊彼特认为，"除了土地、劳动、资本这三种要素之外，还应该加上企业家精神"。联合国环境规划署也曾经指出："所谓资源，特别是自然资源，是指在一定时期、地点条件下能够产生经济价值，以提高人类当前和将来福利的自然因素和条件。"毋庸置疑，资源是与价值创造或财富创造联系在一起的。

随着社会的发展，信息技术的应用越来越广泛，其作用也越来越大，现在很多经济学家认为生产要素中还应该再加上信息。目前，伴随着知识经济的兴起，知识在价值创造中的作用日益凸显，因此也有人认为应当把知识作为一种生产要素单独加以看待。从这方面来看，资源应当包括生产过程中所使用的各种投入要素，因为创造社会价值与经济价值不能仅仅依靠自然资源，除了自然资源，还有社会资源。社会资源包括人力资源、技术资源、信息资源等诸多类型。所以，资源是指在自然界和人类社会中一切能够用以创造物质财富和精神财富，并被人类开发和利用的客观存在。

（二）人力资源产生的背景

"人力资源"（human resource）这一概念是美国旧制度经济学家约翰·康芒斯（John R. Commons，1862—1945）在1919年出版的《工业友善》（Industrial Good-will）一书中首次提出的，他是第一个使用"人力资源"概念的人。

我们目前所理解的人力资源概念，是由现代管理之父，"大师中的大师"彼得·德鲁克（Peter F. Drucker）于1954年在其名著《管理实践》中首先正式提出并加以明确界定的。德鲁克在该书中明确指出，人力资源，即企业所雇用的整个人是所有资源中最富有生产力、最具有多种才能，同时也最丰富的资源，并且提出了管理的三个更广泛的职能：管理业务、管理经理人员、管理员工及他们的工作。在讨论管理员工及他们的工作时，彼得·德鲁克引入了"人力资源"这一概念。他认为，与其他资源相比，这种资源是"人"，具有一些管理者必须考虑的特性，包括能够协作、整合、判断与想象，且人力资源只能自我运用，人对人力资源具有绝对的控制权。人力资源是一种特殊的资源，它必须通过有效的激励机制才能开发利用，并为企业带来可见的经济价值。

20 世纪 60 年代以后，美国经济学家 W.舒尔茨和加里·贝克尔提出了现代人力资本理论。该理论认为，人力资本所体现的是以人为载体，具有劳动权利能力和劳动行为能力的自然人，人力资本以劳动者的个体或群体数量，以及所拥有的知识、技能、经验、素质与健康等质量为表述，在使用或投资过程中形成的。人力资本理论的提出，使得人力资源的概念更加广泛地深入人心。英国经济学家哈比森在《作为国民财富的人力资源》中写道："人力资源是国民财富的最终基础。资本和自然资源是被动的生产要素，人是积累资本，开发自然资源，建立社会、经济和政治并推动国家向前发展的主动力量。显而易见，一个国家如果不能发展人们的知识和技能，就不能发展任何新的东西。"从此，对人力资源的研究越来越广泛。

1. 人力资源的定义、内涵与特征

"人力资源"这一概念，在英文文献中许多时候与其他一些类似的概念混用，例如人力资本（human capital）、人才（talent）、智力资本（intellectual resources）、劳动力资源（labor resources）、劳动力（labor force）等。大部分外文文献在使用这些词汇时，并没有强调或区分它们之间的内涵与外延之间的差别，很难找到一种明确而统一的定义。

我国学者分别以能力以及人等不同的研究角度为依据，对人力资源做出很多的定义，也有一些学者试图把劳动力资源、人力资源、人力资本、人才和人才资源等各种概念之间的区分做出严格的界定，企业和政府在实践中也试图用不同的词语来表达对人力资源问题的不同重视程度或者策略上的差异，比如我国政府通常用人才或人才资源的概念，以表明自己的概念有别于企业常用的人力资源概念。关于这些概念本身的差异，我们认为进行过多的辨析并无太大意义。在这里，为讲述上的方便，综合考虑宏观和微观层面对人力资源这一概念进行定义的需要，将"人力资源"定义为："一个国家、经济或者组织所能够开发和利用的，用来提供产品和服务、创造价值或实现既定目标的所有以人为载体的脑力和体力的总和。"[①]

根据研究的角度不同，可以将人力资源的定义分为两大类。

第一类主要是从能力的角度出发来解释人力资源的含义，可以称为人力资源的"能力观"，持这种观点的人占了较大的比例。代表性的观点有：

(1) 人力资源是指能够推动整个经济和社会发展的劳动者的能力，即处在劳动年龄的已直接投入建设和尚未投入建设的人口的能力。

(2) 人力资源是一个国家、经济或者组织所能够开发和利用的，用来提供产品和服务、创造价值、实现相关目标的，所有以人为载体的脑力和体力的综合。

(3) 人力资源是指包含在人体内的一种生产能力，它是表现在劳动者的身上、以劳动者的数量和质量表示的资源，对经济起着生产性的作用，并且是企业经营中最活跃、最积极的生产要素。

(4) 人力资源是指社会组织内部全部劳动人口中蕴含的劳动能力的总和。

(5) 人力资源是指劳动过程中可以直接投入的体力、智力、心力的总和及其形成的基础素质，包括知识、技能、经验、品性与态度等身心素质。

(6) 人力资源是指企业员工所拥有并自主支配使用的协调力、融合力、判断力和想象力。

第二类主要是从人的角度出发来解释人力资源的含义，可以称为人力资源的"人员观"。代表性的观点有：

(1) 人力资源是指一定社会区域内所有具有劳动能力的适龄劳动人口和超过劳动年龄的人口的总和。

(2) 人力资源是企业内部成员及外部顾客等人员，即可以为企业提供直接或

---

① 刘昕主编. 人力资源管理. 北京：中国人民大学出版社，2012.

潜在服务及有利于企业实现预期经营效益的人员的总和。

(3) 人力资源是指能够推动社会和经济发展的具有智力和体力劳动能力的人员的总称。

(4) 人力资源是存在于人体的智力资源,是指人类进行生产或提供服务,推动整个经济和社会发展的劳动者的各种能力的总称。

(5) 人力资源是指人拥有的知识、技能、经验、健康等"共性化"要素和个性、兴趣、价值观、团队意识等"个性化"要素以及态度、努力、情感等"情绪化"要素的有机结合。①

所谓人力资源,是指人所具有的对价值创造起贡献作用,并且能够被组织所利用的体力劳动和脑力劳动的总和。包括以下特征:

(1) 人力资源的本质是人所具有的脑力劳动和体力劳动的总和,可以统称为劳动能力。

(2) 这一能力要能对财富的创造起贡献作用,成为社会财富的源泉。

(3) 这一能力还要能够被组织所利用,这里的"组织"可以大到一个国家或地区,也可以小到一个企业或个体工商户。

2. 人力资源的性质

作为一种特殊的资源形式,具有不同于自然资源的特殊性。

(1) 能动性。自然人作为人力资源的载体,和自然资源一样是价值创造的客体,但同时他还是价值创造的主体。人力资源的开发与利用,是通过拥有者自身的活动来完成的,他具有主体发挥性。他的形成与利用,是通过载体自身来完成的,在生产和价值创造过程中是最积极、最活跃的因素,可以创造出超过自身价值数倍的经济效益。在劳动作为谋生主要手段的时代,需求产生利益,利益引发动机,动机支配行为,行为导向利益追求的目标。所以,人在社会化过程中对自我完善、自主择业、寻求劳动、实现自我价值等方面表现出积极的主观能动性。

(2) 时效性。人力资源不仅具有能动性,而且还有时效性。作为个体,人的生命是有限的,人力资源的有效价值一般在法定劳动年龄期间内。人力资源是以自然人为载体,表现为劳动者的脑力劳动和体力劳动的有机整合。因此,它与人

---

① 董克用主编. 人力资源管理概论(第三版). 北京:中国人民大学出版社,2011.

的法定劳动年龄和余命（生命周期）是紧密相连的。人的生命周期一般可以分为发育成长期、成年期、老年期三个大的阶段，最佳期为30～50岁。在这段时间内，如果人力资源得不到及时与适当的开发和利用，个体所拥有的人力资源就会随着时间的流逝而降低，甚至丧失作用。因为人进入成年期以后，体力和脑力的发展都达到了可以从事劳动的程度，可以对财富的创造做出贡献，因而也就形成了现实的人力资源。人进入老年期以后，其体力和脑力不断衰退，越来越不适合进行高强度的体力和脑力劳动，也就不能再称为人力资源了。人的生命周期决定了人力资源的时效性。人力资源的时效性，表明作为个体的人力资源的使用价值是有限的，是无法复制、失而不能复得的。

(3) 再生性。脑力劳动和体力劳动是人力资源所特有的属性，在劳动过程中脑力和体力的消耗，不但不会在开发与利用中消耗掉，而且还能在利用中再生，在利用中增值。人力资源的消耗可以通过个体或总体的不断替换、更新与恢复得到及时的补充与再生，并在使用过程中不断地得到增强，是一种可充分开发的具有再生性的资源。

(4) 价值性与增值性。人力资源具有明显的增值潜力。一是知识的增值，人在社会化过程中不断接受各种层次的教育，接受新鲜事物，知识、信息不断增加，文化素质不断提升。二是在劳动生产过程中直接与间接的不断学习新技术，劳动技能不断得到提高。劳伦斯（1998）认为，人力资源管理实践可以通过以下途径来为组织创造较高的价值：人力资源管理实践——以个人为中心的结果——以组织为中心的结果——实现成本领先和产品分化，进而创造价值。无论是上乘的产品质量抑或是由于生产成本降低所带来的低成本优势所具有的价值性，归根结底都是由人力资源所创造的。另外，一系列的人力资源管理实践也可以带来组织价值的增值。

(5) 社会性。人是生活在社会中的，每个人都是社会的一分子。人力资源最为本质的属性就是它的社会性，人生活在社会当中，其生存和发展变化，既受人类生产和生存条件的限制，也受社会经济条件和特定的生产方式的制约，并与一定的社会环境相联系。人向社会提供的体力劳动和脑力劳动必定受到时代和社会因素的影响，从而具有社会属性。社会制度、政治制度、经济和文化的环境不同，必将导致人力资源质量的不同。例如，奴隶社会、封建社会、资本主义社会初期的人力资源质量就远远低于现代社会，发达国家整体的人力资源质量明显高于发展中国家。

(6) 可变性或可控性。人作为脑力劳动和体力劳动的载体，在劳动过程中会因为自身心理状态或外界环境与其他因素，而影响人力资源在使用过程中作用的发挥，具有一定的可变性。例如，当人受到表扬或有效的激励时就会表现出主动工作、积极性高的特点，能主动发挥自身的能力，其价值就能得到充分发挥；反之，当人受到挫折，受到不利环境影响时，就不愿意工作，其工作积极性就不会发挥应有的作用。所以，人力资源作用的发挥具有一定的可变性、可塑性。在相同的外部条件下，人力资源创造的价值大小也有所不同。

人力资源的可变性还表现为人力资源生成的可控性，人作为社会发展的推动者，作为社会财富、物质财富的创造者，经过教育、学习、培训、开发，人的智能就会在一定的范围内得到激发并释放出来，因为每个人的潜质是有区别的，所以，在相同的外部条件下，它的表现也存在可变性。

(7) 可开发性。人力资源与自然资源都具有可开发性。但人力资源开发的途径和方式、方法、手段不同于自然资源的开发。教育和培训是人力资源开发的主要手段，也是人力资源的重要职能。在开发过程中，人力资源开发具有投入少、产出大的特点。人力资源的使用过程也是不断开发的过程，因此人力资源具有终身开发的持续性。由于人力资源具有再生性，所以它具有重复、无限次开发的潜能与价值。

(8) 生活性。人力资源以人身为天然载体，蕴藏在一个个活生生的生命个体之中，是一种"活"的资源，并与人的自然生理特征相联系，具有生活性。因此要维持发展现有的人力资源，必须保证人力资源拥有者的生活条件与费用，人力资源将随着拥有者个体生活的结束而消失，随着拥有者的转移而转移。而自然资源却不同，它是相对固定和稳定的。

(9) 独立性。自然资源的存在形式，一般都是成块成群地联结在一起，散在的形式较少。而人力资源则不同，它是以个体为单位，独立存在于每个活着的个体身上，而且有着各自不同的生理状况、思想与价值观念。这种存在的个体独立性与散在性，使人力资源的管理工作显得相当复杂与艰难，管理得好则能够形成系统优势；反之则会出现浪费，甚至内耗。

（10）群体性。人力资源存在于个体之中，表现在行为之中，但是由于不同的个体组成群体存在组织结构与个体特点互补的差异性，会影响形成不同的人力资源存量与质量。

（11）抽象性。无论就群体性还是个体性的人力资源来说，实质都是相对承担和完成一定工作任务所需要的素质、知识、技能、态度、品质、思想观念、行为取向。这些是内在的、隐含于人的行为之中，只有通过具体行为才能外在表现出来，所以具有内在的隐蔽性，即抽象性。

（12）变化多样性。人力资源的主体——劳动者会因个人、环境或其他因素的变化而变化，一个人在这个单位是人才，到另一个单位后就不一定还是人才。这种变化性还表现在不同的时间上。改革开放前的技术能手，现在就不一定还是技术能手。同样，一个人的劳动能力会随着时间的推移而变化，在青年、壮年、中年、老年各个年龄阶段，其人力资源的实际使用价值与效用是不同的。

（13）作用的不确定性。人力资源的作用发挥，不仅受制于个体的生理心理状态，而且受制于不同组织（用人单位）的管理水平、文化氛围与物质基础，受制于它所存在的社会环境。

（14）系统协调性。由于人力资源是由无数独立的个体组成，相互间必然会存在一定的竞争关系，在选择上本着公开、公平、公正、平等、择优的原则，在使用上要按照一定的结构形式进行系统组织与组合；需要按照效益共享、风险分担、责权利一体化的原则进行内部调配。缺乏系统协调的个体人力资源将会事倍功半，降低效用，甚至出现负面效应。

（15）主导性。人力资源与其他资源显著不同的特点，是它在一切经济活动中总是处于主导地位。第一，个人在社会化的过程中通过自己的努力，智力得到进一步开发，人生智慧之门不断打开，思路不断拓展，认识世界、改造世界与认识自我、改造自我的能力不断增强。第二，个人在实践中可以通过劳动能力的提高，充分有效地利用现代化设备与物质资本，在技术含量、物质指数与资本投入不变的情况下，增加有效的劳动投入和物质资本的利用。此外，人力资源还可以通过载体——人的努力，物化为新工具、新设备与新技术，提高对物质资源与财力资源的开发利用率。

（16）资本性。人是一种与生俱来的原生性资本，只有通过开发才能为社会劳动生产所使用，才能为组织（企业或用人单位）所利用，要进行人力资源开发，离不开物资、资金与时间的投入，开发后的人力资源的使用与储备，同样离不开物资、资金与时间的投入。因此人力资源既是经济资源投入的结果，又是投资者进一步获取其他经济资源的基础。

（17）稀缺性。人力资源的能力是有差别的，根据不同的层次，可以分为两类：初级能力（健康、人的体力、经验、生产知识和技能）和高级能力（人的天赋、才能和不断被挖掘出来的潜能的集中体现——智慧）。在物质经济时代，物质资源是相对短缺的，人力资源仅仅具备简单的初级能力，作用不明显，因而人力资源显得相对过剩。而在知识经济时代，面对竞争环境，组织传统上具备的任何有形竞争优势，例如资金优势、规模经济，都只能是一时的、短缺的，只有拥有知识、技能、信息的具备高级能力的人力资源才是现代组织获得竞争优势并可持续发展的重要保证。人力资源的稀缺性，从性质上又可分为两种：一种是人力资源的显性稀缺，即一定时期内劳动力市场上某一特定人才的供给数量绝对不足，这种状况往往导致组织间为猎取稀缺人才互挖"墙脚"，竞相争夺；另一种是人力资源的隐性稀缺，即由于人力资源某种特性行为表现往往呈非均质分布状态，其稀缺价值又难以用市场化标准来判断，且在很大程度上依赖于组织后天的培训与开发，由此导致不同组织在开发与管理人力资源方面的相对差异，并造成了人力资源的稀缺性。[1]

（18）难以模仿性。组织要获得可持续发展，人力资源除了具有价值性、稀缺性之外，更重要的是它具有难以模仿性。首先，组织外的竞争者很难像把一套机器拆开来研究其机械构成从而了解产品的高性能一样，洞悉组织内的各种人力资源具备何种能力，这些能力对组织的绩效做出了什么样的贡献。其次，组织中人力资源的形成依托于组织独特的发展历史、独一无二的组织价值标准及文化氛围，倘若竞争者要全盘复制组织的人力资源及文化等，势必会导致与竞争者的公

---

[1] 萧鸣政主编. 人力资源开发与管理. 北京：科学出版社，2009.

司文化和人际关系的冲突,因而这一点也是竞争者模仿组织的障碍之一。①

3. 人力资源的作用

(1) 人力资源是财富形成的关键要素。人力资源是能够推动和促进各种资源实现配置的特殊资源。因此,人力资源成为最重要和最宝贵的资源。它不仅与自然资源一起构成了财富的源泉,而且在财富的形成过程中发挥着关键作用。

人力资源在改造自然并把自然资源转化为社会财富的过程中起到了关键性的作用,人力资源的价值同时转移和体现在社会财富上。没有人力资源的作用,人类所需要的社会财富就无法形成。同时,人力资源的使用量与创造财富的成果成正比,在其他要素可以同比例获得并投入的情况下,人力资源的使用量越大,创造的财富就越多;反之,创造的财富就越少。正因为如此,所以说人力资源是财富形成的关键要素。

(2) 人力资源是经济发展的主要力量。人力资源不仅决定着财富的形成与价值的实现,更重要的它是推动经济发展的主要力量。随着科学技术的迅猛发展,社会经济持续、快速、健康增长的主要动力和源泉已不再是物质资源,而是知识、技术等人力资源。人力资源既能提高物质资本,又能提高人力资本的生产率,因为劳动者在社会化过程中,可以使劳动者自我丰富、自我提升和自我发展。劳动者的自我综合素质、综合能力、操作技能和工艺水平的提升,实现劳动者的知识快速更新,文化水平和专业理论、专业技能的不断提高,将会对人力资源的不断发展、不断更新发挥重要作用。由此,人力资源对价值创造和对社会的贡献度越来越大,社会经济发展对人力资源的依赖程度也越来越高。

(3) 人力资源是企业的命脉。在现代社会中,企业(用人单位)是社会经济系统的重要组成部分,是社会经济活动中最基本的经济单位,是价值创造最主要的组织形式。在企业经营与发展的历史脉络里,在企业投入的各种资源中,所投入的人力资源是第一位,是首要的资源,是企业的命脉;人力资源的存在和充分有效利用,才能够充分激活并使用或利用其他资源,从而实现企业的目标。

管理大师中的大师彼得·德鲁克曾指出:"企业只有一项真正的资源:人。"

---

① 萧鸣政主编. 人力资源开发与管理. 北京:科学出版社,2009.

汤姆·彼得斯（Tom Peters）也曾说过："企业或事业唯一真正的资源是人。"而小托马斯·沃森（T. J. Watson）的话则更加形象："你可以搬走我的机器，烧毁我的厂房，但只要留下我的员工，我就可以有再生的机会。"由此可以看出，人力资源是保证企业最终目标得以实现的最重要也是最有价值的资源。

当今，是知识经济时代，是全球经济一体化的时代，是高新技术的时代，是信息化的时代，是竞争的时代。人力资源是当今社会的第一资源，无论是对社会还是对企业（用人单位）而言，攫取稀缺的第一资源——人力资源，是各类组织发展的当务之急。

二、人力资源管理的基本内涵

（一）管理的功能和作用

1. 人力资源管理的功能

人力资源管理的功能和职能在形式上有些相似，但两者在本质上是有区别的。人力资源管理的功能是指它自身所具备或应该具备的作用，具有一定的独立性，反映了人力资源管理自有的属性。人力资源管理的职能则是指它所要承担或履行的一系列活动。人力资源管理的功能是通过它的职能来实现的。

人力资源管理的功能主要体现在吸纳、维持、开发、激励四个方面。

吸纳功能是指企业利用自身独特的优势，吸引并让优秀的人才自愿加入本企业。

维持功能是指对本企业现有的并适合岗位需要的员工继续留在本企业。

开发功能是指依据企业战略目标、组织结构变化，对人力资源进行调查、分析、规划、调整，提高企业现有的人力资源管理水平，使人力资源管理效率更好，为企业创造更大的价值。

激励功能是指激发员工的积极性和创造性，让员工在现本职工作岗位上创造出优良的绩效。

就这四种功能之间的关系而言，吸纳功能是基础，它为其他功能的实现提供了条件，不将所需要人才吸引到本企业中来，其他功能就失去了发挥作用的可能；激励功能是核心，是其他功能发挥作用的最终目的，如果不能激励员工创造出优良的绩效,其他功能的实现就失去了意义;开发功能是手段,只有通过挖掘员工的潜能,提升其综合素质,才能让员工掌握相应的工作技能,才能提高执行能力;维持功能是保障,只有将吸纳的人员保留在企业中,开发和激励功能才会有稳定的对象,其作用才会得以持久发挥。

2. 人力资源管理的作用

关于人力资源管理的作用,不同的学者有着不同的观点,但都是围绕着体现企业绩效和企业战略的关系进行论述。

(1) 人力资源管理与企业绩效。在人力资源管理职能正常发挥的前提下,它将有助于实现和提升企业的绩效,这是人力资源管理的一个重要作用。

米切尔·A.谢帕克等人曾提出了一个人力资源管理和组织绩效关系的模型。认为企业绩效的实现和提高有赖于人力资源管理的实践活动,但是人力资源管理不能单独对企业绩效产生作用,它必须和企业的环境、企业的经营战略以及人力资源管理的支持这三个变量相互配合才能发挥作用。

结合我国人力资源管理的发展历程,国内学者们认为,企业绩效的实现依赖于顾客的信赖,没有顾客来购买企业的产品和服务,企业就无法生存和发展,自然也就无法实现自己的绩效。随着现代科技水平的不断提高,产品更新换代的期限逐步缩短,产品的功能日益丰富,顾客选择的空间和多样化日益扩大,赢得顾客的信赖对企业来说至关重要。要赢得顾客对本企业的信任,就必须使顾客在产品质量和售后服务各方面满意。而顾客之所以会满意,在很大程度上是因为企业能够为顾客创造价值,也就是为顾客提供了优异的产品与服务。实现这一点就要依赖于员工高质量的工作,没有员工高质量的工作,企业就无法形成高质量的产品和服务,也就无法实现顾客的满意与需求。没有了这些,企业就会失去顾客,从而丢失整个市场。

员工对工作的满意度会直接影响到他们的工作质量,当工作满意度高时,他们就会积极愉快地投入到工作中;否则,人力资源的作用就不能得到有效发挥。而员工的满意度又取决于他们的需求是否得到满足,以及个人价值是否得到实现。这就在很大程度上依赖于企业(用人单位)提供的人力资源服务,如公正的绩效考核、具有竞争力的薪酬待遇、有效的培训与开发、良好的人际关系、和谐的劳动关系等。因此，企业的人力资源管理体系与企业绩效之间存在着密切的关系，人力资源管理的有效实施将有助于实现和提升企业的绩效。

(2) 人力资源管理与企业战略。在人力资源管理职能正常发挥的前提下，它还有助于企业战略的实现，人力资源管理的这一作用目前受到了人们更多的重视。

企业战略的实施需要各种资源的共同支持，其中人力资源在企业所需要的各种资源中占有十分重要的地位，因此人力资源管理的有效进行将有助于企业战略的实现。人力资源的管理活动由两个方面构成：一是有关人力资源的各项有效准备工作，二是企业发展战略的前景规划与完整制定，两者共同构成企业战略目标的实现。

企业所需人力资源的来源，一是外部招聘，二是内部培养。而这两种途径都是人力资源管理的实践活动。企业根据自己的战略目标，首先要通过人力资源规划对未来的人力资源需求进行科学分析，分类做出较为切合实际的预测，然后再依据预测通过招聘录用或者培训与开发等方式、方法进行人力资源的储备，从而为实现战略规划奠定坚实的人力资源基础。

(二) 人力资源管理的基本问题

1. 人力资源管理的含义

1954 年彼得·德鲁克提出人力资源概念后，1958 年社会学家怀特·巴克出版了《人力资源职能》一书，将人力资源管理视为企业的一种普通的管理职能，从而第一次提出了人力资源管理的概念。之后，随着人力资源管理理论和实践的不断发展，国内外众多学者从不同的角度对人力资源管理的概念进行了阐释。主要观点如下：

第一，有的学者从人力资源管理的目的出发来解释它的含义，认为人力资源管理就是通过各种技术与方法，或者通过各种管理功能，促使人力资源的有效运用，以达成组织的目标，是借助对人力资源的管理来实现组织的目标。

第二，有的学者从人力资源管理的过程或承担的职能出发来进行解释，认为人力资源管理是负责组织人员的招募、培训、使用、晋升、调动（岗位调整）及薪酬激励等功能的活动，以达成个人与组织的目标，把人力资源管理看成是一个活动过程。即人力资源管理是一个组织对人力资源的获取、维护、激励、运用与发展的全部管理过程与活动。

第三，有的学者从揭示人力资源管理的实体的角度，认为人力资源管理包括一切对组织中的员工构成直接影响的管理决策和实践活动，如有效开发、合理配置、充分利用和科学管理的制度、法令、程序和方法等。即人力资源管理就是与人有关的制度、政策等。

第四，有的学者从人力资源管理的主体出发解释其含义，认为人力资源管理指专门的人力资源管理职能部门中的专门人员所做的工作，它是人力资源部门或人力资源管理者的工作。

第五，在学术界人数占有较大比重、具有较大影响力的观点是，从目的、过程等方面对人力资源管理的含义进行综合解释的阐述。

（1）运用现代科学方法，对与一定物力相结合的人力进行合理的培训、组织与调配，使人力、物力经常保持优化比例，同时对人的思想、心理和行为进行恰当的疏导、控制和协调，充分发挥人的主观能动性，达到人尽其才、物尽其用。

（2）对人力资源的取得、开发、保持和利用等方面所进行的计划、组织、指挥和控制的一系列活动，是充分开发人力资源，挖掘人的潜能，充分调动人的积极性，提高工作效率，实现组织目标的理论、方法、程序、策略、工具与技术。

（3）依据组织和个人发展的需要，建立高效的机制体制与合理的流程，采用先进的技术和科学的方法，对人力资源进行有效开发、合理利用与科学管理的过程。

（4）运用科学方法，协调人与事的关系，处理人与人的矛盾，充分发挥人的潜能，使人事匹配，以实现组织目标的过程。

关键概念

综上所述，人力资源管理是指企业（用人单位）通过各种政策、制度和管理实践过程，对人力资源进行合理配置、有效开发和科学管理，挖掘并充分发挥其潜能，调动员工的积极性，实现组织目标的管理活动。

2. 人力资源管理的目标

人力资源管理应当达到或实现什么样的目标呢？国内外学者给出了许多概括和说明。

美国学者提出了四大目标：第一，保证适时地雇用到组织所需要的员工；第二，最大限度地挖掘每个员工的潜质，既服务于组织目标，也确保员工的发展；第三，留住那些通过自己的工作有效地帮助组织实现目标的员工，同时排除那些无法对组织提供帮助的员工；第四，确保组织遵守政府有关人力资源管理方面的法令和政策。

阿姆斯特朗（Armstrong，1992）认为人力资源管理应实现以下十个目标：①通过公司最有价值的资源——员工来实现公司的目标；②使人们把促成组织的成功当作自己的义务；③建立具有连贯性的人事方针和制度；④努力寻求人力资源管理方针和企业目标之间的统一；⑤当企业文化合理时，人力资源管理方针应起支持作用，当不合理时，人力资源管理方针应促使其改善；⑥创造理想的组织氛围，鼓励个人的创造性，培养积极向上的作风；⑦创造灵活的组织体系，帮助公司实现竞争环境下的具体目标；⑧提高员工个人在决定上班时间和职能分工方面的灵活性；⑨提供工作和组织条件，为员工充分发挥潜力提供支持；⑩维护和完善员工队伍以及产品和服务。

一般来说，人力资源管理的职责由企业（用人单位）的高层管理机构、与人力资源管理人员平行的其他部门管理人员、人力资源部门和员工四方面承担。人力资源管理的目标应是指所有承担人力资源管理职责的管理者共同努力的目标。具体包括以下几个方面：

（1）保证人力资源的数量和质量。保障组织为实现战略目标对人力资源的需求——人员类型、结构、数量、素质、技能等，提供其他人力资源产品，制定符合国家法律法规、与企业战略相适应的一系列人力资源管理规章制度，提升组织的人力资本价值为企业赢得竞争优势。

（2）让员工得到物质与精神激励。建立人员招募与甄选、培训与开发、考核与评估、职业晋升、绩效管理、薪酬管理、劳动合同管理、职业安全卫生管理等体系，让员工满意并忠诚于本企业，为员工的发展营造良好的人力资源管理环境。

(3) 保证员工价值评价的准确、有效,实现员工价值分配的公平、合理。

(4) 体现社会责任意识。人力资源管理应体现本企业的社会责任,也就是说,企业在谋求利润最大化的同时,负有强调和维护在生产过程中对人的价值的关注,对消费者、对社区和环境的责任,对增进社会公益的贡献义务,坚持符合伦理规范和社会责任的行为。

3. 人力资源管理与其他职能部门之间的关系

(1) 管理与人力资源管理的关系。人力资源管理是管理的构成部分,从属于管理的范畴。管理就是在特定的环境下,对组织所拥有的各类资源有目的地进行计划、组织、领导和控制,保证以有效的方式实现组织规划目标的过程。

(2) 人力资源管理的其他职能之间同样也存在着密切的关系,录用甄选要在招聘的基础上进行,无人来应聘就无法进行甄选。招聘什么样的人、招聘多少员工,都要依据人力资源规划来实施。培训与开发也要受到甄选结果的影响,如果甄选的效果不理想,不能满足职位技能的要求,对新员工的培训任务就会加重;反之,对新录用人员的培训任务就比较轻。加强员工关系管理,构建和谐劳动关系,使劳动者在分享成果的同时,也能得到公正合理的利益,以推进劳动共赢共享,维护双方当事人的合法权益,达到提高员工素质和组织承诺度的目标,其主要途径是通过培训与开发和薪酬管理等重要手段来实现。培训与开发和薪酬管理之间有着密切的联系,员工薪酬的内容,除了工资、福利等货币报酬外,还包括各种形式的非货币报酬,而培训本身就属于其中的一种福利待遇,因此,从广义上来讲,培训与开发构成了薪酬的一个组成部分。

4. 人力资源管理的地位和作用

(1) 人力资源管理的地位

1958年,怀特·巴克在《人力资源职能》一书中,指出人力资源管理的职能同其他管理职能如生产管理、营销管理、财务管理等一样,对企业的成功来说是至关重要的。

人力资源管理的地位,是指它在整个企业(用人单位)管理中的位置。对于人力资源管理在企业中的地位,应当从两个方面来认识。一方面,人力资源管理是企业管理的组成部分,而且是十分重要的组成部分;另一方面,就企业人力资源管理而言，它不能代表企业管理，人力资源管理并不能解决企业管理的全部问题。

就重要地位而言，企业生产经营、生存与发展都必须依靠人力资源来实现，没有人力资源的投入，企业就无法正常地运转。另外，由于人力资源的可变性，它还会影响到企业生产经营与发展过程中各项工作的实效，企业的实际业绩如何，能否实现良性运转，要靠人力资源管理为企业的发展保驾护航，因此它在整个企业管理中居于重要的地位。

虽然人力资源管理水平高低对企业的生产经营与发展起着至关重要的作用，甚至可以左右企业发展的速度，但是企业管理中还有很多问题是人力资源管理职能不能解决的，如企业的发展战略问题、企业的营销策略问题、产品技术的研发、企业转产、重大技术革新或者经营方式调整等，因此，人力资源管理不能代表企业管理。

(2) 人力资源管理的作用

第一，人力资源管理是企业制胜的法宝。

人力资源管理职能可以帮助企业实现其主要的战略目标：降低创造价值所需的成本并通过更好地满足顾客的需要来增加价值。从战略的角度上讲，人力资源是企业的一种长期财富，其价值在于创造企业与众不同的竞争优势。

第二，人力资源管理是赢得企业核心竞争力的源泉。

在竞争日益激烈的市场经济环境下，降低产品成本、提高产品质量、占领市场是任何企业所追求的基本目标，但企业竞争优势不仅在于低成本、高质量的产品，更重要的在于是否具有能够开发企业的特殊技能或领先技术的核心能力。要具有这种能力，企业就必须依赖善于学习和有创新能力的员工。因此，企业核心竞争力和竞争优势的根基在于企业人力资源管理过程中的人力开发。离开了企业人力资源的开发，企业核心竞争力便会成为无本之木、无源之水；企业竞争优势就难以为继。对人力资源的开发，在很大程度上已经成为企业成功与否的关键。

但是，并不能说人力资源的所有特性都可以成为竞争优势的源泉。只有被市场认可时，人力资源才可以由潜在优势转化为现实的竞争优势。有效的人力资源管理正是与企业核心竞争力的培育密切结合而进行的，为企业核心竞争力的形成与增强奠定坚实的人力资源基础。

第三，人力资源管理是企业形成凝聚力和创建品牌优势的关键。

当一个企业从初创到壮大、稳步、健康、持续发展，毫无疑问在内部组织结构、人际关系、员工关系之间肯定实现了协调、合作、顺畅、兴旺发达的和谐状态。一个成功企业的发展历程，离不开硬件和软件的建设，如每个企业都十分重视招聘、培训、报酬、奖惩、晋升等，因为它们是企业正常运转的必要条件。而人力资源管理的软件功能，例如协调、倾听与沟通，对抱怨和不满的管理，调解矛盾、化解冲突等，作为企业领导者也不能忽视。因为人力资源管理是企业正常运转的润滑剂，良好的职能运作能使企业获得最宝贵的内聚力和向心力，这种软件功能的结果能够促使生产力的提高和企业利润的提高。

在公司树立、创建品牌意识，更多地可以通过人力资源管理，提高员工的素质，树立员工的形象，使之关心社会、遵守社会道德，以更大的热情投入工作。

一个充满和谐、有凝聚力和竞争力的组织必能为每个员工创造最好的工作环境和给员工最好的回报，而心情舒畅的员工也必能为组织创造更多的利润和更多的财富。

第二节　人力资源管理环境

人力资源管理的环境，主要是指能够对人力资源管理活动产生影响的各种因素。作为一个企业，所依存的外部环境是社会大环境，而社会大环境又受到国家政治、经济、科技、文化、历史、社会观念等的相互影响和法律的保护与制约，社会环境是企业所依存的第一要素。

一、人力资源管理的外部环境

世界上任何事物的存在与发展都不可能是孤立的，都会受到各种因素的影响，人力资源管理同样如此，它的存在和发展也受到了诸多因素的影响。依据不同的标准，可以将人力资源管理的环境划分为不同的类别，例如按照环境的稳定与否，可以划分为静态环境和动态环境；按照环境与人力资源管理的关系，可以划分为直接环境和间接环境，有时也将直接环境称作具体环境，间接环境称作一般环境；按照环境的内容，可以划分为物理环境和非物理环境，等等。

就企业本身而言，企业是一个由相互联系、相互影响的各个子系统所组成的一个系统，这个系统就像树的结构一样，由树根、树干、树帽，即由根结构、基结构和主结构组成完整系统。人力资源管理作为企业系统的一个子系统，要与企业内部其他子系统发生关系，受到企业外部因素的影响。因此，可以将人力资源管理的环境划分为内部环境和外部环境两种。外部环境最重要的是来自国家的法律和政策约束。内部环境包括企业的发展战略、组织架构、人员状况、企业的发展阶段以及企业的文化等都是影响人力资源管理的重要因素。

（一）政治因素

政治因素主要包括国家的政治环境、政府的管理方式以及政府的方针政策等内容，政治环境主要是指政治局面的稳定性。不同的政治因素对人力资源管理的作用方式是不同的。

1. 政治环境的影响

一国的政治环境对于在该国进行经营的企业来说是非常重要的外部因素，政治局面的稳定虽然不是企业发展壮大的充分条件，却是企业生存的必要条件，动荡的政治环境必然会导致企业无法正常地运转，进而危及企业的生存，对于企业来说，有效的人力资源管理是企业正常运转的前提之一，而影响企业人力资源正常运行的外部压力则来源于或受制于所处的社会政治环境。

2. 政策的影响

与政治环境相比，政府出台社会管理政策的作用会对企业人力资源管理产生直接的影响，因为政府出台的社会转型、产业结构调整的策略都是针对企业而言的，能够直接影响甚至决定企业人力资源管理的活动。对于它们的影响，可以从纵向和横向两个层面来进行分析。

纵向层面的影响，主要体现在政府制定政策的连贯性与稳定性。在政府管理方式和政策的连贯性和稳定性方面，虽然不是企业人力资源管理活动保持稳定的充分条件，却是它的必要条件，如果政府的管理方式和政策经常发生变化，那么企业的人力资源管理也必须相应地经常变动与波动，而人力资源管理政策的频繁变动，不仅会影响人力资源管理的效果，而且也不利于企业的经营发展。

横向层面的影响，由于政府是国家政权的行使者、政策的制定者，在整个社会生活中处于控制中心的位置，居于主导地位。政府对各种资源拥有相对支配权，因此，政府对企业的管理政策与改革措施直接决定了企业进行人力资源管理活动的空间，对企业的人力资源管理活动就具有一定的引导性和支配性。

（二）经济因素

影响企业人力资源管理的经济因素主要包括经济体制、经济发展状况以及劳动力市场状况等要素。作为经济活动实体，企业本身就是一个经济性的组织，因此与政治因素相比，经济因素的影响更加直接。

1. 经济体制的影响

经济体制是指一个国家经济运行的具体方式，它集中体现为资源的配置方式。经济体制主要有两种形式：一种是计划经济体制，另一种是市场经济体制，两种体制下资源配置的方式是完全不同的。由于我国已从计划经济体制转为市场经济体制，计划经济体制对人力资源管理的影响不再叙述，侧重介绍市场经济体制对人力资源管理的影响。

改革开放后，随着我国经济体制改革的不断深化，市场经济体制逐步取代了过去的计划经济体制，在市场经济体制下，市场成为资源配置的主体。20世纪80年代末进行了"劳动、工资和保险福利"三大制度改革，政府不再统一下达生产计划、工资计划等分配指标，取消了全国统一下达招工计划和指标的做法。企业在招工、经营和收入分配方面拥有了一定的自主权，可以根据自己的情况（根据外部、内部各种因素）自行做出决策，政府只从宏观上进行调控，并不直接干预企业的决策。相应地，人力资源管理的方式也发生了变化，专业性和战略性的工作成为企业人力资源管理的主体。

2. 经济建设和劳动力需求的影响

在经济体制改革对企业人力资源管理产生了巨大的外在影响的同时，劳动力市场也随着经济发展状况的变化而变化，外在的变量必然引发内在变量的变化。

第一，劳动力市场供求关系的变化。企业的人力资源规划要根据企业本身的发展状况，对人力资源的需求和劳动力供给做出预测。企业未来的前景是与整个经济的发展状况紧密联系在一起的，两者具有很强的正相关关系。

第二，劳动报酬对劳动力供求的变化。劳动力市场的状况也是影响企业各个职位具体薪酬水平的重要因素，当某些岗位的劳动力供给小于需求时，这些职位的薪酬水平就会增加；相反，当供给大于需求时，劳动报酬水平相应地就会降低。近几年来，我国技术工人特别是高级技术工人工资水平不断上涨，就是一个很好的例子，由于技工相对短缺，企业为了招聘到所需的人员，就必须支付相对较高的工资。

第三，在进行招聘录用、解除、变更、终止等人力资源管理的职能活动时，也要考虑到经济发展以及劳动力市场的状况。一般来说，在经济快速增长的时期，劳动力市场供给就会比较紧张，招聘录用新员工的难度会相应有所增加，这时如果企业解除、终止员工的劳动关系，空缺职位就不容易填补，会影响到企业的正常运转。

（三）法律因素

在任何一个社会中，人们的行为都必须受到一定的约束，否则整个社会的秩序就会发生混乱。从我国目前的情况来看，能起到强制性约束作用的，除了立法机关颁布的法律外，还有国务院及其各部门所制定的具有法律效力的法规、规定、条例和行政规章等。

法律对企业人力资源管理活动的影响主要体现在它的约束和规范作用上。在我国，影响企业人力资源管理活动的法律也有很多，其主体是《劳动法》《劳动合同法》《就业促进法》《劳动争议调解仲裁法》《社会保险法》《妇女权益保障法》《劳动合同法实施条例》《失业保险条例》，以及其他人力资源和社会保障行政规章等。

（四）文化因素

对于文化这一概念的理解，有广义和狭义之分。广义的文化可定义为物质文化和精神文化的总和。狭义的文化即精神文化，指人类精神财富的总和，包括思想意识、价值观念、伦理道德、文学艺术、宗教信仰、科学技术、风俗习惯、教育、法律等。

不同的国家或区域,由于其历史传统、地域环境、经济发展水平等都存在着一定的差异,因此不同国家或区域的文化也存在着一定的区别。文化对于整个社会具有重要的社会整合和社会导向作用,它内在地影响着人们的思维方式和行为方式,而且这种影响具有相对的持久性,在短时期内不易发生改变。因此它会对人力资源管理产生重要的影响。在不同的文化传统下,人力资源管理的模式也是不同的。

二、人力资源管理的内部环境

人力资源管理的内部环境就是指在企业系统之内能够对人力资源管理活动产生影响的各种因素,也就是说,凡是在企业内部同时又能够对企业的人力资源管理活动产生影响的因素,都属于内部环境范畴。

(一)企业发展战略

企业发展战略是企业各种战略的统称,其中既包括竞争战略,也包括营销战略、品牌战略、融资战略、技术开发战略、人才开发战略、资源开发战略,等等。企业发展战略是关于企业发展的谋略。企业发展是成长、壮大的过程,其中既包括量的增加,也包括质的变化。企业发展也需要谋略,对企业发展整体性、长期性、基本性的谋略就是企业发展战略。最初人们所讲的"企业战略",主要指的是竞争战略。1971年美国的迈克尔·波特发表《竞争战略》之后,更加强化了人们的这种认识。

企业发展战略具有四个方面的特征:

第一,谋划企业整体发展。企业是一个由若干相互联系、相互作用的局部构成的整体。局部有局部性的问题,整体有整体性的问题,整体性问题不是局部性问题之和,与局部性问题具有本质的区别。企业发展面临很多整体性问题,如对环境重大变化的反应问题,对资源的开发、利用与整合问题,对生产要素和经营活动的平衡问题,对各种基本关系的理顺问题。谋划好整体性问题是企业发展的重要环节。

第二，谋划企业长期发展。企业存在生命周期，人力资源管理者应该树立"长寿企业"意识。为了使企业"长寿"，不但要重视短期发展问题，更要重视长期发展问题。如发展目标、发展步骤、企业转产、重大技术革新或者经营方式调整、品牌与信誉问题、人才开发问题、企业文化建设问题等。

第三，把握好基础性问题。夯实基础是企业发展的前提，没有基础企业就不能发展，企业发展如同树状一样，树根是基础，没有树根再好的树种也不能成活，更谈不上成材。所以企业的决策层要在制定企业发展战略规划时，集中精力谋划好企业发展的基础性问题，增强发展后劲。

第四，重视谋略。不谋万世者，不足谋一时；不谋全局者，不足谋一隅。企业发展战略要打破常规思路，以奇制胜、以新取胜。谋略是智慧结晶，智慧之中包含知识，创新是知识的运用，创新是一种资源。谋划企业发展靠智慧，使企业少投入、多产出，少挫折、快发展靠创新。

越来越多的实践证明，人力资源管理与企业发展战略紧密结合程度越高，人力资源管理的施展舞台就越强大。

（二）企业组织结构

企业组织结构是指企业内部各个有机构成要素相互作用的联系方式或形式，按照一定的程序，有效、合理地把组织成员组织起来，为实现共同目标而协同努力。组织结构是企业资源和权力分配的载体，它在人的能动行为下，通过信息传递，承载着企业的业务流动，推动或者阻碍企业使命的进程。由于组织结构在企业中的基础地位和关键作用，企业所有战略意义上的变革，都必须首先在组织结构上开始。

不同的组织结构，其岗位和部门的设置及组合方式是不同的，而人力资源管理一个很重要的目标就是要实现人与岗位的相互匹配，因此不同的组织结构会导致人力资源管理的实践活动也不同。企业要根据自己的目标确定实现目标所必需的活动，并对这些活动进行分类，形成不同的部门；然后再将部门的活动作进一步的细分，形成不同的岗位；部门和岗位形成以后，将这些岗位和部门按照一定的方式进行组合，就形成了一定的组织结构。按照既定的组织结构，将人员配备到相应的岗位上去，这样企业才能正常地运转。由于不同的组织结构对岗位的设置和组合方式是不同的,所以不同的组织结构中,岗位从事的活动和相互之间的关系也是不同的,因此要实现人与岗位的匹配,人力资源管理活动是必不可少的,而且也会存在一定差异。

(三)企业生命周期

世界上任何事物的发展都存在着生命周期,企业也不例外。企业的生命周期,是指企业诞生、成长、壮大、衰退甚至消亡的过程。

在1960年以前,关于企业生命周期的论述几乎是凤毛麟角,对企业生命周期的研究刚刚起步。在这一阶段,马森·海尔瑞(Mason Haire,1959)首先提出了可以用生物学中的"生命周期"观点来看待企业,认为企业的发展也符合生物学中的成长曲线。在此基础上,他进一步提出企业发展过程中会出现停滞、消亡等现象,并指出导致这些现象出现的原因是企业在管理上的不足,即一个企业在管理上的局限性可能成为其发展的障碍。

一般来说,企业的生命周期包括四个阶段,即创业阶段、集体化阶段、正规化阶段和合作阶段。

创业阶段。企业刚刚创建,企业人力资源管理的重点是吸引优秀的人才并迅速地开拓市场,以谋求在激烈的竞争中生存。

集体化阶段。企业初具规模,但内部管理规章制度还不够完善,科层制的管理体系尚未建成,高层管理者面对事无巨细的事情通常都要直接做出决策。要解决影响企业发展的这一突出问题,就需要权力下放,赋予基层更多的管理职权。这就需要人力资源管理部门制定较为完备的规章制度,对职位、岗位进行详细的分析,提出确切的要求,厘清各部门和各岗位的责、权、利,并对基层进行有效的监督,以保证基层行为的规范性。

正规化阶段。企业走上正规化的同时,也是企业按照科层制的体系建立起了较为完备的机构设置,各项规章制度趋于完备,各职能部门都按照授权独立运作,部门之间照章办事。因为科层制是一种以正式规则为主体的管理方式,具有大量的分工和复杂的规章制度体系,是现代社会组织管理的典型方式。其主要特征是:第一,明确的分工。科层制所必须从事的正常活动以正式规定的职责形式固定落实到人,即明确每一个管理者的权力和责任。第二,有明确规定的职权等级。组织中的职位权力遵循层序的原则，即下一级职务接受上一级职务的管理和监督。第三，稳定明确的规章制度体系。在任何情况下，领导者们都要遵循规章制度，包括在具体情况下执行这些规章制度，体现制度面前人人平等。第四，私人关系和公务关系的分离。在处理公务时，成员应按规则办事，不掺杂个人的好恶爱憎，不带有情感色彩，保证工作按正式确定的方式进行。第五，量才用人。科层制招聘人员按技术资格量才录用，承担某一职务的人员应保证其工作的长期性和稳定性。同时，资历和工作表现在薪酬与晋升方面两者兼顾。第六，管理权力依附于职位，而不依附于个人。有职则有权，无职则无权。这就使组织管理者在更替过程中，并不影响组织的正常运转，保证了组织政策的长期性和稳定性。科层制方式的优点在于分工清楚，责任明确，任人唯才，能够提高工作效率，保证组织活动的开展。与此相适应，企业的人力资源管理活动也更加规范，培训与开发、绩效管理、薪酬管理、员工考核均依照既定的制度和程序来进行。此时企业发展的重点是保持稳定、持续的运行和提高企业的效益。

合作阶段。虽然完备的规章制度保证了企业管理的规范，分权的管理有助于调动基层的积极性，但是随着企业的发展，规章制度会越来越多，基层的关系也会越来越复杂，这时企业可能会出现"文山会海"、部门利益壁垒、推诿拖拉、办事效率低下，甚至产生官僚主义。这些不良现象会妨碍企业决策的速度，降低它的灵活性。这种危机的解决，需要人力资源管理工作与时俱进，跳出原有的思维定式和工作模式，在加强企业文化建设、设计培训与开发方案时就要强化对企业价值观念的灌输。为了有效地实施团队工作，对岗位职位的设计大胆进行改革创新，薪酬管理和绩效管理应从以个人为基础转变为以团队为基础，实行团队薪酬和团队绩效。改变固有的、僵化的分工模式，建立以新工作流程为核心的工作程序，打破部门的界限，实施团队的工作方式。

（四）企业文化

企业文化是企业组织在长期的实践活动中所形成的并且为组织成员普遍认可和遵循的具有本组织特色的价值观念、团体意识、工作作风、行为规范和思维方式的总和。它具有本企业特色的精神财富，对企业成员有感召力和凝聚力，能把众多人的兴趣、目的、需要以及由此产生的行为统一起来，是企业长期文化建设的反映，包含价值观、最高目标、行为准则、管理制度、道德风尚等内容。它以全体员工为工作对象，通过宣传、教育、培训和文化娱乐、交心联谊等方式，以最大限度地统一员工意志，规范员工行为，凝聚员工力量，为企业总目标服务。

人力资源管理作为管理的主要内容，自然也要受到企业文化的影响。其影响主要表现在它能够影响甚至决定人力资源管理的方式、内容等。同企业的传统作风一样，企业文化一般都是企业创始人或企业高层领导者价值观念的直接体现，反映了他们对事、对人的基本看法以及基本的价值取向，当某些价值观念在企业成员之间达成共识之后，就形成了企业的文化。在不同的企业文化下，必然会导致管理方式的不同，人力资源管理的具体活动自然要受本企业文化的左右。

【阅读链接】

［美］约翰·M.伊万切维奇.人力资源管理（原书第九版）.赵曙明译.北京：机械工业出版社，2008.

董克用主编.人力资源管理概论（第三版）.北京：中国人民大学出版社，2011.

刘昕主编.人力资源管理.北京：中国人民大学出版社，2012.

第三节　人力资源管理的角色与职责

一、人力资源管理在现代企业中的角色定位

（一）管理者及其分类

美国学者斯蒂芬·P.罗宾斯认为，管理者就是那些在组织中指挥别人活动的人。随着管理作用的日益发挥，作为管理活动主体的管理者在企业中的地位也越来越重要。管理大师德鲁克曾说过："如果一个企业运转不动了，我们当然是去找一个新的总经理，而不是另雇一批工人。"企业运转是按照其内部组织结构的

分工与流程，如同行星齿轮与盘形齿轮相互咬合一样，运行是有规律的，它不是一个人的活动，是遵循科层制的原则来划分的。

1. 可以将管理者按照科层制的体系划分为高层管理者、中层管理者和基层管理者三类。

(1) 高层管理者。高层管理人员是指对整个组织的管理负有全面责任的人，他们的主要职责是制定组织的总目标、总战略，掌握组织的大政方针，并评价整个组织的绩效。毋庸置疑，是指处在企业最高层次的领导者。

(2) 中层管理者。是指处于高层管理人员和基层管理人员之间的一个或若干个中间层次的管理人员，是高层管理者和基层管理者之间的桥梁与纽带。他们的主要职责是，一方面贯彻执行高层管理人员所制定的重大决策，监督和协调基层管理人员的工作；另一方面要向高层管理者及时反映部门工作中存在的问题，以及合理化工作建议，为领导提供决策支持。在工作中既是组织员，又是战斗员，既是部门的领导者，又是上级决策的执行者，对上是下级，对下是上级，其角色是"兵头将尾"。

(3) 基层管理者。基层管理人员是对企业的生产、销售等经营活动第一线执行管理职能的直接管理层，包括在生产和服务一线中起监督、指导作用的监工、车间主任、班组长、领班、工头等。

对于所有管理者来说，虽然他们都要履行管理的基本职能，但是由于所处的层次与级别不同，管理职能范围和工作责任是有所区别的。

2. 按照管理业务范围，可以将管理者分为综合管理者和专业管理者两类。综合管理者是指负责管理整个组织或组织中某个事业部全部活动的管理者。专业管理者是指仅仅负责管理组织中某一类业务活动（或职能）的管理者。

3. 按照管理活动与组织目标实现的关系，管理者可以分为直线管理者和辅助管理者。管理活动与组织目标的实现具有直接关系的管理者就是直线管理者，否则就可以视为辅助管理者。

(二) 管理者的角色

"角色"一词是一个社会学的概念，指与人的某种社会地位相一致的权利、义务规范和行为模式，它是人们对具有特定身份的人的行为期望。角色是社会群体和社会组织的基础，在人们的交往中可以预见的互动行为模式以及说明个人与社会的关系，对于人们的行为具有重要的导向性作用。

为了正确履行管理的职责，有效发挥管理的作用，管理者有必要对自己在不同的场合、不同的职能部门扮演的角色有所了解。因为在社会中，角色不是孤立存在的，而是与其他角色联系在一起，是一组相互联系、相互依存、相互补充的角色，任何人身上都是一个角色集，都不可能仅仅承担一种角色，而总是承担着多个角色。

对于企业的管理者来说，最重要的角色是资源分配者，也就是说，要对组织的资源进行合理的配置，此外，他们更多的是要处理各种信息，保证企业的正常运转。

（三）管理者应具备的素质与能力

当一个人具备了充当某种角色的条件，去担任这一角色，并按照这一角色所要求的行为规范去活动时，这就是社会角色的扮演。人力资源管理者为了扮演好自己的角色，实现管理的目的，管理者必须具备充当这一角色所具有的素质与能力。

对人力资源管理人员的素质要求归纳如下：

1. 专业知识。指人力资源管理人员要掌握与人力资源管理所承担的各类职能活动有关的知识，具备设计和制定各种人力资源制度、方案及政策的能力。

2. 业务知识。指人力资源管理人员要熟练掌握国家人力资源社会保障法律法规和行政规章；还应了解本企业所从事的行业、业务种类，熟悉本企业所开展的业务范围、工作性质以及工作流程。

3. 执行能力。指对个人而言，就是把想干的事情干成功的能力。对一个企业而言，是指贯彻落实战略决策、方针政策和工作部署的操作能力和实践能力，即执行命令、完成任务、达到目标的能力，也就是通过一套有效的系统、体系、组织、文化或技术操作方法等把决策转化为成果的能力，把长期发展目标一步步落到实处的能力。执行力度决定目标实现的速度和效果。执行力是主观见之于客观，达到知与行、认识与实践的有机统一，是实现政策目标的关键性因素。

4. 思想品质。指人力资源管理人员要具备一定的思想道德品质。人力资源管理所做的决策大都涉及员工的升降和去留、劳动报酬、福利待遇等与员工切身利益相关的事项。因此，人力资源管理人员必须具有良好的道德品质，思考问题能以人为本，能以公正的态度来进行工作，以豁达的胸怀，客观地对待同事，不能将个人好恶与工作混为一谈，做到私交归私交，工作归工作，私交再好，也不能假公济私，以私代公，公私要分明。做到宽以待人，躬自厚而薄责于人。

二、人力资源管理的职责

（一）人力资源管理部门的组织结构与责任

组织结构是指人力资源部门在整个企业组织架构中的位置以及自身的组织形态，人力资源管理部门的组织结构在一定程度上反映了人力资源部门的地位，体现了人力资源管理的工作方式，也决定了对人力资源管理人员的需求。

人力资源管理部门传统的组织结构往往是按照直线职能制来设置的，也就是说按照人力资源管理的职能设置相应的部门和岗位。

根据企业经营规模和工作量的大小，人力资源管理职能也不尽相同，对于大中型和特大型的企业来说，人力资源管理部门往往是单独设立的，如在人力资源部门内部分设人事处、劳资处、职工培训处等。但也不排除人力资源管理部门的部门内部不设科层，在企业领导人的直接领导下开展工作，在部门内部人员的职责上进行业务分工，如劳资主管、培训主管、考核主管等。对于小型企业来说，由于工作量不大，将人力资源管理的职能合并在其他部门中，如在总经理办公室、综合管理部门内设专门的人力资源管理人员。

近年来，随着计算机和网络技术的发展，人力资源部门的架构也发生了新的变化，出现以客户为导向、以流程为主线的新的组织结构形式，这种新型的组织结构，在一定程度上与行政机关政策研究室的职能近似。

（二）人力资源管理的责任

无论企业经营规模的大小，从高层管理者到中层管理者和基层管理者，在一定程度上都要承担人力资源管理的责任。尽管人力资源管理是该部门和部门工作人员的工作职责，但他们的工作范围和内容不能完全代表一个企业人力资源管理。这是因为：第一，企业制定的各种人力资源管理规章制度、做出的各种人力资源管理决策，符合本企业的实际，才能保证制度、政策和决策具有可行性，才有助于企业经营发展。但素材的来源和决策支持，离不开人力资源部门的调查研究和信息反馈。第二，企业制定的各种人力资源管理规章制度，只有真正落到实处才能发挥效用，贯彻执行规章制度仅仅依靠人力资源部门是不够的，还需要与其他各个部门形成合力，相关的规章制度和政策才能有效地落实。第三，人力资源管理的实质是要提高管理水平，提高员工的素质和知识水平，提高员工的实操技能，挖掘员工潜力，激发员工的工作热情，从而推动企业的健康发展。因此，人力资源管理工作要贯穿于对员工的日常管理之中，而员工是分散在各个部门之中的，所以各个部门的管理者在一定程度上充当着人力资源管理者的角色。

三、人力资源管理者和人力资源管理部门

人力资源管理者及人力资源管理部门在整个人力资源管理活动中占有非常重要的地位，他们不仅是人力资源管理职能和活动实现的载体，作为主体，直接决定了人力资源管理作用的发挥，在某种程度上影响甚至左右人力资源管理在整个企业中的地位。

（一）人力资源管理者和人力资源管理部门的产生

就人力资源管理部门和管理人员而言，按照人力资源管理概念的外延可以追溯到资本主义社会的萌芽时期。专门的人力资源管理人员和部门的出现却相对较晚，是随着资本主义工业化的发展和一系列法律法规的颁布，企业劳资关系的协调以及与岗位管理、劳动就业相关的问题越来越多，特别是泰勒的科学管理思想出现后，进行职位分析并按照相应的标准遴选和培训工人的工作也越来越多，因此就出现了人事专职人员。例如，雇用专人负责工人的招聘和遴选录用，专人负责工资薪酬，以工作任务和时间—动作研究为基础，设定工资基数，雇用社会秘书（福利秘书）制定福利方案，养老金专员处理养老和保险计划，等等。

随着社会大生产和工业化的发展，对人事专职人员的要求也越来越高，企业需要具有较高素质和专门知识与技能的人事专家来从事招聘、录用、培训和工作设计等方面的工作。如劳工专家负责处理员工纠纷、协调劳资关系；培训专家负责培训员工的技能，特别是销售技能和操作工人的操作技能；劳动安全专家负责

监督工作条件、处理劳动安全事故等。

人事专职人员和人事专家的增加，使组织不得不设立专门的部门来进行管理并赋予这个部门相应的职能，但在早期更多的是以其他名称出现。例如，1818年国际收割机公司成立了工业关系部；同年，福特汽车公司成立了社会部，综合处理员工关系、医疗、福利、安全和法律等方面的问题；库本海默公司成立了工业关系部，并设立了分支部门，负责处理健康、雇佣、员工申诉处理与培训、工资与报酬等方面的事务。

应当说，专门的人力资源管理人员和部门的出现，是人力资源管理发展过程中重要的里程碑，它使人力资源管理工作更加趋于专业化，职能的发挥也得到了加强。

（二）人力资源管理者和人力资源管理部门的角色

人力资源管理者在组织中也要扮演一定的角色，将所有人力资源管理者承担的角色汇总起来就形成了人力资源管理部门的角色。

美国国际人力资源管理学会认为，人力资源管理者应该承担四种角色：业务合作伙伴、变革推动者、领导者、人力资源管理专家。而密歇根大学的戴夫·乌里奇教授将人力资源管理者和部门应扮演的角色划分为五种：战略伙伴、管理专家、员工激励者、人力资本开发者、变革推动者。

战略伙伴又称战略合作伙伴，是指能够通过合资合作或其他方式，给企业带来资金、先进技术、管理经验，提升企业技术进步的核心竞争力和拓展国内外市场的能力，推动企业技术进步和产业升级的国内外先进企业。人力资源管理者和人力资源管理部门要参与企业战略的制定，并且要确保企业所制定的人力资源战略得以有效地实施，这就要求人力资源管理者和该部门的工作必须以企业战略为导向。

管理专家，是指人力资源管理者和人力资源管理部门既是各类人力资源管理制度和政策的设计者，又是执行者，承担着相应的管理职能，如人力资源规划、招聘录用、培训、绩效管理等。

员工激励者，是指人力资源管理者和人力资源管理部门要构筑起员工与企业之间的心灵桥梁，发挥传输与纽带作用，做到感情相融、心意相通，通过各种有效手段鼓舞员工士气，激发员工的工作积极性，实现劳动者与企业的双赢。

人力资本开发者，是指组织通过培训和开发项目提高员工能力水平和组织业绩的一种有计划、连续性的工作。

变革推动者，是指人力资源管理者和部门积极推行有利于企业发展的各项改革措施，企业的发展需要适应内外部环境的变化并不断进行改革，改革的内容涉及企业全体人员，因此人力资源管理者和人力资源管理部门要成为深化改革的助推器。

在现代企业管理中，人力资源管理者和人力资源管理部门除上述职能外，还承担着员工队伍建设，充当人力资本开发者的角色。另外，人力资源管理者和人力资源管理部门在一定程度上被视为承担领导者角色和领导部门的角色，这种角色处于所有角色的中间，与各种角色都有着密切联系。

第四节　人力资源管理的发展历程

一、西方人力资源管理的历史沿革

（一）人力资源管理在西方的产生与发展

人力资源管理是一门新兴的学科，问世于20世纪70年代末。人力资源管理的历史虽然不长，但人事管理的思想却源远流长。从18世纪末开始的工业革命，直到20世纪70年代，这一时期被称为传统的人事管理阶段。自20世纪70年代末以来，人事管理让位于人力资源管理。

1. 人事管理阶段

人事管理阶段又可划分为萌芽阶段、科学管理阶段、工业心理学阶段、人际关系管理阶段。

（1）萌芽阶段。人力资源管理的前身被称为人事管理，人事管理是伴随着18世纪后期工业革命的到来而产生的。工业革命极大地解放了生产力，并且第一次使得复杂的、较多人数组成的企业组织成为社会组成的重要部分。对如何有效地组织人员，充分发挥人的作用，以提高生产的效率的强烈需求，催生出近代的人力资源管理。

这一阶段，在工人的管理方面产生了各种朴素的管理思想，这些管理思想基本上以经验为主，并没有形成科学的理论，但是奠定了人力资源管理的雏形。随后，伴随着经济模式的不断发展和转变，人力资源管理也由单纯关心产出和效率，逐渐发展演变为现代意义上以人为本的管理。

(2) 科学管理阶段。20世纪初，以弗雷德里克·泰勒等为代表，开创了科学管理理论学派，并推动了科学管理实践在美国的大规模推广和开展。泰勒提出了"计件工资制"和"计时工资制"，提出了实行劳动定额管理。1911年泰勒出版了《科学管理原理》一书，这本著作奠定了科学管理理论的基础，因而被西方管理学界称为"科学管理之父"。

(3) 工业心理学阶段。以德国心理学家雨果·芒斯特伯格等为代表的心理学家的研究结果，推动了人事管理工作的科学化进程。雨果·芒斯特伯格于1913年出版的《心理学与工业效率》一书标志着工业心理学的诞生。

(4) 人际关系管理阶段。大致从20世纪30年代到第二次世界大战结束。从1924年开始到1932年结束的霍桑试验引发了对科学管理思想的反思，将员工视为"经济人"的假设受到了现实的挑战。霍桑试验发现了人际关系在提高劳动生产率中的重要性，揭示了对人性的尊重、人的需要的满足、人与人的相互作用以及归属意识等对工作绩效的影响。人际关系理论开创了管理中重视人的因素的时代，是西方管理思想发展史上的一个里程碑。这一理论同时也开创了人力资源管理发展的新阶段，设置专门的培训主管，强调对员工的关心和理解以及增强员工和管理者之间的沟通等人事管理的新方法被很多企业采用，人事管理人员负责设计和实施这些方案，人事管理的职能得到了极大的丰富。

2. 人力资源管理阶段

人力资源管理阶段又可分为人力资源管理的提出和人力资源管理的发展两个阶段。

人力资源管理的提出。"人力资源"这一概念早在1954年就由彼得·德鲁克在其著作《管理的实践》中提出并加以明确界定。20世纪80年代以来，人力资源管理理论不断成熟，并在实践中得到进一步发展，被企业广泛接受，并逐渐取代人事管理。

人力资源管理的发展。进入20世纪90年代，人力资源管理理论不断完善与发展。企业战略规划成为人们关注的重点，人力资源部门的角色向企业管理的战略合作伙伴关系转变，战略人力资源管理理论的提出和发展，标志着现代人力资源管理的新阶段。

(1) 发展阶段。从20世纪50年代到70年代。从50年代开始，人际关系的人事管理方法也逐渐受到了挑战，"愉快的工人是生产率高的工人"的假说并没有得到事实的证明，组织行为学的方法逐渐兴起。组织行为学是"一个研究领域，它探讨个体、群体以及结构对组织内部行为的影响，目的是应用这些知识改善组织绩效"[①]，它的发展使人事管理对个体的研究与管理扩展到了对群体和组织的整体研究和管理，人力资源管理也从消极惩罚转变为积极激励、从专制领导转变为民主领导，人力资源管理逐渐成为一个流行的名词。

(2) 权变管理阶段。权变管理理论产生于20世纪70—80年代。在这一阶段，企业的经营环境发生了巨大的变化，企业面对各种不确定性因素与困难，企业管理不仅要考虑到自身的因素，还要充分考虑到外部各种因素对企业生产经营与发展的影响。权变管理理论强调管理的方法和技术要随企业内外环境的变化而变化。在此理论的影响下，人力资源管理也发生了深刻的变化，同样强调针对不断出现的新情况，采取适应内外环境，有利于企业发展的管理方式和管理措施。80年代初期，美国和欧洲纷纷出现了人力资源开发和管理组织，人事部门改名为人力资源管理部门，企业从强调对物的管理转向强调对人的管理。

(3) 战略管理阶段。从20世纪80年代至今，西方经济发展过程中一个突出的现象就是兼并，为了适应兼并发展的需要，企业必须制定出与之相适应的发展战略，因而战略管理逐渐成为企业管理的重点，而人力资源管理对企业战略的实现有着重要的支撑作用。从战略的角度思考人力资源管理的问题，已成为人力资源管理的主要特点和发展趋势。人力资源管理与人事管理的区别见表1—1。

---

① 罗宾斯. 组织行为学. 北京：中国人民大学出版社，2008.

表 1—1　　　　　　　　人力资源管理与人事管理的区别

比较项目	人事管理	人力资源管理
观念	视员工为负担、成本	视员工为第一资源
目的	组织短期目标的实现	组织和员工利益的共同实现
模式	以事为中心	以人为中心
视野	狭窄、短期性	广阔、远程性
性质	战术性、业务性	战略、整体性
深度	被动，重使用、轻开发	主动，重视培训与开发
功能	单一、分散	系统、整合
内容	简单的事务管理	丰富
地位	执行层	决策层
工作方式	控制	参与、透明
与其他部门的关系	对立、抵触	和谐、合作
对待员工的态度	命令式、独裁式	尊重、民主
角色	例行、记载	挑战、变化
部门属性	非生产、非效益部门	生产与效益部门

资料来源：余凯成，程文文，陈维政编著.人力资源管理.大连：大连理工大学出版社，2001：18.

（二）我国人力资源管理的产生与发展

1. 古代人事管理的思想。中国具有五千年文明史，在古代文化典籍之中蕴藏着丰富的人事管理思想，对有关人才的重要性、如何选拔人才、如何用好人才等方面都有过精辟的论述。例如，《贞观政要》中记载唐太宗的名言："为政之要，惟在得人，用非其才，必难致治。今所任用，必须以德行、学识为本。"把选拔人才看作"为政"的关键。《资治通鉴》中说，才者，德之资也；德者，才之帅也；才德全尽谓之"圣人"，才德兼亡谓之"愚人"；德胜才谓之"君子"，才胜德谓之"小人"。

康熙皇帝将人才提到治国的首要位置，认为"政治之道，首重人才"。曾国藩也认为："成大事者，以多得助手为第一要义。""人存而后政举"，"将欲维持成法，所须引用正人"。领导者的首要任务，就是选用合适的人，做合适的事。领导者的存在价值不在于亲自冲锋陷阵，而在于调兵遣将、运筹帷幄，汇聚众人的智慧，把各种各样的人用好，人尽其才、各尽其能。古往今来，无数卓有成效的领导者深谙此道，并为之投入大量的时间，付出大量的精力。作为一个领导者，最重要的工作不是制定目标，不是不停地修改规章制度，而是"用人"。做不好这一工作，所有的目标和设想都将是海市蜃楼。

选人、用人之道。管理之道唯在选人、用人与管人。人才是事业之根本。得人才者得天下，失人才者失天下。一个国家如此，一个单位或企业亦然。一切的竞争，归根结底是人才的竞争。选人用人，关乎事业的成败。如何根据德才勤绩慧眼识人，如何量才而用，因材施用，古人说：用骏马去捕老鼠，不如用猫；饿汉得到宝玉，还不如得到一碗粥。用物、用人，在于得当；使用不当，埋没了宝物、人才，还收不到应有的效果。所以，在管理中应根据人的不同情况而采取不同的办法使用。古人还讲道："为职择人则治，为人择职则乱；任人唯贤则兴，任人唯亲则衰；用当其才则安，用非其才则怨；用当其时则佳，用失其时则废；异质互补则强，同性相斥则弱。"这就是说要根据岗位的需要来合理选人，择优用人，尤其是对品德、才能、知识、性格等因素结构要进行优化配置，以充分发挥其最大的效能和作用。

2. 我国近代人事管理的概况。鸦片战争之后，中国沦为殖民地、半殖民地半封建社会，自给自足、闭关锁国的国情发生了变化，这时人事管理呈现出两个特征。一是浓重的封建色彩惯性，虽然社会和国情发生了重大变化，但大多数企业仍是家族性质的私人企业。许多企业实行包工制度，将工作包给包工头，然后由包工头招收工人，组织生产，进行监督，发放工资。二是国门被打开之后美国古典管理学家泰勒的科学管理方法引进中国，在一些规模较大的企业进行了尝试与探索，开始对人员进行比较规范的管理。如天津东亚毛纺公司开始按照"雇佣工人程序图"招工，同时取消学徒制，举办艺徒培训班，培训熟练技术工人。该公司还引进了时间—动作研究，确定劳动定额，实行差别计件工资制，公司还制定了厂训、口号等，以增加企业的凝聚力。

3. 新中国成立以来，人力资源管理的发展。新中国成立以来，我国人力资源管理的发展可分为三大阶段：第一个时期是20世纪50—80年代中期，也可以称为初创期；第二个时期是80年代中期到1995年，也可以称为发展期；第三个时期从1995年到现在，属于理念成熟期。

(1) 初创期。这一阶段从新中国成立初期到 1986 年。随着社会主义改造的完成，我国建立起了社会主义制度，同时也确定了计划经济的经济体制，在这种体制下企业归国家和集体所有。这期间，职工和干部的身份划分得非常清晰，企业本身带有一定的行政级别，在企业内部人事科管理干部，劳资科（劳动科）管理工人，企业招工受国家劳动行政主管部门下达的指标控制，分为正式工、临时工（计划内临时工和计划外临时工）、季节工、轮换工等。劳动、工资、保险福利实行国家负责制，国家实行"统包统配"的就业制度，是完全的计划经济体制，劳动关系单一，完全由国家负责、调整。企业没有用人的自主权，劳动者也没有自主择业权，对劳动者而言一次分配定终身，人员进出都需要劳动行政部门调配。在企业内部生产经营和管理方面，生产任务由国家下达，产品由国家下达计划统一调配，所有生产利润上缴国家，费用支出实行收支分离，企业盈亏与否与企业、工人无关。收入分配干部实行二十八级工资制，工人实行八级工资制，企业没有自主分配权，调资、晋级完全靠国家下达的红头文件。对于工人的工作绩效没有考核，实行平均主义、大锅饭，干好干坏一个样，干多干少一个样；工资分配中存在着严重的平均主义，与工作业绩和工作岗位没有任何关系。此时的劳动人事管理还停留在简单的档案管理和资料统计阶段，与现代的人力资源管理相去甚远。在当时的政治背景下，工人阶级是领导阶级，工人是国家的主人，是企业的主人。从上至下没有任何"人力资源"的概念，也就无从谈起人力资源管理了。

新中国最早使用"人力资源"概念的文献，是毛泽东于 1956 年为《中国农村社会主义高潮》所写的按语。在按语中他写道："中国的妇女是一种伟大的人力资源，必须发掘这种资源，为建设一个社会主义中国而奋斗。"

(2) 发展期。1986 年到 1995 年，这期间固定工和劳动合同用工两种用工形式并存。改革开放以后，随着我国经济体制由计划经济转向市场经济体制改革的不断深化，从计划经济到有计划的商品经济，从计划经济向计划经济和商品经济同时并存的双规体制的过渡，社会转型步伐逐步加快，国有企业的劳动人事工作也在不断进步。1979 年 7 月 13 日，国务院颁发了《关于扩大国营工业企业经营自主权的若干规定》（以下简称《规定》），重新规定了企业人事管理的职责权限范围。《规定》指出，允许企业根据生产需要和精简、效能的原则决定自己的机构设置和人员配备；有权根据国家下达的劳动指标招工，进行岗前培训；有权对成绩优异、贡献突出的员工给予奖励；有权对严重违反劳动纪律的员工给予处分，直至辞退。随着这些规定的落实，企业在用人方面有了更大的空间，正常的进出渠道逐步形成；劳动人事管理制度逐渐完善，劳动定额管理、定员定编管理、技术职称评聘、岗位责任制等在企业中推广；工资管理规范化，打破了分配的平均主义，增强了工资的激励作用；推行了对工人的工作业绩考核。从1986年10月1日起施行的《国营企业招用工人暂行规定》（国发[1986]77号）（该文件包括《国营企业实行劳动合同制暂行办法》《国营企业招用工人暂行规定》《国营企业辞退违纪职工暂行规定》《国营企业职工待业保险暂行规定》），为改革国营企业的劳动制度、招工制度，保证招工质量，提高工人队伍素质，增强企业活力，充分发挥劳动者的积极性和创造性，保障劳动者的合法权益，做出了进一步深化劳动用工制度的重要改革举措，明确指出：企业招用工人，必须在国家劳动工资计划指标内，贯彻执行先培训后就业的原则，面向社会，公开招收，择优录用。企业在国家劳动工资计划指标内招用常年性工作岗位上的工人，除国家另有特别规定者外，统一实行劳动合同制。用工形式，由企业根据生产、工作的特点和需要确定，可以招用5年以上的长期工、1~5年的短期工和定期轮换工。不论采取哪一种用工形式，都应当按照本规定签订劳动合同。企业招用一年以内的临时工、季节工，也应当签订劳动合同。劳动合同制工人与所在企业原固定工人享有同等的劳动、工作、学习，参加企业的民主管理、获得政治荣誉和物质鼓励等权利。

所有这些都表明，我国企业的人事管理工作发生了巨大的变化，已经初步具备了人力资源管理的某些功能和作用。可以说，国有企业人事管理的改革，为人力资源管理在我国的发展奠定了实践基础。

(3) 成熟期。这个阶段是1995年以后，以开始全面实行劳动合同制为标志，直至现在。

①人力资源管理的战略经营理念的形成。人力资源管理的职能理念在20世纪90年代后发生了重大转变，从一种维持和辅助型的管理职能上升为一种具有

重要战略意义的管理理念。特别是《国有企业招用工人暂行规定》（国发〔1986〕77号）颁布之后，人力资源管理在企业发展中的人力资源配置的作用日益重要，企业的劳动人事部门摆脱了"闲差"或"摆设"的局面，积极参与企业的经营发展策略的拟定。从雇员的招聘到使用都当成企业战略来认真对待，围绕企业的战略目标不断注重和加大对员工素质、知识更新、操作技能等方面的培训和开发，调动、激励员工工作的积极性、主动性、创造性，营造员工和企业共同的价值观、经营理念和企业文化。在这期间，随着社会的转型，企业用工制度的改革深化，以及取消企业行政级别和人力资源概念的广泛应用，企业内部机构设置也发生了深刻变化，纷纷撤销干部科与劳资科合并，形成现在的人力资源管理部门。

②高校毕业生实现自主择业，双向选择。2000年1月18日，教育部印发的《关于做好2000年全国普通高等学校毕业生就业工作的通知》（教学〔2000〕1号）规定，自2000年起停止使用《全国普通高等学校毕业生就业派遣报到证》和《全国毕业研究生就业派遣报到证》，启用《全国普通高等学校本专科毕业生就业报到证》和《全国毕业研究生就业报到证》。毕业生在规定时间内联系到工作单位后，由地方主管毕业生调配部门开具《毕业生就业报到证》，毕业生持《毕业生就业报到证》到工作单位报到，用人单位凭《毕业生就业报到证》办理有关接收手续。这一重大改革，实质上是取消了近50多年来高等院校毕业生享受国家干部身份的待遇，实现了由统包统配向自主择业的转变，确立了自主择业和双向选择的就业制度。

国务院办公厅于2002年2月8日转发了由教育部、公安部、人事部、劳动和社会保障部四部门联合签发的《关于进一步深化普通高等学校毕业生就业制度改革有关问题的意见》，强调高校毕业生是宝贵的人才资源，培养与社会主义市场经济要求相适应的大量劳动者和各方面专门人才，不断提高劳动者的素质，合理使用高校毕业生人才资源，是落实科教兴国战略的重要措施之一。

③科学化、制度化、规范化理念，使企业人力资源管理的规章制度日趋完善，对个人素质要求、岗位界定、工作职责、权利义务和突发性问题处理都有章可循。科学化、制度化、规范化已成为一种牢固理念，基础建设不断提高管理水平，降低成本，为企业现代化的经营奠定了基石。

④人力资源管理越来越注重人才的激励机制。人才问题是关系企业生存与发展的关键问题。当今世界，多极化趋势曲折发展，经济全球化不断深入，科技进步日新月异，人才资源已成为最重要的战略资源，人才在保持或提高企业竞争力中越来越具有决定性意义，因为人才是第一要素，是第一生产力。企业的人力资源管理不断改进和完善员工工资福利待遇，特别是高层管理和技术人才通过奖励(货币、实物)、持股、参股、期权、企业年金等优厚的待遇吸引人才，留住人才。

⑤知识更新、提高技能是人力资源管理的重要部分。企业越来越关注员工培训与开发工作，知识更新与操作技能的提高对于提高劳动生产率，创造财富，推动企业持续健康发展具有重要意义。在培训方法上，针对新、老员工在职业生涯规划方面不同的特点和要求，有目的地开展对员工的培训，如对新员工培训主要是企业的基本情况和规章制度的学习，思想品德教育，岗位技能的基本要求，操作规程、安全生产等基本业务培训；对老员工则侧重知识更新、潜能挖掘、技术创新，等等。使员工有归属感，从而提高工作积极性，使企业的发展有后劲、可持续。

⑥计算机、信息技术、互联网的应用大幅度地提高了人力资源管理部门的工作效率，一些人力资源管理工作可以以方便、快捷的自助形式提供。企业内部人力资源管理者把更多的精力集中在研究、探讨、服务企业的管理方面。人力资源管理部门的事务性工作，如职工福利、档案保存、政策咨询以及信息系统等外包给专营业主或专业咨询公司。可以说现代信息技术（管理虚拟化理念）的应用，必将使人力资源的管理效率大为提高。

二、人力资源管理的现状与问题

新中国成立60多年来，特别是经过30多年的改革开放实践，人力资源社会保障系统和地方各级政府坚持以人为本的理念，积极贯彻"尊重劳动、尊重知识、尊重人才、尊重创造"的方针，制定了一系列有关人力资源和社会保障事业的政策措施，并逐步建立起与市场接轨的人力资源管理体系。目前，我国企业的人力资源管理水平与前些年相比已经有了明显的提高，但由于传统观念、体制机制、社会文化、管理模式、人口素质、教育程度等种种因素影响，与市场经济发达国家相比还有较大差距，依然存在很多问题。

（一）我国人力资源基本状况

中国是世界上人口最多的发展中国家，13亿人口中蕴含着极其丰富的人力资源。积极开发人力资源，充分发挥每个人的潜能和价值，促进人的全面发展，为国家现代化建设提供强大的人力和智力支撑，实现由人力资源大国向人力资源强国的转变，是各级政府始终面临的重大课题和不懈推进的重大事业。

按照建立社会主义市场经济体制的要求，为推动科学发展，促进社会和谐，人力资源社会保障系统和地方各级政府注重发挥市场配置人力资源的基础性作用，实施人才强国战略和就业优先战略，实施积极的就业政策，建立和完善人力资源培养、吸引、使用和保障机制，加快人力资源法制建设，走出了一条适合中国国情的人力资源开发道路。

人口众多、劳动力资源丰富是中国的基本国情。多年来，党和政府采取积极有效的政策措施，大力加强人力资源的开发利用，使我国的人力资源状况发生了显著变化，人力资源规模不断扩大。

根据2010年第六次全国人口普查主要数据公报显示，全国总人口为1 370 536 875人。其中，普查登记的内地31个省、自治区、直辖市（含现役军人）的人口共1 339 724 852人。共有家庭户401 517 330户，家庭户人口为1 244 608 395人，平均每个家庭户的人口为3.10人，比2000年第五次全国人口普查的3.44人减少0.34人。性别比例为：男性人口686 852 572人，占51.27%；女性人口652 872 280人，占48.73%。总人口性别比由2000年第五次全国人口普查的106.74下降为105.20。劳动力人口为：15~59岁人口939 616 410人，占70.14%；同2000年第五次全国人口普查相比，15~59岁人口的比重上升3.36个百分点。人口的流动人口为261 386 075人，其中市辖区内人户分离的人口为39 959 423人，不包括市辖区内人户分离的人口为221 426 652人。同2000年第五次全国人口普查相比，居住地与户口登记地所在的乡镇街道不一致且离开户口登记地半年以上的人口增加116 995 327人，增长81.03%。

国民受教育水平明显提高。具有大学（指大专以上）文化程度的人口为 119 636 790 人；具有高中（含中专）文化程度的人口为 187 985 979 人；具有初中文化程度的人口为 519 656 445 人；具有小学文化程度的人口为 358 764 003 人（以上各种受教育程度的人包括各类学校的毕业生、肄业生和在校生）。同 2000 年第五次全国人口普查相比，每 10 万人中具有大学文化程度的由 3 611 人上升为 8 930 人；具有高中文化程度的由 11 146 人上升为 14 032 人；具有初中文化程度的由 33 961 人上升为 38 788 人；具有小学文化程度的由 35 701 人下降为 26 779 人。

人才资源开发取得积极进展。人才是指具有一定的专业知识或专门技能，进行创造性劳动并对社会做出贡献的人，是人力资源中能力和素质较高的劳动者。中国政府制定和实施一系列重大方针政策，统筹推进党政人才、企业经营管理人才、专业技术人才、高技能人才、农村实用人才和社会工作人才等各类人才队伍建设。经过多年努力，人才资源总量不断增加，人才素质明显提高，人才结构进一步优化，人才使用效能逐渐提高。截至 2008 年年底，全国人才资源总量达到 1.14 亿人。[①]

（二）我国企业人力资源管理的现状

自 20 世纪 80 年代以来，中国改革开放逐步深化，市场经济体制不断完善。同时，国有企业产业结构调整、主辅分离、技术革新、转型等改革进一步深化，外资（合资、独资）、民营、私营、股份、合伙、个体企业的发展势头如雨后春笋，多种经济结构并存。在这种大环境下，中国企业界开始真正正视竞争和市场这两个概念的内涵与外延，真正意识到人才在企业经营和竞争中所起到的重要作用，因此，企业提升自身人力资源管理水平的需求也越来越强烈。

面对社会的急迫需求，在高等教育方面：原劳动部所属的院校分别开设了以培养经济管理干部、职业安全卫生、职业教育高层次师资和管理人才、理论研究人员为主的专业。同时，中国人民大学劳动人事学院在 20 世纪 80 年代中期开设了"劳动经济"和"人事管理"两个专业，并招收本科生和硕士研究生。1993

---

① 中国的人力资源状况. http://politics.people.com.cn/GB/1026/12694563.html.

年，根据社会发展与转型的需要做出了一项具有里程碑意义的决策，即将原来的"人事管理"专业正式更名为"人力资源管理"专业。此举既是为了适应深化劳动、人事制度改革，适应劳动者自主择业权与用人单位自主用人权双向选择的需要；也是为政府、特别是为企业输送人才做准备。在学术方面，一些国外人力资源管理专业的原版或译著，以及接触国外人力资源管理前沿理论的学者，开始对中国的人力资源管理进行研究与探讨，并著书立说；一些专家学者在研究和借鉴国外人力资源管理制度经验的基础上，帮助中国企业探索并制定实施新型人力资源管理体系。与此相伴随，社会上一些相关专业的人力资源管理培训和咨询机构纷纷涌现；人力资源管理的计算机软件也大量面市。一些企业的人事、劳资部门也更名为"人力资源部"。

经过近30年的发展，尤其是进入21世纪以来，中国的人力资源管理已经取得了丰厚的实效，主要表现在这样几个方面：

第一，党和政府高度重视。2001年5月15日，时任国家主席江泽民在亚太经合组织人力资源能力建设高峰会议上的讲话中指出："加紧人力资源能力建设。要充分认识人力资源能力建设对经济社会发展的基础性、战略性、决定性的意义，把它放在社会经济发展的突出位置。"2010年9月16日，时任国家主席胡锦涛在第五届亚太经合组织人力资源开发部长级会议致辞中指出："优先发展人力资源。人力资源开发，对于人们参与经济发展和改善自身生存发展条件，对推动经济持续发展，实现包容性增长，具有基础性的重要意义。"国家最高领导人的讲话，为人力资源管理开发在政治、经济、法律和社会环境的宏观层面上的改善提供了强有力的保障。国务院以及职能管理部门积极响应，相继制定了一系列"以人为本、人才优先"的工作方针和行政规章。创新人力资源制度，建立政府、社会、用人单位共同参与管理与开发的新机制已形成共识。

第二，人力资源管理的基本理念已经得到普及，并推广应用取得成效。调整人力资源的专业结构、层级结构、分布结构，激发各类人力资源的创新活力和创造智慧，其对提升企业竞争力以及组织战略目标实现的重要性已经得到广泛认同。

第三，人力资源能力建设的力度和质量，为企业发展提供坚实基础和有力保证。企业在职位分析、职位评价、甄选、员工满意度调查、胜任素质模型、关键绩效指标（KPI）技术、平衡计分卡、构建和谐员工关系等方面一些重要的人力资源工具和方法得到了推广和运用。

第四，人力资源管理体系的整体性及其与组织战略和组织文化之间的匹配性得到改善，组织的人力资源管理工作已经从一些单一和零散的技术逐步朝着系统化体系建设方向发展，一些依靠人力资源管理赢得竞争优势，甚至在国际市场上赢得竞争优势的企业已经涌现。

第五，大力实施科教兴国战略，提倡尊重知识、尊重人才，一大批专业的人力资源管理人员逐步成长起来，人力资源管理的专业化水平不断提高。

第六，把开发人力资源作为推动经济社会持续发展的重要途径。各级政府以及事业单位等公共部门在引进和吸收现代人力资源管理理念、方法和技术方面也取得了明显的进步，公共部门的整体人力资源管理水平有所提高。

在看到成就的同时，我们也应清醒地认识到，人力资源管理与开发在我国的实践时间较短，与发达国家相比还存在较大的差距。无论是在理念方面，还是在技术方面，都有很多值得我们学习与借鉴的地方。尤其是在如何将人力资源管理的基本原理和方法与中国本土的政治、经济、文化以及市场环境等相融合方面，还有很多工作要做。第一，实现人才强国任重道远。人力资源是第一资源。当前，我国人力资源开发特别是人才工作进入了优先发展的新时期，既面临难得的发展机遇，也面临着严峻挑战，无论是人力资源开发、人才队伍建设，还是人力（人才）资源整体开发，与经济社会发展需求和建设创新型国家的目标相比都还有很大差距。我国是一个人力资源大国，却不是一个人力（人才）资源强国。第二，人力资源能力建设与现实发展的需要还需进一步完善。一是人才短缺问题普遍存在，高层次人才、高技能人才短缺问题仍然突出。二是创新创业人才成长的体制机制与市场配置机制以及公共服务体系还不完善，人才平等竞争的法制环境亟待加强。加快转变经济发展方式，实现科技创新和发展转型，迫切需要一支规模庞大的高层次、创新、创业型人才队伍和高技能人力（人才）资源队伍作为支撑。三是国内、国际人才竞争存在很多不合理、不公正现象，人才流失严重。尤其是在日益激烈的国际人才市场竞争中，我国的人才竞争优势尚不明显。第三，要立足当前，着眼长远。由于长期实行以出口为导向的发展战略，且多出口低附加值的劳动密集型产品，产业结构失衡已成为我国经济发展不稳定的深层次原因之一。随着中国产业结构调整和产业升级的步伐逐渐加快，以提高发展质量和效益为中心，创新体制机制，发挥企业市场主体作用，着力改善产品结构、提升技术结构、优化组织结构、调整布局结构，提高产业核心竞争力，推进产业结构调整和优化升级，成为实现经济持续快速协调发展的必然选择。显而易见，产业结构调整、技术结构升级的发展，必然要减少低附加值的出口加工业产业在经济增长中所占的比重，着力提高具有高附加值的如制造、信息技术、低耗节能、环保产业等新型产业在经济中所占的比重。产业结构的调整和技术结构升级的变化，必然导致企业对各类人才的需求量大幅增长，人力资源对于经济增长和企业可持续发展的贡献将会进一步彰显。因此，要有效开发和利用人力资源，提高劳动者的素质，提高人力资本存量，开发与释放人力资源潜质与能量，充分发挥人力资源在中国经济的腾飞和社会发展中的重要作用。总之，中国的人力资源管理任重道远，这也是人力资源管理领域的理论工作者和实践工作者义不容辞的责任。

（三）市场经济环境下，我国人力资源管理面临的挑战

我国经济体制由计划经济向市场经济转型，导致了宏观经济中资源配置方式、经济增长方式、产业结构产生重大变化，这对我国传统的企业管理理论和方法都产生了重要的影响。由于经济社会的转型，使得我国人力资源管理无论在理论研究层面上，还是在管理实践层面上，都还存在着诸多值得进一步深入思考和探讨的课题。现在我国学习和应用的人力资源管理理论与方法大都来自西方发达的资本主义国家。在不同的国家和地域，不同的社会环境与人文环境、政治环境下，人力资源理念有着本质的区别，借鉴发达国家企业人力资源管理经验是必要的，但是创建适合中国转型经济特点和发展趋势的"本土化"人力资源管理理论和方法更为关键。在我国经济转型过程中，人力资源管理的职能、手段所依赖的社会、文化、技术背景和企业制度都发生了演变，企业必须根据转型经济需要，结合中国特色实行以新蚕旧，积极稳妥地解决现实人力资源管理的问题，这也对学术界和人力资源管理者提出了一系列新挑战。

1. 把握全局。第一，在全局上把握我国经济转型的特征和演变机理，研究和探讨经济转型、产业结构调整对于我国企业人力资源管理产生的影响，实现我国人力资源管理和经济转型的适应性。第二，还需要我们抓住转型经济的主要特点和趋势，对市场经济体制下我国企业人力资源管理若干关键问题进行具体、深入的研究，探索适合中国特色的人力资源管理理论与方法。

2. 文化冲突。伴随着我国经济的转型，企业文化发生了重要的演变。从计划经济体制转到现在的社会主义市场经济体制，经济社会的变迁导致外来文化的"入侵"，形成本土企业文化和外来企业文化的相互撞击、相互渗透、相互融合，你中有我、我中有你的格局，甚至在某些领域呈现出本土文化让位于外来文化的现象。

那么，西方市场经济国家较为成熟的人力资源管理理论，与中国独特的企业文化如何实现有效对接与融合，借鉴国外先进理念用于构建适应我国企业文化的人力资源管理理论和方法，促进企业文化和人力资源管理在经济转型过程中的互动关系，使两者的功效形成合力、文化形成氛围，相互促进，是企业面临的重要问题之一。

面对国外政治、经济、文化、市场、观念等的差异，我国企业在国际化过程中如何建立有效的人力资源管理模式，是我国社会转型、经济结构和产业结构转型过程中面临的一个重要问题，也是摆在理论界面前的重要研究课题。

3. 创新成为主流。把我国建设成为创新的国家，已经成为国家发展的目标之一。伴随着我国市场经济体制建设的不断完善，经济结构与产业结构调整的不断深化，自主创新成为企业的新目标。增强自主创新能力，提高经济增长中知识资本贡献份额，从"中国制造"转变为"中国创造"已成为我国经济转型和发展过程中企业的新目标。增强自主创新能力、知识资本形成与价值实现的关键在于人才和对人才的管理。强调自主创新，就必然要求建构有效的员工组织模式，优化组织的人才结构，以更好地促进组织学习和发展创新能力。因此，如何围绕在社会转型、经济结构和产业结构调整中企业自主创新的目标，探讨促进我国企业自主创新在员工组织、潜能开发、体制机制、人才结构优化等方式、方法、制度、规程等，是企业面临的一个十分重要的问题。

三、完善人力资源管理需要研究的问题

（一）树立科学的人力资源管理观念

以人为本，是人力资源管理的核心，是企业管理人性化的集中体现。一个企业是否真正树立以人为本的管理思想，直接关系到企业能否有效实施战略人力资源管理。因此，只有首先树立科学的人力资源管理观念，真正树立以人为本的管理思想，才有可能真正认识到人力资源管理的重要性，也才有可能在观念和行动上重视和支持人力资源管理工作的开展。

（二）加强人力资源职能部门的基础建设

要加强人力资源管理，强化人力资源管理的职能，发挥人力资源管理的作用，企业就必须成立专门的部门，设置专业管理人员。按照科层制的要求明确各个职级工作范围与职责，在职能设置中，人力资源管理部门既要完成劳动保障和员工管理工作，比如员工劳动合同管理、档案管理、薪资福利管理等，又要承担建立企业战略人力资源管理体系的任务，切实做到让人力资源管理能够为企业战略发展服务。在人员配备上，一是要具备一定的专业知识和专业技能；二是按照企业的规模和任务来确定人员数量，要符合精简高效的原则，既不能人员过少，又不能人浮于事；三是用其所长，调动每个人的积极性。选人、用人要符合岗位的要求，在符合岗位要求的基础上对其年龄、文化、能力、性格等因素结构进行优化配置，以充分发挥其最大的效能和作用。

（三）建立战略人力资源管理体系

企业要获取并维持长久的竞争优势，就必须从战略的高度来开展人力资源管理工作，建立起战略人力资源管理体系。战略人力资源管理的制定要围绕并符合企业战略目标的要求，确定一定时期内企业人力资源管理的总目标、总政策、实施步骤及总预算安排；同时，要有一套与企业人力资源战略相配套的，完善的人力资源管理职能体系。这就要求人力资源管理者必须参与到企业战略制定过程中，从人力资源管理的角度为企业战略的制定提供专业依据和决策支持。并根据所制定的战略建立相应的人力资源管理体系，以全面支持战略的实现。

（四）人力资源管理职能的科学化、规范化、系统化

在发挥人力资源管理职能的过程中，人力资源管理者必须坚持科学化、规范化、系统化的工作方针，以改革创新的精神，为企业生产经营，全面、健康、可持续发展做出实效。

1. 创新思维。点亮智慧人生，创新是以思维创新为前提的，创新思维是创新的根本和灵魂。恩格斯指出："一个民族要想站在科学的高峰，就一刻也不能没有理论思维。""理论的思维仅仅是天赋的能力，这种能力必须加以发展和提炼，而为了进行这种提炼，除了学习以往的哲学，直到现在还没有别的手段。"《周易》中说："百姓日用而不知，故君子之道鲜矣。"因为创新具有科学性、时代性、社会性、独立性的特征，所以，创新是一种资源开发，是企业发展的不竭的动力。人力资源管理者必须根据本企业在不同时期和阶段发展状况，不断地进行管理创新，不断拓展人力资源管理的职能。

2. 前瞻性。顾名思义就有超前、向前的意思，是对未来事物发展客观方向的洞察和把握，是指对社会发展的一种预见能力，包括社会发展的方向，社会发展的速度。人力资源管理者要跳出经验主义、文本主义的框框，以及传统、习惯的做法，以本企业的发展战略规划的实现为目标，洞察企业外部环境的变化，如社会改革发展趋势，收集有用的各种新闻、信息，人力资源和社会保障政策、劳动力市场供求关系的变化，党和政府举行的重大活动，国家领导人的讲话，国际国内政治经济形势的变化等。把握、了解企业内部的环境变化，如领导层的重大决策酝酿，领导层的人员更迭，机构设置的调整，人员结构的变化，等等。依据掌握的资料对人力资源管理工作的发展趋势、中心工作、工作要点、改革方向、工作模式、工作目标以及中长期工作规划，做出具有科学性、系统性和前瞻性的研究，服务于公司经营发展战略需要。

3. 建立绩效管理系统。建立绩效管理系统，可以从如下几个方面着手：第一，实行目标责任制，把对员工的绩效要求与企业的生产、发展需求结合起来，即应将企业发展目标进行分解，落实到每个部门和每个岗位上，实行目标责任制，责任到人；第二，制定科学合理的考核指标，针对每个岗位和人员的责任要求，依据现代企业管理的模式、企业生产环境、设备状况、科技含量、劳动技能

等各种因素，制定科学合理的考核标准；第三，建立信息反馈制度，在管理、考核过程中，人力资源管理人员应该及时地向员工提供信息反馈，让员工知道自己的工作进展是否符合企业的要求，同时根据员工的工作表现，进行相应的辅导和激励；第四，制定一套切实可行的考核方法，并一定要加强对直线经理的培训，让直线经理掌握这套考核方法。考核结束之后，还应该根据员工的绩效情况，采取进一步措施，包括奖励优秀的员工，帮助暂时落后的员工，制定相应的计划来帮助员工提高他们的业绩水平。

4. 加大培训力度，提高执行能力和技能。作为管理者，通过培训可以提高政策水平，增长管理知识，激发潜能和才干，提高执行上级决策的能力。作为劳动者，通过培训可以更新知识，提高劳动技能，增加员工对组织的归属感和责任感，把企业的生存和发展与自己的发展前途结合在一起，进而提高企业组织绩效。人力资源管理部门和管理者要把对员工的培训培养当作一件大事来抓，根据企业发展战略制定的培训计划和规划，进行合理的培训需求分析，制定出短、中、长期的培训计划与规划。

5. 加强人才培养。企业所需的各类人才是企业的命脉，人才培养是企业发展的动力源泉。人力资源管理部门应根据企业发展的需要，尽可能地建立起一支开放式的师资队伍，授课师资应是某一领域的专家、权威，而不是杂家，防止"外行教内行""没本事的教有本事的"怪现象。在课程的综合结构、课程的组合结构、课程的开放结构、教学的循环结构、班务管理、学员自我管理等方面不断改革创新，走出一条适合本企业，具有本企业教学特色的培训课程。在教材开发方面，充分利用本企业、行业、产业、系统、高等院校、科研院所和国家主管部门的优势不断引入最新科学技术成果和先进经验，紧跟时代的发展步伐做好教材开发工作。同时，建立起适合本企业的员工培训开发评估体系。

6. 完善激励机制。在市场经济体制初建时期，我们常常听到对最先发展起来的企业在业内或社会上留下"改革先锋""创业先锋"或企业的"黄埔军校"等赞誉。后来发现似乎最早发展起来的企业大都走了一条轨迹基本相同的道路，即因得人才而发展，因发展得更多人才，因利益分配不公，导致人才流失，因人才流失而倒闭。而从中流失的人才不是另起炉灶，就是为他人所用。由此可见，建立完善的激励机制是多么重要。

建立激励机制的基础是要对企业员工进行优化组合,是各部门的员工之间实现最佳的合理的配置,把每个员工放到最能发挥他们作用,体现他们价值的职位上,为员工创造良好的工作条件,通过竞争选择优秀员工从事富有挑战性的工作,激发他们的工作热情。劳动报酬是劳动者所追求利益的核心,完善薪酬管理系统,建立与其他企业相比有竞争力的薪酬制度,体现劳动、知识、技能、专利等所有要素在分配中的作用,对于激发劳动者的积极性、助推企业的发展将会发挥巨大的作用。建立有效的精神激励机制,做到物质与精神奖惩相结合。企业应该从满足员工的精神需要出发,运用"文化管理",努力营造尊重、和谐、互相关心、互相帮助的企业文化氛围,激发员工的积极性和进取心,使员工有归属感。

7. 建立科学的招聘与用人机制。人才永远是企业最宝贵的资产,招聘到所需人才是企业获得优秀人才的关键。企业在招聘之前进行分析,确定企业究竟需要什么样的人,是按程序规则办事的重要内容。而不是人力资源部门领导人或直线经理根据自己的经验来进行判断,因为以经验为基础的招聘带有浓重的主观色彩,缺乏一致性、科学性和系统性。人力资源管理者对于人员招聘行为应当有正确的定位,要根据岗位的需要来合理选人,择优用人,尤其是对年龄、文化、能力、性格等因素结构要进行优化配置,以充分发挥其最大的效能和作用。招用人员不是为某个职位而招聘人,而是为整个公司在招聘人才。此外,企业还有必要对招聘录用的员工的工作情况进行跟踪,以不断完善招聘系统的功能,使人力资源管理的各项职能互相配合、互相支持,共同来为建立战略人力资源管理体系服务。

8. 增强人文关怀。随着经济全球化、社会知识化的趋势日益明显,广泛性、快速性、复杂性和不确定性等成为这个时代的主要特征。在当前人才竞争十分激烈的大环境下,如何留住人才和充分利用人才,对人力资源管理提出了新的要求。除了给员工提供优越的条件外,还应该在企业内部形成"尊重人才、尊重知识"的氛围,对人才进行人文关怀,树立科研致富、技术致富的风气,保证企业对知识经济的高度重视。

第一章 人力资源管理概述

21世纪我国企业的人力资源管理必将遵循科学发展观，坚持以人为本，为企业全面、健康、可持续发展，而致力于提高组织学习能力，培养组织全球性思维，吸引招揽具有全球领导力的经理人员和知识工作者，加强人力资源管理的科学化、正规化、制度化、系统化、职业化建设，为经济社会和企业的可持续发展提供人力资源保障。

思 考 题

1. 资源的概念与含义是什么？
2. 人力资源的概念是什么？
3. 人力资源产生的背景是什么？
4. 人力资源的定义、内涵与特征是什么？
5. 人力资源有哪些作用？
6. 简述人力资源管理的概念与内涵。
7. 人力资源管理与其他职能部门之间有哪些关系？
8. 人力资源管理的地位和作用是什么？
9. 哪些因素影响人力资源管理的内外部环境？
10. 人力资源管理者应具备哪些素质？
11. 人力资源管理经历了哪些发展历程？
12. 简述人力资源管理的现状与问题。

第二章

人力资源战略与规划

本章导读

人力资源战略与企业规划两者互为依存,紧密相连。人力资源战略是企业规划的基础,企业规划对实现企业发展战略至关重要。在战略性人力资源管理中,规划是企业战略的关键性因素和组成部分,人力资源规划过程就是用行动计划实现企业主要目标或发展战略。因为人力资源是竞争优势的主要源泉,是企业实现纵向整合或横向整合关键的基础条件,是与企业发展目标相适应的人力资源管理政策与企业战略的统一。

第一节 组织战略概述

一、古典战略管理理论

自从20世纪60年代钱德勒在《战略和结构》一书中率先阐述企业战略管理理论以来,学者们从不同的视野就组织战略管理理论提出了诸多见解。根据现有的企业战略管理理论,归纳起来大致可分为三个阶段,即古典战略管理理论、以产业分析为基础的竞争战略理论和以资源为基础的核心竞争力理论。

古典战略管理理论是以环境为基础进行的研究,强调对环境和组织自身的优势和劣势的分析。具有典型代表性的是哈佛商学院安德鲁斯提出的制定企业战略的过程模型——SWOT分析(见表2—1)。

这一模型是古典战略管理理论的典型代表,强调企业战略管理必须适应外部环境的变化与发展,以提高企业的市场占有率为目标。关键是企业的外部环境

表 2—1　　　　　　　　　　安德鲁斯 SWOT 分析模型

内部因素 外部因素	内部优势（S）：在管理、经营、财务管理、研究开发等方面的优势	内部弱点（W）：如与内部优势相对应的各项弱点
外部良机（O）：目前和未来的经济条件、政治和社会的变化、新技术核心产品等	SO策略：极大—极大 可能是最成功的策略，发挥组织的优势，即利用机会	WO策略：极小—极大 如为充分利用机会而采取克服弱点的发展策略
外部威胁（T）：如缺少能源、竞争激烈等因素	ST策略：极大—极小 如利用公司的优势解决或避免威胁因素	WT策略：极小—极小 如紧缩开支、清理和建立合资企业

资料来源：哈罗德·孔茨，海因茨·韦里克. 管理学. 北京：经济出版社，1998.

是不断发展变化的，被动地适应不断变化的外部环境，其结果往往难以达到理想的目标。

古典战略管理理论是建立在线性思维基础上的。也就是说，企业在进行战略管理时，首先要分析企业外部环境的利弊关系，然后把这些因素或条件参数输入特定的战略管理模型，然后就可以获得最佳的战略管理方案。但是，这种过于理想化的战略管理方案在实践中其效果与愿望有差距。其原因是，这类方案忽略了在现实企业管理中许多小的细节，如产品供求关系的变化、购买商的计划调整、管理者的经验判断等。细节决定成败，一些微不足道的事情可以积少成多，由小变大，最终可能导致决定企业在市场中命运的关键。

二、波特的竞争战略理论

波特的竞争战略理论核心是以产业为基础的竞争战略，这是哈佛大学的波特教授于1980年提出的。波特把产业经济学中的贝恩范式（结构—行为—绩效）引入战略管理，认为"形成竞争战略的实质就是将一个公司与其环境建立联系"，并提出分析企业竞争战略包括五种竞争作用力：进入威胁、替代威胁、买方讨价还价能力、供方讨价还价能力、现有竞争对手的竞争。这种竞争作用力的强弱，取决于产业的利润率。其重点强调的是：

1. 选择有吸引力的、高潜在利润的产业。
2. 在已选择的产业中获得有利的竞争地位。

该竞争战略理论把企业战略管理引入更广阔的环境分析视野中,在关注产业结构的同时,谋求有吸引力的产业和谋求在具体产业中有吸引力的竞争地位,这一理念对于提高企业竞争力有积极作用。但其不足是忽视了对企业内部因素的分析,现实中在具有高吸引力、高利润产业中依然有经营业绩很差的企业。

三、核心竞争能力学派

企业内外部环境的变化具有许多不确定因素,紧紧依靠某一种模型制定的竞争战略,未必能获得理想的结果。因此,企业核心竞争能力学派认为,企业要想获得竞争优势,必须具备独特的竞争能力。企业战略管理的核心是善于并充分运用企业的核心资源,提升企业的竞争能力。哈默尔和普拉哈拉德认为,充分有效地利用资源的有五种方式,即更有效地将资源集中于战略目标;更有效地积累资源;整合互补资源以创造高层次的附加价值;尽可能保存资源;缩短消耗与回收之间所需的时间,以迅速回收资源。

不论是波特的竞争战略理论,还是哈默尔和普拉哈拉德的核心竞争能力,他们都对企业的战略管理理论和实践做出了积极的贡献。但是要使企业在市场竞争中立于不败之地,就必须清醒地认识所处的内外部环境、自身条件的优劣、竞争优势等各方面因素。

通过对战略管理理论的简要介绍,我们不难看出以往战略管理理论具有以下特性:第一,战略设计的思路遵循线性思维方式,寻求线性战略设计模型,从理想的愿望出发,设计战略模型并进行实际操作,实践检验其效果往往不尽如人意。第二,追求单一的稳定均衡,规划长远步骤,然后按部就班,机械地认为这样就能获得理想的结果。事实上在经济和管理工作中有许多问题需要解决,仅此一个结果不免有以偏概全之嫌。第三,追求最优的战略设计,战略设计的经济学假设前提是:经济运行中有帕累托最优(完全理想化的最优结果),但事实上,组织处在不断发展变化的过程中,不存在帕累托最优。总之,这些假设脱离实际,在理论与实践上还有距离,机械、僵化地制定的企业战略在实施过程中往往会发生偏颇,不能有效指导企业健康和可持续发展。

四、人力资源战略的选择

人力资源战略是有关人力资源系统和措施的决策模式。分析方法有两种：一是从劳动力市场的观点来分析，认为这种模型建立在雇主与员工交换关系的基础上；二是建立在雇主监督、控制员工绩效的基础上。

（一）以雇主与员工交换关系为基础的人力资源战略

这种人力资源战略分析方法有两个假设：一是雇主把员工视为资产还是不变成本？二是员工关系是内部人力资源市场还是外部人力资源市场？如果员工关系是内部人力资源市场，那么雇主将人力资源视为资产，愿意为员工提供工作保障和职业生涯发展计划，员工的劳动报酬标准不是参考人力资源市场供需状况确定，而是按照内部资产标准确定。如果员工关系是外部人力资源市场，雇主会将人力资源视为成本。当雇主认为劳动力成本影响了自己的利润收入，就可能根据市场行情确定劳动报酬标准，也可能根据需要提升或降低，灵活地制定劳动报酬标准。

奥斯特曼在上述两个假设基础上提出了四种不同的人力资源战略模型：技能战略、第二种战略、产业战略、工资化战略。

1. 技能战略。技能战略假定人力资源市场中的劳动者具有一定的知识和技术水平，实现自身价值的愿望强烈，个人职业生涯发展规划明确，在这种情况下，劳动力的流动是频繁或不可逆转的。根据内部员工结构和人力资源市场供求变化，雇主和雇员之间就会产生利益上的博弈。企业从外部人力资源市场招募所需要的员工，以降低劳动力成本和保持灵活适度的人员配置来建立竞争优势，给予的报酬标准会随行就市，甚至会低于市场行情。对于员工而言，由于工作保障程度低，工作不稳定，可能要求企业提供市场化的劳动报酬。

2. 第二种战略。第二种战略认为，对知识或技能的要求不是十分严格，只需要工作岗位最基本技能，其劳动报酬标准也相应较低，既没有工作保障，也没有职业生涯发展计划，比如传达室门卫和卫生清洁人员。员工因缺乏工作灵活性或安全感，从而要求获得市场化的劳动报酬。

3. 产业战略。产业战略是一种混合战略。在采取这种战略的企业中，员工的工作岗位稳定，工作环境较好，任务明确，责任清晰，工作流动性差，比较强调资历。比如，企业的报酬水平主要参照资历和实际工作业绩来确定，基本上不受外部人力资源市场的影响，雇主只提供有限的职业生涯发展计划。对员工而言，员工为了获得有限的工作保障和待遇会放弃对工作过程的控制。

4. 工资化战略。采取工资化战略的企业将员工视为获取持续竞争优势的一项关键性资源。企业通常提供优厚的物质条件和强有力的工作保障，工作职责可以变动，分配方式灵活，职业生涯发展计划明确，依赖优秀人才，工资收入差别较大。对企业而言，要求员工对企业忠诚，以更高的积极性和责任心投入到工作中。工资化的战略是一种典型的内部人力资源市场观点。

在奥斯特曼研究的基础上，戴勒瑞（Delery）和多提（Doty）提出了三种理想的人力资源战略模型：市场战略、内部战略、中间道路。特别强调企业战略与人力资源战略之间的逻辑联系，实行人力资源战略与企业战略相互协调的企业的经营业绩，要比那些人力资源战略与企业战略相互不协调企业的经营业绩好得多。

市场战略的做法是，企业最大限度地降低劳动力成本，员工内部发展机遇较少，员工主要从外部招聘，几乎不对员工进行正式培训，利润分配参与人员大众化，工作保障程度低，员工参与企业决策的机会很少。

内部战略的做法是，企业强调充分发挥员工的能力与潜能，从企业内部选聘人才，提供广泛的在职培训，提倡员工之间的交流，对员工的评价主要根据工作表现和工作成果来评估绩效，而不侧重某一方面。强调员工的发展，提供完全的工作保障，鼓励员工参与决策。

中间道路战略则介于市场战略和内部战略两者之间。

贝荣（Baron）和克瑞普斯（Kreps）则不把员工视为一种资源或者成本，而是根据企业有效获得、发展和维护人力资产的方式，将人力资源战略划分为三种类型：内部人力资源市场战略、高承诺战略和混合战略。与上述两类战略模型不同的是，贝荣和克瑞普斯提出的人力资源战略模型表明了任何企业战略的成功实施都依赖于企业自身所具有的、独特的、可持续的人力资源能力。

1. 内部人力资源市场战略。它强调两个人力资源目标：一是维护企业独特的知识，二是选聘员工和员工培训成本最小化。为了实现这两个目标，企业设计了复杂的招募系统，提倡并鼓励员工的交流，提供广阔的发展空间，激励员工安心工作，以内部资产帮助确定薪酬。也就是说，通过提供工作保障和广阔的职业生涯发展前景，鼓励员工提高技术水平和工作能力，对企业的经营理念和企业文化等独特的知识有一定程度的积累。除了初级岗位外，其他所有岗位都从内部选聘合格人选。

2. 高承诺战略。高承诺战略的目标是最大限度地提高员工的劳动生产率，让员工对企业有归属感，对工作有较强的认同感。在其人力资源战略的规划下，企业利用复杂的招募系统保障录用到合格的人才；在报酬制度上鼓励员工增加工作的灵活性，提倡员工参与企业文化建设。也就是说，一方面通过外部人力资源市场获得掌握一定知识和技能的人才，在一定程度上主张员工有适度的流动；另一方面通过团队建设、结构扁平化、交流公开化和工作成果差别化的劳动报酬制度，将员工流动的损失降到最低。

3. 混合战略。是内部人力资源市场战略和高承诺战略两者的统一。它既采用了内部人力资源市场战略的工作保障和内部提拔人才制度，又采用了高承诺战略的团队工作结构和以成果为基础的绩效考核。

另外，贝荣和克瑞普斯的研究发现，越来越多的美国企业选择了另一种形式的混合战略。对关系到企业竞争优势的核心岗位采用高承诺战略，而对一些非关键岗位采用从外部人力资源市场选聘人才的战略。

（二）以企业监督、控制和员工绩效为基础的人力资源战略

戴尔和霍德从控制角度提出了以下三种人力资源战略：

1. 诱导战略。企业强调成本控制，管理人员较少，采取一定措施确保连续投入产出过程的延续性。这类企业强调目标承诺，同时任务明确，职责清晰，以降低生产过程中的不确定性，劳动报酬主要参照个人的工作态度和业绩。一般而言，处于激烈竞争环境中的企业常常采用诱导战略。

2. 投资战略。适用于有一定的适应性和灵活性，实行差别化的企业采用。企业具有多方面的技能，但是决策集中，实行科层制，职级分明，工作职责广泛，劳动报酬实行多样化，鼓励员工创新，积累知识，重视员工的发展。其缺陷

在于企业内部管理层面较多，劳动过程的监督和烦琐的报告系统可能影响员工的积极性。

3. 参与战略。采取此战略的企业多数具备扁平和分权的组织结构，能够在对竞争者和生产需求方面，做出迅速反应的同时有效地降低成本。为鼓励员工创新，企业的人力资源管理政策强调人员配备、工作监督和劳动报酬，员工多数是掌握高精尖技术或技术水平高的专业人员。企业为员工提供挑战性的工作，鼓励员工参与，把劳动报酬与成果紧密联系在一起，从而实现战略目标。

戴尔和霍德认为，人力资源战略是实现人力资源目标的决策以及实现目标的手段，人力资源战略主要实现四种主要的目标：贡献、组合、能力和承诺。贡献指对员工绩效水平的期望，比如效率、创造性和创新能力；组合指企业员工的构成，如民族、性别、年龄、知识、技能结构等；能力指员工的知识和技能水平，即员工具备实现企业战略目标的能力；承诺指员工对企业的忠诚程度。

（三）综合模型

综合模型是根据人力资源获取与控制方式两个方面来划分人力资源战略的，主要有以下几种：

1. 资源获取维度。资源获取包括两个方面：一是从外部获取，二是自身具备。也就是说，企业内部人力资源政策是自己培养与挖潜员工的能力，还是通过外部购买获得这种能力。

2. 控制方式维度。主要是指企业是倾向于监督员工行为，使其遵守操作规程，还是将员工利益与企业利益联系在一起，提高员工的积极性，发挥其特有的能力以实现企业的目标。

3. 当企业管理人员不足以完全了解投入产出的过程，或不完全具备对员工行为进行监督、评价的能力时，采取承诺战略比较合适。企业通过承诺战略，可以激励员工为了共同的利益而努力，员工的行为能够自觉保持与企业的目标一致。企业重视员工的培训与开发，以内部人力资源市场为主，从内部选拔人才。

当内部劳动力成本比较高时，企业可以采取自由战略，通过外部人力资源市场来获取相应的专业人才或稳定的技术服务。因为许多企业在实践中发现，通过提高和规范生产过程来降低不确定性，不如从外部人力资源市场购买技术服务更实用。例如，劳务派遣用工的"三性"工作岗位，任务结束后随时可将被派遣劳动者退回劳务派遣单位。还有项目外包的承包商一般都是根据承揽工程项目需要，招用大量的熟练工人和低端劳动者，工程完工后这些人就返回人力资源市场。

家长式战略，是在强调过程控制的同时，采取部分内部人力资源市场措施以确保主产过程的稳定性，通过多任务小组和团队生产方式开发、挖掘员工的能力，以此获得部分竞争优势。即员工同意对其生产过程进行直接监督，在对人员配备进行临时调整的情况下，管理人员不仅承诺从内部选拔人才，还要提供就业保障。

次级战略，比较适合以成本和稳定的生产过程为主要竞争优势的企业。为了降低成本，企业强调过程控制，同时必须确保工作足够简单，一般从外部人力资源市场招聘员工，使转换和培训成本最小化，而且劳动力成本是可变的。

第二节　人力资源战略

一、企业人力资源战略的概念与特征

（一）企业战略

"战略"一词最早是军事方面的概念，"战"指战争，"略"指谋略，指军事将领指挥作战的谋略。在我国，"战略"一词历史久远，《孙子兵法》被认为是中国最早对战略进行全局筹划的军事著作。在西方，"战略"一词源于希腊语的军事将领、地方行政长官，后来也演变成军事术语，在现代"战略"一词被广泛应用到军事以外的各个领域，指具有统领性、全局性的谋略。

关键概念

企业战略是对企业各种战略的统称，是把战略的思想和理论应用到企业经营管理之中，是从多层次、多方位、多角度对企业基本性、整体性、长期性、可持

续性发展的谋略。

关键概念

人力资源战略是企业发展战略的重要组成部分,是企业根据内部和外部环境分析,科学地分析预测企业在未来环境变化中人力资源的供给与需求状况,制定必要的人力资源获取、利用、保持和开发策略,从而制定出企业的人力资源管理目标,通过各种人力资源管理职能活动实现企业发展目标和人力资源管理目标的过程。

（二）企业战略的特征

企业战略具有以下特征：

1. 全局性。它以企业全局为研究对象,绘制企业的发展蓝图,确定企业的总体发展纲要、规划、计划、步骤、目标,制定企业的行为规范,追求企业的总体效益,体现企业决策层的观念、理念。

2. 纲领性。经营战略所确定的战略目标和发展方向是一种原则性和总体性的规定,是对企业未来前景的设计,对企业的生存与未来的发展起到纲举目张的作用。

3. 前瞻性。企业战略的着眼点和落脚点是企业的未来而不是现在,是为了谋求企业的长远利益,以及稳定、健康、可持续的发展,而不是眼前利益。

4. 竞争性。指企业在竞争中为战胜竞争对手,迎接环境的挑战而制定的一整套行动方案。

5. 风险性。指战略考虑企业的未来而未来具有不确定性,因而战略必然具有风险性。

6. 动态性。企业战略必须具有动态性,随时根据内外环境的变化及时做出调整。

企业战略是一个系统性工程,作为组织的子系统,它在支持其他子系统运行的同时,也需要其他子系统的支持,彼此之间形成相互依存、相互补充、相互发展的关系。

（三）企业战略的分类

哈佛大学教授波特于1980年提出以产业为基础的竞争战略,从而在产业经济学和管理学之间架起一座桥梁。他认为,"形成竞争战略的实质就是将一个公司与其环境建立联系",决定企业获利能力的首要因素是"产业吸引力",企业在拟定竞争战略时,必须深入了解决定产业吸引力的竞争法则。竞争法则可以用五种竞争力来具体分析,即行业现有的竞争状况、供应商的议价能力、客户的议价能力、替代产品或服务的威胁、新进入者的威胁。波特的竞争战略具体可以分为成本领先战略(overall cost leadership)、差异化战略(differentiation)和集中化战略(focus)。第一种战略即通过最大努力降低成本,通过低成本降低商品价格,维持竞争优势。第二种战略即公司提供的产品或服务要别具一格。第三种战略是主攻某个特定的客户群、某产品系列的一个细分区段或某一个地区市场。其企业竞争战略强调的重点有:选择有吸引力的、高潜在利润的产业;在已选择的产业中获得有利的竞争地位。

波特的竞争战略把企业战略管理引入更广阔的环境分析视野,关注产业结构,提出寻求有吸引力的产业和谋求在具体产业中有吸引力的竞争地位,这些对于提高企业竞争力有积极作用。其理论的局限在于,忽视了对企业内部因素的分析。企业核心竞争能力学派(core competence analysis)则是最新发展起来的一种企业战略管理理论。

1990年,美国著名管理学者加里·哈默尔和普拉哈拉德提出核心竞争力模型。他们认为,随着世界的发展变化,竞争加剧,产品生命周期的缩短以及经济全球化的加剧,企业的成功不再归功于短暂的或偶然的产品开发或灵机一动的市场战略,而是企业核心竞争力的外在表现。企业要想获得竞争优势,必须具备独特的竞争能力。企业核心竞争力的识别标志有四个:第一,价值性,这种能力首先能很好地实现顾客所看重的价值,如能显著地降低成本,提高产品质量,提高服务效率,增加顾客的效用,从而给企业带来竞争优势;第二,稀缺性,这种能力必须是稀缺的,只有少数的企业拥有它;第三,不可替代性,竞争对手无法通过其他能力来替代,它在为顾客创造价值的过程中具有不可替代的作用;第四,难以模仿性,即核心竞争力必须是企业自身所特有的,并且是竞争对手难以模仿的,也就是说它不像大众技术和普通材料随时能在市场上购买到,而是必须难以转移或复制,这种难以模仿的能力是企业的竞争核心,是偷不去、买不来、拆不开、带不走的,是为企业创造利润最大化的基石。

二、企业人力资源战略的作用与意义

基于企业战略的需要,企业最终需要哪些人才,招聘多少人员,如何保证重点岗位所需的人才,以及重点获得并储备哪些人才资源,企业将如何利用现有人力资源的能力,采取什么政策处理好员工关系,激活并挖掘企业现有人力资源的潜能,提升员工的精神面貌和劳动技能,这些都需要在人力资源战略中得以充分体现。

(一)企业人力资源战略的作用

1. 帮助企业制定与鉴别战略目标

由于企业所处的内外环境是不断变化的,企业的战略目标也需要不断调整。人才竞争是未来竞争的焦点,企业必须认识到需要什么人才随时都能找到的想法已经不再适用于未来的环境。因此,人力资源战略与规划有助于企业认清企业目标的变化和人力资源现状,通过分析预测人力资源的供求状况,制定相应的规划,使得企业的战略目标更具有预见性,从而提高对环境变化的适应能力和企业的竞争力。

2. 有助于创造战略目标实现的环境

企业的战略目标必须以具体的目标体系为基础,在采取有效的资源保障和配置以及有效的激励和约束的条件下,才能得以实现。人力资源决策在外部环境层面、企业内部层面、人力资源部门层面、人力资源数量层面和任务层面都对企业战略目标的实现有重要影响。人力资源战略与规划不仅可以在人力资源战略目标下通过计划,把资源集中到与企业目标最一致的产品和服务中去,还可以通过计划的制定、实施和评估、反馈,保证政策的连贯性和一致性。

3. 为企业战略目标的实现提供人力资源保证

人力资源计划在明确企业战略的要求后,要预测人力资源的供需缺口,采取相应的措施,平衡人力资源的供给与需求,确保企业目标的实现。

劳动者的自由择业权的充分行使,使得企业员工流动成为普遍现象。企业在日常生产过程中经常会出现岗位空缺,对于一般技能要求不高的岗位来说,不会造成大的影响，但对于规模比较大，岗位分工明细，专业化流程比较高，专业技能、科技含量高的岗位来说，临时填补员工流动造成的岗位空缺不是一件十分容易的事情。因此，事先进行人力资源的规划和预测，做好人才储备、应对预案，以不变应万变。

针对流动率比较高的情况，企业人力资源管理部门应该简化工作程序，结合岗位需要开展有针对性的岗前培训，使新员工能够在尽可能短的时间内胜任工作。

4. 提高员工工作生活质量

人力资源战略与规划可以使企业员工看到未来企业各层面的人力资源需求，根据企业人力资源的供给情况设计自身的职业生涯发展规划，对提高员工的工作或生活质量是非常有益的。

5. 有助于企业适应不断变化的环境

如果没有变化就不需要战略规划，战略规划可以帮助企业更好地应对变化。企业内外部环境的变化，面临的市场竞争环境的变化给企业的决策带来了不确定性，为了克服不确定性可能给企业未来的经营发展带来的消极影响，必然促使人力资源战略与规划做出相应的调整，如中长期发展计划的调整，建立相应的招聘政策、培训政策和员工职业生涯发展政策等。任何一个企业，不管它是国有还是民营私营的，也不管它的规模和战略如何，都要经历和适应内外部环境的变化才能生存。

可见，如果没有人力资源战略与规划，人力资源管理活动就会头痛医头、脚痛医脚，甚至头痛医脚、脚痛医头，胡子眉毛一把抓，部门之间岗位混乱、职责不清、各行其是，使工作处于盲目、一盘散沙的状态中。这样一种无章可循的局面，谈不上对决策支持系统的评估，以及对人才使用价值结果的评价。

(二) 制定企业人力资源战略的意义

1. 人力资源战略是企业战略的核心

人才是第一资源，是企业的核心资源，人力资源战略处于企业战略的核心地位。企业的战略决策依据企业的发展方向和追求的目标来制定，这其中起决定作用的是企业对具有高素质和高技能人才的拥有量。科学、有效地利用、管理与使用各类专业技术人才，最大限度地发掘他们的潜能，有助于推动企业战略的实施，促进企业的健康、可持续发展。

2. 人力资源战略是提升企业业绩的保障

提升企业业绩是所有企业始终追求的目标，而员工的工作绩效是企业效益的基本保障，企业绩效的实现是通过向客户有效地提供企业的产品和服务体现出来的。而人力资源战略的重要目标之一就是实施对提高企业绩效有益的活动，并通过这些活动来发挥其对企业成功所做出的贡献。在计划经济时期，企业的管理是以完成计划为宗旨，主要考虑怎样完成指标任务，而不考虑成本和人力的需求；在市场经济条件下，经济发展已从资源型经济转向知识型经济，相应地企业人力资源管理也随着战略转移而转移。人力资源管理者应把人力资源投资的回报视为企业的成果，这种职能活动所产生的结果将使企业获得更多的利润。从企业战略上讲，人力资源管理作为一个战略杠杆能有效地影响企业的经营绩效。人力资源战略与企业经营战略结合，能有效推进企业的调整和优化，促进企业战略的成功实施，是提升企业业绩的保障。

3. 有利于企业形成竞争优势

随着经济全球化和企业间竞争的日益加剧，企业以自有的方式谋求和占领竞争优势，是当前企业所关注的十分紧迫重要的课题，拥有各类人才是获得竞争优势的前提条件和基础。即科学有效地实施人力资源战略，在外部广泛招募企业所需要的各类人才，如经营人才、管理人才、专业技能人才等，在内部通过薪酬管理、福利计划、员工培训开发、员工职业生涯规划、人文关怀等留住业务骨干。要不断增强企业的人力资本总量，增强企业人力资本的竞争力，扩展人力资本，以形成企业自身特有的、而不被其他同行所复制的竞争优势，使其保持可持续性的竞争优势状态，是企业人力资源战略的重要意义所在。

4. 与企业管理互为作用

人力资源战略和企业管理互为作用，相辅相成。企业在经营管理过程中，根据市场环境变化修正人力资源战略规划，人力资源战略辅助企业建立适合自身特点的人力资源管理方法。如根据人力资源市场的供求变化，以及科学技术的发展趋势，研究确定人力资源的中长期需求计划；根据国家法律法规和人力资源政策的调整，研究制定适用本企业的激励约束机制、收入分配制度等，提升企业人力资源管理水平，提高人力资源质量。人力资源战略的一个重要目的是指导企业的人才建设和人力资源配置，将人力资源由社会性资源转变成企业性资源，把人力资源管理转变为企业的经营管理成果，实现企业战略目标。

当然，人力资源战略在企业实施过程中必须服从企业战略，企业战略在制定和形成的过程中，应充分考虑和估量人力资源因素，两者只有达到相互一致、相互协调，才能促进企业全面、协调、可持续发展。

5. 有利于人力资源的合理利用

人力资源战略可根据企业对人力资源的数量、质量需求，以及劳动力市场的供给状况，决定员工培训的参加人数、范围与内容，并决定培训的投资额度等，实现降低成本，以最少的投入获得最大效益的目的。

6. 有助于培育和提升企业执行力

系统完备的人力资源战略与规划，是决策部门的管理理念、经营指导思想、发展步骤、工作目标、实现手段、应对策略的具体思想和行动的总和，战略规划与企业内外部环境等实际情况的有效结合，势必提高企业各个部门的执行力。

关键概念

所谓执行力，是指通过一套有效的系统、体系、组织、制度或者工作方法等把决策转化为成果的能力，是把长期发展目标一步步落到实处的能力。也就是指贯彻落实战略决策、方针政策、工作部署，执行命令、完成任务、达到目标的操作能力和实践能力。

执行力度决定目标实现的速度和效果。它涉及员工素质、企业流程、组织结构、制度建设、企业文化等企业管理的多方面，其中企业员工的意识与期望值和综合能力是知行合一的结果，是企业执行力的根本来源。

三、人力资源战略的发展

人力资源战略经历了几十年的发展变化，初期的人力资源战略在内容和形式上都是比较简单的。虽然有些成功的企业制定了人力资源战略，但绝大多数企业人力资源战略的职责范围、职能空间、作用、意义等活动还处于探索阶段，强调的只是对劳动力和人力资源市场的供给与需求预测，没有很好地根据企业的发展战略制定企业的人力资源战略，更谈不上在人力资源战略的指导下制定人力资源的规划，没有形成一套完整的、系统的、制度化的职能。人力资源战略的发展经过了以下几个阶段：

（一）萌芽阶段

在资本主义发展的初期阶段，劳动力、资本、土地成为市场的三大生产要素，拥有资本与否，是影响企业发展的主要要素。所以，资本家在考虑生产时，首先考虑的拥有或控制的要素就是资本。但是，在资本主义初期阶段劳动力的供求关系是供大于求，劳动力相对过剩。劳动力的过剩造成了劳动力价格低廉的现象，这给资本家在选择使用工人的环节上留下了很大的自由空间，用最少的投入攫取最大的经济效益，是资本家在追逐利润最大化过程中普遍使用的手段。在强资本、弱劳动的状况下，资本家自恃手中掌握着生产资料，掌管着招工、使用、开除、薪酬、晋升和分配等"生杀予夺"大权，用简单、粗暴、低级的管理方式进行管理，他们完全把工人看成是一件普通的商品或完成任务的工具，劳动者地位低下。而随意性、放任性是资本家使用和管理工人的主要模式，由于资本家不重视对工人的使用与管理，甚至是用非人性化或者独断专行的管理方法，这时被雇佣的工人出工不出力，出力不出效益，采取"磨洋工"的办法对付资本家，导致雇主和工人之间的矛盾和冲突，劳资双方关系呈现出严重的对立状况。因此，处在这个阶段的企业基本上没有人力资源战略与规划的职能。

（二）产生阶段

在19世纪末期，美国随着内战结束和南方重建的展开，进入经济高速发展的重要历史阶段，是近代美国向现代美国转变的历史时期，即从农业国向工业国转变、从自由资本主义向垄断资本主义过渡的时期。这一时期，美国工业发展迅猛，大多数从事制造业的工厂雇用工人的数量急剧增加，甚至出现成倍地增加；同时，由于科技水平不断提高，产品的生产过程也发生了重大变化，机器代替了手工工具，半熟练和非熟练的操作工及流水线工人代替了传统的手工操作。随着工业模式和社会的发展，企业管理出现了采用所有权和经营权分离的经营模式，并逐渐被越来越多的工厂所采用，管理者阶层从此产生。

由于当时社会上对现代管理技术和标准化流水线模式，还没有得到广泛的认同与应用，企业的生产效率还不高，产品还处于"卖方市场"，不能满足人们的需求。雇主要想获得较高的经济效益，就要多生产产品，但提高生产效率的唯一方法就是延长工人的劳动时间，降低工人的报酬。即用损害工人的身心健康和权益的做法换取额外的产品，这必然要导致企业内部劳资关系的对立。

在这个时期，"科学管理之父"泰勒完成了标准化管理体系的理论建构，工业心理学家闵斯特伯格试图采用工业心理学的原理和方法促进工业效率及工人对工作的满意程度的提高。1913年的某一天，福特让工人用绳索把汽车底盘拉到其他工人面前进行装配，于是批量生产的原则首次被应用到汽车工业中，人类管理历史上第一条最原始的流水生产线由此诞生，产品的生产也从传统的低效率转变为高效率的标准化生产。企业规模的扩大和生产技术的革新，大大提高了生产效率，使得劳动分工、专门化、职能制、员工选拔、绩效考核等管理技术在企业中被广泛应用。这时，企业人力资源规划的一些主要职能悄然产生，如进行人力资源供求预测，根据人力资源供求关系制定相应的人力资源规划政策。但这一阶段，人力资源规划理论还处在不完整、不系统的状态，企业人力资源规划的重点是如何从市场上获得所需要的工人，以及采取什么样的管理措施提高工人的工作效率。

（三）发展阶段

20世纪60年代以后，科学技术的迅速发展和企业规模的迅速扩大，导致了社会和企业对高级人才的大量需求。在这一阶段，由于企业所需要的劳动力或技术人才出现严重短缺，人力资源战略的重要地位开始在企业管理中显现，工作重点是围绕本企业所需的管理人才、专业技术人才和其他各类人才在结构上的合理配置，人力资源战略被广泛地作为企业的一种关键性人事管理活动。通过各种人力资源管理措施，实现岗位与人员最佳组合，让符合企业发展所需要的各类人才，在适合人才施展才能的工作岗位上从事企业与个人双方获得最大成果的工作。即：第一，制定企业发展目标和生产计划；第二，根据企业发展目标和生产计划，预测企业对各类人力资源的需求；第三，根据企业现有的人力资源状况及人力资源市场供给情况做出分析与评价；第四，根据分析与评价确定企业对各类人才的需求数量；第五，根据以往人力资源社会环境、情报信息、供求关系、使用管理、岗位分布以及内外环境等资料，对未来企业内部或外部的人力资源需求进行预测，根据预测结果制定企业的招募、员工调配、员工培训和开发方案，预测未来的人力资源供求情况，制定符合企业发展的人力资源战略方案。

美国1977年就成立了人力资源战略与规划学会，专门从事人力资源规划的理论研究和推介，并且定期召开会议，召集人力资源规划领域的研究者和实践者一起讨论人力资源战略规划所面临的问题和发展方向。这标志着人力资源战略规划作为企业人力资源管理的一项职能已经产生。1978年，在亚特兰大的第一次人力资源战略与规划学会大会上，人们对人力资源战略与规划的看法已经非常系统和成熟，认为它不仅包括传统的需求与供给预测，而且包括人力资源环境分析、人力资源预测和规划、员工职业计划和发展、员工工作绩效、企业设计和其他方面。由于人力资源战略职能的产生与扩展，有相当数量的企业开始制定包括人力资源战略与规划，人力资源的行动方案在内的人力资源战略与规划配套体系。

这时的人力资源战略功能虽然有一定的拓展，但还是初级的，还不具备人力资源战略规划的完整机制，还处在探索发展阶段。

（四）成熟阶段

20世纪80年代以来，随着经济全球化进程的加快，以及激烈的国际竞争，社会资源的重新配置，现代企业制度的建立与完善，产业、行业内的产业结构调整，促使企业内部经营策略实施战略转移，或另辟新境，面临着生存、发展、创新、再生的严峻考验。这时，过去在企业内部存在的一些隐性问题逐渐暴露出来，如人力资源的作用未能充分有效发挥，机器设备利用率低，生产效率不高，企业负担过重等问题，使得企业不得不对过去的经营管理理念和战略策略进行总结与反思。采取企业间的强强组合、主辅业分离、企业规模的分立合并、资产重组、员工优化组合、减员增效等措施，其目的是适应形势发展变化的需要，实行现代企业管理制度的需要，降低成本，提高效率，为生存和发展闯出一条新路子。但有两大类问题不可回避，一是经营战略如何转移，分权式的经营模式如何建立；二是高效、务实、精干，提高产品科技含量，减少什么岗位，裁减什么样的人，裁减多少人。这种产业结构调整、转变经营方式、技术革新等改革手段的实施，使得企业与社会之间、企业与员工之间、员工与员工之间、员工与社会之间形成的认同程度、心理承受力、积极面和负面影响程度会怎样。针对这种情况，很多企业本着维护社会稳定、以人为本的原则，尽量减少被裁员工人数，使企业大致保持一个相对合理的用工数量范围。

【阅读参考】经济不景气下的企业人力资源战略规划

是否裁员，是否降薪，这是在经济危机面前企业家两难的选择。

2009年1月16日下午，三一重工总裁向文波向《证券日报》透露，对于普通员工，大股东三一集团承诺"不裁员、不减薪、不接受员工降薪申请"，并出台"千亿特别奖励"政策激励员工。

高管自愿降薪　三一董事降薪90%

据了解，在1月14日三一重工控股方三一集团董事年会上，实际控制人梁稳根与唐修国、向文波、易小刚等董事研讨"过冬模式"，梁稳根郑重地提出自己的申请："2009年我只领1元年薪。"全体董事和高管也提出了降薪申请。经过一番讨论，董事会接受梁稳根2009年只拿1元年薪的申请；接受全体董事2009年只拿10%年薪的申请；接受高管自愿降薪申请。梁稳根、向文波、易小刚等三位董事是在上市公司三一重工领取薪酬。三一重工2007年年报披露，他们的薪酬分别为63万元、55万元、47万元。此后，针对总监助理级（含）以上高管的自愿降薪请求，董事会也予以了批复。公司表示，此次高管降薪以个人自愿为原则，对未提交降薪申请的高管，公司一律仍按原标准发放薪金。据了解，高管降薪也设置了门槛，除级别需获得正式任命的总监助理（含）以上才接受降薪外，降薪幅度还不得超过50%，年限也仅为2009年度。

5 000名员工提降薪申请　公司称未被接受

向文波认为，三一不能造成"大难来时各自飞"的错觉，仍将坚持正常的人力政策，除非违法乱纪和"末位淘汰"者，坚决不裁员，在今年还将招聘1 000名研究生。人力资源总部总监张科透露，在公司做出这一决定前，已有约5 000名普通员工向公司提交了自愿降薪申请，公司表示将不予接受。公司将把这些人的名单存档永久保存并向他们表示诚挚的感谢。向文波表示，要考虑到普通员工的利益与承受能力，保证员工的基本生活。年收入10万元以下的普通员工不降薪，而高管人员则是在不影响生活的情况下自动降薪。"越是在困难的时候，企业越是要和员工站在一起，抱团取暖，共度时艰。"针对有关变相裁员的提问，向文波称公司不会采取"待岗""休长假"等变相裁员方式，目前鼓励员工"带薪休假"，因为之前有许多员工积累了假期未休。

业内人士认为，从管理学上讲，三一重工这一招有些是学当年西方经济危机时一些跨国公司过冬时的做法，用以加强员工凝聚力。向文波介绍，目前三一已经储备了大量流动资金，还获得了建行139亿元授信。也就是说，面对危机，三一怕的不是缺钱，而是怕缺共度危机的信心。无论是梁稳根只拿1元年薪，还是从员工年终奖中抽调部分资金，支持三一的发展，更多的是想让员工认清目前的经济形势，形成命运共同体，营造加强管理、降低成本、杜绝浪费的氛围。

摘自：李健君. 三一集团董事集体降薪90％ 控制人梁稳根1元年薪. 证券日报，2009-01-19.

社会变革、企业转制、产业结构调整，使劳动者不得不对自己的职业生涯重新进行规划。而企业的人力资源管理部门出于战略的需要，在宏观上，企业人力资源战略规划的重点是强调高层管理者的超前思维、战略思维、创新思维，培养高层管理者执行企业发展规划、计划的延续性，如人员精减计划，企业改制、重组、兼并、分立与收购计划，以及企业文化变革等。在微观上，对劳动者而言，由于择业观的转变，对职业规划、工作状态、工作环境、职业安全卫生、社会保险以及绩效工资更加重视。对企业而言，对一些岗位技术要求不高，属于季节性、临时性、可替代性的岗位，更愿意雇用兼职员工和灵活就业、以完成一定任务为合同期的员工来满足企业的需要，或整体外包，或使用劳务派遣工，这种情况导致企业临时劳动力快速增加。

由于社会变革的步伐在加快，必然会对企业的经营环境产生影响。之前，人力资源战略规划作为企业人力资源管理的一项独立的职能活动，可能与企业经营的外部环境联系得不十分密切，或者与其他职能性活动如招聘、薪酬管理等发生冲突。现在，人力资源战略与人力资源规划紧密联系在一起，在不同的人力资源战略下制定不同的规划，开展不同的规划活动。

人力资源战略与人力资源规划联系在一起，成为企业战略的重要组成部分。在统一的人力资源战略下制定协调一致的人力资源管理职能，这标志着企业人力资源战略与规划管理职能的形成。它体现了人力资源战略的两个一致性，即外部一致性和内部一致性，或水平一致性和垂直一致性。

【阅读链接】

［美］约翰·M.伊万切维奇.人力资源管理（原书第九版）.赵曙明译.北京：机械工业出版社，2008.

赵曙明编著.人力资源战略与规划（第二版）.北京：中国人民大学出版社，2011.

四、人力资源战略环境分析

（一）社会转型中的人力资源环境

21世纪的企业面临着前所未有的变革和激烈的竞争。经济全球化、信息技术的飞速发展、经营的顾客导向和价值链的整合观念转变等，尤其值得人们关注。

1. 经济全球化

经济全球化打破了竞争原有的地域限制——国界。经济全球化是指企业将产品销售、所有权及产品制造向国外新的市场扩张的趋势。经济全球化迅速发展，意味着国家之间、国家与企业之间、企业之间的竞争更加激烈，而更加激烈的竞争又意味着达到"世界一流水平"的要求使企业面临着前所未有的挑战。全球化蕴含着对新市场、新产品、新观念、企业竞争力和经营方式的新思考。一个成功的全球化企业应该具备独特的技能和视野；能预测或感知到世界市场和产品的微妙变化；了解并理解世界范围内各国不同的政治、经济、文化和宗教的差异，及其对产品和服务的影响力；能在全球范围内实现信息共享；能采取有效的激励政策来鼓励全球员工，并在全球范围发挥自己的智慧才能，树立既尊重各国、各地域的习俗与环境，又相互借鉴各国成功与有益的理念。为在全球化背景下获取竞争优势，企业还要建立一个具有本企业特色，同时又具有汇集世界各地区优势而成的网络。这个网络应保证一个地方的技术发明能迅速在全球范围内共享，满足不同区域的需求。这种经济全球化的挑战，要求企业各部门的管理者和人力资源管理者，以胸怀本地、放眼全球的思维方式来思考企业人力资源的角色与定位，建立新的模式和流程来培养全球性的生产、营销、产品质量、售后服务、信息收集、发展方向、人才笼络与储备等战略规划。

2. 高、新、尖、精、专、特技术的迅猛发展

人力资源战略所面临的挑战，是以最快速度将技术应用到改善企业运营的任务中去占领市场。电子通信、计算机、国际互联网和其他互动技术的迅猛发展，消除了企业之间和人们之间在地域上和时间上的距离，让世界在变小，创造了一个不受国界、疆域限制与约束的全球工作环境和视野。因此，高、新、尖、精、专、特技术的飞速发展，不仅提高了企业的经营生产效率，大大降低了流通成本，而且对企业管理方式产生了巨大冲击。例如，通信设施和计算机网络的普及改变了企业的市场营销理念和方式；计算机网络和技术的运用，客观上重新分配了企业的内部设置与分工；通信手段和网络技术的发展，使顾客和员工能在获得更多相关信息的基础上，迅速做出反应，抓住机会，做出决策。

正是信息和技术的飞速发展，使得企业越来越认识到人的重要作用，人力资源管理工作开始逐渐受到重视，甚至超越其他职能部门的地位。

3. 竞争变化

全球化和高、新、尖、精、专、特技术的迅速发展，客观上对企业的竞争范围重新进行了界定。让顾客高兴、满意本企业的产品，并让顾客获得更多的优惠，往往是通过竞争的手段来实现。所以，企业竞争的主要目标集中在比竞争对手更快、更好地对顾客做出反应与承诺。"让顾客满意和高兴"已成为企业在激烈竞争的全球市场中获得成功的工作重点。因此企业要进行不断改革创新、快速决策，在价格或价值上成为一个行业的排头兵，这就要求企业人力资源管理的职能要向外扩展，改变过去只限定在企业内部的观念和做法，充分发挥人力资源管理的战略角色，并对包括消费者、企业员工和顾客在内的所有利益寻求者或企盼

者实现价值创造功能。

总之，21世纪向我们提出了诸多挑战。这种挑战存在着困难与希望同在、问题与办法同在的辩证关系，解放思想，创新思维，大胆改革给企业的发展带来的新机遇也来自这种挑战。全球化趋势将成为世界各国和各区域资本、人力、技术、思想和创新的源泉，这种趋势与技术的飞速发展和企业整体价值观念、社会观结合在一起，将重新塑造全球企业的竞争规则和发展战略。对劳动者而言，要不断扩展自身的知识、兴趣和理解力，不断提高劳动技能，不断提升综合素质，不断增大信息量，不断地接受外界的新鲜事物，才能基本上适应这种变化的要求；对企业而言，需要具备全球经营的战略思维和理念，需要重塑企业文化，调整产业结构，优化组合内设机构，极大限度地发挥人力资源管理部门的职能，造就协调配合、思想融合、制度统一、工作合力、文化主导、纪律严明的人力资源管理队伍，才能不断适应变化和调整，超越挑战带来的各种复杂难题，建立在全球企业、全球市场、全球生产、全球营销、全球人力资源管理，具有全球知识整合背景下优化组合的企业。

（二）人力资源管理面临的挑战

在21世纪经济全球化背景下，企业人力资源管理者更多地从事战略性人力资源管理工作。企业人力资源管理部门由承担一般事物性功能的部门转变为企业经营业务部门的战略伙伴。即由原来的考勤、绩效考评、薪资福利等行政性工作，转向包括人力资源政策的制定、执行，中高层主管的甄选；员工的教育、培训、技能开发、激励约束机制、职业生涯规划、企业发展规划等战略性人力资源管理。人力资源的开发与管理工作不再被看成是与企业的战略计划无关，仅负责一些基本的、日常的事务性管理工作的部门，而被看成是能够创造价值与维持企业核心竞争能力的战略性部门。这表明企业的人力资源管理已从传统人事管理态度向服务企业的发展需要，为企业创造具有自己特色的竞争优势，并获取可持续性竞争优势、实现员工自身价值和社会价值最大化，为企业发展贡献才智，与企业生存为一体的全新的角色转变。

五、制定人力资源战略的步骤

企业人力资源的战略管理具有其系统性与目标导向性，一般包括人力资源战略的制定、实施与评价三部分基本内容。企业人力资源战略的制定首先要以企业的总体经营战略为前提。除此之外，还要考虑到企业所处的内、外部环境因素。对人力资源内部环境和外部环境分析的结果，是制定人力资源战略的基础。人力资源管理系统是企业管理众多系统中的一部分，包括人力资源规划、人力资源配置与开发、评估与奖励、收入分配、劳动关系等子系统。人力资源战略作为企业战略的一个子系统，对企业战略的实现起着不可替代的作用。

（一）企业发展不同阶段的人力资源战略

企业如同一个生命体，经历从创业期、成长期、成熟期到衰退期，这个过程循环往复。在企业生命周期的不同阶段，企业的生产经营和人力资源的配比使用有着不同的要求。

1. 创业期的人力资源战略

处于创业时期的企业，在管理方面，管理水平低、缺乏经验、管理不规范、企业缺乏资金、知名度低；在人力资源方面，企业人员少、缺乏人才、粗放型管理、岗位混合、分工不明确、专兼职相结合、人员配置缺乏科学性；在生产经营方面，产品质量不稳定、数量少、品种单一、产量低、市场占有率低、产品成本高、产品价格高、售后服务差等，在诸多方面存在着不利因素，缺乏竞争实力。

这一时期人力资源战略的核心是：最大限度地提升领导人和决策层的人格魅力、创造力和影响力；培育员工的艰苦创业精神；培育并养成团队意识；根据企业发展远景规划，为员工设计职业生涯；实行"拿来主义"，注重学习和借鉴一切有益的经验和方法，减少走弯路；在实践中通过培养、激发和挖掘员工潜能，造就一批专业型、管理型和复合型的人才队伍，为以后企业做大做强，向规范化、制度化、科学化方向发展打下坚实的基础。

2. 成长期的人力资源战略

这一阶段企业的特征是：企业进入较为正常的经营管理状态，产品有市场，产品具有一定的规模，生产技术较为成熟，销售有市场；企业所需要的各类人员大量增加，员工队伍初具规模；规范化、制度化的管理体制显现雏形，规章制度开始建立；企业的组织机构与职能分工开始明确；企业有一定的创新能力和核心竞争力，顾客、社会开始关注这类企业，企业也开始注意自己的形象。

企业进入规范化、制度化管理的初期阶段，在快速发展的同时，也存在一些问题。如体制机制不顺畅，组织结构待完善，岗位职责不清晰，人才短缺，人才使用缺乏合理与最佳配置途径。产生这些问题的主要原因是：新招录人员熟悉企业环境慢，不能迅速认可企业文化；技术人员现有的科技知识和技能与先进技术有一定差距，跟不上发展速度，技术优势减弱；市场营销人员不能充分了解产品和充分预测市场情况，服务能力不足，市场竞争力差，管理人员难以行使有效的职能；个人潜能少不易被挖掘，难以满足员工个人职业生涯发展的需要，员工的进口（录用）、出口（流动）、楼梯口（晋升台阶）缺乏规范机制。

这一时期人力资源战略的核心是完善组织结构，加强组织建设、制度建设，建立运转顺畅、工作高效的机制体制，强化人才队伍建设与人才储备，大量吸纳高级人才，让员工从事富有挑战性的工作，丰富工作的内容，承担更多的责任，培养员工的忠诚意识；根据市场法则确定员工与企业双方的权利、义务和利益关系，形成责权利清晰的链条；企业与员工建立荣辱与共、兴衰共存的理念，共同设计与描绘企业发展前景，在价值观、事业观、文化观等方面，就双方核心利益形成共识；构建和谐劳动关系，践行诚信系统，实现员工的自我发展和管理。

3. 成熟期的人力资源战略

成熟期是企业生命周期中功成名就、最辉煌的时期，其生产经营规模、销量、利润、员工、市场占有率、竞争能力、研发能力、生产能力、内部管理，以及社会认可度等都达到了巅峰状态。这一时期人力资源战略的核心是增强企业的灵活性，具体措施是：强化知识更新，加强员工的培训与开发，有针对性地解决知识老化与掌握应用高新技术问题；制定企业中长期发展规划；建立专业技能、管理、经营的专业人才和复合型人才的人才储备库，采取多样化手段，吸引外部人才，留住企业内部所需人才；营造具有自身特色的，而不易被他人所效仿的管理与竞争策略；组织结构清晰、岗位职能明确、责任落实有据、任务职责落实到人；完善激励约束机制，激发员工的工作热情；创新工作机制，为企业发展不断拓宽市场和经营领域奠定基础。

4. 衰退期的人力资源战略

企业走向衰退期，有社会原因和自身原因。一是国家政策发生重大变化，实行社会转型，进行经济结构和产业结构调整，使企业由兴盛转向衰退。二是企业经营管理不善，销售量和利润大幅度下降。生产设备和生产技术工艺落后，产品性能陈旧，更新速度慢，市场占有率逐年下降；经营状况不断恶化，资不抵债，资产负债率居高不下，濒临破产；员工队伍不稳定，士气低落，工作效率低下，对企业的复苏丧失信心，敬业精神弱化；人才浪费严重，企业缺乏激励上进的组织气氛。此时的企业有两种前途的选择：要么破产灭亡，要么脱胎换骨，实现凤凰涅槃。

这一时期的人力资源战略核心是，适应形势发展变化的需要，配合企业发展战略调整人力资源战略，实现人才转型；实行人文关怀聚积能量，尽可能解决员工的后顾之忧，对员工的职业发展给予指导，快速实现知识更新，在高新技术和新领域进行人才招聘和培训，实现企业的复苏或再生。

企业在不同的发展阶段有不同的特点，人力资源战略的重心也有所不同，采取什么样的措施，必须根据企业自身的条件和内外环境的变化来选择，才有可能实现企业的发展战略。

【阅读参考】波特的竞争战略理论以及与之相协调的人力资源战略

企业战略	一般组织特点	人力资源战略
成本领先战略	• 持续的资本投资 • 严密地监督员工 • 严格的成本控制，要求经常、详细的控制报告 • 低成本的配置系统 • 结构化的组织和责任 • 产品设计以制造商的便利为原则	• 有效率的生产 • 明确的工作说明书 • 详细的工作规划 • 强调具有技术上的资格证明与技能 • 强调与工作有关的特定培训 • 强调以工作为基础的薪酬 • 使用绩效评估当作控制机制
差异化战略	• 营销能力强 • 产品的策划与设计 • 基础研究能力强 • 公司以质量或科技领先著称 • 公司的环境可吸引高技能的员工、高素质的科研人员或具有创造力的人	• 强调创新和弹性 • 工作类别广 • 松散的工作规划 • 外部招聘 • 团队基础的培训 • 强调以个人为基础的薪酬 • 使用绩效评估作为发展的工具

续表

企业战略	一般组织特点	人力资源战略
集中化战略	• 结合了成本领先战略和差异化战略组织的特点	• 结合了上述人力资源战略

资料来源：赵曙明编著. 人力资源战略与规划. 北京：中国人民大学出版社，2011：92.

（二）人力资源供给环境分析

为应对经济全球化、技术高新化、劳动力的多样化、知识经济化、顾客需求多层次化等焦点问题，企业制定人力资源战略规划时，首先要对人力资源供给环境进行分析。

1. 企业外部供给环境分析

由于外部供给的状况是受社会环境、市场环境、经济环境等诸多因素的影响，企业很难做到准确把控。进行外部供给分析主要是对影响供给的因素进行判断，以利于对外部供给的有效性和变化趋势做出预测。

影响外部供给的因素既有国内政治、经济、社会、文化以及市场竞争强度等诸方面的因素，又有国际政治和经济环境秩序的因素，主要有外部人力资源市场的状况、劳动者的择业观、就业理念、企业的吸引力等。当外部人力资源市场供小于求时，外部供给的数量就会减少；而当外部人力资源市场供大于求时，供给的数量就会增多。劳动者的就业理念也会影响外部的供给，如果劳动者对某一行业或企业不感兴趣，外部供给量自然就比较少；反之就比较多。企业的吸引力也会影响外部的供给，企业对劳动者不具有吸引力或吸引力不高时，供给量自然就比较少；反之则情况相反。

2. 内部供给分析

由于人力资源的内部供给从企业内部现有员工中筛选，因此企业内部所拥有的人力资源就形成了内部供给的全部来源，因此，应对现有人力资源的存量及其未来的变化情况做出判断。主要有以下几种方式：

（1）企业现有人力资源状况的分析。人力资源不同于其他资源，即使外部条件都保持不变，人力资源自身的自然变化也会对企业的未来产生影响，如年龄结构、性别结构、知识结构、劳动合同管理、退休、生育等因素，因此在预测未来人力资源的供给时，需要对现有的人力资源状况做出分析。以年龄结构为例，企业现有55~58岁的男性员工100人，那么即使没有其他因素的影响，由于这些人2~5年后要退休，因此2~5年后企业内部的人力资源供给就会减少100人。

(2) 人员流动的分析。在进行人员流动分析时，假定人员的质量不发生变化，人员的流动主要包括两种。

一是人员由企业流出。企业流出的人员数量必然会造成内部人力资源供给数量的减少，造成人员流出的原因是多样的，如辞职、辞退、劳动关系解除或终止等。例如企业现有1 500人，预测明年的辞职率为2%，明年内部的人力资源供给就要减少30人。

二是人员在企业内部流动。对这种流动的分析主要是依据内部机构设置或具体的部门、职位、职级或职位类别来进行，虽然这种流动对于整个企业来说，对于人力资源供给总量并没有发生质的变化和影响，但是对内部的供给结构会造成影响。例如张某由A部门流入B部门时，对B部门来说，由于流入了人员，供给量会增加，而对A部门来说，由于流出了人员，供给量会减少。在分析企业内部的人员流动时，要对实际发生的或可能发生的流动都要进行分析（特别是对可能进行岗位调整的人员），由此可以预测出潜在的内部供给，例如对于某一职位来说，在未来的三年内有多少名员工可以从事该职位，那么对于这一职位来说就有多少人的内部供给。与实际流动的分析一样，分析可能的流动时也要针对具体的部门、职位层次或职位类别来进行。

(3) 人员质量的分析。在进行人员质量分析时，假定人员未发生流动，但人员质量的变化也会影响到内部的供给，质量的变动主要表现为生产效率的变化。当原设定条件不变时，生产效率提高，人力资源的供给相应会增加；相反，内部的供给就会减少。影响人员质量的因素是多方面的，如薪酬调整、技能的培训等。因此，不仅要分析显性的情况，而且还要分析隐性的情况，如加班加点，虽然员工实际的生产效率没有发生变化，但是由于延长工作时间，相应增多了每个员工的工作量，同样也增加了企业内部的供给。

上述分析是在假定其他因素不变的前提下进行的，如果多个因素同时变化或发生作用，产生的结果是不同的。例如，员工流出会造成员工减少的状况，但员工的生产效率大幅提高，而且提高的比率可以抵消因员工流出而增加的工作量，那么人力资源的内部供给就会保持不变。

通过上述分析可以得出，用未来企业人力资源内部供给的变化值，与现有的人力资源进行比较就能够计算出未来某一时期内企业内部所能提供的人力资源，从而预测出人力资源的内部供给。

对人力资源供给进行外部、内部环境分析时要把握以下几点：

(1) 客观性。在进行人力资源环境分析时，不同的人面对一个相同的环境，采用相同的方法和步骤会得出不同的结论。企业赖以生存和发展的条件是社会环境的客观性，如果不能获得客观真实的信息，其结论就失去了真实性，就很难制定出恰当的人力资源规划。客观性的保证来自获取信息的真实性。现实中有的统计资料与事实有一定的出入，在使用之前，应进行去伪存真，归纳合并，分类提炼。同时，从事人力资源环境分析的人要改善自己的习惯思维、定势思维、已有知识的局限，也就是要改善自己的心智模式。心智模式是指根植我们心中的关于自己、他人、组织及周围世界每个层面的假设、成见，甚或图像、印象等，并深受习惯思维、定势思维、已有知识的局限。人人都有许多自己的心智模式，从事人力资源环境分析的人在根据一些情况得出某些结论时是否使用了一些自己的假设，这些假设是否符合所分析的真实情况，会影响制定规划的客观性。

(2) 全局性。人力资源战略受多方面因素的影响，而作为其基础的环境分析就必须考虑多方面的因素；同时，各个因素之间的主要方面与次要方面，主要矛盾与次要矛盾，影响力大与小、强与弱，其结果会相距甚远。要以顾大局、识大体、抓重点、解决主要矛盾为突破口，要找出对人力资源管理全局性影响大的因素，并对它们进行认真研究、仔细分析。

(3) 系统性。人力资源环境分析的对象是一个系统，其中许多外部因素之间、内部因素之间、内外部因素之间是相互联系、相互影响、相互依存、相互作用的；而人力资源战略和人力资源规划也具有系统性的特征。因此，在进行人力资源环境分析时要注意各方面的联系和相互作用。

(4) 预测性。人力资源环境分析是以过去和现在为依据，以企业的生存和发展为着眼点或落脚点而进行的分析研究。因此，在进行人力资源环境分析时，尤其要重视未来内外部环境可能影响企业人力资源状况的各方面情况，对未来发展方向进行预测。

（三）制定人力资源战略

人力资源战略同组织中的各个部门的战略，共同服务于企业战略和企业发展目标。因此，每个组织单位的目标都应该和企业的总体战略目标保持一致，在实际行动中配合整体战略目标的实现。人力资源部门也不例外，所以企业既定的战略目标是人力资源管理和执行的重要的内在动因。

企业处在不同的发展阶段和不同的社会环境时，战略所追求的目标是不同的，如有的追求提高劳动生产率、降低成本，有的追求技术革新或技术创新，有的追求人员结构的最佳组合。由于追求的目标不同，人力资源战略和人力资源规划也会有相当大的差异。追求创新的企业需要有一个宽松的工作环境。为促进技术的发展，它必须招聘到一流的研发人才，还要时刻关心劳动力的培训和开发；同时，为留住和激励一流的研发人才而设计一个有效的报酬方案也是特别重要的。而对于追求提高劳动生产率、降低成本的企业，以及追求人员结构最佳组合的企业来讲，人力资源管理的重点不是招聘一流的研发人才，而是在管理或提高产品质量、数量，降低原材料消耗上下功夫。

由于发展战略的要求，企业会做出许多对人力资源部门影响很大的决策，主要有以下几种：

1. 产业结构调整与企业重组

（1）产业结构调整。产业结构政策作用的基础是转型中的市场经济体制。改革开放30多年的历程和市场经济体制转型的轨迹表明，我国产业结构调整经历了1979—1984年和1988—1991年，由有计划的商品经济到计划经济与商品经济双轨制，对产业结构进行两次较大调整。1993年11月党的十四届三中全会通过了《中共中央关于建立社会主义市场经济体制若干问题的决定》，明确了我国经济体制改革的市场化方向。在体制转轨进程中，放开产品服务价格，劳动力、资本、信息、技术等生产要素市场，以及独立于企事业单位之外的社会保障体系的建立，都深刻地改变着我国资源配置的机制。

产业结构调整是经济转型的核心。无论是产业间转型还是产业内升级，都涉及资金、设备、技术、政策等各种因素，关键是技术创新，归根到底是人力资源结构的合理化和人才质量的提升。只有不断优化人力资源结构，才能实现从低学历向高学历、一般技能向高级技能、单一功能人才向复合型人才的转变和提升，才能培育创新型人才，增强自主创新能力、抗风险能力，提升科技创新能力和市场占有率，才能破解产业结构调整和实现经济增长方式转变遇到的突出问题。

企业的中长期发展战略需要准确把握国内产业结构调整方向与世界经济发展趋势，经济全球化与区域经济集团化所带来的机遇与挑战，科学技术的重大进步对经济与社会发展的影响。《中华人民共和国国民经济和社会发展第十二个五年规划纲要》明确提出，要把战略性新兴产业培育成我国先导性、支柱性产业。在此背景下，产业转型应把握产业发展机遇，立足现有资源和技术优势，立足于提高自主创新能力，不断占领相关产业的制高点，积极推进产业结构调整，发展高新技术和战略性新兴产业，提高产业的高新技术含量，促进产业结构的技术升级，创造竞争优势和培育比较优势。

(2) 企业重组。由于战略的需要，许多企业实行了"删繁就简三秋木"的做法，为实现精简改革部分管理层次，提高生产效率，实行主辅分离，剥离不良资产，关闭技术落后产能低下的厂房设施或与其他企业合并，一些员工被裁减或重新调整工作岗位。目前，企业重组的主要方式是改革或简化管理层次，避免政出多门、人浮于事的局面，使企业管理结构和人员结构更加趋于合理，更加符合现代企业的管理要求。

企业实行重组，第一，决策层或人力资源管理部门要在思想和理念上发生质的变化，对企业的生存和未来需要从根本上重新思考和重新设计企业的科层管理体制，以降低人工成本，减少原材料消耗，改进产品生产工艺，提高产品质量，提高服务水平和执行力；第二，新的人力资源规划要适应现代企业管理的需要，要打破原有的管理体制，改革创新，建立新的、清晰的责权利工作格局，科学界定各职能部门之间的职责范围，优化员工队伍结构；第三，人力资源规划要围绕企业的发展战略对企业的生存发展做出科学的预测，对经营范围与生产技术岗位所需各类人才编制规划和计划;第四,人力资源管理者在企业重组时往往会面临员工人心涣散,对企业忠诚度降低,被裁减人员的安抚与补偿,留用人员安置与岗位调整等问题,需要及时按照劳动法律法规做出预案。

2. 企业分立与合并

公司分立。指一个公司依照《公司法》有关规定,通过股东会决议分成两个以上的公司。即将原公司法律主体资格取消而新设两个及以上的具有法人资格的公司。企业分立可以采取存续分立和解散分立两种形式。采取存续分立的,存续的企业办理变更登记,因分立而新设的企业办理设立登记。采取解散分立的,原企业解散办理注销登记,并设立两个以上的新企业。

公司分立前的债务由分立后的公司承担连带责任。但是,公司在分立前与债权人就债务清偿达成的书面协议另有约定的除外。我国《民法通则》第44条规定:"企业法人分立、合并,它的权利和义务由变更后的法人享有和承担。"我国《合同法》第90条规定:"当事人订立合同后合并的,由合并后的法人或者其他组织行使合同权利,履行合同义务。当事人订立合同后分立的,除债权人和债务人另有约定的以外,由分立的法人或者其他组织对合同的权利和义务享有连带债权,承担连带债务。"因此,当事人分立后,不仅原有的一切债权债务依法由分立后的法人或者其他组织承担,而且原有的财产所有权、经营权、知识产权等也都转移给分立后的企业。如未与债权人达成协议,则分立后的各法人对原债务承担连带责任,具体数额根据分立时的财产分配情况及分立后各法人的注册资金数额来确定。

企业合并又称公司的兼并。公司合并是指两个或两个以上的公司依照《公司法》规定的条件和程序,通过订立合并协议,共同组成一个公司的法律行为。它是指通过将一个或一个以上的公司并入另一个公司的方式而进行公司合并的一种法律行为。企业合并,可以采取吸收合并和新设合并两种形式。采取吸收合并的,接纳方办理变更登记,加入方办理注销登记。采取新设合并的,合并各方合并设立一个新的企业;合并各方解散,办理注销登记。

作为人力资源管理者,要研究分立或合并后的企业战略目标与企业组织和人员的匹配程度。企业的分立或合并,都涉及组织和人员的调整。针对这种情况,人力资源人员要先评价现有的管理人员和各职能部门、各岗位用工情况,结构现状、员工的能力,潜能开发的可能程度等。然后,根据组织设计测算出组织将补充哪方面的人才,编制出详细的人力资源规划与实施计划。

3. 全面质量管理

关键概念

全面质量管理(TQM)是一种全员、全过程、全企业的品质经营。它是指一个组织以质量为中心,以全员参与为基础,目的在于通过让顾客满意和本组织所有成员及社会受益而达到长期成功的管理途径。

1961年,美国通用电气公司的费根堡姆和质量管理专家朱兰提出了"全面质量管理"(Total Quality Management,TQM)的概念,认为"全面质量管理是为了能够在最经济的水平上,并考虑到充分满足客户要求的条件下进行生产和提供服务,把企业各部门在研制质量、维持质量和提高质量的活动中构成为一体的一种有效体系"。

全面质量管理的核心是,全员参加的质量管理、全过程的质量管理和全面的质量管理。

全员参加的质量管理即要求全部员工,无论高层管理者还是普通办公职员或一线工人,都要参与质量改进活动。参与"改进工作质量管理的核心机制",是全面质量管理的主要原则之一。

全过程的质量管理必须在市场调研、产品研发、实用创新、设计、原料采购、制造、检验、储运、销售、安装、使用和售后服务等各个环节中都把好质量关。其中,产品的设计过程是全面质量管理的起点,原料采购、生产、检验过程是实现产品质量的重要过程;而产品的质量最终是在市场销售、售后服务的过程中得到评判与认可的。

全面的质量管理是用全面的方法管理全面的质量。全面的方法包括科学的管理方法、数理统计的方法、现代电子技术、通信技术等。全面的质量包括产品质量、工作质量、工程质量和服务质量。

(四)人力资源战略的评价与控制

人力资源战略制定后,企业决策层(领导集团)要维护其权威性和严肃性,要按照人力资源战略的实施步骤逐项展开，逐一落实。没有特殊情况，未经内部法定程序核准，不得随意变更。

但是，对于预期的判断一方面受到外部政治、经济、法律、文化等社会变革的影响；另一方面由于知识、思维、理念的局限，企业内外部信息、技术和环境变化等原因，人力资源战略预测通常无法做到完全准确，因此，人力资源战略也要根据变化了的情况，经过必经程序进行相应的调整。

同时，建立一套科学的评价与控制体系，利用评价结果对最初的人力资源战略主动调整以适应变化了的内外部环境，修正企业在人力资源战略实施中的误差，以保证人力资源战略始终服务于企业发展战略的需要。

调整人力资源战略的关键是及时反馈信息和正确评估。人力资源管理部门和人员应当积极收集各部门的各类意见，认真核查战略的预测结果，评价人力资源战略与措施的可行性。在实施人力资源战略过程中，一方面，企业决策层和人力资源管理部门应当针对具体情况，分轻重缓急，合理掌握实施步骤与进度，发现问题及时进行总结分析，校准航道；另一方面，根据工作进度和阶段性任务完成情况，选择人力资源战略关键环节中的重要指标与评估点，确立评价与控制基准和原则，监测评估关键指标的变化及发展趋势，对人力资源战略实施效果进行评价。根据评价结果对人力资源战略在贯彻与落实、理论与实践、组织与实施、重点与一般、形式与内容、结果与实效、现实与未来等方面查找问题和不足，进行有针对性的调整与完善，满足组织发展的需要。

第三节　企业人力资源规划

一、企业人力资源规划的概念

关键概念

人力资源规划是指企业根据其发展战略、发展目标及内外部环境的变化，以科学规范的方法，进行人力资源供求分析预测，编制具有企业自身特点，能吸引、留住、使用、激励员工开发潜能的方案，以满足企业发展的需要，并为其提供人力资源的活动过程。

企业人力资源规划（Human Resource Planning，HRP）是一项系统的战略工程，它以企业发展战略为指导，以全面核查现有人力资源、分析企业内外部条件为基础，以预测组织对人员的未来供需为切入点，内容包括：制度建设规划、员工招聘规划、晋升规划、培训开发规划、人员调配规划、工资规划、福利规划、企业文化规划、和谐劳动关系等，基本涵盖了人力资源的各项管理工作。

人力资源规划的概念包括以下四层含义：

第一，人力资源规划的制定必须依据组织的发展战略、目标。

第二，人力资源规划要适应组织内外部环境的变化。

第三，规章制度建设和构建和谐的劳动关系是人力资源规划的主要工作。

第四，人力资源规划的目的是使组织人力资源供需平衡，保证组织健康、可持续发展和员工个人自身价值的实现。

二、企业人力资源规划的作用与意义

人力资源规划是企业组织发展战略或者经营战略的重要组成部分。人力资源规划是根据人力资源发展战略而编制的，服务于人力资源战略。

（一）人力资源总体规划

人力资源总体规划是对人力资源年度及中长期计划的总体阐述，包括预测分析的依据与预计结果，企业不同发展阶段的需求和供给数据，企业内外部环境变化对企业的影响与对策，制定规划的原则和指导思想，具体要求与措施等。人力资源的总体规划具体包括以下几项内容：

1. 人力资源数量规划

人力资源数量规划是指依据企业发展阶段、管理模式、生产规模、业务流程、组织结构等因素确定企业各部门人力资源编制以及各类职位人员配比关系，并以此为依据制订企业人力资源的供求计划。实质上是对处在不同发展阶段的企业，进行人员和工作岗位的需求分析，这种分析不仅是对目前现有职位的人力资源需求状况进行评价，更重要的是对企业处在不同发展阶段的管理模式、生产规模、业务流程和职位变化，以及由此引发的人力资源需求关系进行预测。特别是对关键职位和重点职位造成人员数量变化的关键因素的分析。

2. 人力资源素质规划

人力资源素质规划是依据企业战略、发展目标、管理模式、经营策略、工作流程和组织对员工的行为要求，涉及各类人员的任职资格，包括人员品行、道德、素质、行为能力标准等。人力资源素质规划是企业招聘、培养、选拔、晋升等活动的基础和前提。

人力资源素质规划包括：企业人员的道德标准、行为规范、基本素质要求、能力提升计划、潜能开发，以及关键人才招聘、培养和激励计划等。

3. 人力资源结构规划

人力资源结构规划是指依据企业和行业特点、企业规模、发展战略及发展目标，企业经营管理模式，对企业人力资源进行分层分类，同时设计和界定企业职位种类与职位权利、义务等，从而理顺各层次、各种类职位上人员在企业发展中的地位、作用和相互关系。

人力资源结构规划的目的在于打破组织壁垒对人力资源管理的限制，为人力资源管理部门根据企业发展变化的业务流程提供条件，同时也为建立和调控企业人力资源管理系统夯实基础。

（二）人力资源业务规划

人力资源业务规划是总体规划的分解和具体化，包括员工招募计划、岗位设置方案、员工调配计划、员工培训计划、员工潜能开发计划、工资激励计划、员工关系计划和劳动关系管理计划等内容。它们之间相互联系、相互依存、互为条件，人力资源业务规划的有效实施是人力资源战略得以实现的重要保证。人力资源业务规划的主要内容见表2—2。

（三）人力资源规划的作用

企业为了实现自己的战略与发展目标，提高人力资源的利用率，必须科学地预测人力资源供求关系，有效地配置人力资源，这就要求企业制定人力资源规划。人力资源规划的作用表现为：

表 2—2　　　　　　　　　人力资源业务规划的主要内容

规划名称	目标	政策	预算
人员补充计划	类型、数量、层次以及人员素质结构的改善	任职资格、人员来源、起薪等	招聘选拔费用
人员配置计划	部门编制、人力资源结构优化、职位匹配、职务轮换	任职资格、职务轮换的范围及时间	按使用规模、类别及人员状况决定工资、福利
人员接替与晋升计划	后备人员数量保持、改善人员结构、提高绩效目标	选拔标准、资格、试用期、提升比例、未提升人员安置	职位变动引起的工资变化
人员培训与开发计划	素质与绩效改善、培训类型与数量、提供内部供给、提高工作效率	培训计划的安排、培训时间和效果的保证	培训开发的总投入、脱产损失
评估与激励计划	离职率降低、士气提高、绩效改善	工资政策、激励政策、激励方式	增加工资、奖金的数额
员工关系计划	提高工作效率、改善员工关系、降低离职率、减少员工投诉与不满	参与管理、加强沟通	法律诉讼费用
退休解聘计划	编制、劳动成本降低、生产率提高	退休政策及解聘程序	安置费、人员重置费

资料来源：余凯成，程文文，陈维政编著.人力资源管理.大连：大连理工大学出版社，2001；董克用主编.人力资源管理概论（第三版）.北京：中国人民大学出版社，2011.

1. 有利于组织制定战略目标和发展规划。人力资源规划是企业发展战略的重要组成部分，同时也是实现组织战略目标的重要保证。在市场竞争激烈的环境中，企业只有不断地开发新产品，引进新技术，不断地调整战略方针，才能保持自身的特有优势，确保在竞争中立于不败之地。因此，内外部环境的变化就需要企业对其所有的人力资源规划进行不断的调整。

2. 确保组织生存发展过程中对人力资源的供给。人力资源管理部门必须分析企业人力资源的需求和供给之间的关系，制定各种规划来满足企业在不同发展阶段对人力资源的需求。

3. 有利于人力资源管理活动的制度化。人力资源规划是企业人力资源管理的基础，它由总体规划和各类业务计划构成，为管理活动（如确定人员的供求量、岗位或职务调整、工作任务、职责范围、培训开发等）提供可靠的信息和依据，以保证管理活动的制度化。

4. 有利于调动员工的积极性和创造性。当今，以人为本的管理思想在企业管理中的地位越来越重要。人本管理理念要求实现企业战略或发展目标的同时，也要满足员工的物质和精神需要，使员工能够或基本实现自我价值。也就是说，企业在管理中，既要注重生产经营效益，又要兼顾员工个人的利益、员工的发展。员工在充分了解人力资源规划的前提下，员工对自己的奋斗目标和所追求的预期才能有一个正确的判断，从而明确自己在企业中的发展方向，在企业或社会上找准自己的坐标位置，以得到企业和社会的认可，员工的积极性和创造性才能得以展示，企业的激励作用才能得到有效地、持续地发挥。

5. 有利于控制人力资源成本。人员规划是企业人力资源管理工作的依据，它为企业组织的招聘、晋升、培训、人员调整以及人工成本的控制等人力资源管理活动提供准确的信息和依据，使企业人力资源管理工作更加有序、科学、准确、客观。通过人力资源规划预测或组织实施过程中的组织结构以及人员的变化，及时进行调整和整合，把人工成本控制在合理范围内，从而避免企业发展过程中因人力资源浪费而造成的人工成本过高，保证企业利用结构科学合理的、稳定的员工队伍实现企业的生产经营计划和发展目标。

（四）人力资源规划的意义

企业要维持生存和发展，需要根据其外部或内部环境的变化适时调整自己的战略方针，需要拥有素质合格、数量适度、产能高效的人员队伍，而人力资源规划的意义就在于此。

第一，有利于组织制定战略目标和发展规划。任何组织和企业都处在一定的外部环境之中，企业所处的外部环境的变化，如政治、经济、法律、科学技术，劳动与社会保障政策的变化，会对企业的生产经营和人工成本产生重大影响，甚至直接关系到企业发展的成败。因此，势必要求组织和企业根据不断变化的新情况做出相应的变化。为了适应组织环境的变化和技术的不断更新，保证组织目标的实现，就必须加强人力资源规划，这对正在走向市场的企业尤其重要。

第二，确保组织生存发展过程中对人力资源的需求。人才是第一资源，在管理上突出以人为本，以人为中心，是企业成功的一个极其重要的因素。现代企业尤其强调对员工队伍的建设，包括学历结构、年龄结构、性别结构、专业技能结构、人员数量、质量要求、劳动力供求关系等。人力资源管理部门必须对企业不同发展阶段对人力资源供求做出科学预测，以保证在需要时就能及时获得所需要的人才，保证实现企业的战略目标。

第三，有利于人力资源管理活动的有序化。企业组织内部结构、管理方式的变化，也必然使内部员工处于不断的变化之中，企业组织内部人力资源的招聘遴选、晋升、岗位调动、自然减员、员工流动等都会影响员工结构的变化。此时，企业管理必须结合岗位需求，使人员数量和结构达到最佳状态，朝着符合企业发展的方向积极稳妥地进行调整，避免大起大落，就必须加强人力资源规划与实施。

第四，有利于控制人力资源成本。人力资源规划有助于检查和测算出人力资源规划方案的实施成本及其产生的效益。通过人力资源规划预测组织人员的变化，调整组织的人员结构，把人工成本控制在合理的水平上，这是组织持续发展不可缺少的环节。

三、制定人力资源规划的种类与步骤

在制定人力资源规划时，首先要确定为完成企业发展目标所需要的人员数量和不同类型的人才，还需要收集和分析各种信息并且预测人力资源的供给状况和未来的趋势。具体种类与步骤如下：

（一）人力资源规划的种类

企业人力资源规划应包括：

1. 战略规划。是根据企业总体发展战略的目标，而制定的企业人力资源开发和利用的政策和策略，是企业人力资源具体计划的核心，是事关全局的关键性计划。

2. 组织规划。是对企业整体框架的设计，主要包括组织信息采集、处理和应用，组织结构图的绘制，组织调查、诊断和评价，组织设计与调整，以及组织机构的设置等。

3. 制度规划。是人力资源总规划目标实现的重要保证，包括人力资源管理制度体系建设的程序要件和实质要件。

4. 人员规划。是对企业人员总量、质量及相关构成调整、流动的整体规划，包括人力资源现状分析，人员结构分析，岗位定员定编，人员需求和供给预测，以及满足企业发展所需要的各类人才等。

【阅读参考】人力资源供给预测的方法之——技能清单（skill inventories）

一个评估现有员工供给的主要方法是技能清单，即通过列出现有员工的技能、能力、经验以及培训等，使组织迅速把握自身目前是否具有某项技能。技能清单在职业规划、管理开发和相关活动中也非常有用。技能清单是组织迅速获取相关信息的重要渠道，简单的技能清单罗列组织中员工的姓名、特征以及技能。更为详细的技能清单包括的内容更为广阔，并按照能够符合组织需要的方式排列和组织，见下表。

姓名：		职位：		部门：
出生年月：		婚姻状况：		到职日期：
教育背景	类别	学校	毕业日期	主修科目
	本科及以下			
	硕士			
	博士			
工作经历		任职年限	职位	主要成就
培训情况	训练主题	训练机构	训练时间	未来培训计划 A：在职培训；B：业余培训；C：课堂培训；D：体验；E：网络培训；F：其他（请填写）
技能		技能种类		所获证书

续表

未来工作可能及态度	1. 你是否愿意担任其他类型的工作？	是	否
	2. 你是否愿意到其他部门去工作？	是	否
	3. 你是否接受工作轮换以丰富工作经验？	是	否
	4. 如有可能，你愿意承担哪种工作？		
员工个人职业目标	1. 一年：		
	2. 三年：		
	3. 明确的职业期望：		

资料来源：[美]约翰·M.伊万切维奇.人力资源管理（原书第九版）.赵曙明译.北京：机械工业出版社，2008；董克用主编.人力资源管理概论（第三版）.北京：中国人民大学出版社，2011.

5. 费用规划。是对企业人工成本、人力资源管理费用的整体规划，包括人力资源费用的预算、核算、结算以及人力资源费用控制等。

人力资源规划又可分为战略性的短期计划、中期规划和长期规划，这些规划与组织的其他规划相互协调联系，既受制于其他规划，又为其他规划服务。它是根据企业经营方针和策略，通过收集和利用现有的资料与信息，对人力资源的使用情况进行评估预测，确定企业人力资源管理目标，实现企业在不同发展阶段的目标任务。

（二）人力资源规划的步骤

为实现企业各个阶段的发展战略目标，人力资源战略实施需根据企业发展的进程和一定的程序制定相应的规划。人力资源规划的过程一般包括以下四个步骤：准备阶段、预测阶段、实施阶段和评估阶段。

1. 准备阶段

兵家云，不打无准备之仗。做任何事情都需要事前做好充分的准备工作，人力资源规划也不例外。由于影响企业人力资源供给和需求的因素是复杂多样的，为了能够比较准确地做出预测，就需要占有翔实的相关信息，并收集整理，进行充分的调查研究。主要包括以下几个方面的内容：

(1) 外部环境信息

外部环境信息包括两类：一是经营环境信息，如社会的政治、经济、文化、法律环境等，由于人力资源规划同企业的生产经营活动是紧密相连的，这些因素都会对人力资源的供给和需求产生作用；二是直接影响人力资源供给和需求的信息，如劳动力市场的供求状况、政府的职业培训政策、教育政策，以及竞争对手的人力资源管理政策等。

(2) 内部环境信息

内部环境信息同样包括两个方面：一是组织环境的信息，例如企业的发展战略、经营规划、生产技术、产品结构等；二是管理环境的信息，如企业的组织结构、企业文化、管理理念、管理层次、人力资源管理政策等，这些因素都会直接决定企业人力资源的供给和需求。

(3) 现有人力资源信息

现有人力资源信息就是对企业现有人力资源的数量、质量、结构和潜能等进行的汇总分析，应当包括员工的年龄、性别、学历、工作经历、工作经验、工作能力、工作业绩记录、工作态度记录等方面的信息。只有及时准确地掌握企业现有人力资源的状况，人力资源规划才能达到预期的目的和效果。

2. 预测阶段

在整个人力资源规划中，预测阶段是最关键的一部分，也是难度最大的一部分，直接决定了规划的成败。这一阶段的主要任务就是要在充分掌握翔实的信息基础上，选择使用有效且适合本企业的预测方法，对企业在未来某一时期的人力资源供给和需求做出预测。只有准确地预测出供给和需求，才能采取有效的措施进行平衡。

3. 实施阶段

在供给和需求预测出来以后，就要根据两者之间的比较结果，通过人力资源的总体规划和业务发展需要，制定并实施平衡供需的方案，以满足企业对人力资源的需求。人力资源的供需达到平衡，是人力资源规划的最终目的。

4. 评估阶段

对人力资源规划实施的效果进行评估是整个规划过程的最后一个阶段，人力资源规划的评估包括两层含义：一是在实施的过程中，要随时根据内部、外部环境的变化来纠偏供给和需求的预测结果，并对平衡供需的方案做出调整；二是要对预测的结果以及制定的方案（措施）进行评估，评估规划的可行性与有效性并及时进行调整、控制和更新。这是关乎人力资源规划是否适应企业战略发展的要求，并发挥组织内部结构其他职能所不能替代的关键作用。即依据企业发展战略而制定的评估标准，对人力资源规划的科学性、合理性、适用性、有效性进行评估和实施风险监控。

制定能满足本企业当前和发展战略人力资源需求的政策和措施。人力资源规划的一项重要职能，就是要解决当前与长远之间的关系，做到未雨绸缪，运筹帷幄。靠体制机制、政策制度的完备，建立与巩固具有自身特色的竞争优势，并找到未来理想的人力资源状况与现实的差距，提出解决办法。

（三）人员结构分析

人力资源规划首先要进行人力资源结构分析。所谓人力资源结构分析也就是对企业现有人力资源的调查和审核，只有对企业现有人力资源有充分的了解和有效的运用，人力资源的各项计划才能做到有的放矢。

1. 人力资源数量分析

人力资源规划对人力资源数量的分析，重点在于分析现有的人力资源数量，是否与企业内部机构的职能与业务量相匹配，通常有以下几种：

（1）动作时间研究。指依据科学标准对完成某项操作动作需要多少时间进行的研究，它包括工作环境、正常作业、延误、疲劳、努力等因素。依照研究结果和业务量大小，核算出人力的标准。

（2）业务审查。是测定工作量与计算人力标准的方法，该方法又包括两种：

①最佳判断法。是通过运用人力资源管理部门和各部门主要负责人，或相关部门人员的经验，分析出不同性质的工作所需的工作时间，以判断出人力标准量。

②经验评估法。是管理者基于对工作人员的能力现状，熟悉其完成工作任务所需要的技能与时间，在"经常性分析"的基础上而得出的结论。也就是说，根据完成某项生产、计划或任务实际使用的人力资源和劳动者的技能，来研究分析

每一部门的工作负荷，再利用统计学的原理确定完成某项工作所需的人力标准。

(3) 工作抽样。又称"瞬时观察法或工作抽查"，是指利用统计学中随机抽样的原理，按照等概率性和随机性的独立原则，对现场操作者或机器工作抽样设备进行瞬间观测和记录，调查各种作业事项的发生次数和发生率，测定一个部门在一定时间内，实际从事某项工作所占规定时间的百分率，以此百分率来测定人力通用的效率，该方法运用于无法以动作时间衡量的工作。

(4) 相关与回归分析法。相关与回归分析法是利用统计学的相关与回归原理来测量计算的，用于分析各单位的工作负荷与人力数量间的关系。

相关分析法是测定经济现象之间相关关系的规律性，并据此进行预测和控制的分析方法。社会经济形象之间存在着大量的相互联系、相互依赖、相互制约的数量关系。这种关系可分为两种类型：一类是函数关系，它反映着现象之间严格的依存关系，也称确定性的依存关系。在这种关系中，对于变量的每一个数值，都有一个或几个确定的值与之对应。另一类是相关关系，在这种关系中，变量之间存在着不确定、不严格的依存关系，对于变量的某个数值，可以有另一变量的若干数值与之相对应，这若干个数值围绕着它们的平均数呈现出有规律的波动。例如，批量生产的某产品产量与相对应的单位产品成本，某些商品价格的升降与消费者需求的变化，就存在着这样的相关关系。

回归分析预测法是在分析市场现象自变量和因变量之间相关关系的基础上，建立变量之间的回归方程，并将回归方程作为预测模型，根据自变量在预测期的数量变化来预测因变量关系大都表现为相关关系，因此，回归分析预测法是一种重要的市场预测方法，当我们在对市场现象未来发展状况和水平进行预测时，如果能将影响市场预测对象的主要因素找到，并且能够取得其数量资料，就可以采用回归分析预测法进行预测。它是一种具体的、行之有效的、实用价值很高的常用市场预测方法。

有了人力标准的资料，就可以分析计算现有的员工状况是否合理，再根据结果做出科学合理的调整。

2. 员工类别分析

对企业员工进行类别分析，包括以下两个方面：

(1) 工作功能分析。对员工的工作能力功能归纳起来有四种：业务人员、技术人员、生产人员和管理人员。这四类人员的数量和配置基本上代表了企业内部劳动力市场的结构，以此为基础就可研究分析各项功能之间的影响因素。

(2) 工作性质分析。按工作性质来分，企业内部工作人员又可分为两类：直接人员和间接人员。直接人员是指工作在生产一线的员工，是为企业直接创造产值的人员；间接人员是指企业的管理人员，对生产起辅助支撑作用的员工。这两类人员的配置，随着企业性质不同而有所不同。

3. 员工素质分析

员工素质分析就是分析现有工作人员的受教育程度及所受的培训状况。一般而言，受教育与培训程度的高低可显示工作知识和工作能力的高低，企业都希望通过一定的途径能提高工作人员的素质，以期望员工能对企业做出更大的贡献。但是，员工受教育程度与培训程度的高低，应以满足工作需要为前提。因而，为了达到人尽其才的目的，员工素质必须和企业的工作现状相匹配。

在实践中，企业的员工队伍往往参差不齐，一部分员工对岗位职能表现出能力不足，而另一部分员工则高能低任，能力和水平未能充分有效发挥出来。为达到能力与素质相匹配的要求，其解决方法有以下几种：

(1) 调整工作内容。有针对性地增加或减少某一职务、职位的工作内容及责任，而转由别的职务人员来负责。

(2) 练内功，提升能力。有针对性地运用学习交流、培训研讨、潜能开发等方式，练内功、长本事，提升素质，强化现职人员的工作能力。

(3) 调整职位。有针对性地对经过特定有效的方式进行整合后，仍无法达到期望时，说明现职人员不能胜任此职位，应予以调动。如果该员工任该职位已近退休或轮调期满或组织结构更迭，则可采用临时性的调整。如果该职务比较重要，足以影响组织目标的实施，则必须采取组织措施。

4. 年龄结构分析

分析员工的年龄结构，在总的方面可按年龄段进行，统计全公司人员的年龄分配情况，进而求出全公司的平均年龄。了解年龄结构，旨在了解下列情况：

(1) 组织人员是否年轻化，还是日趋老化。

(2) 组织人员吸收新知识、新技术的能力。

(3) 组织人员工作的体能负荷。

(4) 工作职位或职务的性质与年龄大小的可能的匹配要求。

一般企业的员工理想的年龄分配，应呈金字塔形。顶端代表 50 岁以上的高龄员工；中间部位人数次多，代表 35～50 岁的中年员工；而底部位人数最多，代表 20～35 岁的青年员工。

5. 职位结构分析

根据企业人力资源管理成熟情况及应用目的，可以在不同的层面上进行人才结构分析。包括：

第一，员工人数分析与岗位定员、企业发展需要的比照分析。

第二，员工素质分析，如员工学历、性别、专业、年龄、工作经验、职称等。

第三，任职匹配分析，如职位结构、晋升计划、生涯期望等。

第四，能力结构分析，如职称结构、能力层次、技能层次、职能等级等。

第五，人员变动分析，如离职率、调职、新人率等。

第六，人力资本分析，如报酬层级、满意度等。

根据管理幅度原理和企业的规模，各部门主管与非主管职位应有适当的比例。分析人员结构中主管与非主管职位，可以显示企业（组织）中管理幅度的大小，以及部门与层次的多少。如果一个组织中主管职位太多，可能表示下列不当的结果：

(1) 组织结构不合理，管理职能狭窄，部门与层次太多。

(2) 工作程序繁杂，沟通协调频繁发生，浪费时间，效率低下，并容易导致误会和歧义。

(3) 易滋生本位主义，造成相互掣肘，影响大局。

(4) 助长官僚作风，脱离实际。

（四）制定人力资源规划方案

企业在发展过程中存在着一定的不确定性变量，为做到当这种状况出现时处事不惊，就要事先有预测、有准备。也就是说，当前企业的人力资源状况和未来理想的人力资源状况存在着一定的变量，企业必须制定一系列有效的人力资源战略与规划方案，以不变应万变，实现企业的平稳健康、持续发展。在员工过剩或短缺时，通过人员裁减计划或外部招聘达到合理状态。如果劳动力市场出现求大于供的状况，或所需人才不能保证有效供给时，企业应当考虑在内部通过优化组合、岗位调整、调动补缺、培训开发、工作轮换、挖掘潜能等方式增加劳动力供给，使企业对人力资源的需求及时得到满足。

在涉及企业改革方向或涉及职工切身利益的时候，人力资源战略规划要以企业的整体规划为蓝本，相互协调，形成合力，人力资源规划才能得以顺利实施。一个完整的人力资源规划方案通常包括人员招聘与遴选规划、收入分配规划（薪酬规划）、职业生涯规划、教育培训规划、保险福利规划、劳动关系规划、退休规划等。

四、进行人力资源供给和需求预测

进行人力资源规划的主要任务就是在充分掌握信息的基础上，对企业在不同发展阶段（时期）人力资源供给和需求做出正确的预测。这是人力资源规划过程中最为关键也是难度最大的一个阶段，它直接决定着整个规划的成败。

（一）人力资源需求预测

人力资源需求预测（forecasting human resource requirements）是指对企业在未来某一特定时期所需要的人力资源的数量、质量以及结构进行估计。

企业对人力资源的需求直接与企业内部的职位联系在一起，需要人员的多少是根据企业设置的职位（岗位）来确定的。企业设置什么样的职位，就需要什么样的人员。因此，只要能够预测出企业内部职位的变动，相应地就可以预测出企业对人力资源的需求。预测结果既包括要有数量需求，也包括结构上的需求。预测职位变动时通常需要考虑以下几个因素：

1. 企业的发展战略和经营规划

这直接决定着企业未来的职位设置情况。例如，当企业决定实行扩张战略时，未来企业设置的职位肯定就要增加。又如，当企业调整经营领域时，未来企业的职位结构也就会发生相应的变化。

2. 产品和服务的需求

按照经济学的观点，企业对人力资源的需求是一种派生需求，它源自顾客对企业产品和服务的需求，这两种需求之间是一种正相关的关系，当产品和服务的需求增加时，企业设置的职位相应也应增加；反之，企业设置的职位就应减少。产品和服务需求数量的变化，直接体现在企业经营规模的变化上。

3. 职位的工作量

如果职位的工作量不饱满，就要合并相关的职位，职位数量就要减少；相反，如果职位的工作量超负荷，就要增设相应的职位，职位数量就要增加。衡量职位的工作量是否合理，主要借助上一章所讲的职位分析来进行。

4. 生产效率的变化

在其他条件不变的情况下，生产效率的变化会引起职位数量的反向变化，生产效率提高，同一职位承担的工作量增加，职位的设置会减少；生产效率降低，职位的设置就要增加。而引起生产效率变化的原因又有很多，如生产技术的改变、工作方式的调整、对工作进行的培训、薪酬水平的提高、员工能力和态度的变化等。

需要强调的是，上述每一项分析都是在假定其他因素不变的前提下进行的，如果多个因素同时作用，产生的结果可能会有所不同。例如，如果员工的生产效率提高，那么即使产品和服务的需求增加，职位的设置可能也不会增加，因为这两种相反的作用互相抵消了影响。

通过上述分析，可以得出未来企业职位设置的变化值，将它与现有的职位进行比较就能够计算出未来一定时期企业的职位设置情况，从而预测出人力资源的需求。

(二) 人力资源需求预测的方法

下面我们选择几种常用的且有代表性的方法进行简单介绍。

1. 主观判断法

此方法是由管理人员凭借自己多年的工作经验和直觉，对企业未来所需要的人力资源做出判断。在实际操作中，一般先由各个部门的负责人根据本部门未来一定时期内的工作量预测本部门的人力资源需求，然后再汇总到企业决策层进行平衡，最终确定企业的人力资源需求。

这种方法主要是凭借经验和直觉判断来进行的，其结果的准确性有限。因此它主要用于进行短期的预测，适用于规模较小或者经营环境稳定、人员流动不大的企业。在使用这种方法时，要求管理人员必须具有丰富的经验和责任心，否则预测的结果就会出现较大偏差。除了预测的准确性较低以外，另一个弊端是往往会出现"帕金森定律"所提到的现象，各部门的负责人在预测本部门人力资源需求时一般都会扩大。为了避免这一问题，就需要决策层的控制。

2. 德尔菲法（Delphi technique）

德尔菲（Delphi）的名称源于古希腊的一个传说，是20世纪40年代末从美国兰德公司的思想库中首先发展出来的。这种方法是指邀请在某一领域的一些专家，或有经验的管理人员对某一问题进行预测，并最终达成一致意见的结构化的方法，有时也称作专家预测法。

德尔菲法的特点是：第一，它综合吸取了众多专家的意见，避免了个人预测的片面性。第二，它不采用集体讨论的方式，而是匿名进行，即采用"背靠背"的方式进行，这样就使各位专家可以独立地做出判断，避免了相互影响的从众行为。因此，在实施德尔菲法的时候，需要一个"中间人"或者"协调人"在专家之间传递、归纳和反馈信息。第三，它采取多轮预测的方式，经过几轮的反复，专家的意见趋于一致，具有较高的准确性。

实施步骤是：第一，整理相关的背景资料并设计调查问卷，明确列出需要专家回答的问题；第二，将背景资料和问卷发给专家，由专家独自对这些问题进行判断和预测，并对自己的观点说明理由；第三，由中间人回收问卷，统计汇总专家预测的结果和意见，将这些结果和意见反馈给专家，进行第二轮预测；第四，再由中间人回收问卷，对第二轮预测的结果和意见进行统计汇总，接着进行下一轮预测；第五，经过多轮预测之后，当专家的意见基本一致时就可以结束调查，并将预测的结果形成文字材料或图形加以表述。

需要注意以下几个问题：

(1) 专家人数一般不少于30人，问卷回收率应不低于60%，以保证调查的权威性和广泛性。

(2) 提高问卷的质量，所提问题应该符合预测的目的并且表达清晰准确，保证专家都是从同一个角度去理解问题，避免造成误解和歧义。

(3) 要给专家提供充分的资料和信息，使他们能够进行判断和预测；同时，结果不要求十分精确，专家只要给出粗略的数字估计即可。

(4) 要取得参与专家的支持，确保他们能够认真进行每一次预测；同时，也要向企业决策层说明预测的意义和作用，并取得支持。

德尔菲法调查表[①]

测试项目：公司 A 类职位与 B 类职位的合理比较

上一轮（第 X 轮）的调查结果为：

专家一：1∶1，原因：

专家二：1∶1.5，原因：

专家三：1∶2，原因：

专家四：1∶1.4，原因：

上次调查中的中间值为 1∶1.5，四分位点是 1∶1 和 1∶1.2，极端是 1∶4。

您的新预测为：

原因是：

3. 趋势预测法

趋势预测法（trend forecasting）是指根据企业往年的人员数量，分析它在未来的变化趋势并依此来预测企业在未来某一时期的人力资源需求量。这种预测方法相对比较简单直观，但是有一定的缺陷，在使用时一般都要假设其他一切因素保持不变或者变化的幅度保持一致，具有较大的局限性。此方法多适用于经营稳定的企业，并且主要作为一种辅助方法来使用。

趋势预测法的具体步骤：首先收集企业往年人员数量数据，并且用这些数据作图，然后用数学方法进行修正，使其成为一条平滑的曲线，将这条曲线延长就可以看出未来的变化趋势。在实践中为了简便起见，往往将这种趋势简化为直线关系。

[①] 董克用主编. 人力资源管理概论. 北京：中国人民大学出版社，2011：172.

4. 回归预测法

回归预测法（regression forecasting）是从统计学中借鉴的一种方法。由于人力资源的需求总是受到某些因素的影响，回归预测法的基本思路就是要找出与人力资源需求关系密切的因素，并依据过去的相关资料确定出它们之间的数量关系，建立一个回归方程，然后再根据这些因素的变化以及回归方程来预测未来的人力资源需求。使用此预测法的关键是要找出与人力资源需求高度相关的变量，在此基础上确定的回归方程才会有较好的预测效果。

根据回归方程中的变量，可以将回归预测法分为一元回归预测和多元回归预测两种。一元回归由于只涉及一个变量，建立回归方程时相对比较简单；而多元回归由于涉及的变量较多，所以建立方程时较复杂，但是它考虑的因素比较全面，所以预测的准确度往往高于一元回归预测法。由于曲线关系的回归方程建立起来比较复杂，为了便于操作，在实践中往往采用线性回归方程来进行预测。

5. 比率预测法

比率预测法（ratio forecasting）是基于对员工个人生产效率的分析而进行的一种预测方法。进行预测时，一是要计算出人均生产效率，二是根据企业未来的业务量预测出对人力资源的需求。即：

所需的人力资源＝未来的业务量÷人均生产效率

例如，对于一所学校来说，目前一名教师能够承担 50 名学生的工作量，如果明年学校准备让在校学生达到 4 000 人，就需要 80 名教师。如果考虑到生产率的变化，计算公式可以做如下修改：

所需的人力资源＝未来的业务量÷目前人均生产效率×(1＋生产效率的变化率)

使用这种方法进行预测时，需要对未来的业务量、人均生产效率及其变化做出准确的估计，这样对人力资源需求的预测才会比较符合实际，而这往往是比较难做到的。

6. 技能清单

技能清单（skill inventories）是一个反映员工工作能力特征的列表，这些特征包括员工的培训背景、工作经历、技能资格证书、工作能力的评价等内容。技能清单是对员工竞争力的一个反映，可以用来帮助预测潜在的人力资源供给。人力资源规划的目的既要保证为企业的空缺岗位提供相当数量的员工，又要保证这些员工的质量，因此很有必要建立员工能力的记录。技能清单主要服务于晋升人选的确定、职位调动的决策、对特殊项目的工作分配、培训、职业生涯规划等。

7. 人员替换

人员替换（staffing tables）。是对企业现有人员的状况做出评价，对他们的能力（技能水平）或晋升或调动的可能性做出判断性分析，以此来预测企业潜在的内部供给。当某一职位出现空缺时，就可以及时依据企业内部组织规则和科层制管理原则进行补充。

8. 人力资源"水池"模型

人力资源"水池"模型（human resource pool model）是在预测企业内部人员流动的基础上预测人力资源的内部供给，它与人员替换有些类似。其区别是，人员替换是从员工潜能供给方面来进行分析，也就是说，从人的现实能力或潜在能力供给方面进行分析；"水池"模型则是从职位（岗位）的角度进行分析，预测的是未来某一时间现实的供给。此方法一般是针对具体部门、职位层次或职位类别进行分析，是在现有人员的基础上通过计算流入量和流出量来预测未来的供给，犹如计算一个水池未来的蓄水量，因此称为"水池"模型。

对每一层级的职位来说，人员流入的原因有平行调入、职位调整（晋升或降级）。流出的原因也有职位调整（晋升或降级）或平行调出和离职等。

分析完所有层级的职位之后，将它们汇总整理用文字或图表表述出来，就可以得出企业未来各个层次职位的内部供给量以及总的供给量。

9. 马尔科夫模型

马尔科夫模型（Markov model）是用来预测具有等时间间隔（如一年）的时刻点上各类人员的分布状况，是从统计学中借鉴过来的一种定量预测方法。其基本思想是：找出过去人事变动的规律，以此来推测未来的人事变动趋势。是根据历史数据，预测等时间间隔点上的各类人员分布状况，并根据过去人员变动的规律，推测未来人员变动的趋势。步骤如下：

(1) 根据历史数据推算各类人员的转移率、迁出转移率的转移矩阵。

(2) 统计作为初始时刻点的各类人员分布状况。

(3) 建立马尔科夫模型,预测未来各类人员供给状况。

使用马尔科夫模型进行人力资源供给预测的关键是确定人员转移率矩阵表,而在实际预测时,由于受多种因素的影响,人员转移率很难准确确定,其结果往往是一种概括性的。

五、人力资源规划与人力资源管理其他职能的关系

人力资源管理部门和管理者应当清醒地认识到个体与群体、个人与组织、局部与整体之间的利害关系。人与人之间、人与部门之间、部门与部门之间是相互依存、相互制衡、相互承载的一个相互关系链。也就是说,人力资源管理部门或管理人员与其他部门之间是有着密切联系的,人力资源战略与规划能否顺利实施,与其他部门的协调配合必不可少、密不可分,协调出合力、出战斗力、出成果;否则,仅凭人力资源管理部门单枪匹马,是很难做成大事的。因为人力资源战略和规划的实施不仅针对的是人力资源部,而且针对的是企业整个组织系统。因此,在进行人力资源环境研究时也必须对本企业的其他职能部门进行研究,发挥各职能部门的能动性,形成工作合力。

(一) 与员工招聘的关系

人力资源规划与员工招聘有着最直接、最密切的关系,当预测的供给小于需求,而企业内部的供给又不能满足需求时,就要到外部进行招聘。招聘的主要依据就是人力资源规划的结果,其中包括需要招聘的人员数量和质量。

(二) 与员工配置的关系

员工调配就是在企业内部进行人员的配置、调动、晋升和降级,员工配置是依据企业规模的变化、组织框架的调整、员工绩效等。员工调配的一个重要作用就是进行内部的人力资源供给。在得出需求预测分析结果之后,企业就应根据预测的结果和现有的人员状况制订相应的员工配置计划,调整内部的人力资源供给以实现平衡。

(三) 与员工培训开发的关系

人力资源规划与员工培训开发是相辅相成的关系。企业培训工作中关键的内容就是确定培训需求,只有开发出符合企业培训需求的培训,才能取得应有效

果。供需预测结果是确定培训需求最重要的来源，通过比较现有员工的综合素质、技能水平和所需员工的综合质量，就能找出两者之间的差，以此确定培训方向或需求目标，通过实施有针对性的培训才能提高内部供给的质量，增强内部供给。

（四）与绩效管理的关系

在人力资源规划中，绩效考核是进行人员需求和供给预测的一个重要基础，通过对员工工作业绩、工作态度和工作能力的评价，企业可以对员工的状况做出判断，如果员工不能胜任职位的要求，就要及时进行相应的调整，由此造成的职位空缺就形成了需求预测的一个来源；同时，对于具体的职位来说，通过绩效考核可以发现企业内部有哪些人能够从事某一职位，这也是内部供给预测的另一个重要方面。

（五）与薪酬管理的关系

人力资源需求的预测结果可以作为企业制订薪酬计划的依据，由于需求的预测不仅包括数量而且还包括质量，因此企业可以根据预测期内人员的结构或分布状况，并结合企业自身的薪酬分配方案进行薪酬总额的预测，调整薪酬的结构和水平。

企业的薪酬分配方案也是预测供给时需要考虑的一个重要因素，人员供给的预测是针对有效供给来进行的。同时，要考虑到企业内部的吸引力，或外部的竞争优势程度，据此做出适度的判断。

（六）与员工解聘辞退的关系

企业在一定时期内如果需求小于企业内部的供给，即人浮于事时，就要通过对人员的解聘辞退实现供需的平衡。

思 考 题

1. 什么是波特的竞争战略理论？
2. 奥斯特曼战略模型、贝荣和克瑞普斯战略类型有哪些？
3. 戴尔和霍德人力资源战略包括哪些内容？
4. 混合模型的内涵是什么？
5. 简述企业战略的概念与特征。

6. 简述企业人力资源战略的作用与意义。

7. 什么是执行力？

8. 人力资源发展战略经历了哪些阶段？

9. 如何理解社会转型中的人力资源环境？

10. 制定人力资源战略有哪些步骤？

11. 什么是全面质量管理？

12. 什么是人力资源规划？

13. 简述企业人力资源规划的作用与意义。

14. 制定人力资源规划有哪些步骤？

15. 如何进行人力资源供给与需求预测？

16. 什么是主观判断法、德尔菲法、趋势预测法、回归预测法、比例预测法、技能清单、人员替换、人力资源"水池"模型、马尔科夫模型？

17. 人力资源规划与人力资源管理其他职能有什么关系？

第三章

工作分析与工作设计

本章导读

工作分析与工作设计是企业人力资源管理中的基础环节，工作说明书则构成人力资源管理的重要实用工具。本章全面介绍了这项基本工作的各重要组成部分：宏观层面的组织设计、中观层面的工作设计和微观层面的工作分析，以及进行工作分析的具体方法。

本章涵盖西方人力资源管理从古典阶段到现代阶段的发展脉络，改革开放以来中国企业在相关领域内的发展和演变，以及企业人力资源管理工具如何具体化和操作化等内容，以期学生能够初步而全面地掌握工作分析方面的理论和实践。

在学习中，学生要以理论、工具和方法的学习作为基础，对中外企业实践的理解作为补充，掌握组织设计理论发展的传统和现代两个阶段组织设计的几个重要维度、工作设计的原理和具体方法、工作分析的过程、工作说明书的内涵，以及各种重要的收集工作分析信息的方法。

第一节 组 织 设 计

一、组织设计的相关概念

（一）组织设计

组织是为了实现特定的目标，按照一定的规则而形成的人们的集合体。从人类社会发展的历史阶段来看，组织不同于基于血缘姻缘的家庭、以地缘为纽带的村落，也不同于自由竞争的市场。从形态上看，各类组织都可以表现为一定的组织结构，也就是组织内部的全体人员为了实现特定的组织目标，通过专业化的分工与合作，在权力、责任、职务等方面形成的一套体系。在现代人的生活中，组织是除家庭之外和人们打交道最多的社会实体。人们的大多数时间都将在组织中度过，完成组织交给的任务，竭力经营好自己的事业，在市场中找寻更好的工作机会，通过政府、企事业单位提供的服务，满足自我生存和发展的需要。不论是政府机关、企事业单位，或大型的跨国企业集团，还是白手起家、处在起步阶段的家庭作坊，这些具体名称各有不同的组织在目的、功能、性质、类型，甚至规模上看起来迥异，但是它们都可以被纳入组织的范畴。

关键概念

组织设计是合理地设计企业内部组织架构的一种组织行为。这是一种旨在围绕组织的目标，为达成组织的战略而进行的系列活动。组织设计的内容包括：确定组织的战略和组织设计的原则，职权和流程的分析与设计，部门如何确立，管理层次如何划分，分工合作如何进行，制度规范如何设定，激励如何保障，等等。

组织设计是社会分工思想在组织内部的体现，是一种效率导向的组织行为。组织设计重在从职能和流程两个方面来分析组织，体现为组织的管理结构。另外，公司的治理结构和组织间的关系结构也成为现代组织理论关注的内容。职能维度侧重于从静态层面分析组织结构，是对各部门、各层次和各工作岗位权限、职能等的分析和概括。流程维度侧重于从动态层面分析组织结构，强调将组织运行涉及的人财物信息等各要素按照输入、输出的顺序给予展示，更关注组织内部各部门之间的合作、各层次之间的关联和联系。治理结构体现的是组织中所有者和管理者之间的制衡关系。组织之间的关系则关注组织与外部各类组织，尤其是重要的利益共同体之间的联系。组织理论的最新发展显示，人性化的因素在组织设计中越来越受到关注。

组织设计是一个动态的过程，从组织的诞生之日起，就贯穿于组织发展变化的过程。在追随组织目标和战略的前提下，什么情况下有必要进行组织设计呢？

1. 新组织的创设。当人们为了特定的目的而建立一个组织时，组织设计是一项基本的前提性工作，其本质上就是新组织的架构从草案变成现实的过程，包括组织性质和目标的界定，内部职能部门的划分，各种具体岗位的设计等。比如，一家小规模B2C网络的初始创立期，简单的组织结构设计需要包括如下内容：基本的管理层，即网站的创办人员，市场策划、技术和编辑等各职能机构，此时组织架构呈现相对扁平化特征。而一家生产制造型企业的创设，基本的组织架构包括市场部门、采购部门、生产部门、质量监督部门、研发部门等，组织结构上更多地体现科层组织的特色。

2. 原有组织的局部性调整。在变动的市场环境和法律环境下，组织的管理者主动或被动地应对新挑战时，会对组织下一步发展面临的问题进行调整。这涉及组织内某些具体职能部门角色的重新定位，是一种局部性质的调整或改革。比如，由于企业战略调整从而对某个职能部门的裁撤、合并或新设。20世纪80年代，IBM设立"风险组织"，以争取在小型机和微型机等急剧发展的高技术领域有所突破，它们在原来的组织结构中引入独立经营单位和战略经营单位等新型组织结构，并赋予其极大的自主权，以实现组织目标的阶段性调整。

3. 原有组织的全面调整。当企业组织的外部环境发生巨大变化，以至于组织必须进行整体性结构调整时，也将发生组织设计。这时的组织结构设计不是局部的修补或改良，更多带有一种整体性的、系统性的变革，比如最近几年我国出版行业从事业单位向企业的转制性改革，这是一种行业性的变革，组织的性质发生根本的变化，组织架构也要进行新的结构性调整，不少组织已经从原来科层特点浓厚的直线式或职能式结构转换为动态矩阵型结构。从计划经济向市场经济转型以来，从"抓大放小""主辅分离、辅业改制"，到建立"公司法人治理结构"，再到近期的"外部董事试点"，我国的国有企业改革在所有权、治理结构等诸多领域宏观方面的改革都相应带来微观层面组织结构的整体性变革；同时，国有企业的制度变迁呈现渐进性特点。

（二）组织设计遵循的程序

1. 根据组织的目标和特点，确定组织设计的方针、原则和主要参数，使管理工作过程的设计达到最优化。在工作项目、岗位、实物和信息等方面尽可能做到完美衔接，从而使管理工作过程最优化。比如，在现有的组织目标和战略下，治理结构如何设计最合理，是所有权和控制权合二为一，还是分离？是沿用组织创业伊始的家族化管理模式，还是转型为现代法人治理结构？整个组织的管理是集权式，还是分权式？在大型集团的分支机构的设立方面，是用事业部的形式，还是用子公司的形式？

2. 职能分析和结构框架的设计。确定组织由哪些主要的职能部门构成，合理确定部门的职能、结构、权限和相互之间的关系。将组织的管理职能首先分解到各个职能部门，设计各管理层次、部门、岗位及其责任和权力，形成组织系统图。在职能分析和结构设计中，关键职能部门的设计最重要，引导着组织内部的人财物及信息的流向。企业组织是以技术为中心、以营销为中心、以生产管理为中心还是以质量为中心，其组织结构都将呈现出不同的特点。

3. 流程设计。在上述职能分析和结构设计的基础上，对组织进行业务流程的划分。流程设计以效率和效益为导向，通过管理工作程序、管理工作标准和管理工作方法的设计，展示信息、人员和工作等在各部门之间的输入、输出和转换的过程，将组织的纵向维度和横向维度有机连接，实现组织内部行为规则的制度化。业务流程既包括部门内的流程，即各职能部门内部的流程，还包括组织内各事业部门之间的业务流程，以及组织外部的业务流程。组织设计形成的流程图展示组织内外的权力、信息的结构和流向，组织内外的协作和协调等。

4. 岗位设置以及绩效、奖励、培训等制度的设计。在组织内部职能机构划分的前提下，按照管理岗位工作量的需要确定相应数量的人员编制、岗位所需人员的素质要求，并根据该岗位在管理工作过程中的重要程度、任务量大小、工作强度、技术复杂程度、环境条件、风险程度等指标来考虑管理工作岗位报酬的差别，设计绩效考核制度，并通过合理有效的福利和培训制度等设计，增强组织的吸引力和凝聚力。

5. 反馈和修正。组织设计不能一劳永逸，从构想到组织设计的实现有一个过程，这个过程也是将构想付诸实践检验的过程。从组织设计到组织设计的实现过程中，有些设计并不适合实践的检验，那么，通过组织内外部的反馈机制，组织管理者将会适时进行组织结构的修正，从而使得组织的运行更为有效和良性。

（三）组织设计的要素

1. 管理层次和管理幅度

管理层次和管理幅度是决定组织结构的两个重要参数，两者密切相关。管理层次是指在职权等级链上所设置的管理职位的级数。管理幅度是组织中管理者直接有效的指挥和监督的下属的数量，人数多则幅度宽，人数少则幅度窄。管理层次和管理幅度形成反比关系：层次减少则幅度增加，层次增加则幅度减少。宝塔型结构具有典型的科层组织的优势，分工明确，管理严密，但是随着管理层次的增多，管理效率下降，下级的主动性和创造性会减少。由于其利于降低管理成本，加快信息流动，提高下属的主动性和创造性，扁平型结构成为20世纪80年代以来企业组织追求的时尚。

2. 集权程度

集权程度是组织设计中另外一个重要参数，表明组织内部决策权方面的集中程度。如果组织内人财物等各种资源的决策权都集中于较高层次的管理者手中，那么，这种组织的集权程度较高；相反，如果组织内人财物等资源的决策权相对分散在较低的管理层次，那么，其集权程度比较低，具有分权特征。

3. 关键职能

关键职能与组织的目标或战略实现紧密相关，不同类型的组织拥有不同的关键职能。比如，对于生产制造型企业而言，产品的生产是其关键职能；对于物流企业而言，物流配送是其关键职能；对于营销公司而言，营销自然成为其关键职能。肩负关键职能的部门对组织目标的实现有决定性作用，其他部门则为关键职能提供智力支持或后勤保障。

4. 专门化程度

专门化体现了组织内部承担不同职能的部门分工程度。专门化程度越高，组织内部划分的职能部门可能就越细，专门化是劳动分工思想的具体体现，也是古典管理思想和组织设计中比较强调的维度。时至今日，专门化依然是组织的一个本质性特点，不过专门化给人们的负面因素开始受到更多的关注。

5. 职业化程度

职业化程度反映了组织成员接受正规教育的情况。一般来说，律师、会计师、医生这类职业的职业化程度较高；零售商店店员、食品加工厂的工人、物流公司的伙计等职业的职业化程度较低。职业化程度一般用受教育年限来衡量。受教育年限越高，职业化程度越高；反之，职业化程度越低。

6. 规范化程度

规范化程度体现了组织活动通过稳定的规章制度管理的状态。书面的制度文本越多，说明组织治理的规范化程度较高；反之，说明组织治理的规范化程度较低。比如，家族企业在初创阶段，更多依靠创始人的个人决策，随意性比较大；当企业进入比较规范的公司治理阶段，会建立起一套比较完整而规范的制度，即体现更高的规范化程度。

7. 人员结构

人员结构反映了组织中各职能部门、各层级人员在组织的结构状况，比如技术人员、管理人员与工勤人员的结构比例。具体计算方法是：将具体某类人员总数除以组织总人数，再乘以100%。处于不同行业、不同发展阶段的企业组织会呈现不同的人员结构特点。

（四）组织设计的原则

组织设计的任务是设计出清晰、合理、有效的组织结构。合理而有效的组织设计是达到组织目标，实现组织战略的有效手段，其成果是对组织内部各种资源的制度性安排，比如组织结构图、工作说明书和组织手册等。那么，组织设计应该遵循哪些基本原则呢？

1. 紧扣组织的目标。组织是为了达成某一特定目的而设立的协同体系，那么组织结构的设计中应以组织目标为引导，根据对组织目标的不断分解来设置相关的职能和机构。从各部门到部门内的岗位，其设置都要紧扣组织目标，依据组织目标确定和调整相应的角色和职能。比如，一个以营利为首要目标的企业当然不适合设计成基金会式样的组织形式。

2. 精简设计原则。管理层次、部门和岗位的设置要提倡简约，杜绝重复和浪费。管理层次应尽量缩短化，管理的幅度要合适，各部门的划分要精细适当，有明确的职责和足够的工作量，部门的规模要适当，避免主管人员的能力过剩或能力不足。部门内的每个岗位要有相匹配的任务角色，杜绝功能的重复设置和机构的臃肿。

3. 专业化与协作的原则。各部门、各岗位的出现是社会化大生产发展到一定阶段的产物，部门和岗位的有机结合与协作才能达成组织的良性运行。在组织目标的导向下，本着简约原则的组织设计，形成各专业化的职能部门领域；同时，各部门之间的相互联系和协作才能构成完整的组织。

4. 指挥系统的统一和权责对等原则相结合。上下级之间的权力、责任和联系渠道必须明确。组织内各业务部门和各岗位有各自明确的上级指挥，一个下级只接受来自一个上级的决策和命令，杜绝政出多门和多头领导的现象。权责对等原则要求每一个管理层次上的各职位既要赋予其具体权限，又要规定各自对应的职责范围，特定的业务部门或岗位应有各自自决的责任范围和权力范围。也就是说，组织内部业务范围要明确，责任与权限要统一。

5. 稳定性和灵活性相结合的原则。成熟的组织结构应具有一定的稳定性。稳定的组织结构带给员工明确的心理预期，从而帮助员工理解组织的目的，扮演好自己的角色。日益变化的组织环境要求组织在运行中能根据新的挑战或机遇进行有效调整，从而更好地实现组织的目标和战略要求。灵活的组织设计能够提高组织应对外部环境变化的能力，更好地发挥组织内员工的积极性和创造性。

6. 充分尊重和考虑人的需求和特点。组织设计者应该能认识到企业是一个持续经营（going concern）的机构，优秀的企业经营者都怀揣基业长青的企业理想。人力资源是使得组织基业长青的第一资源，组织要通过各种选人、育人和留人机制，将自身塑造成一个具有凝聚力和向心力的组织，使人的能力发挥到最大效用，工作饱满，能在工作中获得足够的成就感，使得组织中的人对组织有归属感，这才是一个卓有成效的组织。

（五）组织设计的实现

组织设计从构想到应用再到组织的实践称为组织设计的实现。对于新组织而言，组织设计的实现即按照组织设计的构想落实到具体的职能部门和相关岗位，将制度化的规范具体应用到组织的日常运行。旧组织的组织设计则意味着组织的变革，从组织结构到制度和规范方面的变化。不管是新组织还是旧组织，组织设计的实现都要具备以下相关条件：领导带头执行、上级领导支持、全体员工认可、与战略紧密相连、有效的激励机制、有力的执行制度和有效的协调机制等七个原则。在这七个原则中，前三项是和人（person）紧密相关的，后四项是和制度（system）紧密相关的，因此，可以将其简称为3P4S原则。

二、组织设计的思想

组织设计的思想有两种：一种是传统的组织设计，另一种是现代的组织设计。

传统的组织设计源于亚当·斯密（Adam Smith）的劳动分工思想，侧重组织内部的专业化和分工，以及组织框架结构的设计。它的理论基础是古典管理学派，主要代表人物包括弗雷德里克·W.泰勒（Frederick W. Taylor）、亨利·法约尔（Henri Fayol）、马克斯·韦伯（Max Weber）、林德尔·F.厄威克（Lyndall F. Urwick）等人。传统组织设计的基本构件是专业化的工作岗位，在组织结构形态上体现为高耸的层级制（科层制）。

（一）古典管理学派简介

斯密的劳动分工思想是组织结构设计专门化的主要基础。泰勒根据劳动分工原理明确提出单独设置职能机构，主张进行职能管理制。职能管理的专门化和部门化思想在以后的实践中得到应用，在未来的理论中得到进一步的修正和发展。泰勒还提出例外原则，实行权力下放，这种思想在未来的实践和理论中逐步发展出分权管理体制，如事业部制。

法约尔在组织理论方面也做了不少奠基性的贡献。他非常强调组织职能的重要性，他还提出组织职能方面的14条管理原则，其中许多依然被广泛有效地运用在各种类型的组织中。比如，专业分工、权力与责任相符、命令与指挥统一、实行集权制等。为妥善解决纵向指挥与横向联系的矛盾，法约尔提出"法约尔桥"的设计，以保证在维护命令统一原则的前提下，迅速地进行横向联系。当今企业组织中的矩阵结构正是解决这一矛盾的具体组织形式。

作为近代史上一位百科全书式的学者，德国学者马克斯·韦伯在组织和管理理论方面的最大贡献是提出了"科层制"（bureaucracy/科层组织）概念。科层组织实际上是对官僚集权的行政组织体系进行抽象后的一种理想类型（ideal type），这种理想型的组织具有专门化、等级制、规则化、非人格化和技术化等特点。这些特征不但概括了工业化以来行政官僚机构的特点，也代表现代企业组织脱离了家族式管理后的本质性特征。换言之，从封建社会向现代资本主义社会的演进过程中，既有的以血缘或亲缘为纽带的家族式、世袭式的管理方式逐渐让位于强调个人能力、依据正式文本制度进行管理的行政组织。在韦伯的科层制组织中，组织结构的纵向分工有三层：第一层是进行决策的主要负责人，第二层是执行决策的行政官员，第三层是从事具体业务工作的一般工作人员。时至今日，企业组织在实际运行中都体现了韦伯提出的纵向分工模式。

厄威克系统地总结了泰勒、法约尔等古典管理学理论，归纳出组织理论的8项原则：整个组织应表现出同一个目标的目标原则，权责相符原则，上级对下级工作绝对负责的责任原则，组织中划分出若干等级的等级原则，每一个上级领导人直接领导的下级人数不应超过5～6人的管理幅度原则，每个人的工作应限制为一种单一职能的专业化原则，组织各层次和各部门应达到协调一致的协调原则，对每一职位要有明确规定的明确性原则。以上这些原则对组织结构的设计有极强的指导意义。

传统的组织理论为组织设计提供了基本的理论框架，很多原则至今依然适用于各类组织的实践。

（二）现代管理学派简介

随着社会实践的深入和理论的发展，组织设计在20世纪30年代后进入新的阶段，历经社会系统学派、行为科学学派、管理过程学派、经验主义学派、系统管理学派、权变理论学派和新组织结构学派的充实和发展，形成现代管理理论统领的更多元、更富弹性和更为开放性的组织设计理念和相应的组织结构安排。现代的理论设计认识到组织中的个体不仅是"经济人"，更是"社会人"，强调业务流程的整体性，从而将框架设计发展为全过程设计，在框架设计前增加了职能设计，从框架设计中分离出协调设计，将结构本身设计和运行制度设计相结合。

在古典理论的组织里，组织是等级森严的，组织的运作是不徇私情的，组织由正式的规章制度统领，人的因素和人的行为缺席。以巴纳德（Chester I. Barnard）为代表的社会系统学派关注组织内部的协作和正式制度之外的非正式职能，在组织的研究中引入人的因素和人类行为的研究，将组织视为人与人的合作系统，打破了既往静态而偏结构化的理论特点，从而开辟了组织研究的新视角。

第三章 工作分析与工作设计

和社会系统学派一样，行为科学学派从社会学中汲取了理论素养，将古典理论中人的行为和人的因素纳入组织研究中。在古典理论直线—职能制的设计基础上，科学行为学派提出以职工的参与和信息交流解决组织内部的冲突；在专业分工、管理层次和管理幅度等组织设计的基础上，提出要尊重人们的爱好和兴趣，从而有了工作轮换、工作扩大化和工作丰富化的思想。相对古典理论对管理有效性的强调和对高层组织结构的偏好，行为科学理论在组织设计上倾向于扁平型的组织结构。

20世纪70年代，哈罗德·孔茨（Harold Koontz）在继承古典管理学成果、吸收西方企业几十年实践经验的基础上，形成管理过程学派。这一理论的主要特点是将管理理论同管理人员所执行的管理职能相联系，故又称为管理职能学派。孔茨将管理职能分为计划、组织、人事、领导和控制五项，阐明了每项职能的性质、特点和重要性，论述了实现这些职能的原则和方法。孔茨形成健全组织工作的15条基本原则：目标一致的原则、效率原则、管理幅度原则、分级原则、授权原则、职责的绝对性原则、职权和职责对等的原则、统一指挥的原则、职权等级的原则、分工原则、职能明确性原则、检查职务与业务部门分设的原则、平衡的原则、灵活性原则，以及便于领导的原则。

以彼得·德鲁克为代表的经验主义学派总结了企业管理，特别是大型企业管理的实践经验，结合古典管理理论以工作任务为中心、人际关系学派以人为中心的特点，开创了目标管理方法[①]，将工作和人性统一。目标管理是一种程序或过程，它使组织中的上下级一起协商，根据组织的使命确定一定时期内组织的总目标，由此决定上、下级的责任和分目标，并把这些目标作为组织经营、考核和奖励每个单位和个人贡献的标准。在古典学派集权的职能型结构基础上，德鲁克提出其他几种重要的组织结构类型：分权的"联邦式"结构、模拟分权结构、矩阵结构和系统结构等。

系统管理学派最大的理论贡献是打破以往理论关注组织内部结构和机制的研究，将组织视为开放的系统。系统管理学派认为，组织受到外部环境的影响，与外部环境存在人财物和信息等资源的交换。这一学派从系统的角度对组织内部进

---

① 目标管理方法在后面第六章"绩效管理"中有更为翔实的论述。

行分析，将组织大系统分为目标和价值子系统、技术子系统、社会心理子系统、结构子系统和管理子系统，子系统本身以及子系统之间的关系共同影响了组织大系统。

权变理论学派于20世纪60年代末70年代初在经验主义学派基础上进一步发展而来。其核心观点如下：没有一成不变的、普遍适用的、最好的组织设计，企业必须根据内外部环境适时调整、权宜应变。他们强调，市场、科技和国家经济形势等外部环境都会对组织的经营管理有重要影响；组织结构的稳定性，对外部环境的适应性共同决定了企业的生存。在大量企业调研的基础上，美国的唐·赫里格尔（Don Hellriegel）和约翰·W.斯洛坎姆（John W. Slocum）提炼出外部环境和工艺技术条件这两个影响企业组织结构的核心要素，将企业组织的结构形式划分为四类模式：第一，事业部制适用于外部环境变化快，内部工艺技术条件差别大的企业；第二，矩阵组织结构适用于外部环境变化快，内部工艺技术条件差别不大的企业；第三，直线—参谋组织结构适用于外部环境和内部工艺技术条件都比较稳定的企业；第四，高度集权式的组织结构适用于外部环境十分稳定、内部产品非常单一的企业。

新组织结构学派是古典管理理论与上述诸多现代管理理论流派的集大成者，加拿大的亨利·明茨伯格（Henry Mintzberg）是主要代表人物之一。他的理论贡献主要如下：第一，组织结构的实质是组织内部劳动分工和协调方式的综合，而任何一种组织，其内部纵向控制和横向信息沟通可以归纳为五种基本机制：相互调整、直接监督、工作过程标准化、成果标准化和技能标准化；第二，组织结构可以划分为六个基本部分：战略高层、中层管理人员、经营核心、技术结构、辅助人员以及意识形态；第三，根据主导的协调机制、关键构成部分以及分权形式等要素，组织结构可被归纳为五种类型：简单结构、机械性行政组织、职业性行政组织、分部式结构和特别小组。这一理论是对企业组织实践的最新关照，代表了组织设计在当代的最新发展。

三、组织设计的几个维度

组织设计有如下几个重要的维度：公司治理结构设计、职能维度的设计和流程维度的设计。下面分别简要介绍。

（一）公司治理结构设计

1. 公司治理结构简介

公司治理结构是指针对组织高层的组织结构设计。作为公司形式的现代企业，治理是指所有与控制分离的情况下，投资者与公司之间的利益分配与控制关系。公司治理结构是指支配公司中有重大利益关系的相关方——投资者（股东和贷款人）、董事会、经理人和职工——之间权利和义务关系的制度框架。公司形成以股东会、董事会、经理人员和监事会为主的治理结构。

股东会是公司的最高权力机构。公司的全部资本都由股东出资构成，财产所有权属于所有股东，因此公司一切重大的人事任免和经营决策权一般都要经过股东大会认可和批准后才能生效。股东会行使如下职权：决定公司的经营方针和投资计划；选举和更换非由职工代表担任的董事、监事，决定有关董事、监事的报酬事项；审议批准董事会、监事会或者监事的报告；审议批准公司的年度财务预决算方案、公司的利润分配方案和弥补亏损方案；对公司增加或者减少注册资本、发行公司债券以及公司合并、分立、解散、清算或者变更公司形式做出决议；修改公司章程以及公司章程规定的其他职权。股东会一般分为定期会议和临时会议。定期会议又称年度大会，一般每年召开一次；临时会议则是由于发生了涉及公司及股东利益的重大事项，无法等到定期会议的召开而临时召集的股东会议。

董事会是股份公司的权力机构，作为企业的法定代表，又称为管理委员会、执行委员会。一般而言，有限责任公司的董事会成员为3～13人。股份有限公司的董事会成员为5～19人。作为最重要的决策和管理机构，董事会可以行使如下职权：召集股东会会议，并向股东会报告工作；执行股东会的决议；决定公司的经营计划和投资方案；制定公司的年度财务预算方案、决算方案，公司的利润分配方案和弥补亏损方案，公司增加或者减少注册资本以及发行公司债券的方案，公司合并、分立、解散或者变更公司形式的方案；决定公司内部管理机构的设置；决定聘任或者解聘公司经理及其报酬事项，并根据经理的提名决定聘任或者解聘公司副经理、财务负责人及其报酬事项；制定公司的基本管理制度，以及公司章程规定的其他职权。董事会设董事长一人，负责召集和主持董事会会议。董事会的议事方式和表决程序，除公司法有规定的外，由公司章程规定。

经理对董事会负责，行使下列职权：主持公司的生产经营与管理，组织实施董事会决议、公司的年度经营计划和投资方案，拟定公司内部的管理机构设置方案、基本管理制度和具体规章制度，提请聘任或解聘公司副经理、财务负责人，决定聘任或解聘除应由董事会决定聘任或解聘以外的负责管理人员，董事会授予的其他职权。

监事会是由股东会选出的专门监督机关，代表股东大会对董事会、经理等行使监督职能。作为公司的常设机构，监事会的具体职权包括：检查公司财务；对董事和高管人员损害公司利益的行为予以纠正，对上述人员有违法违规、违背公司章程或股东会决议者，提出罢免的建议；可以依法对董事和高管提起诉讼；向股东会会议提出议案、提议召开临时股东会议，以及公司章程中规定的其他职权等。监事必须由自然人担任，不能是法人。

我国企业有三种基本的法律形式：第一种基本法律形式也是最简单的企业形式是"业主制企业"（entrepreneurial proprietorship），建立在业主家庭财产的基础之上，由一个自然人或一个家庭充当它的所有者，即"个人独资企业"，其法律依据为1999年颁布的《个人独资企业法》。第二种基本法律形式是合伙制企业（partnership）。合伙制企业的所有者是其合伙人，其法律依据是2006年修订的《合伙企业法》。第三种基本法律形式是公司制企业（corporation，简称公司），即依法成立、以营利为目的的法人实体，这里的法律即《公司法》或其他有关的特别法律、行政法规（如《烟草专卖法》）。公司制企业也是现代市场经济中居于主导地位的企业形式，是企业发展到一定历史阶段的产物，其核心特点表现在企业所有权和控制权的分离。

2. 各国公司治理结构简介

由于历史背景和法律框架等方面的差异，不同国家的公司治理制度各有不同，呈现以下特点：

（1）以英美为代表的"单层结构"，其治理结构主要由股东大会、董事会和经理层组成。董事会中既包括独立于执行层的非执行董事（外部董事），又包括身兼执行人员的执行董事（内部董事）。由于董事会既具有业务执行功能，又具有对此的监督职能，业务执行机构与监督机构合二为一，故称为"一会制"。英美公司的股权结构高度分散，股权高度流动，单个股东对公司的控制主要通过证券市场中的"用脚投票"，是一种典型的以市场为导向的外部治理模式，主要依靠外部经营管理者市场和与业绩紧密相关联的报酬机制对经营管理者发挥作用。该治理制度广泛采用给予高层经理人员股票期权、限制性股权等办法来进行鼓励，股权激励的报酬通常占有最大份额，设计导向是如何保障股东利益的最大化。

（2）以德国为代表的"西欧模式"，其治理结构主要由监事会和管理董事会[①]两个机构组成，也就是"两会制"（a two-tier board）。监事会是企业的最高监督机构（类似于欧美的董事会），除了代表资方行使董事会的主要职能外，也作为劳方行使一部分股东会的职能。监事会主席一般由股东一方担任，副主席由工人担任。管理董事会由监事会选举产生，除了行使经理班子（经营者）的职能外，也行使部分董事会的职能。在这种治理结构中，监事会和管理董事会成员互不兼职，故被称为"双层结构"。"两会制"的治理机构起源于德国，后逐步流行于西欧、北欧和其他国家，其典型特征是强调企业职工和工会成员的平等参与。

（3）日本的公司治理模式突出表现为交叉持股、主银行制和经理会。20世纪90年代以前，这种特点表现尤为突出。日本企业的个人持股比例较低，银行和法人持股比例较高，企业之间的交叉持股非常普遍，从而使内部成员公司形成联系紧密的企业集团，在某种形式上成为一种组织控制型的治理模式。年功序列制和终身雇佣制是其主要劳动保障制度，年功序列制度下成长起公司的高级管理人员。公司治理一般采用股东大会、董事会、经营者（包括社长、副社长、专务、常务等）三层结构。股东大会是公司的最高权力机构，董事会是最高决策机构，经营者负责日常经营活动，监事会是监督机构，对公司业务执行情况和财务会计事项进行监督。由于董事会和监事会在监督权限上界限模糊，监事会相对弱势。伴随着20世纪末日本经济的萧条以及企业界不断爆发的经济丑闻，推动日

[①] 也译为理事会、管理委员会。

本企业治理结构发生如下方向的演变：减少法人之间的交叉持股，注重发挥机构投资者股东的作用；加强证券市场对公司的治理；削弱主银行对公司的控制；改革董事会制度，引入外部董事，导入股票期权制度等。

3. 我国企业治理结构的基本现状

我国企业目前主要存在三种治理模式，即政府主导型治理模式、家族主导型治理模式和法人主导型治理模式。呈现政府主导型治理模式的主要是国有及国有控股企业，也包括少数集体企业。股权结构的特点是高度集中控制。在治理机制方面，中小股东参与程度低，有效的经营管理者的激励约束机制正在完善中，企业各权力组织间的关系复杂。呈现家族主导型治理模式的主要是私营企业和部分集体企业。股权主要集中于家族成员。在治理机制方面，企业主个人决策或家族成员内部决策为主；重视对管理人员的报酬激励。呈现法人主导型治理模式的主要是法人控股的公司制企业，股权相对集中。在治理机制方面，法人股东积极参与董事会决策，内部治理机制比较有效，比较重视对管理人员的报酬激励，通过董事会的相应席位而拥有撤换经营管理者的权力。

【阅读链接】

吴敬琏. 当代中国经济改革教程. 上海：上海远东出版社，2010.

李荣融. 宏大的工程 宝贵的经验——记国有企业改革发展30年. 中国总会计师，2008（9）.

邵宁. 关于国有企业改革发展方向的思考. 上海国资，2011（1）.

袁绪程. 产权变革：企业30年. 中国改革，2008（12）.

（二）职能维度的设计

职能维度的设计，就是要围绕组织目标和战略计划确定组织管理的层次、部门、职位和岗位。哪些是基本的职能和职位，哪些是关键的职能，包括职能部门的分类，职位的类别和数量，组成职能设计的基本内涵。职能设计形成的组织结构图涵盖职能设计需要把握的下列要点：管理幅度和管理层次、集权或者分权的职能设计。一般而言，组织结构图应该能体现出组织的核心职能。

1. 管理幅度和管理层次的职能设计

组织的管理幅度受多种因素的影响，包括工作任务的复杂程度、管理者和被管理者的工作能力、完成工作对协作性的要求、信息沟通的效果与速度等。

(1) 工作任务的复杂程度。如果管理工作多是一些程序性的工作，那么，管理幅度可以放宽；如果管理工作的复杂性程度较高，那么，管理幅度要降低。

(2) 人员素质情况。如果领导者的素质高，管理能力强，可以适当放宽管理幅度；同理，如果下级人员素质好，独立工作能力强，容易沟通，也可以提高上一级管理人员的管理幅度。

(3) 完成工作对协作的要求。如果一项工作的完成需要跨部门之间的合作，那么，管理幅度要放宽；如果工作的独立性较强，对组织内部合作的需求性不高，则可以缩小管理幅度。

(4) 信息沟通的效果与速度。如果组织内部的信息沟通效果比较好，可以提高管理幅度；如果组织内部的信息传递不佳，沟通效果不好，那么，只能通过降低管理幅度的方法来加强信息沟通的有效性。

古典的管理学派认为存在普遍适用的管理原则，围绕组织的管理幅度和管理层次，前人做了大量的思考和实证研究。厄威克认为，有效的管理幅度在6人以内。美国管理学会的研究报告（1952年）介绍了当时在141家"公认的具有良好组织实践"公司的调查结果，该项调查的主题是这些公司总经理的管理幅度实践情况。结果发现总经理的管理幅度为1~24人不等。在组织的管理实践中，管理幅度和管理层次不仅是一个社会科学讨论的问题，更是一个领导艺术和能力的问题。只是人们通常认为上层的管理幅度应窄一些，下层的管理幅度应宽一些，中层的管理幅度则介于两者之间。

管理层次与组织规模有相关的关系。一般而言，组织的规模越大，其管理层次越多。一个30人的小型加工制造企业和一个10 000人的大型企业集团，两者在内部管理层次上显然有巨大的差别。30人的小企业更容易形成扁平型（flat structure）的组织结构，上万人的企业集团更容易形成宝塔型（tall structure）的组织结构。在管理规模一定的前提下，管理层次和管理幅度一般构成反向关系。按照管理幅度的大小及管理层次的多少可形成两种典型的组织结构：扁平型结构和宝塔型结构（见图3—1）。

扁平型结构（幅度大、层次少）　　宝塔型结构（幅度小、层次多）

图3—1　扁平型结构和宝塔型结构

【案例3—1】

A、B两个组织，如果A组织的管理幅度为4，B组织的管理幅度为8，那么，当基层作业层人员为4 096人时，A组织形成7层的组织架构，B组织形成5层的组织架构（见下图）。如果A组织仍旧保持基层作业层4 096人的规模，但减少两个管理层级，那么，总体上将能减少780名管理人员（1＋4＋16＋64＋256＋1 024－1－8－64－512＝780）。

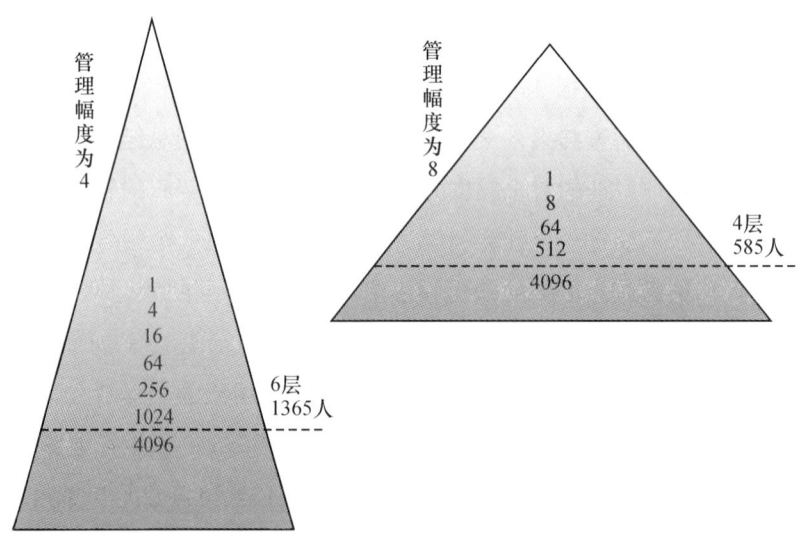

扁平型的组织结构中，由于管理层级较少，信息沟通和传递速度会较快，信息失真度较低。上级对下属的控制相对松弛，便于下属在工作中发挥较大的自主

性。其潜在的负面影响是，由于组织层级缩小，和组织层级相伴的权力职数将缩减，组织中倾向形成比较平等的伙伴关系，个人在群体中被提升的机会相对降低。宝塔型组织和扁平型组织形成鲜明的互补：它的管理层次较多，管理岗位相对较多，组织中的个体自然拥有更多被提升的机会。同时，由于管理幅度相对窄，上级对下级的指导和监督力度加强，下级在工作中的自主性和创造性空间相对降低。另外，由于管理层次的增加，信息在组织内部的传递速度和沟通成本相对较高，信息失真的可能性增大，反过来又会增加高层与基层之间的沟通成本。

在管理幅度和管理层次方面，古典组织理论和现代组织理论形成明确的划分，宝塔型结构是对组织在较早时期实践的提炼，当代组织发展的最新形式是扁平型结构的组织设计。不同组织设计理念之间的演进反映在我国国有企业改革的进程中。从1994年开始，我国确立了国有企业改革的目标是建立"产权清晰、权责明确、政企分开、管理科学"的现代企业制度，1997年中共十五大特别是1999年中共十五届四中全会通过了《中共中央关于国有企业改革和发展若干重大问题的决定》，进一步明确了国有企业的公司化改制，强调国有企业的公司化改革要按国际通行的规范建立现代公司，在多元持股的基础上建立有效的公司治理。

20世纪末以来，随着国有企业改革的进一步深化，原有的国有企业人事部门逐渐被人力资源部所替代，企业组织架构所体现的组织结构图也逐渐向西方企业组织的实践靠拢。中央政策的规范和引导，学术界对西方企业人力资源管理理论的引介，市场中一大批专业咨询公司的兴起，都对中国企业组织形式从计划经济下的"旧貌"到市场经济中的"新颜"起到了合力作用。比如，2000年《国务院办公厅关于转发国家经贸委国有大中型企业建立现代企业制度和加强管理基本规范（试行）的通知》（国办发［2000］64号）中明确提出，"大型企业内部管理层次要科学、合理，除极少数特大型企业集团外，企业集团的母子公司结构一般应在三个层次以内"。随后，2001年国家经济贸易委员会、人事部、劳动和社会保障部《关于深化国有企业内部人事、劳动、分配制度改革的意见》（国经贸企改［2001］230号）中也明确提出，"调整企业组织机构。改革不适应市场竞争需要的企业组织体系与管理流程。按照《公司法》的要求，建立规范的法人治理结构，精简各类职能部门，减少管理层次，控制管理幅度，使部门之间和上下级之间做到责权明确、信息通畅、监控有力、运转高效。企业管理岗位与管理人员职数的设定，要按照精干、高效原则，从严掌握"。根据国资委领导人对改革开放30年的国有企业改革总结，中国国有企业法人治理结构正在逐步完善，股东会、董事会、监事会、经理层各负其责、协调运转、有效制衡的机制正在形成。

【阅读参考】计划经济下我国企业组织设计的特点及原因

1994年，有学者的研究中将我国企业组织设置的不足归纳为以下几点：

1. 部门林立，机构庞大。企业采用的是一正（厂长）、多副（厂长）、三总师的行政领导机构和直线职能制的组织机构。

2. 条理不清，职能分散。由于部门林立，管理职能分散，各个线条均强调自己工作的重要性，各自为政，形成条块之间的不协调，互相推诿，扯皮严重。垂直负责的组织原则和横向业务流程运转的摩擦形成程序繁杂、信息传递缓慢、工作效率降低，使企业在瞬息万变的市场经济环境中缺乏灵活性、主动性和竞争性。

3. 人浮于事，效率低下。企业中存在不少一岗多人状况，降低了企业的效率。

究其原因有如下几点：第一，长期以来，计划经济下的组织机构模式禁锢、制约了人们思维方式的发展，从而影响到企业组织机构的设计。第二，企业还没有摆脱其作为行政机构附属物的地位。上级主管机关要求企业对口设立机构，上面一条线，下面一个点，各种上下对口机构纷纷建立。第三，在企业转换经营机制过程中，因改革措施不配套，使企业组织机构的改革工作难以深入，冗员现象不能得到彻底解决。

摘编自：金定宇. 精干高效——企业组织设计的原则. 上海管理科学，1994（6）：54.

【阅读链接】

《国务院办公厅关于转发国家经贸委国有大中型企业建立现代企业制度和加强管理基本规范（试行）的通知》（国办发〔2000〕64号）

国家经济贸易委员会、人事部、劳动和社会保障部《关于深化国有企业内部人事、劳动、分配制度改革的意见》（国经贸企改〔2001〕230号）

2. 根据集权分权的职能设计

(1) 直线型组织结构

直线型组织结构是一种最早的，也是一种最简单的集权式组织结构，其特点是组织各级单位从上到下实行垂直管理，呈金字塔结构。其形式简单，指挥统一，责任和权限比较明确，每一位主管人员对直接下属拥有直接职权，组织中的每一个人只对其直接上级负责和报告工作，主管人员对其管辖部门的所有业务活动行使决策权、指挥权和监督权。缺点是对管理者的要求较高，各级行政主管必须熟悉与本部门相关的各种活动。由于缺乏横向的协调关系，在业务复杂、组织规模大的情况下，管理者难以胜任。因此，直线制只适用规模小、生产技术简单的企业，如图3—2所示。

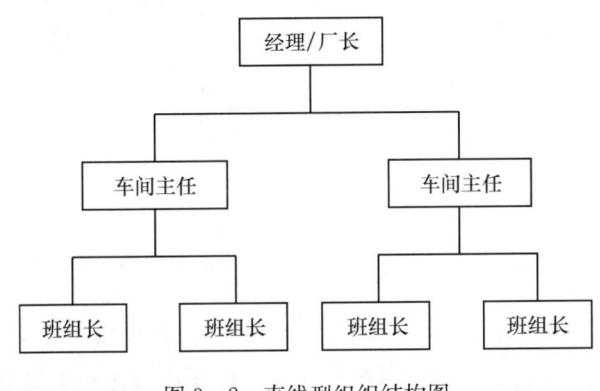

图3—2　直线型组织结构图

(2) 直线职能型组织结构

直线职能型组织结构是一种直线参谋制的结构，被称为"U型组织"或"单

——职能型结构"。这是现代工业社会中常见的一种组织形式,由于其源于法约尔任煤炭公司总经理时建立的组织结构形式,又称为"法约尔模型"。它按一定的职能专业分工,从组织的基层到高层,相同职能的管理业务和人员被组合在一起,从而能为组织提供纵深的知识。整个管理系统分为两类机构和人员:一类是直线指挥机构和管理者,对其下属发号施令;另一类是参谋机构和管理者,起参谋作用,对下级工作没有直接命令权。整个组织的管理权力最终高度集中于最高领导层。其优点是按职能划分,权责分明,任务明确,便于最高领导层对组织整体的严格管理,实现职能部门内部的规模经济,促进知识和技能的纵深发展,整个组织系统有较高的稳定性。其缺点是部门之间的横向协调性和组织对外部环境的适应性较差,可能导致决策堆积在组织高层,使得领导不堪重负,不利于培养素质全面的、能够经营整个组织的管理人才,每位员工对组织总体目标的认识有限。这种组织形式适用于产品单一、生产技术变化慢、外部环境相对稳定的中小型企业,如图3—3所示。

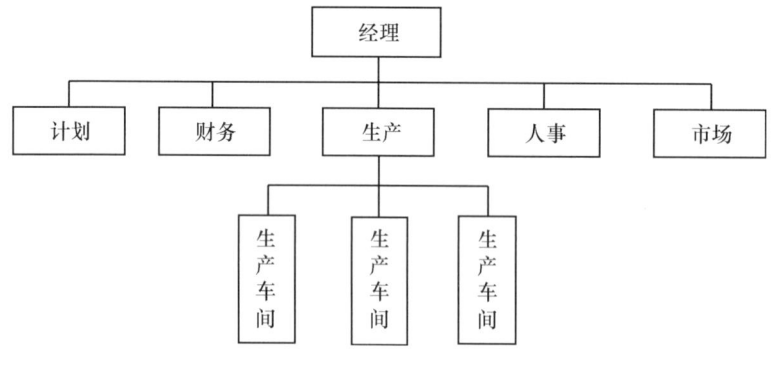

图3—3 直线职能型组织结构图

(3) 事业部制组织结构

事业部制组织结构(divisional structure)简称M型结构,或多部门结构(multidivisional structure),有时也称为产品部结构或战略经营单元,和集权的职能制结构模式相比,这是实行决策分权制的组织结构。事业部制结构源于美国通用企业公司的实践。1924年,通用汽车总裁斯隆采取事业部的形式,解决了由于并购小公司,产品种类和经营项目增多引发的内部管理混乱问题,使通用公司获得极大的发展，故事业部制又称为"斯隆模型"。在这种组织结构中，既有按职能划分的垂直领导系统，又有按产品（项目）划分的横向领导关系。在实践中，企业可以按产品或服务、产品群组、大型项目或工程、区域等不同维度组建事业部。事业部在最高决策层的授权下享有一定的投资许可权，是具有较大经营自主权的利润中心，其下级单位是成本中心。事业部具有集中决策、分散经营的特点，适用于规模庞大、品种繁多、技术复杂的大型企业，较大的联合公司倾向于采用这种组织结构形式。事业部制组织结构如图3—4所示。

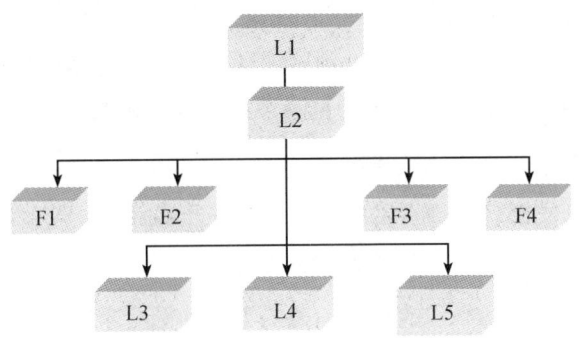

图3—4　事业部制组织结构图

产品事业部制又称产品部门化，是以企业所生产的产品为基础，将与生产某一产品有关的活动整合在同一部门，再从产品部门内细化出各专门的职能部门，这样每一个产品都是一个利润中心。其优点是：各部门可以专注于产品的经营，适应企业拓展业务多元化的要求，有助于促进不同产品或服务项目之间的竞争，便于比较不同产品或服务项目对组织的贡献，容易培养"多面手"式的管理人才。其缺点是：部门中某些职能机构的重复会增加管理费用，也可能会助长部门之间本位主义倾向；同时，由于采用分权制，组织高层对产品分部及其管理者的控制力会相对降低。

区域事业部制又称地域部门化，是指按照地区的分散化程度划分企业的业务，继而设置管理部门管理其业务活动。较大型的企业集团在跨地区甚至是跨国经营中，适合采用这种组织结构形式。其优点是：有利于地区内部的协调，有利于企业对地区市场做深入研究。其缺点是：作为高级管理人员的区域主管人才比较难找,由于分权和地理方面的因素,总部对地区分布及其主管的控制力降低。另外,由于总部、各分部都会设有相应的职能部门,因而很可能带来设置重叠和重复浪费的问题。

每个事业部都是一个独立的利润中心,享有独立核算的自主权。当然,由于事业部只是分支机构(分公司),不是子公司,不是独立的法人,这种独立是相对意义上的。事业部制是在组织的事业和规模不断扩大后,有效整合组织各类资源的有效方式,使得总部(总公司)可以摆脱烦琐的日常事务,集中考虑组织的发展战略问题。它能够适应快速变化的,具有高度不确定性的外部环境,使各事业部目标明确、专注于特定的产品、地区或顾客。但是,这种分权的组织设计也会相应地带来职能机构重叠、管理人员浪费等问题,导致产品线之间的协调差,使得跨产品线的整合和标准化变得困难。

分权式的多分支部门的事业部制已广泛存在于集团公司中,像中国电信集团公司、联想集团、海尔集团、美的集团等大型、复杂的集团公司都设置了事业部或业务单元的形式来达到集团的目标。美的下属的制冷家电、日用家电都是以事业部为主体的组织方式,美的地产发展集团也都是以独立项目的形式运作。

(4)矩阵型组织结构

矩阵型组织结构(matrix organization)是由横纵两套管理系统组成的矩形组织结构,一套是纵向的职能管理系统,一套是为完成某项任务而组成的横向项目系统。矩阵型组织结构打破了统一指挥的传统原则,有双重的职权等级关系,横向和纵向的职权有平衡对等性。相比之前的几种组织设计,矩阵制结构适用于下列条件:第一,当组织内部存在跨产品线共享稀缺资源的压力时,比如一个中等规模的组织,拥有中等数量的产品线,但没有足够多的专职技术人员,这时,技术人员适合以临时调配的方式被指派到各产品线或项目组中;第二,环境压力使得组织需要提供两方面或更多方面的关键产出,如深度发展的专业技术知识(职能型结构)和不断更新的产品(事业部制结构),双重压力需要在职能和产品双重职权线上保持权力的平衡;第三,组织的外部环境领域复杂,充满不确定性。

矩阵型组织结构在传统的纵向层级链基础上正式配备横向的团队,并设法保持两条线上权力的平衡,最适合环境变化大且目标反映双重要求的组织。其优点是：有利于内部的协调，促使人力资源在多种产品线之间得到灵活共享，适应不确定性环境中频繁变化和复杂决策的需要，为职能和产品两方面技能的发展提供了机会，适于拥有多种产品线的中等规模的组织。其缺点是：导致员工面临双重的职权关系，使他们容易产生无所适从和混乱感；意味着员工要有良好的人际技能并能接受高强度的训练；耗费时间，需要频繁开会协调即讨论冲突解决方案；需要做出很大努力来维持权力的平衡。而且，如果管理者不能适应矩阵型结构对信息和权力共享的要求，这一体制也难以奏效。另外，由于项目组是临时性组织，容易使人产生短期行为。矩阵型组织在咨询公司、保险公司，许多类别的工业企业中得到运用，尤其适用于以开发与实验为主的单位，例如科学研究，特别是应用性研究单位等。企业可用来完成涉及面广的、临时性的、复杂的重大工程项目或管理改革任务。矩阵型组织结构如图3—5所示。

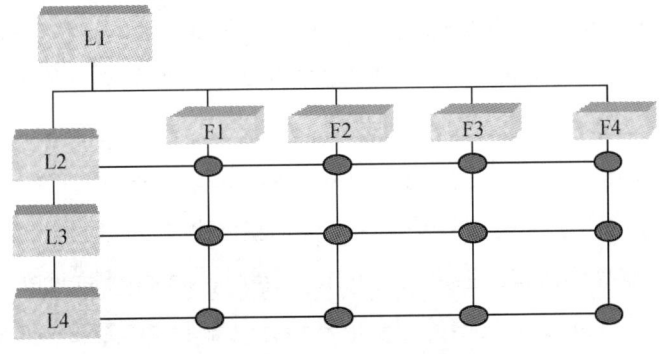

图3—5 矩阵型组织结构图

图3—6所示为一个航空公司的矩阵型组织结构图。

（三）流程维度的设计

流程（process）是指发生在组织内外的，一系列将输入转化为输出、为顾客创造价值的相关任务与活动的组合。流程维度的设计主要是指再造（reengineering），或称业务流程再造（business process reengineering，BPR），即重新设计组织结构。这是20世纪80年代源于美国的一种企业管理理论，是美国主要工业企业在全面学习日本制造业全面质量管理、精益生产、准时制生产、零缺陷等优秀管理经验的基础上发展起来的一种全面变革企业经营管理、改善企业组织设

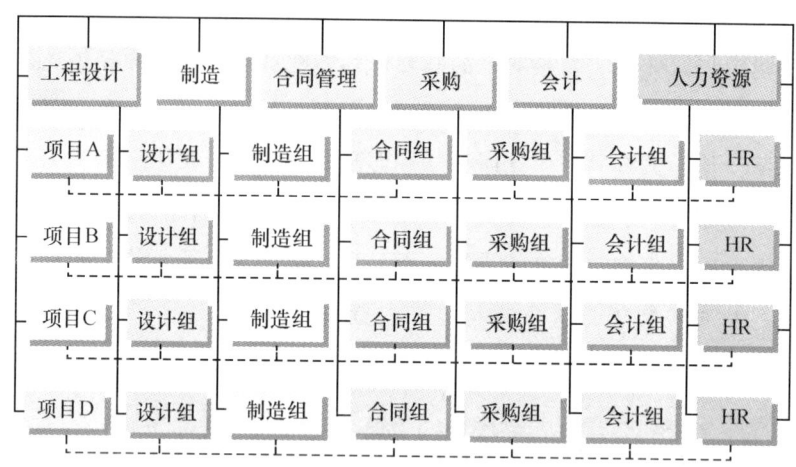

图3—6 航空公司的矩阵型组织结构图

计、提高企业整体竞争力的管理理论。杰克·韦尔奇在他的自传中描述了通用电气改革之前的内部组织结构:"……到1980年年底,如同美国的很多企业一样,GE内部拥有了太多的管理层级,它已经变成一个正规而又庞大的官僚机构……在这个等级体系中,从生产工厂到我的办公室之间隔了有12个之多的层级……我偶然地知道,仅仅为了监督锅炉操作,他们就分出了4个管理层级!"

1993年,流程再造理论创始人迈克尔·哈默(Michael Hammer)和詹姆斯·钱皮(James A. Champy)出版的《企业再造:企业革命的宣言书》(Reengineering the Corporation)提出,为了飞跃性地改善成本、质量、服务和速度等重大的现代企业的运营基准,对工作流程进行根本性的再思考,并彻底改革。通过流程再造,直线职能型的垂直业务流程结构转变成水平型的流程网络型结构,每一个业务流程都有直接服务的客户,每一个业务流程都有高度的决策自主权,成为一个战略业务单元(Strategic Business Unit,SBU),每一个业务流程的经营效果都可以用货币计量(用资产负债表、损益表、现金流量表来表示)。

企业再造有很大的风险,据调查,有75%的再造不成功。但是,成功地进行了再造的企业在企业质量、成本和周期等绩效指标方面会取得显著的提高和改善。比如,美国福特企业公司的北美公司在20世纪80年代进行的一项业务流程重组,使原来付账部的人员由500多人减少到25人,整个付账流程的运营速度和效率也大大提高。① 而始于 1998 年的海尔十余年来始终不渝地进行"再造"历程,成功地达到"让流程而非领导管理企业"的改革目标,实现"人单合一双赢"的商业模式,助推了海尔集团今天的成功。

业务流程再造在组织形式上体现为从原来的纵向职能制结构转化为横向型结构。其优点是,通过再造,减少了组织层级,让基层员工直接面对市场和客户,将员工的注意力引向为顾客生产和提供价值,使每个员工对组织的整体目标有更宽广的认识,促进员工注重团队工作和合作,并通过提供分享责任、制定决策及对结果负责的机会提高员工的工作质量,促进组织对顾客需要的变化做出灵活而快速的反应。作为一种彻底性的重新设计,再造不是围绕具体任务而是围绕目的进行,以流程而非职能贯通组织结构,对组织文化、工作设计、管理哲学、信息和奖酬系统做出较大变革。其缺点是,确定核心流程较为困难,而且耗费时间;压缩管理层次自然带来管理职位的削减,威胁到部分管理人员的权力和职权,可能会遭到他们的反对。另外,再造后的工作本质上是跨职能的,可能会制约员工知识和技能的纵深发展,这就需要企业人力资源管理部门加强员工培训,使他们能在横向型团队环境中有效工作。

再造中应该注意四个问题:第一,选择合适的时机和环节。高收益伴随着高风险,流程再造往往有"牵一发而动全身"的后果,为了降低再造带来的风险,要谨慎稳妥地推进,科学分析,选择问题最突出的或核心环节切入。第二,再造不仅是组织结构的调整、利益格局的重新划分,而且是企业管理文化的一场深刻变革。领导者要有足够的创新精神和勇往直前的勇气,通过有力的组织动员、科学有效的考核激励来调动大家的积极性。第三,流程再造是组织框架结构"脱胎换骨"的过程,为了使组织成员快速融入新的组织架构,形成新的组织文化,要特别注意同步进行组织制度的再设计,比如信息化等有力手段的引入。第四,流程再造不是抛弃组织中的职能型结构设计。职能型组织在促进专业化的知识和技能方面有独到的优势,因此,部分职能型组织结构依然是组织所必需的。在流程部门和职能部门并存的组织中,要恰当地界定两者的权限,以减少两者可能存在的冲突。

---

① 刘松博,龙静编著. 组织理论与设计(第二版). 北京:中国人民大学出版社,2011:122-123.

第二节 工作设计

一、工作设计

关键概念

工作设计（job design）是指为了有效地达到组织的目标，满足个人的需求，提高工作绩效，对工作内容、工作职责和工作关系等有关方面进行的变革和设计。

工作设计可以分为两类：一是对组织中新设置的工作职位进行设计；二是对已经存在的缺乏激励效应的工作进行重新设计，称为工作再设计。工作再设计一般发生在组织变革或组织结构重新设计时，或者既有的工作职责出现重叠或空白点、既有的工作量（负荷）出现问题，比如工作人员工作效率的明显下降、一定时期内难以达到工作规范的要求等。

工作设计的本意是对构成组织的最小单元——工作的有效设计，最初源于工业工程（industrial engineering）和科学管理，目的是简化工作，使工作更容易操作，使组织取得最高的效率。后来的工作设计逐渐关注组织环境中人的要素，关注工作完成的场所及具体的物理环境，其目的是减少工作中人们的生理压力和紧张感，提高员工的舒适度。再后来的工作设计中引入心理学研究的成果，关注工作人员的心理状态对工作绩效的影响，工作扩大化、工作丰富化、工作轮换、工作特征模型等都是这一工作设计的代表。在最新的工作设计发展趋势中，以团队为分析单元的工作设计成为主要潮流。实际上，20世纪60年代后兴起的社会技术系统观已经把工作小组而不是个人作为分析单元。

工作设计的内容主要包括工作内容、工作职责和工作关系的设计三个方面，工作绩效和工作者的反应构成工作设计的反馈内容，如图3—7所示。

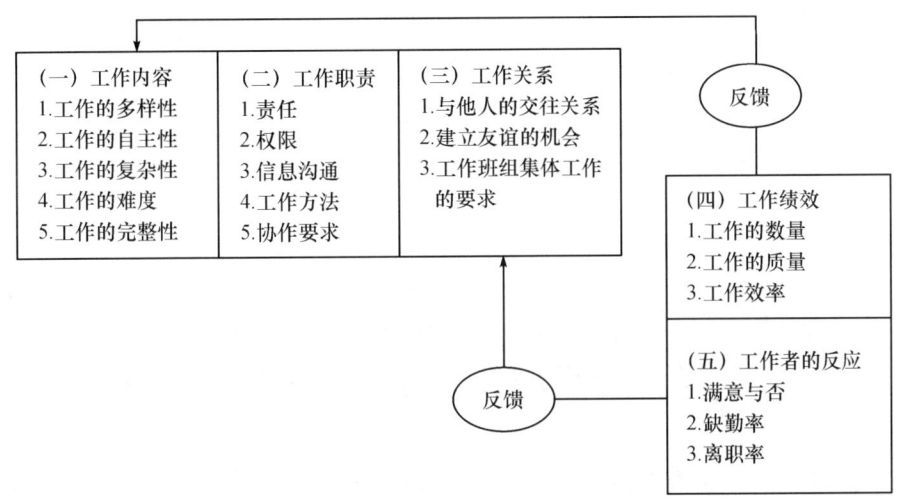

图 3—7 工作设计系统图示

（一）工作内容

工作内容设计一般包括五个方面：工作的广度、工作的深度、工作的完整性、工作的自主性以及工作的反馈性。

1. 工作的广度。单一的工作容易使员工感到枯燥和厌烦，因此，在进行工作设计时，应尽量扩展工作的广度，使得工作多样化，使员工在完成任务的过程中能进行不同的活动，保持工作的兴趣。

2. 工作的深度。工作应具有从易到难多个层次，从难到易的工作在工作总体中应各占一定的比例。比如，非常容易、非常难的工作内容各占工作内容总体的10%，比较容易、比较难的各占20%，难度适中的占40%。工作深度的理想目标是，避免单一工作难度带来的单调和乏味，满足员工丰富的心理状态，激发员工的创造力，带给员工更多的工作充实度，使员工完成工作会有一定困难，但又没有完全超出其胜任能力。

3. 工作的完整性。社会分工是现代组织设计的一个基本原则，但是狭窄、局部的工作内容已经不适应社会人的多元需求，工作设计要能让员工感受到从设想到成果的完整的工作过程，让员工有更多的机会参与并分享职能部门或整个组织整体的成果，感受到职能部门或组织整体带给自己的意义。

4. 工作的自主性。即使是在标准化大生产的时代，被动的、毫无创造性的工作只能带给人们厌倦和麻木。对员工的适当赋权则能增加员工的工作责任感，提高工作热情，使员工感受到来自组织的不仅是冷冰冰的规章制度，还有自主、信任和赋权。

5. 工作的反馈性。工作的反馈性主要包括两个方面：一是上级和同事对自己工作意见的反馈，二是工作自身的完成情况带来的反馈。工作的反馈性会直接反映在绩效考核中，形成对员工业绩的客观评价；同时，基于考核的各种回报，比如薪酬福利、培训开发和升迁机会等，则是对工作反馈性的一种间接体现。

（二）工作职责

工作职责设计主要包括五个方面：工作责任、工作权力、工作方法、相互沟通和协作。

1. 工作责任。工作责任要适中，使员工处于饱满的工作状态。工作负荷过高会影响员工的身心健康，工作负荷过低又会使员工无效率，造成组织内的人才浪费。

2. 工作权力。权力是和责任相匹配的概念。责任越大，权力越大；责任越小，权力也就越小。

3. 工作方法。工作方法的设计具有灵活性和多样性，不同性质的工作采取的工作方法也不同。

4. 相互沟通。沟通是信息交流的过程，是工作流程顺利进行的信息基础，包括组织中在高低各个结构层次之间进行的沟通（垂直沟通）、组织中平级之间进行的沟通（平行沟通）、组织内不同层级部门或个人的沟通（斜向沟通）等形式。

5. 协作。组织的本质是各部门之间的协作结合体。各部门之间在怎样的情况下进行协作，协作以怎样的形式或机制进行，协作的范围有多大等，这都是工作设计时要考虑的问题。

（三）工作关系

组织内的工作关系包括协作关系、监督关系等。比如，与他人的交往关系、建立友谊的机会、工作班组集体工作的要求等。

二、工作设计应考虑的因素

工作设计应综合考虑以下因素：员工因素、组织因素和工作环境。

（一）员工因素

提高员工的积极性，激发员工的工作热情是工作设计的重要目标。组织要注意营造选人、留人和育人的良好环境。通过设计完善工作的广度、深度、整体性、自主性和反馈性，提高员工从工作中获得的意义和满足感，加强对员工职业生涯的指导和管理，加强员工的开发与激励工作，战略性地储备人才，为人才的成长和发展创造平台，提高员工工作的动力和创造性，降低员工流失率。

（二）组织因素

组织因素的本质是组织设计在工作设计中的体现，其基本原则是从古典的组织设计向现代设计的转换，从等级森严的组织向扁平型，甚至是网络化组织的转换。要根据组织自身的发展阶段、其所在的产业行业特点、外部的宏观政策或市场要求等多个要素设计不同的组织结构，选择合适的管理幅度和权力架构。

比如，信息技术的进步大大改变了传统组织管理的面目，提高了组织内信息共享的程度，优化了原有的业务流程，加大了管理的幅度，降低了管理的层次，使得组织结构扁平化，加强了组织管理的透明度和各相关利益者的参与度。那么，在工作设计时要充分利用既有技术、工艺和设备变迁带来的影响。技术相互依赖程度高时，团队工作方式就会替代独立工作的方式。工艺和设备的行业标准或国家标准有变化时，组织的工作流程可能会被重新塑造，相关人员也要接受培训。

（三）工作环境

工作环境主要是指办公设施的设计中应以构建安全、环保和健康的工作环境为目标，尽量为员工提供一个高标准的工作环境。包括工作环境中的空气、湿度、温度、噪声等自然因素，要达到国家规定的安全卫生标准和行业标准。更为人性化的、舒适的办公环境是越来越多的企业追求的目标。世界上不少一流公司的办公环境足以成为员工的"精神家园"。

三、工作设计的原理

工作设计的原理分为如下几种：科学管理原理、人类工效学原理、人际关系理论和工作特征模型。以时间为序，伴随着管理科学和组织管理实践的进步，工作设计的理念体现也经历了古典和现代设计两个阶段。科学管理原理和工效学原理体现了古典时期纯理性的工作设计，人际关系理论和工作特征模型理论则体现了人性化和整合趋向的工作设计。

（一）科学管理原理

科学管理原理（Scientific Management）的主要代表人物是美国的管理学家、被誉为"科学管理之父"的弗雷德里克·泰勒和美国人吉尔布雷斯夫妇——"动作研究之父"弗兰克·吉尔布雷斯（Frank Bunker Gilbreth）和"管理学第一夫人"莉莲·吉尔布雷斯（Lillian Moller Gilbreth）。

泰勒的工作设计方法基于以下五项原则：第一，对工作进行最低程度的分割，将任务分解成最简单的构成要素。第二，计划与实施相分离，将要做决定的工作任务从工人那里分离出去。第三，"直接"与"间接"的劳动分离。技术工人被限定在完成"直接工作"，准备工作和服务型任务等"间接工作"由更廉价的非熟练工去完成。第四，使技术的要求最低，训练工人花的时间最短。第五，使搬运原材料的过程最小化。通过定标准化作业方法、定标准作业时间、定每日的工作量，泰勒将岗位的工作程序和操作方法标准化，从而大大提高了劳动生产率。

吉尔布雷斯夫妇的"时间—动作研究"将"人"的因素纳入管理，改进了泰勒的工作研究。泰勒的研究基于流水线上的工人，吉尔布雷斯夫妇的研究把人的所有动作归纳成 17 个动素，通过定量研究分析每个作业需要花多少时间。他们认为，要取得作业的高效率，以实现高工资与低劳动成本结合的目的，必须做到如下四点：第一，规定明确的高标准的作业量；第二，要有标准的作业条件；第三，对完成任务者给付高工资；第四，完不成任务者则要承担损失。吉尔布雷斯夫妇在管理思想方面的主要贡献有：倡导通过时间研究和动作研究科学地规定作业标准和作业条件，实行激励性的工资制度，即差别计件工资制；探讨了工人、工作和工作环境之间的相互影响，建议在工作中播放音乐以减轻疲劳，并向社会呼吁把消除疲劳放在头等重要的地位；重视企业中的人，提出"成功的管理在于人而不是工作"这一管理思想，提出在应用科学管理原理时首先必须看到工人，了解他们的个性和需要；认为良好的人际关系和工人训练对科学管理运动至关重要，试图将效率与人的因素结合起来，强调进行制度管理等。[①]

（二）人类工效学原理

人类工效学（Ergonomics）的早期可以追溯到泰勒的科学研究和吉尔布雷斯夫妇的时间—动作研究。第二次世界大战期间，由于各种新式武器的诞生，人们必须认真考虑操作人员的生理和心理特点，研究如何使机器与人的能力限度和特性相适应，从而心理学之外的生理学、人体测量学和生物力学等学科知识被纳入相关的研究。战后，工效学被广泛运用到工业生产，如飞机、汽车和机械设计。20世纪70年代后，随着电子技术的进步和计算机的广泛应用，操作系统对人的要求越来越高，人成了系统中的主要制约因素，1979年美国三里岛核电站事故的发生进一步刺激和推动了工效学的发展。

国际工效学会对工效学的定义是："工效学是研究人在某种工作环境中的解剖学、生理学和心理等方面的各种因素；研究人和机器及环境的相互作用；研究在工作中、家庭生活中和休假时怎样统一考虑工作效率、人的健康、安全和舒适等问题。"许多国家和地区的工效学研究成果被纳入了国家标准，尤其涉及安全、健康方面的标准往往得到强制执行。

工效学是一门涉及广泛的边缘学科，吸收了自然科学和社会科学的知识内容。人类工效学的研究领域如下：第一，对人的能力的研究。包括人体测量学，人在各种姿势下的力量以及人的各种心理指标，如反应速度、记忆能力、跟踪能力、信息接收和处理能力等。第二，机器的设计对人的工作效率的影响。人—机系统中，信息传递的各种载体如显示器、控制器的设计，包括机器的外形、工作高度、计算机工作台的布置等。第三，环境对人的工作能力的影响，包括照明、噪声、振动、粉尘、颜色、音乐等环境因素对人的工作能力和工作效果的

---

① 胡爱萍. 吉尔布雷斯夫妇：成功的管理在于人而不是工作. 基础教育论坛，2012（5）.

影响。

工效学通过对人的能力和行为（生理的、心理的）进行深入研究，把成果用于设计和改善机器和环境，使机器和环境适应人的需要，提高工作和生产效率，保障人的健康、安全和舒适。

【阅读参考】应用于事故调查中的工效学

1987年，在加拿大安大略省东部一列火车与货车迎头相撞。事故发生的直接原因是货车的司机开车时打瞌睡，忽略了红灯信号。但被雇来的工效学专家发现这个司机的作业时间非常无规律，常常24小时睡眠不到4小时，在这样缺少睡眠的情况下，打瞌睡是很容易发生的事情。因此管理阶层比司机有更不可推卸的责任。工效学专家的意见得到了采纳，管理阶层改变了司机的作息条件，在社会上引起较大反响。现在，人类工效学专家也常常被雇来做律师的技术证人，为法庭的判决提供依据。

资料来源：廖建桥. 国外人类工效学发展的新动向. 应用心理学，1992，8（1）.

（三）人际关系理论

在组织管理理论发展史上，在代表古典理论的泰勒的科学管理之后，最重要的理论流派是梅奥（George Elton Mayo）开创的人际关系理论（Human Relations Theory），其著名的"霍桑试验"打破了科学管理"经济人"的假设，开创了社会科学"社会人"的人际关系理论。其观点主要如下：第一，工人是"社会人"而不是"经济人"。因此，管理者不能单纯从技术和物质条件着眼改善管理，而必须从社会心理方面考虑合理的组织与管理。第二，企业中存在非正式组织。正式组织以效率逻辑作为行为规范，而非正式组织以感情逻辑作为行为规范，因此，管理者必须重视非正式组织，注意在效率逻辑和感情逻辑之间寻找平衡。第三，新的领导能力在于提高工人的满意度。在决定劳动生产率的诸因素中，首要因素是工人的满意度，生产条件和工资报酬只在第二位。因此，人际关系理论提倡各种人性化的管理。

在梅奥开创的理论基础上，人际关系理论后来的发展包括：马斯洛（Abraham H. Maslow）的激励理论，弗雷德里克·赫茨伯格（Frederick Herzberg）对激励理论的发展，道格拉斯·麦格雷戈（Douglas M. McGregor）的 X 理论和 Y 理论，以及威廉·乌奇（William Ouchi）的 Z 理论。[①]

（四）工作特征模型

工作特征模型（Job Characteristics Model，JCM），又称职务特征模型、五因子工作特征理论，由哈佛大学教授理查德·哈克曼（Richand Hackman）和伊利诺依大学教授格雷格·奥尔德姆（Greg Oldham）开发，他们认为好的工作应该具有五种核心特征。

1. 技能多样性（skill varity），指完成一项工作需要员工具备多样技能和能力。

2. 任务完整性（task identity），指工作需要自成一个整体，且可辨认出工作成果的程度。

3. 任务重要性（task signficance），指工作给其他人的生活或工作会带来实质性影响的程度。

4. 工作自主性（autonomy），指工作给予员工多大程度的自主权、独立性、裁决权以及支配权。

5. 反馈（feedback），指工作是否能使员工直接、明确地了解工作的绩效。

特定的工作特征能够产生关键的心理状态，其中技能多样性、任务完整性和任务重要性使员工了解工作的意义，自主性赋予员工以责任感，反馈则使员工了解工作的成果，它们共同构成三种关键的心理状态。第一，有意义，在这种认知状态下，员工把他们的工作视为有价值的、重要的和值得做的。第二，责任感，这种状态下，员工感到他们对工作承担个人责任或义务。第三，对结果的了解，反馈使员工理解他们在工作中的表现如何。

根据工作特征模型，这三种心理状态感受越深，工作本身对他提供的内在奖励就越大，员工的工作积极性、工作绩效和工作满意度就会高。而五种核心特征

[①] 马斯洛和赫茨伯格的相关理论在后面第六章"绩效管理"中有详细介绍。

通过上述三种关键的心理状态决定了一个职位的激励潜能（motivating potential），即当职位的五种核心特征以及三种关键的心理状态很强时，个人就会受到较高水平的内在激励。一个工作的内在激励度越高，在这个岗位上的人就会呈现高质量的工作表现和较高的工作满意度，相对的缺勤率和离职率就会降低。这一模型体现出的关系如图3—8所示。

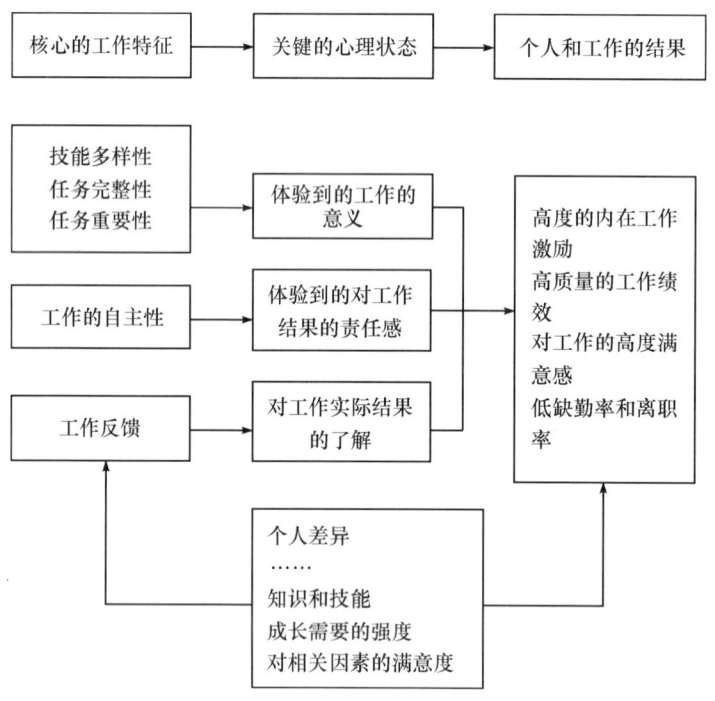

图3—8　哈克曼和奥尔德姆的工作特征模型

上述五个核心维度还可以得出一个预测性指标，即激励潜能分数（Motivating Potential Score，MPS），它反映了工作可能影响员工动机和满意度的潜能。如果激励潜能得分高，就可以预测员工的工作积极性、工作绩效和工作满意度都很高，缺勤率和离职率会下降。

MPS＝[（技能多样性＋任务完整性＋任务重要性）/3]×工作自主性×反馈

综上所述，工作设计的原理可以被划分为两大类：一类是科学管理和工效学所代表的比较传统的工作设计，强调生产力和效率，其目标是通过工作的简单化、专业化和标准化作业实现工作效率的最大化，效率优先、强调功能效果是其基本特征；另一类是人际关系学说和工作特征模型所代表的激励型工作设计，强调以人为本，提高员工的工作满意度是其目标。

四、工作设计的方法

基于工作设计的原理，工作设计的方法有三种。第一，基于工作效率的设计方法：机械型工作设计法。第二，基于工效学思想的设计方法：生物型工作设计法和知觉运动型工作设计法。第三，基于人际关系理论及工作特征模型理论的设计方法：激励型工作设计法。

（一）机械型工作设计法

源于科学管理理念的机械型工作设计，强调必须找到一种使效率达到最大化而且最简单的方式来构建工作，强调按照任务专门化、技能简单化以及重复性来进行工作设计，从而使组织减少对能力较强员工的需求，减少对单个员工的依赖；组织可以通过对新员工进行快速的、费用较低的培训使他们胜任工作。

机械型工作设计对职位特征的描述维度如下：

(1) 工作专门化：从工作目的或工作活动角度来看，该职位的工作是否高度专门化？

(2) 工具和程序的专门化：就职位的目的来看，该职位所使用的工具、程序、原材料等是否高度专门化？

(3) 任务简单化：该职位所要求的技能是否简单、不复杂？

(4) 活动单一性：该职位是否要求任职者在同一时间内只从事一项任务，不要求任职者同时或在前后相隔不长的时间内完成多项工作活动？

(5) 工作简单化：该职位所要求的技能和培训时间是否相对较短？

(6) 重复性：该职位是否要求任职者反复不断地执行相同的一种或多种活动？

(7) 空闲时间：该职位上的任职者在各种活动之间是否只有很少的空闲时间？

(8) 自动化：该职位承担的许多活动是否都实现了自动化或者能够得到自动

化设备的辅助?

【阅读参考】机械型工作设计法的经典——福特制

一种革命性的制造程序使几乎每个人都能拥有一辆小汽车,亨利·福特给世界装上了轮子。

亨利·福特于1903年创立了福特汽车公司。1908年生产出世界上第一辆T型车。1913年,该公司又开发出世界上第一条流水线,缔造了一个至今仍未被打破的世界纪录。

流水线之前,汽车工业完全是手工作坊型的,每装配一辆汽车要728个人工小时,当时汽车的年产量大约12辆。这一速度远不能满足巨大的消费市场的需求,使得汽车成为富人的象征。福特的梦想是让汽车成为大众化的交通工具。所以,提高生产速度和生产效率是关键。只有降低成本,才能降低价格,使普通百姓也能买得起汽车。

福特运用泰勒原理的主要原则,同时提出一些专门的机制,并进一步完善了装配生产线的工作设计原则。他的这种工作设计方法后来被称为"福特制"。经典的装配生产线原理就是一种提高劳动生产能力的工作设计方法和员工控制方法,主要途径是细化任务和缩短任务周期。福特制在科学管理的工作设计原理基础上,引入连接工人工作台的自动传送带,用于传送组件,并提出商品的标准化,以实现规模效益。福特认为,每个人的每秒都应该是有用的、必需的,没利用到的时间一秒也不能浪费。通过记录工作时间和闲暇时间,管理者能够更清楚地了解下属努力的程度和业绩状况。因此,对工作任务的度量就成为新的控制结构基础。

资料来源:R.伟恩·蒙迪,罗伯特·M.诺埃,沙恩·R.普雷梅克斯著. 人力资源管理(第八版). 葛新权,郑兆红,王斌等译. 北京:经济科学出版社,2003.

(二)生物型工作设计法和知觉运动型工作设计法

1. 生物型工作设计法

生物型工作设计法主要源于人类工程学，关注的是个体心理特征与物理工作环境之间的交互界面，其目标是以人体工作的方式为中心对物理工作环境进行结构性安排，从而将工人的身体紧张程度降到最低。它对身体疲劳度、痛苦以及健康抱怨等问题十分关注。这种工作设计法被运用到对体力要求比较高的工作，以降低某些工作的体力要求，使每个人都能完成工作。该设计法还强调，对机器和技术也要进行再设计，使其更符合人们的生理特征，为人们营造一个更为健康、安全、舒适的办公环境。

生物型工作设计对职位特征的描述维度如下：

（1）力量：该职位只要求任职者具有非常弱的肌肉力量吗？

（2）抬举：该职位只要求任职者具有相当小的抬举力以及（或）只要求任职者举起相当轻的物体吗？

（3）耐力：该职位只要求任职者具有相当弱的肌肉忍耐力吗？

（4）坐：该职位的工作中，座位的安排是充分的吗？（有足够的机会坐下，有舒适的座椅以及良好的坐姿等）

（5）体格差异：从间隙距离、伸手距离、眼的高度以及腿的放置空间等来看，该职位所处的工作场所能够容纳各种不同体格的人吗？

（6）手腕运动：该职位允许任职者的手腕伸直而没有过多的运动吗？

（7）噪声：工作场所中没有过多的噪声吗？

（8）气候：从温度和湿度的角度看，工作场所的气候舒适吗？没有过多的灰尘和烟雾吗？

（9）工作间隔：根据工作的要求，任职者有充分的工作间隔时间吗？

（10）轮班工作：该职位并不要求任职者从事轮班工作或者过多的加班工作吗？

2. 知觉运动型工作设计方法

这种工作设计方法关注人的心理能力和心理局限，其目的是：通过采取一定的方法确保工作的要求不会超过人的心理承受能力和心理界限。这种方法通常通过降低工作对信息加工的要求来改善工作的可靠性和安全性。在进行工作设计时，首先衡量能力最差的工人的能力水平，然后按照具有这种能力水平的人也能完成工作的方式确定职位的要求。与机械型工作设计法相类似，这种方法一般也能降低工作对人的认知能力的要求。

这种工作设计法对职位特征的描述维度如下：

(1) 照明：该职位所处的工作场所的照明充分并且不刺眼吗？

(2) 显示：该职位工作中使用的显示器、量具、仪表以及计算机化的设备容易阅读和理解吗？

(3) 程序：在该工作中使用的各种与计算机有关的设备中的应用程序容易学会和理解吗？

(4) 其他设备：在该职位中使用的其他设备（各种类型）都容易学会并使用吗？

(5) 打印工作材料：在该职位中所使用的打印材料容易阅读和解释吗？

(6) 工作场所布局：该职位所处的工作场所布局有利于任职者很好地听到和看到吗？

(7) 信息投入要求：完成该职位的工作所需要的注意力非常少吗？

(8) 信息产出要求：从行动和沟通两个方面来说，员工必须从该职位的工作中获得的信息产出非常少吗？

(9) 信息处理要求：从思考问题和解决问题的角度看，该职位的工作必须加工的信息数量非常少吗？

(10) 记忆要求：在该职位的工作中必须记住的信息数量非常少吗？

(11) 压力：在该职位的工作中需要承受的压力相对较小吗？

(12) 厌烦：对该职位产生厌烦的可能性非常小吗？

（三）激励型工作设计法

激励型工作设计法强调通过工作扩大化、工作丰富化、工作轮换、自主性工作团队和工作生活质量等方式提高工作的激励。

这种工作设计法对职位特征的描述维度如下：

(1) 自主性：该职位允许承担者在工作时间、工作顺序、工作方法、工作程序、质量控制以及其他方面的决策拥有自由、独立或者相机行事权吗？

(2) 内在工作反馈性：工作活动本身能够提供与工作绩效有效性（用质量和

数量来衡量)有关的直接而清晰的信息吗?

(3) 外在工作反馈性:组织中的其他人(管理人员和同事)会提供与任职者的工作绩效有效性(用质量和数量来衡量)有关的信息吗?

(4) 社会互动性:职位本身能够提供积极的社会互动(比如团队工作或者同事协助)吗?

(5) 任务/目标清晰度:职位的工作职责、要求和目标清晰而具体吗?

(6) 任务多样性:职位中包括的责任、任务和活动具有多样性吗?

(7) 任务一致性:职位要求承担者完成一项完整的和具有可辨认性的工作吗?它是否给任职者提供一个从头到尾完成整个工作的机会?

(8) 能力/技能水平要求:职位要求任职者具有较高水平的知识、技能和能力吗?

(9) 能力/技能多样性:职位要求任职者具有多种不同类型的知识、技能和能力吗?

(10) 任务重要性:同组织中的其他职位相比,这种职位是否具有显著性和重要性?

(11) 成长/学习:该职位是否为任职者提供学习以及在能力和熟练程度方面成长的机会?

1. 工作扩大化

工作扩大化(Job Enlargement)是通过在横向水平上增加职位的工作内容,将原来狭窄的工作范围、频繁重复的情况加以改善,使工作多样化,从而提高员工的工作兴趣。工作扩大化的具体方式如下:第一,延长工作周期,将若干分工很细、周期较短的岗位合并,由几名员工组成作业小组共同承担原来多个岗位的生产任务;第二,增加岗位的工作内容,比如改变过去辅助或服务工作由专门岗位负责的状况,将员工的工作岗位内容延伸到前期的准备及后期收尾等任务;第三,包干负责制,增加岗位活动的范围,将原来几个不同性质的岗位归并在一起,由一个员工负责。工作扩大化在20世纪60年代盛极一时,其优点是:导致高效率,提高员工的工作满意度,改善工作质量,克服专业化过强、多样化不足的问题。其缺点在于:工作扩大化只是增加了工作的种类,在工作的挑战性和意义性方面改变不大,因此并没有真正解决员工对工作的厌倦和不满问题。

2. 工作丰富化

工作丰富化(Job Enrichment)关注提高工作的挑战性、意义性和完整性,更容易加强对员工的激励,提高组织的效率,其理论基础是赫茨伯格的双因素理论。与扩大横向方面工作种类的工作扩大化相比,工作丰富化通过增加员工责任、赋予员工一定的工作自主权和自由度,给员工充分表现自己的机会,从而达到激励员工的目的。

实施工作丰富化可以采取以下五种方式:

(1)合并任务。将原来分散的任务结合,形成内容丰富多样的工作单元,增加技能多样性和任务完整性。

(2)创立员工和客户之间的联系。增加员工面对客户反馈的机会,促进员工在工作中更有针对性地改进自己的工作,有利于增加他们从工作、服务中获得的意义和满足感。

(3)扩大工作的授权。增加员工做某项工作时的授权,增加员工面对工作时的主动性和主体性。

(4)创建工作单元。使员工有机会独立负责一个有意义的工作整体,而非仅仅看到工作整体中的一个环节,使其感受到工作的完整性和意义。

(5)开放信息反馈的渠道。通过组织设计和工作设计,使组织内部产品、服务的渠道透明、公开,向每一个人开放,从而增加员工时刻以客户和市场为导向的服务意识,提升员工工作的自主性。

工作丰富化能减少员工的离职率和缺勤率,提高员工的工作积极性和动力。但是,要真正达到工作丰富化的结果,公司必须增加在成本方面的付出,比如通过培训使员工掌握更多的技术,完善和拓展工作设备,支付员工更高的工作报酬等。另外,对于那些天性不喜欢挑战的员工而言,工作丰富化并不能提高他们对工作的满意度。从管理者的角度看,只有愿意授权、具有足够能力管理下属的管理者才会对工作丰富化采取积极的态度。

3. 工作轮换

工作轮换(Job Rotation)是一种短期的工作调动,是指将员工轮换到另一个同等水平、技术要求接近的工作岗位上工作。工作轮换应当遵循下列原则：

第一，在工作分析的基础上，明确可以相互轮换的职位类别。一般而言，先从同一个职位类别中的职位开始，然后考虑不同职位类别之间的工作轮换。

第二，必须有序进行，不能影响正常的工作秩序和工作效率。

第三，应该充分考虑、尊重员工的个人意愿，不能进行强制性的工作轮换。因为有些员工希望专注于某个领域的发展，不一定喜欢尝试新工作。

第四，时间间隔要合适。根据美国学者卡兹（Katz）的组织寿命曲线理论，一年半时间是员工和组织的相互熟悉过程；一年半到五年的时间中，组织的工作成果最高；而五年以上，员工工作的挑战性则明显下降，组织也会出现迟钝、老化。因此，适时的工作轮换可以延长组织的寿命，激发组织的活力。

工作轮换是一项成本较低的组织内部调整，对组织和员工都有积极的意义。首先，组织轮换可以激发组织的活力，为组织储备复合型人才、培养管理人员，而且可以增强部门之间的协作。对员工而言，工作轮换可以减少工作中的枯燥感，提高工作积极性、协作意识和对组织战略、使命的全面理解，扩大掌握技能的范围，增加晋升渠道，并降低离职率。

工作轮换要经过科学、合理的设计，才能激发最大的功效。当然，工作轮换会带来短期内的组织效率下降；同时，也提高了组织的培训成本。

4. 自主性工作团队

自主性工作团队（Autonomous Work Teams）是工作丰富化在团体上的应用。自主性工作团队对工作有很高的自主管理权，包括集体控制工作速度、任务分派、休息时间和工作效果的检查方式等，甚至包括人事挑选权，团队成员之间互相评价绩效。这种工作设计特别适合扁平化和网络化的组织结构。自主性工作团队有如下特性：

第一，团队成员间的工作相互关联，整个团队最终对产品负责。

第二，团队成员拥有多种技能，能执行团队中绝大部分甚至所有的工作任务。

第三，绩效的反馈与评价以整个团队为对象。

表3—1展示了传统的工作设计法与自主性工作团队的特征。

表 3—1　　　　　　传统的工作设计方法和自主性工作团队的比较

内容	项目	传统的工作设计方法	自主性工作团队
工作职位	管理者	监控运行，组织资源	确定长远目标，确保资源
	操作工人	独立工作，强调单一技能的操作任务	是团队工作的一部分，完成大量工作，包括操作、技术支持、工艺改进和管理
	技术专家	独立工作，执行技术工作，支持运行	充当团队的顾问、教师和教练
工作设计要素	人	把紧凑的一组工作分配给个人	与他人协调，利用团队关系完成相互联系的活动
	决策	通过命令与控制的层级制度管理生产过程	授权团队制定关于加速周转和改进工艺的决策
	信息	只提供员工需要知道的信息	及时向群体团队成员发布所有决策信息，以供决策参考

资料来源：朱勇国. 工作分析与研究. 北京：中国劳动社会保障出版社，2006：62.

自主性工作团队在许多公司中得到应用，比如美国通用食品公司在进行"自主管理"的初步改革后，工厂在经济方面即发生了很大变化，工厂的固定间接费用比同类工厂低33%，次品率低92%，工人士气高涨，缺勤率和离职率降低，安全情况也大为改善。

5. 工作生活质量

工作生活质量（Quality of Work Life，QWL），也称为劳动生活质量，源于20世纪70年代，是西方企业管理理论和社会实践不断进步的结果，体现了企业管理中要更加重视人的因素，趋于以人为中心的管理，即为了提高组织的工作效率，不能只考虑技术因素，还要考虑人的因素，使技术和人协调一致。1979年之前，工作生活质量运动关注的是员工的工作环境、健康与福利、劳资关系和人际关系等，后来则关注工作机会平等、工作内容丰富化、工作场合参与制和民主管理等方面。

工作生活质量涉及组织管理的广泛领域，包括人际关系、劳资关系、领导行为、组织行为、小集团作业体制、自主管理、参与管理、报酬制度、工作环境与条件、工作时间、工作设计、教育与培训和人力资源开发等。一般来说，工作生活质量包括以下内容：劳动报酬的充分性和公平性、工作条件的安全性、员工能力充分开发和利用、工作组织小团体化、保障员工在组织内的权利、实行民主管理、工作具有社会意义等。它不但是一种主观经验和感受、一种理念和价值观，也是一系列改善员工工作生活质量的方案和措施。工作生活质量的相关制度设计旨在通过改善员工生活福利和工作环境，以增加参与决策等手段，达到提高生产率和员工满意感的目标，使员工兼顾工作以外的家庭活动和其他业余活动。生活质量运动在当今企业人力资源的理论和实践中依然起到重要的引导作用，对提高企业员工的满意度，改善组织绩效有重要的理论和实践价值。

【阅读参考】上海 IT 行业员工工作生活质量研究

一项对上海 IT 行业员工生活质量的实证研究表明，上海 IT 员工对工作生活质量满意度总体处于中上水平，他们最为满意的工作生活质量维度是人际关系和法定福利，最不满意的工作生活质量维度是薪酬。女性在工作生活与工作外生活关系、法定福利方面满意度高于男性。受教育程度越高，在工作生活与工作外生活关系方面的满意度越低。不同工作类型的上海 IT 员工对薪酬的满意度有显著差异，服务类员工对薪酬最为满意，研发类员工其次，制造类员工最不满意。IT 企业规模越大，员工在法定福利上的满意感越高；民营 IT 企业员工对企业提供的法定福利满意度远远低于外企和国企员工。服务类员工对人际关系的满意度最高，研发类其次，制造类员工的满意度最低。

资料来源：黄维德，曾飞. 上海 IT 行业员工工作生活质量研究. 上海经济研究，2008（11）.

6. 弹性工作制

弹性工作制的工作设计主要体现在工作时间的弹性和灵活性上。弹性工作制既有利于员工进行工作—闲暇平衡（work-leisure balance），从而提高效率，也有利于企业降低人工成本，提高管理与运营的灵活性，适应多变的市场环境，从而提升竞争力。弹性工作制有多种设计，比如远程或在家工作（home-working）、灵活工时（flexible working hours）、工作分享（job sharing）、压缩工时（compressed hours）和年工时考核（annualised hours）。弹性工作制早在20世纪70年代的美国就已经普遍实行。但在90年代之前，弹性工作制被认为只适用于高技能员工。在经济全球化和企业竞争加剧的形势下，弹性工作制以其提高员工士气、增强企业弹性和竞争力、降低企业成本等显著优势，开始在西方国家盛行。在我国的企业实践中，弹性工作制也有较长的历史。比如，80年代中后期，我国制造业中就已有弹性工作制的尝试，通过赋予车间、班组更大的自主权，提高了职工的主人翁意识，不但节能降耗，还提高了产品质量。90年代以来的国有企业改革，面对当时国有企业改革直接下岗可能引发的社会问题，工作分享的理念更多地进入学界的视野。进入21世纪，基于中国就业问题的严峻性、大城市的交通拥堵问题，弹性工作制开始进入地方政府的立法视野，更多地进入企业实践层面。比如，为了应对2008年的金融危机，中国政府采取一系列援企稳岗的政策，提倡企业采取工作分享的方式来渡过难关，尽量少裁员。比如，北京市人民政府办公厅于2009年出台《缓解北京市区交通拥堵第六阶段（2009年）工作方案》，倡导有条件的企事业单位和社会团体实行弹性工作制，鼓励网上办公。2009年，随着《深圳市实行不定时工作制和综合计算工时工作制审批管理工作试行办法》的出台，深圳已有近千家企业开始实行弹性工作制。[1]

【阅读链接】

朱勇国. 工作分析与研究. 北京：中国劳动社会保障出版社，2006.

---

[1] 弹性工作制：对利弊的猜想都很多. 新华每日电讯（2版）. http://news.xinhuanet.com/mrdx/2009-06/20/content_11571823.htm.

第三节 工作分析与工作说明书

一、工作分析

(一) 概念

关键概念

工作分析 (job analysis) 又称为职位分析,是人力资源管理的基础性工作,它是利用科学系统的方法收集和分析与职位相关的各种信息(包括职责、权力、隶属关系、任职资格、工作条件等),以便对该职位的工作做出明确规定,并确定完成该工作所需要的行为、条件和人员的过程。工作分析的重要成果形成工作描述和工作规范。

工作分析是企业得以运行规范的基本条件,也是任何一家怀揣做大做强梦想的企业必备的"基本功"和"内功"。每一企业工作分析的具体内容虽然有所不同,但其遵循的一般规则是共通的,那就是受制于企业外部的制度环境和法律环境,依照有关理论和方法,科学设计、合理应用。

和传统的工作分析相比,近几十年的研究发现,企业外部环境中的强制性和规范性力量对企业工作分析的影响越来越大。企业要想保持一贯的遵纪守法,必须注重与工作分析有关的各个方面。在岗位①设置、员工招聘以及绩效考核中,注意程序的标准和规范要合理合法,特别是符合国家与各省(自治区、直辖市)等地方性法规和规范性文件的相关要求。做好本企业工作分析的有效参照系是同行业(处于领先水平)的竞争对手。企业要根据本企业所处行业和发展阶段的特

---

① 这里及下文的"岗位"与"职位"同,可以混用。实践中,"岗位"和"职位"有细微的区分。一般而言,特定的岗位对应具体的人,体制内常说的"定岗定编"即意味着一人一岗(占据一个编制);职位的概念比岗位稍宽广,即相同或相近的工作岗位可以被归纳为同一职位。

点，确立自己追赶的标杆企业，用拿来主义的态度学习同行中领袖企业的管理精华，并结合本企业发展的独特性进行实事求是的修订，以逐渐树立和凸显自己的比较优势和竞争地位。

（二）工作分析的内容分类

工作分析需要收集、分析的信息内容一般包括以下七个方面（6W1H）：

What——这项工作的主要内容是什么？

Why——为何要完成这项工作？是指这项工作对于组织整体目标的意义，即其存在的合法性。

When——何时做？是指完成这项工作的时间安排，包括完成工作的特定时间安排，以及工作活动开展的频度区分（如每日、每月、每年进行活动等）。

Where——在哪里做？是指工作所处的组织环境。既包括组织提供的自然环境，也包括工作的社会和心理环境。

Who——谁做？是对特定岗位上任职者的资格说明。

Whom——为谁做？工作中与其他岗位发生的关系及其相互影响，即客户是谁，包括内外部客户。内部客户如上级、下级、同事等。

How——如何做？是指任职者如何进行活动，包括工作的程序、规范，相关的办公工具和设施，需要的权力和支持等方面。

（三）工作分析的地位和作用

工作分析在人力资源管理中处于基础性地位。与其他的人力资源工作相比，工作分析处于最基础的地位和角色。工作分析之所以基本而必备，在于它是企业内部管理中员工与企业之间权利、义务划分的基础和依据。合情合理同时又不能过于呆板的工作分析和岗位设置不但是规范有序的企业治理的必然反映，也使企业能够迅速适应外部的政策环境和市场环境。

1. 工作分析是人力资源规划的重要基础和依据。通过对组织结构、业务流程和岗位体系的科学分析和描述，工作分析实际上为人力资源规划提供了智力支持。对组织内部结构、业务、岗位分析的自然结果是各业务部门、各工作岗位工作任务的分配，从而为人力资源规划中职位的增减提供了基础和依据。

2. 工作分析为员工招聘提供了明确的标准。通过工作分析得到的工作描述和工作规范可以作为员工招聘的参考依据。当然，有的工作分析本身就是为了新人的招聘而作。

3. 工作分析使得员工的培训开发更具有针对性，使员工的职业生涯管理更为明确。员工的培训开发是组织内部人力资源保值升值的基本举措，是组织为了吸引人、留住人，并提高员工工作效率的有效手段。通过对在岗员工与工作分析中职位规范的对照，寻找其中的差距和差异，可以使员工的培训开发更有效，也使员工在自我职业生涯管理方面更明确，具有更多的选择性。

4. 工作分析是组织进行绩效考核的有力依据。公正透明的绩效考核能够帮助组织有效地留住人、激励人。由于规范、成文的工作分析包含明确的岗位责任，利用工作分析进行的绩效考核使组织行为更客观、公正和规范。

5. 工作分析是组织薪酬体系设计的基础。科学规范的工作分析对组织内部各岗位的权限、责任、工作复杂程度、强度和工作条件等要素有明确的说明，通过这些内容即可确定各个岗位对组织目标的相对价值，也就是组织内部各职位的相对重要性，从而可以作为组织制定薪酬的客观依据。

6. 工作分析形成的工作描述和工作规范等还可以作为组织重要的规范性文件，是组织规章制度的重要组成部分，成为员工日常管理和处理劳资纠纷的重要抓手。因此，科学、健全而规范的工作分析在健全组织管理、保障组织有效运行上发挥着重要的作用。

【阅读链接】

萧鸣政. 工作分析及其作用. 中国人才, 2007 (8).

（四）进行工作分析的基础

工作分析作为企业人力资源管理的基础性工作，不是组织经常性的行为，也不是一件一劳永逸的事。一般而言，在下列情况下，组织需要进行工作分析：

1. 组织新成立时。新成立的组织不仅要进行组织设计、工作设计，还要进行相关的工作分析。工作分析是组织成立时建章立制的应有之义。尤其对于新成立的组织，各项规章制度的建立都需要以工作分析作为基础和依据，包括员工招聘、绩效考核和薪酬管理等这些在组织诞生之初就已运作的职能。

2. 组织发生变革时。组织发生变革，不管是主动性调整，还是在内外环境作用下的被动应对，都有进行工作分析的必要。较大的变革涉及组织目标、战略和多项内部结构的调整，较大规模的流程再造；较小的变革涉及特定职能部门的调整或某具体业务流程的调整，这时都需要对原有的工作分析进行修订。

以下种种迹象表明，支撑组织日常运行的制度建设滞后，意味着组织有必要重新审视原有的组织设计，进行调整性、修订性的工作分析：组织中经常出现推诿扯皮、职责不清或决策困难的现象，造成组织效率的低下；原有的书面职位说明不够明确、不够完善，或者虽然有完善的职位说明，但是职位说明与实际情况不符，员工很难遵照执行；不公的薪酬体系影响员工队伍的稳定，已经或很可能造成较高的员工流失率；绩效考核时，很多岗位的考核标准不完备；当需要进行员工培训时，发现培训需求不够具体，针对性不强。

工作分析的本质是企业内部岗位设置"一个萝卜一个坑"的具体载体，有效的工作说明书依赖理性、清晰而完备的工作分析。工作分析要求人力资源部门能够搜集所有本企业内不同工作岗位，任何一个具体岗位不同于其他岗位的本质性特征的全部信息包括工作事项和工作方式、工作标准、与他人的交往活动等。

（五）工作分析过程的步骤

一套科学适用的工作分析程序主要由以下三个阶段组成：

1. 准备阶段

（1）明确工作分析信息的用途，这直接决定需要收集何种类型的信息，以及用何种方法来收集这些信息。比如，访谈技术适合编写工作说明书，以及员工的甄选；而职位分析问卷法是对每一种工作的量化排序，可用于对工作进行比较，从而确定薪酬水平。

（2）成立工作分析小组，并进行必要的培训。工作小组的成员包括组织的高层领导、人力资源管理专业人员、相关业务部门资深领导以及外部的专家、顾问。考虑到中国的国情，要真正做好工作分析这项最基础的工作，单位一把手的支持必不可少。

（3）做好组织内部的动员工作。工作分析很容易引起组织内降薪或裁员的恐慌情绪，为了下一步调查阶段的顺利进行，不管是大规模的还是小范围内的工作分析，都要对工作分析涉及的相关部门和员工进行充分的解释、沟通和动员，以消除他们的疑虑和对立，取得他们的信任。

2. 调查和分析阶段

这一阶段是整个工作分析的主体部分。包括：

(1) 收集相关的背景信息。不管是组织成立之初的工作分析，还是发生组织变革后的工作分析，都要充分利用组织内既有的信息资源。比如，既有的组织结构图、工作流程图、工作说明书等；同时，还要注意搜索国内或同行业具有高度认同的职位分类标准的资料。组织结构图是对组织内部职能部门，以及职能部门内部岗位关系的呈现。清晰的组织结构图展现出组织内部的权力关系、协作关系和信息沟通的方向。工作流程图则显示与特定工作相关的更详细的信息，包括工作过程中信息的流向、相关的权限，以及在这一过程中可能会产生何种关联的各种对象。工作说明书是组织内制度化建设程度的集中体现。组织内既有的相关文字材料都是工作分析的重要参考。

(2) 选择有代表性的工作岗位，确定进行工作分析的岗位重点及顺序。进行工作分析要遵循一定的程序，比如从最有代表性的岗位开始，或者选择那些对组织运行不可或缺的关键性岗位开始。由于组织中存在大量相同或类似的工作，因此，没必要对每一项工作都进行工作分析，只要选择那些有代表性的以及某些特定的关键岗位进行分析即可。比如，如果对纺织厂进行工作分析，出纳和会计岗位不但是本厂的关键岗位，对其他组织同样不可或缺；而纺织厂的一线工人可能成百上千，但只要挑选出若干有代表性的岗位进行工作分析即可，并不一定对所有的岗位都进行工作分析。

(3) 对不同的岗位选择合适的方法，并开展相应的信息收集活动。和工作任务相关的信息包括工作条件和办公环境、工作任务的详细内容、岗位职责、岗位对任职者的要求、岗位与组织内外部的关系等。收集工作信息是工作分析中的关键步骤（本章第四节有专门介绍），有访谈法、观察法、问卷法、日志法和关键事件法等非结构化分析方法。另外，还有针对某些情况或有特定用途的结构化方法（structured methods），通过固定的形式和程序来收集和分析工作信息。比如，职位分析问卷法、职能性职位分析法、管理职位描述问卷调查法等。这些结构化方法又可以分为两类：一类以工作本身特点为分析中心，即工作导向型工作分析技术；另一类以任职人员的特点为分析中心，即人员导向型工作分析技术。

（4）信息的核查和分析。信息收集上来之后，工作分析小组要对资料的真实性、准确性和完整性进行核查，并对资料进行汇总和分析。首先，工作分析小组要确定这些通过各种方法和渠道获得信息的真实性，不真实的不予采用。其次，要按照工作说明书的各项要求进行归类整理，以确定没有遗漏的项目。最后，要保证工作分析小组内的每一位成员对工作分析的内容进行准确性审查，避免由于各种原因导致的信息失真或扭曲，对于发生失真或扭曲的信息要进行相关处理，一致通过的信息方被采纳，否则就要继续进行有关的调查和分析工作。

3. 完成阶段，编写工作描述和工作规范

工作分析的最终结果以工作描述和工作规范的形式呈现，即工作说明书。工作描述是对工作职责、工作任务、工作权限、工作活动和工作条件等有关信息进行的书面描述，也称为 TRDs。工作规范（任职资格，Job Specification）则是对任职者的任职资格的全面描述，包括承担该工作所需要的知识、技能、能力和其他特征等方面的信息，也称为 KSAOs（Knowledge, Skill, Attitudes and Others）。

（六）工作分析注意的原则

工作分析应注意以下原则：第一，工作分析是分析工作，而不是列举，必须对工作内容进行分类、整理和抽象。只有将和某一工作相关的内容进行一定程度的抽象和分析，才能进行工作之间的比较；将某一项工作所包括的内容进行事无巨细的罗列则不利于工作分析的科学和规范原则。第二，工作分析是对岗位的分析而不是对现有任职者的分析。同一岗位上可能有风格迥异的任职者，能力素质也会有较大差异；工作分析只关注具体的岗位本身，而不是同一岗位上可能有较大差异的任职者的能力素质。或者说，工作分析总结和提炼的是岗位本身应该具备的能力和素质，其应该是对特定岗位任职者最低的资格要求。第三，工作分析是对事实进行的分析而不是进行推断。工作分析小组应尽可能地掌握此岗位相关的各种信息或资料，基于特定岗位本身反映的基本事实进行归纳和总结。工作分析小组成员虽然都是由资深人士或相关专家组成，也要注意尽量减少个人的主观推断，而多用岗位自身传递的信息。

二、工作说明书

关键概念

工作说明书又称为职位说明书或岗位说明书（job description），它是工作分析的重要成果之一，包括工作描述和工作规范。工作说明书是对职位的内容和任职者资格进行说明的规范性文件。完善科学的工作说明书是组织治理不断完善和规范化的重要工具。它规定了在特定职位上需要做什么，如何做，以及在什么条件下做等内容。

工作说明书的编写要注意以下几个基本原则：第一，清晰明确，要使用准确的文字清晰地描述工作说明书的每一项要素，使人读后不易产生歧义或混淆；第二，职权范围要明确，任职要求要具体，使人读后能够很容易理解工作的内容；第三，措辞要简明扼要，不拖沓冗长。

（一）工作描述

工作描述一般包括下列内容[①]：

1. 工作标识。一般包括工作名称、编号、所属部门、直接上级、职位薪点、所辖人数和工作地点等内容，以此将它与其他工作区别开来。工作标识说明见表3—2。

表3—2　　　　　　　　工作说明书工作标识说明

职位名称：营销经理
工作代码：XS—005
所在部门：营销事业部
职位等级：高级管理人员
工作地点：上海
主管上级：总经理
工资等级：

---

① 本部分表格举例主要参见：李艳. 人力资源管理工具大全. 北京：人民邮电出版社，2009.

2. 工作概要。描述该项工作的总体性质，包括工作范围、目的、内容等基本事项。工作概要举例见表3—3。

表 3—3　　　　　　　　　　　　工作概要举例

工作概要（营销总监）： 负责营销策划及实施，完成公司下达的各项主要经营指标

3. 工作联系、职责与任务。工作联系是该工作在组织内外产生关联的各种关系的集合，包括本部门内上下级发生的直接联系，与组织内、所在部门外的工作联系，以及与组织外部的工作联系等。工作联系的编写要遵循经常性和重要性原则，选择那些经常发生的工作联系，或者发生频率不高但是非常重要的工作联系。

工作职责与任务就是要详细列明该岗位包括哪些具体的工作内容，需要通过怎样的活动来实现组织的目标，并取得什么样的工作成果，其编写一定要详细具体。对照上述营销总监的工作概要和下表营销总监工作职责的描述，可以发现，从工作概要到工作职责是一个将抽象程度、概括程度较高的描述具体化和操作化的过程。从工作概要分解为具体的职责与任务时，要注意按照职责的内在逻辑顺序以及重要性程度进行排列。营销总监的工作职责描述见表3—4。

表 3—4　　　　　　　　　　营销总监的工作职责描述

工作联系	内部	公司内部各个部门
	外部	厂商、代理公司、客户及其他合作单位
岗位职责	职责一	参与企业经营战略管理
	工作任务	1. 制定营销战略规划，为公司重大营销决策提供建议和信息支持 2. 参与制订公司年度经营计划和预算方案
	职责二	市场开发管理
	工作任务	1. 组织市场调研和需求分析 2. 负责公司各项业务的全面推广工作，制订营销工作计划并组织实施
	职责三	销售管理
	工作任务	1. 围绕公司下达的销售目标制订营销计划，分解销售目标 2. 拓展市场，组建营销团队，完成销售任务 3. 针对销售过程中出现的问题提出有效的纠正措施和指导建议，确保销售目标完成

岗位职责	职责四	客户关系管理
	工作任务	1. 建立、拓展与客户及社会各界的关系，建立完善的客户关系管理体系 2. 监督、检查客户服务及售后服务情况，确保服务质量不断提高 3. 维护与重要客户之间的良好合作关系
	职责五	分管部门内部管理
	工作任务	1. 负责分管部门各项业务工作的协调、安排 2. 负责营销队伍的组建、人员的考核、激励及培训机制的建立

4. 工作权限。完成该工作拥有的权限，即组织赋予该岗位的决策范围、层级和控制力度。比如，对于营销总监、营销经理和一般销售人员而言，决策的权力，控制的层级和力度是逐级减少、减弱的。表3—5所示为一般销售人员的权限。

表3—5　　　　　　　　工作权限举例

一般销售人员的决策职责（部分）： 1. 决定如何使用所分配的样品预算，以最有效地增加销售额，突破销售目标 2. 决定客户和合同的优先次序，以挖掘最大的销售潜能 3. 决定开展特别销售活动的地点，以最有效地实现销售额

对于销售主管，其工作权限见表3—6。

表3—6　　　　　　　　工作权限举例

销售主管的工作权限（部分）： 1. 对本部门人员的任免建议权 2. 对本部门内部各项规章制度的制定建议权 3. 营销计划的制订和建议权以及执行情况的监督权 4. 对产品定价策略的建议权 5. 对本部门员工的绩效考核权

而对于营销总监，其工作范围和权限则要宽广得多，如表3—4 "营销总监的工作职责描述"所述。

5. 绩效标准。对本工作职责范围完成情况的衡量，即规定员工完成工作说明书中的每一项具体任务时达到什么样的标准。衡量标准是指完成某项工作时必须达到的最低标准，可以用具体的数字，也可以用百分比来衡量。常见的衡量指标有市场占有率、销售额、事故率和客户投诉率等。

6. 工作条件和工作环境。开展本项工作时的自然环境和社会环境，前者包括工作的自然环境和安全环境。比如，电梯工的工作地点局限在电梯内部，工作形式是与各式各样的人打交道，通过询问电梯乘坐者的乘坐需求完成其工作内容；而一位测量员的工作场所一般在项目工地，根据施工需要对施工现场进行测量、数据分析以及测量仪器的管理等工作。表3—7所列为某银行贷款助理员工作描述中的工作条件与环境。

表3—7　　　　　　　　　工作条件与环境描述举例

银行贷款助理员的工作条件与环境：
75%以上的时间在室内工作，不受气候影响；工作场地温度与湿度适中，无噪声，无有害气体，无生命及其他伤害危险；一般无外出要求，只有在信贷调查时才外出；因工作需要配备一台计算机、一部电话及其他办公用具，个人无独立的办公室

（二）工作规范

工作规范是对任职者任职资格的描述，即"要做好本项工作，任职者必须具备什么样的特点，怎样的资格和哪些经验"？一般来说，工作规范包括下面几项内容：

1. 教育程度要求。包括专业和学历情况。
2. 资格证书要求。资格证书的要求或者来自国家强制性的规定，或者来自行业内自治性规定，这反映了组织所在的法制环境和技术环境对组织的要求。

【阅读参考】职业资格与我国的就业准入制度

职业资格是对从事某一职业所必备的学识、技术和能力的基本要求。职业资格包括从业资格和执业资格。从业资格是指从事某一专业（工种）学识、技术和能力的起点标准。执业资格是指政府对某些责任较大，社会通用性强，关系公共利益的专业（工种）实行准入控制，是依法独立开业或从事某一特定专业（工种）学识、技术和能力的必备标准。职业资格由国务院人力资源社会保障行政部门通过学历认定、资格考试、专家评定、职业技能鉴定等方式进行评价，对合格者授予国家职业资格证书。

就业准入制度是指根据《就业促进法》等有关规定，对从事涉及公共安全、人身健康、生命财产安全等特殊工种的劳动者，必须取得相应职业资格证书方可就业上岗的制度。

实行就业准入，有利于推动职业教育和培训发展，全面提高劳动者的素质；有利于维护公共安全、人身健康、生命财产安全，防止各种事故发生；有利于提高企业产品与服务质量，增强企业竞争力，促进经济发展方式转变。

资料来源：王晓初，信长星主编. 就业促进与职业能力建设. 北京：中国劳动社会保障出版社，2012.

3. 工作经验要求。即该工作的任职者需要具备什么样的经验。比如，特定专业领域内的从业经验，或特定工作职位上的从业经验等，或者一般性的，只要具备工作经历即可。

4. 知识要求。对任职者的知识要求一般包括专业知识、管理知识、行政能力知识、相关的政策法规知识等。

5. 工作技能要求。是指与工作相关的工具、技术和方法的运用。比如，计算机应用能力、公文写作能力、外语能力等。

6. 人格、心理、品质方面的要求。对从事特定工作、特定岗位的人的心理素质、性格特征、人格倾向等心理学方面的要求。这些素质和任职者的合作精神、责任心、管理能力和胜任素质等有比较紧密的联系。

营销总监的工作规范见表3—8。

表3—8　　　　　　　　营销总监的工作规范

学历	大学本科及以上
专业	市场营销、工商管理类
工作经验	5年以上市场、销售工作经验，3年以上相应职位工作经验
能力素质	市场策划能力强，市场敏感度高，具备优秀的资源整合能力、良好的沟通技巧和团队建设能力
业务了解范围	熟悉产品品牌市场及各种销售渠道，精通品牌运作管理

编写工作规范必须遵循如下原则：第一，遵循工作分析的岗位原则，以具体的工作岗位而非当前岗位的任职者本身的特征为依据；第二，工作规范要符合法律规定，严禁民族、宗教、性别、年龄和身体残疾等方面的歧视；第三，一般所列的任职资格是履行工作职责的最低要求，也就是招聘录用的最低标准。当然，如果借鉴胜任素质模型等概念，也可以在必备资格基础上列出期望资格，即期望具备的资格或任职者能出色胜任本职位的资格。

通常，工作规范作为工作说明书的一部分。那么，工作规范各项内容的确定，若以是否为受过训练者区分，那么，以受过训练者为对象编写的工作规范相对简单，其工作规范集中在任职者以前的工作经历、相关的培训信息等。而以未受过训练者为对象的工作规范则相对复杂，需要工作分析者确定能够胜任特定工作、特定岗位的能力、素质和潜力等，这时，需要依靠判断或统计的方法来确定特定的工作规范。第一，以判断为基础的工作规范。有时，任职资格需要富有工作经验或人力资源专业从业者的判断，他们或者依靠自己的专业性常识判断任职者的岗位资格，或者以国家职业资格来筛选相关的人员素质。第二，以统计为基础的工作规范。即将体现工作绩效的标准和体现个人特征的预测指标进行统计分析，以确定任职资格要求。实际上，以统计为基础的工作规范更科学、更严谨；同时，由于统计分析涉及专业性的测评，花费的成本也较高。专业水准较高、人力资源管理比较规范的组织倾向于使用这种方式；而处于市场中的追随者角色的组织一般根据常识性的判断进行工作规范的描述。

比如，一名有任职经验的测量员的工作规范见表3—9。

表3—9　　　　　　　　　　工作规范举例

学历	中专以上
专业	测绘或建筑工程类相关专业
工作经验	2年以上相关工作经验，持有测量员上岗证
能力素质	具有一定的读图能力、良好的沟通能力、分析能力、逻辑思维能力，有责任感
业务了解范围	了解公司项目的基本情况，掌握工程测量的技术要求与标准
培训经历	受过工程测量技术及相关方面培训
知识	熟练掌握建筑测量方面的知识

而一名会计的工作说明书见表3—10。

表 3—10　　　　　　　　　　　会计工作说明书

基本信息	职位名称	会计	职位编号	
	所属部门	财务部	直接上级	财务主管
岗位概述	负责审核和办理财务收支，编制记账凭证，登记会计账簿，编制会计报表和办理其他会计事务			
任职资格	学历	大专以上		
	专业	会计、财务管理相关专业		
	工作经验	2年以上相关工作经验，取得会计从业资格证书		
	能力素质	有较强的分析能力、协调能力，工作细致严谨，原则性强		
	业务了解范围	熟悉国家财经法规、会计和税收制度，掌握会计工作流程		
	培训经历	受过财务管理、会计电算化等相关内容的培训		
	知识	具备财务、会计电算化、管理及相关知识		
岗位职责	职责细化描述			
	职责一	会计单据与报表管理		
	工作任务	1. 根据会计制度的规定，记账、算账、报账要做到手续完备、内容真实、数字准确、账目清楚、按期报送 2. 根据会计制度的规定，设置账目、审核单据、填制凭证，并编制会计报表 3. 妥善保管会计凭证、账簿、报表等资料		
	职责二	财务核算与分析		
	工作任务	1. 负责对员工报销的费用进行审核，并根据审核后的记账凭证进行登记 2. 协助财务经理做好财务分析工作，为公司生产经营提供支持 3. 负责完成公司现金流量预测、成本核算等相关报告的撰写		
	职责三	公司纳税申报		
	工作任务	1. 负责纳税申报、税收计算、统计等工作，并编制相关报表 2. 处理与税务相关的各项工作		
	职责四	固定资产管理		
	工作任务	1. 做好企业固定资产的核查与盘点工作 2. 及时编制各类固定资产账目		

（三）工作分析应注意的事项

可以预见，工作分析在组织管理中的角色会越来越重要。实际上，这里的工作分析已经不仅限于公、私立性质的企业组织，中国的事业单位，非营利性组织等社会团体，以及政府机关，都有进行工作分析的必要和必然。2005年，北京市西城区人民政府选拔干部时开始采用职位说明书的方式为处级干部定职责、定标准。职位说明书已经从企业界进入政府机关，并成为任用、培训、考核和管理干部的重要依据。

1. 从企业外部的法律制度环境来看，工作分析有其存在的合法性。企业在就业方面的各种管理措施，如招聘过程、评价体系、员工纪律处分和报酬分配等，如果要符合相关法律体系的要求，就必须在一定程度上依靠工作分析。在现实中大量存在的劳动争议案件以及诉诸法院的诉讼案件，企业之所以败诉，就是因为仲裁委员会或法院认为，这些企业人力资源管理程序的具体做法并非充分地与职位有关。在当前频发，而且在"十二五"以后可能会更多出现的劳动争议及劳动诉讼案件中，工作分析及工作说明书的重要性越发凸显。企业如果要证明自己的行为确实属职位所需或经营需要，就必须保证其对职工的各种要求始终与职位本身的各方面密切相关，而且这种相关性贯穿于建立与终止劳动关系的全过程。

当前，涉及员工的招聘、调整工作岗位以及解聘等环节，劳资双方对任职资格的界定是否合法合规成为劳动争议的焦点。比如，在录用条件的设置中，用人单位有关工作规范的说明必须符合劳动者平等就业权的劳动法律法规，不得包含就业歧视类的内容。比如，我国《劳动法》第12条规定："劳动者就业，不因民族、种族、性别、宗教信仰不同而受歧视。"《就业促进法》重申了这一原则。而针对就业领域普遍存在的对乙肝病原携带者的歧视，《就业促进法》明文规定："用人单位招用人员，不得以是传染病病原携带者为由拒绝录用。但是，经医学鉴定传染病病原携带者在治愈前或者排除传染嫌疑前，不得从事法律、行政法规和国务院卫生行政部门规定禁止从事的易使传染病扩散的工作。"《就业服务与就业管理规定》第19条第2款规定："用人单位招用人员，除国家法律、行政法规和国务院卫生行政部门规定禁止乙肝病原携带者从事的工作外，不得强行将乙肝病毒血清学指标作为体检标准。"2010年2月，人力资源社会保障部、教育部和卫生部联合下发《关于进一步规范入学和就业体检项目、维护乙肝表面抗原携带者入学和就业权利的通知》（人社部发[2010]12号）进一步保障了乙肝病原携带者就学就业的权利。此外,《就业促进法》第 27 条规定,用人单位招用人员,除国家规定的不适合妇女的工种或者岗位外,不得以性别为由拒绝录用妇女或者提高对妇女的录用标准。用人单位录用女职工,不得在劳动合同中规定限制女职工结婚、生育的内容。

【案例思考】如此解除劳动合同是否合法?

某公司新招聘一位人事助理小张。在试用期期间,小张突然告诉公司她怀孕了。公司认为小张不符合招聘广告中"未婚"这一条件,故以"试用期被证明不符合录用条件"为由与其解除了劳动合同。小张则认为,自己在试用期的工作考核是合格的,公司不能仅凭自己已婚解除合同,公司属于违法解除,故诉诸法律要求恢复劳动关系。

经查,小张承认自己在进公司前已经结婚。而公司对外公开招聘人事助理岗位的要求如下:未婚;年龄在 28 周岁以下;人力资源相关专业本科及以上学历;具有一年以上大型企业人事工作经验;具有较强的沟通、协调和组织能力;身体健康、非乙肝病原携带者。

那么,该公司的录用条件是否符合法律规定?什么样的录用条件能够作为解除劳动合同的合法依据?

---

2. 从组织的内部管理来看,如何通过工作分析合理地界定员工与组织的权利与义务,保障组织健康、规范地运行?工作说明书或工作规范形成员工与组织关系的某种契约,是对工作内容的分析、提炼和抽象;但由于大多数这种契约经常采取列举的形式,在某种程度上具有内在的不完备性;或者当组织内外部环境已经发生变化,而工作说明书或工作规范没有进行及时的调整,这也很容易导致组织管理中的不和谐和冲突。

比如,当主管人员交代给下属某项临时性工作时,遭遇下属的拒绝,其理由是工作说明书中并未列出该项工作内容。又如,有时下属想承担更多责任时,也会遭遇主管的拒绝,其理由同样是工作说明书中并未列出该项工作职责。由于工作规范对任职资格的描述通常是最低要求,并不代表该岗位现任者实际具有的知识、技能和能力素质，因此员工并不具备承担更多责任的能力要求。为了较好解决此类冲突，当组织在进行工作设计，编写工作说明书时要注意将有关责任、职权等列举得周全和完备。比如，在工作主要内容一栏可以加入"履行上级指定的其他工作"，这样员工就不能再以工作说明书为由拒绝所分派的临时性工作任务。在工作规范的"注"中明确任职资格只是从事该工作的一项基本要求，是员工知识、技能、能力和素质的最低界限，这样，主管也不能以此为由拒绝员工承担更多责任的请求。

【案例思考】工作职责分歧

一个机床操作工把大量的液体洒在他机床周围的地板上，车间主任叫操作工把洒在地板上的液体打扫干净，操作工拒绝执行，理由是工作说明书里并没有包括清扫的条文。车间主任顾不上去查工作说明书上的条文，就找来一名服务工来做清扫工作。但服务工同样拒绝，他的理由是工作说明书里同样也没有包括这一类工作，这个工作应由勤杂工来完成，因为勤杂工的责任之一是做好清扫工作。车间主任威胁服务工说要解雇他，因为这种服务工是分配到车间来做杂务的临时工。服务工勉强同意，但是干完以后立即向公司投诉。

有关人员看了投诉以后，审阅了这三类人员的工作说明书。机床操作工的工作说明书规定：操作工有责任保持机床的清洁，使之处于可操作的状态，但并未提及清扫地板。服务工的工作说明书规定：服务工有责任以各种方式协助操作工，如领取原料和工具，随叫随到，即时服务，但也没有包括清扫工作。勤杂工的工作说明书确实包括了各种形式的清扫工作，但他的工作时间是从正常工人下班以后开始。

提问：如果你是人力资源部门工作人员，如何修订工作说明书才能减少类似事件的发生？

3. 从组织演进看工作设计的最新表现形式——弹性工作说明书的出现。传统的组织结构以科层制为代表，等级分明、权责明确是组织的基本特征，工作设计及工作说明书对岗位的描述以清晰、明确为主要特征。在经济全球化程度日益加深的今天，从直线型、直线职能型结构发展到事业部制结构和矩阵结构，组织结构和形式不断推陈出新，在组织重构和流程再造的今天，扁平化组织和无边界组织成为适应当代社会经济和科技发展的结构形式。新型组织结构的出现使成员资格的界定变得模糊，工作责任的具体确定也更加困难。随着相对稳定的职位的削减，传统的、稳定的、强调具体职位描述的工作说明书已经不能适应现实中变化的岗位，而缩短工作分析周期、经常更新工作说明书又必然造成企业成本的上升，这就要求以弹性工作说明书来提高人力资源管理的效率。相比传统的工作说明书，弹性工作说明书淡化了岗位工作任务的确认，将重心转向任职者的能力和技术层面，从而更好地在组织的工作方向发生变化时保持灵活性。

第四节　收集工作分析信息的方法

工作分析的方法包括一些通用性较强的定性方法，比如访谈法、观察法、问卷法、日志法和关键事件法等，可用于各种目的和各种性质的工作分析。这几类方法收集的信息以定性为主，其中前四种是最常用的方法。在实践中，可以选择一种方法或将几种方法综合使用。还有一类是定量的、通过结构化问卷来收集工作信息的方法，比如职位分析问卷法、职能性职位分析法、管理职位描述问卷调查法等，这几类定量分析法又可分为工作导向型的工作分析技术和人员导向型工作分析技术。不管是哪一种方法，信息收集者要具备专业资质（工作分析小组成员、人力资源管理者、组织内部的资深工作人员、工作分析专家或咨询人员），并接受相应的培训；同时，要紧紧围绕工作说明书中的各项内容进行信息的收集；最后，进行信息汇总、甄选和分析工作。

一、定性的工作分析方法

（一）访谈法

访谈法是一种最常用的收集信息的方法，工作分析者要通过面对面的交谈来获取工作信息。访谈对象一般包括该职位的现任职者和主管人员。访谈可分为个别访谈和群体访谈，当需要进行工作分析的岗位相同或相近时，适用于进行群体访谈。

访谈法的广泛适用得益于其收集信息的简单、快捷。沟通良好的访谈不但能够充分解释工作分析的意义和功能，还能从被访者那里收获一些偶然但重要的工作信息。访谈法最大的问题在于被访者提供的信息发生扭曲，这种扭曲可能由于被访者故意夸大自己岗位的重要性或困难程度，也可能是被访者无意造成的，但是都会引起信息的失真。因此，信息的真实性是访谈法收集资料的重点和难点。

成功的访谈需要注意以下事项：第一，要对访谈员进行培训，包括访谈的目的和意义、有效的提问方式和技巧、访谈禁忌等；第二，访谈前要做好充分的准备，最好提前一周约好时间、地点和访谈的问题，以避免干扰被访对象的正常工作；第三，访谈开始后，要尽快与被访者建立融洽的关系，打消被访者的顾虑，澄清被访者的误解；第四，要根据结构化的访谈提纲或半结构化的访谈提示来进行，问题的顺序要遵循工作说明书各项信息的次序进行；第五，在访谈结束后，将收集的信息请被访者和其主管进行核查，以便查漏补缺。

访谈法典型的提问方式如下：

你所做的是一种什么样的工作？

这种工作的职责和任务是什么？你所从事的工作的基本职责是什么？

做这项工作需要具备一定的教育程度、工作经历或技能水平吗？必须具备什么样的学历、职业资格或岗位资格？

你真正参与的活动包括哪些？

衡量你的工作绩效的标准有哪些？

你的工作环境和工作条件是怎样的？

工作对身体的要求是怎样的？

工作对情绪和脑力的要求是怎样的？

工作对安全和健康的影响如何？

在工作中，你有可能受到身体伤害吗？你在工作时会暴露于非正常工作条件下吗？

第三章 工作分析与工作设计

你的工作环境与别人的有什么不同？

请您评价这份工作在本部门中的地位和意义，以及对于组织整体目标的意义。

一般而言，结构化的问卷有助于完成一次成功的访谈，见表3—11。

表3—11　　　　　　　　　工作信息分析表

职位名称：	主管部门：
所属部门：	工作地点：
直接主管：	间接主管：

1. 工作的总体目标是什么？

_____

2. 工作职责：简要描述任职者做些什么，如果可能，请描述他们如何完成工作。
(1) 日常职责（每天规律性地要完成的职责，以及完成该任务所花时间的百分比）。

_____

(2) 周期性的职责（每周、每月、每季度要完成的，以及完成该任务所花时间的百分比）。

_____

(3) 不定期的职责（以及完成该任务所花时间的百分比）。

_____

(4) 工作承担者是否认为他所承担的职责是不必要的？如果是，请注明有哪些。

_____

(5) 工作承担者所承担的职责是否没有写入当前的工作说明书？如果是，请注明。

_____

3. 教育程度：该项工作对教育程度的要求。
□不需要正规的教育　□小学毕业　□中学毕业　□中专毕业　□大学毕业
□硕士研究生及以上　□职业资格证书（请注明）　□岗位培训证书（请注明）

4. 工作经验：完成工作所需的工作经验。
□无　□1个月以下　□1～6个月　□6个月至1年　□1～3年　□3～5年
□5～10年　□10年以上

5. 工作场所：检查工作场所，如果有必要的话，请简要描述。
□户外　□室内　□地下　□坑道　□脚手架　□其他（请注明）

6. 环境条件：指出工作的客观条件及其发生的频率（很少、偶尔、持续不断等）。
□脏　□粉尘　□高温　□低温　□噪声　□烟雾　□气味浓烈　□潮湿
□震颤　□剧烈的温度变化　□昏暗　□其他（请注明）

7. 健康与安全：指出威胁健康和安全的条件及其发生的频率。
□高空作业　□机械危害　□爆炸物　□触电危险　□火灾危险　□放射物
□其他（请注明）

8. 机械、工具、设备以及工作辅助工具：简要描述任职者通常要使用的机器、工具、设备以及辅助工具。

续表

> 9. 是否建立了具体的工作标准？（允许的错误率、某项特定工作的时间等）如果有，是什么标准？
>
> 10. 是否有个人特质方面的要求？（特殊的态度、身体特征、性格特征等）
>
> 11. 在正常的工作条件下，任职者是否会遇到异常的问题？如果有，请描述。
>
> 12. 本职位所受到的监督与管理。
> ——直接性。任职者的工作简单重复进行，工作处于明确、具体的指导下，基本上每天都接受指导
> ——严密性。任职者要求按程序工作，接受上级部门任务安排
> ——一般性。任职者可以有计划地安排自己的工作，但需要不定期地与上级商讨例外的、复杂的问题
> ——有限性。任职者在一定目标与指导下计划自己一定时期内的工作
> ——宏观指导。任职者可以独立地计划和实施自己的主要工作，只需要在目标方向上与主管者的要求保持一致
> ——自主性。任职者可以自主地确定工作目标，绩效标准只需与他人协商即可，不需要征得上级同意
>
> 13. 描述成功完成工作的情况。
>
> 14. 错误分析。最严重的错误是什么？谁会受到该错误的影响？受到什么影响？
>
> 15. 一名成功的员工期望被提升到何种工作岗位？

注：本表格适用于制造业中的职位，但很容易通过调整适用于各种不同类型的职位。

资料来源：［美］加里·德斯勒著. 人力资源管理（第十二版）. 刘昕译. 北京：中国人民大学出版社，2013：131-132；萧鸣政编著. 工作分析的方法与技术（第三版）. 北京：中国人民大学出版社，2011：97-101。

（二）观察法

观察法是指在工作现场运用感觉器官或其他工具，观察员工的工作过程、行为、工作内容、特点、性质、工具和环境等，并用文字或图形形式记录下来，然后进行分析与归纳总结。观察可以采取较长时间内连续不断的方式，也可以采用断断续续的间或访察方式，具体采取哪种方式，应根据职位的工作特点而定。

使用观察法要注意以下事项：第一，注意工作行为样本的代表性，有时有些行为在观察过程中可能未表现出来；第二，观察人员尽可能不要引起被观察者的注意，不干扰被观察者的工作；第三，观察前要有详细的观察提纲和行为标准。

观察法操作灵活、简单易行、直观真实，而且成本较低，对观察员进行简单的培训即可，特别适合周期性、重复性较强，而且主要由身体活动构成的工作，比如流水线上的作业工人、门卫等；不适合以脑力工作为主的活动，比如教师、律师、管理者等；也不适合那些从事偶然发生，但是非常重要的工作活动，比如偶尔从事急救工作的护士等。工作分析观察提纲见表3—12。

表3—12　　　　　　　　工作分析观察提纲（部分）

被观察者姓名：	日期：
观察者姓名：	观察时间：
工作类型：	工作部分：
观察内容：	

1. 什么时候开始正式工作？＿＿＿＿＿＿＿＿＿＿
2. 上午工作多少小时？＿＿＿＿＿＿＿＿＿＿
3. 上午休息几次？＿＿＿＿＿＿＿＿＿＿请列举休息时间＿＿＿＿＿＿＿＿＿＿
4. 非休息时间的上厕所、喝水、交谈大约几次？＿＿＿＿＿＿＿总计多少时间？＿＿＿＿＿＿＿
5. 什么时候开始午休？＿＿＿＿＿＿＿＿＿＿
6. 搬了多少次原材料？＿＿＿＿＿＿＿＿＿＿
7. 上午完成产品多少件？＿＿＿＿＿＿＿＿＿＿
8. 平均多长时间完成一件产品？＿＿＿＿＿＿＿＿＿＿
9. 出了多少次品？＿＿＿＿＿＿＿＿＿＿
10. 工作地噪声分贝是多少？＿＿＿＿＿＿＿＿＿＿
11. 室内温度＿＿＿＿＿＿℃。

（三）问卷法

问卷法是指将工作分析调查问卷发放给职工，并对问卷中的信息进行分析、汇总，从而得出工作说明书所需要的各项信息。问卷法成功的关键在于问卷设计的质量。只有对要分析的工作有较高的熟悉度，熟练掌握问卷设计技术，才能设计出合理而高质量的问卷。问卷的问题要能完整、准确、如实反映工作说明书中必需的信息。问卷的设计遵循简约原则，尽量结构化，问题尽量简单，用词要精准，避免语义的歧义或误解。同时，在问题的提问顺序上也要尽量遵循工作说明书中的各项内容。一份典型的工作分析问卷既包括结构性问题，也包括开放式问题。

问卷法的优点是能快速高效地从大量员工中获取信息，对几十个人发放问卷的方法显然比访谈法的成本更低。但是，问卷设计的问题是否具有较高的信度和效度直接影响到问卷收集信息的效果；同时，问卷填写者的阅读、理解、书面表述能力以及是否积极配合也会影响问卷填写的效果。下文在量化的工作分析方法中将介绍几种专门的问卷。

【阅读参考】调查问卷的信度和效度

调查问卷的信度（reliability）是指问卷调查结果所具有的一致性或稳定性的程度。所谓一致性，是指同一调查项目调查结果的一致程度。较高的一致性即意味着同一群受访者接受关于同一项目的各种问卷调查所得到的各测量结果间显示强烈的正相关；所谓稳定性则是指在前后不同的时间内，对相同受测者重复测量所得结果的相关程度，如果一群受访者在不同时空下接受同样的问卷调查时，结果的差异很小，则说明调查问卷具有较高的稳定性。

效度（validity）通常是指测量结果的正确程度，即测量结果与试图测量的目标之间的接近程度。调查问卷的效度指问卷能够在多大程度上反映它所测量的理论概念。

资料来源：曾五一，黄炳艺. 调查问卷的可信度和有效度分析. 统计与信息论坛，2005，20（6）.

（四）日志法

日志法（Diary/Logs/Employee Recording）要求岗位的现任职者以时间为序，忠实地记录全天所进行的工作活动，然后将信息提供给工作分析人员。这种方法能够向工作分析人员提供完整的工作图景。和访谈法相比，日志法获得的信息更不容易失真，客观度较高，因此，可以结合访谈法一起使用。这种方法也有明显的缺陷，即日志记录的信息完全依赖员工的记忆，因此，遗忘可能成为影响日志效果的重要因素。工作日志表示例见表3—13。

（五）关键事件法

关键事件法（critical incident technique, CIT）即通过识别、分析影响职位工

第三章 工作分析与工作设计

表 3—13　　　　　　　　　工作日志表示例

姓名：夏某某　　　　　职位：秘书　　　　　所属部门：办公室
直接上级：办公室主任　　在岗时间：1 年　　　填表日期：2012 年 3 月 19 日
工作开始时间：8:30　　　工作结束时间：17:30

序号	工作活动名称	工作活动内容	工作活动结果	时间消耗	备注
1	清理	清理办公区卫生，准备开水等		10 分钟	每天的常规工作
2	沟通	与办公室主任沟通一天的工作任务	更新本日的主要工作计划	10 分钟	每天的常规工作
3	复印	文件	40 页	5 分钟	为上午的办公会做准备
4	起草公文	形成员工请假规定（草案）	1 200 字	1 个小时	根据上次办公会讨论内容草拟
5	参加会议	录音，做会议记录	2 000 字左右	1.5 个小时	周例会
6	邮件回复	根据上司的指示进行相关邮件的回复	500 字左右	半个小时	每天的常规工作
7	接听电话	解释公司有关业务	4 次	10 分钟	公司最近开发的新项目
……	……	……	……	……	……
15	打电话	通知快递公司派人取快递		2 分钟	常规性工作

作绩效的关键事件来进行工作分析的方法。具体方法是：工作分析者通过向岗位任职者咨询过去一年中本工作岗位中遇到的最重要的事件、解决这一事件的最佳方法和最不恰当行为，由此分析、判断影响岗位最高绩效和最差绩效的因素，以判定任职资格。其优点是将焦点集中在行为，由于行为具有可观察和可测量性，因此，这项技术具有较高可行性。在实践中，关键事件法在绩效评价、员工培训和工作设计中得到广泛的应用。其缺点是：一是费时，需要花费大量的时间去搜集关键事件；二是遗漏了平均绩效水平，而工作说明书撰写中最重要的一点就是要描述"平均"的职位绩效。因此，单纯的关键事件法不能胜任工作说明书的工作。

近年来，"扩展的 CIT 法"克服了传统 CIT 在鉴别平均绩效时的缺陷。应用步骤如下：第一，让任职者鉴别"工作范围"；第二，要求任职者描述出能反映三种不同绩效水平（优秀、一般、不及格）的典型事例或情况概要；第三，分析这些事件中人的行为表现以及该行为的后果，以考察这些行为是否完成了工作任务等。最后，根据所收集信息写出工作说明。

二、定量的工作分析方法

定量的工作分析方法表现为结构化的方法，即用固定的形式和程序收集和分析工作信息。作为定性工作分析技术的有益补充，定量的工作分析技术在最近几十年得到迅速发展，目前已经形成多种比较成熟的分析方法。

（一）职位分析问卷法

职位分析问卷（Position Analysis Questionnaire，PAQ）由美国普渡大学教授麦考密克（E. J. McComick）等人于1972年开发，是一种高度结构化的工作分析问卷，也是当前最常用的人员导向的职位分析方法。问卷包括194个要素，其中187个被用于分析完成工作过程中员工活动的特征，另外7项涉及薪酬问题。这194个要素被纳入下列六类：①信息输入（35项）：从哪里以及如何完成工作所需要的信息？②脑力过程（14项）：是否负有决策/沟通/社会责任？③体力活动（49项）：是否包含体力劳动？④人际关系（36项）：工作中需要与哪些人发生何种内容的工作联系？⑤工作环境（19项）：工作中的自然环境和社会环境如何？⑥其他特点（41项）：其他与工作相关的内容。这194个要素代表的是在工作中发挥作用的某一个基本方面，而职位分析问卷就是要帮助工作分析人员确定这些要素中哪些在特定的工作（岗位）中是重要的；如果重要，那么重要程度又如何？

量化的工作分析问卷见表3—14和表3—15。

表3—14　　　　职位分析问卷的六大部分各个维度及其详细说明

1. 信息输入：从何处以及如何获得工作所需的信息？

知觉解释	解释感觉到的事物
信息使用	使用各种已有的信息资源
视觉信息获取	通过对设备、材料的观察获取信息

第三章 工作分析与工作设计

续表

知觉判断	对感觉到的事物做出判断
环境感知	了解各种环境条件
知觉运用	使用各种感知

2. 体力活动：工作中包含哪些体力活动？需要使用什么工具设备？

使用工具	使用各种机器、工具
身体活动	工作过程中的身体活动（坐、立除外）
控制身体协调	操作控制机械、流程
技术性活动	从事技术性或技巧性活动
使用设备	使用大量的各种各样的装备、设备
手工活动	从事相关的手工操作性活动
身体协调性	身体一般性协调

3. 脑力处理：工作中有哪些推理、决策、计划、信息处理等脑力加工活动？

决策	做出决策
信息处理	加工处理信息

4. 人际关系：工作中需要与哪些人发生何种内容的工作联系？

信息互换	相互交流相关信息
一般私人接触	从事一般性私人联络和接触
监督或协调	从事监督或协调等相关活动
工作交流	与工作相关的信息交流
公共接触	公共场合的相关接触

5. 工作情境：工作发生的自然环境和社会环境如何？

潜在压力环境	工作环境中是否存在压力和消极因素
自我要求环境	对自我严格要求的环境
工作潜在危险	工作中的危险因素

6. 其他特征：其他活动、条件和特征

典型性	典型性工作时间和非典型性工作时间的比较
事务性工作	从事事务性工作
着装要求	自我选择着装与特定要求着装的比较
薪资浮动比率	浮动薪酬与固定薪酬的比率
规律性	有规律工作时间和无规律工作时间的比较
强制性	在环境的强制下工作
结构性	从事结构性和非结构性工作活动
灵活性	敏锐地适应工作活动、环境的变化

资料来源：朱勇国主编．工作分析．北京：高等教育出版社，2011：185-186.

表 3—15　　　　　　　　　已完成的职位分析问卷节选

职位分析问卷中的194个要素被划分为六个维度。这里展示的是"信息输入"要素中包含的问题或元素。在其他页中还包括与脑力过程、工作产出、与其他人的关系、工作背景以及其他工作特征有关的问题。

信息输入

1. 信息输入

1.1 工作信息的来源

请根据任职者在工作中将其作为信息来源使用的程度，对以下各项进行评分：

1.1.1 工作信息的视觉来源

```
使用程度
NA 不使用
1. 很少/几乎不用
2. 偶尔
3. 中等
4. 经常
5. 非常高
```

1	4	书面材料（书籍、报告、办公记录、文章、工作指南、签字等）
2	2	定量材料（与数量或数字相关的材料，例如图例、账目、明细表、数字表格等）
3	1	图片材料（作为信息来源的图画或类似图画的材料，例如草图、蓝图、表格图、地图、线路图、照相胶卷、X光胶片、电视图片等）
4	1	模型或相关装置（在使用中被观察并作为信息来源使用的模板、型板、模型等，不包括上述第3项中已经描述的要素）
5	2	可视展示物（刻度盘、标准尺、信号灯、雷达示波器、速度计、时钟等）
6	5	测量装置（用以获取关于物理衡量数据的可视信息的直尺、卡尺、轮胎压力仪、天平、厚度仪、滴管、温度计、量角器等，不包括上述第5项中已经描述的要素）
7	4	机械装置（在操作中被当作信息来源加以观察的工具、设备、机器以及其他机械装置）
8	3	被加工的材料（在锻造、加工或进行其他处理的过程中作为信息来源的零部件、材料、物体等，比如正在搅拌的制作面包的面粉、正在制造成一台车床的零部件、正在切割的布匹、正在换底的鞋子等）
9	4	未被加工的材料（未处于改变或锻造过程之中，但是在检查、搬运、包装、配送或选择的过程中成为信息来源的零部件、材料、物体等，例如正处于库存、储藏或配送渠道之中的，或者是正在被检查的各种部件和材料）
10	3	自然特征（风景、田野、地质标本、植被、云层结构以及其他一些在观察或检查时作为信息来源的自然特征）
11	2	人造环境特征（结构、建筑、堤坝、公路、桥梁、船坞、铁路，以及其他一些"人造的"或者与之相关的被观察者作为信息来源的室内外环境特征，不包括上述第7项中已描述的用于工作的设备、机器等）

资料来源：[美]加里·德斯勒著. 人力资源管理（第十二版）. 刘昕译. 北京：中国人民大学出版社，2013：138.

在操作中，工作分析者将计算某项工作在上述信息输入、脑力过程、体力活动、同他人的关系、工作环境以及其他特点等六个维度上对重要的要素进行赋值以及分数加总，最后得到此工作（岗位）的最后赋值。因此，这项工作分析技术可以成为薪酬管理的重要依据。由于标准化程度高，同时考虑员工和工作两个变量，职位分析问卷被广泛运用于不同性质、不同类型的组织中，可进行不同职位之间的比较，也可用于对工作进行等级的划分。其局限性在于对管理性质、技术性质类的职业适用性较差；由于标准化、专业化程度高，问卷的填写比较耗时，对被填写者的受教育程度有一定的要求。

（二）职能性职位分析法

职能性职位分析法（Functional Job Analysis，FJA）[①] 包括美国劳工部（DOL）的 FJA 系统以及在此基础上形成的法恩（Fine）的职能性职位分析法，都是以工作为导向的工作分析方法，主要通过对信息、人、事情三者关系的确定进行工作描述与任职资格的说明。

DOL 的 FJA 是一种对不同工作进行量化等级划分并进行分类比较的标准化方法。这种方法假定每一个工作者的工作内容都包含了与信息、事情以及人的关系。工作分析者要根据专业性和常识性判断将这三种关系分别赋予不同的"描述"，每一个"描述"都将对应美国劳工部使用的工作承担者基本职责数据库中的特定数值（见表3—16）。将三项得分加总作为此项工作的等级划分基础，则可进行不同职业之间的对比。

在上述工作承担者基本职责的赋值库中，分值越低，表示重要程度等级越高；分值越高，表示重要程度等级越低。每项工作的重要性程度将通过查找词库中相关任职者在信息、人、事情关系维度的三个数值而定。比如，一位面粉搅拌工的职责等级评价是（5、6、2），一位接待员的职责等级评价是（5、6、7），那么，前者的职位等级要高于后者。

和美国劳工部工作分析法相比，法恩的职能性职位分析法有如下两个方面的差别：第一，后者不仅根据信息、事情以及人三个方面对工作进行分类，还考虑

---

① 国内学者对 Functional Job Analysis 的翻译，早期习惯译为"功能性职位分析"或"功能性工作分析"，最近多译为"职能性职位分析法"或"职能职位分析"。

表 3—16　　美国劳工部职位分析程序中使用的任职者基本职能

		信息		人		事情
基本活动	0	综合	0	辅导	0	创立
	1	整理	1	谈判	1	精密加工
	2	分析	2	指示	2	操纵/控制
	3	汇编	3	监督	3	驾驶/操作
	4	计算	4	取悦	4	处理
	5	复制	5	说服	5	照料
	6	比较	6	交谈/示意	6	进料/卸料
			7	服务	7	搬运
			8	接受指令/协助		

说明：在确定员工所承担的职位在信息、人、事情三个方面所应得的"分数"时，首先通过观察他们的工作，确定被分析职位在上述三类基本职能中，哪些基本职能是对他们所承担的职位做出的最好描述。其中，"0"是最高分，"6""7""8"分别是每一列中的最低分。

资料来源：[美]加里·德斯勒著.人力资源管理（第十二版）.刘昕译.北京：中国人民大学出版社，2013：139.

以下四个因素：执行工作时需要多大程度的指导、执行工作时需要运用的推理和判断能力应达到什么程度、完成工作所要求具备的数学能力程度、执行工作时所要求的口头及语言表达能力如何；第二，后者还要确认绩效标准和培训要求。比如："为了达到工作绩效，需要对在岗员工进行哪些培训？"表 3—17 所示为平路机操作工职位分析表。

（三）管理职位描述问卷调查法

管理职位描述问卷（Management Position Description Questionnaire，MPDQ）由美国工作分析专家托尔诺（Walter W. Tornow）和平托（Patrick R. Pinto）等人开发，适用于各类组织管理人员的工作评定。该问卷由最初从 13 个方面对管理者工作进行评定，发展到现在从以下 9 个方面对管理工作进行评定：人员管理、计划和组织、决策、组织发展、控制、代言人、协调、咨询、行政管理。[①]

1. 人员管理。通过和下属一起工作来分析他们的优势和不足，以提高他们的业绩；提供培训，培养技能，安排工作并制定绩效目标。

---

① 董克用主编.人力资源管理概论（第三版）.北京：中国人民大学出版社，2011.

第三章　工作分析与工作设计

表 3—17　　　　　　　　　　　职位分析表

工作承担者的功能及定位						需要的指导	总体教育开发		
物	%	资料	%	人	%		逻辑推理	数学	语言
3	65	3	25	1	10	3	2	1	3
目标：操作平路机						工作中心：覆土、翻松路面、铺平、构筑防火隔离带、维修运输路面、清除路面积雪			

任务：为了完成平路机的日常工作任务，如回填土方、路面维修、路面积雪清除等，操纵平路机的控制系统，将定位轮和机片置于正确的角度，前后、上下、左右移动机片；按照工作程序，借助知识和经验，监督设备的运行，根据情况的变化不断地做出调整，时刻注意其他工人和设备的位置及安全
（要完成这些任务）

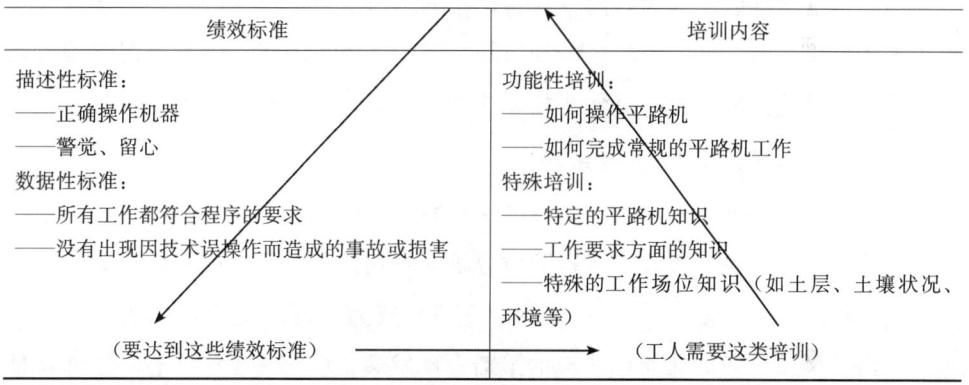

绩效标准	培训内容
描述性标准： ——正确操作机器 ——警觉、留心 数据性标准： ——所有工作都符合程序的要求 ——没有出现因技术误操作而造成的事故或损害	功能性培训： ——如何操作平路机 ——如何完成常规的平路机工作 特殊培训： ——特定的平路机知识 ——工作要求方面的知识 ——特殊的工作场位知识（如土层、土壤状况、环境等）
（要达到这些绩效标准）	（工人需要这类培训）

资料来源：[美] 加里·德斯勒著. 人力资源管理（第六版）. 刘昕, 吴雯芳等译. 北京：中国人民大学出版社, 1999：93.

2. 计划和组织。制订并贯彻落实短期计划，编制预算，确定资源的最优化分配和使用；将长期的计划转化为短期的操作性目标；制定操作性的政策和程序。

3. 决策。在非结构性情况下，快速做出决策；允许为了解决新的或不一般的问题对已有程序做出修改。

4. 组织发展。监控外部和内部可能会影响公司的因素，包括业绩指标、企业资本和资金、市场条件以及文化、社会和政治气氛。

5. 控制。估计生产产品或提供服务所需的时间，并制定时间进度表；跟踪生产过程，确保产品的质量和服务的有效性；分析生产流程的有效性。

6. 代言人。作为代言人，回答有关问题或对外界的抱怨做出反应；与外界沟通以促进公司与外界的关系；与外界谈判；组织活动以维护或树立公司形象。

7. 协调。能与公司内部没有上下级关系的人沟通以分享信息，按时完成工作任务，解决问题或达成目标；与同事保持良好的工作关系；协调关键员工的不一致和矛盾。

8. 咨询。跟踪某一领域的技术进展，帮助公司引进新的技术，能作为专家、咨询师为其他管理人员提供咨询或解决问题。

9. 行政管理。从事基本的行政管理活动，包括分析例行的信息，维护详细和准确的文档资料等。

该问卷是一种以工作为导向，对管理者的工作进行定量化测试的方法，涉及管理者在组织中的责任、权限、特征，其扮演的角色等内容，优点是对管理类职位的适用性较强，缺点是对其他比如专业技术人员职位分析的适用性较弱。

（四）O*NET 工作分析系统

O*NET（Occupational Information Network）工作分析系统是美国劳工部组织开发的职位分析系统，吸收了多种职位分析问卷的优点，目前已经取代职业名称词典（Dictionary of Occupational Titles, DOT）成为美国广泛应用的职位分析工具。O*NET 的设计吸收了组织研究的最新理论发展，能够将工作信息和工作特征等统合在一起，不仅是"工作导向"的工作分析和"任职者导向"的工作分析的结合，考虑到组织情境、工作情境的要求，而且还能体现职业的特定要求，体现了工作分析领域的最新趋势。其六个分析维度如下所示（见图3—9）：

1. 任职者特征（worker characteristics）：该子系统说明从事某职业所需具备与职业工作相关联的能力，另外还包含职业价值观和兴趣及工作风格等。

2. 任职者要求（worker requirements）：该子系统说明从事某职业时，透过经验或教育所开发或获得与工作有关的知识与技术，且该知识与技术将与职业的绩效表现有密切关系。

3. 经验要求（experience requirements）：该子系统显示工作者在从事某职业时，需具备该职业领域的经验性背景资料，如教育经验、相关证照、证书或授课时数等。

第三章 工作分析与工作设计

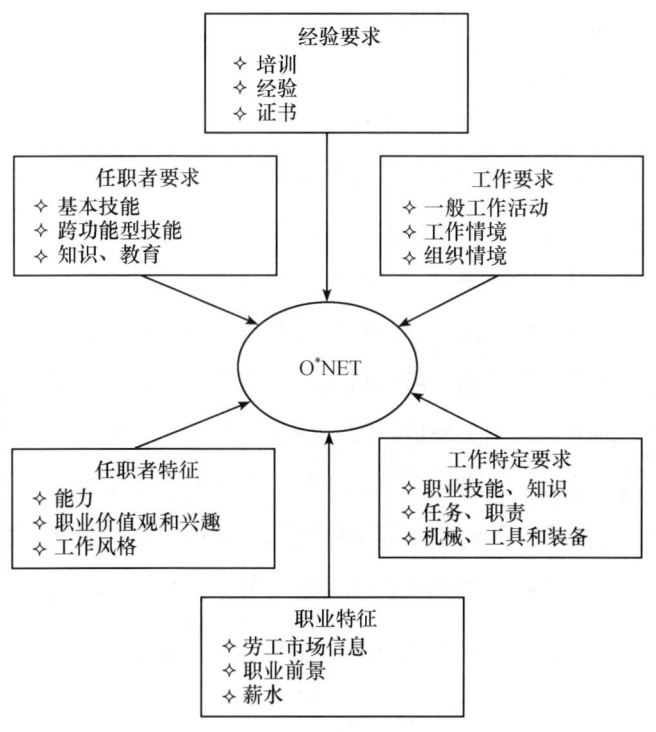

图 3—9 O*NET 的内容模型

资料来源：李文东，时勘. 工作分析研究的新趋势. 心理科学进展，2006，14（3）：423.

4. 工作要求（occupational requirements）：该子系统描述从事该职业时所进行的活动，其中可分成一般性工作活动及详细的工作活动，此外，还描述影响从事该工作表现的工作情境与组织情境等信息。

5. 职业特征（workforce characteristics）：该子系统提供与该职业有关的主要职业信息及劳动力市场信息，如薪资水平和职业前景等。

6. 工作特定要求（occupation-specific information）：该子系统仔细地描述某职业的专业内容，除包括从事该职业所需的职业技能和知识，该职位的任务和职责外，还包含从事该职业时所需使用的机械、工具和装备等相关信息。

O*NET 工作分析系统以开放共享的网络资源形式存在，其职业分析详尽，分类查找方便，应用面极广，不仅可以帮助求职者和毕业生寻找新工作，而且能够为组织选拔招聘称职的员工提供有效的资料。

（五）工作任务清单分析法

工作任务清单分析法（Task Inventory Analysisy，TIA）是一种典型的工作导向性的工作分析系统，包括信息收集系统和数据处理软件程序系统。信息收集系统是一种高度结构化的调查问卷，一般包括背景信息和任务清单两大部分。问卷列出某个职位所有可能的工作任务，然后让被调查者在完成该工作所花的时间和任务的重要性两个方面进行评价，做出合适的选项，从而获得相关的信息。数据处理软件程序系统则利用专用的分析程序对问卷进行分析处理。

该工具具有信息可靠性高、所需费用少、难度较小、容易被使用者接受等优点；缺点是对"任务"的定义难以把握，使用范围较小，只适用于工作循环周期较短、工作内容比较稳定、变化较小的工作。由于其整理信息的工作量大，归纳工作比较烦琐，任职者填写时易受到当时工作的影响，容易漏项。表3—18所示为人力资源部文员工作任务的详细目录问卷（部分）。

表3—18　　人力资源部文员工作任务的详细目录问卷（部分）

任务的优先顺序	是否需要完成	重要性	所用时间
	①是 ②否	①非常不重要 ②不重要 ③重要 ④非常重要 ⑤极度重要	①明显低于平均水平 ②低于平均水平 ③平均水平 ④高于平均水平 ⑤明显高于平均水平
打印人力资源部的文件、信函	①②	①②③④⑤	①②③④⑤
打印公司相关文件、信函	①②	①②③④⑤	①②③④⑤
打印其他部分应急性文件	①②	①②③④⑤	①②③④⑤
复印各种文件、信函	①②	①②③④⑤	①②③④⑤
传真接发	①②	①②③④⑤	①②③④⑤

（六）胜任素质模型——工作分析领域的有益补充

胜任素质模型（Competency Model）（也即素质模型）以胜任岗位的人相关的素质为基点，旨在企业总体战略要求下寻求人与岗位的最佳匹配，这是对以岗位为导向的硬性管理的重要补充，反映了人力资源管理理论与实践的最新成果。

哈佛大学心理学家麦克利兰（David C. McClelland）博士是胜任素质方法的创始人。受美国国务院的委托，他在20世纪50年代的研究中设计出一种能够有效预测实际工作业绩的人员选拔方法，即抛弃对人才条件的预设前提，从第一手资料出发，通过对工作表现优秀与一般的任职者的具体行为特征的比较，识别出能够真正区分工作业绩的个人素质条件。

胜任素质是指能将某一工作中业绩优秀者与一般者区分开来的个体特征，即鉴别性胜任素质（differentiating competency），以及能将某一工作中表现合格者与不合格者区分出来的个体素质，即基准性胜任素质（threshold competency）。胜任素质包括知识、技能、社会角色、自我概念、特质和动机等六方面的内容，知识和技能是最表层的内容，其他四个方面是胜任素质中的深层次内容，也是决定人们行为和表现的关键因素，如图3—10所示。

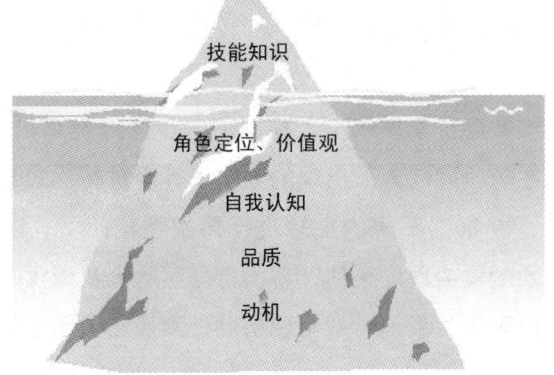

图3—10　素质（胜任素质）体系的冰山模型

胜任素质模型的建立通常有六个关键步骤。

第一，确定绩效标准。建立胜任特征模型的首要一条是确定绩效标准，即寻找到能够区别优秀员工与普通员工标准的核心要素。准确、精确地选择绩效标准是构建成功的胜任素质模型的第一步。绩效标准最好采用人力资源绩效管理中的通用标准，尤其是那些客观的标准，比如针对营销人员的销售业绩，针对客户服务人员的客户满意度等。在绩效标准难以确定的情况下，应由上级领导层确定。

第二,确定校标样本。根据绩效标准,对现有岗位上的员工进行分析和判断。如果是建立鉴别性胜任素质模型,则随机抽取绩效优秀的员工和绩效普通的员工各一组进行调查;如果是建立基准性胜任素质模型,则随机抽取绩效合格与绩效不合格的员工各一组进行调查。一般来说,每一组的抽取样本数不应少于10人。

第三,获取样本数据。通过科学有效的方法收集样本的数据,通常采用行为事件访谈法(behavioral event interview)、专家小组法(expert panel)和问卷调查法等。下文将对行为事件访谈法进行专门介绍。

第四,数据分析处理。首先,对访谈资料进行编码分析或对问卷进行描述与统计分析,将样本的数据汇总、编辑成访谈报告。汇总的信息包括被访者的职位、工作职责描述、行为事件描述和任职者的素质等。其次,对访谈报告中的员工关键行为、思想或感受进行比较分析,以期鉴别、区分绩效优秀者与绩效一般者的差异性行为、思想、素质等。最后,形成初步的结论,也就是初步提炼出胜任素质特征。

第五,建立初步的胜任素质模型。根据上一步已经提炼出的胜任素质特征,对优秀组和普通组在每一胜任素质出现的频次和等级进行比较分析,找出两组的共性和差异性特征,并根据不同的主题进行再次特征归类,以确定胜任素质项目。其中,通过频次的集中程度来估计各类特征组的大致权重,以确定每项胜任素质的等级;最后以因果关系的方式呈现出胜任素质与业绩表现优秀或表现一般的关系。

第六,验证胜任素质模型。[1] 有三种模式可以验证胜任素质模型:①考察"交叉效度"(cross-validation):研究人员可以搜集优秀员工与普通员工的第二个校标样本,再次用行为事件访谈来收集数据,分析建立的胜任素质模型能否区分第二个校标样本。由于分析员事先并不知道谁是优秀组与普通组,那么,如果根据建立的胜任素质模型能够有效区分优秀组和普通组,那么,胜任素质模型的构建就是成功的。②考察"构想效度"(construct-validation):根据胜任素质模型编制评价量表,评价第二个校标样本在上述胜任素质模型中的关键胜任素质,考

---

[1] 董克用主编.人力资源管理概论(第三版).北京:中国人民大学出版社,2011:149-150.

察优秀组与普通组在评价结果上是否有显著差异,有显著差异则表明胜任组织模型的构建是成功的。③考察"预测效度"(predictive-validation):根据初步建立的胜任素质模型进行人员选拔,或者根据胜任素质模型对相关人员进行培训,然后跟踪这些被选拔或被培训的人,考察他们的业绩是否达到模型预期的"优秀",如能达到,则说明胜任素质模型的构建是成功的。

相对专家小组法和问卷调查法,行为事件访谈法是构建胜任特征模型时最成熟和最常用的技术。这是一种开放式的行为回顾式探索技术,关键是对客观发生过的行为进行分析,不涉及抽象性的认识和观点,也不关注现在或未来行为。具体方法是:请受访者回忆过去半年或一年工作中最成功和最失败的事件,研究者通过对访谈内容进行内容分析确定被访者的胜任素质。

行为事件访谈法访谈的重点是根据 STAR 方法,深挖过去特定时间内、特定情境中的行为。STAR 方法主要涉及如下问题:

S(situation/情境):当时的情境是怎样的?牵扯到哪些人?什么样的因素导致这样的情境?

T(task/任务):您当时面临的主要任务是什么?要达到什么样的目标?

A(action/行动):在当时的情境下,您采取了怎样的行动?(说了什么,做了什么)您当时怎样看待这件事?您当时的感觉如何?为什么要采取这些行动?

R(result/结果):最后的结果如何?结果如何发生的?这一事件引发了什么问题或后果?

使用关键事件访谈法,访谈员要进行专门的训练,特别要注意下面的提问技巧:避免被访者进入理论化或泛泛的陈述中;在询问意图等问题时,要及时跟进"具体做了什么"的问题;避免问题转向绝对化和抽象化;避免使用"为什么"这类诱发思考性描述而非具体行动的问题;避免使用现在式和未来式的问法;避免使用假设性问题和一般性问题;避免使用引导型问题或直接跳向事件结论。访谈员要注意从积极的事件开始,遵循事件本身的时间顺序,适当探寻相关的背景信息;引导被访者专注于有用的素材,即对过去客观事件的回忆,而非思考的回忆。

行为事件访谈法的基本程序包括前期准备工作、访谈和访谈后的数据编码三大关键步骤。前期准备要做好以下工作：

1. 了解被访者及其任职等工作情况。为避免提问时受影响，通常访谈员不必了解被访者的绩效水平高低。

2. 提前预约好时间和地点。由于谈话时间较长，因此要提前约定在不会受干扰、相对安静的地点进行访谈，既利于访谈的顺利进行，也利于后期的资料整理。

3. 准备好录音设备。行为事件访谈要尽可能录音，以备个人笔记有遗漏时的后期查阅。

4. 准备好访谈提纲。访谈提纲一般列好开放式问题，一式两份，一份提供给被访者。访谈问题要依据STAR原则和有关的访谈技巧精心设计。当然，所有的访谈员都要进行必要的培训，以期对访谈要点、步骤、技巧和方法等熟稔于胸。

访谈即访谈员与被访者通过面对面的交谈，获取有关资料的过程。首先，访谈者要尽可能在较短的时间内进行自我介绍，解释访谈的意图，使访谈的目的真实、客观地传递给被访者。通过介绍和说明，访谈员要尽快和被访者建立信任，通过轻松的互动打消被访者的疑虑，营造良好的谈话氛围，激发被访者的谈话意愿。其次，访谈员要通过被访者的介绍，了解、梳理被访者的工作经历，梳理被访者所在部门、所在职位的工作职责。接下来就要进入事件访谈的中心环节，请被访者回忆、陈述过去半年或一年中最成功、最不成功的事件各三件。访谈员要按照STAR原则进行有序提问、启发，特别要注意提问的方式和技巧。最后，访谈结束前要感谢被访者的配合和合作，并做出如下说明：如果还有需要再访谈的，请对方继续给予支持和配合。访谈结束后，要对访谈记录进行及时整理，并通过录音核实相关资料是否完整。

访谈后的数据编码包括以下主要步骤：第一步，组成至少包括四个人的编码小组，对胜任素质词典进行学习、讨论和修改。第二步，编码训练。选取一份访谈录音文稿进行试编码，这是一个在讨论中逐渐形成编码共识的过程。此时的编码小组成员并不知道优秀组和普通组，只是根据胜任素质词典的胜任素质进行编码工作。第三步，独立编码。编码小组成员对再选取的一个访谈稿分别进行独立编码,之后对编码的结果进行统计比较,进一步提高共识,形成正式的编码手册。第四步,正式编码。

行为事件访谈法的优点是在鉴别胜任素质的能力和效度上优于其他资料收集法;通过访谈获得的典型成功或失败的事件可以成为新人招聘、模拟培训时的有效素材。缺点是,访谈者和编码者要进行专门的训练,访谈和编码需要花费大量的时间。另外,囿于事件、成本和专家支持的限制,这种方法适用于小范围内展开。

【阅读参考】华为的素质模型

一、华为素质模型的基本理念基础

华为人力资源管理体系的搭建始于《华为基本法》,在基本法里华为确立了人力资源管理的铁三角:价值创造体系、价值评价体系和价值分配体系,由这三个体系构成了华为人力资源管理价值链,成为华为人力资源管理的核心,如图1所示。华为的人力资源管理实践就是基于这个由铁三角构成的人力资源管理价值链,因此也称之为华为人力资源管理的战略地图。

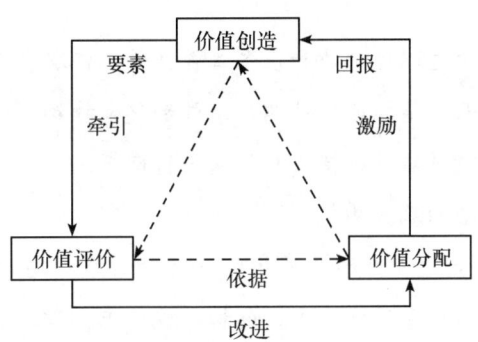

图1 华为人力资源管理"铁三角"与人力资源管理价值链

二、华为素质模型在人力资源管理体系中的定位

华为是国内企业引进素质模型比较早,并且做得比较好的一家企业。华为素质模型在人力资源管理体系中有明确清晰的定位,也包括三个模块,那就是以企业目标与使命为导向形成的绩效管理体系,以职位、流程以及组织为基础的评价

体系，以任职资格、素质模型为核心的评价体系。这三个模块构成了华为价值评价体系的铁三角分析面向绩效、职位，以及人和能力。绩效用"事"来表示，职位用"岗"来表示，能力与素质用"人"来表示。

这三大价值评价体系之间有着明确的分工，并与整个人力资源管理体系形成有机融合。其中，最为直接的是与价值分配体系的挂钩。首先，对职位进行评价，确定职位价值，然后对每一个职位明码标价，也就是说在职位描述里面确定该职位所需要的任职资格、能力素质和基本经验等条件。其次，对人进行评价，把职位要求与能力素质等结合，即"人岗匹配"，如图2所示。

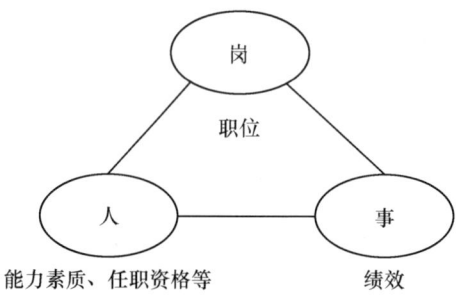

图2 价值评价体系"铁三角"

在实际管理中，通过职位价值和基本工资挂钩，任职资格、工作态度以及能力素质和职位晋升（而不是职务）挂钩，绩效和奖金挂钩形成价值评价和价值分配的有机结合。累积绩效靠员工持股和期权进行回报。

三、华为素质模型的基本构架

1.素质模型的分类。华为的素质模型分为两大类：通用素质模型与基于职位族的素质模型。在通用素质模型中，包括成就意识、演绎思维、归纳思维、信息收集、关系建立、团队精神等18项通用素质。除了通用素质模型外，华为还有基于职位族的素质模型。在华为，本来领导和管理是一个职位族，但是为了对干部与一般管理者进行区分，又做了领导通用素质模型、管理者通用素质模型，这样基于职位族的素质模型就包括领导者、管理者、研发族、营销族、专业族、操作族的素质模型。另外，各个职位族下面还细分为更小的族，比如专业族下面还细分为计划、流程管理、人力资源、财经、采购、秘书等族，每个细分都有专门的素质模型。不管是通用素质模型还是基于职位的素质模型，都做得非常细，绝对不是简单的能力词汇的拼凑。针对职位特点做出来的素质模型广泛应用在了人力资源管理的各个层面。

2. 素质模型的构成。在华为素质模型中，包括素质词典、素质定义、分级标准、标准描述、反映各项素质的关键事件以及评价结果的运用。素质词典是对模型中所有素质的总括。在素质词典中，各项素质都有明确的定义，比如研发人员的"团队合作"这项素质的定义为："团队合作是指个人愿意作为群体中的一个成员，与群体中的其他人一起协作完成任务，而不是单独地或采取竞争的方式从事工作。这里所谓的团队就是为了实现某个或某些目标而共同工作的群体，它可以是一个部门内部产品开发小组或行销小组，也可以是为满足顾客需要而结合成的跨部门的工作群体。"各项素质具有独特的分级标准，比如研发人员"团队合作"分为四个等级，每个等级都有对应的描述以及针对性的案例分析，也就是说这个素质是通过什么事件来反映的。这些事件都是在华为营销人员、研发人员等身上真实发生的。之后根据这些关键事件回归到现实，在人力资源管理实践中加以运用。

四、华为素质模型的运用

华为的素质模型既有评价标准，又有评价结果以及评价结果的运用，即评价完了和什么挂钩。图3描述的是华为素质模型的运用领域。

第一，职位描述。如果做了素质模型，可以直接运用到职位说明书的任职资格一栏，比如一个职位需要什么素质，需要几级素质，都可以直接做出来，与任职资格进行对接。

第二，招聘选拔。在招聘选拔中运用素质模型，既可以增加招聘选拔的依据性、针对性与有效性，又可以降低企业后续的培训成本。

第三，任职资格管理。华为除了素质模型外，另外还有任职资格体系。素质模型以能力为基础，而任职资格则以职位为基础，但是两者也有交叉。

第四，后备干部管理。在华为后备干部选拔标准中，素质是一项非常重要的参考条件，而这里的素质一般直接依据该职位的素质模型来确定。

第五，报酬。前面提到，素质已经成为国际领先的薪酬模式中一项非常重要

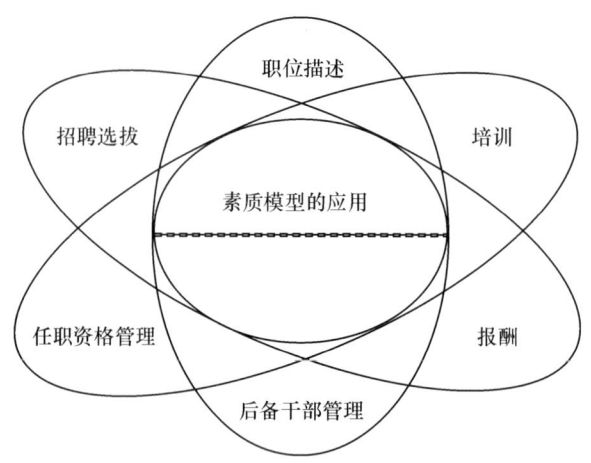

图3 华为素质模型的运用

的付酬要素,相对于其他要素来说,对素质的激励对于员工来说,作用周期往往比较长。

第六,培训。根据素质模型确定培训需求,这是提高培训目标性与效果性的关键,不仅可以大大降低培训成本,而且还可以形成明确的培训目标,使培训有据可依。

资料来源:吴春波. 华为的素质模型与任职资格管理体系. 中国人力资源开发,2010(8).

思 考 题

1. 简述组织设计的要素和原则。
2. 简述管理幅度和管理层次职能设计的主要内容。
3. 根据集权分权的职能设计,组织结构包括哪些主要类型?
4. 举例说明流程再造的内涵。
5. 简述工作设计的概念和工作设计的内容。
6. 比较分析工作设计的主要原理。
7. 简述工作设计的主要方法。

8. 简述工作分析的内容。
9. 工作分析应注意哪些事项?
10. 常用的定性工作分析法包括哪几类?
11. 常用的定量工作分析法包括哪几类?

第四章

员工招聘

本章导读

在从"制造大国"向"创造大国"转型的时代,中国人力资源从总量的绝对过剩迈向结构性过剩,企业对人才竞争的压力将有更切身的体会,员工招聘作为补充人力资源的主渠道角色也将越发突出。

本章主要介绍了招聘概述、招聘的渠道和方法,以及甄选的方法和技术。对企业招聘相关的政策环境、中外企业实践以及学界研究的穿插介绍和梳理,则有效地帮助学员更好地了解员工招聘在我国的历史与现状。

通过本章的学习,学员既要全面地掌握招聘工作对企业人力资源管理工作的意义,招聘的一般程序,内部招聘和外部招聘不同的特点和方法,笔试和面试,心理和能力测试的各类工具;也要结合中国社会发展的背景,熟悉中国就业服务机构的发展及概况,掌握如何防范招聘过程中的法律和道德风险。

招聘渠道和甄选技术是学员要重点掌握的内容,学员要在理解的基础上掌握相关的概念与特点区分,并能在给定的情境下选择合适的招聘渠道或甄选技术。

第一节 招聘概述

一、概念

关键概念

招聘是指在企业目标和战略规划的指导下,根据人力资源规划和工作分析,通过科学的方法和渠道,及时地、足够多地吸引到具备资格的个体,并鼓励他们加入组织中来工作的过程。招聘是组织识别与获取人力资源的重要机制,也是人力资源规划的具体实施,它不仅填补了职位的空缺,而且实现了企业的价值创造和文化传承。

招聘的完整过程包括招募、甄选和录用三部分。成功的招聘是企业有效储备人才,促进企业发展的前提条件。招聘依据的前提是企业的用人计划,即在企业的战略规划下,通过对企业需求和市场供给的分析和预测,获得企业现阶段或未来一段时期所需人才的数量和结构等相关信息。甄选是企业通过科学的方法对候选人进行评价,以挑选出最合适人选的过程。经过甄选的候选人,通过背景筛查、体检等环节,即可完成正式的录用过程。

二、招聘工作的意义

人力资源管理自始至终立足于企业目标和发展战略,紧紧围绕"选人、育人、留人"的工作而进行。选人,即通过招聘工作尽可能地帮企业招到合适的人才,也就是吸引人;接下来,要通过合适的制度安排使人岗匹配、人尽其才,使人才在企业提供的平台上得到成长、获得发展,也就是育人和用人。用对了人、用好了人,自然也就能达到留人的目的,组织最大限度地保有人才,并通过人才的使用助推企业战略目标的实现。

在中国企业从本土逐渐走向国际化的今日,人才的竞争已不局限于某一区域,而是全球范围内的竞争。为企业找到、招到合适的人才成为各类企业人力资源经理们的一门基础课。当然,招聘工作绝不是孤立存在的,招聘工作能否顺利进行有赖于人力资源的规划和工作分析这些更为前提性和基础性的工作。招聘工作的实施效果则和企业对人才的吸引力息息相关,比如企业自身所处的发展阶段、企业在本行业中的排名情况,甚至企业所在地区的社会吸引力等因素,都会直接或间接地影响到企业的招聘工作。

1. 人力资源规划和工作分析是有效招聘的前提条件。市场经济条件下,人员的流动成为一种常态,招聘也就成为随时可能进行的工作。招聘工作的科学有效性依赖招聘之前的基础性工作——人力资源规划和工作分析是否做得细致,是否做到位。人力资源规划给招聘工作提供了企业在当期或中长期的人才缺口情况，包括部门、岗位、职位、数量、专业结构、年龄结构等信息。当现有职位上的工作人数出现缺口，企业可根据现有的任职资格（工作规范）或工作说明书招聘新人。当企业为新出现的工作岗位招揽人才时，也要在新岗位的工作说明书的基础上进行招聘信息的发布。

2. 成功的招聘体现了"能岗匹配"的原理，即企业所招聘的人是那些最适合本企业、本岗位的人才，企业的招聘过程应完美诠释"最适合的就是最好的"，而不一定恪守"最优秀的才是最好的"，过度关注候选者的教育背景只会给企业带来人才浪费、人心不稳等问题。不管是单个企业的招聘行为还是整个社会内人才和岗位的对接，都应该围绕任职资格和岗位胜任素质，体现人与岗位、人与组织的"匹配"特征，"降格以求"或"高才低就"都不是成功的招聘，不但达不到组织活动的最优状态，在整个社会范围内也是一种浪费。

3. 成功有效的招聘不仅为企业招到合适的人才，还具有潜在的正面功能。对内，招聘过程通过新人的加盟，壮大组织、凝聚人心；对外，招聘过程向社会展示企业风采，传递企业文化，吸引更多优秀人才，提升企业的社会形象。对于新员工而言，成功的招聘过程是新人进入组织"社会化"的"预演"，不但可以加速新员工和企业之间的调适过程，促进新人快速适应新环境、融入新环境，较快学习和成长，还能在一定程度上降低离职率，实现企业人员的相对稳定。因此，有效的招聘工作为下一步育人、留人打下基础，播下积极的种子。

三、招聘的程序

为了提高招聘的效果，保证招聘的效率，招聘工作一般要按照下面的步骤进行（见图4—1）。

（一）确定招聘需求

招聘需求的确定源于以下几个方面：战略性人力资源储备计划、企业发展或调整出现的新职位，或者是企业人员流动出现的职位空缺。企业的人力资源部门要通过内部人力资源配置或统一规划人力资源需求计划的方式来解决此类问题。人力资源规划会估算出企业对当期、近期或者中长期人力资源的需求，这种需求包括人员的种类、层次和数量等。另外，由于企业内部的自然减员（退休、病

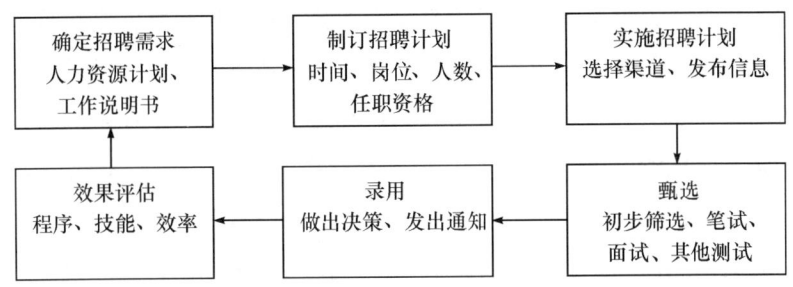

图 4—1 招聘工作的程序

休、死亡)、人员流动（企业内部流动和外部流动），使企业在当前的人力资源配置方面出现问题，比如现有岗位员工在数量、质量上与企业的需求不匹配，业务拓展产生了更多的工作岗位或者全新的工作岗位……以上客观需求都是招聘需求的来源。不管是通过人力资源规划或者企业生产经营中即时出现的人员需求，各种招聘需求都要通过需求申请的形式汇总到人力资源部门，由人力资源部门统一确定企业的总体招聘需求，并经领导批准同意后，正式展开招聘工作。

招聘需求的具体内容需要建立在工作分析基础上，包括招聘岗位的工作描述和任职资格分析。如果需要招聘的人员岗位在原组织中就存在，那么，招聘需求基于原有的工作岗位分析就可以；如果需要招聘的人员岗位在原组织中并不存在，则招聘属于创造新的工作岗位，这时需要人力资源部门和进行招聘的用人部门一起合作，对新岗位进行工作分析，并获得相应的工作描述和任职资格。

（二）制订招聘计划

一般而言，人力资源部门根据用人部门提出的招聘需求制订完整的招聘计划。招聘计划的内容有：招聘的岗位说明，包括招聘多少人，什么样的知识、技能、能力和经历是真正必须的；企业应该雇用固定员工，还是应利用其他灵活的雇用方式；劳务派遣的方式是否在本企业内有效、可行；招聘的范围，比如企业将涉足哪些人力资源市场，要在多大的地域范围内进行招聘；招聘信息的发布和招聘渠道适用于怎样的方式；招聘小组及招聘方法的确定、招聘的时间和预算情况，招聘中应注意哪些法律因素，等等。

招聘与人力资源市场。划分人力资源市场的方式多种多样，如可按地理区域划分、按技术类型划分或按教育程度划分等。人力资源市场也可以按管理人员、职员、专业和技术人员及蓝领员工等来进行划分。按区域分类,则可分为地方性的、区域性的和全国性的人力资源市场;必要时,还可包括国际性的人力资源市场。一般而言,高级的专业技术人员和高级经理的招聘应该放在全国性以上的人力资源市场上。比如,近年国资委对高管人员的招聘已经是全球性的人才招聘,不少私营企业的招聘视野也已放宽到有海外工作经历者或"洋人才"。

招聘与灵活雇佣。企业招聘全日制用工还是其他用工,这是人力资源管理人员在制定招聘计划时要确定的。采用何种方式的用工直接关系到企业的用工成本和管理成本。相对企业直接雇用的"全日制"员工,劳务派遣用工、非全日制用工等其他灵活雇佣制由于在降低管理成本和经济成本等方面有显著效果,从而成为很多企业愿意采用的用人方式。但是,企业在采取灵活雇佣时,一定要注意不能违背国家的相关法律和政策。比如《劳动合同法》明确规定,非全日制用工指以小时计酬为主,劳动者在同一用人单位一般平均每日工作时间不超过 4 小时,每周工作时间累计不超过 24 小时的用工形式。非全日制用工双方当事人可以订立口头协议。从事非全日制用工的劳动者可以与一个或者一个以上用人单位订立劳动合同;但是,后订立的劳动合同不得影响先订立的劳动合同的履行。非全日制用工双方当事人不得约定试用期。非全日制用工双方当事人任何一方都可以随时通知对方终止用工。终止用工,用人单位不向劳动者支付经济补偿。非全日制用工小时计酬标准不得低于用人单位所在地人民政府规定的最低小时工资标准。非全日制用工劳动报酬结算支付周期最长不得超过 15 日。人力资源和社会保障部于 2014 年 1 月 24 日公布《劳务派遣暂行规定》,明确了劳务派遣的用工范围、用工比例,劳动合同、劳务派遣协议的订立和履行,劳动合同的解除和终止,跨地区劳务派遣的社会保险等,成为规范劳务派遣用工的最新规范性文件,其与 2012 年年底全国人大通过的《劳动合同法》修正案以及其他相关的劳动保障方面的法律法规和政策文件,构成我国劳务派遣用工的政策和法律体系。[①]

企业的经营战略与招聘计划。不同的企业发展战略直接影响企业招聘计划的制定。处于成长期、实施扩张型战略的企业,会对人力资源产生较大的需求,相应也就会加大招聘力度。实施紧缩战略的企业会缩减市场、裁减人员,人力资源

---

① 劳务派遣用工在第八章"员工关系管理"中有专文详述,这里不再赘述。

管理方面会集中在留住核心人才，裁减一般员工方面；而实施稳定发展战略的企业对人力资源的态度集中在稳定现有队伍。对那些主要依靠自身资源实现发展的企业而言，其人才战略会集中在既有员工的培训和人力资本的提升方面；对那些主要依靠外部资源，借助兼并收购实现发展的企业，则会加大从外部引进人才的力度。因此，从招聘角度看，"招兵买马"往往和企业的快速成长和发展有紧密的关系，昭示着企业面临新的发展机遇，有新的事业机会提供给新人。

（三）实施招聘计划

这一阶段即是对上述招聘计划的具体实施，包括选择合适的渠道发布招聘信息，接受求职者的应聘信或求职资料，对应聘人员进行初步甄选，剔除明显不符合要求的人员。

除报纸、电视、杂志等传统的招聘渠道外，现代的企业招聘一般都会通过互联网发布招聘信息，这里的网络包括本企业或企业上级主管机关或集团总部的主页，本行业内有较大影响力的网站，潜在求职者比较活跃的网络论坛等。另外，代理招聘、电话招聘和视频招聘也逐渐成为招聘方式的新趋势。代理招聘实际是委托中介机构物色人才的一种招聘方式，比如猎头招聘就是代理招聘中的一种。代理招聘一般适合中高端人才，尤其是技术类人才。它具有降低成本、提高效率、节省精力，以及信息覆盖面广、选择方向精确、让企业隐形操作等明显优势。

要注意，招聘渠道的选择一定要具有针对性和时效性，即用人单位要选择合适的渠道发布自己的招聘信息，使符合条件的潜在求职者在较短的时间内获得招聘的信息，并能在用人单位规定的时限内给予回应。在快速获得有效的潜在求职者方面，明确、醒目而吸引人的招聘信息和招聘渠道一样能够起到积极的促进作用。当然，在中国经济存在较大的城乡差距和地区差距的今天，企业所在的地理区位和企业本身的实力一样有可能影响求职者的求职意愿。随着人力资源市场结构的变迁和中国城乡、区域经济均衡化发展，企业提供的职业发展机会将更大地决定求职者的求职意愿，当然，有效的招聘广告在吸引人才方面的作用也将更为凸显。

（四）甄选

甄选是人员招聘中的核心环节，也是技术性最强的环节。通过甄选，企业根据岗位的需求选出合适的人才。常用的甄选方法包括简历筛选、笔试和面试、心理和能力测试。不同的甄选工具具有不同的信度和效度，在公平性、应用性和（开发和实施）成本方面的差异也决定了各自的适用范围。一般而言，单一的甄选工具无法满足企业招聘对"公开、公平、公正、全面、快速"等多方面要求，企业要根据本企业的特点和招聘岗位特点，在知识测验、技能测验、能力测验和个性心理品质测验中综合选择，对不同的甄选工具加以综合运用。

（五）录用

录用是招聘过程的结果，即通过招聘工作，企业鼓励和吸收最适合组织发展的个人加入组织。甄选结束后，为数众多的应聘者中只剩下寥寥无几的差额入围者，并接受最后的背景筛查和体检。体检结束后，企业会根据综合排名顺序决定最终入围者，有的企业还会进行公示，公示后即进入录用阶段，企业人力资源管理部门要及时向录用员工发录取通知书，员工要根据企业的录用通知完成各种入职手续，正式加盟企业。根据我国劳动法律的相关规定，企业第一次与员工建立劳动关系，可根据其聘用合同的长短约定试用期，试用期对于企业和员工而言是再一次互相考察和磨合的过程，顺利经过试用期的员工人数越多，说明招聘的效果越好。试用期结束后的员工身份即转为正式员工。

【阅读参考】《劳动合同法》关于试用期的有关规定

第十九条 劳动合同期限三个月以上不满一年的，试用期不得超过一个月；劳动合同期限一年以上不满三年的，试用期不得超过二个月；三年以上固定期限和无固定期限的劳动合同，试用期不得超过六个月。

同一用人单位与同一劳动者只能约定一次试用期。

以完成一定工作任务为期限的劳动合同或者劳动合同期限不满三个月的，不得约定试用期。

试用期包含在劳动合同期限内。劳动合同仅约定试用期的，试用期不成立，该期限为劳动合同期限。

（六）效果评估

效果评估，即对招聘是否有效进行的分析与评价。有效的招聘主要体现在以下四个方面：第一，能够及时招到所需人员以满足企业需要；第二，能以最少的投入找到合适的人才；第三，录用人员与预想的一致，适合企业和岗位的要求；第四，"危险期"（一般是指进入企业后的6个月）内的离职率比较低。

效果评估可以结合定量与定性两种方法。定性评估一般是招聘小组以工作会议的形式进行，通过回顾、梳理整个招聘过程，对本次招聘过程的成功经验或失败教训加以全面总结，包括招聘需求的确定、招聘计划的制订，招聘计划的实施、甄选和录用等过程，每个环节都要进行细致的回顾，对政策、制度、人员安排等各方面进行总结和分析。通过招聘完成比、应聘比例等量化工具考察招聘采取的方式、招聘信息发布的效果是否有效，应聘人员的人数是否达到原来的计划。通过对招到合格员工的比例以及离职率等的考核，可以反思评价应聘者的标准是否适合。比如，经过试用期的考察，有多少比例的人是合格的，在一段时间后有多少比例的员工会成为企业的业务骨干。通过人均招聘成本这一财务指标（最好有横向或纵向的比较分析）可以有效衡量本次招聘的有效性。另外，对招聘计划执行和实施情况的评估包括本次招聘是否按原来的招聘计划正常进行、招聘过程遇到怎样的问题、招聘所花经费是否超支等。

下面简要介绍招聘完成比、应聘比、录用比、人均招聘成本和聘用合格比等定量指标。

1. 招聘完成比 = 录用人数/计划招聘人数 × 100%

如果招聘完成比较低，小于1，那么就要寻找其中的原因：招聘信息是否足够清晰而准确，比如对任职资格的描述是否恰当？招聘的时间启动是否较晚？招聘信息发布的渠道是否有局限性？

2. 应聘比 = 应聘人数/计划招聘人数 × 100%

应聘比越大，说明发布招聘信息的渠道和效果越好，也说明企业有足够的候选人进行选择，有更大的机会选择最合适的人才。

3. 录用比 = 录用人数/应聘人数 × 100%

录用比越小说明企业有足够的候选人选择合适的人才；反之，则说明企业没有吸引到足够的候选人，那么从中挑选合适人才的概率就相对降低。

4. 人均招聘成本＝招聘费用/应聘人数×100%

在招募到合适的候选人的前提下，人均招聘成本越低，说明招聘工作越富有成效。

5. 聘用合格比＝聘用人员胜任工作人数/实际聘用人数×100%

聘用合格比是反映本次招聘有效性的绝对指标，其大小反映了聘用的正确程度。

第二节　招聘的渠道和方法

招聘渠道可以分为内部招聘和外部招聘。不同的招聘渠道各有特色、相辅相成，为企业发现和吸收合适的人才提供了保障。世界500强公司在招聘渠道上呈现多元化特征，综合使用内部选拔和外部引进的招聘方法。外部招聘方式主要有网络招聘、员工推荐、校园招聘、广告、猎头公司和招聘会等；内部选拔方式主要有企业内部公开招聘、工作轮换、职位升降以及竞聘上岗等。在内外部招聘上，侧重内部选拔。越来越多的美国企业已经认识到内部招聘的重要性，即"肥水不流外人田"。过去，许多企业首先考虑到的是外部人选，除非他们知道企业内有人对这个职位感兴趣。虽然有的企业会在内部公布企业目前所需职位，但是员工们得到消息时，经理们大概已经开始面试外部申请者了。而现在，更多机构都倾向于鼓励内部员工进行主动申请。以网络为基础的软件系统的出现，使很多企业的内部招聘变得越来越容易操作。

对中国的企业而言，在招聘方面的下述弊端影响企业的长远发展：一是有些企业的管理还没有彻底从计划经济体制下转变过来，造成它们与市场的接轨意识不强，对外开放程度不高，用人机制上倾向于采用内部招聘或内部人推荐的方法，造成严重的近亲繁殖，使得企业活力不够；二是有些企业，尤其是一些制造型企业或季节性用工比较强的企业并没有真正把员工当成企业发展的第一资源，很少关心员工的职业发展，而是采用一种掠夺式的用人方式，轻率地和某些劳动者解除劳动关系，又不断通过外部招聘的方式补充新人。随着和谐劳动关系对我国和谐社会重要性的不断凸显，随着我国相关劳动法律法规的不断健全，非法的、随意的解除劳动关系受到越来越严格的监管和防范，提倡稳定的、长期的劳动关系成为社会的主流价值观。同时，伴随着人才全球化竞争的加剧，中国老龄化社会的快速到来，中国本土劳动力无限供给时代的逐渐远去，人力资源供给的结构性矛盾日渐突出，企业对人才的搜索成本和用人成本正逐渐攀升，这也将使得企业在强化用人管理，提升人力资源的使用和转化上花费更多的心思和精力，成功有效的招聘成为企业人力资源管理的重要使命。

一、内部招聘及方法

内部招聘，即从企业内部员工中获取适合特定岗位所需的人才。内部招聘的人一般来自下级或同级工作岗位上的人员（降职比较少用）。内部晋升、竞聘上岗或工作轮换是内部招聘的主要形式，虽然不能为整个企业增加人手，但是可以使企业某个部门的人员数量得以增加。竞聘上岗则是晋升的主要方式。

（一）内部晋升

晋升是指人员由原来的职位调任到另一较高的承担更大责任的职位，其权利和报酬均相应增加。内部晋升可能是主管或相关人士的推荐，国外的相关研究表明，由于推荐者长期的工作经历，以及对被推荐者和相关工作岗位的深刻认识，推荐法具有较高的成功率。当然，推荐法的成功很大程度上依赖推荐者个人对工作、对同事的洞察力和责任感，推荐者个人的信用等级直接决定了推荐行为是否成功。通常，使用推荐法的企业一般都有对推荐者个人的激励和约束机制，即有效的推荐对推荐者个人的职业生涯通常有积极的作用，而推荐不当则会给其职业生涯带来负面影响。不管是正面还是负面的影响，企业的人力资源部门应该建立一套制度来规范和引导推荐方式。

（二）竞聘上岗

竞聘上岗即企业中某一岗位出现空缺时，企业内每一位具备这一岗位基本任职条件的人都可以公开公平地进行竞争以获得该职位。企业通过科学、规范而合理的考核，将最适合这一岗位的人选拔出来。一般来说，企业会有一套内部竞聘上岗的规章制度，根据相关的规章，企业将在内部公开发布岗位空位的信息，在一定的时限内，员工可根据通知申请某项岗位空缺。这项空缺的职位要有完整的工作说明书；人力资源部门要对内部的申请人进行资历方面的初步筛选，剔除那些明显不合条件的申请者，然后对进入第一轮测试的申请者统一组织考试。考试之后一般会由面试委员会进行面试，面试中包括个人陈述，以及提问、回答等相关程序。有条件的企业还会就特定人员进行心理或能力测试。考察和公示环节通常会在内部竞聘上岗中被采用。面试委员会对人员的选拔拥有最终决定权，其中笔试、面试和测试的成绩，以及考察情况将以不同的权重被纳入，最后选拔出最适合的人。值得说明的是，对不同性质的企业、不同发展阶段的企业，这里的各环节不一定是必须的，不同环节的权重也可能不同。但是不管经过怎样的环节，作为一种和员工切身利益相关的重要管理制度，竞聘上岗的制度安排必须保证内容和程序上的双重合法，即经过职工代表大会或全体职工讨论通过，并在企业内经过公示。

（三）工作轮换

工作轮换是工作设计中提高员工工作积极性的一项有效举措。工作轮换是人力资源管理部门和业务主管部门基于现有组织结构和岗位体系的精心研究而设计，包括在原有业务部门内部的工作轮换，以及在不同业务部门之间的工作轮换。工作轮换一般不采用公开招聘的形式，而是基于人力资源部门对企业现有人力资源的全面掌握和深刻了解，基于员工的职业生涯发展规划，或者领导层对企业发展制定的"接班人计划"。一旦组织中的某些职位处于空缺，或者某些员工需要不同工作岗位上的经验积累以利进一步的提拔和重用，这时，工作轮换即发生。如日本索尼公司原则上每隔两年便让职员调换一次工作，特别是对业务精通、干劲十足的职员，不是让他们被动地等待工作变动，而是主动给他们施展才能的机会。这种发掘才智的人事管理制度为索尼公司的年轻职员提供了一个施展才能的广阔天地。

世界上许多大公司都建立起有关内部招聘的系列制度，并通过不断更新招聘手段，比如电子招聘等网络申请方式使招聘工作更有效率。富士康公司将内部招聘作为育人、留人的激励机制，根据公司部门的岗位需求，不定期进行内部招聘，选拔优秀人员担任办公室文职或从事技术类工作。微软公司的招聘信息必须先在内部登载，供内部员工选择。如果两周内没有合适的人选，招聘信息可以上集团的内部招聘网。如果一个月内，仍然挑不到满意的人，人力资源部可以考虑利用集团外部的招聘渠道。2003年，惠而浦公司招聘了300多名员工，其中一半多为老员工。据公司财务核算，内部招聘仅在招聘这一环节就为公司节省了大约100万美元。在普华永道等公司，内部流动已成为根深蒂固的企业文化，一旦有职位空缺，公司就会将信息发布到公司的局域网上，每季度还会用电子邮件和语音邮件提醒员工查看职位。

  内部招聘有如下优点：第一，内部招聘允许管理层有一定时间对提升（或调任）候选人进行观察，从而可以比较准确地了解和估计其潜能和工作表现；第二，内部招聘可以提高应聘员工的工作积极性和满意度，不管是晋升还是工作轮换，都将对他们的职业发展起促进作用；第三，内部招聘的示范性将对组织内部其他人员起到凝聚人心的作用，规范、科学而公平的内部招聘能有效提高其他人员的组织忠诚度和士气；第四，相比外部招聘，内部招聘花费的经济成本和管理成本更少，员工需要的培训更少，能够更快地适应新的工作角色，招聘工作对企业正常的工作秩序干扰较少。

  当然，内部招聘也存在着一些问题，突出表现在：对于参与了内部招聘而没有成功被接纳的员工而言，他们的士气会受损，自尊心会受到挫伤，因而可能会影响他们的工作积极性；通过内部招聘被提升的员工可能会遇到管理方面的障碍，这些障碍来自原有朝夕相处的平级同事；过多的内部招聘也会带来近亲繁殖的风险，不但会形成内部人对外部人的排斥，而且组织自我创新的动力也会不足。为了克服内部招聘的弊端，企业需要建立完善的招聘制度，以避免内部招聘可能出现的近亲繁殖和用人唯亲现象。这套制度主要包括：第一，恪守公开、公平、公正的原则；第二，从发展的角度选择合适的人才；第三，以企业的利益为中心，杜绝任何形式的部门本位主义。

二、外部招聘及方法

外部招聘即从组织之外的人力资源市场上招募合适的人员来填补企业的职位空缺。当组织内部并不存在合适的人选补充空缺职位时，外部招聘即成为组织的必然选择。外部招聘有以下渠道可以选择：

（一）招聘广告

互联网时代，纸质的招聘信息依然不失为一种传统而有效的招聘方式。以广告形式进行招聘时，需要考虑以下两件事情：第一，媒体的选择；第二，广告的撰写。

媒体的选择要与广告所能够直接到达的受众紧密相关，招聘单位通常会根据所要招聘的对象特点进行广告的选择。比如，如果要招聘高端的专业技术人员，则在国内甚至国际顶级的专业杂志发布广告是一项不错的选择；招聘高级管理人员，最好在全国性的行业或专业性报纸杂志上刊登广告；如果只是招聘一般的蓝领工人，那么地方性报纸的招聘版块已经足够。选择媒体的关键是将广告刊登在企业预期的应聘候选人能够看到、容易看到、经常看到的地方。

一般来说，人们在人才招聘广告的撰写方面所花费的精力和投入的资金远远不及商品广告那么多，但是广告的撰写要尽量符合 AIDA 四原则：A（attention）是指必须能够引起求职者的注意，I（interest）是指能激发起人们对这项工作的兴趣，D（desire）是指能唤起人们申请工作的愿望，A（action）是指能鼓励人们采取求职行动。

企业可能会结合多种广告媒体进行招聘活动，不同媒体的优缺点和适用范围见表4—1。

（二）就业服务机构

关键概念

一般而言，就业服务机构有两类：一类是公共就业服务机构，即按照相关法律规定和政策要求，承担向劳动者提供免费的公益性就业服务的职责，由县级以上人民政府设立举办；另一类是民办职业中介机构，按照人力资源市场运行管理规则，是经营性职业中介机构，从事向劳动者和用人单位提供相关有偿性质的职业中介服务，由社会组织或个人按照《公司法》和《就业促进法》中有关职业中介机构管理的规定设立。

表 4—1　　　　　　　　　各种广告媒体的比较

媒体类型	优点	缺点	适用范围
报纸	成本低，大小可以灵活选择，发行广泛，分类广告便于查找	制作质量比较差，对象没有针对性，容易出现招募竞争，容易被忽视	潜在的应聘者集中在某一地区，而且通常阅读报纸找工作
杂志	印刷质量好，保存时间长，针对性比较强，大小也可以灵活选择	发行时间较长，发行地域太广，见效期较长	招募的职位比较专业，时间没有限制，招募的范围比较广
广播电视	容易引起注意，灵活性强，传递信息更为直接和主动	费用高，传递的信息简单，持续时间短，不能选择特定的应聘者	需要迅速引起人们的注意，无法使用印刷广告，某一地区有多种类型的潜在应聘者
互联网	费用低，速度快，传播范围广，信息容量大	信息过多，容易被忽略，有些人不具备上网条件，容易出现竞争	全球范围的招募
印刷品	容易引起应聘者的兴趣，并引发他们的行动	宣传力度较有限，有些印刷品可能会被人抛弃	在特殊场合较适用，如展示会、招募会等

资料来源：董克用主编. 人力资源管理概论（第三版）. 北京：中国人民大学出版社，2011：203.

公共就业服务机构是中国人力资源市场的主力军，是由各地原人事部门分管的人才市场和原劳动保障部门分管的劳动就业市场整合而成。2008 年，人力资源和社会保障部成立以后曾下发相关文件，要求各地原县级以上人才服务和劳动就业市场的各类工作机构加强整合。实际上，现实中存在的各种公共就业服务机构在名称上还没有完全统一，如"人才广场""人才服务中心""人才交流服务中心""职业介绍服务中心""毕业生就业服务中心""公共就业人才服务机构""农村劳动力就业转移服务中心"等，但名称的差异恰好能够体现出它们在服务对象等方面呈现出的特点。其中，综合性服务机构可称为公共就业（人才）服务中心，既面向企业，又面向劳动者，致力于搭建人力资源市场上供求的良性渠道。公共就业服务机构的优点是政策性强、权威性高、可信度高、覆盖面广，尤其对于普通劳动者的求职而言，成本低、效率高，体现了公平性；缺点是服务效率有待提高。

民办职业中介机构,是由私营部门举办的就业服务机构。这类机构始于20世纪80年代中期,成长于90年代初期,盛行于21世纪初。这些民营职业中介机构总体而言良莠不齐,既有运作规范的高端私人就业服务机构,也有一些非法职介。就全国范围来看,东部地区比西部地区的民办就业服务机构的数量多、层次高。高端的民办就业服务机构专业化水平比较高,市场需求的敏锐度较高,能够较好地满足市场的需求。从长远来看,行业规范化、服务标准化、收费透明化是职业中介机构的发展趋势。

目前,我国在就业促进和社会保障的法律法规政策方面已有一些制度性衔接。比如,为避免道德风险,失业人员领取失业保险金的前提是到公共就业服务机构进行求职登记。公共就业服务机构在有针对性地促进不同群体的就业方面扮演着积极的角色。

【阅读参考】我国公共就业服务的产生和发展

受国情和国力的限制,我国的公共就业服务走了一条不同于其他市场经济国家的道路。从政府举办劳动服务公司安置待业青年起步,劳动就业服务机构于20世纪80年代诞生,90年代开始发展,承担着政府促进就业的许多工作。但由于各级财政困难,当时主要实行有偿服务,以服务收入补贴少量公益性服务活动。在这种模式下,形成了有一定规模的劳动就业服务体系。90年代末,面对上千万国有企业下岗失业人员,以往的服务模式已不能适应需要,免费的公共服务成为政府的责任。1998年,中共中央、国务院《关于切实做好国有企业下岗职工基本生活保障和再就业工作的通知》(中发[1998]10号)首次提出公共职业介绍机构要对国有企业下岗职工实行免费服务。2000年,原劳动保障部出台的《劳动力市场管理规定》专设公共就业服务一章,要求各地劳动保障部门建立对"特殊服务对象"的免费服务制度。但由于没有经费保障,各地能够享受免费服务的仅限于部分下岗职工。2002年,中共中央、国务院下发《关于进一步做好下岗失业人员再就业工作的通知》(中发[2002]12号),这一文件标志着中国公共就业服务制度的真正建立,并成为积极就业政策的一项重要内容。中发

[2002] 12号文件要求各级政府建立公共就业服务制度,对下岗职工和所有登记失业人员实行免费就业服务,并明确了财政支付的职业介绍补贴和职业培训补贴作为免费服务和培训的资金来源。2005年,国务院要求公共就业服务机构向所有求职者免费开放,职业培训补贴范围也覆盖到了进城务工的农村劳动者。2008年实施的《就业促进法》明确规定,县级以上政府要建立公共就业服务机构,向劳动者提供免费服务,公共就业服务机构经费纳入同级财政预算。公共就业服务的发展有了法律的保障。

改编自:张小建主编.中国就业的改革发展.北京:中国劳动社会保障出版社,2008:196-197.

(三)猎头公司

严格来说,猎头公司属于私营部门举办的就业服务机构的一种,是专门面向高级管理人员的代理招募机构。通过猎头公司寻找人才的成本较高,但是对于那些急于寻找高级管理人员和高级技术人员的企业而言,通过猎头公司的服务是一个不错的选择。据美国的数据显示,付给猎头公司的费用一般是该管理人员第一年报酬的30%。"猎头"这一职业的产生源于美国的政府行为。第二次世界大战后,美国政府在占有战败国先进技术的同时,还不遗余力地网罗那些掌握先进技术的精英人才,这一过程被称为"head-hunter"。20世纪90年代中期,随着我国社会主义市场经济的建立和完善,劳动力市场和人才市场的不断健全,各种外资涌入,境外猎头公司的进入打破了人力资源由政府统一调配的单一格局。巨大的人才市场空间、外国洋猎头获得的丰厚利润、国内人才流动的现实需求和改革日益深入的大环境,催生了中国的第一批猎头公司相继出现。早在1992年,沈阳"维用"就成为中国首家猎头公司。2001年10月,国家人事部颁布《人才市场管理规定》,允许外资有条件地在我国境内从事人才中介服务活动,在政策导向上促进了我国猎头行业的发展。

目前,活跃在我国的猎头公司分为以下几类:第一类是高端猎头,过程付费,咨询为主,专猎顶级人才。第二类是中层猎头,结果收费,人员到岗后付费,合作前会收一定的预付款,人员上岗后付清余款。这是目前国内主流的猎头公司，数量多，从业人员较复杂，有名企高管背景的猎头顾问，也有刚毕业的学生，主要寻猎年薪20万～150万元之间的优秀人才。第三类是鱼龙混杂的低端猎头，服务形式多样，服务费较低，做年薪20万元以下的职位，人员到岗后企业付费。

近些年来，我国一些地方政府尝试同国外猎头公司合作，引进高端人才。总体而言，中国本土的猎头行业依然很不成熟，高级人才流动由猎头公司协助完成的比重目前只有10%～20%，而且主要集中在外企和民营企业。国内猎头行业准入门槛较低，行业规范尚不成熟，而且至今尚未成立真正意义上的行业协会和行业自律机构。许多猎头公司诚信度低，出现一些价格恶性竞争、乱收费乃至骗取佣金等现象。跨国猎头顾问大都有比较长的非猎头行业工作经验，而国内猎头顾问多是招聘大专院校毕业生进行培养，实践经验不足，难以胜任搜寻高级人才的工作。随着中国经济的不断发展，中国企业对专业高级人才的需求也日渐强烈，这为猎头行业的发展提供了难得的契机。政府部门有必要出台一些促进猎头行业自律和行业监管的政策措施，猎头公司也应随着社会发展的需要，逐步向专业化、规范化方向发展。[①]

（四）校园招聘

校园招聘是指企业直接从各类大专院校的应届毕业生中招聘所需要的人才。相对社会招聘，校园招聘有如下特点：一是时间集中，校园招聘一般在每年9月中旬开始启动，9—11月和次年3—4月是校园招聘的高峰期；二是针对性强，企业可以根据自己的行业特点，清晰地锁定相应层次、相应专业的学生；三是人才素质较高、可塑性强，校园是各类人才的藏龙卧虎之地，这些人有较高的综合素质，虽然社会阅历较浅、工作经历较缺乏，但是，如果企业招募后加以精心培养，很可能成为企业重要的经营、战略、专业人才。

校园招聘有如下形式：一是专场招聘。即参加当地政府或各院校组织的大型专场招聘会，在这样的招聘会上，各企业在指定的时间和场馆"摆摊设点"，通过介绍企业的广告牌以及面对面的咨询，接收求职者的简历，并进行下一步面试

---

① 陈玉明. 专家：我国猎头行业成长空间巨大 但发展亟待规范. http://news.xinhuanet.com/2010-08/07/c_12420412.htm.

或测试的筛选工作。二是校园宣讲。企业针对目标院校组织专场的宣传活动，主要介绍企业的历史、现状和企业文化等，并进行空缺职位的发布，最后是现场提问环节。校园宣讲的目的是扩大企业宣传，同时接收简历。宣讲会之前一般会通过学校网站发布信息、在校园张贴海报等形式宣传企业形象及产品。三是实习生项目或实习生计划。一般作为校园招聘的前奏，通过为在校学生提供实习岗位的机会扩大企业的影响，并为企业下一步的校园招聘储备候选人才。实习生项目通常在暑期来临之前发布，暑期或者下半年正式开始。经过实习生计划的学生能够更清晰地定位对自己的职业发展，企业也更容易发现和录用最合适企业岗位的人才。国内外各类企业，如微软、宝洁、麦当劳、华为等都有完善的实习生计划，以便更好地抢占人才竞争的制高点。

校园招聘成为很多企业争取人才的重要途径，当然，成功的校园招聘需要事前进行缜密的计划和安排：确定哪些岗位适合招聘应届生，锁定好进行校园招聘的院校，对院校的层次、专业和所在地域进行精心的挑选，制定好校园招聘时间表，准备好企业宣传手册，组建合适的校园招聘团队，精心准备校园见面会的各个环节等。准备充分的校园招聘不但能招募到合适的人才，而且是一次对企业品牌的成功宣传；组织不佳的校园招聘不但达不到招聘人才的目的，对企业的社会形象也会带来负面影响。

（五）网络招聘

随着互联网的不断普及，网络招聘逐渐成为现代人的一种生活方式。网络招聘由于其覆盖面广，成本低，时效性、针对性强，功能强大，能提供增值服务等优点，越来越成为求职者和招聘方的共同选择。一方面，企业可以通过自己的网站发布招聘信息；另一方面，通过专门的招聘网站，招聘双方可以发布求职信息和应聘信息，并从中筛选适合自己的信息来源。近年来，发展较好的招聘网站开始提供增值服务，比如2011年前程无忧大力拓展包括培训、测评、行业调研、人事外包等一揽子人力资源服务，并以此与客户建立长期深度的合作关系，而增值服务反过来又推进了招聘网站的整体盈利水平。[1]

---

[1] 杨萌. 前程无忧四季度净利增七成 网络招聘贡献最大. 证券日报，2012-03-21.

从2002年开始，我国的网络招聘进入快速成长期，网站数量不断增长，企业规模迅速扩大，每年的3月和10月形成网络求职的高峰期。经过近十年的发展后，网络招聘市场呈高度集中状态，前程无忧、智联招聘和中华英才网成为网络招聘的三巨头。[1] 对于企业和应聘者而言，传统的招聘网站和猎头分别为中低端人才和高端人才提供了较好的保障和服务。举贤网则填补了中高端人才网络招聘的空白，与传统的三大招聘网站优势互补形成"3+1"格局，推动我国招聘行业的良性发展。[2]

在营利性网络招聘市场之外，政府也尝试借助网络形式向民众提供更多的免费就业服务。比如，由教育部教育管理信息中心统一指导管理的高校就业指导网站，不但提供各种就业和实习信息，还提供就业技巧指导、就业信息指导等服务。从中央到地方的各级人力资源和社会保障部门逐渐开通全国性和地方性的就业信息网站，通过全公益免费服务，为人力资源市场供需双方提供方便及时的就业服务。

【阅读参考】深圳市网络招聘大会吸引3.5万人次应聘

深圳新闻网讯（记者：徐恬　通讯员：连楚锋）深圳市人才网络招聘大会目前正在深圳人才网（www.szhr.com.cn）火热进行中，记者昨天采访获悉，已有300家企业参会，提供3 000多个就业岗位，吸引超过3.5万人次应聘，点击次数超过25万次，交流活跃、亮点纷呈。

据了解，全国人才网络招聘大会暨2011年上半年（含春、夏两季）全国高校毕业生就业网络联盟招聘周深圳市人才网络招聘大会，由深圳市人力资源和社会保障局主办，6月20日至7月20日在深圳人才网举行。本次网络招聘会以深圳人才网作为网络支持平台，实行全公益免费服务，企业免费参会，求职者免费注册简历、搜索招聘信息、网上投递简历。参会企业分布在电子、软件、网络、通信、电器、机械、建筑、物业、珠宝、文化、贸易等相关行业，提供岗位3 081个。华南城控股、万科物业、大族激光、赛格股份等知名单位参会，多家

---

[1] 邓琳. 2010年网络招聘市场将突破26亿元. 北京商报，2008-12-23.
[2] 赵槿. 网络招聘瞄准中高端人才　CC-SNS模式填补空白. 经济日报，2011-10-27.

企业增加了招聘需求。目前还不断有新企业报名参会。

为方便各类人才尤其是广大毕业生了解相关政策,本次网络招聘会开展就业创业政策线上咨询活动,在深圳人才网活动页面开辟互动平台,邀请政府人事部门资深专家和有关领导,就我市人才引进、毕业生接收等进行线上咨询解答服务。同时,在"政策咨询"栏目中,汇总了25个毕业生常见的就业问题,以一问一答的方式,让毕业生求职就业少走弯路。

资料来源:http://www.sznews.com/finance/content/2011-07/14/content_5840219.htm.

除通过营利性招聘网站、政府提供的公益性网络渠道,"招聘信息"一栏也成为大多数企业自身网站的必备内容。中国南方航空股份有限公司人力资源部的研究证明,通过公司自身网站发布的信息进行招聘,有效性要高于通过其他外部招聘网站。[1] 当然,在用人需求持续高涨的背景下,复合采用网络、纸媒和现场招聘"三位一体"的招聘方式由于能够做到优势互补,从而被企业认为是最有效的。

网络技术给招聘双方带来巨大方便的同时,也带来自身难以克服的缺点,比如信息的真实度差、安全问题成隐患、简历投递量大而成功率低等。过多的网络信息对企业或求职者而言都是一个巨大的考验,他们要花大量的时间进行筛选和比较。如何进行有效而快速的筛选需求又催生了相关的服务,比如将简历的收集和筛选工作外包给另外的专业公司,这样的服务将有效加速企业对网络候选人的筛选周期。

(六)员工推荐

员工推荐是鼓励现有员工向企业推荐、介绍新的工作候选人的招聘方法。员工推荐的优点是成功率较高、流失率较低和成本较低。由于员工对被推荐的人和本企业的空缺岗位有较深的理解,因此,通过推荐而录用的人才和岗位的匹配度较高。实际上,不管是高级管理人员、高级专业技术人员,还是普通白领或蓝

---

[1] 何晓群,马移萍. 加强自身网站建设,提升组织招聘效度——企业网络招聘渠道探析. 经营管理者,2011(5).

领，通过员工推荐而找到工作的情况不在少数。在英国，员工引荐占招聘比例的20%，节省成本达50%；在印度，约半数的员工来自引荐，节省成本近75%。20世纪八九十年代，当我国的公共就业服务体系还不够健全时，蔚为壮观的农村劳动力大多数通过亲戚、老乡或熟人推荐的方式，从中西部地区流向东部沿海地区，从农村来到城市寻找致富机会。进入21世纪，随着人口结构的变迁，作为阶段性行业性"用工难"问题凸显时，很多制造类劳动密集型企业最常用的招聘方式就是员工推荐。比如，温州康奈集团用多种形式打"情感牌"解"招工难"，春节后新入职员工中有85%的新人是由老员工推荐的。[1] 深圳富士康的在职员工每推荐1名新员工（后者在厂工作满3个月），可获得200元的奖励。[2]

当然，员工推荐也存在自身的缺点，比如数量有限、选择余地小，用人单位易受主观因素影响，易形成裙带关系和小利益集团，容易形成单一化和板块化的人才结构，当员工所推荐的人员被拒绝，其本人可能产生不满等问题。因此，企业要建立有效的内部员工推荐管理体系，包括推荐者资格限制、推荐的流程、被推荐者的测试录用程序与办法等，还要建立有效的员工推荐激励机制。在设计奖励办法时要考虑以下问题：一是奖励额度的大小，要设置适度的奖励额度，既能在组织内部形成内部猎头的氛围，又避免过度激励带来适得其反的负效应；二是奖励形式的选择，是现金奖励还是非货币化福利；三是支付方式的选择，比较恰当的做法是将奖励（奖金）的支付周期延长，一旦被推荐人在试用期离职或考核不合格，则相应奖励就不发放。

对企业而言，内部招聘和外部招聘各有利弊，企业可综合本企业的实际情况和外部人力资源市场状况等进行选择。实际上，大多数企业实行内外部招聘并举。如果某一企业的外部环境和竞争情况变化非常迅速，它就既需要开发利用内部人力资源，同时又必须侧重利用外部人力资源。对那些外部环境变化缓慢的企业来说，从内部进行提拔往往更有利。不管是内部招聘还是外部招聘，企业的目标都是找到那些最适合岗位需求的人。内部招聘和外部招聘的优缺点见表4—2。

---

[1] 缪小霞等. 康奈集团多种形式打"情感牌"解"招工难" 八成五新员工由老员工推荐而来. 温州日报，2011-02-20.

[2] 李克诚. 富士康求职者仍排长龙：员工推荐新人奖200元. 东方早报，2010-05-16.

表 4—2 内部招聘和外部招聘的优缺点

优点	缺点
内部招聘	
可提高被提升者的士气	"近亲繁殖"（企业的视野会逐渐狭窄）
更准确地判断员工的能力	未被提升的人或许士气低落
在有些地方可节省花费	"政治的"钩心斗角，内部关系紧张
可调动员工的工作积极性	必须制订管理与培养计划
可促成连续的提升	
一般只需雇用低级别的员工	
外部招聘	
"新鲜血液"有助于拓宽企业的视野	可能引来企业"窥探者"
比培训专业人员要廉价和快速	可能未选到"适应"该职位或企业需要的人
在企业内可避免形成势力小集团	可能会影响内部未被选拔的候选人的士气
	新员工需要较长的"调整期"或熟悉时间

第三节　甄选的方法和技术

招聘过程中，"甄选"是一个人与组织、人与岗位的"匹配"过程，通过各种类型的测试来挑选具有合适资格的人来补充组织内部相应的职位空缺。甄选的复杂性在于在较短的时间内，在信息不对称的情况下，正确判断求职者的技能以及价值观是否与本组织相吻合，是否能在未来的工作岗位上取得优良的绩效。作为招聘流程中倾向于"实施"的一个环节，甄选环节要求人力资源管理部门具有较高"甄别"候选者的能力，具有鉴别、发现人才的"火眼金睛"。

一般而言，甄选的程序包括求职者资料的初步审核、笔试和面试、心理和能力测试、体检和考察、公示以及发出录用通知书等。本节主要侧重于介绍前三个环节。

一、求职者资料的初步审核

通过招聘信息的发布,在招聘者规定的时限内,用人单位会收到大量的求职者简历,人力资源部门的首要工作是对求职者的资料进行审核,也就是简历筛选工作。一般而言,应聘者应向招聘单位提供以下个人资料:个人简历,着重说明教育背景、工作经历、技能专长、成果和作品、自我评价等;各种学历、成果、作品的证明(复印件);身份证(复印件);应聘申请表,说明应聘的职位或岗位。个人资料和应聘申请表必须详尽真实,人力资源部门可能在本环节也可能在甄选后的环节予以核实。在初步审查中,人力资源部门要注意两点:

第一,根据招聘信息中设定的招聘标准,将那些与本组织的招聘要求最接近的候选人挑选出来,并可以大致进行一个排序。招聘中,有不少用人单位为了节约招聘时间,提高招聘效率,使用本组织专门制作的标准化的求职申请表(也称为求职登记表、应聘调查表等,见表4—3),以此要求求职者严格根据申请表提供相关的信息,这样给简历的筛选提供了更大的便利。

第二,仔细审查已经挑选出来的基本符合招聘要求的简历,着重甄别有无虚假信息。更专业的背景筛查可放在对最后少数入围候选人的考察中,详见第四节"录用及风险控制"有关内容。

二、笔试和面试

(一)甄选工具的效度和信度

有效的甄选非常重要,它在很大程度上取决于测试方法的效度和信度。而不同的甄选工具在信度和效度上的表现是有差异的,企业要根据不同甄选工具的特点选择合适的工具。

如工作分析章节所述,信度是指测验结果的一致性、稳定性及可靠性程度。可靠的评价结果不因评价人员和评价时间的变化而变化。也就是说,如果两个人评价同一个候选人给出同样评分和对同一候选人在不同时间的评分相同,则测度的可靠性最大;当得分不可靠时,则其效度减小。信度对于测试而言是至关重要的,效度的重要性仅次于信度。效度是指测试的准确性和有用性,即是否能够证

表 4—3　　　中国×××集团公司×××工程部应聘人员申请表

姓名		性别		民族	
籍贯		身高		婚姻状况	
毕业院校、专业及年级排名	本科：				
	硕士：				
	博士：				
家庭详细住址及邮编					
政治面貌		联系电话		身份证号	
现有薪酬（非应届生）	税前　　元/月		期望薪酬	税前　　元/月	
家庭成员基本情况					

关系	姓名	年龄	国籍	工作单位	职务

注：如本人的亲属在×××行业系统工作，请填入该亲属的相关情况。

个人基本情况	1. 是否有海外关系及涉外婚姻？　　是□　否□　备注： 2. 是否受过处分？　　　　　　　　是□　否□　备注： 3. 是否参加过非法组织？　　　　　是□　否□　备注： 4. 其他需要说明的情况：
获奖及论文发表情况	
主要社会活动情况	
特长	

本人承诺以上所填各项内容的真实性，如有不实之处愿意承担由此带来的一切后果。
本人签名：　　　　　　　　日期：

明"所测即所求"。效度涉及这样的问题：求职者的实际工作绩效是否与在挑选过程中所做的预期绩效一样好。求职者的实际工作绩效与预期绩效越接近，则挑选过程的效度越高。能否达到较高的效度，很大程度上依赖于所使用的甄选工具是否适当，企业应该使用那些能够可靠和准确地测量所需资格的挑选方法。

要达到较高的信度和效度，候选人应该保持适宜的情绪和身体状况，不能过度紧张，也不适宜过度亢奋。另外，测试者（以及面试者）还要注意以下测试技巧和方法：第一，尽量不要过早"淘汰"被试者，给他们足够的机会展示自己；第二，避免询问被试者模糊的或容易混淆的问题；第三，尽量避免太困难或太简单的问题，最好选择中等难度的问题以得到最可靠的测量结果；第四，测量的时间长度增大，测试的可靠性也增大，应该用几个而不是一两个问题来评估被试者。

在实践中，笔试和面试的顺序是不确定的，一般而言，笔试在面试之前，初步测试应聘者基本的职业能力和综合素质，然后再通过面试的形式确定最终的几位候选人。有的企业在应聘者网上提交求职简历时，首先进行一轮网络测试，然后根据网络测试的成绩确定进入第一轮面试的候选人选。也有的招聘单位将符合笔试资格的人选公示，然后将笔试的时间地点以及笔试的要求列出，组织专场考试，然后按照笔试的成绩进行一定比例的筛选，从而确定进入面试的候选人选。

（二）笔试概述

笔试主要用来测评应聘者的基础知识、专业能力和管理知识以及综合分析能力、文字表达能力等，是一种传统的人才测评方法，至今被广泛应用。笔试在测定知识面和思维分析能力方面有较高效度，成本较低，成绩评定较为客观，易于大规模实施，通常作为人才甄选的初期筛选工具。不同行业、不同企业的笔试方法各有不同，考察重点与招聘岗位所需要的知识、技能、素质和能力直接或间接相关。笔试的题型不外乎两种：一种是从已经拟订的答案中辨认出正确选项的客观题，另一种是应聘者可以自由发挥的主观题。比如，不少企业的笔试仿照我国公务员考试的通用性题型，通过类似申论和行政能力测试的题型测试应聘者的综合性素质。也有的企业在笔试设计上充分体现了本招聘岗位的胜任素质，如以下所示的《中国财富》2006年笔试考题。

【阅读参考】《中国财富》招聘记者、编辑笔试考题

一、需带物品

1. 请带至少一篇原创3 000字左右的经济类文章，要求文笔通畅，能反映个人写作风格与水平，同时反映选题能力。新创旧作均可。

2. 个人简历以及证书、身份证复印件，照片两张。

3. 自带一支笔。

二、笔试原则

1. 所有题目均为检测应聘者是否能够具备日后工作的潜力，不代表个人以及日后能力的水平。

2. 绝大部分题目没有唯一的标准答案。

3. 需要灵活作答的题目请尽量开拓思路，不必顾虑。

4. 答案无字数限制。

5. 题目要求的答案数量不是绝对数量，可以增加或减少，但增加与减少均被视为自身能力的反映。

6. 笔试时间为一个半小时到两个小时。

三、《中国财富》简介（略）

四、个人情况调查

姓名：　　　　年龄：　　　　性别：　　　　学历：

个人爱好：

个人特长与技能：

在经济内容方面的资源：

以前最突出的几个成绩：

您目前的工作：

需要的离职时间：

五、笔试题目（答案字数不限）

1. 举出至少五位经济学家和其单位。

2. 您刚刚采访了联想集团总经理杨元庆，内容是关于联想品牌推广失误和补救方法，请写出两个或两个以上开头文字，要求有吸引力、文笔优美。字数不限，可多可少。（本题主要测试文笔与风格，文体不限）

3. 您平时阅读的财经类媒体有哪些？请用一两句话评论其优缺点。

4. 请列出领带的十种作用。（此题主要测试思维方式的新鲜性与开拓性，请尽量开拓思路作答）

5. 您是一位部门经理，怎样才能让员工保持工作的激情？（此题为微观管理题，要求答得具体，不要只讲大原则，最好有具体方法）

6. 请用自己的话解释以下名词。（此题并非一般的名词解释题，要求用通俗的、自己的语言来解释专业名词，让一般人也能看懂）

  MBO BLOG CISCO 市场营销 通货紧缩

7. 列举五种以上直接或间接改善目前股市低迷的方法，要求至少两种有独特的创意。

8. 您最大的优点与不足是什么？

9. 《中国财富》是一本通过经济事件的深入分析和报道，挖掘背后经验和方法，帮助中国经理层提升个人能力和素质的泛财经类刊物，请根据这一定位列出至少三个您认为不错的选题。

10. 如果您认为自己这份答卷答得不好，请说明我们为什么还一定要聘用您？

资料来源：《青年记者》，2006年第6期。

一般而言，在对候选者的笔试后会进行面试、心理或能力测评。更多的企业在实践中综合性运用各种面试和测评。不管是笔试、面试还是测评，测试形式和内容都将围绕招聘岗位的任职资格和能力设定，通过高效而可信的测试方式，在最短的时间内，甄选出最匹配的候选人。

（三）面试的分类

1. 个别面试、小组面试和集体面试[①]

从参与面试过程的人员来看，可分为个别面试、小组面试和集体面试。个别面试是一个面试人员与一个应聘者面对面地交谈，这种方式的面试有利于双方建立亲密的关系和深入的了解，不过这种面试的结果容易受面试人员主观因素的干扰。小组面试是更为常用的方式，招聘单位一般会组织专门的面试委员会，面试委员会包括招聘小组的主要负责人、主管人事工作的组织负责人、具体招聘部门

[①] 不少研究者将"小组面试"或"群体面试"界定为"无领导小组讨论"。本文对这三者做了区分，"无领导小组讨论"作为"群体面试"的一种具体形式，将在下文的"能力测试"部分中着重介绍。

的负责人。为了保障面试的公平性和有效性,招聘小组还会外聘专家加入面试委员会。面试委员会对各个应聘者分别进行面试。面试委员会一般由本单位负责人事工作的经理或负责人担任主考官。这种面试能够从多种角度对应聘者进行考察,从而提高面试结果的准确性,克服个人偏见。集体面试,即由面试委员会对若干应聘者同时进行面试,在集体面试过程中,通常由面试主考官提出一个或几个问题,引导应聘者进行讨论,从中发现、比较应聘者的应变能力、表达能力、思维能力、解决问题的能力、团队领导能力和交际能力等。集体面试的效率比较高,同时对面试委员会成员和面试主考官的要求也比较高,面试委员会成员要提前对每个应聘者都有大致的了解,并善于观察和控制局面。

2. 结构化面试、非结构化面试和压力面试

从面试的组织形式来看,面试一般分为结构化面试、非结构化面试和压力面试。

结构化面试(structured interview)。是指在面试之前,面试委员会要准备好一个固定的问题框架或清单,要求应聘者在一定的时间内,严格按照清单的问题顺序进行回答。这种面试的优点在于,对所有应聘者均按同一标准进行,可以提供结构与形式相同的信息,便于分析、比较,且对考官的要求较少。研究表明,结构化面试的信度与效度较好。缺点是过于僵化,难以随机应变,所收集信息的范围受到限制。三五分钟的自我陈述是结构化面试的一般性开场题。结构化面试中最常使用的有两种类型:一种是行为描述面试(behavior description interview,BD 面试),另一种是情境面试(situational interview)。两者都是基于工作分析之上的标准化的人员选拔测评方法,其信度、效度及公平性都优于非结构化面试。

非结构化面试(unstructured interview)。这种面试无固定的模式,事先无须做太多的准备,主考官只要掌握组织、职位的基本情况即可。在面试中往往提一些开放式的问题,如设置某个情境,考察候选者对某个事件、某个问题的看法和处理,或者根据候选者在前面回答问题的信息即兴追问。这种面试的主要目的在于给应聘者充分发挥自己能力和潜力的机会。这种面试类型中,主考官所提问题的真实目的往往带有很大的隐蔽性,要求应聘者有很好的理解能力和应变能力;同时,这种面试方式对主考官的要求也更高,要求主考官在面试之前基本了解应

聘者的基本信息，迅速把握应聘者在面试中的肢体语言、表情、语言陈述等综合信息，并进行更为深层次的追问。这要求面试考官有丰富的阅人经验和心理学方面的综合素质。作为传统面试方式的非结构化面试则具有明显的缺点，即主考官很容易受到首因效应、近因效应、晕轮效应和相似效应等心理学效应的影响，导致预测的准确性差，效度不高。结构化程度会影响面试的效度，这一点得到多数研究机构证实。相对非结构化面试，结构化面试的预测绩效更为理想。

据研究，传统的非结构化面试主要测试人格和认知能力，而结构化面试主要与工作经历、工作知识和社会技能有关。高结构化面试经常测试工作知识、个人技能、组织匹配和智力技能（解决问题能力），而低结构化面试则偏重测试兴趣、教育或培训经历等。

(1) 行为描述面试法。行为描述面试法最早可追溯到 20 世纪 60 年代美国工业与组织心理学的研究，直到 1982 年简兹（Janz）对行为描述面试法进行深入的分析比较后，该方法开始用于员工的招聘面试。这种面试基于工业与组织行为学的行为连贯性原理，即过去的行为是未来行为的最好预测，因此对应聘者胜任素质的考察更具有针对性和目的性。在这种面试中，主考官问的是一些与当前工作紧密相关的行为问题，比如"这件事情当时的背景是怎样的？""你的任务目标和要求是什么？""为此你做了哪些事情来解决这个问题？"等，通过询问求职者在以往工作中碰到类似情境时是怎么处理的，以收集应聘者在代表性事件中的具体行为和心理活动的详细信息。

要提高行为描述面试的信度和效度，必须从设计到实施实现标准化，并注意控制影响面试过程和面试考官的因素。行为描述面试法的开发和实施过程如下：第一，进行工作分析。通过工作分析识别和定义工作的任务以及有效完成工作所需要的知识、技能、能力和其他特征，也就是胜任素质。第二，确定选拔计划。通过胜任素质确定选拔计划，说明行为描述是否是测量这些胜任素质的最好方法。比如，知识最好通过笔试方法测评，技能和能力可通过评价中心技术等多种方法选择，行为描述面试最适合评价其中的某些能力，比如言语的、人际的、适应性及灵活性的技能和能力。第三，开发面试计划。包括：①确定胜任素质权重，即根据招聘职位胜任素质的重要性给每个胜任素质确定权重。②设计面试问题，即围绕确定的胜任素质，为要测评的每一项胜任素质设计 2~3 个问题。面试问题分为开放式问题和追踪式问题，前者用于在面试开始时引出求职者对事件行为的描述，后者用来向求职者询问事件的具体细节。问题的设计一定是行为性问题，即紧紧围绕应聘者过去发生过的真实行为事例及工作经验，而不是理论性问题或引导性问题。③构建评价量表，以利考官根据量表对求职者的回答质量做评判。比如，评价量表可以采用 5 等级计分制，计分等级可以设计为：1 分，远低于最低要求；2 分，稍低于最低要求；3 分，刚好与最低要求相符；4 分，稍高于最低要求；5 分，大大超过最低要求。第四，面试评估与记录。在完成上述准备工作以及对面试官进行必要的培训后，即可实施面试。在面试过程中，面试官要灵活使用开放式问题和追踪式问题。在使用追踪式问题时，可借助 STAR 工具使用行为事件访谈法，对应聘者在特定情境下完成特定任务采取的行动以及对最终结果有完整的把握。除了提问之外，面试官要细心聆听和观察应聘者的言行，并进行详细记录，作为评分依据。面试官应该在面谈结束后及时整理记录，独立填写每一份评价量表，将招聘职位的每项胜任素质逐一评分，并参照自己的记录，引用求职者的言行作为支持，并保持评价过程的客观中立。

行为描述面试法的效度、信度和公平性有赖于整个实施过程各个环节设计是否科学、完备而成熟，面试之前需要做大量的准备工作，面试结束后也存在较大的信息分析整理工作。承担具体实施任务的面试官要经过专门的培训，最好拥有丰富的招聘经验，才能保证面试真正达到预期的效果。

(2) 情境面试法。情境面试法是 1950 年由兰瑟姆（Gary Latham）和她的同事提出，该方法基于"个体的目标和行为意向是未来行为的有效预测指标"的假设。情境面试的内容是向应聘者提供一些工作中的典型场景，并要求应聘者回答"这种情况下你会怎么做"，以此来鉴别应聘者与工作相关的能力和意向。情境面试应用于人才选拔是基于心理学家勒温的著名公式：$B = f(PE)$，即一个人的行为（behavior）是其人格或个性（personality）与当时所处情境或环境（environment）的函数。候选者面试时的表现是由他们自身的素质和当时面对的情境共同决定的。如果考官能够恰当地选择情境并保证情境对不同候选者的一致性，那么，不仅可以诱发候选者的相应行为，而且能够说明候选者行为的不同是由其素质不同所致。情境面试法的突出特点是具备高度的针对性和逼真性。应试者处理问题的合理性、决策的科学性及其组织协调能力是主考官员对应试者做出评定的主要依据。

情境面试有三个显著特点：第一，面试问题是在工作分析基础上构建的，都是与工作相关的行为性问题；第二，对每一位求职者都询问同样的问题；第三，系统处理求职者的回答。面试前应确定职位的胜任素质权重和评价量表，面试后对每一问题的回答进行数量化评定。类似行为面试法实施全过程，情境面试法从设计到实施也必须严格遵守如下标准化的程序：第一，进行工作分析，通过关键事件法来获得招聘岗位所需要的胜任素质。第二，确定选拔计划，明确哪些胜任素质必须由情境面试法来测试，哪些胜任素质可以由笔试或其他测试方法获得。第三，开发面试计划，构建面试问题，构建问题反应标杆和评价量表。选择最能代表胜任素质的关键事件，为每个关键事件形成一个面试问题。设计面试问题的关键在于创设与要测评的胜任素质有关的场景。对每个面试问题，给出5等分计分制或3等分计分制的评价量表。第四，面试评估与记录。

行为描述面试基于"过去的行为可以预测将来"这一假设，典型的提问方式是："当过去……你是怎么做的？"由于基于被试者过去的工作经历，对于那些缺乏某些特定工作经历的人而言，行为面试具有一定的局限性。情境面试基于设定情境，看相同设定情境下被试者的不同反应，典型的提问方式是："如果……你会……"情境面试和行为面试的综合使用，会最大限度地发挥出结构化面试的优势。

【阅读参考】情境面试的案例分析[①]

某企业集团聘请招聘专家为其下属百货公司选拔总经理。在最后阶段，招聘专家对一路过关的四位候选者使用了情景面试的方法。四位候选者被安排同时观看一段录像，录像内容如下：

画面呈现出一座小城市，画外音告知这是一个中等发达程度的小县城。镜头

---

① 一般来说，把"situational"翻译成"情境"更符合英文原意。但也有人把"情境面试"（situational interview）翻译成"情景面试"，比如本阅读参考内容。

第四章 员工招聘

聚焦于一家百货商场，时间显示当时是上午 9 时 30 分。这时商场的正门入口处出现了一位身高一米八左右、穿夹克的年轻小伙子。他走进商场，径直走向日用品柜台。柜台里是一位三十岁出头的女售货员。小伙子向女售货员说："拿支牙膏。"女售货员问："什么牌子？""中华牌。"小伙子答道。女售货员说："三块八毛钱。"小伙子掏出钱包，取出一张一百元的人民币，女售货员找给他 96.2 元。然后，小伙子将钱和牙膏收好，走出了商场。

画面重新回到了百货商场正门，时间显示是上午 10 时整。这时，一位身高 1 米 65 左右、穿笔挺西装的小伙子出现在门口，并径直向日用品柜台走去。"同志，要点什么？"女售货员问道。"一支牙刷。"小伙子答道。"什么牌子？"女售货员接着问。小伙子用手指了其中的一种。女售货员说："两块八毛钱。"小伙子掏出钱包，取出一张十元的人民币递给女售货员。女售货员给小伙子一支牙刷并找给七块两毛钱。然而，小伙子突然说："同志，你找错钱了，我给你的是一百块钱。""你给我的明明是十块钱呀！"女售货员吃惊地说道。"我给你的就是一百块钱，赶快给我找钱，我还有事情要做！"小伙子提高了嗓门，语气也相当严厉。女售货员急了，声音也提高了八度："你这人怎么不讲理呢？你明明给的是十块钱，为什么偏要说是一百元呢？你想坑人啊？"这时，日用柜台边已经聚拢了十几位买东西的顾客看热闹。这位小伙子似乎实在难以容忍了，向整个人群说道："大伙儿都瞧瞧，这是什么服务态度！你们经理呢？我要找你们的经理。"

说来也巧，百货商场的总经理正好从楼上下来，看到这边有人围观，便走了过来。总经理看上去是一位二十八九岁的年轻人。"怎么回事？"总经理问道。女售货员看到总经理来了，像来了救兵一样，马上委屈地向总经理告状："经理，这个人太不讲理了，他明明给我的是一张十块钱，硬说是一张一百块钱。"经理见她着急的样子，立即安慰她说："张姐，别着急，慢慢讲，他买了什么？你有没有收一百块钱一张的人民币？"这位被总经理称为"张姐"的女售货员心情似乎平静了些。"他买了的是牙膏，啊……不，他买的是牙刷。对了，我想起来了，今天，我没收几张一百块钱的人民币，有一位高个儿给了我一百块钱，他买的是牙膏。这个人给我的就是十块钱。"总经理听了售货员的话，眉头有些舒展，转向人群中的那位身高一米六五左右的小伙子，很有礼貌地说道："很不好意思出现了这种事情。您能告诉我事情的真实情况吗？"小伙子似乎也恢复了平静，同样有礼貌地坚持说自己付给女售货员的是一百块钱，是女售货员将钱找错了。这时总经理环视了一下人群，然后将视线定格在这位小伙子身上，继续有礼貌地说："这位先生，根据我对这位售货员的了解，她不是说谎和不负责的人，但是我同样相信您也不是那种找茬的人。所以，为了更好地将事情弄清楚，我可否问您一个问题？""什么问题？"小伙子问道。"您说您拿的是一张一百块钱，请问您有证据吗？"总经理问道。小伙子的眼睛一亮，马上提高了嗓门说："证据？还要什么证据？不过我想起来了，昨天我算账的时候，顺手在这张钱的主席像一面的右上角用圆珠笔写了'2888'四个数字。你们可以找一下。"总经理立即吩咐张姐在收银柜中寻找，果真找到了一张主席像一面用圆珠笔写有"2888"的一百块钱纸币。这时，小伙子来了精神，冲着人群高喊："那就是我刚才给的一百块钱，那个'2888'就是我写的。不信，可以验笔迹。"

人群开始骚动，顾客们明显表示出对商场的不满。镜头在人群、小伙子、张姐和总经理之间切换，最后定格在总经理眉头紧锁的脸上。这时录像结束，并在屏幕上弹出两个问题：

1. 假如您是该百货商场的总经理，您将如何应付当时的局面？
2. 作为总经理，您将如何善后？

四位候选者被要求准备10分钟，然后分别向专家组陈述自己的答案，时间不超过5分钟。

案例分析：

第一位候选者答案的大意是：他首先向那位小伙子道歉，承认他的下属工作失误，然后当众批评女售货员，并如数找给小伙子97.2元。这样做的理由是，九十多块钱是小事，影响正常营业、损害公司形象是大事。事件持续的时间越长，对百货公司越不利。至于女售货员所受到的委屈，可以在事后进行心理上的安抚。

这位候选者的优点在于能够从公司大局出发，分清轻重缓急，具备作为公司总经理的基本思维素质。但是，其具体做法毕竟是委曲求全，且有向不法行为低头之嫌。

第四章　员工招聘

第二位候选者答案的大意是：他首先诚恳地向那位小伙子和在场的顾客道歉，因为他手下的员工出言不逊，冒犯了顾客。他也主张要将97元2角钱当场如数找给小伙子，但并不是承认自己的员工搞错了，而是奉行"顾客永远是对的"这一理念。并向在场的顾客承诺将继续追查此事，如确系售货员失误要从严处罚，同时向顾客当事人承认错误和赔偿。另外，他还诚恳地要求小伙子为配合百货公司的工作，留下联系方式。

这位候选者的优点与第一位相似，但较为主动一些。在无法立即判断孰是孰非之际，突出"顾客是上帝"的理念，让顾客明白，百货公司做出让步性决策的前提是对顾客的热爱。但是，这种做法仍然没有负起道义的责任。

第三位候选者答案的大意是：他认为只要他在那位小伙子耳边说上两句话就行了。他的话是："哥儿们，请跟我到后面看一看，我们内部录像系统。"他的理由是，整个事件明显是欺诈，对付欺诈的手段就是以毒攻毒，让其知难而退。

这位候选者的优点在于有较强的道义感，对恶势力采取针锋相对的措施，但是，他犯了一个大忌，就是职业经理人应以诚信为本。"内部录像系统"在"中等发达程度的小县城"里的百货公司中是绝对不可能有的。候选者如果没有意识到"中等发达程度的小县城"，便是信息管理能力方面的欠缺；如果意识到了，便是以诈还诈了。

第四位候选者答案的大意是：他要当众揭穿"骗子"的伎俩，并与公安部门相配合对其进行打击。他首先私下吩咐保安人员报警，然后向小伙子发问："您确定您支付的是一百块钱，而不是十块钱，是吗？"得到认可后进行推理："既然您支付的是一百块钱，上面又写有'2888'，那么这张钱上应该有您的指纹。既然没有支付十块钱，那么收银柜内今天收到的所有十元纸币上就不会有您的指纹。如果经查证有一张十元纸币上有您的新鲜的指纹，又如何解释呢？"

这位候选者的最大优点在于对问题分析的深刻性，他敏锐地抓住了诈骗者逻辑上的盲区，当场予以揭穿是有震撼力的。从道义的角度上讲，也是完全可以理解的。然而，作为职业经理人，"得理也饶人"是一大招财秘诀。何况女售货员在有理的情况下也不该出言不逊。因此，如果这位候选者在识破骗局的同时，又不忘向当时的顾客群体展示亲和力，那么效果会更好。

总而言之，案例中情景面试的第一题旨在考察候选者的三层素质：洞察力——对事件本质的把握；全局观——对形象力和"顾客至上"理念的理解；道义感——对社会上反诚信现象的态度。

资料来源：牛雄鹰. 情景面试的案例分析. 中国人力资源开发，2002（6）.

压力面试（stress interview）。这种面试是指在面试过程中，招聘人员提出一些具有困难性、挑战性、非常规性的问题或设计类似的场景，通过追问甚至质问的方式，有意制造出紧张而有压力的气氛，观察应聘者的反应与回答，来探测应聘者深层次的素质与个性，比如应聘者承受压力、调整情绪的能力，应变能力和解决紧急问题的能力等。压力面试的问题可以是提前精心准备的问题，也可以是现场想到的问题。使用压力面试主要基于胜任素质模型，发现和发掘在企业特殊岗位上拥有胜任素质的特殊人才，比如营销人员、客户服务、公关、外贸等岗位或高级管理人员等。设计压力面试题可以从企业素质模型、岗位素质模型和简历疑点三方面入手。表4—4是销售岗位压力面试问题示例。

表4—4　　　　　　　　销售岗位压力面试问题示例

考察层面	测评素质	压力面试问题
企业层面	诚信正直	请讲一件真实发生在你身上或你经历的有违诚信的事
	开拓创新	你能不能用30秒钟讲出桌上的纸杯除装东西外的十种用途
	团队精神	同事有急事向你求助，但你正在赶一份重要而紧急的报告，你怎么办
岗位要求	人际交往能力	你能不能用1分钟向我推销你，告诉我为什么要录取你
	应变能力	一架波音737飞机有多重？下水井的盖子为什么是圆的
	心理承受能力	从你的经历看，你的性格比较抑郁悲观，不适合我们的工作
简历疑点	工作稳定性	过去两年内你换了四份工作，这是否反映了你稳定性很差，对企业不忠诚
	细致性	请你回忆一下这栋大厦的电梯有多少部

招聘小组要根据招聘需求设计压力面试的问题，注意把握压力面试的"度"，避免涉及被试者隐私或有伤自尊的问题，确保具有控制与处理现场问题的能力。提问时最好循序渐进，先按常规的考察程序，在探测不到深层次素质时再进行一

定的压力面试。比较合理的非压力面试与压力面试的分配比例为 7∶3。另外，压力面试最好在初试中使用，使双方在自然状态下加深理解，达成一致。

（四）面试的提问技巧及注意事项

1. 面试的提问技巧

面试的过程中，常用的提问技巧如下：

（1）尽量采用诱导性提问，而不是肯定/否定式提问。肯定/否定式提问如"你认为这样处理某事对/不对吗？"，诱导性提问如"你为什么选择本工作岗位？""你认为自己的哪些素质和能力能够胜任本岗位？"相对肯定/否定式提问，诱导性提问可以引导应聘者详细描述自己的工作经历、能力、素质、工作动机、个人兴趣和品格等，能给应聘者更多的发挥余地，从而深入了解应聘者的能力与潜力。

（2）比较式提问。主考官要求应聘者对两个或更多的事物进行比较分析，以达到了解应聘者的个人品格、工作动机、工作能力与潜力的目的。例如："你认为自己与其他候选人相比，胜算有多大？""上一份工作中，你最大的成就是什么？"

（3）举例提问。当应聘者回答有关问题时，主考官让其举例说明，引导应聘者回答解决某一问题或完成某项任务所采取的方法或措施，以此鉴别应聘者所谈问题的真假，了解应聘者实际上解决问题的能力。

（4）客观评价提问。主考官有意让应聘者介绍自己的情况，客观对自己的优缺点进行评价，借此对应聘者进行更加深入的了解。例如："你认为自己有哪些缺点？请举例说明。"

（5）善用追问技巧发现事实真相。比如，结构化面试的行为描述面试法关注被试者过去的工作经历，这时考官应能娴熟运用 STAR 提问法，用连续追问把握完整的行为事例——情境（situation）、任务（task）、行动（action）和结果（result），由此测试出被试者是否具有相应的胜任素质。

2. 面试过程中应该注意的事项

作为面试的组织者，人力资源部门应该做好充分周全的准备工作，一方面，提高面试过程的效率，尽可能提供最好的条件为组织选择合适的人员做准备；另一方面，通过训练有素、准备周密的面试，树立本企业面向社会和市场时的专业形象，提升本企业在人力资源市场上的声誉和口碑。

第一，要成立一个面试工作小组，确定面试过程中由哪些流程和岗位组成，每个流程和岗位分别由哪些工作人员负责，每个流程的要求是什么，比如面试时间、场地的选择和布置，面试时需要的各种工具，每位面试者的面试时间长度，面试者的签到工作，面试者候考服务，可能的应急事件以及应对措施等。

第二，要对面试考评委员会进行必要的培训。面试考评委员会是面试工作小组中的核心，直接影响面试的结果。人力资源部门应该事先将所有候选人的资料给每位参加面试的考官；同时，通过讨论的方式确定面试的形式：是个别面试、小组面试，还是集体面试；是采取结构化面试、非结构化面试，还是压力面试。确定面试主考官，并请每一位面试考官准备好相关的问题提纲。

面试过程中，面试官要特别避免以下心理效应对面试效果的影响：

(1) 首因效应（Primacy Effect），又称"优先效应"或"第一印象"。在心理学上是指人们比较重视最先得到的信息，并以此为依据对他人做判断。即面试考官根据开始几分钟或面试之前从申请表格、录用测试等资料中得到的印象对求职应聘人做出是否被录用的判断。因此，面试官要冷静、客观地对待应聘者留下的第一印象，思想上随时做好改造甚至否定第一印象的准备非常重要。

(2) 晕轮效应（Halo Effect），又称"光环效应"。心理学中是指在人际知觉中所形成的以点概面或以偏概全的主观印象。招聘面试中，晕轮效应表现为面试官因为求职者具有某些长处（或短处）而对他做出整体的有利（或不利）评分。晕轮效应的直接后果是偏见，比如以貌取人、以穿着定地位、以初次言谈定人的才能与品质等。面试官应严格依照招聘岗位的任职资格或胜任素质进行评价和考核，透过现象认识本质，注重了解应聘者的心理、行为等深层次结构以减少晕轮效应带来的消极影响。

(3) 负面效应（Adverse Effect）。即面试官对应聘者的印象容易由好变坏，不容易由坏变好；对待同样程度的优点和缺点，往往强调缺点而忽视优点。与负面效应相对应的是相似效应，即面试官可能会因为应聘者与自己有相似的兴趣、偏好或经历，从而对应聘者产生好感，影响到正确判断。面试官既要避免与应聘者比较有多少相似之处，又要客观地把应聘者的优点、缺点一一记录，避免在面试过程中做出结果判断,而应该在面试结束后经过综合分析得出面试结果。

(4) 对比效应 (Candidate-order or Contrast Eeror)。面试过程中的顺序可能影响到面试官的正确评价。比如,可能由于连续几个应聘者的表现都很一般,突然出现一个能力较强的应聘者,这时面试官可能会感觉到这个应聘者特别优秀,从而给出高于应聘者实际水平的评价。或者由于连续几个应聘者的表现都很优秀,突然出现一个能力平平的应聘者,面试官可能会感觉到这个应聘者表现很差,从而给出低于应聘者实际水平的评价。因此,在遇到连续几个人表现较好(或较差)时,面试官应保持较强的自省能力,客观理性地面对接下来的应聘者。

(5) 刻板印象 (Stereotypes)。是指人们对某一类人或事物产生的比较固定、概括而笼统的看法,这实际上是由于把人进行机械性分类而带来的认知偏差。招聘过程中,面试官很可能不自觉地按应聘者的年龄、民族、性别、籍贯、专业和毕业院校等特点进行分类,而对某类人的评价可能并不适合某个具体的人,这时,面试官的偏见可能会对应聘者带来极大的不公平。

另外,面试官还要注意面试过程中的下列技术性问题:

(1) 善于倾听应聘者的陈述和其他考官的提问,不随意打断其他人的陈述;尽量使考官之间的提问有效互补、递进,避免提问在低水平上重复。

(2) 提问过程中,注意提问的语速、语调,问题要直截了当,语言简练、表达清晰,不引起误解。自始至终保持一种客观和价值中立,不要暴露考官的观点和想法,同时避免当场对应聘者进行个人的偏好或倾向性判断。

(3) 善于引导应聘者更为深入的交流,避免使用歧视性的词语。在结构化面试和压力化面试中,尤其注意提问时保持适度,避免道德风险和法律风险。

(4) 善于观察应聘者在面试过程中的整体表现,包括身体姿态、语言表达、面部表情、眼神变化、服装、精神面貌等,并能针对不同气质类型的应聘者进行引导,尽量创造一种良好、轻松的面试氛围,给应试者留出足够的呈现空间和发挥余地。

三、心理和能力测试

测试 (test) 又称测评,是在面试基础上进一步了解应聘者的一种手段,这种测评手段在西方的起源得益于心理学、行为科学和组织理论等自然科学和社会科学的最新研究成果，也与西方社会在 20 世纪发展过程中的工业化、战争和新的技术革命等重大历史事件紧密相关，集中展示了 20 世纪科学技术对人类社会生活的研究及影响。

和面试相比，测试试图创造一个纯粹的被考察者与客观测试之间的互动，增加考试环境的客观性，消除面试过程中考官的主观因素对面试的干扰，剔除应聘者资料和面试中的一些"伪信息"，深入发掘影响个人工作绩效和工作潜能的深层次心理或社会因素，从而帮助企业达成更理性更正确的选人决策。测试包括心理测试和能力测试。

心理测试最早可以追溯到 1905 年法国心理学家比奈（A. Binet）和西蒙（T. Simon）合作开发的智力测验量表，其目的在于鉴别智商较差的学生，以便对他们进行因材施教。起源于智力测验的心理测试后来被逐步扩展到教育、军事及商业领域。第一次世界大战期间，美国政府为了帮助军方提高新兵招募的有效性，委托心理学家开发了用于新兵甄选的系列测试，以测试新兵的相关能力。其中最著名的是约翰·奥迪斯（John Otis）和罗伯特·叶科斯（Robert Yerkes）共同开发的陆军阿尔法（Alpha）测验和陆军贝塔（Beta）测验。第一次世界大战结束后，心理测试开始被大量运用于政府机构和企业，在一般性智力测验的基础上，逐步发展出人格测验、职业性向测验、情绪稳定性测验等多种测试工具，心理测试被广泛运用于企业界的人力资源活动。

20 世纪四五十年代，心理测量学家开始在实践中评价求职者的"岗位适合度"，也就是说，人们开始越来越重视"人职匹配"。60 年代以后，评价中心技术发展并在许多大公司开始应用，使得测评对象不仅仅以普通员工为主，而且扩展到中高层管理人员。近几十年来，随着测评工作更加专业化，西方出现了许多专门提供测评服务的公司，把人才测评技术应用于人力资源开发的各个领域，包括人员安置咨询、应聘筛选、成功计划、职业咨询、职业发展、晋升和选拔决策等。

20 世纪二三十年代，我国的教育领域开始应用心理测验。新中国成立后直到改革开放，人才测评的研究和应用基本处于停滞状态。从 1980 年到 1988 年，从恢复心理测验开始,我国开始引入、吸收国外先进的测验技术和做法。这个时期的心理测验应用主要局限于教育领域,在社会经济领域的运用很少。从1989年到1992年,由于国家公务员录用考试制度的初步建立,国家机关用人制度中开始应用现代人才测评技术。党的十四大明确提出,对人才资源的开发要按照社会主义市场经济的内在要求去识别人才、选拔人才、任用人才;同时,市场经济的建立和完善,为人才测评事业发展提供了广阔的生存和发展空间。1994年7月,原人事部在工作会议上提出加强人才评价工作,逐步确立发展人才评价事业的思路。据调查,1995年,我国只有不到7%的企业采用过类似人才测评的方法,11.4%的企业有采用此方法的意愿;到1997年,18%的企业采用人才测评技术,38%的企业认为,企业人事干部应掌握这一技术。[①] 但是人才测评市场的突出问题制约了其发展,包括测评工具的质量认证缺乏规范,应用基础研究有待加强,测评使用工具者的资格培训有待加强。进入21世纪之初,相对于国有企业、民营企业、政府机关和事业单位,合资企业对人才测评方法的使用频率明显要高。各类单位对各种人才测评的需求情况都高于使用情况,这也佐证了从20世纪末以来人才测评技术在我国逐渐被认同并应用于实践的发展趋势。同时,人才测评法也面临以下制约发展的突出问题:人才测评理论体系不够完善、人才测评的功能作用认识有误、人才测评工作者水平参差不齐、人才测评的测量工具鱼龙混杂以及人才测评的宏观管理尚属空白。

(一)认知能力测试

认知能力测试(cognitive ability tests)包括一般的思考能力测试(即智商)以及特殊的脑力测试,如记忆力和归纳思考能力。

关键概念

认知能力测试实际上就是要根据一个人的脑力特征来对人进行区分,从而挑选出具备完成某种工作职责所要求的基本能力的求职者。认知能力一般包括两类:一类是一般性的认知能力,即智力(IQ);另一类认知能力是指一些比较具体的认知能力,如归纳和演绎能力、语言理解力、记忆力以及数字能力等。此

---

① 石云,陈洪震,安瑞武. 人才测评理论概述. 经济论坛,2004(19).

外，还有一些特殊的认知能力，比如空间关系能力、机械理解能力、创造力等。目前，心理学专家对人的逻辑推理能力、数字能力等认知能力的测量已非常准确。

1. 一般能力测试，也就是智力测试。我国采用的方法主要是比奈量表和韦克斯勒成人智力测验法。《中国比奈测验》是一个标准化的智力测验，测试对象为2～18岁的人。韦氏智力量表（Wechsler Intelligence Scale）由美国心理学家韦克斯勒编制，是国际通用的智力量表。韦氏成人智力测验（Wechsler Adult Intelligence Scale，WAIS）是韦氏智力量表中的一部分。中国修订韦氏成人智力量表（WAIS-RC）包括11个分测验，分为言语量表和操作量表两部分。第一，言语部分，包括知识、领悟、算术、相似性、数字广度、词汇共六个分测验。第二，操作部分，包括数字符号、图画填充、木块图、图片排列、图形拼凑共五个分测验。

2. 能力倾向测验（aptitude tests）。能力倾向测验是一种高度标准化的素质测评方法，由智力测验发展而来，用于了解特殊能力差异，并且含有对今后工作绩效的预测性。能力倾向测验是对人的不同能力因素水平和观测将来从事某种专业或工种活动能力的测验。它包括社会智能倾向测验、特殊能力测验以及创造力测验等。

美国劳工部在20世纪40年代开发出的一套总体能力测试（General Aptitude Tests Battery，GATB），一共包括12个分测验，从9个方面测量人的能力倾向：智力、口头语言能力、数理能力、空间能力、形状直觉能力、文字直觉能力、运动协调能力、手指灵活度、手腕灵巧度等。

我国公务员的行政能力测试，主要是通过直觉速度与准确性、判断推理能力、言语理解能力、数量关系与资料分析能力等，预测考生在行政职业领域多种职位上成功的可能性。目前，我国不少企事业单位的笔试环节借鉴公务员考试的题目类型对应聘者进行初选，这说明具有本土特色的、比较成熟的行政能力测试在我国人力资源管理领域越来越深入人心。

3. 特殊能力测试。特殊能力是指那些与具体职位相联系的、不同于一般能力要求的能力。比如，典型方法有明尼苏达办事员测试、西肖音乐能力测试、梅尔美术判断能力测试等。

4. 运动能力和体力测试。测量运动能力，比如手指的灵活性、手工操作灵活性和反应时间。测量体力，比如静态力量（如举重）、动态力量（如向上拉动）、身体协调（如跳绳）和毅力测试等。

值得注意的是，特殊能力测试、运动能力和体力测试同样源于西方，但是目前在中国企业人力资源管理中的运用还不够广泛。

（二）人格（个性）测试

作为心理学的术语，广义的人格（personality）是指个体具有的能力、兴趣、态度、气质、性格及其他行为差异的混合体；狭义的人格是指个性中除能力之外的部分，主要包括需求动机、兴趣、态度、性格、气质、价值观、人际关系、情感等特质。人格测试被广泛运用于招聘中"人职匹配"的检验和员工绩效预测。企业用得较多的人格测量主要有两种：第一种是自陈量表法。即制定好一套人格测试问卷，由被测试者本人根据自己的实际情况或感受来回答，不同的得分对应不同的人格类型。第二种是投射法。这种方法会先向被测试者提供一些未经组织的刺激情境，然后让被测试者在不受限制的情境下自由表现自己的反应。

目前国内使用的人格测量工具大致上可以分为两类：一类是直接修订的国外的成熟量表，如艾森克人格问卷（Eysenck Personality Questionnaire, EPQ）、卡特尔16种人格因素问卷（Sixteen Personality Factor Questionnaire, 16PF）、明尼苏达多相人格问卷（Minnesota Multiphasic Personality Inventory, MMPI）、加州心理问卷（California Psychological Inventory, CPI）等。这一类工具在使用之前都采用中国被试进行了重新修订，对个别题目的措辞和内容进行了一定的修改。在修订这些量表时，所依据的人格理论和量表的整体结构完全是西方量表的原貌，并未根据中国人的特点而做任何改动；所用的项目除极个别的删除（明显不符合中国人的文化环境，如"我每天上教堂"）和个别项目做了文字及措辞上的修改以外，绝大多数项目都未做任何改动。目前，国内正在使用的绝大多数人格测量工具都属于这一类。另一类是结合中国人的特点编制的量表，这类量表彻底摆脱了修订西方量表的模式，从中国人的实际生存状况和典型特点入手选择测量的构想、编写测验的项目，因而有着重要的理论价值和实用价值。

1. 自陈量表法。这一类的成熟问卷最多，最初由西方研发机构开发，后传入我国，在心理学界、社会科学界以及企业界逐步得到应用或修正，包括 MBTI 人格类型测试（Myers-Briggs Type Indicator）、爱德华个性偏好量表（Edwards' Personality Preference Schedule，EPPS）、MMPI、16PF、EPQ 和 CPI 等。相对于西方一系列的人格测试量表，中国人人格量表（Qingnian Zhongguo Personality Scale，QZPS）是相对西方"大五"人格模型（Big Five Personality Model）提出的，第一份完全根据中国人的人格结构和行为特点编制的综合性人格测量工具。

(1) MBTI 人格类型测试[1]问世于 1962 年，是 Myers & Briggs 母女俩在荣格的心理类型理论基础上，经过 50 多年的研究发展而来的一个人格自陈量表。此量表历经多次修订，日趋完善，最近的一次修订于 1998 年完成。新修订的量表包括四个维度，每个维度由对立的两极构成。这四个维度是：外向—内向（Extraversion-Introversion，E-I）、感觉—直觉（Sensing-Intuition，S-I）、思维—情感（Thinking-Feeling，T-F）、判断—感知（Judging-Perceiving，J-P）。每一个个体在每对维度中偏向于一极。四个维度的有机组合，构成 16 种类型人的个性。MBTI[2]是一个理论根基扎实、实用性强的人格量表，与传统人格类型量表相比，它有其独特的优势，可以广泛适用于不同领域，比如组织发展与团队建设、职业发展与指导、管理与领导培训、人际关系咨询、教育及课程发展等领域。有关理论研究表明，此量表的内容结构与霍兰德职业兴趣量表、"大五"人格量表等相关职业咨询的量表相当吻合。另外，它的一个显著优势在于把握了认知风格这一极为稳定且与职业性向有高度关联的核心内容，并且测查项目相对较少，比较精练，使用效率高，实用性强，因此在职业咨询领域很受欢迎。自 20 世纪 90 年代以来，国内对中文版 MBTI 人格类型量表的修订研究工作说明，MBTI 中文修订版的测评结果有较好的信度和效度。一项对我国 255 名企业管理者的人格类型研究表明，ESTJ 型和 ISTJ 型是企业管理者的典型人格类型，性别、年龄、教育水平、职位、管理领域、企业性质等变量对管理者的典型人格类型没有显著影响；研究

---

[1] 蔡华俭，朱臻雯，杨治良. 心理类型量表（MBTI）的修订初步. 应用心理学，2001，7（2）.
[2] 曾维希，张进辅. MBTI 人格类型量表的理论研究与实践应用. 心理科学进展，2006（2）.

同时表明，MBTI-M 是较理想的人格测量工具。[①]

(2) 卡特尔 16 种人格因素问卷是美国伊利诺州立大学人格及能力测验研究所卡特尔（Raymond B. Cattell）教授编制的用于人格检测的一种问卷，简称 16PF。16PF 适用于 16 岁以上的青年和成人，现有五种版本：A、B 本为全版本，各有 187 个项目；C、D 本为缩减本，各有 106 个项目；E 本适用于文化水平较低的被试者，有 128 个项目。我国现在通用的是美籍华人刘永和博士在卡特尔的赞助下，与伊利诺伊大学人格及能力研究所的研究员梅瑞狄斯博士合作，于 1970 年发表的中文修订本。卡特尔 16PF 人格测评广泛用于人才测评、人才选拔、心理咨询和职业咨询等工作领域。16PF 人格测评的内容包含了卡特尔提出的 16 种人格根源特质，每个人的人格都包括这些特质，但在强度上各有不同规定组合，因而就构成每个独特的人格。该测验结构明确，每一题都备有三个可能的答案，被试者可任选其一。在两个相反的选择答案之间有一个折中的或中性的答案，使被试者有折中的选择（例如，我所喜欢的人大多是：a. 拘谨缄默的，b. 介于 a 与 c 之间的，c. 善于交际的），避免了在是否之间必选其一的强迫性，所以被试者答题的自发性和自由性较好。从测题的排列上看，采取了按序轮流排列方式，这既能使被试者保持作答时的兴趣，又有利于防止凭主观猜测题意去作答。16PF 问卷结果采用标准分，通常认为 4 分为低分（1～3 分），7 分为高分（8～10 分）。得分结果对应相应的人格特征说明，见表 4—5。

表 4—5　　卡特尔人格特征问卷测定人的个性的主要特征

特质	低程度特征	高程度特征
乐群性	缄默、孤独	乐群外向
聪慧性	迟钝、学识浅薄	聪慧、富有才识
稳定性	情绪激动	情绪稳定
恃强性	谦虚顺从	好强固执
兴奋性	严肃审慎	轻松兴奋
有恒性	权宜敷衍	有恒负责
敢为性	畏缩退却	冒险敢为

---

① 杨慧芳，赵曙明. 企业管理者人格类型研究. 心理科学，2004 (4).

续表

特质	低程度特征	高程度特征
敏感性	理智、着重实际	敏感、感情用事
怀疑性	依赖随和	怀疑刚愎
幻想性	现实、合乎成规	幻想、狂放不羁
世故性	坦白直率、天真	精明能干、世故
忧虑性	安详沉着、有自信心	忧虑抑郁、烦恼多端
实验性	保守、服膺传统	自由、批评激进
独立性	依赖、随群附众	自主、当机立断
自律性	矛盾冲突、不明大体	知己知彼、自律严谨
紧张性	心平气和	紧张困扰

资料来源：余凯成，程文文，陈维政编著. 人力资源管理. 大连：大连理工大学出版社，2001：103.

和其他心理测验相比，16PF 有以下优点：第一，能以同等时间测量更广泛的人格特征，是一个多元人格量表；第二，16PF 的常模群体为正常人群，它的评价一般也是针对正常人，因而使用领域很广；第三，它既适合个别施测，也适合团体施测；第四，可以量化测评的结果，甚至可以直接得出应聘者与该岗位适合程度的分数，可以避免招聘者的主观意向导致的不良影响；第五，测评所需时间合理（约30分钟），答题操作简便、实用性强。

(3) "大五"人格模型和中国人人格量表。当代西方人格心理学对人格系统的研究已有七八十年的历史，特别是最近二十几年来，人格的特质理论领域发生了一场所谓的"静悄悄的革命"，"大五"人格理论和相应的测量工具得到空前的共识。按照人格研究的词汇学假设，人们长期说、写所用的语言中，应能包括用以描写人格特点的所有的术语。按照这一思路，阿尔伯特（Alport）和奥波特（Odbert）从英语词典中挑出了 18 000 个用于描写人格特点的形容词，作为研究人格特点和人格维度的基础，对词表和分类系统进行了开创性工作。后来的很多研究者对这一词表进行了压缩、分类，最终在 20 世纪 80 年代末提出西方人格结构的五大维度。[①] 根据人格的五大维度，斯塔（Costa）和麦克雷（McCrae）建

---

① 王登峰，崔红. 编制中国人人格量表（QZPS）的理论构想. 北京大学学报（哲学社会科学版），2001（6）.

立了人格测量量表（NEO PI-R），并已得到广泛应用（见表4—6）。

表4—6　　　　　　　西方人的人格维度及其层面（NEO PI-R）

五大维度	特征
1. 外向性：行为活动的外在特点	热情/合群、爱交际
	自信/活动性
	追求兴奋/积极情绪
2. 和悦性：人际关系特点	信任/诚实、坦诚
	利他/顺从
	谦逊、质朴/温和、亲切
3. 公正性：做事的风格	能力/守秩序
	负责任/追求成功
	自我控制/严谨、深思熟虑
4. 情绪性：消极情绪和敏感性	焦虑/愤怒、敌意
	抑郁/自我意识
	冲动/脆弱、敏感
5. 创造性：创造性以及思路开阔程度	幻想/爱美、有美感
	情感丰富/行动
	观念/价值

中国学者的研究认为，西方的"大五"人格结构模型主要反映西方文化的特点，不具有"跨文化的一致性"，中国人的人格结构明显不同于西方的"大五"结构，由7个维度构成。[①] 按照人格研究的"词汇学假设"，研究者们根据中文人格特质形容词确定了中国人格结构的"大七"因素模型，并编制了由215个项目组成、测量中国人格的7个大因素、18个小因素的中国人人格量表。这7个因素及小因素的含义见表4—7。

中国人人格量表有较好的信度和效度，可以应用于人格的理论和应用领域。在教育咨询、临床诊断、就业指导和人员安置等方面有广泛的应用前景。

（4）明尼苏达多相人格问卷是由明尼苏达大学教授哈瑟韦（S. R. Hathaway）和麦金力（J. C. Mckinley）于20世纪40年代制定的，迄今应用极广、颇具权威

---

① 崔红，王登峰. 西方"大五"人格结构模型的建立和适用性分析. 心理科学，2004（3）.

表 4—7　　　　　　　　中国人人格量表的 7 个大因素及相关特征

7 个大因素	18 个小因素	高分者特征	低分者特征
外向性	活跃	与人交往中主动、积极、活跃、自然和擅长组织协调	不善言辞，社交场合拘谨、沉默
	合群	待人亲切、温和，易于沟通，受人欢迎	不易亲近、不受欢迎
	乐观	积极、乐天和精力充沛	情绪消极和低落
善良	利他	对人宽容、友好，顾及他人	容易迁怒、自私，为达目的不择手段
	诚信	诚实、言行一致和表里如一	人际交往中虚假、欺骗
	重感情	重感情、情感丰富和正直	注重目的和以利益为重
行事风格	严谨	做事认真、踏实和严谨	做事马虎、不切实际、缺乏合作、难缠
	自制	自我克制、安分、合作和淡泊名利	不按常规、别出心裁和与众不同
	沉稳	凡事小心谨慎和深思熟虑	粗心和冲动
才干	决断	敢作敢为、敢于决断，思路敏捷和个性鲜明	遇事犹豫不决、紧张焦虑和无主见
	坚韧	做事目标明确、坚持原则、有始有终且持之以恒	做事难以坚持、容易松懈
	机敏	工作投入、热情敢为和积极灵活	回避问题、遇事退缩
情绪性	耐性	情绪稳定、平和，能够控制自己的情绪	情绪急躁、冲动、冒失，容易发脾气和难以控制情绪
	爽直	心直口快、急性子和对情绪不加掩饰	情绪表达委婉、含蓄
人际关系	宽和	待人温和、友好、宽厚和知足	计较、暴躁易怒、冷漠和以自我为中心
	热情	沟通积极主动、活泼，行事成熟、坚定	被动、拖沓和盲目
处世态度	自信	对生活和未来坚定而充满信心，工作积极进取	无所追求、懒散和不喜欢动脑筋
	淡泊	无所企求、安于现状、退缩平庸	永不满足，不断追求卓越和渴望成功

资料来源：王登峰，崔红. 中国人人格量表的信度与效度. 心理学报，2004（3）.

的一种纸笔式人格测验。该问卷的制定方法是分别对正常人和精神病人进行预测，以确定在哪些条目上不同人有显著不同的反应模式，因此该测验最常用于鉴别精神疾病。MMPI 于 80 年代被引进我国，中国科学院心理研究所组织了标准化修订工作，经过几十年的发展和修正完善，MMPI 在中国各领域的研究和实践中得到了广泛运用，比如医学研究、司法审判、犯罪调查、教育和职业选择等。

2. 投射法。投射法测试可以探知个体内在隐秘的行为或潜意识的深层态度、冲动和动机。由于采用图片测试，避免了文字测试中常用的社会赞许反应倾向性，即不说真心话而投测试者所好。在人员选拔上，投射法可用于了解应聘者的成就动机和态度等。投射法依据的原理是，人的基本个性特征与倾向性深藏于自己意识的底层，处于潜意识状态下，他自己并未明确认识它们。当把某一个意义含混、可做多种解释的物件（如一件实物，更多的是一张图片或照片）突然出示给被测者看，并不容他细加思索推敲，让他很快说出对该物体的认识和解释，由于被测者猝不及防、无暇深思，就会把自己内心深处的心理倾向"投射"到对那些物体的解释上去，难以做掩饰。那个诱导被测者说出心里话的物体是投射物。

（1）罗夏墨迹测试（Rorschach Inkblot Method，RIM）是由瑞士精神科医生、精神病学家罗夏（Hermann Rorschach）创立，这是一种最典型的投射测试。该测试是用一套（10～30 张）墨迹图，状如一滴墨水滴落在白纸上，向四周渗透，干燥后形成的。墨迹的轮廓无确定意义，问被测试者："这看上去像什么？""这可能是什么？""人们在这张图片中能看到许多事物，现在请你告诉我，你看出了什么？你以为这可能是什么？这使你想到什么？"测试人员必须记录被测试者的每条反应语句、每张图片反应所需时间以及其他行为与动作。反应时间之所以重要，是因为它可以判断情绪受某种刺激而发生的抵触或阻滞。对 10 张图片反应测试完毕后，可再对被测试者询问墨迹中哪些部分使他产生反应，并让被测试者澄清或增补其原始反应。下页六张黑白图即罗夏墨迹测试中常用的墨迹图。

罗夏墨迹测试的目的是为了诱导出被测试者的生活经验、情感、个性倾向等心声。被测试者在不知不觉中便会暴露自己的真实心理，因为他在讲述图片上的故事时，已经把自己的心态投射进情境之中。罗夏墨迹测验是一种非文字测验，具有文化公平性和文化独立性。由于被测试者对图片的反应也受图片本身特征的

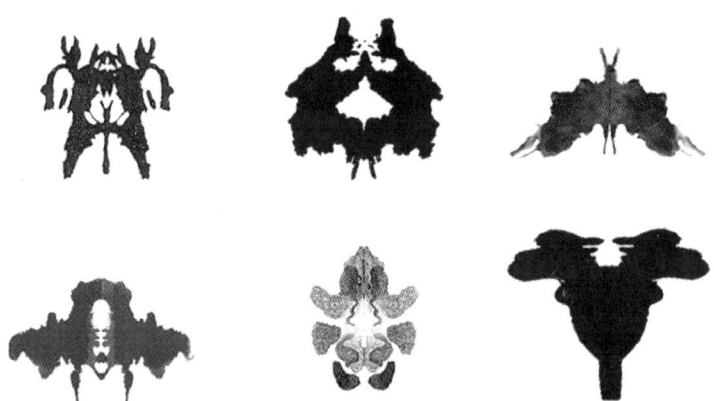

影响,所以它具有相当程度的客观性,结果可以量化。其缺点是,施测和计分过程有很强的技术性,要经过专业训练的人才能掌握。

(2) 主题统觉测试(Thematic Apperception Test,TAT)是摩根(C. D. Morgan)和亨利·默里(H. A. Murray)于1935年设计研究幻想的一种方法,后来《主题统觉测验》一书出版。该测验几经修改,与其他同性质的测验一起成为心理测验的一个新门类——投射测验,是现在通用的人格测验。

全套测验有30张黑白图片和一张空白卡片。图片内容多为一个或多个人物处在模糊背景中,但意义隐晦。施测时根据被测试者的性别以及是儿童还是成年人(以14岁为界),取统一规定的19张图片和一张空白卡片,每张图片为一题,最正规的测验应分两次进行,因为每一组图片的后10张都比较奇特,容易引起被测试者的情绪反应,但是实际施测中也有再从19张图片中选取若干的。被测试者的作业是看一张图片,然后据此讲个故事,故事的叙述应该包含三个基本维度:第一,图片上的情境是怎么造成的?第二,图片中的情境表示在发生什么事件?并描述其中角色的情绪表现;第三,结果会怎样?被测试者叙述故事时眼看空白卡片,它起着集中被测试者的注意和刺激想象的作用。TAT的原理是让被测试者给意义隐晦的图片赋予更为明确的意义。从表面上看,这一赋予意义的活动是绝对自由的,比如在指导语中,主试就鼓励被测试者无拘无束的想象,自由随意的讲述,故事情节越生动越戏剧性越好;但是实际上,被测试者在这一过程中会不自觉地根据自己潜意识中的欲望、情绪、动机或冲突来编织一个逻辑上连贯的故事,这样,研究者就可以对故事内容进行分析,捕捉蛛丝马迹,从而了解被测试者特定的内心世界。这一整个过程就是分析过程。右图为 TAT 中常用的一张图片。

TAT 所依据的事实是：当一个人解释一个含义模糊的社会情境时，他很容易像他所关注的现象一样暴露出他自己的内心状态。他完全倾心于解释那个客观的现象，变得非常天真，没有意识到他自己，也没有想到别人正在仔细地看他，这样一来，他也就毫无戒备，没有平日那么有警惕性……参与者暴露出了自己内心深处的一些愿望而丝毫没有察觉。罗夏测验与 TAT 的目的都是为了诱导出被测试者的生活经验、情感、个性倾向等心声。比起墨迹测验来，TAT 的长处在于展示的刺激是更有结构性、要求更复杂、意义更明显的言语表达。但是 TAT 的短处也很明显。它没有标准化的施测规程，临床上实际是根据被测试者的年龄、性别等特征而随意调整指导语；做完全套测验的人不多，主试往往根据自己关心的问题来选择其中的部分图片；虽有默里提出的分析原则可供评分使用，但这毕竟不是客观的评分标准和方法。

（3）笔迹分析法。作为投射测试的一种，笔迹分析法是指在员工招聘与选拔过程中，以书写字迹分析为基础，了解应聘者的个性特征和心理素质，预测其未来业绩的方法。笔迹分析法是欧洲大陆国家使用最多的一种人才测评方法，在 20 世纪 80 年代后，有关笔迹学的报道逐渐出现在我国的报纸和杂志上；90 年代后，逐渐用于我国的人才测评和招聘领域。相对英文笔迹，中文笔迹分析还没有拥有成熟的分析软件，难以形成规模效益，在一定程度上制约了笔迹学的发展。中文笔迹分析的实证研究数量相对较少，存在无法相互验证、涉及领域不广等问题；社会上的笔迹学者由于缺乏心理学的理论基础和素养，往往凭借经验对笔迹特征做出解释，给笔迹分析的理论发展带来很大障碍，只有成为心理学的工具，笔迹学才能发展成真正科学的、有效的测评工具。

3. **职业兴趣测试**（Vocational Interest Tests）。职业兴趣在很大程度上反映了个人的职业偏好，它会影响到一个人的职业选择和从事有关职业的积极性；长期来看，还会影响到一个人的职业发展水平和最终取得的成就。美国心理学家桑代克（Thorndike）[①]于1912年对兴趣和能力之间的关系进行了探讨。1915年，詹姆士发展了一个关于兴趣的问卷，标志着兴趣测验系统研究的开始。斯特朗（E. K. Strong）于1927年编制出斯特朗职业兴趣调查表（Strong Vocational Interest Blank, SVIB），这是最早的职业兴趣测验。同一时期的库德（G. F. Kuder）于1939年编制出库德职业偏好量表（Kuder Preference Record, KPR）。而后，美国职业指导专家霍兰德（Holland）于1953年开发出著名的职业偏好量表（Vocational Preference Inventory, VPI），在此基础上，霍兰德又于1969年编制出自我指导搜索量表（Self-directed Search, SDS），提出人格特征与工作环境相匹配的理论（personality-job fit theory）。

霍兰德职业兴趣测试。霍兰德在一系列关于人格与职业关系的假设基础上，提出六种基本职业兴趣类型：实际型（realistic）、研究型（investigative）、艺术型（artistic）、社会型（social）、企业型（enterprising）和常规型（conventional）。其中，实际型的人适合从事技能性和技术性的职业；研究型的人适合从事科学研究类工作以及工程设计类工作；艺术型的人适合从事文学艺术方面的工作；社会型的人适合从事社会、教育、咨询等方面的工作；企业型的人适合从事企业性质的工作，担任企业领导或政府官员等；常规型的人适合从事办公室事务工作、图书管理、会计、统计类工作等。在霍兰德职业兴趣测试中，人们要从写有84种职业（分为6组，每组有14个）的清单中指出对自己有吸引力的职业，然后再对人们的回答进行打分，并加以描述。个人在某一组职业中的得分越高，则此人的人格类型与该组职业所代表的人格类型就越相似。霍兰德将这六种职业兴趣按上述排列顺序分别标注在如图4—2所示的六边形图上。这六种职业兴趣存在以下关系：第一，相邻关系，如实际型和研究型、研究型和艺术型等，位置相邻的两种职业兴趣类型的人们之间的共同点也相似；第二，相隔关系，如实际型和艺术型、研究型和社会型，属于这两种类型的人格类型相似点较少；第三，相对关系，如实际型和社会型、研究型和企业型，属于这两种类型的人格类型的共同点少，因此，同一个体对处于相对关系的两种职业环境都很有兴趣的情况较为少见。

[①] 刘昕编著. 人力资源管理教程. 北京：中国人事出版社，2009：213.

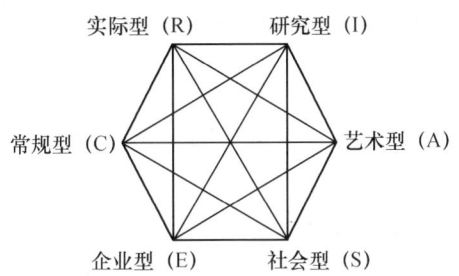

图4—2 霍兰德职业兴趣类型图

实际上,大多数人都并非只有一种职业兴趣,一个人的职业兴趣很可能同时包含多种。在职业选择中,个体并非一定要选择与自己兴趣完全对应的职业环境。一则因为个体本身常是多种兴趣类型的综合体,单一类型显著突出的情况不多,因此评价个体的兴趣类型时也时常以其在六大类型中得分居前三位的类型组合而成,组合时根据分数的高低依次排列字母,构成其兴趣组型。二则因为影响职业选择的因素是多方面的,不完全依据兴趣类型,还要参照社会的职业需求及获得职业的现实可能性。

【阅读参考】霍兰德测试解决人才甄选难题

2002年3月,Charlie所在的公司召开部门经理会议,再次讨论困扰公司已久的顾客对一线员工的投诉问题。总经理要求人力资源部门也介入调查,并在一个月内找出答案——是员工素质问题,还是领导方法问题,或者是管理制度问题?

这个让部门经理们束手无策的问题,对刚上任不到3个月的Charlie确实是一个不小的挑战。Charlie经过初步调查,有一个奇怪的感觉:公司销售部、售后服务部、咨询部共300多名一线员工中,得到上级主管好评的,大部分的顾客评分都较低;相反,顾客评分较高的一线员工,大部分的上级主管评分都较低。为什么上司喜爱的员工却受到客户的抱怨呢?

Charlie的公司原来实行的是主管考评的绩效管理制度。对直接服务顾客的一线员工,公司同时也一直在进行顾客满意度的跟踪调查:针对每个员工,公司每个月联系25位顾客，请他们就所接受服务的质量打分。调查持续了12个月，每个员工得到了300位顾客的评分。

通过认真分析这些数据，人力资源部门发现，上级主管考评与顾客评分之间实际上并无明显联系。

正当Charlie感到茫然无措时，通过人力资源管理咨询公司，他接触到了"职业性向理论"。这个由美国著名职业指导专家霍兰德提出的理论，其主要观点是：每个人的性格和天赋决定了其职业性向。霍兰德把人的职业性向和所有职业都归为六种类型：实际型、研究型、艺术型、社会型、企业型和常规型。劳动者找到了适宜的职业，其自身的才能与积极性才能得以发挥。

以往，该理论主要应用于招聘，人们在选择工作时，经常做职业性向测试来帮助了解自己适合做什么类型的工作。Charlie尝试着把这种理论应用到绩效管理中。在咨询公司帮助下，采用职业性向测试工具（直觉测试）和性格测试工具对每个员工进行测试，再一对一地面谈，以掌握每个人的"霍兰德密码"和性格特点。

调查结果显示，得到顾客较高评分的121名员工中，社会型的员工占96%，企业型的员工占89%；而得到上级主管较高评分的130名员工中，常规型的员工占98%。

这个结果说明，社会型的员工和企业型的员工容易受到顾客的好评，而常规型的员工则容易受到上级主管的好评。按照霍兰德的职业性向理论不难理解：社会型的人有自己的主见和特长，喜欢从事为他人服务的工作。企业型的人善交际、口才好，能影响他人。而常规型的人尊重权威、习惯接受他人指挥和领导、工作踏实、忠诚可靠，上级主管当然喜欢。

同时，Charlie还发现另一个有趣的现象：这300多名员工分别是由两个经理招聘录用的：李经理挑选的员工中，研究型的占99%，常规型的占82%，社会型的占56%；张经理挑选的员工中，社会型的占93%，常规型的占68%，研究型的占16%。而李经理本人是研究型的，张经理本人是社会型的。

很明显，负责招聘的主管人员倾向于聘用与自己同类型的人。

Charlie这回胸有成竹了。他提出了建议调整招聘制度和绩效管理制度的报告：

1. 决定摈弃主管考评制度，代之以比较客观的业绩评估——顾客满意度评分的绩效管理制度。

2. 把职业性向为社会型或企业型作为招聘服务顾客的一线员工的标准。

3. 同时，将招聘程序改为：首先通过人力资源中心测试，挑选出社会型或企业型的候选人。人力资源部将这些候选人推荐给部门经理，再由部门经理确定最后的人选。

进行了以上改革后，2002年下半年，该公司社会型和企业型的一线员工的比例增加了26%，平均顾客评分大大提高。

资料来源：孙莹. "霍兰德密码"破译员工选拔新趋势. 21世纪经济报道，2003-02-20（27）.

（三）评价中心技术

关键概念

评价中心技术（Assessment Centre）又称情境模拟测试，是根据被试者可能担任的职位，编制一套与该职位实际情况相似的测试项目，将被试者安排在模拟的、逼真的工作环境中，要求被试者处理可能出现的各种问题，从而测试其心理素质、实际工作能力和潜在能力的一系列方法。

这种评价技术源于第一次世界大战和第二次世界大战期间德、英军方对军官的选拔。第二次世界大战期间，美国部队运用小组讨论和情境模拟练习的方式选拔情报人员。后来，直接将评价中心技术运用于企业人力资源管理的是美国电报电话公司（AT&T）。该评价工作从1956年一直持续到1960年，结果证明，在被提升到中级管理岗位的员工中，有78%与评价中心的评价鉴定是一致的；在未被提升的员工中，有95%与评价中心在8年前认定的缺乏潜在管理能力的判断是吻合的。此后，许多大公司，如通用电气公司、国际商用机器公司、福特汽车公司、柯达公司等都采用了这项技术，并建立了相应的评价中心机构来评价管理人员。

实证研究发现，评价中心技术在招聘高层管理人员方面具有较高的预测效度。这种测试并不是和上面几种甄选手段完全并列的测试工具，实际上，它是对若干不同测试手段的综合运用，比如心理测试、面试、公文筐测试（in-basket testing）、无领导小组讨论（leaderless group discussion, LGD）、角色扮演（role play）、管理游戏、即兴演讲（presentation）等。下面，我们主要介绍公文筐测试和无领导小组讨论。

1. 公文筐测试。公文筐作为一种正式的情境模拟人才测评方法，最初源于美国，迄今已经有60多年的应用历史。在我国，公文筐测验被越来越广泛地应用于领导干部、普通公务员和企事业单位管理人员的选拔和评价。2004年，中组部考评中心正式启动领导行为情景判断自适应测验、公文筐测验和无领导小组讨论三项评价中心的开发工作，在原人事部、国土资源部等国家机关的领导选拔工作中，也尝试运用了评价中心技术。[1] 赵曙明等人的研究也证明，根据具体岗位设计题目的公文筐测验具有较高的信度和效度，可以在商业银行高层管理人员选拔中使用。[2]

公文筐测试又称公文处理模拟法，一般在假定情境下实施，要求被试者以目标岗位管理者的身份，在规定条件下（通常是比较紧迫困难的条件，比如时间和信息有限、孤立无援等）处理一系列涉及目标管理岗位在实际工作中将会遇到的典型、棘手问题。测试者通过观察被试者的行为表现，分析被试者的公文处理报告，评估被试者捕捉信息、分析信息、处理信息、做出决策和组织工作的能力，对被试者现场表现进行综合评价。

公文筐测验属于纸笔测验，其根据目标管理岗位一些典型、棘手的日常管理问题进行编制，具有较高的内容效度。与其他测评工具、纸笔测验相比，公文筐测验具有仿真性高、综合性强、灵活性好和预测性强等特点。其缺点是：实施需要较高的费用、花费较多的时间，评分较为困难，对评价者的要求较高。

2. 无领导小组讨论。无领导小组讨论是指让一群求职者（比如5~7个人）

---

[1] 张春昕. 破解两种最常用的评价技术——无领导小组讨论和公文筐测验. 人力资源，2009（21）.

[2] 黄勋敬，赵曙明. 基于公文筐测验的商业银行高层管理人员选拔研究——以商业银行高级人力资源经理岗位为例. 管理学报，2011（6）.

在短短的面试时间内（大约半个小时至一个小时左右）采用情境模拟的方式进行集体面试。面试中并不具体指定主持讨论的组长，面试委员会成员不介入地观察应聘者在讨论过程中的言行。在讨论过程中，面试委员会成员或者在现场，或者不在现场通过视频技术来观察整个讨论的过程，最后分别给每位参与者进行打分。无领导小组讨论源于 1920 年到 1931 年德国军事心理学的发展。第二次世界大战后，LGD 在英国、澳大利亚、南非、挪威、美国等国家得到应用，应用范围也从选拔军事人才扩展到行政和商业管理人才。由于一次可以评价多人，降低了时间成本，故 LGD 在实践中得到广泛认同；其所创设的人际互动情境是评价领导潜能和领导行为的最好方法之一。作为评价中心技术的一种重要方法，LGD 在人才评估和群体培训开发中得到广泛应用。我国于 20 世纪 80 年代引进 LGD 技术，后逐渐应用于政府和企事业单位的人才选拔。

　　LGD 的讨论题一般都是智能型题目，从形式上分，可以分为以下五种：第一种是开放式问题，没有固定答案。主要考察被试者思考问题的全面性和针对性，思路是否清晰，是否有新的观点和见解等。比如，你认为什么样的领导是好领导？第二种是两难问题，让被试者在两种互有利弊的答案中择其一种。主要考察被试者的分析能力、语言表达能力和说服力等。比如，你认为以工作取向的领导是好领导呢，还是以人为取向的领导是好领导？这类题型的设计要注意，两种备选答案要有同等程度的利弊，不能是其中一个答案比另一个答案有太明显的选择性优势。第三种是多项选择问题。此类问题是让被试者在多种备选答案中选择其中有效的几种，或对备选答案按照重要性进行排序。这类题目主要考察被试者分析问题以及抓住问题本质方面的能力，利于评价被试者的能力、价值观以及其他人格特点。第四种是操作性问题，组织者会给被试者提供一些材料、工具或道具，然后让他们利用这些材料设计出一个或一些指定的物体，这种测试主要考察被试者参与的积极性和主动性、合作能力以及在实际操作性任务中充当的角色，考察语言方面的能力则较少。第五种是资源争夺性问题，此类问题适用于指定角色的无领导小组讨论，是让处于同等地位的被试者就有限的资源进行分配，从而考察被试者分析问题的能力、逻辑思维能力、语言表达能力、辩论以及说服他人的能力、反应的灵活性等。比如，让被试者担当各个分部门的经理，并就有限数量的资金来进行分配。

LGD 中,考官评价的依据主要是:被试者参与有效发言次数的多少;被试者是否有随时调解争议、说服别人、消除紧张气氛、营造一个使大家都能有机会发言的气氛,并最终使众人达成一致意见的能力;被试者是否能够提出自己的见解和方案,敢于发表和坚持不同意见,同时又能支持或肯定别人的意见;被试者能否倾听他人意见,尊重他人,在别人发言时不强行打断或插话;被试者在语言表达、分析问题、概括或归纳总结不同意见方面的能力;被试者反应的灵敏性、概括的准确性和发言的主动性等。

LGD 具有如下优点:能够测试出通过笔试和单一面试不能检测出的综合能力或素质;有助于观察到被试者之间的相互作用,能使被试者在无意中暴露自己的一些特点,尤其有利于预测出真实的团队行为;能够涉及被试者的多种能力素质和个性特质;能使被试者有平等的发挥机会从而很快体现出个体差异;对竞争同一岗位的被试者表现进行横向对比,能节省时间;应用范围广,能应用于非技术领域、技术领域、管理领域和其他专业领域等。

但是,LGD 也存在自己的问题。主要表现在:第一,它对测试题目的要求较高,测试题目必须经过精心的准备,同时要经过测试专家、行业专家等的认真讨论;第二,对考官的评分技术要求较高,要求考官必须经过专门的观察及评价培训,以免评价结果过多受个人的主观意见甚至偏见的影响;第三,有些情况下,被试者仍存在做戏、表演或伪装的可能性,以达到通过测试的目的;第四,指定角色的随意性,可能会导致被试者之间地位的不平等;第五,被试者的经验可能影响其能力的真正表现。

【阅读链接】

张厚粲,刘远我. 试论我国人才测评事业的发展. 心理学探新,1999(1).

第四节 录用及风险控制

一、体检和考察

在经过笔试、面试，心理和能力测试之后，招聘小组就可以根据各个环节的得分情况对候选人进行一个大概的排序，这时候一般会预留出至少2∶1的候选人，有时可能会是4∶1的候选人比例进入最后的体检和考察环节，然后择优录用人员。

体检是候选人按照招聘单位通知在指定的时间到指定的医院进行必要的入职身体检查，以避免候选人的身体不符合用人单位的招聘要求而给组织或个人带来不必要的成本和负担。这里的体检费由招聘单位承担。

考察是录用之前的必备环节，是指对应聘者是否具有相应资质以及资质真实性做进一步的调查，其与西方企业背景筛查（background check）的功能相似，不同之处在于西方企业的背景筛查一般在招聘之初进行。西方企业的背景筛查主要通过推荐信核实、电话核实等方式，对应聘者教育和工作经历、个人品质、交往能力等信息加以证实。比如在惠普，应聘者需要提供两个比较了解他的推荐人，可以是客户、同事，也可以是以前工作单位的老板，经背景筛查后再进入正式的招聘程序。不少中国企业和西方企业一样，在招聘初期的初步审核环节实施"背景筛查"，通过打电话或商业信函等方式向应聘者原来的工作单位核实某些信息。也有些中国企业将背景筛查作为招聘过程的最后"打假"环节，即通过求职者提供的证明人或从他以前的工作单位那里搜集的信息来核实求职者的个人资料。

在我国国有企业（尤其是央企）招聘时，在体检之后、录用之前通常还会有一个"组织考察"环节，这是企业在招录合适匹配人才方面设置的又一道"关口"。这里的考察环节源于计划经济体制下的用人传统，即人才在单位之间的流动需要组织出具的对此人在政治、思想、业务、生活等各方面良好表现的一种证明。计划经济体制下，当用人单位没有用人自主权，人才在各单位之间的流动都由行政指令调拨时，考察包括并侧重于政治表现。市场经济体制下的今天，属于中央或地方政府管理的企业在招录人才时，也沿袭了计划经济体制下的用人传统，对企业招录的新人，要由企业人力资源部门到拟招录人员原来学习、工作过的组织或单位进行走访、调查（或函调），并对调查写出考察报告。考察人要对拟招录人在原学校（针对应届毕业生）或单位的政治表现、学习工作情况、生活情况等进行全方位的了解和调查，走访和调查对象有候选人原单位的组织人事部门（如果拟录用人员是党员，那么要与党委同志进行访谈）、老师（直接领导）、同学（同事）。为了保障考察意见的全面和代表性，招聘单位会要求同学（同事）的选择要尽可能多元和富有代表性，比如对应届毕业生的考察对象应尽可能包括同宿舍同学、同一师门的同学、同班同学、上下级同学等。走访过程中，招聘单位代表一般与候选人所在学校或单位的被调查者进行一对一的访谈，访谈时间一般为 10～15 分钟。

二、公示及发出录用通知书

一般来说，在体检和考察结束后，招聘小组就会根据被试者的综合成绩排名确定最终的合适人选，用人单位依据最终结果决定是否录用应聘者。录用通知书一般采用电话通知的方式，还可以通过邮寄或电子邮件的方式进行。在口头或书面通知中，用人单位要明确指出办理入职的一系列事项和注意问题，比如入职的截止时间，需要携带的各种证件或材料等；如果被录取者没有在规定的时间内入职，那么就会被视为放弃此工作机会。对那些没有通过一系列招聘过程的应聘者而言，企业的人力资源管理部门也应该通过电子邮件、短信或函件等方式发布不予录取的通知。通知要及时而有礼，感谢应聘者前来应聘，现在的职位对应聘者不予考虑的原因等。某公司的录用通知书如下：

录用通知书

_____ 先生/女士：

祝贺您已被我公司录用。现荣幸地通知您，您已顺利通过考试/面试，将任我公司_____项目_____职位，月薪_____元（试用期内工资为月薪的80%，工资随岗位的变动做相应调整）。

请您凭本通知于_____年_____月_____日前到苏州×××管理工程服务有限公司人事行政部报到，过期视为自动放弃。自报到之日起试用期为_____个月（_____年_____月_____日至_____年_____月_____日）。

报到时请您携带下列材料：

1. 身份证及复印件。
2. 体检表。
3. 一寸免冠照片三张。
4. 学历证、职称证（或技术等级证）及其他能代表个人专业水平、荣誉的证书原件及复印件。

欢迎您成为我公司一员！

苏州×××管理工程服务有限公司
人事行政部
_____年_____月_____日

录用的法律文书以签订劳动合同为准。因为劳动法律规定劳动合同是劳动者与用工单位之间确立劳动关系、明确双方权利和义务的协议。用人单位与劳动者建立劳动关系必须以书面形式签订劳动合同。尤其对应届毕业生，不能仅靠三方协议是否签署来确定劳动关系。三方就业协议只是学校、学生和用人单位之间达成的一种就业意向。只有在签订劳动合同后，劳动者才能被纳入《劳动合同法》的保护范围。

在有些国有企业（尤其是央企）的招录实践中，对公开招聘的人员还会有"公示"环节。比如中国大唐集团2011年的公开招聘工作程序包括了"组织考察"和"公示"。公示期一般是7~10天，公示中留下招聘小组的联系方式，任何对公示的入选者有异议的意见都将被认真地考量。公示期结束后，单位即可发出录用通知书。

三、录用与入职

录用与入职主要包括签订试用合同、入职培训以及员工转正。

（一）签订试用合同

劳动者第一次进入组织前，在签订劳动合同时可以约定试用期条款，试用期包含在劳动合同期限内。试用期条款应在双方平等协商的基础上进行签约，应包括试用期双方权利与义务的主要内容：试用的岗位及职责要求、试用期限、试用期的福利与报酬、员工转正的条件、解除劳动合同的条件、提前解除试用期的条款规定及其他未尽事宜等。

根据我国《劳动合同法》第19条的规定，劳动合同的试用期最长不超过6个月；其中，3个月以上不满1年的劳动合同的试用期不超过1个月；1年以上不满3年的劳动合同的试用期不超过2个月，3年以上固定期限和无固定期限的劳动合同，试用期不超过6个月。同一用人单位与同一劳动者只能约定一次试用期。试用期包含在劳动合同期限内，劳动合同仅约定试用期的，试用期不成立，该期限为劳动合同期限。

劳动者在试用期的工资不得低于本单位相同岗位最低档工资的80%，或者不得低于劳动合同约定工资的80%，并不得低于用人单位所在地的最低工资标准。也就是说，用人单位所在地的最低工资标准是底线，在实践中上述两个80%高于最低工资标准的，按照约定执行，低于最低工资标准的按最低工资标准执行。

（二）入职培训

在签订劳动合同、约定试用期后，一般用人单位的人力资源部门会对新入职员工进行一个简单的入职培训。尤其是当组织进行大规模的新人招聘时，完整系统的入职培训显得更为重要。

人力资源部门要设计完整的新人培训计划，包括组织领导见面会，组织流程的参观和学习，组织目标和组织文化的学习，团队协作精神的训练。入职培训的目标是通过为期一周左右（根据组织规模的大小和入职人员的数目自主确定）的培训，创造便利的条件缩短新人对组织软件、硬件各方面的熟悉过程，认识组织的核心使命和战略目标，基本了解工作环境和组织流程，尽快融入组织文化，思考本岗位在组织整体架构中的角色和功能，并为正式工作做好准备。

（三）员工转正

员工转正，即经过试用期的磨合之后，劳动者和用人单位在相互选择的基础上达成一种愿意继续履行劳动合同的合意,从而正式录用劳动者为组织的一员。这里的"合意"对组织和新录用的人员而言都至为关键。

对组织而言,经过试用期的考察,新录用人员的业务能力、职业素养以及价值观是否与组织相匹配有了充分的展现,对此,新录用人员以业绩为主体的招聘评估可以确定本次招聘的效果。对那些不胜任本岗位的新人而言,用人单位提前三天通知劳动者即可解除劳动合同,而不必支付经济补偿金,但要按约定标准支付劳动报酬。试用期间解除劳动合同的三个要素:一是在试用期间;二是不符合录用条件,包括劳动者达不到用人单位对于劳动者文化程度、技术职称、身体健康状况、道德品质、工作能力、工作业绩等要求的;三是被证明,这一举证责任在用人单位,即"谁主张、谁举证"。以上三个要素是密切相关的,必须同时具备,缺一不可,否则用人单位不能解除劳动合同。

如果新人能够很快适应组织环境,并能胜任自己的新角色,那么,本次招聘的过程和经验就会为人力资源部门积累新的工作经验,并更好、更顺利地推动组织的发展。

对劳动者而言,经过试用期的工作,可以比较深入地了解企业的发展阶段、发展目标,感受企业的价值观和文化,并逐渐熟悉和胜任本职工作;经过试用期的磨合不能胜任或不适应工作岗位的,应重新评估和分析自己的职业生涯,冷静、理性地与企业终止劳动关系,从本次求职、就业过程中吸取有益的经验或教训,选择更为适合自己的职业和工作。

经过试用期的相互选择,确定转为正式员工后,人力资源部门负责正式录用的相关工作,包括为员工再次定岗定级,核定工资、确定福利待遇以及制定员工发展计划等。

四、招聘过程中的风险控制

从招聘需求的确定到员工录用的整个过程,人力资源部门要注意控制各个环节的风险,既要保障用人单位在这个过程中没有违法违规问题,杜绝法律隐患,也要避免任何形式的道德风险,通过和谐的招聘过程向外界展示并提升企业的整体形象。

（一）招聘信息发布过程中的风险防范

1. 录用标准的设置要合法守规。从最初制订用人计划和招聘广告的编写以及在甄选测试的过程中，人力资源部门要特别注意就业相关的法律法规和政策规定，注意不要出现任何法律法规和政策规定禁止的歧视问题，特别注意在录用标准的设置中要守法不违规。人力资源部门要做好相关文件的审查和把关工作，包括：除特别许可外，不招聘未满16周岁的未成年人。在法律法规明令禁止使用女工和16~18周岁未成年人的工种、岗位，不录用招用女性劳动者和16~18周岁未成年人。除国家规定的不适合妇女的工种或者岗位外，不得以性别为由拒绝录用妇女或者提高对妇女的录用标准。用人单位录用女职工，不得违法限制女职工结婚、生育。不提供虚假的招聘信息，不发布虚假招聘广告。同时，不得以诋毁其他用人单位信誉、商业贿赂等不正当手段招用人员。

从人员招聘的指导思想到人员招聘的具体操作，如计划的制定、广告的编写，都不能出现民族歧视、性别歧视、乙肝歧视、残疾人歧视、宗教信仰等方面的歧视性表述。

2. 招聘广告要清晰而完备。招聘广告务必要做到对招聘条件和任职资格等相关要求进行清晰、明确和完备的表述。由于招聘双方正是根据招聘广告中对招聘要求和候选人资格条件来进行相互选择，包括入职后的员工管理，比如试用期结束转正时是否胜任工作岗位的审查，招聘广告中的招聘要求和任职资格也是主要的依据，因此，在招聘过程的前期工作中，招聘广告的撰写一定要注意对应聘者各项资格、材料等要求加以清晰和完备地描述。

3. 对应聘者要提供真实、客观而完备的信息。在招聘过程中，用人单位提供给应聘者的有关工作内容、工作条件、工作地点、职业危害、安全生产状况、劳动报酬等信息要做到真实而完备，不能因为想要吸引更多符合条件的申请者而呈现虚假或夸大的信息。用人单位在招聘过程中传递给应聘者的信息要达到真实、客观而完整等基本条件，虚假或夸大的信息会将自己置于被诉的法律风险。

4. 要通过合法途径招聘员工。包括：委托公共就业服务机构或职业中介机构；参加职业招聘洽谈会；委托报纸、广播、电视、互联网站等大众传播媒介发布招聘信息；利用本企业场所、企业网站等自有途径以及其他合法途径发布招聘信息。

企业在委托就业服务机构、职业中介机构招聘员工或委托大众传播媒介发布招聘员工的信息时，必须对所委托的机构进行资质审查，委托具有合法资质、诚信可靠、有实力有经验的机构进行招聘和发布信息。同时，要与委托机构签订协议，明确责任，保证所招用的员工合法、合格、符合招聘条件。

（二）甄选过程中的风险防范

甄选过程中的风险防范主要集中在两个方面：一是企业要防范和破解应聘者提供不真实信息的风险，二是企业招聘小组成员在甄选过程中的道德风险。

1. 实践中会出现应聘者由于提供虚假的应聘资料而被聘用的现象，因此，在招聘过程中，应聘者的不诚实行为应该成为企业在招聘甄选过程中的防范重点。应聘者的年龄、学历、工作经历，取得的职业资格证书或岗位培训证书，以及身体健康情况都要进行真实性审查。比如，用人单位要严格查验身份证件，确保招募员工的年龄真实。不招用无合法身份证件的人。对于确需招募外国人的岗位，要通过查验相应的证件和资格，确保外国人具有在中国就业的合法资质。比如，人力资源部门要小心审查应聘者是否与原单位签订了保密协议或竞业限制协议，以杜绝可能的连带责任。

在真实性审查的过程中，企业要有证据意识，对应聘者在应聘、面试以及录用报到通知过程中的相关资料进行保存；同时，请应聘者进行确认并签名，比如"我保证向企业提供的信息均为本人真实信息，在上述信息发生变化时，及时与人力资源部联系变更；否则，因此而引发的一切后果由本人承担"。

2. 招聘过程中的道德问题，反映的是影响公正招聘过程中的社会性和伦理性因素，是企业是否具有先进的文化实力的外显。道德问题主要体现在面试和测试过程中，作为招聘小组的成员——考官们尤其应该注意的是避免各种语言、肢体上的各种歧视，比如民族歧视、性别歧视、学历歧视、年龄歧视，甚至户籍、地域歧视等。最近几年，对在招聘过程中的性骚扰现象的曝光在增加，这常常和对女性的性别歧视纠缠在一起，虽然在我国的民事及劳动立法中还缺乏相关的操作性的惩戒措施，但是，随着社会整体受教育水平的提高，立法方面的不断完善，以及人们捍卫自我权益意识的不断提高，用人单位的发展环境不断得到规范,在员工招聘过程中的道德问题必然会更多地纳入企业人力资源管理者考虑的视野。

(三) 录用过程中的风险防范

录用过程的集中体现是劳动合同的签订。因此,录用过程中可能的法律风险聚集在劳动合同的签订这一关。在对应聘者提供资料和实际能力、素质的真实性审查的基础上,用人单位在签订劳动合同时还要特别注意以下几点:

1. 从事文艺、体育和特种工艺行业的单位,招用未满16周岁的未成年人时,必须依照国家有关规定,履行审批手续,并保障所招聘的未成年人接受义务教育的权利。在招用年满16~18周岁的未成年劳动者时,除符合一般用工要求外,还需向所在地的县级以上人力资源社会保障行政部门办理登记。安排工作岗位之前,进行健康检查,并获取未成年工登记证。招用涉及公共安全、人身健康、生命财产安全等特殊工种的劳动者,应当依法招用持有相应工种职业资格证书的人员;若招用未持有相应工种职业资格证书人员的,须组织其在上岗前参加专门培训,考核合格取得职业资格证书后方可上岗。招用港澳台籍劳动者后,应按照有关规定到当地劳动保障部门备案,并为其办理《港澳台人员就业证》。招用外国人,必须年满18周岁,身体健康,具有从事其工作所必需的专业技能和相应的工作经历,本人无犯罪记录,其工作岗位必须是有特殊技能要求,国内暂无适合人选,并且不违反国家有关规定。同时,对于所招用的外国人,在其入境前按照有关规定到当地人力资源社会保障部门为其申请就业许可,经批准并获得《中华人民共和国外国人就业许可证》后,方可招用。招用员工时,应当依法对少数民族劳动者给予适当照顾。招用员工时,应当依法按一定比例招用残疾劳动者。

2. 严格审查劳动者前一段劳动关系(及其终止)状态。包括:应聘者前一段劳动关系(及其终止)的性质,劳动者是否与原企业签订保密协议、竞业限制协议等法律文件;劳动者是否存在为其他用人单位同时提供劳动的行为(以免自己陷入双重用工的风险[①])用人单位要对此类问题有明确的认识,并制定相关的

---

① 虽然《劳动合同法》没有禁止双重用工,但是双重用工毕竟给企业人力资源部门的管理带来了不少麻烦,因此,企业人力资源部门要建立起组织内部一套规范的双重用工制度。

确认文件以防范可能的风险。另外，企业最好在劳动合同中明确鼓励、允许还是禁止劳动者同时给其他用人单位提供劳动。

3. 规范、健全录用通知书和劳动合同的相关条款。比如，在录用通知书上加上有关报到期限的规定，过了报到期限，录用通知自动失效；和录用通知相比，劳动合同有优先适用性。劳动合同的必备款项一定要符合法律规定，包括完备的如下信息：用人单位的名称、住所和法定代表人或者主要负责人；劳动者的姓名、住址和居民身份证或者其他有效身份证件号码；劳动合同期限；工作内容和工作地点；工作时间和休息休假；劳动报酬；社会保险；劳动保护、劳动条件和职业危害防护；法律、法规规定应当纳入劳动合同的其他事项。除此之外，用人单位与劳动者可以约定试用期、培训、保守秘密、补充保险和福利待遇等其他事项，要注意，这些都不能违背《劳动合同法》等一系列法律法规和政策规定。

4. 履行告知义务，依法建立员工花名册等。《劳动合同法》明确规定，用人单位在招用劳动者时，应如实告知劳动者工作内容、工作条件、工作地点、职业危害、安全生产状况、劳动报酬，以及劳动者要求了解的其他情况。另外，《劳动合同法》及实施条例明确规定，用人单位应当建立职工名册备查，职工名册应当包括劳动者姓名、性别、公民身份号码、户籍地址及现住址、联系方式、用工形式、用工起始时间、劳动合同期限等内容。

5. 如果本次招聘属于内部招聘，要及时变更劳动合同；如果企业采取的是劳务派遣用工，则要严格按照2012年年底《劳动合同法》修正案、《劳务派遣暂行规定》及相关法律法规和规范性文件与劳务派遣企业签订相关的法律文件。

对企业的人力资源管理者而言，招聘过程中的法律问题和伦理问题不但反映了企业是否真正树立了良好的守法意识，而且反映出企业能否建立健全企业内部规章制度，能否真正以人为本，把尊重人、爱护人作为关系企业长久发展的文化问题。对应聘者的资格和能力审查则保障了招聘工作可以有效、顺利地进行，并为企业的日常管理和构建和谐劳动关系打下良好的基础。严格执行国家有关劳动法律法规，不踩法律"红线"是企业人力资源管理者的基本素养。另外，对于那些已经走出国门，进行跨国经营的中国企业而言，尊重当地的文化传统和遵守当地的法律法规一样不能忽视。

思 考 题

1. 简述招聘的概念及招聘工作的意义。
2. 简述内外部招聘的优点和缺点。
3. 甄选工具的效度和信度是什么?
4. 结构化面试的分类及特点是什么?
5. 简述认知能力测试的概念及主要分类。
6. 简述人格测试的概念及主要分类。
7. 简述评价中心技术及主要分类。
8. 简述招聘过程中应注意的法律风险和道德风险。

第五章

培训与开发

本章导读

致天下之治者在人才，成天下之才者在教育。培训与开发对企业人力资源管理有越来越突出的意义，成为企业吸引人才、使用人才和保有人才的重要组成部分，是企业持续发展的力量源泉。在我国，培训与开发不仅是形成企业核心竞争力的重要途径，更上升到国家战略，成为我国人才强国战略的有机组成部分。

本章既涵盖培训与开发领域的基本概念、经典理论，又包括我国企业培训开发的基本政策、历史沿革、现实描述和问题分析，还重点介绍了培训开发中的体系建设和重要环节，以期学生能够对基本概念、重要理论、国家政策和企业实践有全面的了解和掌握。

学习中，学生要了解员工培训的地位与意义、培训的类型与方式，以及如何进行员工职业生涯设计；重点掌握员工培训的流程分析、培训需求分析和培训效果评估以及职业发展设计等内容。

第一节 培训与开发的含义及作用

一、培训与开发的概念

改革开放揭开了尊重知识、尊重人才的新篇章。在从计划经济向中国特色社会主义市场经济转型的探索过程中，人才的作用和角色不断凸显。企业员工的培训和发展，干部教育培训事业以及国民终身教育体系的构建，和其他经济、社会各领域内的诸多改革一样，伴随着时代的变迁不断深化，成为中国实行"科教兴国"和"人才强国"战略的有机组成部分。自20世纪80年代以来,国家大力推行政府和企事业干部教育培训及企业员工的在职培训,并逐渐建立和完善一套从中央部委到行业部门、地方政府和各类组织的庞大教育培训系统。党的十四届三中全会做出建立社会主义市场经济体制的若干决定。一方面,中央继续加大国家财政对各类人才教育和培训事业的投入;另一方面,企业自主培训体系也在国家政策的引导下逐渐形成。伴随着"产权清晰、权责明确、政企分开、管理科学"的现代企业制度的改革探索,以及"抓大放小"的国有企业改革的不断深入,各种形式的非公有制经济勃勃兴起,成为中国经济生活中越来越重要的组成部分。国有企业逐渐成为市场经济中真正具有自主权的独立主体,非公有制经济在用人机制上的灵活和竞争直接推动了中国统一开放、竞争有序的人力资源市场(由原来分割的劳动力市场和人才市场整合而来)的逐渐形成。从中央政策到相关的立法中,员工的培训与开发成为企业社会责任的一部分,成为企业人力资源管理的基础性工作之一,也成为企业在市场中不断发展壮大的必然途径。

对于已跨进"十二五"时期,致力于从"中国制造"向"中国创造"转型的中国企业来说,企业与员工的"包容性增长",企业的可持续发展等历史使命都决定了,加强对员工的培训与开发是企业自我发展、自我改革的必然之路。

关键概念

培训与开发是指企业通过各种方式使不同类型、不同岗位的员工具备完成现在或者将来工作所需要的知识、技能,并改变他们的工作态度,以改善员工在现有或将来职位上的工作业绩,并最终实现企业整体绩效提升的一种计划性和连续性的活动。

传统的培训和开发是两个既有重叠又有区别的概念。重叠在于:首先,两者的出发点一样,都要通过提高员工的能力来提升员工的工作业绩,进而提高企业的整体绩效;其次,实施的主体都是企业,接受者都是企业内部的员工;最后,两者使用的一些方法也是相同的。不同点在于,传统意义上的培训侧重一般员工和技术人员的基本知识和技能,开发则侧重管理人员素质的提高;传统的培训着眼于当前的工作胜任,开发着眼于未来的工作变化;传统的培训以强制性、被动性为特点,"教什么、学什么",开发则能较好地发挥员工的积极性和主动性。现代的培训和开发概念在内涵及其他各维度上已合二为一，不管培训还是开发都是以企业为主体实施的，既着眼当前又关注未来，既包括普通员工和技术人员，也涵盖高层管理人员，实际上已经成为全员意义上的培训和开发。现代的培训与开发将个人需求和企业的长远战略有机结合，既考虑到企业的统筹安排又合理地将个体的职业发展有机结合，是一种可持续的、共赢的行为活动。培训与开发的概念分析见表5—1。

表5—1　　　　　　　　　培训与开发的概念分析

比较因素	传统的		现代的	
	培训	开发	培训	开发
侧重点	当前	未来	当前与未来	当前与未来
目标	着眼于当前工作胜任	着眼于未来工作变化	当前与未来变化	当前与未来变化
员工参与方式	强制	自愿	自愿	自愿
培训对象	员工与技术人员	管理人员	员工、技术及管理人员	员工、技术及管理人员

二、培训与开发的功能

现代社会中，培训开发的重要性越来越被企业所重视。被誉为"经营之王"的松下幸之助有这样一段经典的描述："企业之道第一是培养人才。一个天才的企业家总是不失时机地把对员工的培养和训练摆上重要的议事日程。培训是现代社会背景下的'撒手锏'，谁拥有了它，谁就预示着成功。只有傻瓜或自愿把自己的企业推向悬崖的人才会对培训置若罔闻。"

企业的培训与开发环节不是孤立的，它们在人力资源管理体系中扮演着加速器的角色。现代意义的员工培训开发从组织目标出发，基于工作分析和企业人力资源现状分析，根据人力资源规划的部署，辅之以绩效管理、薪酬奖励、个人职业发展等手段而设计，形成旨在综合提升企业竞争力的，相对独立而又和其他环节相关联的体系。在一个越来越开放的人力资源市场上，科学合理的员工培训开发系统对各类人才都具有较高的吸引力。员工的培训开发越能和员工招聘、绩效考核、薪酬福利等各环节紧密结合，其对优秀人才的吸引力也就越明显。

（一）培训与开发有助于改善企业的绩效

企业整体绩效的提升以员工个人绩效的实现为前提和基础，有效的培训和开发能够帮助员工提高自身的知识和技能，改变他们的工作态度甚至重塑他们的价值观，增进员工对企业战略、经营目标、规章制度、工作标准等的理解和接受，不断提高他们的工作积极性。通过对员工个体工作绩效的改进推动企业整体绩效的提升，是培训与开发的首要功能。美国海氏公司的一项调查数据表明，对在职员工培训每投入1美元就可获得50美元的收益，投入产出比为1∶50。

（二）培训与开发有助于增进企业的核心竞争力

企业的核心竞争力是企业在激烈的市场竞争中谋求发展和壮大的关键，企业的核心竞争力是"偷不去（难以被模仿）、买不来（难以在市场上交易）、拆不开（具有互补性）、带不走（属于企业而非个人）"的，企业核心竞争力的实现有赖于对全体员工实行普遍的、多元的、有针对性的培训与开发。竞争优势不管来自哪一个环节、哪一个体系，最终都要靠企业的员工来实现。通过对员工有计划有系统的培训与开发，可以帮助员工及时跟进企业的战略计划和经营目标，更好地谋划本部门、本岗位的工作，最大限度地发挥个人的主观能动性，创造性地发挥每个人的潜质和能力，从而有效地实现企业的整体合力。

（三）培训与开发有助于提高员工的忠诚度和满意度

员工对企业的忠诚和满意度不仅仅依赖经济回报这一单向维度，其和职业声望、工作赋权、良好的企业文化和人际关系、完成挑战性工作带来的成就感、科学完善的培训开发体系等多维度紧密相关。多元分层的培训开发体系能够从不同的员工需求出发，致力于打造员工终身就业的能力。《全球就业议程》指出，工作是人们生活的核心，不仅是因为世界上很多人依靠工作而生存，它还是人们融入社会、实现自我以及为后代带来希望的手段。合理有效的培训开发提升了人们的就业能力，确保人们有更强大的能力选择自己喜欢的、有挑战性的、能带来成就感的职业，这将极大地提高员工对企业的忠诚度和满意度。

（四）培训与开发有助于培育企业文化，乃至改变文化基因

企业的本质首先是一种营利性的经济组织。同时，经典的研究发现，那些卓越的企业，那些基业长青的企业具有的显著特征之一就是：他们拥有利润之上的

追求,也就是他们的核心理念或价值观,在此基础上形成教派般严谨的内部文化,并通过精心培养接班人和经理人才确保文化的传承与发展。在员工的培训开发中,态度或价值观方面的改变和知识的传递、技能的形成一同构成三足鼎立之势。专注于态度或价值观方面的培训开发将在培养企业文化方面起着举足轻重的作用,由企业文化而发散出的凝聚力、穿透力保障优秀企业的基业长青,保证从一线员工到高层管理人员都对企业有同样的忠诚和承诺。

三、培训与开发的特点

(一)广泛性

现代意义上的培训开发范围很广,不仅决策层管理者需要培训,而且一般员工也需要培训;员工培训的内容涉及企业经营活动或将来需要的知识、技能以及其他问题,而且员工培训的方式与方法也具有更大的空间。

(二)层次性

企业的培训开发体系是一个立体的结构,针对不同对象的培训深度不同,有高级培训、中级培训和初级培训。在实际培训中,企业战略不同则培训开发的内容及重点就不同;员工的知识水平和承担的工作任务不同,培训的知识和技能也不同。

(三)协调性

企业的培训开发既是企业人力资源管理的重要组成部分,其自身又是一个相对独立的系统工程。它要求培训的每个环节、每个项目都应该相互协调,使培训系统运转正常。首先,要从企业经营战略出发,确定培训模式、培训内容和培训对象。其次,应适时地根据企业发展的规模、速度和方向,合理确定受训者的总量与结构。最后,要准确地根据培训人数,合理地设计培训方案、培训时间和地点等。

(四)实用性

和正规教育系统提供的学历教育不同,企业的培训开发在知识的传递、技能的学习或态度的改变上都带有较强的实用性。培训开发应紧密围绕当前或未来的工作岗位,让受训者获得实践的机会,使员工所学或所掌握的知识、技能或价值观能适应当前或未来的工作要求,能把受训成果较快地转化成生产力,并能迅速提升企业的竞争优势。

(五)长期性

当今社会已经进入终身学习的时代,企业也在致力于构建学习型组织。在科技迅猛发展的当代,更新观念,接受新知识、新技能,学习新经验,无论对企业还是对员工而言都将是长期的,也是永恒的。员工学习的主要目的是在提升自身价值的同时为企业做贡献,所以,培训一般针对性强、周期短、见效快、影响深远。

(六)实践性

培训应充分考虑成人学习的特点和规律,综合考虑不同类型员工的生理、心理及工作经验等特点,在教学方法上应综合考量以培训者为中心和以学习者为中心两种不同的培训方式,在理论讲授、自学和函授等方式之外,更要注重学员参与、互动程度较高的实践教学。比如案例研究、角色扮演等启发式、讨论式、研究式教学,使培训达到更好的效果。

四、培训与开发的政策

新中国成立以来,员工的培训一直由政府自上而下地推动;改革开放以来,政府对各类人才的教育培训力度更是不断加大。1994年的《劳动法》设单独一章阐述"职业培训"的内容,强调了国家对职业培训事业的义务:"国家通过各种途径,采取各种措施,发展职业培训事业,开发劳动者的职业技能,提高劳动者素质,增强劳动者的就业能力和工作能力。"各级政府被要求将职业培训纳入经济社会发展规划;用人单位的法定责任和义务是:"按照国家规定提取和使用职业培训经费,根据本单位实际,有计划地对劳动者进行职业培训。从事技术工种的劳动者,上岗前必须经过培训。"同时,"国家确定职业分类,对规定的职业制定职业技能标准,实行职业资格证书制度,由经过政府批准的考核鉴定机构负责对劳动者实施职业技能考核鉴定"。1996年10月30日,劳动部和国家经贸委发布了《企业职工培训规定》(劳部发〔1996〕370号)(以下简称《规定》),界定了职工培训的内容,即职工培训是指企业按照工作需要对职工进行的思想政治、职业道德、管理知识、技术业务、操作技能等方面的教育和训练活动；界定了与职工培训相关的部门或主体，"各级政府劳动行政部门负责本地区企业职工培训工作，各级政府经济综合部门负责本地区企业管理人员培训工作。行业主管部门负责指导协调本行业职工培训工作，依法制定本行业职工培训规划、组织编写职工培训计划、大纲、教材和培训师资。社会团体、群众组织、公共培训机构，可根据企业需要自愿承担职工培训任务"。《规定》明确指出："企业应建立健全职工培训的规章制度，根据本单位的实际对职工进行在岗、转位、晋升、转业培训，对学徒及其他新录用人员进行上岗前的培训。"《规定》还指出："企业应结合劳动用工、分配制度改革，建立培训、考核与使用、待遇相结合的制度。"对于几个特殊群体的培训，《规定》明确如下："国有大中型企业高层管理人员应按照国家有关规定参加职业资格培训，并在规定的期限内取得职业资格证书。从事技术工种的职工必须经过技术等级培训，参加职业技能鉴定，取得职业资格证书（技术等级证书）方能上岗。从事特种作业的职工，必须按照国家规定经过培训考核，并取得特种作业资格证书方能上岗。"也正是在这个《规定》里，明确指出企业职工培训的经费保障，"职工培训经费按照职工工资总额的 1.5% 计取，企业自有资金可有适当部分用于职工培训"。

在此之后的几次政府机构改革中，今天的企业培训与开发形成如下格局：从部委层面看，人力资源社会保障行政部门是规定职业准入的职能单位，各行业主管部门对本行业领域内的职工教育培训肩负指导和督促的责任；从地方层面看，各级人力资源社会保障行政部门和相关的行会协会是影响企业员工培训的外部主体和力量。按培训对象来划分，人力资源和社会保障部对口负责指导对工人、专业技术人员的教育培训工作，国资委对口负责指导国有企业高级管理层人员的培训。社会培训机构已经逐渐成长为企业员工培训开发的重要组成部分。不过，社会培训机构依然需要相应政府职能部门的认可。对于营利性的社会培训机构，它们首先要去工商部门进行注册，然后找到相应的政府主管机构或部门，并在那里备案。这里的政府主管部门包括民政部门、教育部门和人力资源社会保障部门等。

【阅读参考】改革开放 20 年的员工培训与开发

改革开放之初，为了尽快改变"文化大革命"造成的职工队伍整体素质低下状况，中共中央、国务院提出了"双补"的历史性任务，即"近两三年内，要把职工教育的重点，放在对领导干部的训练和对'文化大革命'以来入厂的青壮年职工进行政治思想教育和文化、技术补课方面"（《关于加强职工教育工作的决定》）。据 29 个省、自治区、直辖市的统计，《决定》颁布后到 1985 年 8 月底，全国共对 2 683.7 万名青壮年职工进行了以补习初中文化知识为主的文化补课，对 2 143.7 万名青壮年职工进行了以补习岗位必需的技术业务与技能为主的技术补课。"双补"活动和干部培训的开展，为我国经济的整顿提高做出了积极贡献，弥补了青年职工在十年动乱中荒废的学业，缓解了基层单位人才的不足，尤其是"双补"工作对提高职工队伍的基础素质起到了良好作用，也为继续深入开展职工教育打下了基础。

"双补"任务完成后，成人教育工作的重点向岗位培训转移。经过十几年的努力，岗位培训已经成为成人教育的工作重点，并在提高职工整体素质和工作能力，促进经济建设向依靠科技进步和提高劳动者素质轨道转移的过程中发挥着日益显著的作用。据统计，从 1987 年 1 月到 1997 年 12 月，全国职工参加岗位培训累计达到 3.3 亿人次。

资料来源：晟暄. 辉煌的成就　历史性的贡献——改革开放以来的中国成人教育. 中国成人教育，1998（10）.

第二节　培训开发体系的构建

作为企业人力资源管理体系的重要组成部分，培训与开发对针对性、时效性的要求比较高。任何培训开发的实施都必须依据企业的目标，与企业的战略相互协调，与企业的生存、发展和竞争等方面的组织需求相联系。培训开发计划必须是企业总体战略计划的一个组成部分，充分考虑企业战略与经营目标对人力资源的要求；同时，培训开发体系的设计还要切实考虑员工职业生涯发展的需求。只有将企业的战略要求和员工的职业生涯发展需求有机结合，培训开发体系才能真正在企业生根、发芽、结果，有效发挥企业发展加速器的作用。

关键概念

企业培训体系是指由在企业内实施培训的人员、机构、制度、流程、体系等各要素构成的整体。这些要素通过科学的设计有机融合，形成一套结构化的动态体系，包括培训组织机构和人员的设置、培训管理制度的建设、培训流程体系的建立、培训课程体系的建立以及培训师资队伍的建设。

一、组织机构和人员的设置

多数企业的培训管理职责由人力资源部门负责，但随着企业的不断发展和壮大，组织架构变得越来越复杂，这就需要对培训管理机构和人员进行重新设计和调整。大型的企业可以考虑设立由企业高层管理人员和相关部门负责人组成的培训管理委员会，主要负责制定与企业发展相适应的人力资源开发战略和相关的培训政策和制度；由独立的培训部或培训中心负责具体的培训职能工作，制定具体的培训计划，开展培训运营和管理。

比如，海尔的人才培训机构是一个多层次、自上而下的体系，所有的部门都有一个培训机构。首先是它的事业部，从基层事业部到班组都有一套培训体系。培训体系包括培训的部门，同时在培训部门里还有一个培训实践中心，并且有一套严格的考试程序。不管是什么样的培训，最后都要经过严格的考试发出不同级别的结业证书。其次是集团总部，海尔集团也设立了一系列的培训机构。这些培训机构里包括海尔大学、海尔文化中心。海尔所有的中层干部，都要定期到海尔大学里去接受培训；海尔所有进入公司的新人也要到海尔大学里去进行培训，在培训的过程中，去认识海尔、了解海尔、熟悉海尔。另外，海尔还有一个人力资源培训中心——海尔文化中心。在海尔文化中心设有报纸《海尔人》，针对一些具体问题、对集团有影响的问题,通过报纸发动全集团的人对问题公开进行讨论,用这样的方式达成一种培训的效果。在集团总部的培训机构里同样设有严格的考试程序。任何一种形式的培训最终都是以考试来论证是否能够通过,达到结业的目的。

二、培训管理制度的建设

企业的培训战略和培训政策为企业培训指明方向,还需要通过具体的培训管理制度和措施使培训战略和培训政策具体化。培训管理制度就是把培训政策分解并细化成制度化的条款,使培训管理工作内容和工作流程更加稳定和规范,从而保证培训的质量。

培训管理制度作为企业人力资源管理的重要内容,是企业规章制度总体的有机组成部分。这是在国家相关法律法规和政策的硬约束前提下,根据企业的发展目标、发展阶段和组织结构制定的一系列制度安排。具体包括岗前培训制度、培训考评制度、培训服务制度、培训奖惩制度等基本内容。比如,中国第一重型机械集团公司先后制定了《教育培训管理考核细则》《在职人员参加学历教育的暂行规定》《集团公司培训管理程序》《技能拔尖人才管理考评办法》《职业技能鉴定标准》和《技师、高级技师管理办法》等一系列文件。[①] 比如,华为拥有包括管理和技术两方面在内的完善的在职培训计划,不同的职业资格、级别及员工类别会有不同培训计划,为每个员工的事业发展提供有力的帮助。华为大学还设有能力与资格鉴定体系,对员工的技术和能力进行鉴定。为了帮助新员工尽快适应公司文化,华为大学对新员工的培训涵盖了企业文化、产品知识、营销技巧以及产品开发标准等多个方面。针对不同的工作岗位和工作性质,培训时间从 1 个月到 6 个月不等。为帮助新员工尽快适应华为,华为建立了一套有效的导师制度。部门领导为每一位新员工指派一位资深员工作为导师,为其答疑解惑,在工作生活等方面进行帮助和指导,包括对公司周围居住环境的介绍,及帮助他们克服刚接手工作时可能出现的困难等。在新员工成为正式员工的 3 个月里,导师要对新员工的绩效负责,新员工的绩效也会影响到导师本人的工作绩效。

---

① 中国职工教育和职业培训协会编. 中国职业培训发展报告(2007). 北京:中国铁道出版社,2008.

三、培训流程体系的建立

完整规范的培训是由一系列工作组成的,包括培训需求分析、培训计划的制订、培训方案的实施和培训效果的评估,四个部分相互制约和影响构成培训工作的流程体系。符合 ISO 10015 国际培训标准精神的、规范的培训流程体系具有如下特点:第一,强调培训过程的规范性,即无论培训内容是什么,都应该具备确定培训需求、设计和策划培训、培训实施以及培训评估四大阶段。第二,强调培训过程的有效性,即企业的培训在标准化、精益化过程质量的控制下,使培训进入良性循环,以培训机制的建立促进企业核心竞争力的构建。第三,强调培训过程的持续改进。培训目的在于使员工个体绩效和企业的整体绩效得到双重改进,因此,培训流程和环节的设计中注重初始状态与培训后效果的比较分析,使得培训目标真正得以实现。第四,具有广泛的适用性。即一个企业组织,无论其规模大小,生产何种产品,身处何种行业,都要按照规范的模式,在继承和完善本组织原有培训优势、特点和方法基础上,形成可以与其他任何类型企业组织相比较的标准化的培训流程体系。

比如,海尔在 2002 年 7 月成为国内首家通过 ISO 10015 培训管理体系认证的企业。比如,燕山石化按照培训项目的运作规律,结合 ISO 10015 培训管理体系的要求,确立了"需求分析、课程设计、师资选聘、建立班级、制作课表、学员报名、实施班级管理、成绩及证书管理、效果评估"等依次递进的标准流程。

【阅读参考】ISO 10015 国际培训标准

国际标准化组织(ISO)于 1999 年年底颁布了 ISO 10015《质量管理——培训指南》。当时的中国国家质量技术监督局于 2001 年 3 月 20 日正式发布了 GB/T 19025—2001 idt ISO 10015:1999《质量管理——培训指南》。ISO 10015 国际标准是一个以质量管理为总背景的培训指南,是一个有关教育和培训的总体框架性、规范性标准。该标准的作用是为组织识别和分析培训需求、设计和策划培训、实施培训、评价培训结果并监督和改进培训过程提供指南;它强调培训对持续改进的贡献并试图帮助组织使其培训成为一项更加有效和高效的投资。业内专家建议将该标准称为"ISO 10015 国际培训管理标准"。

资料来源：吴用可，张楠. 大力推介 ISO 10015 国际培训标准 提高培训工作质量和水平. 中国经贸导刊，2002（17）.

四、培训课程体系的建立

培训课程根据企业的长期发展和当前工作重点设计和开发，这些培训内容可以按照不同的业务内容、不同的管理层次、不同的培训对象等标准分成许多类别，形成培训课程体系。只有完善的培训课程体系才能满足企业和员工个人多层次、全方位的培训需求。

培训课程体系的建立可以从岗位维度和功能维度两个维度出发。从岗位维度来看，企业员工可以分为新员工、生产一线员工、专业技术人员、管理人员和领导层。按照各个职能部门进行细分，可以划分为技术研发类、人力资源类、采购供应类、市场营销类、财务管理类等。不同职能部门的员工对于培训课程的内容具有不同的要求，培训课程体系的构建必须关注岗位的差异性需求。从课程的功能维度看，课程的内容可以分为知识、技能和态度（KSAs）三个维度。知识，如行业、公司发展、专业知识等。技能又分为专业技能、管理技能和通用技能。专业技能包括营销、人力资源管理、财务方面的技能。管理技能，如项目管理、质量管理、战略管理等。通用技能，如计算机、外语等。态度训练包括职业化修炼、思想训练。针对管理人员的培训，可以根据不同层次而设置不同的培训重点：低层管理者需要的是侧重于工作知识、能力经验构成的技术性技能，中层管理者需要的是侧重于由激励、沟通和协调构成的人际关系技能，而高层管理者需要的是侧重于分析、综合、洞察、联想和判断的概念性技能。

知识、技能和态度（KSAs）分述如下：

认知知识（Knowledge）。认知知识的培训使得员工从无到有地获得某种知识，改变某种认识，这类知识主要通过老师的讲授、自己的阅读、理解和记忆来完成。大多数培训目标都包括了让员工获得必要的认知知识，比如企业的规章制度、员工手册,政府或行业协会新出台的某些法规或规定等。在某种意义上,认知知识的传递是企业对员工履行必要的告知义务,不但有利于和谐劳资关系的构建,也有利于企业内部管理的有序和规范。

技能培养(Skill)。技能培训的目标是改变员工对技能的掌握程度,这类知识来自于实践,需要通过操作性的实践来改变原有的操作规则、实践经验等。在不同的产业中,比如加工制造型企业,运输、冶炼、餐饮服务、酒店管理,都会有大量的技能培养的机会。当企业要在质量管理系统中引入 ISO 9000 国际认证等行业性认证时,整个操作车间、生产流程可能要面临重组和重塑,这样,相关员工都要进行培训以适应新的组织要求。

态度情感(Attitude)。态度情感培训的目的是要改变员工的动机、态度和价值观等。比如,一个企业在将生产目标和经济效益作为唯一的目标导向时,团队合作、组织凝聚力以及组织文化方面的目标会被大大地弱化;在企业改制,或出现新的合并融合时,新技术的引进成为容易改变的事情,但是,人们对组织的认同感、对组织忠诚度的重塑则要经过精心设计和组织安排。态度情感的培训应用于企业文化建设、团队管理方面。相对于制度和技术,强大的企业文化更是企业长期竞争力的有力保障。

课程体系的建设在中国企业人力资源培训与开发中相对薄弱。企业培训中的佼佼者尝试建立相对科学而合理的课程体系,比如平安集团的副总认为,平安金融培训学院的核心竞争力在于先进的、完整的课程体系。学院将从管理/领导力、金融服务、职业技能、网络学习、客户等五个方面构建完整的课程体系,着重开发干部素质、管理知识、通用技能和客户培训领域的核心课程。国外的企业大学(Corporate University)中,惠普商学院课程体系涵盖了从工商管理、销售管理到服务等各个方面,"惠普管理之道"系列培训课程是惠普管理方法论的精华及总结,"惠普销售之道"和"惠普服务之道"则是针对企业经理人专业技能提升的课程。摩托罗拉大学在中国区设置的培训课程有力地支撑了企业的国际化战略,值得在新形势下实施"走出去"战略的中国企业学习和借鉴。

【阅读参考】平安集团：以最好的培训造就人，以最好的培训留住人

"以最好的培训造就人，以最好的培训留住人"是平安人力资源管理的重要策略之一。为了提升平安员工的专业能力和国际化管理水平，平安建立了完善的职业培训体系，培养了授权讲师近3 000人。2001年成立了平安金融培训学院，提供培训课程、制定培训政策、培养培训讲师、统筹培训预算、传承企业文化。目前，平安已经形成了集团、总公司和分公司并立的三级培训体系，分别满足公司员工从高级管理到产品销售的不同培训需求。

一、完整的员工培训体系

完整的培训体系。平安的培训体系包括基层员工、新晋管理者、有经验的管理者、高级管理者和战略执行层等五个层级。其中，平安金融培训学院更关注中间三层：新晋管理者、有经验的管理者和高级管理者。每个层级又分为三个档次：到岗不到一年的新任经理，必须接受角色转变的课程；到岗两年后有一定成绩的，接受为期5天的核心技能课程，内容包括风险管控、运作、流程、团队、个人修养风格等提升经营管理、领导力技能的课程；到岗4年的优秀经理，有晋升机会的将接受潜力干部课程。

注重实用性的培训课程。培训项目大致可以划分为四大体系：从基层到高层的管理领导力、不同业务部门和岗位的共性工作技能、与产品相关的培训以及市场销售。此外，大学还设有网络教学平台，400多门培训课程中，既有从全球范围内引入的在各专业领域处于领先地位的课程，也有平安的自主制作。公司任何员工都可以根据自己的需要定制学习课程，并有个人学习档案，可以随时检视自己的学习进度。此外，为了帮助员工尽快成为国际性的管理人才和专业人才，平安会定期选送优秀的员工出国培训或到国际知名的金融保险企业工作学习，并承担所有培训费用。

师资建设。平安要求所有课程需要直线经理参与——他们最明确培训目标和进度，同时也能和学员分享经验，推动培训得到最好的效果。目前，平安90%~95%的课程都是由直线经理担任讲师。平安集团所属的各子公司、分公司都设立了独立的培训部，拥有自己的专、兼职讲师队伍。各公司的讲师由平安内部各专业领域的精英和专家担任，他们拥有丰富的工作经验和技能。

二、国际通用资格认证

平安鼓励员工通过参加专业认证考试来提升专业素质和个人竞争力。平安和国内外专业认证组织合作，引进了多项国际通行的专业认证考试。为推动和保障员工的在职学习，平安还制定了相应的政策，对通过相关认证考试的员工给予不同程度的奖励，如考前进行考试辅导、通过英文考试的报销考试费用、将认证考试科目与专业技术资格评聘挂钩等，这些措施有效地保障和推动了员工在职学习的热情和积极性。目前，通过公司组织考试并授予有关机构专业证书的有LOMA、AICPCU和SOA。

三、独到的培训效果评估

（一）培训成败与直线经理相关

在平安，每个学员的主管都被要求参与到培训中来。只有让主管讲出他对部下的培训期望，同时又看到部下能学到什么，让他明白部下培训的过程，这样的培训才是行之有效的。

（二）效果评估依据学员的口碑

每次培训后，平安的培训经理都会花大量的时间到各个公司与学员和学员的主管交谈，依据他们的当面反馈、定期网络无记名调查，以判断培训的效果。如果下面的公司主管没有人愿意推荐自己的部下参加某个培训，那就证明这套培训课程是失败的；反之则是成功的。

（三）借助第三方公司的力量对课程进行评估

每个培训课程都有3个月的行动计划，由学员学习完离开大学之前制定，交到部门总监、直线经理和本人，由他们来反馈学员在接受培训后是否有行为改善，并将结果录入绩效考核。从2007年开始，学院对管理人员核心课程，在培训3~6个月后做网上无记名问卷，要求提出学员培训需求的直线经理回答三大类问题。第一类，是否记得有过培训、培训目的。第二类，是否知道其所学内容和行动计划，是否为学员创造机会将所学内容付诸实践、投入工作。第三类，学员是否有明显改变和改变原因。

（四）培训价值衡量

作为一个成本中心,平安金融培训学院把所有培训产品定价,所有的学员课程实报实销。比如一个为期3天的项目管理课程,一般定价1 500～4 000元/天,学院定价800元/天,按此可计算在外培训和学院培训的差价,这就是平安金融培训学院的培训价值,并列入大学的KPI指标。

资料来源:游春.中国平安 迈向人力资源经营.中国保险,2009(2).

五、培训师资队伍的建设

目前,我国企业在内部培训师资队伍建设和系统建设方面相对薄弱,不少企业培训有自己的师资队伍,更多的企业则依赖于外部大学科研院所和社会化培训机构。在内部培训师资队伍的建设上,中国的企业还远远落后于西方的企业。凯洛格(KeyLogic & TLS)的调查显示,仅有8%的国内企业内部培训讲师的数量超过其总讲师数量的70%。而从全球范围来看,越优秀的企业大学,越能很好地开发企业内部讲师资源。[①] 内外部培训师资的优劣势分析见表5—2。

表5—2 内外部培训师资的优劣势分析

	优势	劣势
内部培训师	• 对内部情况较为熟悉,能教到点子上 • 能激励员工的上进心,有利于组织文化的建立 • 易控制,成本低	• "近亲繁殖"不易提升境界 • 选择范围小,受限制大 • 权威不够 • 可能激发不起学习者足够的热情
外部培训师	• 选择范围大,可聘请到真正的专家 • 能带来许多全新理念 • 可提升培训档次,引起组织内各方的重视 • 容易营造气氛,从而促进培训效果	• 因接触时间短,对所选专家无法做出准确的判断 • 沟通成本较为困难 • 对本组织陌生,传授的内容可能不实用 • 可能偏重于理论,而对实际技能认识不足 • 实际管理和控制较难 • 成本较高

---

① 汲坤.中国企业大学发展现状分析.学习型中国,2011(5).

第三节 培训开发的流程分析

设计科学而良好的培训应该拥有四个必要的环节：确定培训需求、设计和策划培训、提供培训和评价培训结果，如图5—1所示。一个阶段的输出将为下一个阶段提供输入。

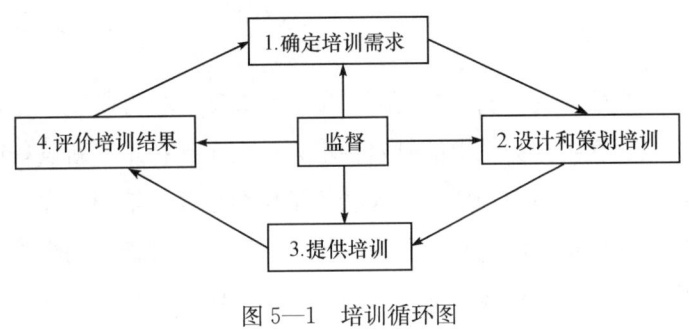

图5—1 培训循环图

一、确定培训需求

培训需求分析是成功有效的培训实施的前提，或者说是首要条件。只有需求分析做得细致、做到位，才能有针对性地进行后续的各项步骤。培训需求分析中，最有代表性的方法源自麦吉（McGehee）和塞耶（Thayer）于1961年提出的通过组织分析、任务分析和人员分析这三种方法来确定培训需求，如图5—2所示。

培训需求分析的重点是进行组织分析、工作分析和个人分析。需求分析的起点是培训需求的可能性。传统的培训需求分析主要是基于绩效要求与现有绩效之间的"绩效差距"来制订员工的培训开发计划，在现代的培训开发中，员工当前的绩效问题和个人的未来发展应该有机地统一起来。

和企业绩效密切相关的培训需求"压力点"包括：由于新员工进入的入职培

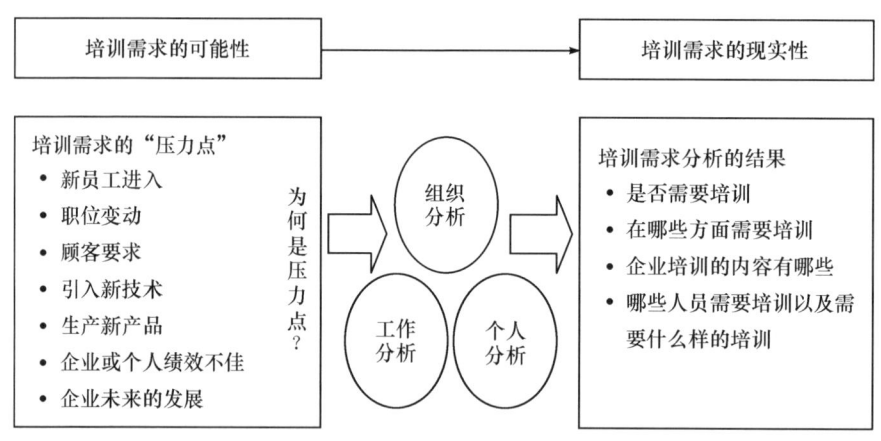

图 5—2 培训需求分析

训（员工招聘章节已有介绍），由于员工职位变动而引发的适应性培训，由于以市场为导向、以顾客要求为动力的针对性培训，由于新技术、新设备或新流程的引进需要进行的培训，由于企业或个人绩效不佳而带来的培训压力，结合企业下一步的发展战略而提前进行的相关培训，等等。任何一种情况的需求分析都需要紧密结合组织、部门、岗位和个体多方面的因素，组织分析、工作分析和个人分析将围绕下列问题进行：是否需要培训？在哪些方面需要培训？企业培训的内容有哪些？哪些人员需要培训？需要什么样的培训？

（一）确定培训和开发工作的需要

1. 组织分析。组织分析是在组织层面上展开的，对组织的战略、目标、资源和环境等方面的分析。具体包括两个方面的内容：一是对企业的整体绩效做出评价，找出其存在的问题并分析其产生的原因，明确企业应有的人员素质状况与现有状况之间的差距；二是分析企业未来的发展方向，对未来发展中可能遇到的变化和所需要的人力资源进行预测。

人力资源部门的负责人要紧紧围绕企业短期和中长期发展战略，设计不同的培训项目。企业内外所面临的机遇和挑战都将纳入员工培训项目的背景要素。比如，企业在未来的三五年是面临着快速的扩张而强调大规模的一般性培训，还是面临着技术升级的需要而侧重精耕细作型的高级专业技术人员的培训，抑或在经济衰退的低潮期，为下一轮经济的腾飞和企业的重新奋发而积蓄力量型的培训；

第五章 培训与开发

还有些企业在快速扩张的过程中出现人力资源的质量和素质跟不上企业的品牌建设等软性问题等。在企业的不同发展阶段,面临不同的问题和矛盾,应选择不同的发展战略,培训的立足点和侧重面会有所不同,见表5—3。

表5—3　　　　　　　　不同企业战略下培训与开发的重点

战略	业务战略重点	达成战略的途径选择	关键点	培训重点
集中战略	• 增加市场份额 • 降低运作成本 • 建立和维护市场地位	• 改善产品质量 • 提高生产率 • 技术流程创新 • 产品客户化	• 技能先进性 • 现有员工队伍的开发	• 团队建设培训 • 跨职能培训 • 专业化培训 • 人际关系培训
内部成长战略	• 新市场开发 • 新产品开发 • 创新 • 合资	• 现有产品营销 • 增加分销渠道 • 全球市场扩展 • 现有产品修正 • 创造新产品 • 合资扩张	• 创造新的工作和任务 • 创新	• 支持和促进高质量产品沟通 • 文化培训 • 建立创造性思考的文化 • 工作技术能力 • 管理者沟通/反馈/谈判方面的培训
外部成长战略	• 横向一体化 • 纵向一体化 • 集中多元化	• 兼并在产品链上与公司处于相同阶段的企业 • 兼并能够为公司提供原材料或购买产品的企业 • 兼并其他企业	• 一体化 • 人员富余 • 重组	• 确定被兼并企业员工能力 • 培训系统一体化 • 合并企业的程序 • 团队培训
收缩战略	• 精简规模 • 转向 • 剥离 • 清算	• 降低成本 • 减少资产规模 • 获取收入 • 重新确定目标	• 效率	• 激励、目标设定、时间管理、压力管理培训 • 领导能力培训 • 人际沟通培训 • 重新求职的帮助 • 工作搜寻技巧培训

资料来源:[美]雷蒙德·A.诺伊等.人力资源管理:赢得竞争优势(第三版).北京:中国人民大学出版社,2001:267-268.

从组织层面确定培训和开发工作的需要,还要考虑到企业预算情况,培训的周期问题,企业的生产经营安排中是否能有充分的时间完成所要制定的培训项目,培训的具体形式和方式,是外请师资还是选送相关人员到外面学习,等等。

2. 工作分析。工作分析是对特定岗位基本职责、工作标准、内容和达到岗位目标所应具备的知识、技能和态度进行分析,以明确培训开发的目标和内容,即确定企业中各个职位的工作任务，各项工作任务所想达到的标准，以及完成这些任务所必备的知识、技能和态度，然后把各个职位工作人员的实际行为状况，实际具有的知识、技能和态度与之进行对比，找出存在的差距，并分析差距产生的原因，进而明确培训开发的现实需求，同时为设计培训开发的内容提供基本的依据。

现实中，很多人绩效不高，有时并不是由于知识或能力欠缺，而是其他原因，比如设备、环境因素、生产流程、管理程序等。客观分析产生培训需求的原因，明确培训是否是解决问题的最佳方案，是做好培训需求分析工作的关键。工作分析关注的是当前和未来岗位所需要的具体知识、技能和态度。制定培训开发计划时，要明确针对哪些岗位进行培训，培训所要达到的理想目标是怎样的，培训前的岗位状态又如何，这些都要做客观的调查和分析。

3. 人员分析。人员分析是对员工工作的现有状况和应有状况之间的差距以及产生差距的原因进行分析，以明确培训开发的目标和内容，即通过分析实际绩效与预期绩效的差距，发现员工实际掌握的知识、技能和态度与实现组织期望目标所需要的知识、技能和态度之间的差距，并通过分析这一系列影响员工绩效的因素，找出存在差距的原因。

人员分析的过程中，既要弄清工作绩效不令人满意的原因是由于客观知识、技术、能力的欠缺，还是属于个人动机或工作设计方面的问题，以此确定是否有必要进行培训、谁需要接受培训以及培训的材料、形式和内容等；又要明确哪些员工需要培训，同时让员工做好接受培训的准备。

最后，锁定要纳入培训计划和项目的员工，对每一位员工制订适合他们情况的培训计划，主要是准确地测定他们当前的知识、技能和态度方面的有关指标，然后确定一个培训后要达成的预期目标，寻找理想目标和现状之间的差距，并发掘哪些是可以通过培训，通过怎样的具体培训来弥补这种差距。这个过程需要专业的人力资源工作人员和部门经理及其员工进行充分的沟通和互动。

（二）培训目标的确定和培训需求调研

调查研究和分析方法有很多，实际上也就是社会中常用的一些方法[1]，包括

---

[1] 参见本书第三章"工作分析与工作设计"有关内容。

问卷调查法、小组座谈法、观察法、阅读技术手册和相关工作记录、关键事件法等。不同方法的适用条件、优缺点和操作的难易程度都不同。问卷调查法可以用于大规模的量化分析，但是对问卷设计有较高的要求。小组座谈法可以同时对多个人进行交谈，收集信息的效率较高，可能会出现意想不到的效果，但是也可能会出现人们掩饰真实想法的情况。观察法适用于操作技术方面的工作，对管理类工作也有一定的帮助，但是观察法只能看到"是什么"，而无法探究员工在意识方面的活动，因此要辅以其他方法才能获得较好的效果。阅读技术手册和相关工作记录也是一种客观性较强的方法，最好也要辅以访谈等方法来使用。关键事件法[①]应用于基于胜任素质的培训需求分析中。

（三）基于胜任素质的培训需求分析

基于胜任素质的培训需求分析是以胜任素质为基本框架，通过对组织环境、组织变量与优秀员工关键特征来确定岗位的培训需求，是一种战略导向的分析方法。通过这种方法，培训内容和程序一方面能够满足企业当前对岗位的要求，另一方面能够适应企业发展的需要。与传统培训需求分析相比，基于胜任素质的培训需求分析具有以下几个特点：一是提供了工作分析和人员分析的组织背景，以组织分析统领其他层次的分析。调整培训与组织的长期匹配，而不是与岗位的短期匹配，并与组织经营目标与战略紧密联系。二是具有范式转移的意义，从较多关注"绩效差距"和"缺口分析"等消极因素，向关注胜任素质等积极因素的方向转移。三是强调优秀员工的关键特征，具有较高的表面效度，更容易被培训者所接受。四是注重培训方法分析，提倡"内隐"学习模式。胜任素质的学习是一种经验学习，因此，胜任素质的培训有别于传统的学校教育模式，要着重寻求和发展将日常工作实践中获取"内隐知识"的形式加以结构化的培训方法。[②] 具体操作主要分为如下步骤：

1. 确定企业不同岗位的胜任素质模型（个性、价值观、胜任素质和知识等）。这一过程需要遵循两条基本原则：第一，能否显著地区分工作业绩是判断一项胜任素质的重要标准；第二，判断一项胜任素质能否区分工作业绩必须以客

---

① 关键事件法在本书第三章"工作分析与工作设计"中已有具体介绍。
② 何斌，孙笑飞. 基于胜任力的培训需求分析及其应用. 企业经济，2004（1）.

观数据为依据,任何主观判断、理论假设和过去的经验必须有客观数据的支持才能成立。

2. 评估员工的素质和胜任素质现状,并对照胜任素质模型寻找两者的差距。在基于胜任素质的培训开发体系中,胜任素质模型为培训需求分析提供了可参照的标准。基于胜任素质的培训需求分析模型,如图5—3所示。在模型中分为横向逻辑关系和纵向逻辑关系。横向逻辑为员工实际情况和组织要求之间的差距,在这个比较过程中,以胜任素质模型作为参照标准,通过比较员工当前状况和理想状况,能够比较准确并有针对性地提出培训需求;在纵向上是胜任素质和行为、绩效的逻辑关系。胜任素质特质往往通过一定的行为方式表现出来,一定的行为导致相对应绩效的绩效水平,这也是行为事件访谈法的理论基础。培训发展需求的确定不仅要考虑员工胜任素质水平与组织要求的差距,也要充分考虑组织的内外环境,比如组织结构、成本承受能力等。只有考虑员工胜任素质发展需求和组织内外部环境,这样的培训发展需求才能真正符合组织和个人要求,并能够有实施的基础和条件。如果没有实施的基础和条件,培训和发展计划就没有办法制定和执行,也就没有实践意义。

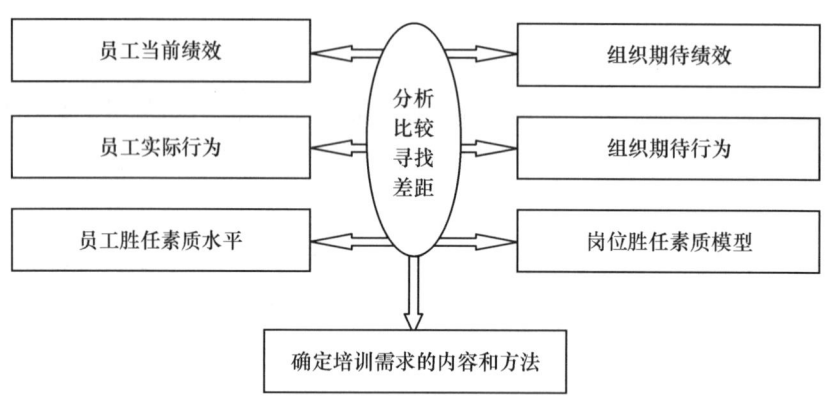

图5—3 基于胜任素质的培训需求分析模型

3. 设计培训与开发方式。根据培训目标和培训内容,在条件许可的范围内,确定可行的培训与开发方式,其中包括讲授法、研讨法、案例研究、行为示范、工作轮换、角色扮演、管理游戏和现场观摩等。斯特伯格(Sternberg)认为,管理人员的学习风格具有更多倾向于行动和具体体验的特征,管理胜任素质培训设计要根据经验学习的过程来安排培训内容和选择培训方法,使培训收到全面的效果。另外,胜任素质的培训与开发强调胜任素质冰山结构图中水下深层的胜任素质特质,比如动机、品质、自我认知、价值观等,因此,作为经验学习的两种培训方式行为示范和角色扮演则起着重要作用。

二、设计和策划培训

设计和策划阶段为培训计划提供管理基础。本阶段包括:针对培训需求显示的现在能力和预期能力的差距而采取怎样的措施,为培训结果和监督培训过程确立标准。

(一) 确定并列出有关制约培训过程的因素

这些因素有:国家和地方的立法和政策措施;企业确定的方针要求,包括与人力资源有关的要求;财务规定;时间和日程要求;接受培训人员的可能性、积极性;某些因素,如能否获得开展培训的资源或声誉好的培训提供者;任何其他可用资源的制约条件等。这些制约条件将被应用于选择培训方式和培训提供者以及培训计划的编制。

(二) 培训方式和选择准则

应列出满足培训需求的各种可能的培训方式。适当的培训形式将依据所列出的资源、制约条件和目标所定。培训方式可包括现场或非现场的课程和专题研讨会、学徒、在工作中接受辅导和建议、自学、远程学习等。这些又可包括时间和地点,设施,费用,培训目标,学员情况,培训持续的时间和实施的顺序,评定、评价和证书的形式。

从培训的时间来分类,主要可以分为如下几种:一是脱产培训,也就是"充电式"学习,一般限于高层管理者和技术骨干;二是在职培训,这也是企业培训的主要形式,包括从高层到一线员工的全体员工都要不断进行;三是业余培训,这是利用业余时间,通过自学、培训班或函授教育等形式获得新知识;四是电子学习(E-learning),在未来的培训中会越来越广泛地应用,借用互联网的力量,任何人都可以随时随地学习和沟通。

从培训的对象来分类，主要可以分为如下几种：一是新员工的入职培训，这是新人熟悉企业、适应环境的过程，入职培训可以帮助建立符合实际的期望和积极的态度[①]；二是针对专业技术人员的技术培训，针对不同的专业，比如市场营销、软件开发、会计等；三是针对领导层、管理层和后备干部的管理人员培训，为管理人员或将要晋升为管理者的员工设置。

从培训的方式来看，则包括如下几种：课堂讲授法、案例研究法、角色扮演法、计算机辅助教学、电子学习、现场教学法、视听法、拓展训练等。不同的培训方式有各自的优缺点，根据学员的参与程度可以分为以培训者为中心和以学习者为中心两种风格，培训的知识也有简单知识和复杂知识的区分。当然，大多数时候，某一次或某一阶段的培训都是若干种教学方法的综合应用，要根据培训对象的特点、课程的特点来综合选用。不论选用其中的一种或综合运用几种教学方式，重要的是要符合成人的学习特点和规律，遵循"精细、管用"的原则，以及时、有效、准确、适用为核心，达到学用结合、立竿见影的目的。

（三）培训计划

应制订培训计划，以便与可能的培训承办者协商具体培训过程的事宜，如具体培训内容。培训计划有利于明确地理解企业的要求、培训要求和培训目标。目标确定了受培训人员可实现的培训结果。培训目标应建立在针对培训需求而在培训计划中所规定要达到的预期能力的基础上，以确保培训的有效提供，并创造通畅和公开的交流。

培训计划应考虑下述几个方面：①企业的目标和要求；②培训需求说明；③培训目标；④学员（接受培训人员的有关情况）；⑤培训方式和内容概要；⑥日程安排，如持续时间、日期和重要阶段；⑦资源要求，如培训材料和教职人员；⑧财务要求；⑨为评价培训结果制定准则和方法以测量下述几个方面：学员的满意程度，学员的知识、技能和态度方面的收获，学员在工作中的业绩，学员对领导的满意程度，对学员企业的影响，监督培训过程的程序。

（四）选择提供培训者

任何可能的外部培训提供者在被选择之前都应受到严格的审查。这个审查可

---

① 入职培训在本书第四章"员工招聘"中已有介绍，这里不再赘述。

包括提供者的书面信息（如有关目录、情况介绍）和评价报告。审查应依据培训计划和已知的条件、要求来进行。

三、提供培训

为提供培训而开展培训计划所规定的所有项目是培训者的职责，培训者即应用培训方法的人。组织也应提供必要的资源以确保培训提供者的服务，其支持和促进培训的作用还包括支持培训者和受培训者双方，监督培训质量。组织可以在监督培训提供中为培训提供者提供支持。这些活动的效果受到组织、培训提供者和学员之间相互作用和影响。

培训前支持可包括下述活动：向培训提供者简要介绍有关信息，向学员简要介绍培训的性质和准备弥补的能力差距，使培训双方能够接触。

培训支持可包括下述活动：为培训双方提供有关的工具、设备、文件、软件或食宿，为学员提供恰当的和充分的机会以得到发展的能力，应培训者和/或受训人员双方要求就工作业绩给予反馈。

培训后支持可包括下述活动：从学员中收集反馈信息，从培训者处收集反馈信息，向管理者和参与培训过程的人员提供反馈信息。

四、评价培训效果

评价的目的是确认企业目标和培训目标已经实现，即培训是有效的。科学的企业培训评估包括了解企业培训的效果、界定培训对企业的贡献、对员工培训的成绩等进行评价。

当学员在工作中被观察和考核前，培训的结果常常不能被充分地分析和证实。在学员已完成培训后规定的期间内，企业的管理者应确保进行评价以验证其能力所达到的水平。评价应在短期和长期的基础上开展。短期效果包括：学习成果、对培训和开发活动的反应、行为和态度上的改变、完成任务的表现等。长期效果包括：对于组织而言，是否提高了生产率，降低了成本，改善了对顾客的服务务，降低了员工的流失率（提高了员工的保有率），增加了组织对潜在应聘者的吸引力等；对于受训者个人而言，则要看是否减少了他们的压力，提高了对工作岗位的满意度，职业技能是否得到提高，是否提高了职业转换能力等。

培训与开发的效果评估领域，最经典的是柯克帕特里克的培训效果评估四模型（Kirkpatrick Model）。柯氏四级培训评估模式由美国人力资源管理专家唐纳德·L.柯克帕特里克（Donald. L. Kirkpatrick）于1959年提出。柯氏四级培训评估模式简称"4R"，主要包括四个层面的评估。

第一层，反应评估（reaction）：对员工在培训刚结束时所持有的主观感觉和满意程度进行的评价和估量。

反应评估是指受训人员对培训项目的印象如何，包括对讲师和培训科目、设施、方法、内容、自己收获的大小等方面的看法。反应评估主要是在培训项目结束时，通过问卷调查来收集受训人员对培训项目的效果和有用程度的反映。这个层次的评估可以作为改进培训内容、培训方式、教学进度等方面的建议或综合评估的参考，但不能作为评估的结果。

这一阶段的评估并不涉及培训的效果，其作用在于：提供改进培训的建议和评价，让学员感到培训讲师和组织者对他们意见的尊重，可以提供对培训看法的定量信息并反馈给管理层做参考，对培训讲师的绩效提供参考。获得反应评估的常见方法是在培训结束时，向学员发放满意度调查表，征求学员对培训的反映和感受。问题主要包括：对讲师培训技巧的反映；对课程内容设计的反映；对教材挑选及内容、质量的反映；对课程组织的反映；是否在将来的工作中，能够用到所培训的知识和技能。如果学员对课程的反映是消极的，就应该分析区分是课程开发设计的问题还是实施带来的问题。同时，在对培训进行积极的回顾与评价时，学员能够更好地总结他们所学习的内容。另外，也可以对学员或其主管进行面对面的访谈，或进行电话调查，以对培训内容在工作中的适用度做评估。

第二层，学习评估（learning）：对学员通过培训开发所学的知识、技能的掌握程度进行的评价和估量。

学习评估要评估的主要方面为：学到了什么知识？学到或改进了哪些技能？改变了哪些态度？学习评估可以测量受训人员对知识、技能、态度等培训内容的理解和掌握程度。学习层评估可以采用笔试、实地操作和工作模拟等方法来考查。这一阶段的评估要求通过对学员参加培训前和培训结束后知识技能测试的结果进行比较，以了解他们是否学习到新的东西。同时也是对培训设计中设定的培训目标进行核对。这一评估的结果也可体现出讲师的工作是否是有效的。

培训组织者可以通过书面考试、操作测试等方法来了解受训人员在培训前后，知识以及技能的掌握方面有多大程度的提高。有些企业会根据学员考试成绩决定是否颁发相应的证书。学习评估实际上要回答一个问题："参加者学到东西了吗？"但是，此时我们仍无法确定参加培训的人员是否能将他们学到的知识与技能应用到工作中去。

第三层，行为评估（behavior）：是指对员工运用培训所学内容的程度进行的评估和估量。行为评估更多地考虑学员在接受培训回到工作岗位后在工作中表现的变化，其设计上体现为对知识、技能和态度的迁移的评估。

行为评估指在培训结束后的一段时间里，由受训人员的上级、同事、下属或者客户观察他们的行为在培训前后是否发生变化，是否在工作中运用了培训中学到的知识。这个层次的评估可以包括受训人员的主观感觉、下属和同事对其培训前后行为变化的对比，以及受训人员本人的自评。这通常需要借助于一系列的评估表来考察受训人员培训后在实际工作中行为的变化，以判断所学知识、技能和态度对实际工作的影响。

这一阶段的评估数据较难获得，但意义重大。通过对参加者进行正式的测评或非正式的方式进行，它要确定培训参加者在多大程度上通过培训而发生的行为上的改进，它要回答下面的问题："人们在工作中使用了他们所学到的知识、技能和态度了吗？"只有培训参与者真正将所学的东西应用到工作中，才达到了培训的目的。只有这样，才能为开展新的培训打下基础。需要注意的是，因这一阶段的评估只有在学员回到工作中时才能实施，这一评估一般要求与参与者一同工作的人员如督导人员等参加。

第四层，成果评估（result）：是指对由培训开发活动引起的企业业务结果变化情况进行的评价和估量。这是最重要也是最困难的评估，它用来评估培训项目能给企业带来哪些改变，包括财务业绩，也包括士气、态度等方面，这一阶段的评估要考察的不再是受训者的情况，而是从部门和组织的大范围内，了解因培训而带来的组织上的改变效果，即要回答："培训给企业带来了什么影响？"

成果评估即判断培训是否能给企业的经营成果带来具体而直接的贡献，比如主管/管理培训的结果评估项目包括如下维度：增加的产量、减少的缺勤和怠工、成本的下降、离职率的降低、员工建议书的增加、士气和员工态度的改变等；销售培训的结果评估项目包括如下维度：销售量、平均销售规模、累计销售、新旧账户比、每张订单的数目；客户关系培训的结果评估项目包括如下维度：订单的准确性、订单大小、每日交易数目、失去的顾客数、顾客投诉等。

以上培训评估的四个层次，实施从易到难，费用从低到高。一般最常用的方法是阶段一，而最有用的数据是培训对组织的影响。是否评估，评估到第几个阶段，应根据培训的重要性决定。下面是20世纪90年代转产转岗培训中中原油田对培训效果的分析案例。

【阅读参考】转产转岗培训的效果分析

在转产转岗培训项目的实施过程中，我们依照中原油田开发的转产转岗培训新模式的思路，既重视了对培训项目整个运行过程的严格管理，也重视了对培训效果的评价与分析，以便为培训模式自身的不断提高与完善创造条件。在对培训效果进行分析的过程中，既认真对转产转岗培训的教学效果作充分分析，也没忽略对其社会应用效果的分析与反馈。为此，我们设计了企业信息反馈表和学员信息反馈表（见表1、表2）。

表1　　　　　　　　　培训班企业信息反馈表

单位：　　　　　　　　　　　　　　填表时间：

培训项目名称		起止时间	
本单位学员人数		主要工作岗位	
培训结业考试合格人数		上岗考核合格人数	
对培训内容满意人数		对培训效果满意人数	
上岗后表现优秀人数		上岗后表现良好人数	
上岗后表现一般人数		上岗后表现差的人数	
再进行同样培训时，应增删哪些内容？			
对培训有哪些新需求？			

表 2　　　　　　　　　　　培训班学员信息反馈表

培训项目名称		填表单位	
培训起止日期		填表时间	
本人结业成绩		内容是否满足岗位需要	
岗位技能应用率		是否通过岗位技能考核	
再进行同样培训时，应增删哪些内容？			
对学校培训教学与管理，有什么意见或建议？			

通过座谈和问卷调查，我们对参加1995年下半年至1996年的29个转产转岗培训项目的学员（共计1 031人）进行了跟踪调查，累计发放调查表格2 246张，收到2 214张，回收率为95.1%。

通过考察学员行为改变情况，即学员进步幅度，以及了解学员上岗后的实际工作情况，即用人单位的反映，我们对中原油田转产转岗培训模式的培训效果进行了深入分析。

一、职工来源分析

大多数的转岗职工来源于主业，在参加转岗培训的1 031名职工中，仅81名职工来自钻井、采油、作业、油气集输等生产主业以外的其他工种，占总人数的8%，说明整个转岗培训是以主业转产为主体的转岗培训。从转岗职工岗位改变情况看，转产后岗位工种没有改变的仅34人，占总人数的2%。年龄结构，36岁以上的职工占总人数的57%，45岁以上的占总人数的28%，25岁以下的仅占总人数的10%。知识结构，专科以上毕业的不足4%，技校程度以下的占59%，可见石油系统转岗职工年龄偏大，知识结构偏低。但是，由于采用新的培训办班模式，抓住技能培训核心这一基本点，技能考核合格率达到99.4%，98%的学员取得了上岗资格。

二、考试成绩分析

在局职业技能鉴定中心对学员的技能考核中，理论考试成绩在80分以上的占88.4%，60分以下的还不到1%，实际操作考核合格率为100%，上岗合格率保持98%，较1994年同工种培训，理论考核合格率提高了7%，技能考核合格率提高了24%，绝大部分学员毕业后能直接上岗，从学员个人技能提高方面看，效果明显。

三、教学方法与管理效果分析

90%以上的学员对新模式的教学设计、培训方法、学校管理表示满意，其中对以技能培训为核心的技能培训"四步法"满意率高达96%。综合各方面反映，对转产转岗新模式的办学思路、教学管理及学员取得的成绩都比较满意。

四、学员行为改变效果分析

统计显示，运用新模式办学以来，学习技能应用率由1994年的60%增加到1995年的88%，岗位技能考核合格率由1994年的78.2%增加到1995年的96.5%，对培训内容表示满意的单位由1994年的75%上升到1995年的84%，对培训效果表示满意的单位由1994年的50%上升到1995年的83%。各单位用人满意率从1994年的80%提高到1995年的95%。

从学员个人行为转变看，许多学员上岗后不久就成为业务骨干，有的还担任了基层领导工作。如矿建转产培训项目结束仅半年，就有12人分别在建筑安装队和电气安装队担任了队长、副队长等职务；在砖瓦工培训项目学习的21名学员中，有6人当上工程项目负责人，采油三厂培训学校举办的造纸工项目，两个月学完中专一年的学习内容，上岗后不少人都胜任生产管理工作，有的还当上了生产厂长。

五、专业工种相关性培训效果分析

在对转产转岗项目进行的横向对比分析中，我们将转产转岗培训项目按职工转产前后岗位工作性质的相关性划分为相关工种转岗培训项目、相近工种转岗培训项目及不相近工种转岗培训项目。相关工种指的是专业性质相关很强，或同属一个行业系列，有很大一部分岗位工作操作技能是通用的，工人从原岗位转到新岗位，通用技能不需要培训即可上岗，如采油转作业、炼油转精细化工等项目；相近工种转岗培训项目指的是工作性质差别稍大、某一部分技能可不经培训或经适当适应性培训即可在新岗位上应用，其余技能必须经过严格的上岗前培训，达到熟练运用后才能上岗的转岗培训项目，如钻井转护井等项目；不相近工种转岗培训项目指的是两个岗位工作的专业性质毫不相干，转岗工人只有通过新岗位全部技能培训，达到上岗水平时方能上岗的转产转岗培训项目。如钻井、采油转矿建、餐饮等项目，这种项目涉及最多、耗时最长，需要投入也最多。调查发现，专业工种的相关性越强,培训效果越好。因此,在进行产业结构与队伍调整时,应考虑转岗工人原岗位与新岗位工作性质的相关性,尽可能就近转岗,以提高培训效果。

总结以上分析,我们认为实施中原模式后,所取得的教学效果是良好的。根本原因在于中原模式研究了转岗职工的特点,抓住了技能培训这个核心,培训针对性强,注重工人实际解决问题的能力的提高,满足了学员自身的学习需要;培训过程中师资的高质量与培训手段的先进、科学,也是提高培训质量的重要原因之一。

在对转产转岗培训新模式的教学效果的分析过程中,我们对考核率不满80%的转岗培训项目又做了深入调查,发现了一些尚需解决的问题。突出的有四个方面:一是培训内容不符合生产实际和学员培训学习的需要;二是某些教师对转岗培训新模式思路领会不深,方法不能正确应用,培训中仍按老一套教学方法进行授课,这种现象在兼职教师中更明显;三是质量监督与信息反馈体系不健全,有问题得不到及时解决,影响了培训的效果;四是培训教材难以配套,教学中没有与新模式思路吻合的新式技能培训教材,给教学造成一定困难。

资料来源:祖钦先. 石油工人转产转岗培训的实践及效果分析. 见:中国职工教育和职业培训协会编. 1996—1999 职工教育研究成果获奖论文选编. 北京:中国劳动社会保障出版社,2001.

五、培训过程的监督和改进

监督的主要目的是确保作为企业质量体系一部分的培训开发过程能按要求进行管理和实施,以便提供在满足企业的培训开发过程是有效的客观证据。监督包括评审整个培训过程四个阶段中的每个阶段。监督应由有专业能力的人员依据企业正式制度的程序进行,并最好独立于被监督对象。监督的方式可以包括磋商、观察和资料收集。在培训计划阶段,监督的方式应该是计划的内容之一。监督包括培训过程各个阶段的全部记录,包括培训开发的有关决定、培训需求分析、培训计划、培训过程中发生的协议和合同、评价报告等。

第四节　培训开发的技术和方法

一、培训与开发的技术

（一）课程学习

课程学习即通过使用程序化的教材（包括函授、影带）、计算机辅助技术等，由学员进行自主性学习或接受教师以讲座、讲课形式的集中讲授。请专门的老师进行正规的课堂教学的方法可以使参训对象集中在统一的时间、地点进行学习，如果培训教师能够有较好的知识储备和表达能力，有效地调动学员听课、思考和讨论的积极性，那么这种培训的效果还是比较可观的。这种培训方式的不足之处在于，受时间、地点的限制，学员没有了自主、主动地安排时间的可能；同时，也对培训教师自身的知识储备能力和讲授能力有较高的要求。另外，由于大量的时间用于教师的讲授，集中于知识和信息传递，因此，在知识、理论和实践密切结合的效果方面将会打一定的折扣。

（二）角色扮演

角色扮演法中，培训教师的角色是"导演"，其提供一个剧本，里面设计有针对员工培训和针对预期目标的各种可能要素，让不同的学员选择不同的角色，也就是说，要装扮成特定情境下的特定角色，通过表演和呈现来分析学员在理解角色和扮演角色中出现的问题，这些问题和培训方案所要针对的问题和达到的预期目标紧密联系。角色扮演的特点在于对员工的人际交往技能的开发和提升有好处，通过角色的扮演和互相之间的交流、沟通，受训员工在一种舞台和角色的场景中体验了现实工作和生活环境中人际交往方面可能存在的问题以及改进的方式，成功的角色扮演可以改变一个人的态度和价值，提升人们在人际交往和价值观方面的能力。

（三）模拟训练

相对于课程学习，模拟训练强调课堂知识传递的环境要与实际的工作环境相类似，在一种与实际的工作场所类似的物理环境中进行知识的讲授和传递。这种让学员熟悉的环境有助于调动受训学员的参与热情。比如，酒店服务员的培训或者飞行员的培训都可以在一种模拟的环境中进行，受训者在一种人工的、无风险的，但是类似其日常工作岗位的环境中进行选择和决策，并由培训教师对学员的行为进行观察和分析，帮助他们改进工作中觉察不到的不良习惯或缺陷。但是，这种培训方式开发费用比较高，而且并不总是能够准确地重现实际情况。

（四）案例分析

在某种意义上，案例分析是模拟训练的一种延伸，其要点在于参与培训的学员要就培训的主要工具——"案例"进行深入的阅读、聆听、研究和分析。通常，培训者将提供相关的案例给各位学员，学员将以个体的身份或组成小组的身份来参与阅读后的讨论和分析，他们将归纳总结案例中提出的核心问题，分析案例中问题出现的原因以及解决的方案，这种案例分析的问题往往是开放式的，容易引发争论，能够激发学员的深入思考和讨论，鼓励每个人从个人的生活经历，尤其是工作体验，联系到所在企业的经营生产情况来展开深入的分析。这是一种帮助学员如何思考问题和解决问题的逻辑训练，能够培养受训学员分析问题的敏锐度和深刻度，一般用于对组织内部较高层次管理人员的培训和开发。

（五）体验式培训

体验式培训直接来源于体验式学习（experiential learning）。体验式学习又称"发现式学习""经验学习""行动学习""互动学习"，即先由学员自愿参与一连串活动，然后分析他们所经历的体验，使他们从中获得一些知识和领悟，并且能将这些知识和领悟应用于日常生活及工作中。这种强调"干中学"的体验式学习，能够将学习者掌握的知识、潜能真正发挥出来，是提高工作效率的有效学习模式。比较流行的体验式培训包括拓展训练（Outward Bound）、行动学习、沙盘模拟等。

1. 拓展训练。拓展训练在最近几年变得流行和受欢迎。这是一种源自野外旅行和其他形式的室外培训活动。不少对新入职人员的培训、对潜在晋升者的培训等都选择这一形式，最适合开发相关群体有效性的能力，比如自我知觉能力、解决问题能力、冲突管理能力以及风险承担能力和团队建设等。拓展训练通常将参训学员分成几个小组对抗的形式,培养组内乃至组与组之间的合作意识和竞争意识,其设计非常具有挑战性,既要耗费大量体力,也要学员群策群力,以找出最经济、最快速、最有效的解决问题的方式。拓展训练通常包括若干个具体的项目或游戏来进行,每个游戏开始,指导者将介绍游戏的规则,游戏结束,指导者将请小组推选代表或小组成员以自由发言的形式进行总结与反思,最后由指导者本人进行点评,将游戏蕴含的意义和目的向大家再次做出阐述,并对某些特别好的,或者后进的行为、态度进行重点点评,从而通过学员的共同参与和共同反思提高大家在知识和能力方面的增长。在某种意义上,拓展训练对成人来说是一种"寓教于乐"的培训方式。

2. 行动学习(action learning)。行动学习是一种以完成预定工作任务为目的,在团队成员支持帮助下持续不断地反思实际中遇到的情境问题,以帮助人们形成积极的生活和工作态度,提高解决实际问题能力的学习理念和学习方式。这种学习理论认为,在实践中学会学习是个人成长和发展中最重要的因素,在实践中通过行动不仅可以获得新知识和新技术,而且能够通过深刻反思来提升对成长有决定性影响的能力;行动学习是通过小组成员的合作和情感互动,将"在干中学习"与"在思考中学习"有机结合起来,使组织成员在团队合作中获得和提升创造性解决问题的能力。

3. 沙盘模拟(sand table simulation)。沙盘模拟课程是20世纪50年代由军事沙盘推演演化而来,成为世界500强公司经营管理培训的主选课程。沙盘模拟训练的最大特点是"在参与中学习",强调"先行后知",通过参与带有挑战性的"模拟经营",使学员和团队经受一些"考验"之后,通过讨论和培训师点评,把这些从"考验"中得来的认识与工作实际结合,把培训中的情境与工作目标相联系,从而提升实战经营的管理水平。

(六) 团队培训

在构建学习型组织的时代,团队培训的重要性日益受到重视。大多数团队培训的主要目的是:培养团队的凝聚力、有效的团队工作方法,以及团队工作的领导艺术。团队培训通常会使用多种培训方法,比如课堂讲授、观看录像、角色扮演以及情景模拟法等。

为培养团队的凝聚力而培训能够帮助人们建立起互相帮助、互相协作的人际关系，使得人们为了共同的组织目标而互相协调乃至妥协。经历团队培训的员工，其自我管理和互相协作的能力将显著提高。旨在培训团队领导人的培训内容可能包括：如何解决团队内部的冲突，如何帮助团队协调自己的活动，如何培养其他团队技能等。一名好的团队领导人能够接纳团队成员的意见，而且不因自己的观点而拒绝或迎合他人看法，拥有较强的归纳信息、鼓励讨论、创新意识，以及推动团队去解决分歧、促进组织目标达成共识的驾驭能力。作为团队领导人，应该能够最大限度地了解不同意见，通过开会的方式进行充分的论证，并能够获得最佳方案。

（七）跨文化培训

在经济全球化的大背景下，企业跨文化培训变得越来越重要。它既为那些来自不同文化背景的人们在一起工作做准备，也为那些即将走出国门、适应新文化背景的公共管理人才做进一步的准备。广义的"跨文化"培训对于那些致力于全球化的企业组织来说至关重要，狭义的"跨文化"培训对于那些从一个地区走向全国性的组织也是非常必要的。

跨文化培训旨在提高参训者的文化意识，让他们了解到，他们在"生于斯、长于斯"的环境中习以为常的文化与那些在一起工作的其他员工所拥有的他国文化可能会有很大差异。"文化"的定义是非常宽泛的，广义的"文化"可能以民族、国家或地区为界限，不同民族、国家或地区的人们共享各自独立的文化、价值观、习俗和传统；狭义的"文化"则与从某个属性来划分的特定社会团体有关，比如种族背景是文化的一个方面，年龄、社会经济地位、宗教信仰等也是文化属性的一个方面。典型的文化意识培训包括信息分享、教育员工了解工作场所存在的种种文化差异等内容。跨文化培训的另一个重要目的就是把重点放在培养行为能力上，这些是在一个具有多样化特点的工作场所中所必需的。通过角色扮演和实践课程等，参训的员工学会理解、尊重和平等地对待任何一个来自不同文化背景的人，通过从认知到态度和行为上的理解，很多潜在的文化冲突和矛盾就会自然被化解，和谐融洽的人际关系将促进组织形象的提升和组织目标的达成。

在实行全球化战略的组织中，跨文化培训至少可以面对五种重点人群：总部的工作人员、全球化经理、外派工作人员、外派人员的家属以及那些包括来自不同国家的团队工作小组的成员。相关培训和开发活动可以安排在外派人员出发前、海外机构任职期间以及外派人员回来后进行。以美国为例，20世纪90年代，受企业国际化战略的实践推动，培训市场中的跨文化培训方兴未艾。到2000年为止，几乎所有入选《财富》500强的公司都引进了某种类型的多元文化培训。多元文化培训在后备人员选拔及招聘特定岗位人员等领域被推广和使用。

【阅读链接】

赵曙明，张捷. 中国企业跨国并购中的文化差异整合策略研究. 南京大学学报（哲学·人文科学·社会科学版），2005（5）.

（八）电子学习

在网络化、信息化时代，传统的face-to-face（面对面）教育、培训和学习的方式已难以适应时代需求，越来越多的企业正逐步采取基于计算机和互联网技术、以人为中心的电子学习的新模式，即电子学习（E-learning）。电子学习能为员工提供更好的学习服务，也能实现异地同步的培训与教学，有效解决受训者和培训者时间和地点冲突的问题。更重要的是，它还打开了传统员工培训通往外界的窗口，提供了解决传统员工培训体系、观念层面问题的可能。在市场瞬息万变的情况下，谁能在最短的时间内将新产品、新技术和新的商业策略落实到企业内部的人员和合作伙伴中，谁就能在最短的时间抓住市场商机，获得竞争优势。电子学习可以充分利用现有的网络技术，从文字、声音、图片、动画、影像等多方位吸引受训者，提高员工的学习效果。企业利用电子学习的整合服务和解决方案，可帮助企业形成完整的员工培训、学习、服务、反馈、提高、再培训的"密闭链"，加速业务知识和信息在企业整个价值链中的传播和共享，以提升企业竞争力。

【阅读参考】华侨城的员工培训

人才成长是推动华侨城发展的第一要素，是构筑华侨城核心竞争力的关键。员工培训与发展是开发人力资源、提高企业自主创新能力和竞争力的基础工作，是提高员工职业技能和岗位能力，适应企业发展的重要环节。一直以来，华侨城遵循"人本、创造、坚定、卓越"的理念，坚持企业与员工共同发展，充分利用各类资源和条件为员工创造学习与成长机会，为华侨城的快速、健康、可持续发展培养了一批批高层次人才和骨干。

培训目的。根据华侨城中长期发展战略，通过对各级各类人员实施针对性的培训，致力于提升员工综合素质和岗位技能。通过提高企业凝聚力、打造高绩效团队，进而促进组织绩效提升和个人职业发展。

培训方式。内部培训与外部培训相结合。采取"走出去"与"请进来"方式，邀请高等院校教授、学者或业界专家来企业授课，派遣员工到高等院校或培训机构去学习，启迪思维、学习优秀企业的先进经验。同时，积极挖掘内部培训资源，鼓励内部职能领域专家以内部讲师身份开展经验分享与交流活动。

传统培训与网络培训相结合。根据培训类别及培训重点，将课堂培训、岗位实操培训、参观考察等传统培训与网络培训相结合，搭建集约型网络在线培训与学习平台，上载各类培训课件与资料，节约培训费用与时间，使培训覆盖面更广、更有效率。

专题培训与岗位技能培训相结合。根据企业快速发展的需要并结合员工需求举办各类专题培训与岗位技能培训，帮助员工提升能力、强化优势，实现自我人力资本增值。

培训类别。入职培训：使新员工尽快熟悉华侨城企业文化，培养新员工对公司的认同感，激发新员工士气，使新员工尽快适应岗位要求。岗位技能与通用办公培训：为员工提供与目前岗位相关的知识和技能的培训，提高员工岗位适应能力和工作效率。领导力提升培训：以企业发展前景和战略目标为导向，为中高层管理人员实施领导力测评与领导力发展培训课程，帮助管理人员快速成长。职业素养培训：对员工进行职业行为规范和职业道德教育，帮助员工提高个人修养和职业素养。其他专题培训：根据国内外宏观政治经济形势、政策法规、产业趋势、公司年度计划举办各类专题培训。

资料来源：http://www.chinaoct.com/detail.aspx?cid=2757.

二、培训与开发的类型和方式

(一) 培训与开发的类型

根据培训对象划分,员工培训与开发可以分为管理人员的培训与开发、研发人员的培训与开发以及普通员工的培训与开发等。

1. 管理人员的培训与开发

(1) 管理人才继任计划(succession planning)又称接班人计划,是公司确定关键岗位的后继人才,对这些人才进行开发的整个过程。这些高层职位包括战略经营部门的管理者、职能领域的指导者(比如营销总监)或首席执行官(CEO)。继任计划具有战略性、事先性、长期性和发展导向等特点。其实施过程涉及人力资源培训与开发、职业生涯管理和绩效测评等方面。

国外公司一般都制定并形成了较为规范的管理模式,比如IBM继任计划的核心部分是胜任素质模型。胜任素质模型在对IBM最优秀员工的技能、能力、特点的了解和研究的基础上建立,包括必胜的信心、执行的能力、持续的动能和对事业的激情。IBM每年会对所有的管理人员进行一个360度的绩效评估,评价管理者在这些胜任素质、管理风格和为员工所创设的氛围等方面的表现并将结果反馈给参与者。同时依托"长板凳"(Bench)接班计划、明日之星计划等关键项目来鉴别和发展人才。由于IBM在人才培养和继任计划管理方面的卓越实践,美国《经理人》杂志"发展领导才能的最佳公司"排名中,IBM多次名列首位。

吉姆·柯林斯(Jim Collins)和杰里·波拉斯(Jerry I. Porras)在《基业长青》中提到:所有世界500强的公司当中,有超过75%的公司领导人是从内部提拔的,正是"有一种核心理念指引和激励公司的人"使企业基业长青。而这些人走向领导岗位绝不是偶然的,而是经过了严密的设计,也就是企业的继任计划。继任计划对中国企业,尤其是国有企业和家族企业都有较强的借鉴意义。

(2) 管理技能开发(management development)是指一切通过知识的传授、技能的增加或者态度的改变来改善管理绩效的努力。管理技能开发主要包括以下三个环节:第一,评估本企业的战略需求;第二,评估管理人员当前的工作绩效;第三,对当前(以及未来)的管理人员实施开发活动。管理技能开发通常是企业继任计划的组成部分，其要以组织的目标、愿景和战略设计进行人事方面的规划。管理技能开发的侧重点与企业发展战略紧密相关。比如，在中国企业开始实施"走出去"战略的时代，管理人员在财务、法律、风险控制以及跨文化方面的能力成为要着力提升的方面。

管理技能开发包括若干具体的方法，包括在职和脱产的各类学习和训练。案例研究法、角色扮演、行动学习、职位轮换等都是比较受欢迎的培训方式。此外，高层管理人员教练（executive coach）被很多公司用于提升高层管理者的管理绩效。在辅导中，组织外部的咨询师会对高层管理人员的上级、同级、下级（有时甚至）包括家人提出各种问题，识别高层管理人员的优势和劣势，从而为他们提供专业建议来帮助他们充分发扬自己的优势，克服自己的劣势。实施高层管理人员的教练计划花费不菲，但效果非常好。高层管理人员教练通常与绩效考核中的360度反馈结合起来使用，以促进高层管理者管理能力的提升。

2. 研发人员的培训与开发

研发人员是企业中的知识型员工，与企业一般员工相比，他们追求自主性、个性化、多样化，更多地追求来自工作本身的满足。他们一般都受过高等教育，掌握较高的专业知识技能。对研发人员的培训与开发是企业研发工作保持核心竞争力的决定性因素之一，可以通过构建研发团队或虚拟团队等团队模式进行有效开发，还可以在辨析不同职业生涯周期下，根据研发人员的特征进行针对性的开发。

对研发人员的培训开发应该注意以下几点：第一，对处于职业生涯早期的研发人员，培训开发的着力点是迅速建立他们的组织认同感，使他们较快地融入企业，可以考虑采取团队合作开发模式，团队协作能减轻他们刚进入企业受到的现实冲击，通过团队价值来实现个人价值；第二，处于职业生涯中期的研发人员开发主要围绕如何解决或渡过研发人员的"职业生涯中期危机"，这一阶段开发的主要工作集中在设计科学合理的激励机制，比如建立"双阶段激励机制"，为其提供管理职业生涯路径和技术职业生涯路径两种职业发展方向；第三，处于职业生涯晚期的研发人员，培训重点可以放在培养职业生涯晚期的研发人员在研发团队中的导师角色，完善其个人退休计划，使其顺利向退休后阶段过渡。

3. 普通员工的培训与开发

(1) 职业资格培训。职业资格培训是一种按照国家职业标准进行的培训。通过培训,使职工掌握某一职业(工种)所必需的专业技术理论(应知)和生产操作技能(应会),培训后经职业技能鉴定,获得相应的职业资格证书。在培训过程中,在执行国家职业标准的基础上,应结合工作岗位的实际需要,对标准中未列入而岗位需要的内容加以补充。

(2) 岗位培训。岗位培训是对职工按岗位需要进行的以提高政治思想水平、工作能力和生产技能为目标的定向培训。主要包括按照岗位规范要求取得上岗、晋升资格的培训和根据本岗位生产(工作)发展需要而进行的各种适应性培训。岗位培训应从企业生产实际出发,强调针对性、实用性,本着学用结合、按需施教、干什么学什么、缺什么补什么的原则,围绕建立现代企业制度和科技进步、更新设备、升级换代、提高产品在市场上的竞争力、提高企业经济效益和社会效益的需要,强化各种应急、专项等适应性培训。

【阅读链接】

《劳动部关于开展工人岗位培训工作的意见》(劳培字〔1989〕14号)

(3) 岗位练兵。岗位练兵是企业根据职工履行岗位职责必备素质的需要,在生产现场中有组织地对职工实施以提高生产服务技能和工作能力为重点的训练活动。通常有三种形式:一是按国家职业标准或企业岗位规范要求,以提高职工生产技能和工作技能为目的,结合生产而进行的"标准型"岗位练兵;二是根据企业生产、技术和经营发展需要,以提高职工应变能力为目的的"适应型"岗位练兵;三是为开展劳动竞赛或参加各类职业技能竞赛活动而进行的"准备型"岗位练兵。岗位练兵的主要特点是紧密结合生产实际,在职工岗位上进行,其成果能直接应用于生产。

(4) 转岗转业培训。转岗转业培训是为需要转岗或转业的人员创造新的职业技能条件所进行的一种专门训练。它具有以下特点:一是适应性,即必须适应转岗转业人员的特点和能够重新获得新的工作岗位及重新就业的需要,进行的时间、地点、规模、人数、方式的选择等,均取决于需要转岗或转业人员的实际情况。培训的内容，应针对当前人力资源市场的实际需求，以促进就业为原则，并切实按照转岗转业人员的具体条件，进行周密安排。二是灵活性，即培训的形式、方法可以灵活多样，不必拘泥于某种固定的模式。凡是能提高转岗转业人员的就业能力，帮助他们重新就业的方式都可以采用。三是短期性，即为满足转岗转业人员尽快就业的愿望，提高人力资源的利用效率，要求各类转岗转业培训应做到时间短、见效快，根据新岗位上岗的最低要求和受训人员的实际情况，确定培训的期限和具体要求，因人施教。

(5) 学徒培训。这是指在生产现场采取师傅带徒弟的方式把青年培养成为具有一定熟悉程度的技术工人的培训方法。20世纪五六十年代，以师带徒、传授技艺的学徒培训为国民经济建设输送了大批技术工人。改革开放以来，随着劳动用工制度的改革，学徒培训的内涵发生了重要变化。除传统工艺和少数特殊工种继续实行学徒培训外，其他工种逐步将招学徒工改为招定向学徒生，在企业进行操作训练，在职业技术学校、就业训练中心等培训机构进行专业技术理论学习和基本功训练，以提高培训能力和培训效益。随着企业对高技能人才的需求日益扩大，为充分利用企业现有的高技能人才资源，加大高技能人才培养力度，劳动部于1998年制定印发了《关于建立和实施名师带徒制度的通知》（劳部发［1998］61号），提出新形势下通过在企业建立和实施名师带徒制度，充分利用现有的高技能人才资源培养新一代高技能人才，为学徒培训制度注入新的活力，对提高技术工人素质、推动企业发展，产生重要的作用。

【阅读参考】"学徒制"及其现代演化

学徒培训是我国实行很早的一种传统培训，通过家长或师傅将一门专业技能传授给后人与徒弟。在较长时期内，学徒培训是我国技能传授的主要途径。

新中国成立后，1953年进入第一个五年计划，开始大规模经济建设时期。这期间，各部门提出了大量招用新技术工人的要求，有计划地培养后备技术工人成为这一时期职业培训的主要任务。这一时期后备技术工人培训主要采取技工学校教育和学徒培训两种形式。学徒培训，即招收16周岁以上的城镇社会青年，按照国家规定的学徒期限、培养目标和要求，以师傅带徒弟的形式在生产现场进行培训，以培养初级技术工人为主。学徒培训曾一度成为我国培训后备技术工人的主要形式。这一时期，国家借鉴苏联的经验，建立了八级工制度和与此相适应的八级技能等级制度。通过学徒工转正考核和工人省级考核等形式，开始建立我国的工人考核制度。据统计，1958年全国学徒工的总数达到440万人，约占企业职工人数的1/4。

"文化大革命"期间，学徒培训遭到破坏。到20世纪70年代末，企业招收进厂的学徒大都文化基础差、素质低，加上许多企业没有严格执行国家有关学徒培训的规定（如学徒期限、考工定级办法等），管理措施不力，严重影响了学徒培训质量，造成了企业事故多、产品质量低、效益差。为改变这种状况，1981年国家劳动总局下发的《关于加强和改进学徒培训工作的意见》明确指出："从我国国情出发，在一定时期内，学徒培训仍是培养新技术工人的一种重要方式。"《意见》对招收学徒的条件、签订培训合同、学徒期限、学徒的培养目标、改进学徒培训的措施、严格考核制度和加强领导与管理等做出了明确规定。

1983年，劳动部召开全国培训工作会议，提出要从实际出发，全面系统地改革培训制度，"学徒制度要进行改革。今后企业补充新工人，要逐步将就业后培训改为就业前培训，变招工为招生"。1984年，苏州、无锡、常州等地进行学徒制改革，取得了一定的成效。1990年，劳动部颁布了《工人考核条例》对学徒的期满考核、转正考核、换岗考核做出了更明确规定，并要求持证上岗。1992年，劳动部下发了《关于贯彻〈国务院关于大力发展职业技术教育的决定〉的通知》，提出学习借鉴德国双轨制学徒经验，改革我国学徒培训制度，建立具有中国特色的新型的学徒培训模式。除对传统工艺和少数特殊工种按有关规定继续实行学徒培训外，其他工种充分利用学徒培训的有关政策待遇，将招学徒工逐步改为招学徒培训生，做到在企业由生产实习指导教师或师傅指导进行操作技能训练，在技工学校、职业学校、就业训练中心等培训机构进行专业技术理论学习和基本功训练，以提高培训能力和培训效益。

进入新世纪，国家在落实科教兴国和人才强国战略时，特别强调并凸显了技能人才培养及其在国家经济建设和发展中的地位与作用。这些精神可见于中发〔2003〕16号文件和国发〔2005〕35号文件之中。2006年4月，中共中央办公厅和国务院办公厅为落实上述两大文件精神,进一步扎实有效地推进高技能人才工作健康发展,发布了《关于进一步加强高技能人才工作的意见》。文件将高技能人才工作概括为技能培养、考核评价、岗位使用、竞赛选拔、技术交流、表彰奖励、合理流动和社会保障八个方面。高技能人才严重短缺,已成为制约经济社会持续发展和阻碍产业升级的"瓶颈",《意见》中特别提出要在企业推行企业培训师制度、名师带徒制度和技师研修制度。

资料来源:于法鸣. 培训与就业(第二版). 北京:中国劳动社会保障出版社,2005.

(二)培训方式

1. 根据承担培训任务的机构,可以分为三种方式:一是由企业自己举办的职工培训机构承担;二是由企业与企业外各类教育培训机构共同承担,教育培训机构承担文化理论教育,企业承担实际技能训练;三是由企业有偿委托企业外职业培训机构承担。

2. 根据参加培训的形式,可以分为脱岗学习/脱产培训(Off-the-Job Training)和在岗培训/不脱产培训(On-the-Job Training, OJT)。脱产培训是员工在接受培训期间不承担工作任务的全日制培训;不脱产培训是员工在接受培训期间需要同时承担工作的业余时间制培训。

在岗培训通常由管理者或其他员工共同负责,对员工进行培训的经理或负责人既能向员工讲解又能向其示范如何来从事某项工作。员工要认真观察、学习,并实际操作使用与工作相关的材料和机器。在岗培训的优点是培训效率高,因为员工学到的就是他们在实际工作岗位上面对和处理的实际问题。在岗培训的缺点是受培训者不容易超越从事这种培训的师傅或经理的能力。"传帮带"就是一种典型的在岗培训。

三、我国的企业员工培训介绍

20世纪90年代以来,尤其是进入新世纪以后,我国企业在员工培训开发体系建设方面逐渐走向正规化和系统化,机构建设、制度建设、流程体系建设、课程体系建设和师资队伍建设不断加强和完善。据研究，我国主要行业的中央和地方重点企业的职工教育培训始终稳步发展，以岗位培训为主并向一线职工倾斜的方针基本落实，企业对职工教育培训的投入相对稳定，行业全员培训率高于地方平均值。据煤炭、铁路、电力、钢铁、机械、石油石化等行业的统计资料显示，目前我国规模以上企业都依据企业需要常年开展各类培训。企业内有完整的培训计划、规划，有专兼职培训管理人员，培训已成为企业生产经营管理的有效手段。一般来说，员工培训做得较好的企业多为国有和国有控股企业，发展较好的中等企业和外资、合资企业，个别发展好的私营、民营企业。这些企业的培训各有特点，自成规模或体系，在企业内有完整的培训体系和基地、计划、规划、制度和流程及激励手段；经费投入有保障，培训使用待遇一体化。

国有和国有控股企业大都采取自主培训的方式，依据企业自身的发展战略、计划规划，以储备人才、提升素质、适应岗位要求为目标。在培训的组织管理、机构设置、人员配备、基地建设、规章制度、经费投入、培训实施、考核激励等方面有完整的体系。

外资、合资企业一般十分重视培训工作，培训围绕企业的经济利益而进行，基本传承其母公司的企业文化和运行方式。企业各级领导人有培训所属员工的职责，指导所属员工的职业发展并对其进行职业生涯管理。培训内容从企业文化、社会责任，到业务知识、技术技能、语言训练、文化交流等，并有完善的激励机制。一般来说，外资、合资企业的培训链主要分为三个环节：向员工提供有关企业方方面面的各类培训，包括企业文化、技术技能等方面的培训；向生产商提供技术标准、工艺规范、检验检测等方面的培训；向经销商提供售后服务、产品介绍、性能使用等方面的培训。

私营、民营企业的员工培训大致是两种情况：一是以高薪和猎头方式引进关键岗位的关键人员，如高层管理人员、组织维护生产的专业技术人员、熟练的生产操作人员等，并通过这些人员为生产线上的操作人员提供适应岗位需要的培训。经常性的培训是在生产过程中，采用以师带徒的方式进行；二是一些发展较好，已有一定规模，或从原国有、集体企业转制而来的私营、民营企业，常年开展面向全体员工的各类培训。这类企业内设有专职培训管理人员，有培训计划和培训场所，企业本身对培训的投入也较大，培训费用视培训实施情况而定，实报实销，并对参训成绩突出的部门及个人给予奖金、疗养、带薪外出进修、报销学习费用等形式的奖励。这些企业受行业行规影响大，培训紧扣企业生产经营主题，培训的目标明确，注重培训效果，投入产出比高，盲目性较小。

总的来看，不同企业之间在员工培训方面的发展水平存在较大的差异，发展较好的企业不但能够建立健全科学合理的培训体系，有自己的培训中心，甚至成立企业大学，越来越多地与高科技和高投入结合，培训正在朝知识、技能、态度等各个层面深层次发展，并能比较好地与员工的职业发展联系起来。而现已吸纳就业总量约 2/3 的乡镇企业和小型私营、民营企业，有相当数量的企业组织规模小、盈利能力低，还处于较低生存水平，这些企业在培训开发体系建设方面则不容乐观，可以用既无培训体系又无培训职能来概括。

【阅读链接】

赵曙明，吴慈生. 中国企业集团人力资源管理现状调查研究（二）——人力资源培训与开发、绩效考核体系分析. 中国人力资源开发，2003（3）.

中国职工教育和职业培训协会编. 中国职业培训发展报告（2007）. 北京：中国铁道出版社，2008.

高端培训。当前，针对企业员工培训开发的某些高端培训已经上升到国家战略层面。2011 年年底，国务院国资委、工业和信息化部印发的《企业经营管理人才素质提升工程实施方案》，启动实施了企业经营管理人才素质提升工程。此工程着眼于提高我国企业现代化管理和国际竞争力，计划到 2020 年，培养 500 名具有世界眼光、战略思维、创新精神和经营能力的企业家；培养 1 万名精通战略规划、资本运作、人力资源管理、财会、法律等专业知识的企业经营管理人才。此工程将以培养开发高层次经营管理人才为重点，统筹不同所有制企业、不同层次、不同专业领域经营管理人才的开发，坚持知识更新与实践锻炼相结合、境内培训与境外研修相结合、整合优化现有培训资源与开发利用新资源相结合，形成特色鲜明、优势互补的教育培训体系。工程包括企业领军人才、企业经营管理人才、中小企业经营管理人才三个专项培养计划。

企业大学。企业员工培训与发展的高级形式即企业大学。自1955年通用电气公司建立克顿威尔学院（Crotonville）起，经过半个世纪的发展，如今在世界500强公司中70%建有企业大学。[①] 企业员工培训与开发的角色集中在"如何做好事务专家"，如培训需求调研、课程实施组织和效果评估等；企业大学将自己定义为企业的战略伙伴和打造执行力的伙伴。

以美国企业大学的发展进程为例，自20世纪80年代中后期至今，创建学习型组织的实践风靡美国企业。从最初只是一项管理发展活动的企业大学发展到为企业的发展提供战略支持，将学习与组织的核心竞争力调整一致。今天，企业大学的发展是为了推动并设计企业未来，在企业结构中发挥更为重要的作用，其将员工的培训发展与企业绩效真正结合在一起，教育对象包括了整个价值链成员，并向外部市场提供教育服务，授予学位或学分；基于这些需求而充分与企业内部和外部相关利益群体合作，这时的外部合作并不局限于高等教育，许多企业大学通过与赢利性教育公司、咨询公司、培训组织合作提供计划和学习机会，有些企业大学甚至发展成为利润中心。

企业大学具有多种形式和规模：有一些在全球设有校区，如摩托罗拉大学；另有一些企业大学，则根本没有校园，如Dell大学、Sun大学和Verifone大学，这些企业将虚拟大学模式视为它们一种学习哲学的表达以及实行继续教育的方式。企业大学拥有许多传统大学的设施——课程目录（经常可以在网上找到）、与众不同的标识、毕业证书，甚至还有校友会——但它们已经远远不只是包装公司教育的一种方式。事实上，它们已成为一种重要手段，将学习和企业的商业目标联系起来，并通过这种易于接受、符合成本—效益原则的方式来实施这一学习过程。[②]

在中国的本土企业中，海尔、联想、华为、平安、蒙牛、奥康、中粮、腾讯、万达等一批具有战略眼光的企业也已经创办了自己的企业大学或学院。但是，中国企业大学的自身建设还相对落后。凯洛格（KeyLogic & TLS）对国内企

[①] 石丹. 让企业大学成为战略工具. 商学院，2007（5）.
[②] 袁锐锷，文金桃. 试析美国企业大学的发展及其作用. 比较教育研究，2002（9）.

业大学的调查显示，高达 63.1% 的企业无专职课程开发队伍，而 100% 的标杆企业设置了专职课程开发团队；仅有 6.7% 的企业邀请并聘任业务专家共同参与课程开发，而在标杆企业中，这一比例高达 50%；在培训项目开发的对外合作方面，仅有 6.8% 的受访企业能够与外部机构"建立稳定的战略合作伙伴关系，内化和提升自身开发能力"，而标杆企业这一比例则高达 62.5%，差异显著。[①]

第五节 职业生涯管理与职业发展设计

一、职业生涯和职业生涯管理

（一）概念介绍

1. 职业生涯

关键概念

狭义的职业生涯是指员工在某一企业内部的流通渠道，是员工在该企业中担任的一系列职位的总和。广义的职业生涯是指一个人从首次参加工作开始到结束职业劳动为止所担任的一连串工作的集合，它包括与工作或职业相关的整个人生历程，从职业兴趣的培养、职业能力的获得、职业的选择、职业的调整，直至最后完全退出职业劳动等完整的职业发展过程。

2. 职业生涯管理

关键概念

从狭义的员工职业生涯角度来看，员工的职业生涯管理与员工在每一阶段所隶属的企业有密切的关系。它是指由企业围绕员工的职业发展而实施的，旨在开发员工的潜力，留住员工，使员工能自我实现的一系列管理方法。当然，其最终

---

① 汲坤. 中国企业大学发展现状分析. 学习型中国，2011 (5).

目的是达成企业目标与员工个人发展目标两方面的成功。它有如下两重含义：一是企业针对个人和企业发展需要所实施的职业生涯管理，称为企业职业生涯管理；二是个人为自己的职业生涯发展而实施的管理，称为自我职业生涯管理。

从企业的角度来看，通过企业人力资源部门与各业务部门联合制定的员工职业生涯管理计划，通过针对性的培训和开发，不但有效地将员工潜在的人力资源转化成符合本企业发展需求的人力资本，而且充分调动员工的工作积极性和主动性，增强他们对企业的忠诚度和归属感。良好的职业生涯管理体系已经成为现代企业招贤纳士和留住优秀人才的必要措施之一。美国薪酬协会明确将"职业发展"列为全面报酬的核心部分之一。根据瀚威特发布的 2007 年亚洲最佳雇主及中国最佳雇主显示，驱动中国员工敬业度的首要因素为职业发展机会，而薪酬排其次。

从员工的角度来看，企业内部提供给个人学习和成长的渠道或机会已成为企业重要吸引力的要素之一。作为理性人的个体会通过考察本企业给自己提供的成长空间和发展平台付出相应的努力。很多时候，员工之所以选择留在某一个企业并不一定是企业在当前阶段能够提供最优的薪酬或福利，而是企业在一定时期内的成长机会和发展潜力使员工能够看到职业发展上的希望。这种伴随着企业成长而积累起来的职业生涯和经验将成为员工个体衡量自己职业成功的重要维度。

（二）职业生涯管理中企业与员工的关系

由于客观上存在着企业利益第一和员工利益第一的矛盾，所以，成功的职业生涯管理是企业与员工共同努力、共同作用的结果。在这个系统中，代表企业的人力资源专业部门、业务部门以及员工本人要通力合作，综合企业目标、部门目标和个体目标设计和履行各自的责任划分。

以企业为中心的职业生涯管理注重职位本身，侧重于铺设员工可以在企业各职位间循序渐进地发展自己的各种路径。这些路径提供了多层次、多方向的阶梯，员工可以在企业各部门沿这些阶梯攀登。以员工为中心的职业生涯管理侧重于个人的职业生涯而非企业的需要，员工个人的目标、技能和个性是分析的焦点，在这一分析中，会同时考虑企业内外所能扩展个人职业生涯的环境条件。

1. 专业人力资源部门的角色。在职业生涯管理中，人力资源部门扮演着专业角色。表现在，从宏观角度设计企业的职业生涯管理系统，确保职业生涯管理系统与企业战略的一致性；帮助对员工的技能、价值观、工作动机、兴趣等进行专业测评，明确他们的开发需求；根据对员工的测评结果提供相应的培训和开发机会；基于绩效评估结果帮助员工分析可能存在的潜在的知识、技能缺陷；就员工在职业生涯发展过程中取得的进步做出评估和反馈，提供相关咨询服务。

2. 业务部门负责人的角色。他们是员工获得职业发展建议的最直接的来源之一，对于正式组织中处于他们职位下面的员工而言，他们可能是帮助新人达到职业成功的良师益友，也可能是只想利用和使用人，而不培养人的自私者。优秀的管理者能在员工的职业生涯中扮演不同的重要角色：第一，帮助员工确定现实、合理的职业发展目标，明确开发需求；第二，倾听员工在职业发展过程中遇到的困惑，帮助他们界定问题的性质，共同寻找解决问题的答案，提出意见和建设性的建议；第三，使员工明确企业对他们的绩效期望和工作要求，并对员工的实际表现做出评估，提供反馈；第四，积极推荐员工参加相关培训开发活动，在有合适的职位空缺时，推荐员工作为候选人。

实际上，由于部门主管在新人职业发展中既可能扮演助推器、又可能扮演绊脚石的角色，在现代企业管理中，为了调动各方面的力量达到企业目标，不少企业在对主管人员考核的制度设计中就纳入对新人的培养这一维度，那些愿意并有能力分享，在培养新人方面卓有成效的管理者会获得企业制度上的肯定和鼓励。

3. 员工个体的角色。员工职业生涯的成功与否在很大程度上与员工个体的主动性和能动性相关，这要求员工个体有较高的自我管理意识和能力，即自我评估，尤其是分析自己的职业锚（career anchor）。每一个进入职场中的社会人都应该客观分析自己的兴趣、特长、爱好，理性地分析和谋划自己的职业生涯。在进入职场之初，就应该定有长远的目标。为了长远的目标，做好相应的准备，善于把握每一个眼前的机会，同时为了更长远的职业目标，善于做出权衡和取舍。每当进入一个企业后，首先，他应当明确在企业内部，自己所处的职业发展阶段以及具体的职业发展目标；其次，他能够将要达成的职业发展目标分解为具体的知识、技能或其他方面的素质，同时清楚获得这些职业成长需要借助哪些企业条件或利用哪些企业资源；最后，珍惜和利用企业能够提供的既有条件和机会，并能够学会为自己创造条件和机会来提升自己的能力，最终达到较高水平的工作绩效，既向自己的职业发展目标迈进，同时也为企业目标的达成贡献力量，从而获得相应的晋升。

（三）职业生涯发展理论

源于西方的职业生涯发展理论可以分为结构型和发展型两大类。结构型的理论关注个体特征和职业目标，把职业问题和决策看作是一个时间点上发生的事件，即在个人生活当中某一时刻所发生的事，这类理论强调选择什么以及将个人与环境相匹配。比如霍兰德（J. L. Holland）认为个性的结构决定了一个人的职业选择，不同的职业偏向于不同的个性。他把个人和工作环境分为六类：实用型、研究型、艺术型、社会型、企业型和事务型。发展型的理论则关注人在其一生中的发展，把职业问题及其决策看成是贯穿个人一生的各种事件和选择的发展过程，这一发展过程随个人年龄增长变得日渐复杂。发展型的理论强调最先的选择以及之后指向某一目标的一系列事件或任务。

1. 人的职业发展阶段理论

对职业生涯发展理论做出贡献的有舒伯（Donald E. Super）、金斯伯格、格林豪斯、萨伯和施恩等。舒伯是这一理论研究的集大成者，他的职业生涯发展理论依据发展心理学和社会学对各种职业行为的分析，以年龄阶段分析职业生涯发展的过程。他提出职业模式由以下因素决定：社会经济因素、体力和智力能力、个性和机遇。人们在工作角色中找到满足感，因为这可以使他们实现自己的个人计划。自我意识（self-concept）是舒伯模型中的一个基础要素。工作中自我意识的发展与以下因素相关：生理上的成长和智力的增长，在工作中观察他人，融入工作、同事中，环境影响。他将职业生涯分为五个主要阶段，每个阶段都有其独特的发展任务。

成长阶段：从出生到14岁，这一阶段通过家庭和学校中关键人物的影响并加以认同，发展自我概念。

探索阶段：15~24岁，属于学习打基础阶段。通过学校学习、休闲活动和短期工作，进行自我考察、角色鉴定和职业探索，使职业偏好逐渐具体化、特定化并实现职业偏好；形成事实相符的自我概念，学习开创生涯机会。

建立阶段：25~44岁，属于选择、安置阶段。找到合适的职业领域，努力建立巩固的地位。以后发生的变化将主要是职位、工作内容的变化，而不是职业的变化。找到机会从事自己喜欢的职业；学习处理人际关系；巩固地位，力争提升；稳定地发展职业生涯。

维持阶段：45~64岁，属于专精和升迁阶段。个人不断地付出努力来获得生涯的发展和成就，避免产生停滞感。面对新人的挑战，全力应对；很少或不去寻求在新领域中的发展。这一阶段会接受自身的局限性，找出需要解决的新问题，开发新技能，专注于最重要的活动，维持并巩固既得的职业地位。

衰退阶段：65岁以后，属于退休阶段。随着身心逐步衰退，从原有工作中退出，完成角色转换，从有选择的参与者转换为完全退出工作领域的旁观者。退休后，个体还必须找到满意感的其他来源，以减缓身心上的衰退，保持持续的生命力。

2. 职业锚

关键概念

职业锚又称职业系留点，是人们选择和发展自己的职业时所围绕的中心，是指当一个人不得不做出选择的时候，他无论如何都不会放弃的职业中的那种至关重要的东西或价值观。

美国麻省理工学院斯隆商学院埃德加·H.施加（Edgar. H. Schein）教授领导的专门研究小组通过对该学院毕业生的职业生涯研究演绎而成这一概念。他们的研究发现，个人进入早期工作情境后，由习得的实际工作经验所决定，与在经验中自省的动机、价值观、才干相符合，达到自我满足和补偿的一种稳定的职业定位。职业锚强调个人能力、动机和价值观三方面的相互作用与整合。职业锚是个人同工作环境相互作用的产物，并在实际工作中不断调整。20世纪90年代，职业锚理论逐渐成熟，研究者共发现了八种类型的职业锚。

技术/职能型（technical functional competence）：技术/职能型的人追求在技术/职能领域的成长和技能的不断提高，以及应用这种技术/职能的机会。他们对自己的认可来自他们的专业水平，他们喜欢面对来自专业领域的挑战。他们一般不喜欢从事一般的管理工作，因为这将意味着他们放弃在技术/职能领域的成就。

管理型（general managerial competence）：管理型的人追求并致力于工作晋升，倾心于全面管理，独自负责一个部分，可以跨部门整合其他人的努力成果，他们想去承担整个部分的责任，并将公司的成功与否看成自己的责任。具体的技术/功能工作仅仅被看作是通向更高、更全面管理层的必经之路。

自主/独立型（autonomy independence）：自主/独立型的人希望随心所欲安排自己的工作方式、工作习惯和生活方式。追求能施展个人能力的工作环境，最大限度地摆脱组织的限制和制约。他们宁愿放弃提升或工作扩展机会，也不愿意放弃自由与独立。

安全/稳定型（security stability）：安全/稳定型的人追求工作中的安全与稳定感。他们可以预测将来的成功从而感到放松。他们关心财务安全，例如退休金和退休计划。稳定感包括诚信、忠诚，以及完成老板交代的工作。尽管有时他们可以达到一个高的职位，但他们并不关心具体的职位和具体的工作内容。

创造型（entrepreneurial creativity）：创造型的人希望用自己的能力去创建属于自己的企业或创建完全属于自己的产品（或服务），而且愿意去冒风险，并克服面临的障碍。他们想向世界证明企业是他们靠自己的努力创建的。他们可能正在别人的企业工作，但同时他们在学习并评估将来的机会。一旦他们感到时机成熟，他们便会自己走出去创建自己的事业。

服务型（service dedication to a cause）：服务型的人是指那些一直追求他们认可的核心价值。例如，帮助他人，改善人们的安全，通过新的产品消除疾病。他们一直追寻这种机会，这意味着即使变换企业，他们也不会接受不允许他们实现这种价值的工作变换或工作提升。

挑战型（pure challenge）：挑战型的人喜欢解决看上去无法解决的问题，战胜强劲的对手，克服无法克服的困难障碍等。对他们而言，参加工作或职业的原因是工作允许他们去战胜各种不可能。新奇、变化和困难是他们的终极目标。如果事情非常容易，就会马上变得非常令人厌烦。

生活型（lifestyle）：生活型的人是喜欢允许他们平衡并结合个人需要、家庭需要和职业需要的工作环境。他们希望将生活的各个主要方面整合为一个整体。正因为如此，他们需要一个能够提供足够的弹性让他们实现这一目标的职业环境。甚至可以牺牲他们职业的一些方面，如提升带来的职业转换，他们将成功定义得比职业成功更广泛。他们认为自己如何生活，在哪里居住，如何处理家庭事务，以及在组织中的发展道路是与众不同的。

二、职业发展设计

（一）多元化职业发展通道

在新时期的科学人才观中，企业要特别注意对三种人才的引进和培养：企业经营管理人才、专业技术人才和高技能人才。为了增加企业对各类人才的吸引力，企业应设计不同的发展通道供员工选择，不同的通道对选择者提出不同的素质与能力要求。

1. 行政管理型发展道路适用于把较高职位的管理者视为职业发展最高目标的员工。他们对企业管理者的地位与影响力及与其伴生的威望、荣誉与待遇感兴趣。他们的激励源泉还包括与人打交道的兴趣和通过处理人际关系以解决问题。他们的职业发展通道一般是先在基层职能部门锻炼，旨在管理职级上逐步获得提升。他们的兴趣在培养胜任管理工作所需的个人素质、思维能力与人际关系技巧。

这条道路上有以下分支：思维能力突出的胜任技术部门的主管者；既有思维能力又善于处理人际关系的胜任职能部门的主管者，其中的优秀者可以进一步晋升到企业决策层去从事全面管理。虽善于处理人际关系，但缺乏思维分析力及感情方面的忍受力的，不宜提升到高层，只能留在低层领导岗位上。

2. 专业技术型发展道路是指为有志于朝工程、财会、销售、生产、人力资源管理、法律等职能性专业方向发展的员工设立的职业发展通道。有志于这种职业发展通道的员工要有一定的专业技术性能力和知识，并要有较好的分析能力。他们感兴趣的是专业技术内容及其活动本身，并追求这方面的提高和成就。他们的发展阶梯是技术职称的晋升、专业性成就认可与奖励等级的提高及物质待遇的改善。

在这一领域中还存在另一平行的阶梯，这是对那些虽然开始时选择了专业技术方向，但在管理上仍有一定兴趣的员工。最初他们专注于充实和扩大自己的专业知识，然后寻找机会向专业技术部门的管理职位发展，他们的晋升台阶是从技术部门基层管理者到部门主管直到企业决策层分管一定专业技术的副职。

3. 高技能人才发展道路是指从初级工、中级工和高级工发展而来，以技师和高级技师为最高目标的技能作业类的通道。高技能人才包括技能劳动者中取得技师和高级技师职业资格及相应职级的人员，主要分布在第一、第二、第三产业中技能含量较高的岗位。

高技能人才是产业升级和产业链提升的人力资源保证，高技能人才队伍在加快产业优化升级、提高企业竞争力、推动技术创新和科技成果转化方面发挥着不可替代的重要作用，但我国企业在高技能人才队伍建设方面仍然存在一些突出问题。一是培养高技能人才的能力与经济发展对高技能人才需求之间的矛盾突出。二是高技能人才培养投入总体不足，培养培训机构能力建设滞后，人才发展的体制机制障碍依然存在。三是社会上对技能人才的认识仍有偏差，重学历文凭、轻职业技能的观念还未从根本上得到扭转，企业职工和青年学生学习技能的积极性不高，高技能人才仍然面临发展渠道窄、待遇偏低等问题，人才成长发展的社会环境有待进一步改善。①

4. 企业中职业发展道路的运动方向。员工在企业内部不同岗位和不同级别之间的流动，构成不同的职业发展路线。提供各种不同的职业阶梯和职业发展路线是企业职业生涯管理的基础条件，为员工的职业发展提供可能的空间。员工在企业中职业发展道路的运动方向可以分为横向与纵向两种。横向运动指跨职能边界的调动，如从工程技术部门转到市场营销部门等，其有助于扩大个人的专业技术知识与经历，为进一步深入精通某一专业打下较宽广的基础，在不少企业内部的候选人计划中，那些被选中进一步提升为总体性管理者的员工，将会面临各种工作轮换的锻炼。纵向运动是向上的，即沿着企业的等级层系跨越等级边界，获得职位的晋升。

美国著名组织行为学家埃·薛恩（Edgar H. Schein）的研究发现，除了上述跨职能与跨职级的两类运动，还有一种非正式的、影响颇大的运动，即沿"核心度"方向的运动：有一类职工虽未获得正式授职晋升，仍处于较下层级，但却通过某种非正式的联系，如社交场合或业余活动中偶然邂逅上级领导，接触投契而

---

① 王永. 树立科学人才观 大力加强高技能人才队伍建设——访人社部副部长王晓初. 中国劳动保障报，2012-10-19.

产生友谊等,得以接近组织决策的核心。这种跨越核心圈、外边界的运动,对员工的职业发展影响不容忽视。

(二)设计职业发展通道的步骤和要点

员工职业发展通道设计应对岗位进行合理归类,设立合适的等级以及每一等级相应的能力标准,并设计合理的晋升方式和各系列之间的转换途径。具体步骤和要点如下:

1. 设置发展通道

(1)对岗位实行归类。岗位归类主要从各岗位工作性质和岗位特点出发,将各类岗位划归为几大系列,如对制造型企业各类岗位可以归类为管理类、专业技术类、技能作业类以及辅助作业类等系列。各系列在大类的基础上可以细分,如专业技术岗位可以衍生出研发、生产、财务、人力资源管理等类别。

(2)分系列对岗位设立等级。在岗位归类的基础上,对各系列分别设立等级,等级设置数量主要是考虑该系列员工职业生涯周期和能力成长特点,等级设置要同等级晋升可能需要的年限相匹配。如一般员工职业生涯周期为25年左右,若等级晋升可能需要年限为2~4年,则可以设置7个等级。对于那些知识更新周期快、受年龄制约大的行业,如IT业,职业生涯周期相对要短,年限可以不作为等级晋升的基本要求。

(3)确定各等级的名称。对各等级名称的确定,企业通常会采用通用性名称,可以区别国家现有的专业技术资格和职业资格名称[①],也可以与之相吻合,由各企业根据自己的发展周期、战略规划、人员队伍结构等一并考量,灵活设置,只要其等级设置与各等级能力标准设置科学合理即可。为了加大对专业技术人员和高技能人才的激励力度,在等级设计中可以采取将国家专业技术职称、技能等级序列向高等级延伸的方案。国家对专业技术人员的职称评定设置了5级,技能人才的等级评定也是5级,这里的专业技术类岗位设置为6级,技能作业类设置为7类,而且其最高层都相当于管理类的副总经理级(见表5—4)。

---

① 专业技术资格即职称。职称是指专业技术人员的专业技术水平、能力以及成就的等级称号,反映专业技术人员的学术和技术水平、工作能力和工作成绩。职称通过申报、评审,由主管部门授予。当前,我国专业技术职称的主管部门是人力资源和社会保障部。

表5—4　　某机械制造企业员工职业发展通道体系表（全系列设置）

层级 \ 类别	管理类	专业技术类	技能作业类	辅助作业类
高层	总经理			
高层	副总经理	总工程师	总技师	
中层	部长	主任工程师	主任技师	
中层	经理	高级工程师	高级技师	
基础层	主管	工程师	技师	
基础层	高级文员	助理工程师	高级工	
基础层	文员	技术员	中级工	熟练工
基础层			初级工	普通工

资料来源：陈禹. 企业员工多元化职业发展通道体系设计——以大型机械制造企业Z公司为例. 中国人力资源开发，2008（11）.

2. 设置各等级能力标准

明确了职业发展通道后，接下来是要设置各等级能力标准，这也是通道设计中的重点，其区别于岗位任职条件。岗位任职条件是岗位任职的一般能力要求或最低要求，等级能力标准是在岗位任职需要最低要求和最高可能之间划出若干等级，这需要考虑到各个台阶员工的能力特点，突出重点能力和贡献区域，体现各等级的差异性，容易判定和操作。

3. 设置等级上升方式和各系列间转换台阶

(1) 上升方式确定。等级上升方式有晋升制和聘任制两种方式。晋升制的特点是员工达到相应能力等级标准就可以晋升，只要不出现降级的情况，就可以维持原等级；晋升制不受职数限制，同一岗位员工间基本不存在竞争。聘任制的特点是员工必须达到相应的能力等级标准，才有资格参与竞争，有更强的竞争对手就可能降级；它受职数限制，同一岗位员工间存在竞争。

(2) 设置跨系列转换台阶。转换台阶的设置主要考虑各系列间岗位等级的特点，对系列间相通性较强的转换台阶可以平缓一些，不相通的转换台阶的落差要大些。跨系列间转换要强调考核、竞争，坚持按资格按需求和尊重员工个人发展定位与规划的原则，鼓励员工在具有专业继承性和相似性的岗位间进行选择和转换。转换台阶设置完成后，即形成员工职业发展通道的体系图。

(三) 职业发展通道的配套制度

制订和实施职业发展计划是人力资源管理部门一项重要的战略任务，也是和其他各个人力资源管理环节相匹配的重要环节。职业发展通道的搭建和实施需要其他人力资源管理基础环节的支持。首先，要制定企业内部人力资源开发的综合计划，将其纳入总的战略发展计划中。其次，建立人力资源档案，通过日常绩效考评及专门的人才评估，了解员工现有的能力、素质，确定他们目前的职业发展道路阶段，评估其在各种职业发展通道上的潜力。最后，制定相应的培训和培养计划。对于当前阶段绩效优秀，同时又具有发展潜力的员工，要有计划地加强对他们在专业或管理岗位上的培训和培养，通过职位提升、后备管理者培训班，以及横向调动等方式，综合锻炼、提升、考察和评估那些能够给企业带来更多价值的员工，为企业的战略发展储备人才、培养人才。因此，企业在工作设计、员工招聘、绩效考核和薪酬体系等环节要做好有效的准备。

思 考 题

1. 员工培训与开发的含义是什么？员工培训与开发有怎样的作用？
2. 员工培训与开发体系的构建包括哪些内容？
3. 完整的培训流程包括哪些重要环节？
4. 培训需求的内涵是什么？
5. 培训评估的维度有哪些？
6. 试比较员工培训的类型及各种培训方法的优缺点。
7. 请结合员工培训实际谈谈如何制定培训方案。
8. 简述职业生涯管理中各方的角色和作用。
9. 职业发展通道的主要步骤有哪些？

第六章

绩效管理

本章导读

绩效管理是人力资源部门的重要职能之一,它不但能保证员工将工作的重心自始至终围绕组织的战略目标,把员工的职业发展与组织的发展结合起来,而且还是其他人力资源管理职能的重要依据。

本章主要介绍了组织层面的绩效管理工具和员工个体绩效的评价方法。各种评价工具和方法以图表和案例的形式给出,帮助学生在理论和实践之间进行转换。

在学习中,学生要重点掌握绩效和绩效管理的基本概念、绩效管理的各环节、组织层面绩效管理的各种工具、员工个体绩效的评价方法以及绩效反馈面谈的技巧。在概念、理论的学习中,学生要注意其中的逻辑脉络;在技术性工具的学习中,学生要注意各种工具之间的比较;在管理技巧的学习中,则需要多了解生活中发生的案例,并与自己的生活体验有机结合。

第一节 绩效与绩效管理概述

一、绩效和绩效管理的概念

(一) 绩效的定义和性质

在组织管理理论和实践的发展中,人们对"绩效"(performance)并没有形成一个统一的权威性认识。在不同的历史阶段或同一历史时期,人们对绩效概念的认识也出现仁者见仁、智者见智的差异。在各个不同的理论流派或实践中,对绩效的认识逐渐聚焦于"结果"和"行为"两个领域,以及将"结果"和"行为"进行整合的有益尝试。因此,本书在借鉴前人理论的基础上,采取了"结果"和"行为"的综合观。

关键概念

绩效是指工作的效果和效率。

组织管理理论中,绩效是一个多维、多因以及动态的构建。多维,是指观察和测量绩效的角度不同,其结果也会不同。一般来说,企业人力资源管理中所指的绩效可以分为三个维度:一是组织层面的绩效,二是部门(或群体)层面的绩效,三是员工个体层面的个人绩效。多因,是指影响绩效的原因是多方面的,从组织内部而言,员工个体的工作能力和工作态度如何,企业的治理结构是否合理,制度建设是否健全,部门结构和流程再造是否有效率,以及组织领导人的个人风格和组织文化都会对绩效产生影响;从组织外部而言,宏观方面的国际经济形势,国家的政策法规、经济体制结构、行业规范、产业状况等也会极大地影响绩效情况。动态,顾名思义,不管分析哪一个维度的绩效都不可能是静态的,绩效在变化的绝对性与稳定的相对性方面是完美而辩证的统一。

(二)员工绩效的影响因素

基于绩效的定义和维度,员工个体层面的个人绩效同样也包括工作的行为和结果,也就是说,员工绩效是员工工作过程与工作成果的统一,是工作行为与工作结果的统一。本章中的绩效,除了特别指出的组织层面绩效管理的工具(标杆管理、关键绩效指标和平衡计分卡)之外,其他都泛指对员工个体的绩效(以及绩效管理)。影响员工个体层面的绩效可以从组织内外的因素来衡量。组织内部的因素是影响员工绩效的直接原因。

首先,员工自身的工作素质和综合能力是影响其个体绩效的最重要的内在条件,员工个人所具备的知识、技能和态度(KSAs)等都是直接影响员工的工作过程和工作成果的重要因素。其次,组织内部的各类因素是除员工个人的能力素质之外,能够影响员工绩效水平的重要因素。组织内部的各类因素又包括硬件条件和软性环境两类。从硬件条件来看,结合前面章节工作设计的内容,工作场所的物理设施是否符合员工所在岗位的职责要求,组织能否给员工创造一个安全、环保和健康的工作环境,不但直接影响员工的绩效,还影响部门以及组织整体的绩效。良好的硬件条件是员工个体(以及组织)获得高绩效的重要条件。从软性环境看,组织的内部治理结构是否合理,规章制度是否完备,组织运作是否和谐等因素也会直接影响员工的绩效。从组织和工作设计的角度看,员工的高绩效离不开组织结构设计的简约合理、组织流程的有序高效和组织文化的强大支撑。只有通过战略性人力资源管理实现组织设计和运行的科学、合理和有效,充分调动员工的能动性,员工与组织的关系才不仅仅是平等协商的雇佣关系,更是终极目标一致的共赢关系。换言之,组织的结构、流程、制度和人际关系等软性环境越适宜员工成长,组织也就越能收获整体层面的高绩效。

除组织内部各因素,组织外部的宏观环境也会影响员工的绩效,不过这种影响是以间接的形式完成,其中介变量就是组织对外界环境各种影响的反应和应对。作为整体的组织能否在变化动荡的市场环境中清醒地理解自身所处的境遇,能否抓住来自国内外的机遇和挑战,都会通过企业发展战略的方式以直接或间接的方式反映到组织内部的结构、流程和制度的调整和变化中。那些能够快速、灵活而有效地应对外界变化和挑战的组织,变革的基因将会从上到下传递到部门,再从部门传递到个体,来自组织战略的调整适时引导员工个体在工作过程中的改变,从而影响到员工最终的工作成果;而不能有效迎接外界挑战或者对外界影响反应迟钝的组织,将在很大程度上影响部门乃至妨碍员工的绩效。

理论界还有一种常见的认为影响员工绩效的因素模型,即工作绩效模型:

$$P = f(S、M、E、O)$$

模型中的 P 代表绩效(performance),S 代表技能(skill),M 代表激励(motivation),E 代表环境(environment),O 代表机会(opportunity)。影响绩效的因素表现为员工的工作技巧和能力水平、组织中形式有效的对员工的激励(手段或方式)、影响工作绩效的环境(又可以分为组织内部环境和组织外部环境),以及组织内提供给员工的机会(也就是偶然性因素)。

不管是根据组织内外的划分,还是工作绩效模型所包括的各类因素,影响员工绩效的因素都是多元、多维的,与员工自身、员工所处的组织和外界的宏观环境息息相关。

（三）绩效管理的概念

绩效管理（Performance Management，PM）是在绩效评价（Performance Appraisal，PA）的基础上发展起来的概念。20世纪70年代后期，绩效管理的概念被提出。在80年代后半期和90年代早期，随着人们对人力资源管理理论和实践研究的重视，绩效管理逐渐成为一个被广泛认可的人力资源管理过程。

关键概念

绩效管理，就是组织中的管理者通过各种途径用以识别、衡量并开发个人和团队的绩效，使个人和团队绩效与组织层面的战略目标保持一致的持续性过程。

从上述定义中可以看出绩效管理有以下三个重要特点：第一，绩效管理是以员工为核心的干预活动。通过对员工绩效的鉴别和开发，提升团队绩效，并最终实现组织的战略目标。第二，绩效管理是一个持续性的干预活动。它不是或不止于"一锤定音"的衡量和评价，而是要通过持续的沟通和反馈，敦促个体绩效的不断提升；它不是一个单向的行为，而是涉及管理者和员工双方持续的沟通。第三，绩效管理是以组织的战略目标为导向的活动。绩效管理是一种明确的，以组织的战略目标为牵引的管理实践，它旨在通过一系列的手段和方法，将组织的战略目标自上而下地分解，再通过个体绩效的实现达成组织的战略目标。

绩效管理之所以会成为逐渐替代绩效评价的理论，主要基于以下历史背景：

1. 与生产管理的理论演进逻辑类似，基于组织战略性管理的绩效管理逐步代替了基于评价的管理。在工业时代向服务业时代转变的过程中，生产管理从质量控制（Quality Control，QC）发展到全面质量管理（TQM）。全面质量管理理论认为，员工的绩效不仅与个人的工作动机有关，而且与培训、沟通和监督管理等很多因素紧密相关。与这个逻辑相类似并对应，绩效管理强调基于员工绩效的持续性的改进活动，其吻合并促进全面质量管理阶段的生产管理。

2. 在促进组织整体绩效和战略目标方面，绩效管理比绩效评价有明显的功能优势。传统的绩效评价有明显的缺点：对绩效的判断通常是主观的、凭印象的和武断的，不同管理者的评定不能比较；反馈延迟会使员工因高绩效没有得到及时认可而产生挫折感等；研究发现，传统的绩效评价常会制造紧张，同时对生产率起到反面作用。① 绩效管理则致力于通过员工绩效的开发来达成组织绩效目标的完成。持续的沟通、双方的参与以及绩效改进都能有效地改善员工的绩效，提高组织的凝聚力。

3. 作为由不同环节构成的有机循环，绩效管理比单纯的绩效评价更能促进组织战略的实现。尤其是20世纪八九十年代以来，在变化的市场环境下，落实既定的战略规划需要组织不断进行结构性调整以更灵活地适应，包括减少管理层级、减小规模、团队工作、授权……在提升组织的弹性时，绩效计划、绩效辅导、绩效评价和绩效反馈以更灵活、更能动的方式完整而系统地适应外部环境的挑战；在多变的环境中，持续的沟通和反馈比单纯的评价有天然的优势，从而有效地将员工的发展目标和组织目标结合起来。

二、绩效管理的系统模型

绩效管理不但是一个持续的过程，还是一个有机的系统。科学有效的绩效管理系统应该包括以下内容：三个目的、四大环节和五项关键决策。具体而言，绩效管理系统是组织为实现其战略目的、管理目的和开发目的而建立的完整系统，是由绩效计划、绩效实施与管理、绩效评价和绩效反馈四大环节共同构成的闭合循环。同时，评价主体、评价内容、评价方法、评价周期和结果应用这五项关键决策始终贯穿这四个环节，对绩效管理的实践起着决定性作用。

（一）绩效管理的目的

绩效管理的目的有三个，即战略目的、管理目的和开发目的。

1. 战略目的。从系统的角度看绩效管理，绩效管理最重要的目的即战略目的。和人力资源其他重要的职能环节一样，绩效管理的最重要的目的就是组织战略目标的达成。通过在实践中不断检验绩效管理工具的有效性，理论界和实践者发现了能够帮助企业实现战略目标的有效的绩效管理工具：目标管理、标杆管理、关键绩效指标、平衡计分卡……通过自上而下地将组织的目标分解为部门目标，再将部门目标落实到具体人员，员工的绩效计划有机地将个体的努力方向与

---

① ［美］加里·德斯勒著. 人力资源管理（第十二版）. 刘昕译. 北京：中国人民大学出版社，2013：365.

组织目标结合，而通过持续的绩效实施、管理、评价和反馈，管理者有效地监控员工工作的全过程，及时发现问题，及时解决问题，从而帮助员工尽量获得高绩效。辐射整个组织的绩效管理遵从由个体到部门、由部门到组织的逻辑链条，个体的高绩效构成部门的高绩效，进而使组织收获整体上的绩效最优。

2. 管理目的。绩效管理与战略规划、工作设计、招募甄选、培训开发和薪酬福利等各环节紧密相关。绩效管理的工具和理念渗透在人力资源管理的各职能环节，为员工的招募甄选、培训开发、薪酬决策、晋升决策、人员的保留或解聘提供信息和参考。绩效管理要与人力资源各职能领域紧密合作，才能有效发挥甄别高绩效员工的功能，从而提升组织整体的绩效水平。绩效管理与人力资源管理其他各职能领域的紧密协作，将极大地提升人力资源部门作为企业战略伙伴的重要地位，进而提升组织内部的整体效率。从组织架构的设计、管理工具的应用，到规章制度的落地，贯穿于整个人力资源管理过程的绩效管理为组织的有效管理提供宝贵的信息，为组织的决策提供合理合法的依据。

3. 开发目的。绩效管理在理论和实践上都完美地阐释了"人力资源是第一资源"的现代价值观，代表了理论界和实践者对组织与员工关系的深刻理解。从工业时代到知识经济时代，人的价值被凸显，人的主体性和能动性被更深刻地认识，对知识、技能和态度等胜任素质的挖掘使组织的价值创造更有效率。绩效管理以组织的战略目标为导向，其落脚点则"接地气"地与员工素质的识别和开发紧密相连，持续的沟通与反馈形成的员工关系完全背离于工业时代早期员工关系的冲突和紧张。通过对员工开发达成组织战略目标的绩效管理有助于实现组织的可持续发展，同时也体现了 2008 年金融危机后强调政府和企业责任的"包容性增长"的理念。

（二）绩效管理的四大环节

完整的绩效管理是一个包括四大环节的闭环回路：绩效计划（performance planning）、绩效实施与管理（managing performance）、绩效评价（performance appraisal）和绩效反馈（rewarding performance）。和绩效评价相比，这四个过程需要管理者和员工双方的积极参与和有效沟通，相关管理工具和技术也成为管理者必须掌握的技能。从这个意义上来说，绩效管理在客观上提升了组织各级管理者的管理能力和领导艺术，使他们对员工的工作过程和结果有更理性的规划、认知和掌控（见图6—1）。

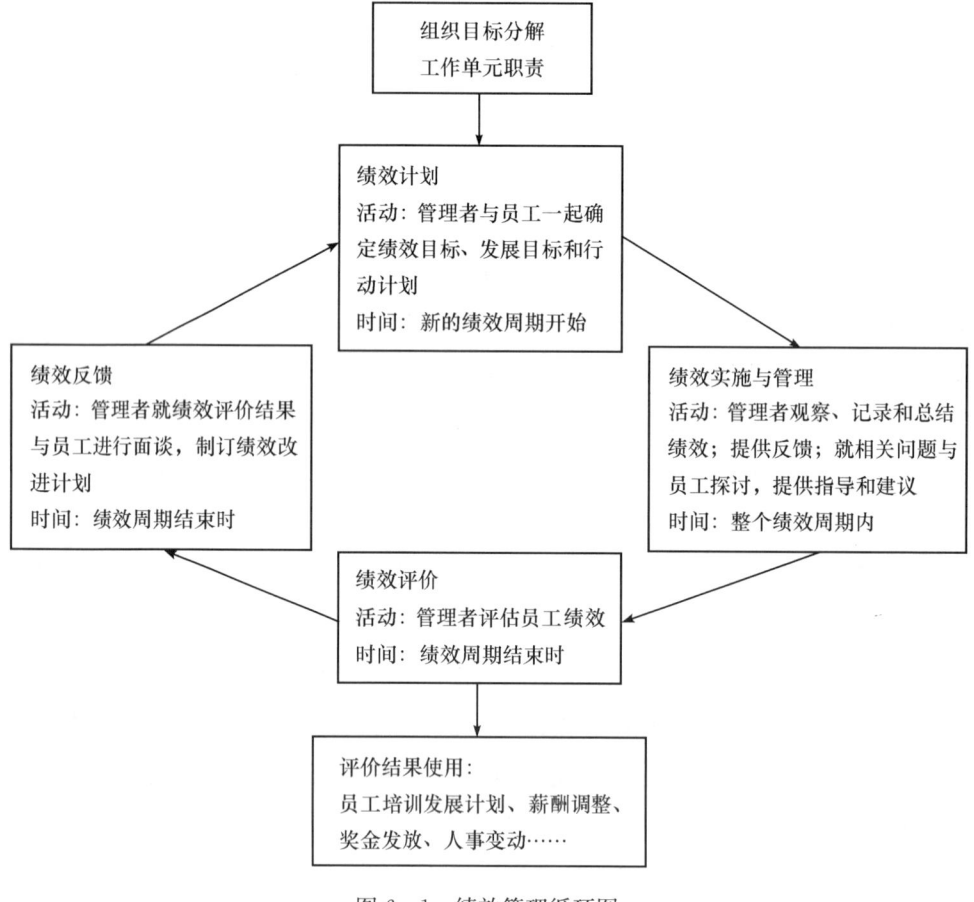

图6—1 绩效管理循环图

1. 绩效计划

绩效计划是绩效管理周期的起点，是指管理者（通常是上级）和员工一起就员工在考核期内的绩效目标进行讨论并达成一致。具体而言，他们要讨论的问题包括：新的绩效周期是指哪一个时间段？在此绩效周期内员工的工作内容、权限和责任是什么？要达到怎样的工作效果？为完成此工作，组织提供给员工的常规资源是否充足？是否需要额外的帮助（或者培训）？整个绩效周期的工作可以被划分为哪几个具体阶段？每个阶段的沟通时段如何选择？

从阶段划分来看，绩效计划又可以分为准备阶段、沟通阶段、审定和确认阶段：①准备阶段，管理者要充分了解组织的战略目标计划、经营计划、工作重点和员工的基本情况等信息；②沟通阶段，管理者要与员工通过对环境的界定、能力的分析确定目标，制订绩效计划，并就相关问题进行讨论；③审定和确认阶段，管理者需要与员工进一步确认绩效计划，形成书面的绩效合同或协议（Performance Contract or Agreement），并且签字确认（见表6—1）。

表6—1　　　　　　　　　　绩效目标协议书

职位编号			职位名称		
所属部门			员工姓名		
评价期限	年　　月　　日至　　年　　月　　日					
协议内容					
层面	绩效目标	评价指标	目标值	权重	行动方案
财务					
客户					
内部业务流程					
学习与成长					
其他					
备注					
	本部门确认，已理解上述协议内容，并承诺按时按质按量完成绩效任务，以及对自身的工作行为和绩效结果承担相应责任				
本人签字			直接上级签字		
人力资源部盖章			签字日期		

在绩效计划阶段，员工绩效目标的制定要注意以下几点：第一，分解组织目标，遵从权责对等原理。即个体的目标来自组织目标的分解，个体目标的设定要注意职权和职责的协调一致。个体的目标来自于部门（团队）的目标，部门（团队）的目标又是从组织的战略目标分解而来。因此，管理者和员工在探讨员工个体目标时，不能脱离部门和组织的目标。也就是说，组织目标分解和工作单元职责是个体目标确定的大背景，个体的绩效目标要紧扣部门职责和组织目标，不能有偏离。第二，确定个体的绩效目标应适用SMART①原则：S（specific）即考核目标是明确界定的，不能笼统或含混；M（measurable）即绩效目标是可测量和评价的，验证这些指标的数据或信息是可以获得的；A（attainable）是指工作目标是可以实现并富有挑战性，员工在付出努力的情况下可以实现，避免设立过高或过低的目标；R（relevant）是指相关性，即员工的工作目标要与其岗位职责紧密相连，在部门职责的权限内，指向组织的整体目标；T（time bound）是指有时限的，即绩效目标的完成要有明确、具体的时限。第三，绩效计划阶段的工具有目标管理法和关键绩效指标法，可以通过这两种组织层面的绩效管理工具获得个体的绩效目标。②

关键概念

绩效目标是对员工在绩效考核期间工作任务和工作要求所做的界定。绩效目标由绩效内容和绩效标准组成。绩效内容包括绩效项目和绩效指标两个部分。绩效项目即指绩效的维度，包括工作业绩、工作能力和工作态度。绩效指标是对绩效项目的分解和细化。绩效指标的确定有助于保证绩效考核的客观性。

2. 绩效实施与管理

绩效实施与管理贯穿整个绩效管理的完整周期。在此期间，管理者要观察、

---

① 李字庆. SMART原则及其与绩效管理关系研究. 商场现代化，2007（19）. SMART是绩效管理的一项重要原则，但是国内学者在对SMART的翻译中对A、R、T这三个英文字母对应的英文单词的理解有差异，大致形成了如下三种翻译：第一种，attainable（可实现的）、relevant（相关的）、time bound（有时限的）；第二种，acceptable（可接受的）、realistic（实际的）、timed（有时限的）；第三种，action-oriented（有行为导向的）、realistic（切实可行的）、time and resource constrained（受时间和资源限制的）。这三种译法并没有本质的区别。本文采用的是第一种译法。

② 这两种方法下文有详细阐释。

记录和总结绩效,向员工提供反馈,就相关问题与员工探讨并提供指导和建议。绩效实施与管理阶段的有效性取决于三个关键点。

(1) 管理者领导风格的选择和绩效辅导水平。研究表明,管理者的领导风格及其绩效辅导水平与下属工作绩效的关系很大,因此,管理者要针对不同的下属和权变要素,积极开展有效的绩效指导。

领导情境理论。保罗·赫西(Paul Hersey)和肯·布兰查德(Ken Blanchard)在1969年提出领导情境理论,也称领导生命周期理论。这一理论把领导划分为任务行为和关系行为两个维度,并根据两个维度组合成四种不同的领导风格:指示、推销、参与和授权(见图6—2)。

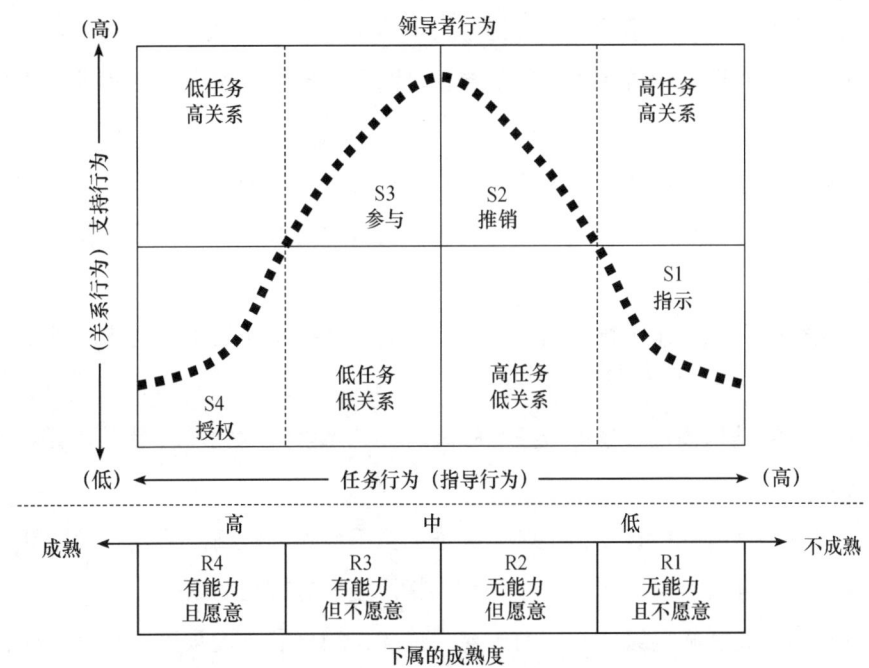

图6—2 领导情境理论
S1 指示:高任务—低关系领导风格　S2 推销:高任务—高关系领导风格
S3 参与:低任务—高关系领导风格　S4 授权:低任务—低关系领导风格

领导情境理论重视下属的成熟度,其隐含这样的假设,即领导者的领导力大小实际取决于下属的接纳程度和能力水平的高低。根据下属的成熟度,也就是员工完成任务的能力和意愿程度,可以把下属分为四种:

R1：下属既无能力又不愿意完成某项任务，这时是低度成熟阶段。

R2：下属缺乏完成某项任务的能力，但是愿意完成某项任务。

R3：下属有能力但不愿意完成某项任务。

R4：下属既有能力又愿意完成某项任务，这时是高度成熟阶段。

路径—目标理论。罗伯特·豪斯（Robert House）提出另一种领导权变的模型。他认为，如果领导者能弥补下属或工作环境方面的不足，则会提升下属的工作绩效和满意度。有效的领导者通过明确指出实现工作目标的途径来帮助下属，并为下属清除在实现目标过程中出现的重大障碍。如图6—3所示，豪斯提出了四种领导风格：

- 指示型领导：由领导者发布指示，下属不参加决策。
- 支持型领导：领导者对下属很友善，而且更多地考虑下属的要求，关心下属。
- 参与型领导：下属参与决策和管理，领导者主动征求并采纳下属意见。
- 成就指向型领导：领导者为下属设置挑战性的目标，并相信下属能达到这些目标。

由路径—目标理论可推导出以下观点，这对领导行为的指导同样具有重要意义：

- 当面对结构模糊的任务或压力较大时，指示型领导管理的员工会有更高的满意度。
- 当任务结构化时，支持型领导管理的员工会得到较高的绩效和满意度。
- 对能力强或经验丰富的员工而言，指示型领导被视为累赘。
- 组织的正式权力系统越完善、越官僚化，领导者越应采用支持型风格，而减少指示行为。
- 当工作群体内部有激烈冲突时，指示型领导会产生较高的员工满意度。
- 内控型员工更适合接受参与型领导。
- 外控型员工则对指示型领导更满意。

辅导（coaching）和咨询（conselling）是绩效实施与管理过程中两种有效的管理者角色。

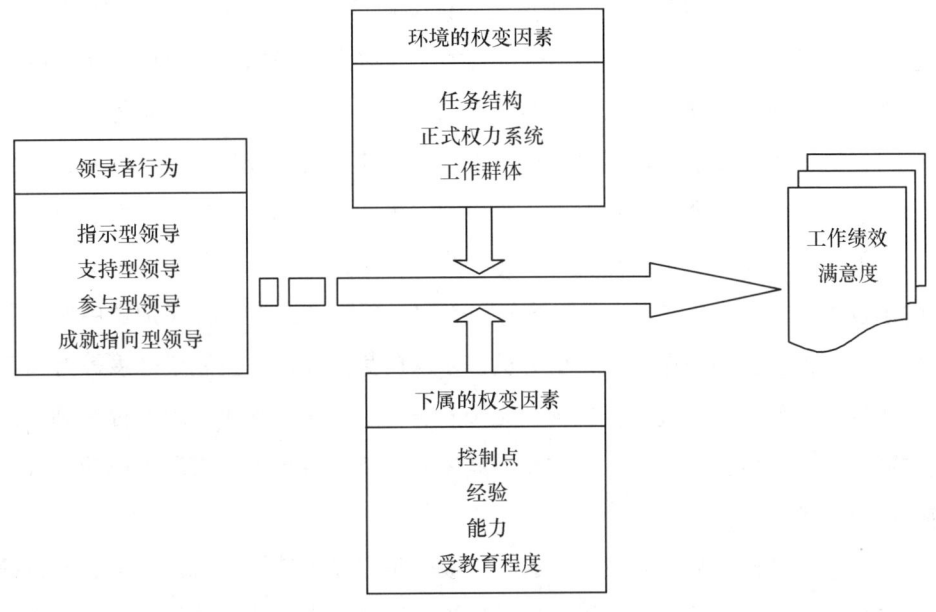

图6—3 路径—目标理论模型

①辅导。辅导是改善员工的知识、技能和态度，以提高其胜任素质的过程。辅导的主要目的：第一，及时帮助员工了解自己的工作进展，确认需要改善的地方，比如在知识、技能或态度方面需要怎样的改变；第二，必要时，指导员工完成特定的工作任务。辅导是一种在岗学习，通过一对一的沟通，员工就工作中的具体问题得到有效的指导，掌握学习的方法、步骤和环节，制订并完成自我学习计划，通过知识的弥补、态度的转变和技能培训完成实际工作技能的提升。

②咨询。咨询出现在工作过程中遇到困难或障碍时。当管理者发现或意识到员工的工作遇到麻烦时，应该给予及时的咨询。咨询是一种双向的交流，管理者要善于引导员工将遇到的问题坦率地表达，并鼓励员工动用所有的资源寻找可能的解决方式。好的管理者应该是一位好的导师，帮助员工发现问题、剖析问题并解决问题，并在自己的权限内给予员工以必要的帮助。

(2) 管理者与下属之间绩效沟通的有效性。绩效沟通的方法则包括正式沟通和非正式沟通。正式沟通可以采用书面报告、会议沟通和面谈沟通等方式，非正式沟通可表现为工作间歇沟通，非正式会议沟通等。不管采用哪一种沟通方式，都应秉持建设性的沟通理念，尽力达成开放、友好和信任的沟通氛围。沟通的目的旨在了解工作的进展，剖析工作中潜在的问题，探索各种解决方案等。友好的沟通可以巩固人际关系，增强员工对组织的归属感，更能鼓舞士气，提升工作业绩。建设性的绩效沟通应注意以下三个原则：第一，"对事不对人"，对工作过程中出现的问题做实事求是的分析，在充分维护员工自尊的前提下，从解决问题的目的出发进行沟通；第二，"责任导向"的定位原则，这是一种在沟通中要善于引导员工承担责任的沟通模式，引导员工多从自身的知识、技能或态度等方面剖析问题存在的原因，寻找积极的解决之道；第三，"事实导向"的定位原则，即在沟通中要多以事实为准绳，通过真实具体的案例引导员工总结反思成功的经验或失败的教训。

(3) 绩效评价信息的有效性。这一阶段的重点在于持续不断地收集和分析绩效信息以及绩效沟通。信息可以通过管理者自己的观察、他人的反馈、员工的自我报告，或者通过组织内各种报表、资料以及工作记录法[1]等方法进行收集。

3. 绩效评价

绩效评价是指在某个绩效周期结束时，管理者对员工的绩效进行评价。具体而言，则是当某个绩效周期结束，考评主体[2]对照工作目标或绩效标准，采用科学的考评方法，评定员工的工作完成情况、工作职责履行程度和员工的发展情况，并将评定结果反馈给员工的过程。在绩效评价阶段，考评者要遵守组织内部正式规章制度，对不同岗位、不同层级的员工选择相匹配的评价工具。这是绩效管理过程中最核心、同时也是技术含量最高的环节。员工的能力、态度和业绩是考评的对象，客观的事实则是考评的依据和准绳。绩效评价的主体可以有多个，考评者可以根据不同的工作岗位和不同的评价方法予以选择：是单维的上级对下级的评价，还是360度反馈评价，抑或是评价委员会的评价。绩效考评的内容有

---

[1] 工作记录法和"工作分析与工作设计"一章中的日志法的内涵相似，不过后者的实施目的在于工作分析，以员工个体为主。这里的工作记录法用于绩效评估，是指通过工作记录的方法将员工的工作表现和结果记录下来的方法，可由员工本人、同事或上级主管记录。

[2] 一般都是管理者对员工的考评。考虑到高层管理人员作为个体，其业绩也需要进行绩效管理。因此，这里采用"考评主体"的提法。

多个维度，比如很多企业通过"工作业绩、工作行为、工作能力和工作态度"来考察普通员工，国资委通过"政治素质、经营业绩和团结协作"来考察中央企业领导人员（见表6—2）。

表6—2　中央企业领导人员综合考核评价要点及标准

考评内容	考评指标	考评要点及标准
政治素质	政治素质	政治坚定，旗帜鲜明，坚定不移地走中国特色社会主义道路；注重学习，与时俱进，牢固树立科学发展观和正确的政绩观；坚持原则，顾全大局，维护团结，党性观念和组织纪律观念强
	职业素养	勤勉敬业，具有强烈的事业心和责任感，有开拓精神和创业激情；品行端正，具有良好的人格品质和职业道德，遵守法律法规和公司章程；熟悉现代企业管理，具有敏锐的市场意识、扎实的业务知识和丰富的管理经验
	廉洁从业	艰苦奋斗、勤俭办企业，自觉维护股东权益；诚实守信、依法经营，自觉遵守党和国家关于党风廉政建设的各项规定和企业规章制度；作风正派、严于律己，严格约束亲属和身边工作人员，自觉接受组织和职工群众监督
经营业绩	决策能力	思路清晰、有前瞻性，善于把握国际国内经济趋势和行业发展规律，具有战略意识和发展眼光；决策科学民主，能够针对形势变化，及时调整思路和对策；对重大问题和突发事件，反应敏捷，判断准确
	执行能力	认真贯彻落实上级精神，具备驾驭全局、应对复杂局面、解决好企业改革发展稳定重点问题的能力；大胆管理，敢于承担责任；善于优化资源配置，协调各方力量，有序推进各项工作
	创新能力	学以致用，不断推动企业体制创新、机制创新、管理创新，增强可持续发展能力；勇于创造，大力推动科技进步和自主创新，不断增强企业发展的动力和核心竞争力
团结协作	工作实绩	直接采用领导班子经营业绩考核评价结果
	履职表现	董事会成员重点评价：制定战略规划、科学民主决策、实施风险管控、执行国有资本经营预算、完善选人用人机制和推动可持续发展等方面的情况。经理班子成员重点评价：执行董事会决议、组织生产经营、自主创新、管理效能、财务管理、人力资源管理、安全生产、完成经营效益目标等方面的情况。未设立董事会的中央企业经理班子成员，还应当评价对董事会成员评价的内容。党委（党组）成员重点评价：保证监督党的路线方针政策和国家法律法规贯彻执行、参与重大问题决策、选人用人和人才队伍建设、党组织建设、思想政治工作、党风廉政和反腐倡廉工作、精神文明和企业文化建设、维护职工合法权益及企业稳定等方面的情况

绩效评价的结果可以广泛应用于员工的培训与开发、薪酬调整、奖金发放、人事变动等方面。前文之所以说绩效管理能达到管理的目的，其核心正是来自绩效管理过程中的绩效评价环节所获得的有价值的信息。第一，通常而言，通过工作分析获得的职位价值决定了薪酬中的稳定部分，绩效决定的则是薪酬变化的部分，绩效工资和奖金的发放基于绩效评价的结果。第二，通过绩效实施和管理，在绩效评价阶段，管理者和员工将更进一步讨论他们在职业发展中遇到的问题和机遇，绩效评价的结果将直接对接组织分层分类的培训与开发计划。第三，不同绩效水平的员工在绩效评价之后不仅在薪酬待遇上有明显的差别，在职位的去留、升降方面也成为下一步人事调整的重要依据。

4. 绩效反馈

广义的绩效反馈贯穿于绩效管理的全过程，但这里特指狭义的绩效反馈，也就是绩效反馈面谈（performance feedback interview）。绩效反馈是指在绩效周期结束阶段，管理者就绩效评价与员工进行面谈，使员工充分了解和接受绩效评价的结果，并制定绩效改进计划。绩效反馈是对绩效计划、绩效实施与管理、绩效评价结果的回顾和评点。基于绩效评价的结果，回顾绩效计划阶段制定的绩效目标或签订的绩效合同或协议，梳理绩效实施与管理过程中的辅导、咨询和建议，就绩效评价的内容达成共识，分析工作过程中的得与失，调整心态，为下一个阶段的工作做好准备。通常而言，在绩效反馈面谈阶段，也是对照绩效评价的结果和绩效计划中的目标，就工作岗位、薪酬以及培训开发等事项进行逐一分析的过程。获得高绩效表现的员工自然获得来自绩效工资方面的回报，而且很可能会被作为进一步提升的候选人，管理者也可能会为他（她）量身定制相关培训开发计划。当然，绩效反馈面谈的重要结果是制订员工改进计划，改进计划可分为三个层面：员工个体层面、部门层面和组织整体的改进计划。绩效反馈面谈的准备工作是管理者必须掌握的内容之一。

需要注意的是，图6—1绩效管理循环图重点呈现的只是四大环节的关系。下面要介绍的绩效管理的五项关键决策则更是贯穿于绩效管理四大环节中的必备要素。实际上，绩效管理的各个环节在发生的时间和方式上有连续性，也有交叉；绩效管理的各环节和人力资源管理其他职能环节息息相关，比如组织的战略规划、工作设计、招募甄选、培训开发、薪酬福利和员工关系等,既独立于其他职能环节,又形成相互促进的关系。

(三)绩效管理的五项关键决策

如果从评价的角度来理解绩效管理,那么,和绩效管理循环图所强调的过程观、系统观有所区别,有五大关键决策紧扣绩效管理的整个过程,即4W1H:What(评价什么,也就是评价内容);Who(谁来评价,也就是评价主体)[1];When(评价需要多长时间,也就是评价周期);How(怎样评估,也就是评价方法);Why(为什么评估,也就是结果应用)。

1. What,也就是评价什么,指的是如何确定绩效评价的指标、权重及目标值,也就是绩效评价指标的设计,这里的评价指标通常是从组织层面到部门层面再到个体层面,层层分解、层层剥离而达成。评价工具不同,其背后的理论假设也就不同,其评价指标的选择、目标的达成方式也就呈现出差异。比如,目标管理、标杆管理、关键绩效指标和平衡计分卡都是比较成熟的组织绩效管理工具,不同发展阶段、不同行业类型的组织要选择与本组织相匹配的绩效管理工具。

2. Who,也就是谁来评价,评价主体是谁,或者评价的信息源自哪里。通常来说,评价主体可以分为组织内部评价者和组织外部评价者。内部评价者包括直接上级(supervisor)、最高上级(higher level management)、同级(peers)、下级(subordinates)、自己(self)等;外部评价者则包括客户(customers)、供应商(supplier)、分销商(retail trader)等利益相关者(stakeholder)。有的组织还会组成代表广泛的评价小组(appraisal group),有的企业在"社会责任"指标的考核中可能还会引入企业所在社区的代表人士,而在我国央企领导人的评价中,我们还可以看到"上级管理部门"也作为评价主体出现。

3. When,也就是评价周期,什么时候对绩效进行评价。首先明确这里的何时应是一个完整的绩效周期。不同的行业、职位特征决定了评价周期各有不同。具体的评价周期要综合考虑企业的战略规划、发展阶段以及行业特征、职位特征等各种要素。同一个企业中对不同层级不同岗位人员的绩效评价周期差别也较

---

[1] 与"Who"(谁来评价)——评价信息源——相关的是"Whom"(评价谁)——评价对象,由于评价对象的内涵远远小于评价信息源,本文略去"Whom"的相关内容。

大。通常情况下，研发类、管理类的评价周期应该设置较长的期限，大致半年或一年评价一次，随着层级的提高，评价周期也会逐渐延长。而市场销售、生产、服务人员职位的评价周期则要短一些，市场营销人员可以以月或季度为评价周期；生产工人和服务人员尽量采用比较短的评价周期，以月为评价周期比较合适。换句话说，评价周期短则可以周、月、季计，长则可以用一年、两年来计算，比如林肯电气公司（Lincoln Electric）每两年进行一次评价。

4. How，也就是如何评价，相对"What"（评价什么）中设计的绩效管理的评价工具，这里指的是针对微观层面——员工的个体绩效——的评价工具，比如是用比较法、量表法还是描述法。每一类评价工具又可以划分为若干小类，比如比较法可以划分为交替排序法、配对比较法和强制分布法等，量表法可以划分为图形等级量表法和行为锚定等级评价法等，描述法可以划分为关键事件法和描述性表格法等。管理者要掌握不同工具的技术要点和优缺点，合理选择最适合的工具。

5. Why，也就是绩效评价的目的何在。最简单的有两种划分：一种是"评价性评价"，即评价的主要用途是甄别、衡量不同员工的绩效水平，这种评价的要点是对工作过程和结果进行客观的分析，过去和现在是评价的重点；另一种是"发展性评价"，不但考量过去和现在，更要通过评价维度和指标的设定，旨在发掘员工的胜任素质领域，这是一种面向员工未来的职业发展的评价方式。因此，第一种评价信息多用作绩效工资等方面，而第二种则有更广泛的适用范围，包括留用原职、轮换、提升还是转岗等人事决策，是要纳入技术干部培养计划还是作为后备领导干部来培养。

第二节　绩效管理工具

绩效管理工具是指作为整体的组织，通过一系列科学的工具和方法，将组织的战略目标转化为部门以及个人绩效目标的方法。绩效管理工具立足于组织的发展战略，通过对组织的全方位考察保障了组织的可持续发展。在组织管理的发展史上，盛行于不同历史时期的绩效管理工具集中体现了人们对如何更好地实现企业使命的认识。最近被企业界广泛接受的绩效管理工具代表了绩效管理理论的最新发展。它从绩效评价脱胎而来，拓展了绩效评价所覆盖的范围，使评价关注的指标从过去单纯的财务指标转变到企业可持续发展的能力。以时间为序，20世纪50年代以来，在学界和实践界被普遍认同的绩效管理工具分别为目标管理、标杆管理、关键绩效指标和平衡计分卡。下文依次介绍。

一、目标管理

"目标管理"（Management by Objectives，MBO）的概念是美国著名管理学家彼得·德鲁克于1954年在《管理的实践》（*The Practice of Management*）一书中提出来的。德鲁克认为，企业的使命和任务必须转化为目标，不是有了工作才有目标，而是相反，有了目标才能确定每个人的工作。因此，管理者必须通过目标对下级进行管理，当组织的最高层管理者确立了组织目标后，必须对其进行有效分解，转变成部门以及员工个人的目标，管理者要根据分目标的完成情况对下级进行考核、评价和奖惩。

和古典管理学派以工作为中心，忽视人性的一面，以及行为科学偏重于以人为中心，忽视同工作结合相比，目标管理将个人的目标与组织的目标有机结合，既能有效地激励个体，又可以有效促进组织的繁荣。诞生于第二次世界大战后的美国的目标管理吻合了第二次世界大战后世界经济振兴的需求，因此在业界广受欢迎，很快又为日本、西欧等国家所接受，成为20世纪50—70年代占据统治地位的管理工具。

目标管理的核心动力来自激励理论，它强调将个人目标与整体目标充分结合。其核心思想在于：企业要通过确定目标、制定措施，分解目标、落实措施，安排进度、组织实施，考核目标、反馈沟通等控制手段来达到管理的目的。相比较他人支配式的管理控制方式，德鲁克的"目标管理和自我控制"主张通过目标给人带来的自我控制力推动工作的全过程，通过激发人的最大潜力提升组织的整体效益。

目标管理的具体实施程序包括如下要点：第一，目标设定，即明确组织战略，自上而下逐级分解组织的目标。上下级的共同参与是必不可少的，上下级在制定目标过程中要尊崇权责统一的原则，在组织目标的关照下，在部门权限的范围内，制定目标、目标的测量以及实现目标的方法和所需资源。第二，实施目标，即保证既定目标的实现。在工作开展的过程中，管理者对下属的工作进展情况要及时跟进，及时发现问题、矫正行动，必要时可以对计划进行修改；管理者要充分利用自己的权限，尽可能帮助员工实现既有目标。第三，结果评定，即在规定时限结束时，将工作结果与预先设定的目标进行比较，那些没有达到的目标，或者超过既定目标的目标是重点考察的对象。结果评定阶段要及时总结工作过程中的经验或教训，并用于以后的工作中。第四，反馈，即管理者要和员工一起回顾工作的全过程，对目标的达成（或没有达成）进行讨论和分析，并为接下来的新工作做好准备。

目标管理在全世界被广泛应用。作为绩效管理工具，它的优点包括：有助于改进组织结构的职责分工、会给容易度量和容易分解的目标带来良好的绩效、比较公平以及成本较低等。和之前的理论（工具）相比，目标管理最大的优点在于其重视并调动起员工的积极性和创造性，并起到改善组织内人际关系的作用。在传统的绩效评价中，员工只是被动的、消极的被评价者，而在目标管理中，从目标的设定，到目标实施的过程以及评价反馈中，员工的参与不但是受欢迎的，而且是管理成功的必备要素。目标管理通过任务的明确、自我的管理和控制的有效，在组织内形成一种激励氛围，从而容易达成有效的管理。

目标管理的缺点在于：第一，目标管理对人性的假设相对乐观，忽视了组织中的本位主义和员工的惰性，因此容易形成员工以短期目标牺牲长期目标的局面；第二，目标设置困难，目标计划的制定需要耗费大量的时间和成本，加大了管理成本；第三，过分强调量化的目标和产出，忽视非量化的目标，使绩效的标准难以确定。

二、标杆管理

标杆管理（benchmarking）又称为基准管理，产生于20世纪70年代末80年

第六章 绩效管理

代初。最早践行标杆管理的企业是美国的施乐公司（Xerox）。由于受到日本佳能公司（Canon）的全方位挑战（1976年，施乐的市场份额从82%直线下降到35%），施乐公司开始执行标杆管理，即"一个将产品、服务和实践与最强大的竞争对手或者行业领导者相比较的持续流程"，这一管理实践摆脱了传统的封闭式管理，从而引发管理新概念。据美国1997年的一项研究表明，1996年世界500强中有近90%的公司在日常管理活动中应用了标杆管理，其中包括AT&T、Kodak、Ford、IBM、Xerox等。标杆管理与企业流程再造、战略联盟被管理专家并称为90年代的三大管理方法。标杆管理的使用范围也从最初度量制造部门的绩效发展到不同的业务职能部门，包括客户服务、后勤的产品配送等方面。今天，标杆管理已经变成西方发达国家和部分发展中国家改革政府工作程序和产业政策，提高产业和企业国际竞争力的战略性武器。标杆管理传入我国后，逐步成为在不同性质的企业所广泛使用的管理工具。近几年，我国在央企绩效管理中也开始实行标杆管理。

【阅读参考】央企考核中的"行业对标"

自2008年起，央企业绩考核新规定首次引入"行业对标"原则，引导企业以同行业先进企业的指标为标杆，通过持续改进，逐步达到标杆企业的先进水平。国资委在《中央企业负责人年度经营业绩考核补充规定》中提出，为正确引导中央企业经营业绩考核工作的开展，科学核定中央企业负责人年度经营业绩考核目标，客观评价中央企业负责人年度经营业绩，考核要按照"同一行业、同一尺度"的要求，实施对标管理。国资委表示，各企业在对标过程中应对照标杆企业，开展广泛的经济技术指标、业务流程等方面的对标工作，从中发掘优势，找出差距，提出目标和改进措施，不断提高业绩考核工作水平。标杆企业的选择，要注重数量和质量，既要符合企业实际，又要具有一定的先进性，对标企业户数原则上不低于12户。对于处于国内领先水平的企业，应积极寻找国际先进企业对标；其他企业应努力将国内具有代表性的先进企业纳入标杆范围。

国资委领导在2011年年底的讲话中，认为央企的对标考核已迈出新步伐。

第一，根据发展战略和行业特点，分层筛选、科学确立标杆企业。航天科技围绕建设国际一流大型航天企业的目标，选取全球宇航企业100强作为对标对象。中国移动在公司整体层面，选取20家国际优秀电信企业作为对标对象，明确了集团的追赶方向；在下属公司层面，建立了多维度、多层级、立体化的标杆体系，鼓励各公司之间开展对标。港中旅集团针对下属公司的业务规模、行业特点、成长阶段等实际情况，确定不同的标杆企业。中广核集团根据业务类型，分别在核电运营、核电工程、可再生能源等领域，与国内外相关龙头企业进行全方位的对标。南方电网以广州、深圳供电局为试点单位，开展了与新加坡、香港特别行政区电力企业的全面对标工作，努力缩小与国际先进电力企业的差距。

第二，合理确定对标指标。中国石化建立了由三个层面（事业部、企业和装置）、五个维度（盈利能力、成本控制、生产经营、资产运营和发展能力）和166个指标构成的对标体系。中交集团选取世界11家优秀建筑企业，从企业规模、运营能力、偿债能力、盈利能力、发展能力以及价值创造能力等方面进行了多角度的对比分析，明确了自身在运营能力等方面的差距和追赶目标。中冶集团依据国内外同行的业绩表现，选取反映盈利能力、资产质量、债务风险和经营增长等方面的指标，建立了标杆数据库。中航集团通过与35家全球航空领先企业的对标，运用差距分析法、因子分析法等手段，确定了运营绩效、资源投入和内部治理三个维度的对标指标。中国航信通过建立"财务绩效"和"业务效能"的二维对标体系，找到了与国际先进企业在价值创造、成长能力和运营效率等方面的差距。

第三，积极探索对标考核。华润集团根据各业务板块的发展阶段，分别以行业的优秀值或平均值为基准，确立考核目标，引导企业保持在行业中的竞争优势。中国化工以"世界级制造企业"的关键绩效指标和流程指标为基线，对试点企业制定了相应的考核指标和工艺改进指标。中国航油设置"达标缩进率"指标，通过比较本企业考核指标与标杆企业的差距，实现了各层面对达标进展的实时监测和量化考核。东方电气集团将对标指标纳入企业业绩考核体系，占20%的权重。兵器装备集团、诚通集团、中盐公司等企业，鼓励企业向行业优秀水平看齐，对下属企业达到或超过行业优秀水平的进行奖励。

资料来源：李雁争. 央企考核新规首次引入 与先进企业"行业对标". 上海证券报，2008-02-26；黄淑和. 进一步发挥业绩考核的导向作用 引导中央企业有效应对挑战 实现科学发展——在中央企业负责人经营业绩考核工作会议上的讲话. 2011-12-28，http://www.sasac.gov.cn/n1180/n1566/n257060/n257150/14197872.html.

根据所选择的标杆对象与要评量的作业流程的不同，标杆管理可以分为三种类型。第一，内部标杆管理，是指在组织内部不同的部门或分支机构中发现表现最优秀的职能或流程，并将其推广到整个组织，以提高整体绩效的管理方式。这是一种操作最简单的标杆管理方法，其最大的优点在于信息和资料容易获得，搜集成本较低；缺点是视野狭隘，标杆的选择局限性强。第二，外部竞争性标杆管理，是指以同行业内存在竞争关系的企业的产品、服务或工作流程方面的绩效和实践为标杆，通过本企业与标杆企业的比较，寻找与对方的差距，设法提高自身的竞争力。这种方法的优点在于，学习目标明确，信息的转译也比较容易；缺点是，对竞争对手的信息收集比较困难。第三，职能标杆管理，是指标杆的选择并不局限于同行业，任何产业行业的领先者在特定领域内有卓越绩效表现的职能或流程都可以通过"拿来主义"的方式进行标杆分析。这种方法的优点在于，由于突破产业行业的界限，可能会激发更多的创新思维。另外，由于本企业和标杆企业并不存在同一市场的竞争关系，信息获取的可能性也比较大；其缺陷在于，在标杆企业距离遥远的情况下，资料收集方面要投入较多的资源。由于功能标杆管理可以激发组织的创新行为，尽管实施困难，它依然被认为是能够长期受益的一种管理工具。

一般情况下，标杆管理可按照如下顺序进行：①确定标杆管理的主题。这个主题可以是企业、产业和国家层次最关心的问题或最关键的竞争力决定因素，如企业的成本、供应链体系、人力资源管理模式，税收系统的效率、海关报关体系等。标杆管理主题的确定要建立在深入、细致的研究基础上。②确定标杆管理的对象和内容，也就是标杆管理适用于哪一种类型。这个对象可以是在本组织内，同行业、同部门业绩最佳、效率最高的少数有代表性的对象，标杆管理的内容应当是在标杆管理主题范围内决定标杆管理对象主要业绩的作业流程、管理实践或关键要素。标杆管理的内容由相关问题专家和实际操作人士在事先召开的预备会议上确定。③组成工作小组,确定工作计划。通常来说,来自代表核心竞争力的部门中的关键人物构成企业标杆管理的组成人员,他们具有高超的专业能力和管理能力,能够识别专业流程的优劣。④资料收集和调查研究工作。首先,可以采用文献法收集和标杆管理的主题以及标杆对象和内容有关的重要资料,包括正式出版物、公开发表的文章,以及报刊网络资料等。其次,在文献研究的基础上,还可以运用其他调查方式(问卷法、访谈法、田野调查法等)获得更有针对性、更有效的资料。⑤在调研的基础上,分析本企业(部门)与最佳企业(部门)做法的差距,找出差距形成的原因,并确定最佳做法。⑥在明确最佳做法的基础上,设计弥补自己和最佳实践之间差距的具体途径或改进方案,即形成初步的实施方案。实施方案要包括经济效益分析,实施重点和难点分析,具体的工作计划、工作手段和考核方法等。⑦实施方案定稿。将实施方案的草稿在组织内进行反复沟通,在部门之间,乃至员工个体中形成高度的共识。⑧实施方案的具体操作,实施过程中要不断地进行比对工作,反思目前的进程,监督可能出现的偏差,并采取有效的校正措施,努力达到最佳实践水平,争取超过标杆对象。⑨总结经验。首次标杆管理活动结束之后,对实施效果进行科学、合理而全面的评判,对实践过程中的经验或教训要及时总结,必要时要升华、内化为组织的正式规章制度。⑩再标杆。针对环境的新变化或新的管理需求,持续进行标杆管理活动,确保对"最佳实践"的"跟踪"。

研究表明,成功的标杆管理活动应达到以下基本要求:

(1) 高层管理者的兴趣与支持。

(2) 对企业(产业或国家)运作和改进要求的充分了解。

(3) 接受新观念、改变陈旧思维方式的坦诚态度。

(4) 愿意与合作者分享信息。

(5) 致力于持续的标杆管理。

(6) 有能力把企业(产业或国家)运作与战略目标紧密结合起来。

(7) (企业)能将财务和非财务信息汇集成供管理层和员工使用的信息。

(8)（企业）有致力于与顾客要求相关的核心职能改善的能力。

(9) 追求高附加值。

(10) 避免讨论定价或竞争性敏感成本等方面的内容。

(11) 不要向竞争者索要敏感数据，未经许可，不要分享所有者信息。

(12) 选择一个无关的第三者在不公开企业名称的情况下来汇集和提供竞争性数据。

(13) 不要基于标杆数据向外界贬低竞争者的商务活动。

在标杆管理被广泛运用的背景下，我们要清楚这种工具自身的问题或局限性。第一，伦理问题。由于标杆管理涉及标杆企业的管理经验，那么，开展标杆活动的企业有没有权利发展标杆企业管理的概念或方法？开展标杆活动的企业要谨慎处理涉及标杆企业的有价值的信息、敏感性的数据，在使用或发布前要和标杆企业进行充分沟通。第二，法律问题。标杆管理企业尤其要注意实施标杆管理过程中可能涉及的法律问题，包括商业秘密或专利性的资料或信息、不公平交易、反垄断等。在一个国际化的时代，标杆管理企业要对标杆企业所在国家（地区），甚至国际社会具有强制约束力的法律法规、政策和规范有充分的了解和认知。第三，实施问题。学习和追赶的过程必须全面、客观地评判自身与追赶对象的整体情况。要树立整体观和系统观，要知其然，更要知其所以然。技术、标准、流程和方法的对标是必要的，管理体制机制、思维方式、组织文化方面的对标对组织的健康发展更具可持续性。能否真正从整体而不是局部地学习对标企业，能否真正调动员工的积极性、真正以员工和客户为导向，能否通过管理创新改造原有的组织文化等是管理者要关注的问题。另外，组织所在的国家（地区）环境的巨大差异也成为制约对标成功的关键因素。

三、关键绩效指标

关键绩效指标（Key Performance Indicators，KPI）从 20 世纪 80 年代开始被广泛关注，是一种通过指标分解，将战略与考核指标结合的绩效管理工具。其内涵包括如下几项重要内容：①它是衡量企业战略实施效果的关键指标，以企业的战略为导向，落脚在影响企业战略目标实现的关键指标；②反映并鼓励影响企业价值创造的关键驱动因素,通过将个体绩效与企业目标相连,鼓励对企业有增值作用的员工绩效;③它通过一套可量化、可评价的体系促进组织绩效的实现。

建立KPI体系一般分为如下几个步骤:①确定关键结果领域(Key Results Area,KRA)。关键结果领域是那些对组织的使命、愿景与战略目标的实现至关重要的直接贡献领域,是决定战略绩效目标实现的关键要素的集合。可以通过鱼骨图的形式来确定KRA。②确定关键绩效要素(Key Performance Factors,KPF)。关键绩效要素是对关键结果领域进一步操作化,关键结果领域的内涵通过解析和细化,可以用几个KPF来表示。③确定关键绩效指标(Key Performance Indicators,KPI)。通过分解操作,每一个关键绩效要素都可以转化为反映其特性的若干具体指标,关键绩效指标是对关键绩效要素的具体化和操作化。KRA、KPF和KPI之间的关系见表6—3。

表6—3　　　　　　　　　KRA、KPF和KPI之间的关系

关键结果领域	关键绩效要素	关键绩效指标
KRA1	KPF1	KPI1
		KPI2
		…
	KPF2	
	…	
KRA2		
…		

下面,用具体的案例来解释一个组织KPI体系的形成。[①] 案例中的组织是一家电信软件供应商。

第一步,运用鱼骨图确定关键结果领域,如图6—4所示。

第二步,分别将六个关键结果领域具体化为关键绩效要素,见表6—4。

第三步,分别将各关键绩效要素分解为关键绩效指标,见表6—5。

第四步,明确关键绩效要素涉及的职能部门,见表6—6。

---

① 本案例和相关图表改编自中国人民大学劳动人事学院彭剑锋教授《绩效管理》课件。

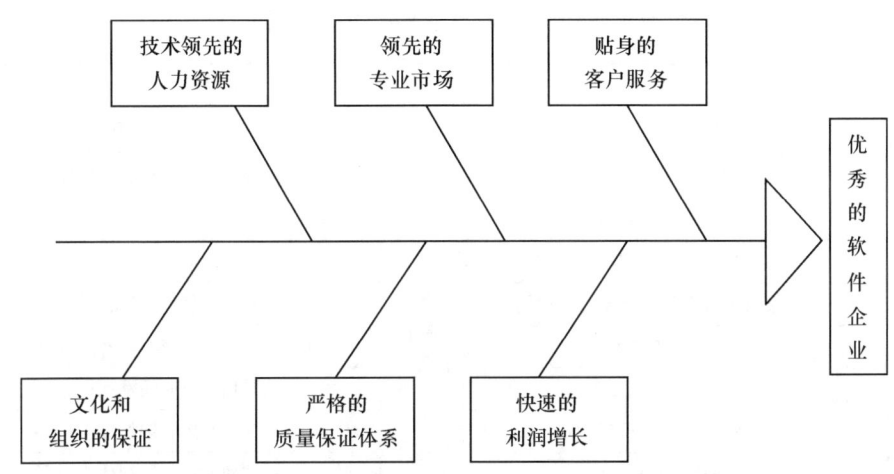

图6—4 某电信软件供应商关键结果领域的确定

表6—4　　　　　　　某电信软件供应商关键绩效要素的确定

技术领先的人力资源	技术人员数量	快速的利润增长	合同签订额
	专家数量		费用控制额
	人员流失率		其他贡献额
领先的专业市场	合作资源	贴身的客户服务	客户满意度
	客户依存度		服务速度效率
	品牌影响力		客户教育成功率
文化和组织的保证	产品竞争力	严格的质量保证体系	CMM3 流程管理
	组织的效率		ISO 9001 流程管理
	文化接受程度		外购产品管理

　　上面的案例和相关图表阐释的是组织层面KPI体系的制定（以及分解到各具体职能部门）过程。当然，关键绩效指标体系还可以从三个层面来理解：第一个是组织整体的KPI，第二个是部门层次的KPI，第三个是员工个体层次的KPI。这三个层次的关键绩效指标是根据组织的总体战略，层层分解而来。不管是哪一个层面的KPI，可量化、可行为化是其重要的特征。KPI体系的层层分解，在组织的不同层面都强化了关键绩效领域的资源配置与能力，使组织全体成员的行为能够聚焦在对成功的关键行为和经营管理的重点上。KPI体系对"关键"绩效的强

表 6—5　　某电信软件供应商关键绩效指标的确定

技术人员数量	技术人员比例	合同签订额	当年合同签订总额
	硕士以上高学历人员比例		当年合同签订毛利润
	大专以下低学历人员比例		当年合同签订资产软件指标
专家数量	专家人员比例	费用控制额	合同销售费用控制指标
	专家数量覆盖业务线比例		合同生产成本控制指标
	专家高学历人员占专家总数比例		合同产品返修率降低指标
人员流失率	人员流失率		产品客户订单变动率降低指标
	技术人员流失率		合同平均执行时间降低指标
	高级技术人员流失率		管理费用控制指标
	招聘人员补充率		其他成本控制指标
	招聘人员补充适应率	其他贡献额	补贴收入实现额
合作资源	合作厂商绝对数		财务费用降低额
	技术合作优秀厂商比例		交付税费的准确率
	先进的合作技术比例	客户满意度	满意度提高指标
客户依存度	多次购买客户比例		表扬信数量增加值
	单一客户消费绝对额		投诉数量减少值
	客户推荐购买比例	服务速度效率	平均处理 case 用时
品牌影响力	产品知晓比例		平均故障消失率
	金银铜牌产品占销售产品比例		达到服务现场的时间与里程指标
	新产品销售比例变动指标	客户教育成功率	新客户增加指标
产品竞争力	市场占有率		客户一次消费额增加指标
	同等价格客户选择我公司产品的次数		客户推荐购买产品比例
	高价购买新产品比例	CMM3流程管理	CMM3 流程覆盖项目组考核指标
	销售丢单占总投单的控制指标		CMM3 流程应用效果检查次数指标
组织的效率	部门对组织需求响应率	ISO 9001流程管理	ISO 9001 流程覆盖公司管理过程指标
	部门岗位处理事项完成平均用时		ISO 9001 流程培训与内审次数指标
	岗位平均有效工作时间		ISO 9001 流程外审一次通过考核指标
文化接受程度	员工接受企业文化培训率指标	外购产品管理	外购产品故障发生率降低度指标
	员工对企业文化认可度指标		外购产品市场评价提高度指标
	企业文化宣传次数和培训数指标		外购产品成本降低率指标
			外购产品退换货降低率指标

表 6—6　　　　　某电信软件供应商关键绩效因素与部门关联表

关键结果领域	关键绩效要素/部门	市场	服务	研究	电信	IT	质量	商务	财务	人事
技术领先的人力资源	技术人员数量			2	3	3				1
	专家数量			1	3	3				2
	人员流失率	2			3	3				1
	合作资源	3		1				2		
领先的专业市场	客户依存度	1	2	3						
	品牌影响力	1	2	3						
	产品竞争力	3		2	1	1				
文化和组织的保证	组织的效率	2								1
	文化接受程度	2			3	3				1
快速的利润增长	合同签订额	1			2	2		3		
	费用控制额	3						2	1	
	其他贡献额							2	1	
贴身的客户服务	客户满意度	2	1							
	服务速度效率	2	1							
	客户教育成功率	1	2							
严格的质量保证体系	CMM3 流程管理			3	2	3	1			
	ISO 9001 流程管理			3	2	2	1			
	外购产品管理	3		2			1			

调与管理原理中的"二八定律"[①]相吻合，其指导思想为，企业的价值创造也符合"二八定律（20/80）"，即20%的骨干员工创造了企业80%的价值，而对每一个员工而言，80%的关键任务又是由20%的关键行为来完成的。因此，KPI体系对影响组织战略目标实现的多个领域中，只关注对战略目标影响较大、起不可或缺作用的关键领域。在将组织层面的KPI分解到部门层次，或者是将部门层次分解到个体层次时，KPI的选择是至关重要的。

组织层面的KPI体系实际上已经内含了部门级KPI的确定，如表6—6（某电信软件供应商关键绩效因素与部门关联表）是把企业级KPI分配（或分解）到相

---

① 二八定律又名帕累托定律，是19世纪末20世纪初由意大利经济学家帕累托发明的，是"重要的少数"与"琐碎的多数"的简称。帕累托认为，在任何特定的群体中，重要的因子通常只占少数，而不重要的因子则占多数。只要控制重要的少数，即能控制全局。反映在数量比例上，大体是2：8。

应部门后的结果。以某个职能部门为例，经过层层分解，被分配到"研究"部门的 KPI 就有 20 个，分别包括：技术人员数量（2 个）、专家数量（1 个）、合作资源（1 个）、客户依存度（3 个）、品牌影响力（3 个）、产品竞争力（2 个）、CMM3 流程管理（3 个）、ISO 9001 流程管理（3 个）以及外购产品管理（2 个）。以某个关键绩效领域为例，和"文化和组织的保证"这一关键绩效领域的 KPI 相关的职能部门包括市场、电信、IT 和人事等多个职能部门。

员工个体层面的 KPI 则由部门层面的 KPI 进行分解而来。在设计个体层面的 KPI 时，要注意和下级员工之间的充分沟通，经由上下级沟通确认的 KPI 才能成为员工的工作指引。另外，不同部门、不同层级员工的 KPI 指标显然有所不同，但是每位员工 KPI 的设计都要遵守 SMART 原则。一般而言，高层管理者的工作任务复杂，工作领域广泛，KPI 要选择那些对组织战略目标影响较大的、不可或缺的工作进行衡量。比如，对一位总经理而言，其个人 KPI 的设计可能形成如下结构：财务类指标占 70%，经营、服务类指标占 20%，管理类指标占 10%；对一名品质部部长而言，财务类指标可能只占 30%，经营、服务类指标占 50%，管理类指标占 20%。又如，对处在同一层级、隶属不同部门的经理而言，销售经理的财务类指标可能设计为 60%，其他指标只占 40%；而对一位企划部经理而言，财务类指标可能只占 10%，而包括研发在内的其他指标则高达 90%。成功的经验显示：①员工个体的 KPI 最好将指标控制在 5～10 个之间，太多的指标会分散员工的注意力；②每个指标的权重一般不高于 30%，过高的权重会使员工考核的风险过于集中，导致员工的"抓大放小"；③每个指标的权重一般不低于 5%，权重设计得太低会使考核得分缺乏影响力，同样导致员工的"抓大放小"；④权重一般取 5 的整数倍，得分一般利用现行变化计算比例，以简化计算的难度。表 6—7 所示为某员工绩效目标协议书中的评价指标部分。

表 6—7　　　　某员工绩效目标协议书中的评价指标部分

评价维度		评价指标	权重（%）
工作业绩	财务指标	采购费用节约率	20
	经营指标	采购计划可行性	10
		采购合同差错次数	15
		报表编制及时性	10

续表

评价维度	评价指标	权重（%）
工作态度	责任感	5
	积极性	5
	服务意识	5
	自律性	10
工作能力	谈判能力	10
	执行能力	5
	计划能力	5

【阅读链接】

方振邦，王国良. 以 KPI 为核心的企业绩效管理体系设计. 中国人力资源开发，2005（1）.

四、平衡计分卡

平衡计分卡（the Balanced Scorecard，BSC）兴起于 20 世纪 90 年代，知识经济和信息经济的兴起是其重要的社会背景。平衡计分卡诞生的正式标志是文章《平衡计分卡——驱动业绩的衡量体系》（*The Balanced Scorecard*：*Measures that Drive Performance*）的发表（1992 年 1—2 月号《哈佛商业评论》）。这篇文章的作者是哈佛大学商学院教授罗伯特·卡普兰（Robert S. Kaplan）和美国复兴国际方案公司（RSI）总裁戴维·诺顿（David P. Norton）。相对传统的绩效衡量模式重视短期绩效、以财务指标为主、重视事后评价等特征，平衡计分卡注重财务指标和非财务指标之间的平衡、外部衡量和内部衡量之间的平衡、引导指标和滞后指标之间的平衡、定量衡量和定性衡量之间的平衡以及短期目标和长期目标之间的平衡。具体而言，平衡计分卡将评价的对象从传统上限于企业内部的评价转为扩大到企业外部，包括股东、顾客等多方利益相关者；同时，在内部评价中，它还改变了过去只注重工作结果的思维，开始关注工作的过程、流程以及员工的学习和成长这种无形资产，强调企业战略目标的形成及原因（drivers），并兼顾定量指标和定性指标的应用，从而克服了传统绩效衡量的滞后性、封闭性、抽象性和功利性等缺点。

(一) 发展阶段简介

迄今为止，平衡计分卡的理论和应用可划分为四个发展阶段，这几个阶段之间的界限并不是特别清晰，主要以理论发展的逻辑为线。

1. 从构建平衡计分卡以衡量战略到建立战略中心型组织。1993年和1996年卡普兰和诺顿又分别在《哈佛商业评论》上发表了《平衡计分卡的应用》(Putting the Balanced Scorecard to Work)和《将平衡计分卡用于战略管理系统》(Using the Balanced Scorecard as a Strategic Management System)等文章，并结合美国企业应用计分卡的实施经验，出版了《平衡计分卡——化战略为行动》(The Balanced Scorecard：Translating Strategy into Action)（1996年），这标志着平衡计分卡从衡量绩效工具转变为战略实施的工具，标志着平衡计分卡理论体系的初步形成。第一代平衡计分卡提倡由四个层面组成的衡量指标体系（即财务层面、客户层面、内部流程层面和员工的学习与成长层面）来改善组织的业绩，强调既要看结果，更要注重过程，设置均衡的衡量指标体系。这时的平衡计分卡是一种对组织绩效进行评估的改进工具。

2. 开发战略地图。卡普兰和诺顿将通过明晰平衡计分卡四个层面目标之间的因果关系来描述战略的管理工具命名为"战略地图"(Strategy Map)。以《战略地图遇到困难了吗？绘制战略地图》(Having Trouble with Your Strategy? Then Map It)（发表于2000年9—10月号《哈佛商业评论》）为标志，他们论述了平衡计分卡四个层面中目标之间的因果驱动关系，并提供了战略地图的通用模板。2004年，他们出版了平衡计分卡系列的第三本书《战略地图——化无形资产为有形成果》(Strategy Maps：Converting Intangible Assets into Tangible Outcomes)（简称《战略地图》），创造性地解决了化无形资产为有形成果的技术路径问题，廓清了传统战略管理理论中存在于战略制定和战略执行之间的模糊地带。

3. 从战略中心型组织发展到围绕战略协同组织。2000年，卡普兰和诺顿推出《战略中心型组织——如何利用平衡计分卡使企业在新的商业环境中保持繁荣》(The Strategy-focused Organization：How Balanced Scorecard Companies

Thrive in the New Business Environment）（简称《战略中心型组织》）。基于一些组织高层管理者利用平衡计分卡把经营单位、共享服务单位、团队和个人围绕整个战略目标联系起来的实践，他们认识到"战略中心型组织"的出现。这本书系统阐述了建立战略中心型组织的基本原则，强调企业应建立基于平衡计分卡的战略管理体系，调动所有的人力、财力和物力等资源，集中起来协调一致地去达到企业的战略目标。后来，实践的发展推动卡普兰和诺顿继续思考组织之外的协同问题，即总公司、分公司、总公司职能部门、分公司职能部门、供应商和顾客之间不能协调一致的问题，并于 2006 年出版了第四本平衡计分卡系列专著《组织协同——运用平衡计分卡创造企业合力》（Alignment：Using the Balanced Scorecard to Create Corporate Synergies）（简称《组织协同》）。从战略中心型组织到战略协同组织的发展过程中，战略地图也同时发展起来成为一种成熟的工具。《组织协同》强调通过组织内外的协调创造企业合力，为组织的高层管理者提供了一整套以平衡计分卡和战略地图为工具的治理框架。

4. 连接战略和运营并对战略实施流程化管理。2005 年，卡普兰和诺顿在《哈佛商业评论》上发表了《战略管理办公室》（The Office of Strategy Management）一文，介绍了让一组经理人专职监督战略执行所涉及的各个流程的最新研究成果。2008 年，他们又推出了平衡计分卡系列的第五本著作《平衡计分卡战略实施》（The Execution Premium：Linking Strategy to Operations for Competitive Advantage），描述了公司怎样在战略与运营之间建立强有力的连接，使得员工的日常工作能够支持战略目标。至此，平衡计分卡理论已经完全由组织绩效评价转向组织的战略管理，全面涉及战略制定、描述、协同、衡量、管理以及与运营相连等多环节。而随着平衡计分卡由最初的绩效评价工具逐渐转变为战略管理工具，其应用领域也由企业组织逐步扩张到政府部门、非营利组织、准军事组织，甚至军事机关。

（二）平衡计分卡的框架与要素

如前所述，平衡计分卡理论体系经历了 20 年的发展和完善。广义的平衡计分卡是以战略为管理核心实现组织整体协同，从而提升战略执行力的一整套理论体系；狭义的平衡计分卡是指与战略地图并列的一种管理工具，由财务、客户、内部业务流程、学习与成长等四个层面构成，用以将战略地图的目标转化为衡量指标和目标值，并制定行动方案和预算计划的管理工具（见图6—5）。下面我们将借助战略地图来呈现平衡计分卡。

平衡计分卡的构成要素包括使命和核心价值观、愿景和战略以及平衡计分卡的四个层面。

1. 使命和核心价值观

使命是组织存在的根本价值和追求的终极目标，其要回答的是"组织为人类做出什么样的贡献和创造什么样的价值"这一问题；核心价值观是组织中指导决策和行动的永恒原则，其要回答的是"组织长期奉行遵守的坚定信仰是什么"这一问题。

2. 愿景和战略

愿景是指组织的发展蓝图，其要回答的是"组织的中长期目标是什么"这一问题；战略是一种假设，其描述了组织打算为谁创造价值以及如何创造价值。

3. 平衡计分卡的四个层面

平衡计分卡的主体框架由财务、客户、内部业务流程、学习与成长四个层面构成。这四个层面的最初结构形式是菱形，后来调整为四个叠加的矩形，以体现四个层面及其目标之间的因果关系。

（1）财务层面。财务层面以传统财务术语（如投资报酬率、收入增长和单位成本等）描述了战略的有形成果，提供了组织成功的最终定义。对于企业而言，平衡计分卡财务层面的最终目标是实现股东价值的持续提升，为了达成这一目标，组织可以通过两种战略来改善财务业绩：一是收入增长战略，二是生产率改进战略。收入增长即"开源"，可以通过增加销售新产品或发展新的客户创造收入增长（增加收入机会）的方式，也可以通过加深与现有客户的关系，销售更多的产品和服务（提高客户价值）的方式。生产率改进即"节流"，可以通过降低直接或间接成本来改善成本结构，使企业生产同样数量的产品却消耗更少的人、财、物等资源（改善成本）的方式，也可以通过减少支持既定业务量水平必需的流动资金和固定资本（提高资产利用率）的方式。

（2）客户层面。客户层面由组织在市场上的预期绩效成果和驱动绩效达成的

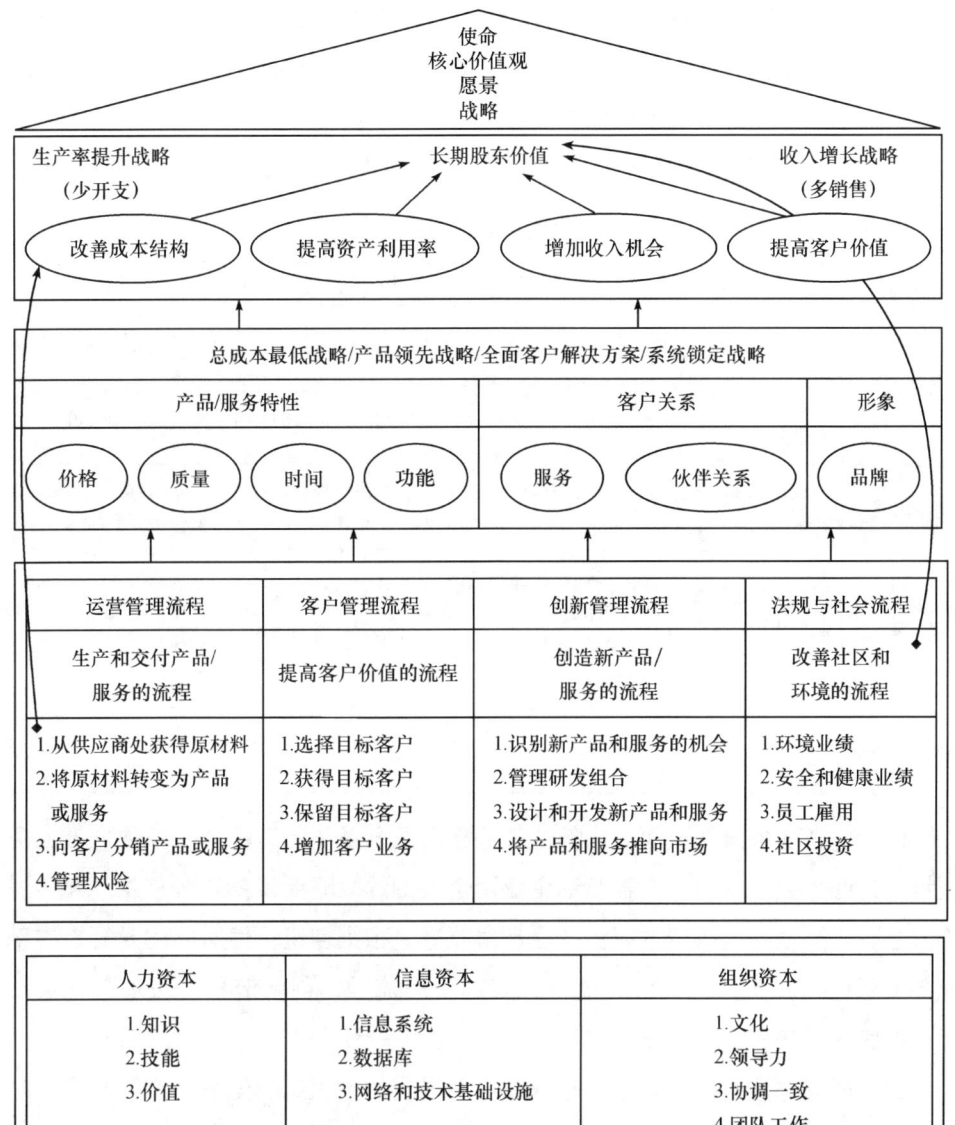

图 6—5 战略地图通用模板展示平衡计分卡的框架

客户价值主张构成。预期绩效成果代表了组织希望在既定的细分市场上所取得的最终业绩,通常表现为组织针对预期成长和获利能力最大的目标客户群确定的概括性目标和指标。客户价值主张是一种针对竞争对手的战略模式,可以归结为三类：产品/服务特征、客户关系、形象和声誉。产品/服务特征包括价格、质量、时间和功能；客户关系涉及客户购买产品的体验、产品/服务的交货周期、客户需求的响应时间；形象和声誉代表了企业吸引客户的无形因素。总成本最低、产品领先、全面客户解决方案和系统锁定构成四种通用的客户价值主张，见表6—8。

表6—8　　　　　　　　　　　四种通用的客户价值主张

项目/类型	总成本最低	产品领先	全面客户解决方案	系统锁定
价值定位	为客户提供可靠的、及时的、低成本的、有限选择的产品和服务	为客户提供高品质的、领先的、选择多样化的产品和服务	为客户提供全面的、定制化的产品和周到的、持续的服务	为客户提供难以转换的、标准化的产品、服务或交流平台
差异化因素	关注价格、时间、质量、功能和品牌	关注时间、功能和品牌	关注服务、伙伴关系和品牌	关注功能、服务、伙伴关系和品牌
基本要求	具有很强的成本控制能力，对大众消费口味的调查很在行	具有很强的创新和产品研发能力，能够快速地将产品投入市场	对客户关系管理十分在行，强调同客户建立长期的友好关系	拥有专利、许可协议或专有知识，能够创建行业标准并持续创新
代表性企业	丰田、松下电器、麦当劳、沃尔玛	宝马、耐克、索尼、英特尔	IBM、高盛、美孚石油	微软、思科、万事达

（3）内部业务流程层面。内部业务流程层面阐述了创造价值的少数关键业务流程。这些少数关键业务流程驱动企业两个关键的战略要素：向客户生产和传递价值主张，降低并改善成本以实现生产率改进。根据创造价值时间的长短，内部业务流程包括四类：运营管理流程、客户管理流程、创新流程、法规与社会流程，而每一类流程又由若干子流程构成（见图6—5）。

（4）学习与成长层面。学习与成长层面描述的是组织的无形资产及其在战略中的作用。卡普兰和诺顿将无形资产分为三类：人力资本、信息资本和组织资本。人力资本是指执行战略所需的知识、技能和才干。平衡计分卡中的人力资本被分为知识（工作所需的一般知识）、技能（弥补一般基础知识要求的技能，如谈判、协商和项目管理等）和价值观（这里的价值取向强调的是在工作中能产生突出业绩的特性和行为）。信息资本是指支持战略所需的信息系统、数据库、网络和技术基础设施。组织资本是指执行战略所需的动员和维持变革流程的组织变革能力，包括文化、领导力、协调一致和团队工作等。

4. 目标、指标、目标值和行动方案

目标及类型。目标是指组织在一定时期的特定绩效领域内所希望取得的理想成果，是战略的重要组成部分。目标是组织使命、愿景和战略的具体化。通过战略地图，组织的战略在组织、部门和个人三个层面均被具体化为一整套财务目标、客户目标、内部业务流程目标以及学习与成长目标。从价值创造周期来看，内部业务流程目标被划分为长期目标、中期目标和短期目标；从组织的纵向协同来看，组织的战略被层层分解为组织目标、部门目标和个人目标；从组织的横向协同来看，部门和个人的目标又可划分为共享目标、分享目标和特有目标。

指标及类型。指标是衡量目标实现程度的标尺，是对绩效因子或绩效维度进行提炼后形成的评判绩效状况的媒介。平衡计分卡中，指标可以被划分为财务指标和非财务指标、客观指标和主观判断指标、前置指标和滞后指标[①]、计分卡指标和仪表盘指标[②]、考核指标和监控指标[③]等。

> 【阅读链接】
> 方振邦，罗海元编著. 战略性绩效管理（第三版）. 北京：中国人民大学出版社，2012.

目标值。目标值是组织所期望的绩效效果，一般用一个带有时间限制的、有量化特征的表述，将目标和指标转变成在今后一段时期内所期望达成的状态，其作用在于确立既定目标和相应指标上的期望标准。

行动方案。行动方案是指有时间限制的、自主决定的项目或计划，旨在确定达成战略目标的途径，从而帮助组织实现目标绩效，其应该与组织日常运营计划

---

① 前置指标是指驱动或导致滞后指标绩效的指标，通常评价中间过程和活动的绩效，如书面建议、缺勤率；滞后指标是指一段时期结束时的结果指标，通常具有历史绩效的特征，如销售额、员工满意度。

② 计分卡指标设计财务、客户、业务流程和无形资产四个层面，通常是战略性的、结果性的，聚焦于跨业务和跨职能的结果指标，多为滞后指标，通常用于引导资源分配和衡量目标绩效；仪表盘指标主要涉及内部业务流程，通常是运营性的、过程性的、员工的日常行为可以受到影响的指标，聚焦于局部的部门、职能和流程绩效，多为前置指标，用以规范员工行为和监测运营过程。

③ 考核指标和监控指标又称为战略指标和诊断指标。战略指标是指那些为了取得竞争优势而界定一个战略的指标，这类指标一般需纳入绩效评价量表以便定期对目标进行衡量，故称为考核指标；诊断指标是指可以监控组织是否按部就班运行，并在出现异常时需要立刻注意的指标，故称为监控指标。

和活动区分开来。

作为组织战略管理工具的平衡计分卡在世纪之交引入我国,得到不少企业的青睐,很多知名的大型企业已经成功运用了平衡计分卡,包括华为集团、华润集团、青岛啤酒、新奥能源、中国能源、宝钢股份、浙江苏泊尔股份有限公司、万科集团和中国航空工业集团……和平衡计分卡在世界上的发展轨迹一样,平衡计分卡已经从企业界进入我国政府。作为组织层面的重要管理工具,不管是在我国的企业界还是在政府部门,平衡计分卡正方兴未艾。作为战略管理系统的平衡计分卡系统的成功实施,最重要的因素是高层管理者的决心、支持和推动;人力资源管理部门要提高到战略高度,真正成为组织战略的合作伙伴。另外,企业要设定与战略目标相连接的目标、指标、目标值和行动方案,这可能需要组织结构的调整、流程的再造,薪酬福利、培训开发等职能的跟进。另外,高效的IT系统由于能极大地减少组织的行政性事务,也成为必需的硬件基础设施。平衡计分卡样表见表6—9。

表6—9　　　　　　　　　　平衡计分卡样表

要素层面	目标	指标	目标值	行动方案	预算
财务					
客户					
内部业务流程					
学习与成长					

【阅读参考】平衡计分卡在青岛啤酒的应用

青岛啤酒股份有限公司(以下简称"青岛啤酒")的前身是国营青岛啤酒厂,1903年由英、德两国商人合资开办(日耳曼啤酒公司青岛股份公司)。1993年,作为国内第一批股份制试点企业,在香港H股市场和上海A股市场上市。1998年,集团召开了"大名牌战略研讨会",确定了"高起点发展、低成本扩张"战略。2002年,经过大规模的扩张和兼并,青岛啤酒由原来的青岛区域性公司成为全国性的公司。同时,企业的扩张和企业的管理、资金和业绩出现很大矛盾,于是集团开始调整经营战略,明确"从并购式发展到内涵式发展"的战略转型思路。

从2002年起,青岛啤酒开始了从并购扩张到内部整合的战略转型,整合的重点是由"做大做强"向"做强做大"转变,由外延式扩张到内涵式发展,由生产导向转为市场导向,由经营产品到经营品牌,由规模扩张到运营能力提高。具体包括品牌的整合、市场及生产基地的整合、以价值链为核心的组织整合,以及文化整合。但随着整合向纵深发展,整合的难度开始增加。战略执行力不强,执行不到位的现象导致"整合战略"难以有效落实。内外部环境的变化则使转型后新的组织架构显露出弊端,过度分权化的组织模式造成了协同上的困难,难以发挥集团协调作战的整体优势。2003—2004年间,公司开始关注和研究平衡计分卡,逐步认识到平衡计分卡是改变集团战略执行力不强和组织协同力较弱的有效方法,并聘请咨询公司帮助集团建立基于平衡计分卡的战略绩效管理体系。

通过平衡计分卡的实施,青岛啤酒建立了战略执行体系,把原则性的战略结果(如满足股东、满足客户,高效的流程和有动力的团队)等通过一系列的步骤逐步分解,制定了公司的战略图,把四个维度的战略目标清晰地画出来,同时也为工厂的业务单元和职能部门建立了战略图。集团建立起双循环控制体系,一个是基于平衡计分卡的战略制定流程,一个是基于平衡计分卡的战略执行、分析和调整流程。同时,集团把平衡计分卡的结果和激励考核机制结合,对每一个业务单元进行绩效考核,考核的结果和管理者的年薪挂钩。对于每一个员工的绩效,其平衡计分卡占70%。另外,结合员工能力素质的开发,最后决定员工的奖金。

通过关键计分卡的实施,青岛啤酒走上成功的转型道路。第一,推动了思想的转变。平衡计分卡的基本思想已经在青啤公司形成,主要包括以客户为导向、无形资产驱动、化战略为行动,以及基于衡量的管理等,并逐步贯彻到了员工的日常行动中。第二,建立了一套科学的战略管理体系,包括战略沟通机制、责任落实机制、跟踪回顾机制和纠偏机制等。使公司各战略要素形成了PDCA的循环,提高了战略执行的一致性,保证了战略的实现。第三,聚焦了资源。通过明晰公司的战略目标，公司的资源投向更加聚焦，提高了资源的效率。第四，提高了组织的协同能力。总部职能部门、营销公司和工厂之间基于共同的公司战略目标而实现了更好的协同。第五，打造了专业化的团队。第六，公司业绩得到大幅提升。

平衡计分卡实施以后，组织内部开会一切围绕着数据说话，避免了公司政治。不管提拔干部还是薪酬分配都是根据平衡计分卡的数字说话。公司所有的业务单元、职能部门都承担着为公司创造价值的使命，平衡计分卡让员工知道公司需要你创造什么价值和怎样衡量你创造的价值，而不是按照每个人的想象随意地去创造"价值"。这样，就实现了价值导向、资源聚焦的公司价值链的协同。

2012年《哈佛商业评论》发表了哥伦比亚大学教授麦克格莱斯的研究成果：用10年和5%的增长两个条件，在全球市值10亿美元以上的2 347家上市企业中进行筛选，最后仅找到了10家公司，而青岛啤酒是唯一上榜的中国公司，也是历史最悠久的公司。截至2012年，青岛啤酒连续成为中国啤酒行业品牌价值最高、盈利能力最强的公司。

资料来源：陈慕鸿. 青岛啤酒靠"平衡计分卡"成功转型. 证券日报，2007-11-06；孙明波. 青岛啤酒利用平衡计分卡的成功经验介绍. http://info.food.hc360.com/2008/12/011659128557.shtml.

本刊记者整理：孙明波. 青啤解梦，商周刊，2013-03-18.

第三节　绩效评价的主要方法

一、绩效评价概述

（一）概念

1. 绩效评价的概念

绩效评价（performance appraisal）是绩效管理过程中技术性最强的环节之一。作为绩效管理过程的重要一环，人力资源管理的很多重要决策都将以绩效评价的结果为依据。这包括但不限于：①为晋升和工资方面的决策提供信息；②为管理者及下属共同审查下属的工作提供机会，帮助管理者和下属共同制定相应的计划，以纠正绩效评价过程中揭示出的有缺陷的工作行为，强化良好的工作行为；③是员工职业生涯发展规划的重要组成部分，为企业根据员工的优点和弱点审查个人的职业生涯发展规划提供良好的机会；④帮助管理者更好地管理和改进组织绩效。

关键概念

绩效评价是根据员工个人的绩效标准，来对其当前及过去的绩效进行评价。

2. 绩效评价的步骤

绩效评价与绩效管理的其他三个环节息息相关：①绩效评价是把绩效周期结束时的员工绩效与绩效计划阶段设定的绩效标准进行比较。绩效计划阶段完成的工作——界定员工的工作目标和工作标准——成为绩效评价的前提；绩效计划阶段，管理者及其下属要对下属的工作目标和工作标准达成一致，绩效目标的制定务必要遵循 SMART 原则。②绩效评价要以绩效实施和管理过程中的相关数据为基础。绩效评价实际是通过各种评价工具和方法对绩效实施和管理过程中各种信息、数据的汇总、概括和分析。③有效的绩效评价一定要以绩效反馈阶段中管理者与员工的充分沟通作为前提。评价结果是否能获得员工的认同，尤其是在评价结果基础上由员工和管理者共同制定绩效改进计划（以提高员工未来的绩效），这才是绩效管理与以往绩效评价理论的主要区别所在。

3. 绩效评价所涉及的主体

实践中，绩效评价通常由各级主管人员而非专门的人力资源管理人员完成。因此，各级主管人员必须熟悉基本的绩效评价技术，了解并注意避免那些在绩效评价过程中可能出现的问题，并且知道如何公正地进行绩效评价。专门的人力资源人员则扮演着政策制定者和咨询顾问的角色，对绩效评价工具提供建议和协助，准备好详尽的绩效评价表格和评价程序，负责为主管人员提供培训，并监督绩效评价体系的使用等。绩效评价中，上级主管人员对他们的直接下属进行绩效评价是最常见的情况。另外，还有下列一些做法正在被更多地运用。

（1）直接上级评价。这往往是大多数绩效评价的核心，主管人员应当（通常也）是最便于对下属员工的绩效进行观察和评价的人，同时也是需要对下属的绩效负责的人。

（2）同事评价。由于越来越多的组织都通过项目运作、团队管理的形式来开展工作，因此，同事评价的做法正越来越普遍。同事评价中可能会出现互相标榜的问题（同事间互相串通从而获得双赢，把对方的绩效评价都提升到较高的等级），但研究证明，同事评价在预测谁能得到提升方面有较好的效果；同时，对公开沟通的理解、完成任务的动机、群体生存能力、凝聚力及满意度等方面都有直接的积极作用。

（3）评价委员会评价。绩效委员会一般包括员工的直接上级和3～4名其他方面的主管人员。多位评价者组成的委员会评价所得的综合性评价结果往往更可靠、公正和有效，能够帮助避免像个人偏见、"晕轮效应"等问题。研究证明，与同事评价所获得的结果相比，这种评价往往具有较高的评价者内部信度或一致性。

（4）自我评价。即让员工对自己的绩效进行评价。这种评价方式存在的最大问题，即自我评价通常要高于直接上级评价或同事评价。

（5）下级评价。又称为自下而上的反馈，一般是指让下属以匿名的方式对其主管人员的工作绩效进行评价，其可以帮助高层管理者对管理风格进行诊断，辨别出在组织中存在的潜在的"人"的问题，并在必要时对个别管理人员采取适当的行动。这种方法特别适用于对下属进行技能开发的评价。

（6）客户和供应商评价。有些行业或组织在绩效评价时会引入外部的利益相关者，最常见的是把客户和供应商纳入评价主体。这种评价方式是为了了解那些只有特定外部人员才能感知的绩效情况，或通过引入特殊的评价主体引导评价对象的行为。

不同的评价主体反映了绩效自身的多维性特点，360度绩效反馈（360 degree feedback）方法是多维度评论的代表性工具。

360度绩效反馈。360度反馈又称为多源或多维评估，或多评价者评估。不同于传统的自上而下的评价方式，它从多个角度收集评价的信息，包括上级、同事、下属、客户，以及自我评价。相对普通员工，管理人员适宜用360度绩效反馈技术。360度反馈技术在组织管理中的运用始于20世纪80年代中期，90年代中期得到广泛应用。1996年，《财富》500强几乎所有的公司都实施了360度反馈计划。90年代以来，360度反馈计划的使用范围从企业组织扩展到公共部门，很多国家（包括我国）的政府机构推行了这种计划。在我国，各类各层的企业，包括大连万达集团这样的民营企业、中央政府监督管理的国有企业等，以及不少中小企业，纷纷把360度绩效反馈作为一种重要的管理工具。

管理学的研究发现，相对于把360度反馈的结果用于加薪或奖惩之类的管理决策，360度绩效反馈适用于对管理者的评价，也就是通过全方位的反馈改变管理者的自我认知，从而达到对管理者的管理能力和领导能力的开发。但研究同时也发现，被评价者的人格特征和组织的背景因素会极大地影响到管理者管理能力能否被真正开发。同时，在这种评价方法的实施过程中，还有以下基本要件：反馈信息的真实性和反馈过程的公平性；能为360度反馈完成之后的开发活动提供充分的组织支持，尤其是高层管理人员的教练性指导。[1]

是采用单一的评价主体还是多元的评价主体，首先要根据被评价员工所在的岗位特点来确定，不同的职位适用不同的评价主体；其次，组织是否具有适用不同评价主体的各种资源，这包括成本问题、时限问题和人手问题等；最后，组织是否对各种评价工具和技术有充分的了解，评价主体背后是更为根本的评级方法问题，这里涉及不同评价技术的比较。因此，员工评价绩效维度的设计和评价方法的选择成为绩效评价开始之前的基础性工作。反映员工绩效的标准或维度到底有哪些，不同行业的组织内、组织内不同层级的职位适合用怎样的绩效维度来分析和评价，在某种意义上，选择怎样的评价主体在绩效计划阶段就已经决定，绩效评价主体和绩效评价方法的选择都源于对特定工作岗位上员工绩效的评级与分析。

（二）员工绩效分析框架

对员工绩效的衡量实际上是绩效评价的基础性工作，通常在绩效计划阶段已

---

[1] 刘昕. 360度反馈的管理能力开发功能及其实践启示. 江海学刊，2009（4）.

完成。员工绩效的衡量与绩效评价有紧密的逻辑关系。通常，对员工绩效的衡量以及相关绩效目标的制定方法可以分为三种。

1. 结果/产出法（result based）。这种方法认为绩效就是结果（results）。员工个体的绩效是工作所达到的结果或产出，是对一个人工作成绩的记录。那么，表示绩效结果的相关概念包括结果（results），职责（accountability），关键结果领域（key result areas），责任、任务与事务（duties, tasks and activities），目标（objectives or goals），产量（outputs）和关键成功因素（critical success factors）等。这种观点代表了现在的主流观点，其代表人伯纳丁（Bernardin）和贝蒂（Beatty）认为，绩效是在特定的时间内，由特定的工作职能或活动产生的产出记录，工作绩效的总和相当于关键和必要工作职能中绩效的总和（或平均值）。韦氏词典（Merriam-Webster's Dictionary）中，绩效被定义为完成某种任务或达到某个目标。

2. 行为法（behavior based）。这种评价方法认为绩效是行为（behavior）。这是一种以员工完成工作的过程为中心的方法。绩效行为论的逻辑基于以下事实：许多工作结果并不一定是个体行为所致，可能受到与工作无关的其他因素的影响，过分关注结果会导致忽视重要的行为过程；或者由于结果或者产出内包含很多系统性因素，如使用的工作系统不同，个体的绩效无法客观衡量，特别是存在某些工作岗位缺乏具体的结果性指标，如财务部门的工作。因此，绩效由个体控制下的与目标相关的行为组成，不论这些行为是认知的、生理的、心智活动的或人际的。牛津词典（Oxford Dictionary）将绩效解释为执行或完成一项活动、任务或职能的行为或过程。墨非（Murphy）等人认为绩效是一套与组织或个体所工作的组织目标相关的行为。

3. 特征法（trait based），也可称为"潜力说"，即绩效是以素质为基础的员工潜能。它对绩效的研究不再仅仅关注员工的工作过程或结果，而是更关注员工的潜在能力，将个人潜力和个人素质纳入绩效评价的范畴，重视高素质与高绩效之间的关系。基于能力的判断是"向前看"的绩效管理方式，知识型企业对此尤为适用。在大量使用项目组的工作方式组织创新性业务的企业中，尤其是研发部门的工作，能力性指标的确定，将使管理层更关注项目本身带来的经验类绩效结果。

针对员工绩效不同的考核方法各有侧重,见表6—10。

表6—10　　　　　　　　　不同的员工绩效考核方法

基于结果的方法	基于行为的方法	基于特征的方法
服务的客户数量	按时出勤	成就欲
客户的满意程度	报告难题	诚实
浪费	服从指令	创造性
设备修理	提交建议	可靠性
生产水平	完成任务	力气
生产质量	维护记录	领导能力
事故	维护设备	眼—手协调能力
销售额	遵守规则	忠诚

三类考核方法的优缺点见表6—11。

表6—11　　　　　　　　　不同的员工绩效考核方法对比

	优点	缺点
基于结果的方法	很少有主观偏见 上下级均可接受 将个人绩效与组织绩效结合起来 鼓励共同设定目标 适用于奖金及晋升决策	开发及使用耗时多 可能鼓励短期行为 可能使用错误的标准 可能使用不充分的标准
基于行为的方法	使用具体的行为维度 员工及领导均可接受 可以提供反馈 在用于奖金及晋升时比较公平	开发及使用耗时多 开发费用高 可能出现评估错误
基于特征的方法	开发费用低 使用的维度有意义 容易使用	评估出现错误的可能性高 不易量化 主观随意性大 受干扰因素多

二、绩效评价方法

绩效评价方法有多种,不同的评价方法或侧重于结果,或侧重于行为,或侧重于特征,或者是某种方式的综合。有的学者将各种具体的绩效评价方法划分为相对评价法、绝对评价法和描述法;或者划分为比较法、量表法和描述法。但是，这两种方法之间的划分并不完全清晰，有时也会有交叉现象，从而形成你中有我、我中有你的局面。下面对主要的评价方法进行具体介绍。

（一）图尺度评价法（Graphic Rating Scale）

图尺度评价法是一种最简单和运用最普遍的绩效评价技术。之所以说其应用广泛，是指其评价的维度有多种选择，既可能是员工的结果/产出、员工的工作过程、员工的特征/潜力，还可能包括了员工的胜任素质和目标达成，工作职位的工作职责。

在图尺度评价法中，评价者要在最能够反映下属员工在某一项绩效特征要素的分数上画圈或者打钩，然后再将员工在所有要素上的得分进行加总。表6—12中的基本评估因素涵盖了结果、素质和过程等综合因素。

表6—12　　　　　图尺度评价型绩效评价表样本

员工姓名：	职位：
所属部门：	员工薪资册编号：
评估原因：□年度评估　□升职　□加薪　□试用期满　□绩效不足　□其他＿＿＿＿＿	
员工开始担任该岗位的日期：	上次评估的具体日期：

说明：请根据员工的实际工作要求对其工作表现进行评估。根据表格内的评分等级进行打分评估，并在相应评分尺度前面打钩。如果无法评估，请以"不适合评价"字样标注。您给的所有分数将会被加总，然后计算出总体绩效评估的评分分值

评级等级说明

A（100~90）优异（outstanding）：在所有绩效方面都十分突出，并且被公认绩效远远超出他人

B（90~80）很好（very good）：工作绩效在大多数方面明显超过职位要求。绩效是高质量的，并且在考核期间一贯如此

C（80~70）良好（good）：完全胜任、可信赖的绩效水平。符合工作职位的绩效标准

D需要改进（improvement needed）：在某些方面存在绩效缺陷，要有所改进

E（70~60）不令人满意（unsatisfactory）：总体工作成果不理想，需要及时改进。该评估等级不能得到任何嘉奖

F（60以下）不适合评价（not rated）：不能给出适当评分，或者是时间太短无法评论

基本评估因素	评分尺度	评估依据及评论
1. 工作质量——工作完成的精确度、完整度和令人满意程度	□A　□B　□C　□D　□E　□F	

第六章 绩效管理

续表

基本评估因素	评分尺度	评估依据及评论
2. 工作效率——某给定工作期间的工作数量和工作效率	□A □B □C □D □E □F	
3. 工作知识——工作所需的经验或技术技能及信息量	□A □B □C □D □E □F	
4. 可靠性——员工在完成任务和后续工作方面的可靠性程度	□A □B □C □D □E □F	
5. 出勤——员工上下班准时性、遵守规定的工作休息/用餐时间的情况及总体出勤率记录	□A □B □C □D □E □F	
6. 独立性——完成工作不需要监督的程度	□A □B □C □D □E □F	

有的评估是针对员工的工作岗位职责（见表6—13），行政秘书职位的职责被具体化为五个关键性的评价要素，每个关键性的评价要素分别被赋予不同的权重，其中"接待"被赋予30%的权重。

表6—13　从一份对员工在特定工作职责方面的绩效进行评价的表格中选取的一个项目

姓名：	评估尺度定义
评估期间：	A. 不符合工作要求
评估人的姓名：	B. 基本符合工作要求
评估人的职位：	C. 完全符合工作要求
所属部门：	D. 超过工作要求

第二部分　工作内容评价尺度

职位：行政秘书	
职责：接待　　　　权重：30%	评分：□A □B □C □D
当面或通过电话接待来访人员，有礼貌地为来电者或来访者提供帮助；回答打进电话来的问题，转达消息，提供信息或将电话转给适当的人；对来访者表示欢迎，为来访者提供信息或直接将客人引到相应的办公室或同事那里；在客人等待期间，作为主人提供临时服务；操作自动应答设备；对来电者和来访者的情况做好记录	评论

图尺度评价法中,评价要素既可以包括像"年销售目标60万元"或"打字速度提高20%"等具体的量化指标,也可以包括像"团队合作能力"或"解决问题能力"等胜任素质类型的指标(见表6—14)。图尺度评价法有明显的优点,比如实用、成本低,适用于组织中全部或大部分的工作岗位;其缺点在于判定绩效的准确性不够,不能有效地指导行为,不利于负面反馈。当图尺度仅使用抽象的等级概念即模糊的绩效标准时,这种评价方法的信度和效度会较差。

表6—14 包括胜任素质和具体目标实现情况的绩效评价表格

第一部分 支持部门目标实现的职责或目标及绩效标准
"通过提高员工的职业资格水平帮助他们取得优异成绩"

主要的绩效期望:职责或目标及绩效标准	年中进度记录	对期末工作完成情况及其有效性的评价:通过在评价尺度上打"√"来进行评价 不强　　　　　　　　非常强
目标1:		1———1———1———1———1
目标2:		1———1———1———1———1
目标3:		1———1———1———1———1
目标4:		1———1———1———1———1
目标5:		1———1———1———1———1
为下一个绩效评价周期设定共同认可的目标:	年中评价:	
评价者:　　　　　　日期: 员工:　　　　　　　日期:		评价者:　　　　员工: 日期:　　　　　日期:

第二部分 绩效胜任素质
"通过共同工作和学习取得优异成绩"

	年中进度记录	对期末工作完成情况及其有效性的评价:通过在评价尺度上打"√"来进行评价 不强　　　　　　　　非常强
工作知识/胜任素质:能表现出有效完成工作所需的各种知识和技能,了解职位的期望并能及时掌握本人工作职责领域中的最新进展情况,能根据工作流程和公司政策履行工作职责,能在他人求助的时候向他们提供必要的帮助		1———1———1———1———1

第六章 绩效管理

续表

	年中进度记录	对期末工作完成情况及其有效性的评价：通过在评价尺度上打"√"来进行评价 不强　　　　　　　　　　非常强
工作质量和数量：能彻底、准确、及时地完成工作任务并达成预期结果；关心部门目标和需求，关心依赖其提供的服务或产品的其他人；能有效地承担多种工作职责；能有效地利用工作时间		1———1———1———1———1
计划/组织能力：根据本部门、本单位或管理中心指定的目标来设定清晰的目标，并对本人承担的责任加以组织；能识别达成目标所需的各种资源；在目标和工作的优先顺序不清楚时能主动寻求指导		1———1———1———1———1
主动性/履行承诺能力：在履行职责时显示出责任心，能够为本部门和本机构的目标实现提供支持；能在最低程度的监督下完成工作；能够满足本职位的工作时间和出勤的要求		1———1———1———1———1
问题解决能力/创造力：能够发现和分析问题，并制定多种解决问题的方案，采取适当的行动或提供相关行动建议；追踪问题，确保问题得到解决		1———1———1———1———1
团队工作与合作能力：与同事和其他相关人员保持和谐、高效的工作关系，能够适应工作优先顺序和需求的变化，能够通过与他人的共享信息和资源来促成一种积极的、合作性的工作关系		1———1———1———1———1
人际关系能力：积极有效地处理好与同事和其他相关人员之间的关系，表现出对所有人的尊重		1———1———1———1———1
沟通能力（口头和书面）：能通过口头和书面的形式有效传递信息和想法；能仔细倾听他人的讲话，并通过不断确认来确保自己能正确理解对方的意思		1———1———1———1———1
审查和讨论过的胜任素质：	年中评价：	
评价者： 日期：	员工： 日期：	

资料来源：[美]加里·德斯勒著. 人力资源管理（第十二版）. 刘昕译. 北京：中国人民大学出版社，2013：342-343.

（二）交替排序法（Alternative Ranking Method）

交替排序法也是一种运用广泛的评价方法之一。它是针对一种或多种特征要素将员工从绩效最好的到绩效最差的进行排序的方法。其操作要点为：首先将绩效水平最高的员工的姓名挑出来，排在第一位；然后将绩效水平最低的员工的姓名挑出来，排在最后一位；然后在剩余的员工里挑选绩效最好的员工，将其姓名排在第二位；再在剩余的员工里挑选绩效最差的员工，将其姓名排在倒数第二位……如此交替排序，直到所有员工的名字都被列出。这种工具的优势在于成本低、容易掌握，评定所花费的时间和精力少，能有效避免包括宽大化倾向、中心化倾向和严格化倾向带来的误差，容易做出雇佣决策；其缺点则在于判定绩效的评分标准模糊、主观性过大，未说明员工需做什么才能得到好的评价，不能对不同部门的员工做公平的比较，容易发生晕轮效应。

（三）配对比较法（Paired Comparison Method）

配对比较法根据每一种绩效评价要素（比如"工作数量""工作质量"等）将每一位员工与其他员工进行配对比较，这将使得对员工的绩效评估变得更精确。以表6—15为例，比如要对5位员工进行绩效评价，那么在这一表中，对每一种评价要素上可能出现的所有员工配对情况都列举出来，然后根据某一个绩效

表6—15　　　　　　　　　　配对比较法示例

"工作质量"特征						"创造性"特征					
被比较对象	被评价员工排位					被比较对象	被评价员工排位				
	小李	小王	小张	小孙	小高		小李	小王	小张	小孙	小高
小李		＋	＋	－	－	小李		－	－	－	－
小王	－		－	－	－	小王	＋		－	＋	＋
小张	－	＋		＋	－	小张	＋	＋		＋	＋
小孙	＋	＋	－		＋	小孙	＋	－	－		－
小高	＋	＋	＋	－		小高	＋	－	－	＋	

　　　　　　　↑　　　　　　　　　　　　　　　↑
　　　　在这里，小王排在最前面　　　　在这里，小李排在最前面

注："＋"意味着"优于"，"－"意味着"次于"。在每一张图表上，将每一列中的"＋"数量相加就能找到排序最靠前的员工。

要素将配对中更好一些的员工标注出来（用"＋"号和"－"号表示），最后将每个员工得到的"＋"加总。表6—15中，小王的工作质量是最好的，而小李的创造性是最强的。

相对交替排序法，配对比较法更科学、可靠。这种方法的优点在于设计和使用成本都比较低，容易掌握，因此常被用于对职位的评价。这种方法的缺点也是显著的，即存在主观性和随意性问题，容易引发争议，因此其结果并不利于人事和管理方面的应用。

（四）强制分布法（Forced Distribution Method）

在强制分布法中，评价者需要按照预定的比例（比如绩效最高的、绩效较高的、绩效一般的、绩效较低的、绩效最低的）将被评价者分布到相应的绩效等级上去（比如各自所占的比例为10%、25%、30%、25%、10%）；有时，在每一个绩效等级中的人员百分比并不一定是对称的。比如，通用电气公司管理人员采用的绩效等级分布比例是：高绩效水平的人员占20%，低绩效水平的人员占10%，中等水平的人员则占到70%。

据不完全统计，美国《财富》500强公司中大约有1/4的企业都采用了强制分布法，而我国企业也曾一度掀起轰轰烈烈的强制分布法热潮。强制分布法的优点包括有效甄别出高绩效水平的员工，以促进绩效的改进。研究发现，强制分布法通过淘汰绩效较差的员工从而提高整体绩效水平；同时，研究也发现，强制分布法和末位淘汰法的结合存在边际效用递减问题，即随着大量低绩效员工被解雇，员工之间的绩效差异缩小，企业越来越难以雇用到更合适的员工，因而在实行几年之后这种方法的有效性就会出现大幅下降。强制分布法的缺点表现在，持续的强制分布可能有违公平原则，并显著地降低组织的士气和绩效。另外，当与奖惩联系，尤其是与"保留还是辞退"等人事决定联系时，这种"末位淘汰"法将很难得到员工的认同，很可能会受到广泛的抵触。研究发现，强制分布法的有效运用需要满足很多条件，包括降低惩罚性、强化开发性、提高激励性和改进公平性等。[①] 因此，组织在强制分布的基础上施行惩罚性措施时（比如解除雇佣关

---

① 刘昕，柴茂昌. 强制分布法在绩效考核中的有效应用研究. 管理现代化，2013（4）.

系）要特别小心。将强制分布法的"末位淘汰"机制与员工的去留直接关联的法律风险极大。相对直接的辞退，一定期限的转岗或相关培训才是更为理智、合法的选择，人力资源管理部门对合法与非法解除劳动合同之间的界限要有清醒的认知。

【阅读参考】劳动者"不胜任"的情况下怎样解除劳动合同？

《劳动合同法实施条例》明确规定，"劳动者不能胜任工作，经过培训或者调整工作岗位，仍不能胜任工作的"，依照劳动合同法规定的条件和程序，用人单位可以与劳动者解除固定期限劳动合同、无固定期限劳动合同或者以完成一定工作任务为期限的劳动合同。

（五）关键事件法[①]（Critical Incident Method，CIM）

所谓关键事件，即能够对员工工作目标的达成有重大影响的行为，这里的重大影响可能是正面的也可能是负面的。关键事件法在绩效评价中的运用主要是甄别关键性事件，区分完成工作的有效工作行为和无效工作行为。这个方法提倡管理者对下级员工的关键事件进行如实的记录和描述，即在一个评价周期内，管理者要留心并记录员工在工作中所表现出的非常好的以及非常不好的行为。在员工绩效评价中，这是一种典型的基于行为的方法，同时也是一种最常见的典型的描述法。这种方法的优点是：第一，它能将企业战略和组织期望的行为结合起来；第二，能够向员工提供指导和信息反馈，提供改进依据；第三，设计成本较低，大多数可以以工作分析为基础；第四，以发生在员工身上的事实而不是以员工的特征为依据，容易被员工接纳。其缺点则在于：第一，记录关键事件是一件琐碎的事，需要整理大量事件，设计成本虽然较低，但是应用成本较高；第二，容易造成上级对下级的过分监视，从而导致关系紧张；第三，由于评价报告是非结构化的，因此容易发生评价误差；第四，无法在员工之间进行横向比较，不适用于

[①] 关键事件法是在人力资源管理领域中应用非常广泛的一种工具，在本书第三章"工作分析与工作设计"、第四章"员工招聘"中都有涉及。

对复杂工作的评价，适用于行为要求稳定的、不太复杂的工作。因此，关键事件法通常不单独使用，而是作为描述法的一种和其他各类评价方法结合使用。表6—16 所示为运用关键事件法对厂长助理评估的案例。

表6—16　　　　　　运用关键事件法对厂长助理评估的案例

日常职责	工作目标	关键事件
安排工厂的生产时间表	工厂中的人员和机器设备利用率达 90%，及时完成订单生产	制定新的生产计划安排系统，上个月将订单的延误率降低了 10%，上个月机器设备的利用率提高了 20%
监督原材料的采购和库存控制	在保证充足的原材料供应前提下，使库存成本降到最低	上个月导致库存成本上升了 15%，A 类和 B 类零部件的采购过剩 20%，C 类零部件的采购则短缺 30%
监督机器设备的维修保养	不出现因机器设备故障而造成的停产	在工厂中建立了一套新的预防性机器设备养护系统，由于及时发现机器部件的故障而防止了一次机器停工事件的发生

资料来源：［美］加里·德斯勒著. 人力资源管理（第十二版）. 刘昕译. 北京：中国人民大学出版社，2013：346.

（六）行为锚定等级评价法（Behaviorally Anchored Rating Scale, BARS）

行为锚定等级评价法由美国学者帕特里夏·凯恩·史密斯（Patricia Cain Smith）和洛恩·肯德尔（Lorne Kendall）于 20 世纪 60 年代提出，是由传统的绩效评定表演变而来，是图尺度评价法和关键事件法的结合，是行为导向性量表的最典型代表。行为锚定等级评价法通过用特定的关于优良绩效和不良绩效的描述性事例对一个量化的尺度加以解释或锚定。建立这种评价法通常按下列五个步骤来操作：

1. 获取关键事件。首先要求对某一职位比较了解的人（通常是职位承担者及其上级主管人员）对一些代表该职位上的优良绩效和不良绩效的关键事件进行描述。

2. 开发绩效维度。将上面的关键事件合并成为数不多的几个绩效维度（比如 5～10 个），并对其中的每一个绩效维度进行界定（比如"工作效率"）。

3. 重新分配关键事件。由另外一组同样对职位比较了解的人对原始的关键事件进行重新分配,他们会得到已经界定好的工作绩效维度和所有的关键事件,把关键事件放入合适的绩效维度中。如果就同一关键事件而言,第二组中有一定比例(通常是50%~80%)以上的人将其放入的绩效维度与第一组放入的绩效维度的分布相同,那么,这一关键事件的最后位置就可以最终确定在这一维度中。

4. 对关键事件进行评价。在用关键事件来描述某一被评定的行为后,第二组的人要对这些行为在每一绩效维度方面所代表的有效和无效程度来加以评定(一般采用7点尺度或9点尺度)。

5. 建立最终的绩效评价工具。对每一个工作绩效维度来说,选择6~7个关键事件作为行为锚。

行为锚定等级评价法示例如图6—6所示。行为锚定等级评价法将比其他绩效评价法花费更多的时间,但是其具有以下优点:

1. 对工作绩效的衡量更为精确。由对职位情况熟悉的人开发的评价尺度,准确性会大为提高。

2. 绩效评价的标准更明确。在评价等级尺度上附带的关键事件使得评价者对优秀绩效和一般绩效有更清晰的认识。

3. 具有良好的反馈功能。关键绩效可使评价者更容易向被评价者提供反馈。

4. 各绩效维度之间具有较高的相互独立性。在评价时,评价者将会更全面而独立地评价被评价者的各个方面。

5. 具有较好的一致性。相对而言,这种评价方法具有较好的一致性和较高的信度,当不同的评价者对同一个人进行绩效评价时,他们得出的结果基本上相似。

(七)目标管理法(Management by Objectives,MBO)

作为组织层面绩效管理的重要工具,目标管理法也是对个体层面绩效管理的有效手段。在整个企业都实施目标管理的情况下,员工个体的绩效评价通过由组织到部门、由部门到个人的层层分解得到。对于没严格采用目标管理法的企业而言,简单的、非正式的目标管理也是一种可选择的方法。基于组织目标管理法同样的原理,管理者要在组织目标、部门目标的前提下,将部门目标分解到个体身

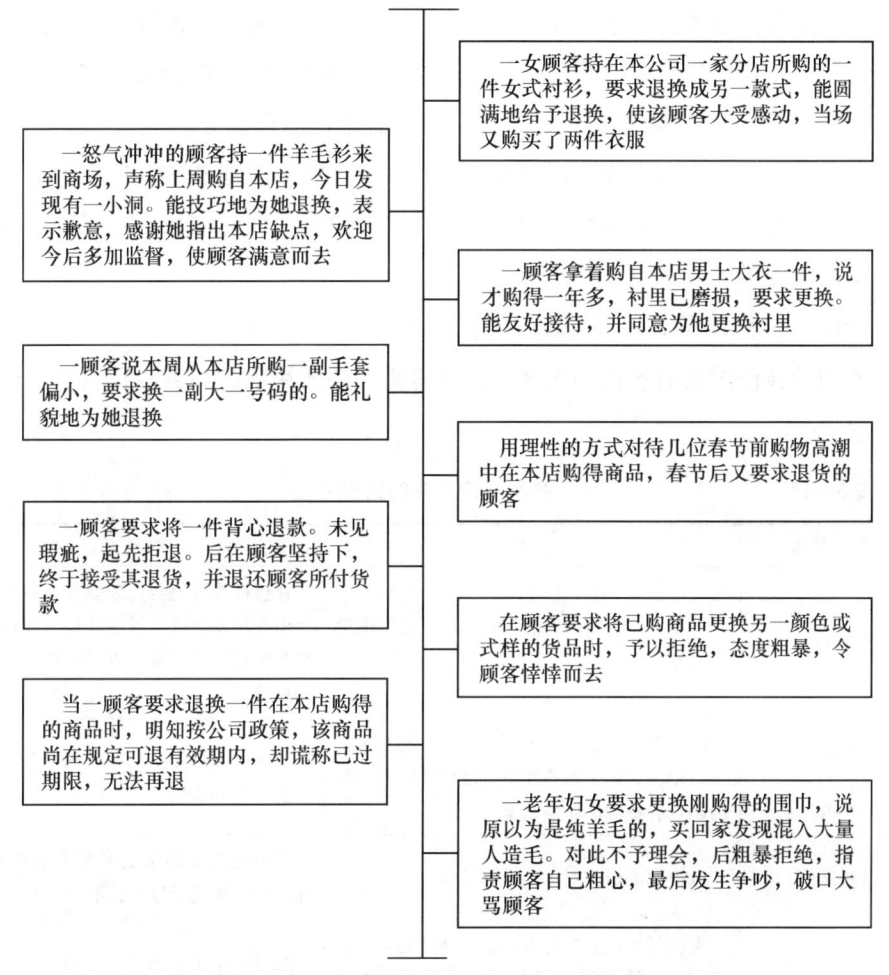

图 6—6　百货店售货员对待顾客投诉的处理态度与方式

上。尤其值得注意的是,目标制定的过程要确保员工的共同参与,目标的制定要遵从 SMART 原则,以组织的战略目标为导向,并与员工自身的职业成长有机结合。

(八)描述法(Essay Method,EM)

描述法(又称评语法)是指评价者以文字描述的形式对员工的绩效进行评价。评价内容则基于对工作岗位绩效评价倾向的具体维度,可以是员工工作结果、工作过程、素质能力的某一个维度,也可能是若干维度的综合。描述法简单灵活，完全采用定性的描述，比较人性化，没有内容、格式、篇幅或重点方面的限制，可应用到对任何层级或部门的员工个体的单独评价。在我国，描述法是一种传统考核中广受欢迎的评价方法。但是，描述法能否真正起到绩效促进的作用，和评估者本身的文字表达能力有直接的关系。由于描述法的评价内容是非结构化的绝对评价，属于发展性评价而非评价性评价，因而不适用于直接的人事决策，适用于促进绩效的改善和职业发展。

（九）各种评价工具的简要比较

不同的评价方法有各自的优缺点，各有相关的适用范围。各种评价工具的比较见表6—17。

表6—17　　　　　　　　　各种评价工具的比较

方法名称	优点	局限
图尺度评价法	实用，费用较低，能为每一位员工提供量化的评价结果	评价标准可能会比较模糊，有可能会出现晕轮效应、居中趋势、评价标准掌握过严或过宽、近因效应、个人偏见等
交替排序法	成本低；好学；评定所花费的时间及精力少；避免了居中趋势和图尺度评价法的一些问题，容易做出雇佣决策	评价标准可能会比较模糊，公平性可能会受到质疑
配对比较法		
强制分布法	以群体的形式对员工进行排序	当员工之间的绩效差异不明显时，此方法的使用会显失公平
关键事件法	考核结果建立在行为和结果基础之上，有理有据，员工可根据考核结果明确改进方向；引导管理者对员工的工作过程进行持续性的关注	难以对员工做出评价；难以对员工的绩效进行排序比较；提升了管理成本，不可单独作为考核工具
行为锚定等级评价法	行为锚的设定使考核结果比较客观、公正，使被考核者看到明确的改进目标；各绩效维度之间有较高的相互独立性	设计成本高
目标管理法	引导评价者和被评价者将个体的绩效目标和组织的战略目标紧密结合	易产生短期行为，过程有不可控制的因素，有运气成分，有时不被接受，对管理者的技能要求较高
描述法	评价者对每一位被评价者量身定做，比较人性化，容易针对个体提出职业发展建议	非结构化的评价方式容易引起公平性问题，评价者的文字水平也会有影响；无法进行员工之间的比较

三、评价工具的问题及对策

(一) 图尺度评价法可能存在的问题

由于设计和使用成本较低,大多数企业依靠图尺度评价法来评价绩效,但这种尺度在下列方面存在潜在的评价问题:绩效评价标准不清,有可能出现晕轮效应、居中趋势、评价标准过宽或过严、近因效应以及评价者的个人偏见等。

1. 绩效评价标准不清楚(unclear standard)。表6—18看上去似乎很客观,但是由于其对绩效要素(工作质量、工作效率、工作知识、可靠性、出勤和独立性)及其好坏程度(卓越、优秀、良好、一般、较差和很差)的内涵没有相应的解释,每个人(包括评价者和被评价者)的理解差别可能会非常大,因此很可能导致不公正的评价结果。

表6—18　　　　　　　　一份绩效标准不清的图尺度评价表

	卓越	优秀	良好	一般	较差	很差
工作质量						
工作效率						
工作知识						
可靠性						
出勤						
独立性						

要修正以上表格的问题,最好的办法是像表6—12(或表6—14)中那样,用一些描述性的语句清晰地界定绩效要素和好坏程度。这样不同的评价者对不同的绩效评价要素、不同的评价等级的理解就会更一致和稳定,从而提高评价的信度和效度。

2. 晕轮效应(halo effect)。是指心理学中在人际知觉中所形成的以点概面或以偏概全的主观印象。在绩效评价中,晕轮效应就是指"评价者对被评价者的总体印象对于被评价者在某个具体绩效要素上的评价结果所产生的影响"。比如,被评价者的绩效评价要素虽然有多项,但是评价者对被评价者的某个具体特征(绩效、过程或品质)有特别深的印象,结果其他维度的特征绩效被忽略,而基于某个具体特征的印象转化为对被评价者的总体印象。实践中，可以通过对评价者的培训（比如可以帮助评价者使用行为锚定等级评价尺度）来避免这种问题的出现。

3. 居中趋势（central tendency）。是指在绩效评价时，评价者避免最好或最差的评价结果，而将所有被评价者的绩效都放在中间的等级上。这将意味着所有的被评价者都将被简单地评定为"中等"，绩效评价的甄别、区分机制无法发挥，基于绩效评价的培训开发、招募甄选或绩效薪酬等其他人力资源职能也无法科学发挥。实践中，可以结合排序法使用，以避免把员工们都放在中间等级。

4. 评价标准掌握过严或过宽（strictness/leniency）。这种倾向是指评价者对所有被评价者的绩效评价定得过高或过低，比如80%的人都被定为"优秀"或者80%的人都被定为"不合格"，这样的评价结果无法客观地衡量各员工之间的相对价值。实践中，可以结合采用强制分布法，将所有的被评价者严格按照不同等级进行划分。

5. 近因效应（recency effect）。是指绩效评价过程中，除了近期表现，整个绩效周期其他时间段内的员工表现被忽略，从而员工的近期表现成为评价者对员工的主导性评价。实践中，为了不让近期表现左右客观完整的评估，可以结合关键事件法来收集整个绩效期的重大事件。

6. 个人偏见（bias）。是指由于评价者将对某类人（基于特定的年龄、性别、籍贯或性格，人们可以被划分为不同的人）持有的刻板印象迁移到同样具有某类特征的被评价者身上，从而导致具有某类特征的被评价者获得不公正的评价。比如，有研究发现，尽管一些女性员工和男性员工同样都会得到晋升，但是这些女性员工却不得不比男性员工取得更高的绩效等级才能获得这种晋升，这就意味着企业对于女性员工的晋升标准掌握得更为严格。[①] 通过健全内部规章制度，比如建立员工投诉制度，并加强绩效管理中的双向沟通，可以有效防止个人偏见。

（二）规避上述评价误差的途径

规避各种可能出现的评价误差的方式可以总结于表6—19。

---

① ［美］加里·德斯勒著. 人力资源管理（第十二版）. 刘昕译. 北京：中国人民大学出版社，2013：353.

表 6—19　　　　　　　　　　规避评价误差的途径

误区	规避措施
绩效评价标准不清楚	用描述性语言界定评价要素，借鉴目标管理法中的 SMART 原则
晕轮效应	加强培训，使评价者本人能够意识到这一点
居中趋势	采用强制分布法，加强主管人员和评价人员的培训
评价标准掌握过严或过宽	采用强制分布法，加强主管人员和评价人员的培训
近因效应	收集整个绩效期内的关键事件
个人偏见	建立员工投诉制度，加强绩效管理中的双向沟通

（三）绩效评价过程中的风险防范

人力资源管理者在绩效评价过程中要特别注意以下几点：首先，要学习和了解各种潜在的绩效评价问题及其解决方法；其次，要正确地运用不同的绩效评价工具；最后，对评价者进行培训，告诉他们应当如何避免"晕轮效应"、过严或过宽倾向以及居中趋势等问题，可以尝试让管理者养成记录工作日志的习惯，从而使他们的评价尽量客观而全面，而且有具体的案例作为基础。

为了避免绩效评价过程中的各种风险，人力资源管理者要谨慎地选择各种评价工具，规范地使用，以减少各种绩效评价中出现的不公正、不客观以及可能的道德和法律问题，程序正义也要被纳入考虑之中。下面有一些具体的指导方针可供参考：

（1）通过工作分析建立绩效衡量标准，确保对"优秀绩效"有清醒的认知。

（2）将绩效衡量标准融入某种绩效评价工具（行为锚定等级评价法、图尺度评价法等）中去。

（3）使用明确界定的工作绩效维度（比如"数量""质量"等），而不是使用没有明确界定的、笼统的工作绩效衡量标准（比如"总体绩效水平"等）。

（4）以书面的形式与员工以及他们的评价者就这些绩效评价标准进行沟通。

（5）运用图尺度评价法时，避免使用一些抽象的特征要素（比如"忠诚度""诚实度"等），除非能够用一些可观察的行为来对这些要素加以界定。

（6）上级的主观评价（如评语）只能是整个评价过程中的一个组成部分而不能是全部。

（7）训练主管人员/评价者如何正确使用这些绩效评价工具。

(8) 使评价者和被评价员工之间能够有大量的日常接触。

(9) 进行工作绩效评价时，针对每一个绩效维度进行独立的评价。仅仅对绩效进行总体评价，或仅仅根据某些笼统的绩效标准来对员工进行排序是远远不够的。

(10) 在可能的情况下，尽量使用一位以上的评价者，让他们各自独立完成所有此类的绩效评价，最大程度地降低和减少评价者的个人失误和偏见带来的种种不利。

(11) 不要让任何一名评价者在人事决策上拥有绝对的权力。民主集中制更符合评价的程序正义。

(12) 建立员工申诉渠道。在绩效评价结果最后生效前，应当让员工有机会对自己得到的绩效评价结果进行审查，并以书面或口头形式发表对自己评价结果的意见。建立正式的申诉渠道，使员工能够提出他们对评价结果的申诉。

(13) 对做出任何人事决策时所依据的全部信息和原因都做好记录，加强企业内部管理的证据意识。

(14) 适当时，对工作绩效较差的员工提供正确的指导以帮助他们改进自己的工作绩效。

第四节 绩效反馈

一、绩效反馈

(一) 概述

结合第一节的相关内容，本节所讲述的是狭义的绩效反馈，即绩效反馈面谈。在绩效周期结束时，管理者就绩效评价与下属员工进行面谈，对绩效评价的结果进行审核，并共同制定计划来弥补绩效不佳的方面，同时强化员工绩效优良的方面。绩效令人满意的员工可能得到提升，这样，绩效改进的内容就会包括相应的开发计划；绩效不令人满意的员工，绩效改进的内容则会更关注改进绩效的工具或手段。根据绩效周期的设定，绩效面谈多发生在年底（或季末、月底）。和绩效实施与管理过程中持续的绩效沟通相比，绩效反馈面谈是一种正式的沟通，持续期间较长。绩效面谈前，管理者要做好充分的准备；面谈过程中，管理者要注意运用适当的面谈艺术，充分调动员工的参与意识和积极性，共同制定绩效改进或开发计划。

（二）面谈的准备工作和重要环节

绩效面谈前，管理者要做好充分的准备工作。

1. 资料收集。绩效面谈前，管理者要针对绩效评价的结果收集各种相关的绩效资料。比如，研究被评价者所在岗位的工作说明书，将被评价者的实际工作绩效与绩效标准进行对比，审查被评价者原来的绩效评价档案，有条件的可以把绩效计划、绩效实施和管理过程以及绩效评价阶段的重要相关资料一并收集。

2. 时间和时段的选择。作为严肃的正式沟通，绩效面谈的时间较长，通常要花费2~3个小时。因此，管理者要根据双方的工作安排选择合适的时间，最好避开上下班、开会等让人分心的时间段。为了提高面谈的效率和效果，选择合适的时间段也是必要的，面谈的时间段要尽量完整，不要被分割，也不要受到外界的干扰。

3. 地点和环境的选择。为绩效评价面谈选择一个合适的地点，并对面试过程中的重要环节（比如开场白与收尾）或各种突发事件的应对进行准备。面谈的地点应具有一定的封闭性，以免绩效面谈被电话或来访者不时打断。相对管理者自己的办公室，独立（而不被打扰）的会议室或接待室是更理想的选择。另外，管理者还应注意绩效面谈时的空间距离和位置。通常来说，彼此直接面对面的位置意味着严肃的气氛，并排而坐的位置意味着和缓的气氛，斜对面的位置代表理性，管理者和员工成一定的角度（90度）既能避免目光的直视，缓和心理紧张，同时也利于观察和接收对方表达的信息，代表的是理性和缓的气氛，是值得提倡的面谈位置。

4. 让员工做好充分的准备。至少让员工有一定的时间（比如一周或十天的时间）提前对自己的工作进行自我审查，分析自己在工作中存在的问题，准备对绩效评价中的问题或意见进行反馈。有的管理者会在通知员工绩效面谈的同时将绩效评价的信息告知员工，以利于其绩效面谈时做更深入的沟通和交流，甚至是申诉。

一般而言，完整的绩效反馈面谈主要包括三个重要环节。

1. 对本绩效周期内绩效评估结果的说明。管理者要把本次评估的结果向员工说明，同时把绩效评价的结果、依据和相关证明资料向员工进行翔实的解释；对绩效评价较低的维度，尤其需要耐心解释。一般而言，谈话的顺序是先介绍绩效表现好的方面，充分肯定员工的成绩和贡献，然后再解释绩效表现欠佳的方面。这一环节中，管理者也要注意听取员工的自评意见。在实践中，是先让员工对自己的绩效表现进行自评，还是先将组织对员工的正式绩效评价反馈给员工，要根据管理者的个人偏好和具体的评价对象而定。

2. 对员工完成或未完成绩效目标的原因进行分析。对于未完成目标的，需要管理者和员工共同分析原因，看看是由哪些原因所致。这里的分析层次可以分为组织内外两个层面，组织内包括员工个体方面和组织层面，员工个体的原因可以从知识、技能和态度等方面来分析；组织层面则包括规章制度、结构流程、人际关系和企业文化等因素；当然更为宏观层面的影响来自组织外部，行业产业的标准、国家的法律法规，乃至来自国际社会/社区的强制性规范性力量都有可能影响员工个体的绩效。当然，在影响员工绩效的诸多因素中，不管是来自外部的硬件问题，还是员工自身的能力素质问题，双方都要本着开诚布公的态度讨论、分析，直至达成共识。

3. 下一绩效周期的绩效目标交流。绩效管理之所以取代过去的绩效评价，绩效面谈环节起着重要的作用。很多企业绩效不佳并不是因为没有清晰完整的战略目标，而是因为在战略目标的执行过程中出现问题。绩效沟通和绩效面谈通过从下到上、从个体到部门以及从部门到组织的路径审查，寻找组织战略执行、落地过程中出现的各种问题。通过对每个员工绩效的回顾、分析和展望，绩效评价面谈将个体的工作（结果、过程和素质）都紧紧围绕着组织的整体目标进行，从而保证组织的可持续发展。

第六章 绩效管理

【案例分析】这样的绩效面谈有哪些问题？

一早，刚上班的小王拿着水壶去打水，在走廊里迎面碰到顶头上司张主管。

张主管：小王，有时间吗？

小王：哦，当然。

张主管：想和你谈谈，关于你年终绩效考核的事情。

小王：现在？在哪里？

张主管：嗯……就一小会儿，我9点还有个重要的会议。哎，你也知道，年终大家都很忙，我也不想浪费你的时间，可是HR部门总给我们添麻烦。

小王：……

张主管：去我的办公室吧。

小王跟着张主管来到他的办公室，面对面地和张主管坐了下来。

张主管：小王，今年你的业绩总的来说还过得去，但和其他同事比起来还差了许多。不过你是我的老部下了，我还是很了解你的，所以我给你的综合评价是3分，怎么样？

小王：谢谢领导。不过……这个结果还是有点……我，我认为自己还是做得不错的呀，年初安排到我手里的任务我都完成了呀。另外，我还帮助其他的同事做了很多的工作……

张主管：年初是年初，你也知道公司现在的发展速度，在半年前部门就接到新的市场任务，我对大家也一一做了安排，把任务分到每个人头上啦。结果到了年底，我们的新任务还差一大截没完成，我的压力也很大啊！

小王：可是您之前并没有给我们反馈过相关的信息啊？！我还以为大家完成得不错呢。

话音未落，张主管的秘书直接走进办公室，"张主管，客人已经等了一会儿啦，您还是先去会议室吧。"

张主管：好好好。小王，你要知道咱们这种业务部门的工作节奏，年初人力资源部让填的那些表格，那都是纸上谈兵，计划赶不上变化……好啦，去年的工作考核只能这样啦，以后再弥补。下一步还得和其他同志一起加大马力，争取春节前把没有完成的任务赶完。好了，我现在很忙，下次我们再聊。

小王：主管……

张主管已经无暇理会小王，匆匆和秘书离开了自己的办公室。

（三）绩效评价面谈过程中管理者的注意事项

1. 谈话要直接而具体，不要做泛泛的、抽象的或一般性的评论。不管是对优良绩效的肯定还是对欠佳绩效的剖析，都要以客观的工作数据作为依据，运用具体、可量化的指标和事例，进行科学的分析和合理的解释。常见的指标包括数量（销售额、投诉次数、新产品开发数等）、质量（合格产品数量、差错率、违规率、合格率、投诉率等）、成本（利润率、成本费用、预算费用、人均劳动生产率等）以及时限（研发周期、及时率等）。从这个意义上来说，绩效面谈的效果和组织整体的绩效管理制度是否完善有直接的关系。如果绩效管理的前几个环节都能以科学规范的管理技术和工具作为支撑（包括绩效的计划、绩效的实施与管理以及绩效评价），在绩效目标制定环节制定有效的评价指标，在绩效评价环节能够选用适用的评价工具，那么，绩效反馈面谈阶段所依赖的绩效资料就会有坚实的基础。

2. 与员工坦诚相见，不要绕弯子。不要指责员工，但是要确保员工在面谈结束时能够明白他或她所做的事情哪些是对的，哪些是错的，要能够就如何对工作加以改善以及何时改善达成共识，制定明确的行动步骤（包括行动时间和预期结果）。比如，尽量将员工的实际工作绩效与绩效标准进行对比，用具体的数字或事例摆事实讲道理（比如："公司明确规定，年底前各部门的利润率都要提高3%，那么分解到每个人身上，至少要达到平均水平；可是你所负责的项目收益，利润率只有1%，这样在部门内就拖后腿啦。"），而不是用空泛的否定性判断（比如："你的工作效率太低。"）。同时，尽量不要将员工个人的工作绩效与他人的工作绩效进行对比（比如："小杨对客户投诉方面的反应速度可比你快多了。"），而是要把关注点放在对员工未来绩效的改进上（比如："这一段产品合格率和去年比降低了5个百分点，是因为不适应新的产品线吗？还是家里有什么特殊困难？"）。

3. 要鼓励员工多说话，注意适当停顿，多听员工的反馈，通过一些开放式的问题多了解他或她对问题的看法。绩效反馈面谈是一种双向沟通。管理者主导整个绩效面谈过程的能力是很重要的，包括从话题的开始到节奏的把握。同时，管理者也需要有倾听的艺术，通过用心地倾听来洞察和把握员工的心态，通过耐心地引导让员工充分表达、愿意表达并敢于发表自己的意见。员工在绩效面谈会上的意见和建议，不管是针对自己的职业发展，还是对部门、直接领导或者是对企业的意见，对管理者而言都是珍贵的信息。管理者要能分类整理这些意见，并通过合适的方式反馈给人力资源管理部门或相关部门作为参考。

4. 以积极的方式结束面谈。在对绩效评估结果的说明、员工自我评价、双方对绩效问题的剖析以及最后的绩效改进计划达成一致后，说明一个比较完整的绩效反馈面谈临近结束。管理者会把人力资源部门提供的绩效反馈面谈表拿出来，并和评价的员工就相关内容进行一一确认并签字，并以一种面向未来、开放而自信的姿态结束谈话。对于绩效表现原本就高于平均水平的员工而言，"百尺竿头，更进一步"地肯定和鼓励是不错的选择；对绩效表现欠佳，而通过本次的面谈沟通，已经找准自己的"短板"并对未来的改进有了初步计划的员工，管理者可以适时再次强调员工的优势和特长，并表达出自己会尽可能提供更多的支持和帮助，从而给员工未来的工作进行鼓舞、打气。

二、绩效诊断与绩效改进

（一）绩效诊断

在绩效面谈过程，完成或未完成绩效目标的原因分析是一个重要的环节。而对于未完成绩效目标的分析，也就是对绩效问题的分析更是绩效面谈的重中之重，这也是绩效改进能否顺利进行下去的基础。

关键概念

绩效诊断（performance diagnosis）是绩效反馈面谈的核心内容，是指管理者与员工通过沟通，分析员工的绩效问题以及产生绩效问题的原因。

绩效诊断的思路，在前文有过初步的介绍，即组织内外两个层面（组织内又分为个体和组织两个层面）影响了员工的个体绩效。相对这种框架的分析，这里介绍另外两种分析路径。

1. 四因素法。四因素法主要从知识、技能、态度和环境四个方面分析绩效不佳的原因。管理者和员工要逐一回答下面几个问题：第一，知识：员工有从事这方面工作所需的知识和经验吗？第二，技能：员工是否具备运用知识和经验的技能？第三，态度：员工有正确的态度和自信心吗？第四，环境：有不可控的外部障碍吗？

2. 三因素法。三因素法则从员工、管理者和环境三方面来分析绩效问题。员工方面要讨论的问题包括：员工采取的行动是错误的，还是员工应该采取行动但实际上没有行动，造成员工问题的原因何在？是由于来自上级的指令、要求不明确，还是员工自己的知识技能不足，或者是缺乏激励而使员工没有行动的动机，有能力而不愿意去做。管理者方面要讨论的问题包括：在工作过程中，管理者有没有及时和员工进行日常沟通，并帮助员工改进工作；管理者是否因不当行为导致员工的能力无法发挥。这可能包括监督过严、施加不当的压力、没有给员工明确的工作要求、没有充分的授权、不提供相应的教育培训机会以及不鼓励创新等。环境方面要讨论的问题包括：工作场所和工作氛围是否有利于员工实现预期绩效，比如下面各种硬性因素都有可能对员工的绩效产生不良影响：安全设施不达标准、噪声干扰、光线不符合工作要求、工具或设备不良以及原料短缺等。人际关系是否融洽、组织文化是否鼓励创新等软性因素也同样会影响员工绩效目标的达成。

不管是三因素法、四因素法，还是前文所述的组织内外分析法，都是从不同角度探究员工绩效问题的可行思路。当然，为了准确地把握员工绩效中的问题，还可以综合上述不同的方法，基于内因和外因两方面，贯通宏观、中观和微观多维度，把对员工绩效问题的分析放在动态的环境中，以全面的、系统的视角理解和实施绩效诊断。

（二）绩效改进

在绩效管理实践中，绩效评价的结果主要运用于两个方面：①绩效评价的结果作为人力资源部门其他职能决策的依据，包括培训开发计划、薪酬调整、奖金发放、人事变动等；②通过绩效反馈面谈的绩效诊断，制定绩效改进计划，以提高员工未来的工作绩效，通过促进员工所在职能部门整体绩效帮助企业达到战略目标。

关键概念

绩效改进（performance improvement）就是在绩效诊断的基础上，采取一系列行动提高员工的能力和绩效。

在制订绩效改进计划时要注意两点：一是每一位员工的绩效改进点不同，管理者要根据其特点做绩效改变的时序选择；二是对不同绩效类型的员工要采取不同的对策，绩效良好的员工同样不能忽略。

选择绩效改进点就是综合考虑每个拟选定项目所需的时间、精力和成本因素，选择用时较短、精力花费少及成本低的，这是绩效改进环节的成本核算问题。亟待改进、同时也容易改进的部分将作为绩效改进计划中首先要关注的着力点；目前绩效表现不错，同时又容易改变的部分可以作为第二选择，这里的改进可能会促进员工未来绩效的较大提升；而那些虽然亟须改进，但是却不易改进的部分可以被列入长期改进计划（见表6—20）。

表6—20　　　　　　　　选择绩效改进要点的方法

绩效	不易改变	容易改变
亟须改进	将其列入长期改进计划，或者与绩效薪酬一同进行	最先做
不需要改进	暂时不列入改进计划	第二选择（有助于其他困难任务的绩效改进）

对不同绩效类型的员工要采取不同的方法或措施。简言之，对绩效欠佳的员工要制订具体的改进计划，对绩效表现好的员工则可以着重讨论未来的职业发展计划。一般而言，容易改进的方面包括：影响员工绩效水平的物理环境（比如确保工具改良、保证充分的原料库存、改造基本设施以达到安全和健康标准）、员工自身拥有的知识或技能（比如员工要在工作之余及时"充电"，管理者要提供更多的指导和示范，管理者可以指派老员工加强技能上的"传帮带"，人力资源部门可以提供各类短期的培训辅导班等）。不容易改进的方面包括：员工胜任素质的欠缺（比如极其精湛的技艺，对市场有卓越的洞察力，以及理解、沟通、分析、合作等综合能力）、组织文化的改善、组织内部结构流程的调整等。每个人

能力的提高都需要在不断的试错中领悟和成长。员工胜任素质的提高主要依靠员工对自身能力素质高度的自省，并辅之持之以恒的学习和实践。组织的人力资源管理者和业务主管则可以加大对业务骨干关键能力的培养和塑造。实践中，很多组织会制订相关的培训计划。组织文化的改善、内部结构的调整或流程的再造，以及组织外部环境的影响是更加不容易控制的变量。通常，组织不会根据某个员工绩效反馈面谈的结果对上述层面实施相关的改进，只有这些问题是组织内绝大多数员工反映的普遍性问题时，才会得到组织的重视，并可能采取相应的举措来改进。

下面介绍几类绩效问题的具体处理方法。①对于那些由于岗位不合适而绩效低下的员工，可以将其调换到合适的工作岗位，以帮助其改变未来的工作绩效。②对于工作态度端正、工作热情高，但是能力不足的员工，可以通过加强培训、调换工作岗位（也就是降级使用）或者降低本岗位薪酬等级的方式，给予一定的绩效改进期（或新一轮的绩效周期，一般而言，绩效改进期的期限要短于绩效周期的时限）。绩效改进期结束，或者下一个绩效期结束时，人力资源部门可通过绩效评价的结果再做出保留原岗原职、保留原岗加薪、保留原岗降薪、转岗或者解雇等决定。③对于那些有工作能力但是动机不足造成绩效低下的员工，管理者也要通过绩效面谈向员工提供诚实而直接的反馈，通过对员工进行相应的培训，或者和他/她达成转岗的共识，给予其一定的绩效改进期（或新一轮的绩效周期）。当绩效改进期或新的绩效周期结束时，人力资源管理者可根据相应的绩效评价给予不同的人事和薪酬决策。绩效反馈面谈和改进计划书示例见表6—21。

表6—21　　　　　　　　绩效反馈面谈和改进计划书示例

面谈对象		职位编号	
面谈者		面谈时间	
面谈地点			
绩效评价结果			
利益相关者		内部业务流程	
财务		学习与成长	
其他		总分	

续表

本期不良绩效主要表现在以下几个方面：

本期不良绩效的原因分析及改进计划

影响绩效的维度		具体原因	原因分析	改进计划
员工	知识			
	技能			
	态度			
主管	辅导			
	其他			
环境	物理环境/组织内部			
	文化与管理/组织内部			
	宏观环境/组织外部			
	局部环境/组织外部			
其他				
面谈对象签字			面谈者签字	

【阅读参考】平安集团的绩效管理实践

中国平安从1988年创立最初单一的财产险公司，发展到现在保险、资产管理（信托、证券、资产管理）和银行三大业务并进，人力资源的高起点和对业务的有力支持功不可没。以员工培训、招聘管理和绩效管理为人力资源经营核心的平安集团对同业具有借鉴意义。

平安致力于通过绩效管理机制，将企业战略进行逐步演绎细化，做到目标分解到人，并建立定期问责反馈与检视的机制，同时不断强化结果应用的严格管理，从而使绩效管理有效支撑公司运营，保证目标实现。

战略高度的绩效管理体系

在平安，"三大机制"尽人皆知——竞争、激励、淘汰，这概括了平安绩效管理的核心机制。在这一机制的约束下，平安绩效管理体系得到了系统的贯彻和落实，20年来从未松懈。

绩效管理体系的高效运行，首先得益于公司将绩效管理放在公司战略的高度。平安认为，企业经营目标的达成，绩效管理应当成为核心驱动因素。因此，在推行和实践上，最高管理者做了很好的表率，而且亲自参与，甚至主导着公司绩效管理体系的规划和发展。

其次，平安致力于通过绩效管理机制，将企业战略逐步演绎细化，做到将目标分解到人，并建立定期问责反馈与检视机制，同时不断强化结果应用的严格管理，从而使绩效管理有效地支撑公司运营，保证了目标的有效实现。

绩效手段环环相扣

通过多年来对各种绩效管理方法的不断实践，平安发现"横向排名、比例分布、激励和淘汰"是绩效考核最简洁最有效的方法，也最容易被员工理解。这在平安，被形象地称为"赛跑制"。

横向排名：公司采用横向排名制，一年两次对员工的绩效考核结果排名，每个员工在每次绩效考核结束后都有名次，团队始终处于高度竞争的状态，有效驱动着全体员工不断进取，进而促进着公司整体绩效能力的提升。

比例分布：绩效考核之后，公司会根据考核结果，按7∶2∶1对员工的名次进行划分。

激励和淘汰：根据排名和比例分布，公司对不同业绩的员工有不同的激励和淘汰措施。排名前70%的员工有加薪，不同排名的人加薪比例不同，同时公司也会参考物价水平和行业水平的变动；连续两年排名前40%是员工得到晋升机会的首要条件，当然也将职位空缺和年资等列入考虑。排名70%～90%的员工将没有薪资和职位变动，通常他们都是能力上有所欠缺，因此公司会针对他们的弱项给予培训以提高他们的绩效，或者调整岗位让他们服务于更适合自己的岗位。与众不同的是，平安有固定淘汰比例。每年淘汰3%～5%。排名末位10%或5%的员工会被降级降薪、变换岗位，甚至淘汰。连续两年降薪的员工必须降级，通过检视，由子公司的HR做出处置决定，降薪或者转岗甚至辞退。平安认为，这是对其他95%工作好的员工的保护，也避免了公司壮大过程中可能的老化现象。

平安相信，好的绩效管理的最终目的是对员工的提升，即使过程残酷艰难，

第六章 绩效管理

最终员工的获益是自身市场价值的提高。

考核指标的软硬结合

平安对自身愿景有着清晰精确的描述。据此，公司不断细化、演绎，分别形成长期目标（5～10年）、中期目标（3～5年）、短期目标（1～3年）。随着目标期间的缩短，集团整体战略计划不断趋于具体，最终形成每个业务线的年度经营目标、关键行动计划、详细行动计划。其中短期目标每年都需要重新制定、检视，通过与主管的沟通，确保自己的目标和公司的战略一致。不同子公司，具体指标不同，但表现出较为一致的总体特点：与本单位业务/财务预算高度匹配；强调多个比较维度下的实质性增长，包括与市场比、与计划比、与自己比；企业绩效管理指标与各子公司CEO问责目标高度吻合，强调结果导向、成败全责。根据组织架构有效分解，层层落实至下一级单位。这些目标每月都会有系统跟进员工的完成进度，主管也会及时评价、更新和鼓励员工。平安在公司内部建立了人才素质模型，帮助员工确立自己的绩效目标。

一些后台职位的考核带有一定的主观性，考核指标依据公司当前的发展和需要而定，考核结果会结合主管的弹性评价，并和后台其他模块的员工进行比较。例如HR最近两年的首要任务是搭建完整的绩效管理平台和制度，并执行所有人的绩效管理（现在只有50%的员工进入这个绩效管理系统），因此其考核体系中会设有与之相关的指标；在整个HR模块中，绩效经理会和薪酬经理先比较，随后HR模块再和财务模块的经理比较。当然也有硬性指针，例如HR的工作任务是否完成，控制人力资源成本的目标是否实现，成本超标20%，该项即不合格。而前线职位，例如销售等，则以营业额为主要考核目标。例如，分公司经理的几乎所有考核指标都和业绩有关，要求利润、营业额两手抓，保持平衡发展。不同子公司在不同发展阶段的考核指标会有所侧重，但这必须以盈利为底线。所有业务部门的考核可以根据实际情况调整，但必须符合考核的三大手段。

平安以结果为导向，绩效结果和员工的直接、间接利益挂钩，并根据绩效结果反映出的问题对员工进行培训，帮助他们更好地进入自己的角色。所有绩效管理都将进入绩效档案，在调职、管理人员选拔中，成为参考的第一标准，因此，绩效考核在平安员工那里都得到了高度重视。

KPI 的管理模式

"KPI"（关键业绩指标）是平安公司内使用频率最高的一个词。不仅公司高层讨论问题、制定决策少不了 KPI，总公司、专业公司及各分支机构的月度经营检讨会更是专门围绕 KPI 来展开话题，KPI 已经深入到平安经营管理的各个方面。平安鲜明的赏罚制度得以长期贯彻，很大程度缘于 KPI 指标的设计是根据客观情况和经营管理的不同需要来调置，随着条件的变化不断更新。

KPI 设计对工作有指导性，即不但要知道 KPI 的状况，还要弄清形成这种状况的原因，从而对症下药去改善它。例如，某一段时间产险的整体赔付率上升了，接下来就分析是哪几家机构的赔付率高、哪几个险种的赔付率高、哪类风险使赔付率升高等，从而提出有针对性的控制办法和改善策略。

注重 KPI 监测管理的时效性，发生问题之后能够及时提出办法加以解决，减少损失。平安着力建立 MIS 系统，逐步变滞后信息为即时信息，变完全依赖人工分析为主要指标的电脑自动计算显示，变完全由报告人讲解分析为听报告人分析与有关人员随时查询相结合；同时，扩大 KPI 分析结果的享用范围，使 KPI 管理更有成效。

KPI 的考核结果与奖惩紧密挂钩，更有效地促进各级、各类人员真正关心 KPI 状态，并想办法加以改善。KPI 管理的基础是"专业化分工"经营管理，建立以效益为主，运用业务创新、技术创新、服务制胜为主的战略机制。其最核心的是财务核算与监管制度的建立巩固，不但建立起突出保险业务总收入、人均保费、百元保费利润率、业务费用率、资金运用收益率和承保理赔管理的量化考核体系，同时健全财务综合分析制度，突出财务对业务发展的引导与约束作用。

绩效考核的透明性

从 2007 年起，平安建立了一个电子化的资源共享平台——平安后援中心。后援中心是平安以客户为中心的综合金融运营平台。这一平台在平安的绩效管理中也发挥了重要作用。绩效管理的方式、结果和沟通也通过 IT 的平台传播。

平安的绩效管理有一套严密的日常管理体系，通过机制的约束保证绩效管理过程、结果的公平性，并促进目标的有序实现。

第一，清晰评价标准。对于各级管理人员，考核双方基于企业年度业务及财务预算，层层分解讨论形成具体清晰的问责目标，在有效支撑公司目标实现的同时，也成为双方共同认可的绩效评价依据；对于普通员工，公司建立了一套清晰、多维度、统一的绩效评价标准，每一维度都有详细的等级描述。

第二，加强过程管理。平安通过月度"绩效日"制度，通过IT系统明确要求下级主管开展月度阶段性总结，上级主管定期审批辅导，并开展阶段性评价，从而有效加强了对过程的记录与管理，有助于提升年度评估的精确性。

第三，严格执行"铁律"。公司以"铁律"的形式，明确了绩效管理相关规则。无论哪一层员工都必须遵循此规则，有助于保证绩效管理体系的公平性、严肃性。

第四，开放申诉通道。绩效管理体系中设计了申诉机制，员工如果认为绩效结果不公平，可通过集团统一申诉邮箱提起申诉，将由专人按一定的程序受理。

第五，开展专项调研。集团人力资源中心定期发起员工绩效管理调查，收集员工对于绩效管理的种种建议，发现各单位存在的问题，开展相关优化和完善。

2013年的财富世界500强排行榜中，中国平安保险（集团）股份有限公司已经位列181位，在中国大陆非国有企业中排名第一。从2007年首次入围世界500强（排在第440位）至今，中国平安在财富500强的排名不断攀升。

资料来源：游春. 中国平安 迈向人力资源经营. 中国保险，2009（2）.

思 考 题

1. 什么是绩效？员工绩效的分析框架是什么？
2. 影响员工个体绩效的因素有哪些？
3. 绩效管理的内涵和主要环节是什么？
4. 绩效管理的目的有哪些？
5. 简述目标管理的内涵。
6. 简述关键绩效指标的内涵。

7. 简述平衡计分卡的内涵。
8. 简述几种常见的绩效评价方法，并概括其优缺点。
9. 图尺度评价法容易出现哪些误差？
10. 绩效面谈的重要环节和面谈过程中的注意事项是什么？
11. 绩效诊断的含义及工具是什么？

第七章

薪酬管理

本章导读

获得合理的薪酬是员工愿意与组织构成雇佣关系的最主要的原因，通过有竞争力的薪酬体系来吸引、保留和发展人才则是企业在激烈的市场中取得竞争优势的有效手段。影响企业薪酬水平的因素来自企业内外，国家的法律制度环境构成基本的强制性外在环境，企业自身的战略定位直接决定了其采用怎样的薪酬水平。

本章主要介绍了与薪酬和薪酬管理有关的基本概念，薪酬水平如何决定、绩效薪酬如何设计、员工福利如何管理等操作性技术。

在学习中，学生要理解重要的概念和原理，掌握薪酬管理的有关技术和工具，并熟知企业薪酬管理要遵守的国家法律法规和相关政策。重点是厘清薪酬、福利、薪酬管理和激励理论等概念、理论的边界，了解确定薪酬水平的重要步骤、薪酬体系的分类，掌握职位评价在薪酬管理中的应用、常见的绩效奖励计划以及和企业福利相关的法规政策。

第一节 薪 酬

一、基本概念

（一）报酬

在厘清薪酬（compensation）的概念之前，要先介绍另一个概念——报酬（reward）。相比薪酬，报酬的内涵更为宽泛，它是指人们通过自己提供的劳动或服务而得到的回报，报酬既包括货币性的收入，通常指工资或薪水，也包括补偿性的回报，比如越来越多的福利项目等。通过这个定义可以对报酬进行再分类，一种是将报酬分为经济性报酬（也就是货币性报酬）和非经济性报酬（也就是非货币性报酬），另一种是将报酬分为内在报酬和外在报酬。经济性报酬是指货币性的报酬，而非经济性报酬是指不是以货币的形式提供的报酬。内在报酬是指人们通过劳动或服务获得的回报限于自己内在的心理体验和心理激励，而外在报酬是指通过劳动或服务获得的回报是外在的、有形的激励或刺激。这两种不同的分类方式本身可能构成交叉或重叠，比如非经济性报酬可能是内在报酬（比如工作带来的自我实现的体验和成就感），也可能是外在报酬（比如良好的办公环境），外在报酬可能是经济性报酬（比如奖金），也可能是非经济性报酬（比如福利）。

（二）薪酬

关键概念

广义的员工薪酬（employee compensation）是指员工由于雇佣关系的存在而获得的所有形式的经济性报酬。这种经济性报酬可以分为两类：一类是直接经济报酬（direct financial payment），包括工资、奖金、佣金、津贴补贴等；另一类是间接经济报酬（indirect payments），如企业支付的保险以及带薪休假等形式的经济福利。狭义的员工薪酬特指直接经济报酬。

那么，报酬和薪酬的区别在哪里呢？首先，报酬的内涵大于薪酬，报酬不仅包括各类经济性报酬，还包括非经济性报酬；报酬中的内在报酬是薪酬概念所缺失的。相对实践中偏好的狭义的员工薪酬概念，报酬的概念要更宽广。其次，报酬是从个人所获收益的角度而言，强调权利，而薪酬强调的是权责对等。

（三）工资

工资（wage）是指员工为企业提供劳动而获得的货币形式的回报，是企业直接支付给员工的劳动报酬。

狭义的员工薪酬的概念和工资的概念相比有何差异？根据我国统计局1990年发布的《关于工资总额组成的规定》中工资总额的统计口径，狭义的薪酬概念和工资的统计口径是一致的，都属于直接经济报酬，而不包括各类保险和福利。

《关于工资总额组成的规定》中明确指出，工资总额是指在一定时期内直接支付给本企业全部员工的劳动报酬总额。工资总额由以下六个部分组成：①计时工资；②计件工资；③奖金；④津贴和补贴；⑤加班加点工资；⑥特殊情况下支付的工资。[①]

> 【阅读链接】
> 《关于工资总额组成的规定》（1989 年 9 月 30 日国务院批准，1990 年 1 月 1 日国家统计局发布）

向员工支付直接经济报酬（狭义的薪酬，也就是工资）的基本方式主要有两种：一种是根据工作时间支付（即计时工资），另一种是根据绩效支付（即计件工资）。大多数企业的薪酬都是以工作时间为支付基础，即计时工资。计时工资是指按计时工资标准和工作时间支付给个人的劳动报酬。普通工作人员以月工资为主要形式，经理或管理人员则常以年度为单位确定和支付薪金。计件工资是指对已做工作按计件单价支付的劳动报酬。一般来说，计件工资制并不存在加班加点问题。但由于计件工作以员工完成一定数量的合格产品或一定的作业量来确定报酬，因此，从某种意义上说，计件工作制又是一种特殊类型的不定时工作制。

工资的概念本身包含了人力资源市场中劳动力的等价交换原则。即工资是规定劳动时间内正常劳动的报酬。那么，工资之外的奖金则是指支付给员工的超额劳动报酬和增收节支的劳动报酬。

津贴是为了补偿职工[②]特殊或额外的劳动消耗和其他特殊原因支付给职工的工资部分，作为对基本工资的有益补充，也是员工薪酬的重要组成部分。津贴主要分为三类：第一类是与劳动直接相关的津贴，旨在对特殊劳动条件下工作的职工所付出的额外劳动消耗给予必要补偿，与岗位、职位直接相关；第二类是生活

---

① 在某种意义上，"（狭义的）员工薪酬"和"工资"这两种称呼反映了这样一个基本事实：企业的薪酬问题作为不同学科共同的研究领域，体现了不同知识体系对同一类事物的不同命名和界定。"工资"的提法偏向经济学的理论传统，"薪酬"的提法偏向管理学的理论传统。

② 职工是指职员（机关、企事业单位和社会团体里担任行政或业务工作的人员）和工人，是与用人单位存在劳动关系（包括事实劳动关系）的各种用工形式、各种用工期限的劳动者。员工是指企业（单位）中各种用工形式的人员，包括职员（企业中的管理人员）和工人，体现了现代企业人力资源管理的通用提法。职工和员工存在交叉关系，员工包含于职工。本章乃至本书中涉及企业职工时等同于企业员工。

保障性津贴，旨在保障职工的实际工资收入稳定，补偿员工由于特殊工作需要而造成的额外生活开支；第三类是地区性津贴，旨在补偿职工在特定地理自然环境条件下造成的生活费额外开支。

佣金一般有两种分类：一种发生在劳务关系中，是指有独立地位和经营资格的中间人在商业活动中为他人提供服务所得到的报酬；另一种发生在劳动关系中，是企业为了激励员工而设计的薪酬方式，当员工达到特定的绩效时，作为工资而发放特定比例的佣金。

（四）全面薪酬

全面薪酬（total compensation）即全面薪酬战略，是指发达国家20世纪80年代以来普遍推行的一种薪酬支付方式。组织从相对稳定的、基于岗位的薪酬战略转向相对浮动的、基于绩效的薪酬战略，使薪酬福利与绩效紧密挂钩，这称为全面薪酬战略或总薪酬战略。

全面薪酬包括基本薪酬、可变薪酬、福利和服务等多种经济性报酬。

基本薪酬（basic pay）是指在传统的薪酬战略下，企业根据员工所提供的劳动或服务而向员工支付的相对稳定的经济性报酬，是员工收入的主要部分，也是计算其他薪酬性收入的基础。基本薪酬是绝大多数薪酬体系中最基础的部分，它决定了企业薪酬系统的性质，同时也是企业实现薪酬内部一致性的主要手段。基本薪酬的决定因素主要依赖于以下三个方面：员工所从事的特定工作或员工具备的完成工作的技能或能力；组织内维持员工薪酬公平性的需要；与具有竞争性的雇主相比，支付有竞争力薪酬的需要。

在西方国家，基本薪酬传统上又被划分为薪金（salary）和工资（wage）两种类型，前者指管理人员和专业人员（即白领员工）的劳动报酬，后者指体力劳动者（即蓝领员工）的劳动报酬。按照西方的法律，薪金（salary）实行年薪或月薪制，因此，员工薪金的多少不直接取决于工作日内工作时间的长短，加班也不会有加班工资；工资（wage）一般实行小时工资制、日工资制或月工资制，因此员工工资额直接取决于工作时间的长短，法定工作时间外的加班必须支付加班工资。现在，随着蓝领、白领工作界限的日益模糊，薪金和工资之间的差异逐渐模糊，基本工资统称为薪水。

可变薪酬（variable payment）是与绩效直接挂钩的经济性报酬，有时也称为绩效薪酬、浮动薪酬或奖金。其获得通常是非固定和不可预知的。可变薪酬的支付依据是绩效，包括个体绩效、群体绩效（团体绩效）、组织绩效。引入可变薪酬的目的是要最大限度地激发员工的积极性和主动性，提高组织绩效，实现员工和组织的双赢。

在中国企业的实践中，与可变薪酬相对应的称谓是"浮动工资"。奖金和绩效工资是两种常见的"浮动工资"的支付方式，其将工资和奖励结合，都属于非固定的经济性报酬。

【阅读参考】中国的"浮动工资"

浮动工资诞生于20世纪80年代，是我国经济体制改革以来随着经营责任制的推行而出现的一种分配形式，是把职工标准工资的一部分（或全部）与奖金结合在一起，根据企业经营的好坏和职工劳动贡献的大小而上下浮动的工资分配形式。实行这种形式，一般是在企业内部划小核算单位，企业对车间、部门考核利润、产量、质量等指标，并把工资同这些指标挂钩；车间、部门把考核的指标再分解到班组、个人。这种分配方式把职工的劳动报酬同企业经营成果和个人的经济责任、劳动贡献挂钩，调动了劳动者的积极性，有利于打破原有计划经济下的平均主义，促进生产力的发展。

资料来源：邱小平主编.工资收入分配（第二版）.北京：中国劳动社会保障出版社，2005.

绩效工资和奖金有如下差异：第一，绩效工资属于常规项目，是员工岗位薪酬中基本薪酬之外的固定发放项目，是一种根据绩效浮动发放的工资；而奖金是非常规项目，是否发放要根据企业的实际需要和经济效益而定。和绩效工资相连的是多与少的问题，而和奖金相连的是有没有的问题。第二，两者的参照基准不同，绩效工资主要参考外部市场，奖金则与企业自身经营状况紧密相关。第三，在激励效果上，两者虽然都具有激励功能，但是作为非常规项目的奖金，专为做出突出贡献的员工设立，激励效果更显著。

员工福利是指组织为员工提供的非工资收入福利的综合计划，包括法定计划和自主计划。

（五）全面报酬

继全面薪酬概念后，全面报酬（total rewards）成为薪酬管理理论的前沿阵地。这是一个由西方咨询公司和薪酬管理协会开发出的概念。韬睿（Towers Perrin）、合益（Hay Group）、美世（Mercer）等咨询公司分别形成各自的研究框架。韬睿提出薪酬、福利、学习和发展以及工作环境四个维度在内的全面报酬体系框架，合益推出可视化报酬、员工价值、工作与生活的平衡、工作质量、愉悦的工作环境以及成长机会等六大要素在内的全面报酬体系模型。美国全面报酬学会认为，全面报酬是指雇主能够用来吸引、保留和激励员工的各种可能的工具，包括员工认为他们从雇佣关系当中能够得到的各种有价值的东西。它是雇主为了换取员工的时间、才智、努力以及工作结果而向员工提供的各种货币性和非货币性的收益，是能够有效吸引、激励以及留住人才，从而达到理想经营结果的五种关键要素（薪酬、福利、工作和生活平衡、绩效管理与赏识和认可，开发和职业发展的机会）的整合。

【阅读参考】全面报酬，理想离现实有多远？

最近各大媒体都在热议阿里巴巴推出的一项 35.4 亿元员工福利计划，称公司将为员工提供 30 亿元的"iHome"无息置业贷款计划，并成立 5 亿元的员工子女教育基金以及发放 4 000 万元的一次性补贴。一时间，阿里巴巴成为大众关注的中心。

其实不止阿里巴巴，近年来，很多企业为了吸引和保留它们的核心人才，都采用了各种各样的人力资源措施，例如弹性福利、海外工作机会、补充保险等。而在 20 世纪 90 年代之前，企业吸引员工的主要方式，还是以传统的报酬方式为主，如工资和福利。

美世信息咨询业务部中国区业务总监介绍："美世的调研发现员工在考虑选择潜在的雇主时，已越来越多地关注非传统的福利，包括灵活的工作安排、职业发展、工作环境、认同及赏识等。那么要吸引、激励、保留关键员工，企业必须重新考虑传统的薪酬计划，根据员工需要的变化重新设计报酬制度，其中较为有效的途径就是实施全面报酬体系。"

基于这个背景，美世于 2011 年 8 月推出了《2011 年全面报酬中国调研》。该调研从四个角度——雇主角度、员工角度、外部市场及成本角度，分析了中外资企业在全面报酬战略和实践上的共同与不同之处，更从中挑出了 50 家知名的外商投资企业来设立标杆进行比较。该调研涵盖了汽车、高科技、化工、消费品、机械及电子、医药和医疗器械、能源、互联网等行业中逾 400 家国内外知名企业。从地域分布上来看，55% 的参与调研企业来自京沪两地，其中 38% 来自上海，17% 来自北京。从企业类型来看，参加调研的外商独资企业最多，占 83%，外资中有 14% 是合资企业，另有 17% 的企业为中资企业，包括国有企业和民营企业。

从企业对全面报酬的理解上，超过半数的参与调研企业对全面报酬提供了较为宽泛的定义，即涵盖了薪资、福利、职业发展和工作与生活平衡。与外商投资企业相比，中资企业对全面报酬的定义较为狭窄，大约 40% 中资企业将全面报酬定义为"薪资"或"薪资福利"，而外商投资企业中仅有 23% 的企业如此定义全面报酬。

全面报酬作为一种全新的报酬机制，是企业获取并留住人才特别是高层次人才的战略性工具，它不仅有利于节约企业的生产经营成本、帮助企业用最小的投入实现最大限度地调动员工工作积极性和主观能动性的人才管理目标，而且还有利于促进企业和员工之间从单纯的雇佣关系转变为相互依存、相互承诺的"双赢"关系。本次调研发现，位列前四的企业采用全面报酬机制的驱动力因素依次是：吸引关键人才、保留高绩效员工、增强企业的竞争优势、提高员工的敬业度。

而当这些企业被问及是否实现了以上的关键目标时，企业的回答相当保守。仅有 10% 左右的企业表示其全面报酬战略"非常有效"地实现了吸引关键人才、保留关键员工的目标。而表示能够"非常有效"地增强竞争优势和提供员工敬业度的企业比例更是低至 8%。但仍有一半以上的企业认为其现有的"全面报酬"战略是"有效"的。

虽然绝大部分企业都深谙采用全面报酬对人才吸引和保留的关键作用，但真正能够从战略制订到实施，从内部沟通到使其财务可行、再到完整实施并获得有效回报的成功案例并不多。因此，能够真正在企业推广符合业务战略的全面报酬战略、并获得管理者和员工的支持，且能够在成本上具有可持续性发展，企业还有很长的路需要走。

资料来源：马海邻. 全面报酬，理想离现实有多远？——美世《2011全面报酬中国调研》. 解放日报，2011-10-08（7）.

二、薪酬的功能

作为员工为组织提供劳动和服务而得到的回报，薪酬是对员工的补偿和激励，构成企业重要的经营成本、帮助企业达成战略目标，并成为人力资源市场上调节劳动力流动的杠杆。

1. 对员工而言，薪酬具有补偿和激励功能。员工与企业建立起雇佣关系后，在企业提供的工作场所，使用相应的原料、资料，通过劳动（脑力劳动和体力劳动）制造产品、提供服务，为企业创造价值。价值创造过程中，员工必然伴随着脑力和体力的消耗和减损。企业则通过向劳动者支付薪酬，使员工得以获得自身以及家人生存所必需的生活资料，以及员工接受教育和培训花费的费用。薪酬的激励功能则表现在薪酬的给予要符合公平性原则：薪酬的给予要尊重价值规律，多劳多得，使员工的薪酬与企业内外有可比性的职位相比时具有竞争力。

2. 对企业而言，薪酬不仅是成本，更是帮助企业达成战略目标的重要途径。在企业的管理体系中，薪酬是成本管理的重要内容，薪酬总额直接影响着企业经营总成本的高低。同时，薪酬总额高不一定意味着企业在成本上有优势。在企业的发展战略中，高工资不仅意味着企业要付出更多的人工成本，更意味着可以吸引到更优秀的人才，从而为企业创造出更高的绩效、帮助企业达到战略目标。此时的高薪酬可以给企业带来更高的绩效回报。一般而言，与市场水平持平或者比市场平均水平稍高的薪酬战略能更好地吸引、保有和发展人才，从而提高企业的竞争力。

3. 在人力资源市场上，薪酬作为重要的信号，影响着劳动力的供求和流向。这体现在同一行业和不同行业领域。同一行业中，不同企业的薪酬水平在某种意义上代表了各自的竞争力，从而引导人们在不同企业之间流动；不同行业中，各行业薪酬的平均水平又代表了各行业在整体人力资源市场上的竞争力，薪酬高的行业一般是对知识、技能和能力水平要求较高的行业，通常也是劳动力供不应求的行业，薪酬低的行业一般是进入门槛低的行业，劳动力供给往往超过需求。作为人力资源市场的无形指挥棒，薪酬自动调节人们在各行业、各企业之间的流动。

三、薪酬的决定要素

薪酬水平是由许多因素相互作用而决定的，其中最有影响力的因素是人力资源市场条件、立法和相关政策、劳资谈判、高层管理班子的态度和组织的支付能力。

（一）人力资源市场条件

人力资源市场上的劳动力供不应求还是供过于求，对薪酬结构和薪酬水平会产生主要影响。因此，如果对某类人员需求很高，而劳动力的供给不足，那么，这种工作（岗位）的价格会趋于上升；反之，如果某类人员的供给充分，那么，薪酬水平就会趋于下降。

比如，当市场上对会计人员需求较旺，可是相关院校或培训机构培养的人才又较少时，会计人员在人力资源市场上自然获得较高的工资。会计人员高工资的信号逐渐传递到各类院校、培训机构和社会中，会计学专业的开设或会计类培训越来越多。当大量有会计学背景的学生或社会人士重新涌入人力资源市场，供求相当时，原来会计岗位过高的工资就会趋于理性，恢复市场正常水平；而当更多的人继续涌入人力资源市场寻找会计岗位的工作时，劳动力的供过于求将会造成会计岗位薪酬的下降。

（二）立法和相关政策

我国坚持社会主义基本经济制度和分配制度。党的十八大提出，实现发展成果由人民共享，必须深化收入分配制度改革，努力实现居民收入增长和经济发展同步、劳动报酬增长和劳动生产率提高同步,提高居民收入在国民收入分配中的比重,提高劳动报酬在初次分配中的比重。初次分配和再分配都要兼顾效率和公平,再分配更加注重公平。完善劳动、资本、技术、管理等要素按贡献参与分配的初次分配机制,加快健全以税收、社会保障、转移支付为主要手段的再分配调节机制。推行企业工资集体协商制度,保护劳动所得。

当前,我国关于企业薪酬(狭义的薪酬即工资)的立法和相关政策主要表现在以下几个方面:

1. 企业工资决定机制。在工资决定机制上,我国主要有以下两种:一是企业通过工资集体协商、企业单方决定等方式自主确定工资水平及增长;二是少数大中型企业按国家工资总额同经济效益挂钩办法确定工资水平及增长。同时,我国实行最低工资保障制度。

工资集体协商:根据原劳动和社会保障部 2000 年发布的《工资集体协商试行办法》,工资集体协商是指职工代表与企业代表依法就企业内部工资分配制度、工资分配形式、工资收入水平等事项进行平等协商,在协商一致的基础上签订工资协议的行为。工资集体协商一般包括以下内容:①工资协议的期限;②工资分配制度、工资标准和工资分配形式;③职工年度平均工资水平及其调整幅度;④奖金、津贴、补贴等分配办法;⑤工资支付办法;⑥变更、解除工资协议的程序;⑦工资协议的终止条件;⑧工资协议的违约责任;⑨双方认为应当协商约定的其他事项。

《劳动合同法》第 51 条规定:"企业职工一方与用人单位通过平等协商,可以就劳动报酬、工作时间、休息休假、劳动安全卫生、保险福利等事项订立集体合同。"第 52 条规定:"企业职工一方与用人单位可以订立劳动安全卫生、女职工权益保护、工资调整机制等专项集体合同。"第 53 条规定:"在县级以下区域内,建筑业、采矿业、餐饮服务业等行业可以由工会与企业方面代表订立行业性集体合同,或者订立区域性集体合同。"第 55 条规定:"集体合同中劳动报酬和劳动条件等标准不得低于当地人民政府规定的最低标准;用人单位与劳动者订立的劳动合同中劳动报酬和劳动条件等标准不得低于集体合同规定的标准。"

最低工资保障:《劳动法》第 48 条规定:"国家实行最低工资保障制度。最低工资的具体标准由省、自治区、直辖市人民政府确定，报国务院备案。用人单位支付劳动者的工资不得低于当地最低工资标准。"根据原劳动和社会保障部2004年发布的《最低工资规定》，最低工资是指劳动者在法定工作时间或依法签订的劳动合同约定的工作时间内提供了正常劳动的前提下，用人单位依法应支付的最低劳动报酬。正常劳动，是指劳动者按依法签订的劳动合同约定，在法定工作时间或劳动合同约定的工作时间内从事的劳动。劳动者依法享受带薪年休假、探亲假、婚丧假、生育（产）假、节育手术假等国家规定的假期间，以及法定工作时间内依法参加社会活动期间，视为提供了正常劳动。最低工资标准一般采取月最低工资标准和小时最低工资标准的形式。月最低工资标准适用于全日制就业劳动者，小时最低工资标准适用于非全日制就业劳动者。确定和调整月最低工资标准，应参考当地就业者及其赡养人口的最低生活费用、城镇居民消费价格指数、职工个人缴纳的社会保险费和住房公积金、职工平均工资、经济发展水平和就业状况等因素。2012年，全国有25个省份根据经济发展情况适时适度调整最低工资标准，平均增幅为20.2%。① 2013年，全国有27个地区调整了最低工资标准，平均调增幅度为17%。②

【阅读参考】福建上调最低工资标准

自2013年8月1日起，福建省执行新的最低工资标准及非全日制用工小时最低工资标准。调整后的最低工资标准最高为1 320元。

调整后，福建省月最低工资标准设四个档，分别为1 320元、1 170元、1 050元、950元，均比2012年上调120元；非全日制用工小时最低工资标准分别为14.0元、12.4元、11.1元、10.1元，均比2012年上调1.3元。

福建省人社厅表示，用人单位支付给劳动者的工资应根据劳动者的实际工作岗位、劳动强度、技术水平、劳动贡献、本单位经济效益及人力资源市场工资指

---

① 25个省份调高最低工资标准 平均涨幅20.2%．http://www.yicai.com/news/2013/01/2450180.html.
② 人力资源和社会保障部2013年第四季度新闻发布会实录．http://www.scio.gov.cn/xwfbh/gb-wxwfbh/fbh/Document/1361859/1361859.htm.

导价位等因素合理确定。下一步,福建省人社部门还将把执行最低工资标准的情况作为劳动保障监察的重点内容,依法严肃处理违反规定的用人单位。(记者:余列江)

资料来源:http://www.clssn.com/html/Home/report/83659-1.htm.

此外,《劳动合同法》第 20 条规定:"劳动者在试用期的工资不得低于本单位相同岗位最低档工资或者劳动合同约定工资的百分之八十,并不得低于用人单位所在地的最低工资标准。"

2. 国有企业工资总额管理。国家对国有企业工资总额的管理有两种办法。一是计划管理。地方所属企业的计划由各地区审核下达,中央单位所属企业由人力资源社会保障部审核下达。目前,只有极少数企业按计划管理。二是实行工资总额同经济效益挂钩,以及企业工资总额随本企业经济效益的增减而上下浮动。挂钩的工资总额基数、经济效益基数和浮动比例由有关部门下达。目前,中央、省属大中型国有企业仍实行工资总额同经济效益挂钩办法。

3. 企业工资分配宏观指导制度。我国企业工资分配宏观指导制度主要包括工资指导线制度和人力资源市场价位制度。

工资指导线是指人力资源社会保障行政部门根据本地区当年预期经济增长、物价指数、就业状况等因素,制定本地区当年企业工资增长目标并以一定形式向社会发布,以指导企业的工资分配。工资指导线一般包括工资指导线水平和对企业工资增长的有关要求和建议。工资指导线水平包括本年度企业货币工资水平增长的基准线、上线和下线。

人力资源市场工资指导价位制度是指政府有关部门按照统一的规范和制度要求,定期对各类职业(工种)水平进行广泛调查,经过汇总、分析和修正,公布有代表性的职业(工种)的工资指导价位,指导企业合理确定劳动者工资水平和各类人员的工资关系,调节人力资源市场价格。

【阅读参考】广东发布 2013 年企业工资指导线

今天,广东省人力资源和社会保障厅发布通知,将今年的工资指导线调整为:基准线10.5%,上线(警戒线)16%,下线4%,金融业增长上线不超过7%。

此次发布工资指导线的同时也发布了部分行业工资指导线,增加发布制造业、批发和零售业两个行业工资指导线。

广东省人社厅要求,企业着力提高工资水平偏低的生产一线职工的工资水平。工资水平已达到本地区上年度在岗职工平均工资3倍以上的,原则上不应再增加工资。(记者:邓圩)

资料来源:人民日报,2013-09-23.

(三)劳资谈判

劳资谈判是指针对工作报酬、工作时间及其他雇佣条件,雇主和员工代表在适当时间以坦诚态度进行的谈判。在西方,劳资谈判是影响企业薪酬管理的重要因素。势力强大的工会通过劳资谈判、罢工等形式争取员工的利益得到保障;同时,对员工利益的过度保护又是一把双刃剑,可能会损害企业甚至行业的发展。有研究认为,美国联合汽车工会UAW对汽车公司高福利和高工资的胁迫实际上是杀鸡取卵,导致底特律的三大巨头(通用、福特、戴姆勒·克莱斯勒)在与外国汽车公司的竞争中濒临倒闭的命运。[1]

在我国,鉴于市场竞争中由于"资方强、劳方弱"而出现的劳动争议频发、劳动者权益难以维护等诸多社会问题,政府逐步建立健全倾向于保护弱势劳动者的法律法规,大力推进集体合同制度实施"彩虹计划"。2012年年底,经各地人力资源社会保障部门审核备案的当期有效集体合同131.1万份,覆盖职工1.45亿人。[2]

(四)高层领导的态度和组织的支付能力

组织内高层领导的态度和组织的支付能力也对薪酬结构和工资水平有重要的影响。组织的报酬策略在很大程度上反映的是组织最高决策层的判断力,组织的

---

[1] 鲁克. 工会严重拖累美国三大汽车公司的发展. http://page.renren.com/600998337/note/899301788.

[2] 2012年度人力资源和社会保障事业发展统计公报. http://www.mohrss.gov.cn/SYrlzyhshbzb/dongtaixinwen/shizhengyaowen/201305/t20130528_103939.htm.

战略目标和支付能力是决策层决定报酬策略时最重要的参考因素。将薪酬政策与组织战略结合在一起,从而决定是要在人力资源市场上扮演"薪酬领袖"还是做"市场追随者"。一般而言,薪酬领袖需要企业有较强的经济实力来承担;同时,还对企业经济实力的可持续性有较强的把握和预期。那些处于快速成长期、致力于在本行业"称王称霸"的组织一般会采取"薪酬领袖"的策略;那些处于战略收缩期,在企业发展历史上处于调整、整顿时期的企业,一般会采取比较保守的追随式,甚至收缩式的薪酬策略。

对于大型的企业集团或公司,其集团或公司整体上的薪酬策略还要关注到位于不同地区的分支企业或子公司薪酬水平的差异性,这种差异主要源于不同地方的生活水准、物价水平和消费能力等诸因素,也就是地理区域带来的薪酬差异问题。比如,万达集团北京总部的某部门经理的薪酬和集团在中部某省会城市区域经理的薪酬水平会有差异;娃哈哈集团在杭州和西宁类似工作岗位的工资水平也会有差异。同一集团内不同子公司、不同部门在各地区的薪酬定位要同时进行横向和纵向比较,横向是指与当地社区类似产业的对比,纵向则要顾及同一集团或公司分布在全国各地同类职位的薪酬安排,其原则是薪酬要体现出差异性,但是分化程度又不能太大,否则地区没有吸引力、薪酬水平也没有吸引力,不利于公司集团的扩张战略。

对于跨越国境的企业集团,支付给外派人员的薪酬也要注意到集团系统内外以及在当地社区的薪酬的对比问题。在设计薪酬时,企业人力资源管理者务必要掌握不同国家、地区的税收等相关的法律法规和政策,以避免不必要的风险。

第二节 薪 酬 管 理

一、激励理论

(一)激励理论简介及对薪酬管理的启示

激励是组织管理理论和实践中关注的热点问题之一。经过长期的发展,管理界形成以下有代表性的激励理论：

1. 马斯洛的需要层次理论（Hierarchy of Needs Theory）

马斯洛在 1943 年发表的《人类动机的理论》（*A Theory of Human Motivation Psychological Review*）一书中提出了需要层次理论，认为人类的需要包括生理需要、安全需要、社会需要、尊重需要和自我实现需要，依次由低层次到高层次。人们在不同时期对各种需要的迫切程度是不同的，最迫切的需要才是激励人行动的主要原因和动力。需要层次理论对薪酬管理有如下启示：在基本薪酬得到充分的保障后，绩效薪酬和其他类型的奖励成为进一步激发员工动力的激励因素；处于不同职业发展阶段的员工的需求是不同的，管理者要有针对性地设计不同的薪酬结构，利用不同的激励方式；通过创造良好的工作平台，使员工获得职业上的成就是企业留人、用人的最高明的激励手段。

2. 阿尔德弗的 ERG 理论（ERG Theory）

美国心理学家克雷顿·阿尔德弗（Clayton Alderfer）在大量研究的基础上，对马斯洛的需要层次理论进行修正，提出新的人本主义需要理论。他认为，人的需求主要有三种：生存需求（existence），包括心理与安全的需求；关系需求（relatedness），包括有意义的社会人际关系；成长需求（growth），包括人类潜能的发展、自尊和自我实现。由于这三个词的首字母分别是 E、R、G，因此，这一理论被称为 ERG 理论。除了用三种需要替代了五种需要外，ERG 理论揭示了如下重要原则：①需要并存原则，可以同时有两种或两种以上需求占主导地位；②需要降级原则，如果较高层次需求的满足受到抑制的话，人们对较低层次需求的渴望会更强烈。ERG 理论对薪酬管理的启示在于：人的需求虽然是分层次的，但并非只存在单一层次的需求，作为管理者，在设计激励机制和考核办法时，应考虑员工需要层次的多样性，从不同层面去激励下属，这样能产生更好的激励效果；管理者尤其要注重通过实现员工较高层次需求的满足来实现企业目标，并防止"挫折—倒退"现象的发生。

3. 赫茨伯格的双因素理论（Two Factor Theory）

双因素理论又称激励保健理论（Motivation-Hygiene Theory），20 世纪五六十年代，美国行为科学家赫茨伯格通过考察会计师和工程师工作满意度与生产率的关系，发现员工的行为受两类因素的影响：一类是激励因素，基本上属于工作本身或工作内容方面的因素，是使员工对工作满意的重要因素；另一类是保健因素，多属于工作环境或工作关系，是造成员工对工作不满意的重要因素。双因素理论对薪酬管理的启示在于：通过工作本身获得的满足感容易持久，选择合适的人匹配到合适的岗位是获得员工满意度的基础性工作，公平合理的薪酬福利能够促进员工的满意度，不公平不合理的薪酬福利设计也成为影响员工满意度的重要因素；要处理好工作设计和薪酬设计的关系，尤其要注意货币性报酬和非货币性报酬的比例关系，寻找提高员工满意度的最有效的激励方式。

4. 期望理论（Expectancy Theory）

期望理论又称"效价—手段—期望"理论，由北美心理学家和行为学家弗洛姆（Victor Vroom）于1964年在《工作与激励》一书中提出。主要观点是：要激励员工，必须让员工明确工作能提供给他们真正需要的东西，他们的欲求与绩效紧密联系，努力工作就能提高绩效。在期望理论中，激励取决于行动结果的价值评价[即效价（valence）]和其对应期望值（expectancy）的成绩（$M = \sum V \times E$）。期望理论对薪酬管理的启示在于，薪酬管理要与绩效评估紧密结合，合理的绩效评估和相应的绩效奖励对员工有激励作用。

5. 公平理论（Equity Theory）

公平理论由美国心理学家亚当斯（John Stacey Adams）于1965年提出，这是一种研究人的动机和知觉关系的激励理论。主要观点是：员工的激励程度源于自己与参照对象（referents）的报酬和投入比例的主观比较感觉。也就是说，员工不仅关心自己所得报酬的绝对量，而且关心自己所得报酬的相对量，将报酬进行横向比较和纵向比较的结果影响了其今后的工作积极性。纵向比较是指把自己目前的努力与获得报酬的比值同过去投入的努力和相应报酬的比值进行比较；横向比较是指把自己获得报酬与投入的比值与组织内其他人获得的报酬与投入的比值进行比较。公平理论对薪酬管理的启示在于，公平、合理的薪酬体系本身就是对员工最好的激励，具有内部公平性的薪酬设计对员工高绩效的达成有积极的正面功能。

6. 强化理论（Reinforcement Theory）

强化理论又称"操作条件反射"理论，由美国心理学家和行为学家斯金纳 (Burrhus Frederic Skinner) 等人提出，旨在预测和控制人的行为。它强调行为和后果之间有重要的关系：为了达到某种目的，人们会采取特定的行为。当某种行为的后果对人们有利时，这种行为就会在以后重复出现；当某种行为的后果对人们不利时，这种行为就会减弱或消失。人们可以利用正强化或负强化的办法影响行为后果，从而修正行为。这种理论以学习的强化原则为基础，旨在理解和修正人的行为。强化理论对薪酬管理的启示在于，采用绩效薪酬奖金或其他奖励计划的设计会对员工的行为起指导作用，使员工行为指向高绩效。

（二）激励理论在企业人力资源管理中的运用

企业人力资源管理多个职能都体现了激励理论的影响，包括组织结构设计和工作设计、培训开发、绩效管理、薪酬设计以及员工关系等领域。

比如，激励型工作设计法的基础就是各种激励理论；员工的培训发展意味着企业加强对员工进行人力资本投资，从而获得员工与企业的双赢；绩效管理强调绩效的反馈和沟通，将个体绩效和组织绩效紧密结合的制度设计体现了激励理论的最新发展；员工关系强调更多地用柔性、激励的而非强制性的手段提高员工的满意度，从而通过提高员工绩效达到组织整体绩效的提升。

激励理论在绩效管理领域更是得到全面应用。从薪酬到全面薪酬、全面报酬的演化，薪酬的基本构成结构（基本薪酬、绩效薪酬和福利），绩效体系的设计(职位薪酬体系、技能薪酬体系和能力薪酬体系)，工薪结构的设计（宽带薪酬的出现）、绩效奖励计划和员工福利等，都反映了在激励理论启发下的薪酬管理实践。

二、薪酬管理

（一）薪酬管理的重要决策

关键概念

薪酬管理是指在组织发展战略的指导下，对组织内所有员工提供的劳动和服务确定合理的薪酬水平、薪酬结构以及薪酬形式的过程。

薪酬管理的重要决策包括薪酬体系决策、薪酬水平决策、薪酬结构决策和薪酬管理政策决策。

薪酬体系决策。薪酬体系决策的主要任务是确定员工基本薪酬的基础是什么。国际上通行的薪酬体系主要有三种：职位（或称岗位）薪酬体系、技能薪酬体系和能力薪酬体系。企业在确定员工的基本薪酬水平时所依据的分别是员工从事工作的自身价值、员工自身的技能水平，以及员工具备的胜任素质或综合性任职资格。

薪酬水平决策。薪酬水平是指企业中各职位、各部门以及整个企业的平均薪酬水平。薪酬水平决定了企业薪酬的外部竞争性。

薪酬结构决策。薪酬结构指的是同一组织内部的薪酬等级数量以及不同薪酬等级之间的薪酬差距大小。一般而言，企业要通过正式的或非正式的职位评价和薪酬调查来确保薪酬结构的公平与合理。

薪酬管理政策决策。薪酬管理政策主要涉及企业的薪酬成本与预算控制方式以及企业的薪酬制度、薪酬规定和员工的薪酬水平是否保密等问题，薪酬管理是否公平与员工的满意度有紧密关系。

【阅读参考】薪酬管理公平性与员工薪酬满意度

20世纪60年代起，薪酬管理公平性、员工薪酬满意度等问题就已成为欧美企业管理学术界研究的重要课题。薪酬管理公平性包括：①薪酬管理结果公平性，指员工会对自己与他人（参照对象）的得失进行比较，以判断分配结果的公平性。②薪酬管理程序公平性，指员工对企业的薪酬管理程序与方法是否公平的评价。③薪酬管理交往公平性。包括真诚：管理人员真诚坚持公平的薪酬管理程序；人际关系敏感性：在薪酬制度决策与实施工作中礼貌地对待员工、不伤害员工的尊严和自尊心；沟通：管理人员向员工解释薪酬制度与决策依据。④薪酬管理信息公平性：管理人员为员工提供有关薪酬管理的信息，解释薪酬管理的过程和结果。

2005年5—8月，一项对广州10家宾馆（包括8家三星级至五星级宾馆、1家酒楼和1个度假村）的员工和管理人员的问卷调查显示：企业薪酬管理公平性（结果、程序、交往和信息公平性）与企业守法程度是影响员工各类薪酬满意度（薪酬水平、福利、奖金、加薪、薪酬制度与管理满意度）的重要因素；企业薪酬管理公平性会对员工的归属感、工作积极性和工作绩效产生显著的直接或间接影响。这项研究认为，不同于以往将薪酬管理公平性限定为"保健因素"的定位，公平不仅是"保健因素"，而且也是"激励因素"。

资料来源：伍晓奕，汪纯孝，谢礼珊．薪酬管理公平性对员工薪酬满意感的影响．外国经济与管理，2006（2）．

（二）薪酬战略的类型

1. 薪酬战略与企业的发展战略。发展战略解决的是企业扩张、收缩还是稳定的问题。

采取成长战略的企业关注市场开发、产品开发、创新以及合并等内容。内部成长战略通过整合利用组织所有的资源强化组织优势，注重自身力量的增强和自我扩张；外部成长战略试图通过纵向一体化、横向一体化或多元化来扩展企业的资源，强化市场地位。采用发展战略的企业在薪酬设计上适合短期内提供水平较低的固定薪酬，同时实行奖金或股票期权等计划使员工在长期获得丰厚回报。其中，采用内部成长战略的企业可以将薪酬管理的重心放在目标激励上，采用外部成长战略的企业可以把薪酬管理的重心聚焦于规范化和标准化。

采用收缩战略意味着企业由于面临严重经济困难而不得不缩小一部分经营领域。此时企业的薪酬管理重点是将员工收入与经营业绩挂钩。不少企业会通过薪酬制度设计鼓励员工与企业共担风险。

稳定战略或集中战略是指企业在自己已经占领的市场中选择自己能够做得最好的部分，然后把它做得更好。此时企业薪酬管理的重心应该是内部一致性、薪酬管理的连续性以及标准化，基本薪酬和福利的比例较大，而且相对稳定。

2. 薪酬战略与企业的竞争战略。竞争战略是指企业如何在既定的领域中通过一定的战略选择来战胜竞争对手的问题，包括创新战略、成本领袖战略和客户中心战略。

创新战略，以产品的创新、产品生命周期的缩短为导向，其管理强调客户满意度和客户的个性化需要，因此，薪酬管理的重心要放在对产品创造和新的生产方法、技术的创新给予足够的报酬或奖励。此时企业的基本薪酬应以人力资源市场上的平均水平为基准，且高于市场水平。

成本领袖战略即低成本战略，是指企业的产品质量与竞争者趋同，但产品价格要低于竞争对手。此时的薪酬设计是在与竞争对手薪酬水平相当的前提下尽量降低薪酬成本支出。通常，薪酬设计者会提升可变薪酬（或奖金）的比例以控制薪酬成本，并激励员工进一步提高生产率。

客户中心战略，是指通过提高客户服务质量、服务效率、服务速度等来赢得竞争优势。客户满意度是管理者最关心的绩效指标，对客户服务的数量和质量也就相应成为员工获得薪酬的决定性因素。

（三）薪酬管理与其他人力资源管理职能的关系

薪酬管理体现了雇佣关系的本质，即员工提供相应的劳动和服务，组织付出相应的薪酬作为回报。薪酬以及薪酬管理构成企业与员工双方关系的重要内容。作为人力资源管理的重要职能之一，薪酬管理与其他人力资源管理职能有不可割裂的紧密关系。

1. 薪酬管理与人力资源规划。人力资源规划的核心是人力资源的供需平衡，薪酬管理和人力资源规划是互为影响的关系。人力资源的需求情况直接决定相关的薪酬体系、薪酬水平和薪酬结构；薪酬管理政策的变化又可以直接影响到组织内人力资源的供需程度。比如，可以通过提高员工薪酬水平的方式提高组织整体的工作效率，从而降低人力资源的供给；也可以通过对某类工作岗位薪酬待遇的倾斜，打造此类工作岗位在外部人力资源市场的吸引力，从而为企业在某领域的人才储备和扩张做准备。

2. 薪酬管理与工作设计。工作设计是人力资源管理的基础性环节，也是薪酬管理的基础性工作。薪酬体系、薪酬水平和薪酬结构的设计都要依赖组织设计和工作分析的基础性工作。科学合理的组织设计和工作分析会给薪酬管理打下坚实的基础，科学合理的薪酬管理体系与组织设计和工作分析相辅相成。工作设计的变化必然引发薪酬管理的联动，工作设计得不合理也会给薪酬管理带来无法绕开的麻烦。

3. 薪酬管理与员工招聘。薪酬管理是影响员工招聘的重要因素。一个企业的薪酬待遇是否公平、合理,有竞争力,是企业能否吸引人才的重要因素,很多时候会成为最重要的因素。一个企业采取何种薪酬待遇反映了这个企业所处的生命周期、战略阶段、市场竞争力,甚至是组织文化。真正公平、合理而有竞争力的薪酬政策会成为企业吸引人才的名片。

4. 薪酬管理与培训开发。薪酬管理和培训开发是有效地保留、激励人才的重要手段,薪酬管理和培训开发的决策常常以绩效管理阶段的绩效考核为依据,这两个人力资源管理的职能决策常常带有很大的相互关联性。比如,经常获得绩效加薪的员工也意味着有更多的职业发展机会,而薪酬待遇的降低也通常与转岗培训或在岗技能开发联系在一起。

5. 薪酬管理与绩效管理。薪酬管理是否公平、科学、有竞争性,在很大程度上与一个企业是否真正实行了绩效管理有很大关系。只有把绩效管理环节的绩效计划、绩效实施、绩效评价、绩效反馈和沟通等工作真正做扎实,才能体现薪酬管理体系的公平、科学和有竞争性。尤其是如果绩效评价环节出现各种各样的问题,那么,基于绩效评价基础上的薪酬管理就会给组织带来更大的不公平和不确定。

6. 薪酬管理与员工关系。薪酬管理通常可以作为员工关系是否和谐的重要指标或维度。薪酬管理做得好的企业,就能促进员工关系的和谐;薪酬管理做得不到位的企业,员工关系很容易出现问题。那些有条件接受并实践先进薪酬管理理念(比如全面报酬)的企业,也就意味着员工更可能兼顾工作和生活,在工作中获得更大的成就感,也就意味着员工与企业双赢的局面更容易达成。

【阅读参考】薪酬管理的发展脉络

从传统的薪酬管理到现代薪酬管理的前沿阵地,企业薪酬管理的发展历程可划分为下列阶段:

1. 早期工厂制度阶段:把工资水平降低到最低限度。在前工业时期,工厂薪酬的支付以家族制简单的计件付酬方法为主,辅以利润分享计划和小组计件计划。在工厂制度逐步成熟的过程中,企业主意识到薪酬在管理中的地位和作用,薪酬管理的核心是：培养"工业习惯"和工厂纪律，留住熟练工人。

2. 科学管理阶段：围绕工作标准和成本节约展开的薪酬政策。科学管理时代，实行以工作标准和成本节约为主线的薪酬政策，希望用"高工资率"换取低成本。以泰勒、甘特的差别计件工资制度为主，利润分享制度逐步趋于完善。这一时期完成了从"低薪"到"高薪"刺激理念的根本转变，"最饥饿的工人就是最好的工人"逐渐被"最廉价的劳动力是得到最好报酬的劳动力"所替代，薪酬管理的核心是减少工人的"偷懒"行为，降低成本，通过对工作和职位价值的衡量来确定薪酬。

3. 行为科学阶段：薪酬必须适应员工的心理需求。林肯的个人激励计划、工资权益理论等获得广泛认可。个人激励计划发现，激励人们的主要因素不是金钱、安全，而是对他们技能的承认；工资权益理论认为，重要的不在于个人获得的绝对工资，而在于相对工资。公平激励理论是对工资权益理论的发展，一个人对薪金的感觉至少基于两种比率：一是所得工资相对于他人工资的比率；二是其"投入"（即所付出的努力、受教育水平、技术水平、掌握的专业培训能力和经验）相对于"产出"（薪金）的比率，从而使薪酬调查在薪酬决策中具有重要地位。这一时期薪酬管理的核心是强调员工对薪酬的心理感受，以此提高工作效率。

4. 现代管理阶段：采用与业绩紧密挂钩的薪酬政策。与股票价值相联系的权益分享制度进一步成熟，宽带薪酬制度，以技能、业绩为基础的薪酬体系以及全面薪酬计划等方法被广泛接受，非货币薪酬的作用越来越受重视，薪酬管理的核心强调解决经理人长期激励问题，重视员工的主动性、协作性和创新性。

前面三个时期所代表的传统薪酬管理关注的基本点是一般员工的工作效率，支付薪酬是为了降低员工的"偷懒"程度；在"职工可以拥有公司所有权"的现代管理阶段，管理者报酬问题受到更多的关注。

资料来源：何燕珍. 企业薪酬管理发展脉络考察. 外国经济与管理，2002 (11).

（四）薪酬管理的最新进展——战略性薪酬管理

薪酬管理理论的最新进展——战略性薪酬管理强调以企业战略为牵引，通过

第七章　薪酬管理

对组织内外环境的分析，选择科学合理的薪酬策略，系统地设计薪酬体系并实施动态管理，使之促进企业战略目标的实现。战略性薪酬管理是目标达成、愿景实现的重要工具，也体现了人力资源部门作为企业战略合作伙伴的现代特征。那么，如何才能使企业的薪酬体系真正成为实现企业战略目标的重要工具，战略性薪酬决策要考虑哪些重要问题，薪酬战略如何与企业发展战略相匹配，战略薪酬管理要着力考虑以下问题：

1. 人力资源部门薪酬管理的决策首先要基于组织内外面临的环境，也就是机遇和挑战，SWOT 分析是常见的一种工具。人力资源部门要把企业所处的环境分析透彻，从而为自己的薪酬管理定位。企业内外部重要的环境包括人力资源市场情况、立法和相关政策、劳资谈判、组织的支付能力和高层管理者的态度，还包括企业的目标、规划、愿景、文化和价值观，企业当前的人员队伍结构和利益诉求，当地社区的影响等。

2. 在 SWOT 分析的基础上，制定与企业战略相匹配的薪酬决策。薪酬体系的制定要具备外部竞争性和内部一致性等重要特征。不同行业、不同发展阶段的企业适用于不同的薪酬战略，企业在薪酬体系、薪酬水平、薪酬结构和相关制度规定的制定上都要综合考虑各种因素。20 世纪 90 年代以来，发达国家企业薪酬管理成为企业战略的有机链条，呈现以下新特征：具有人力资源开发功能的薪酬方案成为首选的管理模式，薪酬调查和相关信息的获得越来越受到重视，长期的员工激励计划日益受到关注，跨国公司（尤其是外派员工）的薪酬设计成为创新热点，公开的薪酬管理越来越成为时尚等。[①]

外部竞争性或外部公平性，是指与外部人力资源市场从事相同（类似）工作（岗位）的员工的薪酬相比，本企业的薪酬水平是否有竞争力。

内部一致性或内部公平性，是指企业内部不同职位（岗位）之间薪酬水平的差异是否具有公平性，是否都是基于同样的标准（岗位评价、技能水平、胜任素质或者综合标准）。

3. 执行薪酬战略并根据环境做相应的调整。薪酬管理从理念、工具到真正

---

① 谢晋宇，李新建. 发达国家企业人力资源管理中的薪酬管理创新. 技术经济与管理研究，1999（6）.

运用的过程就是薪酬战略的执行。在执行的过程中,薪酬管理者依然要注意变动着的组织内外部环境,并相应调整自己的薪酬战略。不管是战略执行还是战略调整,薪酬管理要围绕企业的战略目标,达到推动企业变革,增加团队合作意识,增强员工的认同和忠诚,加大员工的自由度,激发对新知识、技能和胜任素质的学习与掌握的热情。

三、薪酬体系的分类

(一) 职位薪酬体系

职位薪酬(post wage)体系是一种传统的确定员工基本薪酬的制度,建立在完善的工作设计基础上,通过职位本身的价值决定该工作岗位上员工的薪酬水平。在我国,职位薪酬也就是通常讲的岗位工资。

职位薪酬体系的实施有一个基本的前提假设,即组织内实现了充分的职位/岗位和员工的匹配,不存在人——岗不匹配的情况。职位薪酬反映的是以工作为导向的薪酬结构。1950年,国际劳工组织在日内瓦会议上提出了对生产操作岗位进行岗位评价的四项要素——劳动责任、劳动技能、劳动强度和劳动条件(简称"日内瓦协定"),这项原则也就成为国际上通用的岗位评价原则,这四项因素也就成为岗位工资的基本付酬因素。职位薪酬具有明显的优点:①员工获得与其承担的工作相应的薪酬,实现了真正意义上的同工同酬;②基本上只考虑职位/岗位本身而不是出于某职位/岗位上具体的人的因素,有利于按照职位系列进行薪酬管理,操作简单,管理成本低;③工作与薪酬的关系清晰,稳定性强,有利于成本控制。其缺点则在于:①薪酬与职位/岗位直接挂钩,晋升无望则无法获得大幅度的加薪,因此员工的工作积极性会受挫,甚至会出现消极怠工或离职现象;②由于职位/岗位相对稳定,不利于企业对变动的外部环境做出迅速反应,也不利于及时激励员工。

职位薪酬体系出现在科学管理时代,是一种影响深远的、具有基础意义的薪酬体系形式,在世界范围内获得最长久和最广泛的应用,体现了实现科学管理的企业在组织结构和工作设计方面所做的扎实、规范和系统的基础性工作。

(二) 技能薪酬体系

技能薪酬(skill-based pay)体系中,组织将根据员工所掌握的知识和技能的范围、深度及类型来支付薪酬,而不是根据他们所占据的职位支付薪酬。之所以出现这样一种新的发展趋势,是基于以下几个主要原因:①由于越来越多的企业开始围绕团队进行组织管理,因此,企业常常希望员工能够在不同的职位之间进行轮换(从而掌握几种不同的技能);②当很多人在某个项目上或流程中共同工作时,他们所从事的工作内容会越来越具有重叠性;③技能薪酬可以支持公司的战略。比如,索尼公司的战略强调小型化和精细化制造,这就意味着索尼公司应根据员工在这两个关键性战略领域中所掌握的技能和知识来支付报酬,而不仅仅是他们被安排的具体岗位。

职位薪酬中,员工的薪酬与职位相匹配,薪酬往往与员工在某一薪酬等级中停留的时间或资历联系;技能薪酬中,无论职位变动与否,薪酬的确定都与员工所掌握的技能熟练程度而非资历相关,组织会提供更多的员工培训和开发,以帮助员工扩展不同的技能、适应不同的职位,从而强化组织的灵活性,也使员工在发展机会上有更广阔的选择。许多大公司(如宝洁、通用汽车公司等)把按技能付酬的方案应用于生产人员,由此引起的"灵活性、员工才干与满意度的增长"使这些公司受益匪浅。[①] 在中国,技能为主的薪酬模式也早就存在,只不过很多技能导向工资制导向了资历、学历而非技能,这就会使其效果大打折扣。[②]

当然,实行技能薪酬计划的组织也要有相应的管理和辅助系统支撑计划的施行:①一个用来确定特定技能的系统,以及一个将员工的薪酬与技能水平挂钩的流程;②一个能够让员工寻求帮助和获取技能的培训系统;③一个正式的能力测试系统;④一个能够让员工在不同的职位之间转换,从而使工作安排具有一定灵活性的工作设计系统。

技能薪酬体系适用于生产技术是连续流程性的或者规模大的行业以及服务业,如化工、食品加工、保险、咨询、医院、电子和汽车等行业。就具体的岗位而言,技能导向的工资模式适合技术类(尤其是基础研究类)、部分操作类岗位。有关研究显示,当技能薪酬计划与团队建设、员工参与和授权计划等结合起来使用的情况下,确实有助于带来更高的质量、更低的缺勤率和更少的事故。实践证

[①] 盛宇华,潘勤. 绩效工资制与技能工资制的合理选择. 科学管理研究,2000(6).
[②] 田效勋. 薪酬模式设计. 企业管理,2003(10).

明,这种薪酬体系能在任何类型、任何规模的组织中存在。1990年左右,在《财富》500强制造业以及《财富》500强服务企业中,51%的企业采用了某种形式的技能薪酬计划。①

(三) 能力薪酬体系

能力薪酬(competency-based pay)体系的建立有赖于组织对能力的深刻理解和重视。这里的能力特指胜任能力(competency)同胜任素质,即实现某种特定绩效或表现出某种有利于绩效实现的行为的能力。在这种薪酬体系的设计中,组织关注的是员工身上体现出的能够帮助实现企业战略目标的胜任能力(为行文方便,下文的描述有时会简称为"能力")。根据麦克利兰的胜任素质模型(前面工作分析和工作设计章节已有论述),能区分高绩效和低绩效员工的胜任素质包括知识、技能、社会角色、自我概念、特质和动机六个方面的内容,其中知识和技能是最表层的内容,其他四个方面是胜任素质中的深层次内容,也是决定人们行为和表现的关键因素。不同行业、不同企业会根据自己的发展战略构建适合本组织发展的胜任素质模型,通过清晰地界定组织发展需要的员工胜任素质,推动员工行为的改变以及高绩效的达成。

相对而言,能力薪酬体系的适用需要特定的组织特征,比如企业已经发展到一定阶段,人力资源的竞争直接影响组织在市场中的竞争力,人力资源管理的重点已经转移到员工的胜任素质,并通过人力资源的规划、招聘、开发和绩效考核等各环节将胜任素质模型比较系统而完备地实施。在药品研发、计算机软件以及管理咨询等行业中,能力薪酬模型的使用使员工关注并发展组织需要的胜任素质,从而提高组织的整体绩效。

和前两种薪酬体系相比,能力薪酬体系的实施需要在前两种工具的基础上,实施以胜任素质为主的一系列管理措施。比如,能力分析和能力认证取代了职位分析和职位评价、技能分析和技能认证;员工的关注点从寻求晋升或寻求技能的提高转为寻求胜任本职工作的能力的改善;组织的胜任素质要素替代传统的报酬要素(比如工作条件、工作责任、工作强度等);同时,管理者要提供能力

---

① 刘昕编著. 薪酬管理(第二版). 北京:中国人民大学出版社,2009.

开发的机会，确保能力能够带来价值的增值，并通过能力认证和工作安排控制成本。

能力薪酬体系管理的优点表现在，激励员工持续地学习，保持人员流动的灵活性；但是，这种薪酬管理方式会存在潜在的官僚主义，并且要求管理者有较高的成本控制能力。

第三节 薪酬水平的确定

一、薪酬调查

战略性薪酬管理中，基本薪酬的确定通常成为技术含量最多的基础性环节。各类企业基本薪酬水平的确定大致都会经过下列几个步骤：薪酬调查（salary survey）、职位评价（job evaluation）、确定薪酬等级（pay grades）、为每一个薪酬等级定价，以及对薪酬水平进行微调。在一个开放竞争的市场上，薪酬水平总体上反映了人力资源市场上劳动力价值一定、薪酬围绕劳动力价值上下浮动的基本规律。

对薪酬调查和相关信息的重视已成为现代企业人力资源管理的重要趋势。对于很多刚开始进入一个行业或市场的新手（newcomer）而言，这是一项基础性工作。对于一个已经进入市场，处于成长、发展或成熟中的企业而言，也是一项经常性的工作。这项工作可以通过正式的或非正式的方式进行。作为薪酬水平确定中的必需环节，有的企业可能在薪酬计划伊始先进行市场调查工作，有的企业则会在对企业内部进行职位分析等工作结束后再实施。不管实施的顺序前后，这一环节的意义在于，通过与市场的"亲密接触"明确企业定位，并选择合适的薪酬策略达成企业的战略目标。

正式的薪酬调查可以通过咨询公司展开特定主题的调查，或者购买已有的调查数据。前者周期可能较长、花费较高，但是最有针对性；后者周期较短，也要支出一定的成本，但信息的效度可能成问题。非正式的薪酬信息的获取渠道包括政府机构、专业协会公开发布的相关数据、报纸杂志电视广播互联网等各种媒介公布的信息，或者私人渠道获得的信息。这类信息的获取成本较低，分析成本较高，信度与效度都和分析者个人的研究能力相关。

各种权威、严肃的传播媒介成为企业轻松获取并分析薪酬市场的好渠道。比如，《人民日报》、《工人日报》、《中国劳动保障报》、中国政府网和各地方人民政府官方网站、人力资源社会保障部和各地人力资源社会保障部门官方网站、新华网（http://www.xinhuanet.com/）、中国就业网（http://www.chinajob.gov.cn/），以及国内外享有盛誉的电视、报刊、网络。另外，各行业协会、大专院校和科研组织以及国内外知名调查公司也会提供大量相关的调查或研究报道。通过上述渠道，企业可以结合国内外宏观经济形势、法律法规、产业政策、行业走势等信息，并对本企业的薪酬情况做出基本的判断。薪酬调查中最有针对性的信息是本地区、本行业，尤其是主要竞争对手的薪酬状况。值得注意的是，不管是通过正式渠道，还是非正式途径获得的信息和数据，要注意信息的代表性、数据的时效性和结论的可靠性，负责薪酬管理的人力资源人员要进行深入研究以去伪存真。

比如，近几年，我国不少地区的最低工资水平每年都会做相应的调整，如果企业不注意这些信息，就很有可能产生违法行为。政府公报或者人力资源社会保障部门发布的专业性信息，对于地区性或行业性的工资定价具有指导性意义，也是一个企业进入某地某行业应当遵守或可以参考的重要数据。企业要注意通过地方性或行业性的专门网站来捕捉这类信息，并及时调整本组织的定价策略。

二、职位评价

（一）概述

职位评价是薪酬水平确定中的必经程序，同时也是企业人力资源管理人员要掌握的基本功。有的企业将职位评价作为薪酬水平确定的第一步，也有的把它放在对外部市场调查的后面，不管怎样，这属于对薪酬水平定价过程中"知己知彼"的"知己"环节。

职位评价的目的在于确定职位在企业内的相对价值，通过对企业内部各种职位进行正式的、系统的比较，确定某职位相对其他职位的价值，从而依此来确定工资或薪酬的等级结构。职位评价工作一般和人力资源部门招聘、晋升工作中的工作分析密切相关。在一个完整进行过企业内部各类岗位的工作说明的工作后，职位评价的工作也就基本完成。在这里，职位评价的基本理论和评价原则有必要得到更多关注。职位评价的基本原则是，那些要求具备更高的任职资格条件、需要承担更多责任以及履行更复杂职责的职位，应当比那些在这些方面的要求更低一些的职位价值更高。职位本身的职责和任职资格条件是职位评价的依据；职位评价的过程是对企业内部各类岗位相对价值的评价和分析，而不是对职位目前任职者能力状况的分析，因此，职位评价的过程应力求客观和理性。建立在职位评价基础上的薪酬体系有助于实现企业内部的公平和秩序，提高员工对企业的归属感和满意度；同时，有利于根据业绩和能力进行培训开发或人事调整。

（二）报酬要素的选择

职位比较的方法有多种，比如直觉判断法，这种方法简单，但由于并不去深究直觉背后的"为什么"，因此，其存在的合法性价值时常受到怀疑。另外可以通过理性的分析，即基于所有职位都包含的特定要素进行职位之间的比较，也就是薪酬管理专家所称的报酬要素（compensable factors）分析。据以进行职位评价的报酬要素的分类有所不同，国际上比较流行的包括海氏三要素评估以及美世国际职位评估。前者的评估系统包括三个必需因素：职能、解决问题的能力和应负的责任；后者的评估系统包括四个必需因素和一个可选因素：影响、沟通、创新、知识和危险性（可选性）。报酬要素的选择并不是固定不变的，不同的企业可以根据自己的发展阶段、行业特点和战略目标等因素确定不同的报酬要素。

（三）职位评价的准备工作

职位评价的结果直接决定了组织内部的薪酬体系，和员工以及管理者的利益息息相关，因此，职位评价的过程需要管理层和普通员工，包括工会方面的通力合作。职位评价能否客观、公正、理性，能否被组织成员接受和认同，是基于职位评价之上的各项规章制度能否顺利实行的关键。一般而言，职位评价要组成一个评价委员会，有关负责人员应该向员工阐明职位评价的意义，尽可能获得最大多数人的支持和拥护，为了能够调动员工的积极性，吸收他们的建设性意见和建议。职位评价委员会通常由5个人组成，包括人力资源管理者、企业管理层以及员工中熟悉企业组织结构的权威性人士。职位评价委员会主要履行以下功能：首先，确定10～15个关键性的基准职位，这些职位是第一批要接受评价的职位，它们通常会成为确定其他职位价值和重要性的标杆；其次，选择报酬要素；最后，实施具体的评价，即对基准职位以及其他需要不断补充进来的职位根据报酬要素进行评分工作。

职位评价的具体方法有四种：排序法、职位分类法、计点法以及要素比较法。下面分别具体介绍。

1. 排序法（ranking method）。这是一种最简单的职位评价方法，根据各职位对组织的重要性，从高到低将各职位予以一一排列。职位排序法的操作通常需要以下几个步骤：

第一，获取职位信息。职位分析是第一步，职位评价委员会需要对每一个职位的内容非常熟悉。在规范的组织内部，人力资源部门通常保存了完备而齐全的工作说明书（职位说明书）或任职资格。这类基础性工作做得比较好的，职位评价委员会就可以利用既有的职位说明书，或者将原有的职位说明做进一步的阐释或发挥，以进行不同职位之间的比较。

第二，选取职位。评价委员会要选择基准性的职位进行评价，而不是对组织内部大大小小的所有职位全部拿出来做比较。通常，会根据组织结构中职能部门的顺序对职位进行排序。

第三，选择报酬要素。排序法之所以最简单在于和更高级或更复杂的职位评价方法相比，它用以排序的依据只是一个单一的或总体性的因素，而后者则是用多个因素、多个维度，甚至赋予不同因素/维度以不同的权重来进行排序。在报酬要素的选择中，评价委员会的各委员要对被选择的报酬要素有高度的共识。比如，如果确定是根据某一报酬要素（比如"工作难度"）来进行职位评价，那么，所有的职位都要根据"工作难度"进行排序；如果确定是根据另外某一报酬要素（比如"沟通"）进行排序，那么，各评价委员会的委员就要更换另外一种标准，根据"沟通"来进行排序。

第四，职位排序。职位排序的具体操作可以分为直接排序和交替排序。直接排序最简单，即给每一位评价者提供一套职位标记卡，每一张卡上标有对每一个职位的简要描述，请每一位评价者根据这些卡片按照从得分最低到得分最高（或者从得分最高到得分最低）的顺序加以排列。交替排序法则是指先从待评估职位中找出得分最高和得分最低的一个，然后再接着从剩下的待评估职位中继续寻找得分最高和得分最低的职位，这样依次反复，直到所有的职位都排列好为止。

第五，评估结果的合并。在职位评价委员会的所有成员都完成了对全部职位的评价之后，评估委员会将各个职位的排序结果加以平均，即得到每个职位相对价值的顺序。

排序法的最大优点在于简单、快捷，不需要专门的技术专家参与。其缺点是专业性不高。由于没有详细具体的评价标准，主观成分大，没有形成不同职位之间价值的量化尺度，因此在具体进行薪酬设计时还有一定困难。这种方法适用于规模小、结构简单、职位类型少的小型组织。

2. 职位分类法（job classification or job grading）。这是一种得到广泛运用的、比较简单的职位评价方法，是指把企业中所有的职位按照工作性质、难易程度、权责大小以及工作所需资格条件，按照一定的标准和原则进行分析比较，进而把每一职位归入不同的等级，作为员工任用、考评和待遇确定的基本依据。使用职位分类法时，首先要确定合适的职位等级数量，即确定职位价值的层级结构。组织中的职位类型越多，职位之间差异越大，所需的职位等级就越多。其次，编写每一职位等级的定义，这一职位等级定义通常是对职位内涵的宽泛描述。最后，根据职位等级定义对职位进行等级分类，即将每一职位的职位说明书或工作描述与上述职位等级定义加以对照，将每一职位划分到与职位的总体情况最贴切的职位等级中。

职位分类法最初在美国联邦政府中开始使用，负责这一工作的主要是美国联邦政府人事管理署和美国劳工部。2003年以前，美国联邦政府使用的是一套包括九个报酬要素的职位评价系统——工作中所需的知识（knowledge）、工作中受到的监督（supervision received）、工作的指导方针（guidelines）、工作任务的复杂性（complexity）、工作任务的范围及其影响（scope and effect）、工作中的人际接触（personal contacts）、工作接触的目的（purpose of contacts）、体力要求（physical demands）和工作环境（work environment）。从 2003 年起，美国联邦政府将这九个要素进一步压缩为四大要素（知识、工作控制和复杂性、工作接触、物理环境）。美国联邦政府的这套职位评价系统不仅适用于政府中的各类职位，还适用于企业和其他各种组织中的职位。中国不少企业的职位分类依然延续了传统上按照身份和工种性质划分的职位分类，比如企业的职位大体划分为：管理干部类、工程技术人员类、销售人员类、文秘办事员类。

比较美国联邦政府和不少中国企业的职位分类法，前者对每一个职级划分的标准都是一致的，都是根据四个要素来衡量，因此职位之间的相对价值更规范，并趋于理性；而不少中国企业的划分标准显得笼统，缺乏不同职位相对价值之间的量化比较。随着国际化的深入，源于美国政府并适用于各类组织的职位评价已被跨国企业和更多的本土企业所接受。

职位分类法的优点是可以将组织中所有的职位进行分类，缺点是对职等或职级的等级描述比较困难，而且在运用这些职位等级描述时往往要有很高的判断力。和排序法相比，它也缺乏进行定量比较的能力，虽然比排序法在清晰度和理性方面已经前进了一大步。

3. 计点法（point method），也称为要素计点法。这是一种较复杂的量化职位评价方法，诞生于 20 世纪 40 年代的美国，迄今为止一直是组织内最常用的职位评价方法。计点法通常包括三大要素：报酬要素、反映每一个报酬要素在整个职位评价体系中相对重要性的权重以及数量化的报酬要素衡量尺度。这种方法通常包括以下几个步骤：

(1) 选取合适的报酬要素。报酬要素是指在不同的职位中存在的，组织愿意为之支付报酬的，具有可衡量性质的质量、特征、要求或结构性因素。责任（responsibility）、技能（skill）、努力（effort）以及工作条件（working condition）是常见的四维报酬要素。报酬要素的选择需要具备以下条件：第一，与总体上的职位价值具有某种逻辑上的关系，比如它们在某种职位中出现得越多，证明这种职位的价值越高（"工作条件"要素除外）；第二，报酬要素必须能得到清晰界定和衡量，即每个报酬要素被划分为几个程度不同的等级；第三，报酬要素必须覆盖要进行职位评价的所有职位，有广泛的适用性；第四，报酬要素之间不能出现交叉和重叠。

(2) 对每一种报酬要素的等级进行界定。等级的数量取决于组织内所有被评价职位在该报酬要素上的差异大小，差异程度大，则报酬要素的等级数量多；反之，报酬要素的等级数量少。注意，不同报酬要素包含的等级可能会有较大的差异，比如"责任"的等级可能有 7 个，而"工作条件"的等级可能只有 3 个。

(3) 确定每一种报酬要素在职位评价体系中的权重。权重代表了不同的报酬要素对总体职位评价结果的贡献程度或扮演角色的重要性程度。不同的报酬要素所占权重大小对职位评价结果有很大的影响，反映了一个组织对职位重要性的根本看法，组织所在的行业或市场的特点，也反映了组织的战略、文化或价值观。确定报酬要素权重的方法通常有两种：一是经验法，即以管理人员的经验或评价委员会达成的共识来进行决策；二是统计法，即运用统计技术或数学技术进行决策。统计法首先要确定组织内部的基准职位，然后对每一种基准职位确定一个总价值公式，最后运用多元回归等统计技术确定每一种报酬要素在所有这些职位中应占的权重。

(4) 确定每一种报酬要素的不同等级对应的点值。首先，为职位评价体系确定一个合适的总点数或总分，比如 1 500 点、800 点或 500 点。一般而言，总点数或总分与被评价职位数量的多少、价值差异的大小正相关。其次，为每一种报酬要素内部不同等级确定合适的点数，通常可以用算数方法或几何方法。算数方法容易计算，每一报酬要素最高等级的点数即该报酬要素在职位评价系统中的总点数，将总点数除以该报酬要素内部的等级数，得到点值级差，用最高等级的点值依次减去点值级差，即分别得到该报酬要素内其他等级的点值。几何方法则要在每一报酬要素内部的等级递增幅度上保持相同的等级比。首先应确定不同报酬要素等级之间的点值比率差（表 7—1 假定这种比率差为 20%），然后换算成十进制的表示法（1+0.2＝1.2），将最高级的点值依次除以 1.2，就可以计算出其余等级上的点值。

计点法需要相关专业人员的参与，尤其在各类报酬要素的选择和分级时，由

表7—1　　　　　　　　　　　报酬要素等级点值确定

报酬要素	报酬要素等级	几何法	算术法
知识	1	96	40
	2	116	80
	3	139	120
	4	167	160
	5	200	200
沟通	1	69	33
	2	83	66
	3	100	100
工作条件	1	42	25
	2	50	50
……	……	……	……

于要转换为量化的形式并直接与薪酬水平挂钩，因此设计起来花费的成本较高。但是一旦形成成熟的计点法职位评价技术，组织薪酬分配的公平性和稳定性则能得到较好的保障。

4. 要素比较法（factor comparison）。作为一种定量的职位评价技术，要素比较法实际上可以看成一种比较复杂的排序法，它要用到多种报酬要素，通过多次选择报酬要素分别对职位进行多次排序，得出每个职位在各报酬要素上的加权总分，然后得到总体的职位序列分。其主要操作步骤如下：

(1) 获取职位信息，确定报酬要素。规范、完备的职位说明书是确定报酬要素的基本背景信息。

(2) 选择典型职位。典型职位即基准职位，在组织内的职位序列中有代表性，在组织外也普遍存在。评价委员会要根据组织内外的市场情况为典型职位定价。

(3) 根据典型职位内部相同报酬要素的重要性对职位进行排序。比如，某组织的职位评价委员会确定了五个典型职位和五个报酬要素，对五个典型职位及各报酬要素的排序见表7—2（1为高分值，4为低分值）。

(4) 把每一典型职位的薪资水平分配到每一个报酬要素上。评价小组各成员根据自己的判断，把每一典型职位中各报酬要素对每一职位的贡献用百分比的形

表7—2　　　　　　　　典型职位及各报酬要素排序一览表

职位	心理要求	生理要求	技术要求	责任	工作条件
A	1	4	1	1	2
B	3	1	3	4	4
C	2	3	2	2	3
D	4	2	4	3	1

式来体现。比如，某典型职位的现有薪资水平为每小时30元。表7—3展示了这一典型职位每一种报酬要素的定价过程。

表7—3　　　　　　　　典型职位及其报酬要素定价一览表

职位	心理要求	生理要求	技术要求	责任	工作条件	合计
评价者甲	10% (3元)	20% (6元)	15% (4.5元)	25% (7.5元)	30% (9元)	100% (30元)
评价者乙	15% (4.5元)	10% (3元)	15% (4.5元)	40% (12元)	20% (6元)	100% (30元)
评价者丙	5% (1.5元)	25% (7.5元)	15% (4.5元)	35% (10.5元)	20% (6元)	100% (30元)
合计＝(甲+乙+丙)/3	3元	5.5元	4.5元	10元	7元	30元

(5) 根据每个典型职位内部每一报酬要素的价值分别对职位进行多次排序(见表7—4)。如果根据心理要求所代表的价值计算，各职位的排序为职位A、职位C、职位B和职位D；如果根据责任所代表的价值计算，各职位的排序为职位A、职位C、职位D和职位B。

表7—4　　　　　根据各报酬要素对职位进行的多次排序　　　　　单位：元

职位	小时工资	心理要求	生理要求	技术要求	责任	工作条件
A	58.8	24 (1)	2.4 (4)	18 (1)	12 (1)	2.4 (2)
B	33.6	8.4 (3)	12 (1)	10.8 (3)	1.2 (4)	1.2 (4)
C	36	9.6 (2)	7.8 (3)	12 (2)	4.8 (2)	1.8 (3)
D	24	7.2 (4)	8.4 (2)	2.4 (4)	2.4 (3)	3.6 (1)

(6) 根据两种排序结果排除非典型职位。现有两种排序方案：一种是通过步

骤（3）得到的最初排序方案（X），另一种是通过步骤（5）得到的新的排序方案（Y），见表7—5。严格来说，这两种排序方案的顺序应该是一致的。如果两者之间差异太大，则表明这个典型职位不是真正的基准职位，因此该职位不能作为典型职位适用。实践中，在要求不严格的情况下，排除非典型职位的步骤可以省略，直接从第四个步骤跳到第七个步骤。

表7—5　　　根据每种报酬要素对典型职位所做的两次评价结果一览表

职位	心理要求		生理要求		技术要求		责任		工作条件	
	X	Y	X	Y	X	Y	X	Y	X	Y
A	1	1	4	4	1	1	1	1	2	2
B	3	3	1	1	3	3	4	4	4	4
C	2	2	3	3	2	2	2	2	3	3
D	4	4	2	2	4	4	3	3	1	1

（7）建立典型职位报酬要素等级基准表。在典型职位报酬要素等级基准表中，每个职位各报酬要素等级相对应的薪资水平之和就是这个职位的薪资水平。比如，职位A的薪资＝2.4（生理要求）＋2.4（工作条件）＋12（责任）＋18（技术要求）＋24（心理要求）＝58.8（元），见表7—6。

表7—6　　　　　　　典型职位报酬要素等级基准表

薪资水平（元）	心理要求	生理要求	技术要求	责任	工作条件
1.2				职位B	职位B
1.8					职位C
2.4		职位A	职位D	职位D	职位A
3					
3.6					职位D
4.2					
4.8				职位C	
5.4					
6					
6.6					
7.2	职位D				

续表

薪资水平（元）	心理要求	生理要求	技术要求	责任	工作条件
7.8		职位 C			
8.4	职位 B	职位 D			
9					
9.6	职位 C				
10.8			职位 B		
12		职位 B	职位 C	职位 A	
13.2					
14.4					
15.6					
18			职位 A		
21					
24	职位 A				
27					

（8）使用典型职位报酬要素等级基准表来确定其他职位的工资。典型职位和报酬要素的分解工作之后，其余非典型职位可以根据拟评价职位的各报酬要素与典型职位的报酬要素之间的关系来确定职位价值，即确定拟评价职位每一报酬要素在典型职位报酬要素等级基准表中最合适的位置，然后将拟评价职位每一报酬要素对应的货币价值加总，即得到该职位应当获得的薪资水平。

要素比较法能够直接得出组织内各个岗位的市场价值，是一种精确、系统、量化的职位评价法。当然，要素比较法的精确性对设计者的专业能力也提出更高的要求，设计者不但要准确地选择适合本组织特点的报酬要素，更要准确地把握人力资源市场上劳动力的市场价值，拥有准确的赋值能力。同时，整个评价委员会也要花费更多的时间和精力来达成共识。不过从总体上看来，计点法是一种适用更广的职位评估方法。

【阅读链接】

刘昕编著. 薪酬管理（第二版）. 北京：中国人民大学出版社，2009.

三、确定薪酬结构

(一) 基本步骤

通过职位评价确定了职位的相对价值后,职位评价委员会要根据组织内外的相关资料信息来确定每一个职位的基本薪酬。虽然上述几种职位评价法也可以直接将职位与薪酬水平相挂钩,但是,对组织规模比较大的企业而言,要为成百上千的职位分别确定不同的基本薪酬会有困难。因此,可通过下面的步骤减少工作量,并使工作更有效率。①确定薪酬等级,将类似的职位纳入一个个职位等级中(根据排序情况或点值大小来确定),这样企业的人力资源部门只要管理好十余种不同的薪酬水平就可以。在薪酬等级的确定中,越来越多的企业逐渐通过宽带薪酬(broad banding)的设计获得比传统的工薪体系更大的级差和更少的等级。②确定薪酬区间(pay ranges)。根据薪酬等级确定每个等级的薪酬区间,也就是某一薪酬等级内部允许薪酬变动的最大幅度,它说明的是同一薪酬等级内部的最高值和最低值之差。薪酬区间或薪酬变动范围中的中值是薪酬结构管理中的一个重要因素,它通常代表了该薪酬等级中的职位在外部人力资源市场上的平均薪酬水平。每个薪酬等级对应一个薪酬区间有以下优势:它可以使组织在人力资源市场上保持一个比较灵活的位置。比如,如果某一薪酬等级中由于起薪太低而很难吸引到有经验同时薪酬水平也更高的员工时,薪酬区间的存在(确切地说,某一薪酬等级中的较高值)就能使组织更容易招到这种员工,同时又能够保证这种员工仍然位于相应的薪酬等级之中。薪酬区间还使得一个组织对处于同一薪酬等级,但是在绩效方面或资历方面不同的员工支付不同的薪酬水平。③相邻两个基本薪酬等级之间的交叉或重叠设计。这种设计符合薪酬管理减级增距的最新趋势。传统的薪酬管理中,不同的薪酬等级之间并不交叉、也不重叠,体现了组织内部科层的结构设计。而交叉或重叠的设计更加符合组织的薪酬实践,体现出组织结构从科层向扁平化发展的趋势。

(二) 薪酬宽带

薪酬宽带始于20世纪90年代,又称宽带薪酬,是与企业组织扁平化、流程再造等相配套的新型薪酬体系,用少数跨度较大的工资范围替代原有数量较多的工资级别的跨度范围,是减级增距的自然结果。宽带意味着将薪酬等级和薪酬区间合并成少数几个浮动范围更大的薪酬等级或宽带,每一个宽带等级中都包括一些变动范围相对较大的职位和薪酬水平。企业既可以针对所有的职位创建薪酬宽带,也可以仅仅针对特定的职位比如管理类或专业类职位创建薪酬宽带。如图7—1所示,企业原来8级的薪酬等级在实行薪酬宽带后变成了3级。

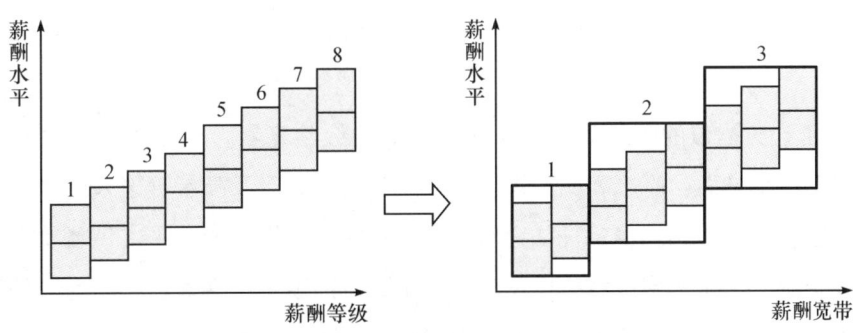

图7—1 从薪酬等级到薪酬宽带

薪酬宽带的优点是在员工薪酬的决定方面注入更大的灵活性,施行薪酬宽带可以支持企业战略更好地实现。当一个组织从笨重庞大的多层科层结构向扁平化组织转型,新型的、更为宽阔的宽带薪酬帮助组织更容易形成新的独立管理的团队,方便员工在薪酬方面的上下调整。比如,郭士纳任IBM公司首席执行官之前,IBM的薪酬系统中全部职位被纳入24个狭窄的薪酬等级;郭士纳对IBM进行改革后,薪酬系统根据技能、领导力要求以及范围/影响把原有24个薪酬等级纳入10个等级,职位名称的数量从原来的5 000种减少到1 200种。

宽带薪酬的施行使专业化程度更低的"无边界"职位和组织结构更容易实现。专业化程度更低以及对跨部门流程的更多参与要求员工能够承担更大范围的职责,同时也使他们可以走上不同的职业发展通道,宽带薪酬为此提供了便利。

宽带薪酬的设计包括以下几个步骤:①确定宽带的数量以及在每个宽带中包括多少点值;②为每一个宽带薪酬设计一个薪酬区间;③宽带薪酬往往包括浮动范围较大的若干薪酬区间,并在区间之间存在较大幅度的重叠。在同一个薪酬宽带中可能包括很多种职位,每一种职位都有各自的市场工资率。员工们必须努力提高自己的技能和知识才能得到加薪。

（三）管理类和专业人员的薪酬确定

管理类和专业人员的薪酬确定在很多方面与制定普通员工的薪酬计划类似。但是，与生产类和事务类岗位相比，管理类和专业类岗位存在着很多难以量化的因素。而且，在整个人力资源市场上，高级管理类和专业类岗位的供不应求成为一种常态，因此，为这些人员制定的薪酬计划往往更复杂，职位评价依然重要，不过相对年终奖、奖励计划和福利等一些非薪酬方面的因素，基本薪酬的重要性在下降。

1. 管理类职位的薪酬管理。从西方企业的经验来看，管理人员的报酬通常包括以下四个方面：基本薪酬、短期奖金、长期奖金以及高层管理人员福利和特权。管理者基本薪酬的确定往往会考虑企业规模、组织盈利水平、销售状况、所占市场份额、组织的层级结构以及其他员工群体的薪酬水平等。不同的管理层级所侧重的参照因素有所不同，高层管理人员的基本薪酬水平主要受组织规模的影响，中层管理者的基本薪酬水平往往受到层级结构的制约，基层管理者的基本薪酬水平更多地与其监管的普通员工的人员类型、数量以及他们的薪酬水平有关。通常情况下，基层管理者与下属员工的平均薪酬差距为30%左右。

组织在确定高管人员的薪酬时，要充分考虑以下四个方面的因素：①风险程度，即薪酬方案希望高管人员能够承担多大的风险，实际上承担了怎样的风险；②绩效的衡量，即绩效目标的制定和测量方法是否合理，能否激励高管人员实现优良绩效；③所有权，即高管人员能够持有公司多大份额的股份；④全面报酬，即高管人员所获报酬的各种薪酬构成，如基本薪酬、可变薪酬以及福利等能否营造对公司有利的文化。

2. 专业类员工的薪酬管理。专业类员工是指运用自己掌握的知识来帮助企业解决问题的员工。律师、医生、会计师、工程师、科学家等都属于专业类员工，他们通常要经过长期的正规学习，才能得到他们目前所从事的职位。专业人员的职位价值同样不容易比较和衡量。专业人员个人的实际努力对组织的经济影响常常是间接发生的，发明的成功，或者从科技成果转化成经济产出的周期不容易确定，有些则可能需要较长的时间。不能立竿见影的工作绩效带来职位评价上的困难。这一类人员的报酬要素应当集中在解决问题、创造性、职位的范围、技术知识和经验要求等方面，但是由于对工作中所运用的知识和技能进行量化和衡量极为困难，因此，大多数组织采取市场定价法，根据市场状况首先确定一个自己能够承受的最优薪酬水平；同时，再把这些基准职位和其他专业类职位插入某一个薪酬结构中。对于专业人员的薪酬定价，更为可行的操作方法是将他们对应一个浮动范围比较宽的薪酬区间，以灵活地保持自己薪酬的竞争力。当企业薪酬的内部一致性与外部竞争性产生冲突时，外部竞争的重要性会远远超过内部一致性的重要性。

第四节　绩效奖励计划

一、概念介绍

作为激励原理在组织管理实践中的运用，奖励制度以下列逻辑为基础：某些工作对组织的贡献要大于其他工作，某些人比其他人的工作做得更好，贡献多的员工应该得到的也多。奖励的形式多种多样，最早的奖励诞生于现代工业管理之初，后来在表现形式和具体内容上又有诸多演变，但本质上都是将员工的所得（经济性或非经济性所得）与其绩效挂钩。经济型奖励和非经济型奖励的有机结合体现了 20 世纪 90 年代以来企业人力资源管理的重要进展。除绩效薪酬、奖金等经济性表现形式，认可性奖励等非经济性表现形式包括了职位的晋升、发展性培训计划以及富有个性的福利包。下面着重介绍绩效奖励计划。

关键概念

绩效奖励计划是指员工的薪酬随着个人、团队（部门）或组织的整体绩效的某些衡量指标所发生的变化而变化的一种薪酬设计。

（一）组织内常见的绩效奖励计划

绩效奖励可体现在薪酬结构、薪酬体系、薪酬水平以及薪酬政策的确定等诸方面的设计中。利润分享计划、收益分享计划以及员工持股计划等是组织内常见的、大部分群体都可参与的奖励计划。

1. 利润分享计划（Profit-Sharing Plans）

利润分享计划是指企业的部分利润在所有的员工或大多数员工之间进行分配。分配给员工的利润百分比（比如15%、20%或者其他）一般在年底分配之前由根据事先设计好的公式（比如根据员工工资的一定比例分配、平均分配、根据员工的服务年限分配，或者根据综合因素进行分配）来确定。利润分享形式可以是直接现金。在美国，奖金（红利）的分配由公司的营利能力而定，一般一年支付一次或两次，每年支付的金额大约相当于六个星期的工资，这类计划不需要政府批准，也不在官方备案。[①] 还有一种是延期利润分享计划（Deferred Profit-Sharing Plans），利润分配被推迟并存入公司为每个员工设立的个人账户，员工可以在退休或离开企业时随身带走。法国、美国、新加坡等国家都出台了促进和规范递延式利润分享的税收优惠政策，参与计划的员工个体和组织都会享受到税收的优惠。利润分享计划旨在激励员工取得更优秀的绩效，能够加强员工对组织的认同和归属感，是组织构建和谐员工关系的有力工具。

2. 收益分享计划（Gain Sharing Plan）

收益分享计划鼓励员工通过共同努力来达到公司的生产率目标，并且使员工和公司共同分享由于这种努力所产生的成本节约收益，这部分利润是超过常规收益的额外收益。收益分享计划的早期形式是斯坎伦计划（Scanlon Plan）。这是美国钢铁工人联合会的官员约瑟夫·斯坎伦（Joseph Scanlon）在1937年提出的一种奖励计划，在降低成本和培养员工的分享、合作精神方面非常成功。一项研究表明，在实施斯坎伦计划后，企业的劳动力成本下降了10%，劳资争议则减少了大约一半。通常情况下，在员工人数不超过1 000人的企业中实施斯坎伦计划比较容易成功。此外，在那些生产和成本比较稳定的企业中实施斯坎伦计划也更容易成功。良好的监督和健康的劳资关系对于这个计划的施行必不可少。

除了斯坎伦计划外，企业还可以根据自己的实际情况自行设计适用于本组织的收益分享计划，其区别在于决定企业所得与员工奖金的方式不同。另外，在员工群体中的分配方式，也可以采取不同的方式：所有员工获得同等数量的奖励；

---

① 狄煌. 美国的利润分享计划. 中国劳动科学，1995（6）.

所有员工按基本工薪的同一比例获得奖励；不同类的员工按不同的比例分享额外收益；根据分配标准，不同的表现获得不同的比例或数量。

收益分享计划的实施一般包括下列几个步骤：①确定收益分享计划所要达到的总体目标。比如，提高生产率或降低成本。②选择具体的绩效衡量指标。比如，通过单位产品耗时这样的生产率衡量指标，或净资产收益率这样的财务指标来评价员工的绩效。③确定收益分享基金的决定公式。即员工应当分享多大的份额，组织自留的部分又是多少。一项研究表明，平均而言，员工获得累积利润的46.7%。④决定采用何种方式在员工内部分配他们分享到的利益。⑤确保报酬的数量足以引起员工们的注意并对他们的行为产生激励作用。⑥确定收益分享奖金的支付方式。通常是现金形式，也有的采用普通股票的形式。⑦决定收益分享奖金的发放频率。收益分享部分的派发可以按月份、季度、半年和年度进行，取决于管理理念和对工作业绩的衡量方式。⑧建立员工参与体系。这是促进劳资关系和谐的重要途径之一。

3. 员工持股计划 (Employee Stock Ownership Plans，ESOP)

员工持股计划是一种普遍采用的利润分享方式，可以在整个组织内部实施。公司把它的一部分股票（或者购买这些股票的现金）交给一个信托机构，该机构负责为员工购买一定数量的公司股票，等员工退休或离开企业时，信托公司将把员工应得的股票份额分配给他们。员工持股计划使员工成为企业的持股人，有利于鼓励他们的主人翁精神，增强他们对组织的认同、忠诚和责任。员工持股计划主要包括杠杆型和非杠杆型。杠杆型的员工持股计划主要通过信贷杠杆来实现，通过成立员工持股计划信托基金，以公司担保向银行贷款购买股东的股份，由信托基金管理购入的股票，并以所分得的利润（股息分红）及公司其他福利计划（员工养老金计划）归还银行贷款的本息；在此基础上信托基金按事先确定比例将股票逐步转入员工个人账户，股票归员工所有，但股权仍然由基金管理。非杠杆型的员工持股计划一般由公司每年向该计划贡献一定数额的公司股票或用于购买股票的现金，数额一般为参与者工资额的15%。当该计划与员工的退休计划相结合时，公司贡献数额的比例可达到参与员工工资总额的25%。[①]

---

① 冯邦彦，叶穗瑜. 员工持股计划在我国的适用性研究. 江汉论坛，2003 (7).

20世纪70年代后，美国许多企业开始组织实施员工持股计划，美国政府也相继通过一系列法案，为实行员工持股计划的企业和各有关方面提供税收优惠，员工持股计划和退休计划结合在一起，成为极具激励性的福利计划。美国的实证调查表明，实行员工持股计划的企业与同类企业相比，劳动生产率高1/3，平均利润率高50%，平均工资高25%～60%。员工持股计划与风险资本被认为是带动硅谷高速成长的两部发动机。[1]

我国职工持股制度是在国有企业股份制改造的基础上产生的，中国第一家规范化的职工持股计划于1995年在深圳金地集团实施。20世纪80年代初期，一些企业尝试用集资入股的方式扩大再生产，这是职工持股制度的雏形。到90年代，内部职工股在定向募集公司开始盛行，但终因"内部股社会化、法人股个人化"的问题，遭到了国家的禁止。1998年12月25日，中国证监会宣布终止上市公司内部职工持股的实施。2000年以来，股权激励方式再度兴起。目前，我国A股市场上市公司员工持股现象已经比较普遍。据不完全统计，截至2012年9月30日，沪深两市共有1 841家A股上市公司具有员工持股的情况，占全部2 467家A股上市公司比例为74.63%。员工持股总股数为982.30亿股，占所有员工持股A股上市公司总股本的6.33%，占所有A股上市公司总股本的3.13%。为规范、引导A股市场已经普遍存在的上市公司员工持股现象，中国证监会于2012年草拟了《上市公司员工持股计划管理暂行办法（征求意见稿）》，并向社会公开征求意见，中国对员工持股的法律规范有望出台。

（二）制订更加有效的绩效奖励计划

从泰勒到后面的薪酬管理专家和实践者，他们对各种奖励计划赋予了如下期望：将员工的报酬和他们的绩效联系起来，使员工获得更多的激励并共同开创更多的组织剩余。但是实际上，奖励计划常常并不能起到有效的作用，这是由于组织其他管理方面或激励计划自身所带来的新问题。有时，单独的绩效薪酬设计可能很完美，但是企业的整体薪酬体系或管理体系，企业的文化氛围都存在诸多的欠缺：企业自身的战略目标定位不清晰；企业的管理过于僵化和严苛，导致员工

---

[1] 吴春波，赵亚平. 正确理解员工持股计划. 中国人力资源开发，2001（9）.

充满敌对情绪或不能有心情舒畅的工作环境；企业在招聘或培训开发方面投入不足，从而导致员工无法获得足够的关注和帮助以提升业绩等。有时，绩效薪酬设计本身固有某种内在缺陷，比如计件工资计划很可能诱导员工过于重视数量而漠视了质量。再者，作为一种社会制度的报酬设计还可能引发其他一些问题，比如有的员工可能为了获得高绩效而不惜降低自己的职业道德，为了拿到减少事故的奖金从而对事故进行瞒报迟报；原本公平的制度设计客观上引发了员工群体的分化，从而可能破坏原本和谐的人际关系，等等。

那么，如何使奖励计划更有效，这需要企业在规章制度等管理方面更规范、科学以及人性化，人力资源管理者需要做进一步努力。

1. 合适地运用奖励计划。在下列情况下，奖励计划的运用会更有意义：当员工的努力程度和产出的数量、质量之间的关系非常明确时；工作是标准化的；工作流程是程式化的；工作的数量比质量更重要——或者工作的质量虽然重要，但是员工可以比较容易地衡量和控制质量。

2. 将激励和企业战略相结合，并确保员工努力和报酬之间存在直接的关系。要通过完善的管理和培训让员工对企业的战略有清醒的认识。也就是说，要让员工的职业发展途径、职业发展成功和企业战略紧密结合，使他们认识到，高绩效的工作成果是可能的，而且是可以达到的。

3. 确定有效的工作标准，加强与员工的沟通，并不断完善企业的培训体系。要将工作标准确定在合理的水平——应当让员工有60%~70%的把握能够完成这些工作，在进行任何一项奖励计划的设计和颁布时，要与员工进行有效的沟通，得到他们的理解和支持，并通过不断完善的培训体系，全面提升员工的绩效水平。

4. 有形激励和无形激励相结合，短期激励和长期激励相结合，个体激励和群体激励相结合，严谨的组织文化和自由的组织文化相结合。通过对多种激励方式的综合运用，才能有效地克服单个激励方式带来的负功能。整体性的人力资源管理计划将全方位地改善劳资关系，提升员工对组织的认同和忠诚度。以人为本和人性化管理是企业提升自己的比较优势、充分发挥员工潜能的最好途径。

针对不同的职位、岗位，结合国内外企业的实践和我国的相关政策，下面介绍一些具体的奖励计划。

二、操作类员工奖励计划

操作类员工是企业中实际完成工作的人，比如制造型企业中处于生产流水线上的工人、饭店里的厨师、旅馆里的清洁工或银行中的柜台员等。

（一）计件工资计划

目前，我国大多数企业一线职工工资结构多为计件工资（piecework）。计件工资计划是最古老，同时也是广泛运用的激励形式。劳动定额和计价单价是计件工资里的两个核心要素，劳动定额是衡量生产率的重要指标，是企业进行成本核算的依据之一，又是员工薪酬的主要依据；计价单价是根据与工作物等级相应的等级工资标准和劳动定额计算出来的。计件工资中的报酬和绩效成比例，由于符合内部公平性原则而具有很好的激励作用。值得注意的是，这里的生产率和生产标准的测定（也就是通常所称的"劳动定额"）要得到员工们的认同，应该选择大多数员工在平均水平下的工作量，而且这种计件工资在月标准时间内的总额不低于当地的最低工资标准。计件工资的缺点是不利于产品质量的提高。在计件工资下，员工往往追求产量而忽视质量、品种、消耗等指标。另外，即使组织有充分的理由对产出标准进行修改时，也可能会遭到员工的反对。

【阅读参考】 劳动定额过高导致"隐性侵权"

2013年，来自全国总工会面向10个省（区、市）8个行业的一则调查显示，四成以上职工需加班才能完成工作，许多企业习惯于单方面制定劳动定额，不经职代会讨论或不与工会协商。32.1%的企业仍在使用2004年以前制定的劳动定额标准，42.8%的企业依靠非专业人员或凭经验制定，42.3%的国有企业和45%的集体企业单方制定劳动定额，不与工会协商。

更早的一项调查也反映了类似的问题。2008年对湖北企业的一项调研认为，我国企业劳动定额中的问题较突出，特别是非公企业，劳动定额制定过高、强迫职工超时劳动、加班不按标准支付加班费、变相压低职工工资收入等工资分配不合理现象比较普遍。究其原因，主要有以下两点：

第一，劳动定额与计件单价的确定多由企业自定。调查显示，在劳动定额的确定中，由企业自定的占33.2%，由职代会确定的占30.9%，参照行业标准确定的占29.4%，不知道的占6.5%。20世纪90年代以来，伴随着一些行业主管部门之间的合并及转变，劳动定额不再由行业主管部门来制定，而是由企业根据各自实际自行制定。国家没有统一的劳动定额标准，参照行业标准的说法实际上是参照行业内其他企业。由此，大多数企业（69.1%）的劳动定额都是企业单方自定的。企业一般通过同行业定额、本企业历史定额和现场工人测算三种方式确定劳动定额。

第二，劳动定额没有统一的参考标准，制定上缺乏科学性，编制方法缺乏专业性，程序上缺乏民主参与性，使企业劳动定额管理不能与市场经济和现代生产技术发展相适应。"计件单价"的方式主要有两种：一是根据订单，先按照社会平均利润率扣除企业应获得的利润，然后减除企业应支出的各项物质成本，最后剩下的一块就是工资成本。再根据工资成本，将其分解到每一道工序，确定出计件单价，这种以成本倒推的方法确定出的计件单价就是工人获得的工资基础。二是根据人力资源市场上劳动力的市场价格除以劳动天数，得出每天的工资，然后除以每天能做几件活，得出计件单价。按照原劳动和社会保障部的有关规定，劳动者每月工作的时间应为20.83天/月，但一般企业都是按照26天/月、28天/月，甚至30天/月计算工作日。这样算来，工人每天的工资就比较低，依靠牺牲休息时间，提高自己劳动熟练程度，才能拿到高出劳动力价格的工资水平。

资料来源：胡放之，王龙. 关于企业劳动定额与职工工资决定的调查与思考. 中国劳动关系学院学报，2010（1）；郑莉. 劳动定额过高导致"隐性侵权". 工人日报，2013-04-08（1）.

虽然计件工资计划被广泛地运用，但是，即使是像纺织业等一些传统上非常强调计件奖励计划的行业，也开始转而使用其他的奖励方案。由于计件工资对数量的过于关注引导员工"向钱看"，从而忽视了质量问题。在强调提高产品附加值，推动产业结构升级已经成为主流的时代话语时，那些更为规范的、已经走在前列的企业组织对技术创新变得更为关注，更多的企业也正尝试用团队奖励计划、受益分享计划、组织整体的奖励计划等方式。

（二）标准工时计划

标准工时计划（Standard Hour Plan）是指首先确定正常技术水平的员工完成某种工作任务所需要的时间，然后再确定完成这种工作任务的标准工资率。其与计件工资计划类似，不过企业将根据员工绩效超过标准的一定百分比向他们支付同比例的奖金。比如，一个网络管理员的工作标准是每天搜索到 200 条相关新闻线索，每天的薪酬为 100 元，如果某网络管理员每一天可以搜索到 240 条相关的新闻线索，那么，他将会得到 20% 的额外报酬，也就是每天可以有 140 元的收入。

（三）团体或群体可变薪酬奖励计划

团体或群体可变薪酬奖励计划（Team or Group Incentive Plans）根据团队的绩效向员工提供薪酬奖励，这是近年来受到重视和广泛运用的一种绩效奖励计划。下面简单介绍三种具体的形式：

1. 首先为团队中的每一位成员确定一个工作标准，计算出每一个团队成员的产出，然后再通过以下三种方式之一来计算团队成员的报酬：①所有团队成员都按产量最高的员工的薪酬标准来领取报酬；②所有团队成员都按产量最低的员工的薪酬标准来领取报酬；③所有团队成员都按团队平均薪酬水平来领取报酬。

2. 以团队整体产出为基础，运用工业工程学的方法来为团队确定一个生产标准，然后让所有的团队成员都获得相同的薪酬——薪酬决定的依据是群体工作的计件工资率。这种群体奖励计划既可以采用计件工资制，也可以采用标准工时制，后者更为流行。

3. 根据团队绩效的某些整体性标准（例如"最终产品所耗费的总工时数"）把报酬和团队目标联系在一起。比如，某组织规定，每个项目团队如果能百分之百地完成预期的工作计划/指标（例如年盈利 100 万元），那么，超额部分的 20% 将被用于奖励这个项目团队，由项目组自主决定 20% 的超额利润的内部分配。

这种团队激励方案在那些围绕团队开展工作的组织形式中得到广泛运用，比如项目团队出版书籍、装配团队组装汽车、研发团队开创某一个新的产品市场、销售团队开拓某一个新的消费区域等。在这里，绩效不仅反映个人的努力，还强调团队的努力。这种绩效奖励计划的最大优势是对团队合作精神的培养。团队奖励还有利于员工的培训与开发，强化某一个团队中对新人的帮扶和培养。这种奖励方式的不利之处在于，一位员工（尤其是相对能力较弱）的薪酬收入可能与其自身的努力并不成比例挂钩，而这将对团队里的业绩优秀者带来一定的负面影响。解决这种方法的一个出路在于，在团队内部进行奖励计划的再分配，根据团队内部不同成员对团队绩效贡献的差异来公平地分配，这是一种更容易为人们接受的利益分配方式，组织要给团队领袖相当的赋权，团队领袖在职业道德方面更值得信赖。

三、中高层管理人员奖励计划

根据国外企业管理的经验，除了基本薪酬之外，大多数管理人员还会得到短期奖金和长期激励性报酬。在提供短期奖励计划的企业中，几乎所有的企业（96%）都采用发放现金的方式；而在提供长期奖励计划的企业中，大约48%的企业采用股票期权的方式。奖金等短期激励性报酬一般以现金形式支付，长期激励性报酬更多地采用公司股票或股票期权的形式。

（一）短期奖励计划：年度奖金

年度奖金（annual bonus）的目的是激励企业中高层管理人员达成短期的绩效目标。在这一奖励计划中，有三个方面的基本内容需要考虑：享受的资格条件、年度奖金的规模和个人奖金。

享受的资格条件。大多数组织将年度奖金计划的享受范围定得比较宽泛，既包括高层管理人员也包括基层管理人员。实际上，大多数企业年度奖金已经演化成一种特殊的福利性质，几乎覆盖全员。总的来说，对于效益不错的基层管理人员，年度奖金为其月薪的 1~2 倍。不同类型的企业标准会有较大的差异。外企以及比较规范的私营企业的年度奖金计划颇为优厚，一般是根据组织内不同工作岗位及其担负的责任与年度绩效直接挂钩。对高层管理人员而言，年度奖金的金额一般比较大。对万达集团的内部调查显示，2010 年万达集团给集团内 150 位经理级人员（地区总经理和垂直部门总经理）发放奖金逾亿元。

年度奖金的规模。各类组织发放年度奖金的规模并没有一定之规。有的企业采取非扣除模式（nondeductible formula），直接从公司的净收入中抽取一定的比例作为短期奖励基金；有的企业则采用扣除模式（deductible formula），即在达到一定的盈利水平后，在企业的纯利润中抽取一定的比例作为短期奖励基金。一种可能的方案是预留出最低水平的利润（比如 10%）用以保障股东投资的利益，然后再建立一项用以发放年度奖金的基金。

个人奖金。个人实际应当获得的年度奖金额，取决于员工个人的绩效，这也是大多数企业组织的通行做法。根据年终工作评价，企业内每个人的年度工作业绩被纳入相应的评价等级，组织将据此初步估算他们将获得的奖金比例，根据总的年度奖金规模按比例划分。这里要掌握的一个基本规则依然是"多劳多得"的分配逻辑，即绩效水平高的人应获得更高份额的奖金，而绩效平平的人得到平均水平的奖金，至于绩效很差的人员，则不应该获得任何奖金。

（二）长期奖励计划：股票期权

长期奖励计划的目的在于促使高层管理人员在决策时注重企业的长期利益。同时，长期奖励还通过为高层管理人员积累财富的方式（通常是赋予他们购买公司股票的选择权）鼓励高管留在企业中，致力于企业的长期发展。企业的长期奖励计划也有多种形式：现金（cash）、股票（stock）、股票增值权（stock appreciation rights）和影子股票（phantom stock），运用何种形式的奖励计划要随着经济和市场情况、公司内部的财务压力、对长期奖励计划的态度变化、税法的变更以及其他因素而变。相比之下，股票期权越来越受青睐，成为公司普遍采用的高管长期奖励计划。

股票期权（Stock Option）是指一种在一定时间内以一种特定价格购买一定数量公司股票的权利。这样，公司的高管人员就有可能通过在未来行使自己的权利（即在未来的某一时间根据今天的价格来购买公司的股票）而获利。这里的基本假设是：公司股票的价格会上涨。而对公司股票价格上涨的预期则与公司高管人员的经营息息相关。因此，获得公司股票期权的高管会尽心尽力地为企业的长期利润服务。

股票期权应用于经营者激励开始于 20 世纪 50 年代初。1952 年美国辉瑞（Pfzier）制药公司第一个推出经营者股权激励。90 年代，股票期权得到充分的发展。《财富》1996年公布的全球前500家大工业企业中,有89%的公司推行了股票期权计划。在发达国家的现代公司治理结构中,股票期权被广泛应用,其本质上属于股权激励的范畴,是优化代理人薪酬结构使代理人的行为目标与委托人的利润最大化目标相吻合,从而给予代理人的一种行为激励。股票期权激励机制发挥作用的隐含条件是一系列制度安排的保障,如健全完善的资本市场、竞争性的经理市场和产品市场、国家的政策法规允许、人们的意识形态转变(特别是对企业家才能和价值的认同),等等。[①]

我国最早尝试股票期权的是深圳万科股份公司,第一家实施股票期权的是上海仪电控股(集团)公司。中国证券监督管理委员会、财政部、国资委等部门近几年先后发布了《上市公司股权激励管理办法(试行)》《国有控股上市公司(境内)实施股权激励试行办法》《国有控股上市公司(境外)实施股权激励试行办法》等规定,对包括股票期权在内的中长期激励实施的范围、条件和力度做出明确规定。[②] 西飞国际曾于2008年9月推出首期股票激励计划,成为《国有控股上市公司(境内)实施股权激励试行办法》印发实施后首批试水股票期权激励的央企控股公司之一,但不到一年即根据国务院国资委的评审意见终止,并不再提交股东大会审议批准。

相比央企股票期权实践的谨慎探索,我国境内其他类型的企业已迈开积极探索的步伐。2010年,山东民营企业太阳纸业已经进入第二个行权期。2013年,中兴通讯(国企)的股权激励也进入第二轮股权激励阶段。

【阅读参考】中兴再次实施股权激励

(7月22日)中兴通讯今日发布半年度业绩快报。报告显示,中兴通讯上半年营业收入为377.08亿元,同比下降11.57%;净利润3.02亿元,同比增长23.47%。中兴通讯将一次性向1 531名激励对象授予10 320万份股票期权,授予数量占中兴通讯股本总额的3%。这是继2007年中兴通讯实施第一期股权激励计划的6年后再次推行新的股权激励措施。中兴通讯在2007年实施过有效期为5

[①] 金雪军,余津津. "股票期权"激励机制与国有企业改革. 管理世界,2000(5).
[②] 杨志明主编. 劳动关系. 北京:中国劳动社会保障出版社,2012.

年的第一期股权激励计划，一次性向激励对象授予 4 798 万股 A 股限制性股票，授予数量约占中兴通讯股本总额的 5%。

本次股权激励计划有效期为 5 年，其中自股票期权授予之日起 2 年为等待期，等待期后的 3 年为行权期。在行权期内，若达到计划规定的行权条件，激励对象可分 30%、30%、40% 共计三次申请行权。标的股票的价格为公司审议股权激励计划的董事会召开日前一个交易日（即 7 月 12 日）中兴通讯 A 股股票的收市价 13.69 元。具体见下表。

行权期	行权比例	行权条件
第一个行权期	30%	2014 年 ROE 不低于 6%，2014 年的净利润增长率较 2013 年不低于 20%
第二个行权期	30%	2015 年 ROE 不低于 8%，2015 年的净利润增长率较 2014 年不低于 20%
第三个行权期	40%	2016 年 ROE 不低于 10%，2016 年的净利润增长率较 2015 年不低于 44%

本次股权激励计划的激励对象为中兴通讯的董事、高级管理人员以及对公司整体业绩和持续发展有直接影响或做出突出贡献的核心业务人员。其中分配给 18 名董事和高级管理人员等激励对象的标的股票 535 万股，分配给核心业务人员的标的股票为 9 785 万股。

中兴通讯本次股权激励计划的业绩考核条件为：本计划有效期内各年度归属于上市公司股东的净利润及归属上市公司股东的扣除非经常性损益的净利润不得低于授权日前最近三个会计年度的平均水平且不得为负。

资料来源：晨晖. 中兴上半年净利同比增 23% 公布股权激励计划. http://tech.sina.com.cn/t/2013-07-22/17038562831.shtml.

股票增值权是指允许获得这一权利的人（通过购买股票）行使股票期权，或者是以现金、股票或两者结合的形式来获取股票价格的增值部分。绩效达成计划（performance achievement plan）根据预先确定的财务目标的达成情况来授予股票份额，这些财务目标包括利润或每股收益的增长情况等。限制性股票计划

(restricted stock plan) 中，企业通常将股票无偿配给高管人员：股票持有者可以出售股票（尽管这些股票并不是购买来的），但是他们出售股票时受到一定期限的限制（比如 5 年后）。

影子股票计划中，企业的高管人员并不会得到股票，他们得到类似于公司股票份额的"股票单位"，然后在未来的某一时间，他们可以得到与自己所持有的"影子"股票的增长情况相应的价值（通常以现金的形式）。

尽管人们对经理股票期权有着不同的看法，但经济学家们普遍认同两个基本事实：第一，与基本工资和年度奖金等传统薪酬机制相比，股票期权等长期激励机制的激励效果更好；第二，随着股票期权等长期激励机制使用规模的扩大，整体薪酬业绩弹性增大，整体薪酬的激励效果增强。这两点正是股票期权的旺盛生命力的根源所在。[1]

绩效奖励计划。传统的高管奖励计划（比如股票期权）通常并没有给高管人员带来任何实际的风险，比如高管人员往往只需要花很少的钱或根本不需要支出任何费用就可以行使股票期权，因此，他们在行权之后通常很快出售他们所持的股票。在长期奖励计划里为高管人员附加更高的风险的工具选择中，绩效奖励计划应运而生。绩效奖励计划，即"相对于在一个多年期计划开始时所确定的目标，对公司的财务绩效进行考察之后，确定高层管理人员所应当得到的报酬或者价值的计划"。绩效奖金计划本质上是一种奖金，它对绩效进行衡量的期限在一年以上，高管获得奖金的数额将取决于他或她在多大程度上达到了预定的财务目标。

（三）企业战略与高管薪酬

鉴于高管人员对企业发展的影响力，针对这一群体的长期奖励计划可能比其他任何人力资源管理实践对企业战略成功的影响更深远。在制定高管人员的薪酬计划时，必须首先明确企业的战略环境，然后再制定针对性的全面薪酬。

1. 明确制订高管人员薪酬计划时所处的战略环境，其中包括公司面对的内外部问题、公司的经营目标等。这些相关的问题包括组织的长期目标是什么？薪

---

[1] 胡继之等. 干得好，给股票——美国企业主管股票期权计划与长期激励机制扫描. 经济日报，1999-11-03.

酬结构如何才能支持组织的长期目标？高管的薪酬计划如何与组织的整体薪酬战略相匹配？

2. 根据公司的战略目标，构造高管人员全面薪酬的各个组成部分（基本薪酬、短期奖励计划、长期奖励计划、福利以及特权），然后将这些薪酬构成以平衡方式加以组合，使得全面薪酬有助于组织战略目标的实现。

3. 建立股票期权计划，从而使面向高管人员的全面薪酬具有其独特的特点，一方面能够满足高管人员的需要，另一方面也能够满足公司及战略实现的需要。

4. 对高管人员的薪酬计划进行检查，确保其符合所有法律法规、国家政策和各种规章制度的规定，同时确保薪酬计划在税收方面的有效性。

5. 建立一套程序，在公司经营活动发生重大转变时，对高管薪酬计划进行审查和评价。

另外，在制订高管人员的全面薪酬计划中，要界定影响公司经营的主要财务因素，这是因为对公司业务管理发挥直接作用的人员能够对公司价值的主要驱动因素产生重大影响。那么，经过对财务的分析和测算，组织应该能够清晰地描绘出到底是哪些财务指标在决定公司的价值和股东投资的价值增值，从而将高管的奖励计划和这些因素联系，以更好地激励高管为企业的发展服务。

【阅读参考】央企负责人薪酬管理政策

2009年9月16日，人力资源社会保障部会同中央组织部、监察部、财政部、审计署、国资委等单位联合下发了《关于进一步规范中央企业负责人薪酬管理的指导意见》（以下简称《指导意见》），以建立健全中央企业负责人收入分配的激励和约束机制。

《指导意见》明确了企业负责人的薪酬结构主要由基本年薪、绩效年薪和中长期激励收益三部分构成。由于我国对股权激励等中长期激励的配套改革政策还在试行中，指导意见对中长期激励先做了可审慎探索的原则性规定，重点对基本年薪和绩效年薪做了规范。

《指导意见》确定了规范中央企业负责人薪酬管理的五项基本原则：一是坚持市场调节与政府监管相结合；二是坚持激励与约束相统一；三是坚持短期激励

与长期激励相兼顾；四是坚持负责人薪酬增长与职工工资增长相协调；五是坚持完善薪酬制度与规范补充保险、职务消费等相配套。通过加强对中央企业负责人薪酬管理，使中央企业负责人薪酬做到结构合理、水平适当、管理规范。

四、销售人员奖励计划

销售人员的薪酬很大程度上依赖奖励计划（销售佣金）；同时，大多数销售人员的薪酬包括固定薪酬和佣金两个部分，固定薪酬也就是我们常说的"基本工资"（或"保底工资"），而佣金则更多地反映了销售者在自己工作领域内的业绩如何。地产中介、商场促销员等是比较典型的销售人员，不过实际上，在不少组织内部，对某些职位的业绩考核也经常用"底薪＋佣金（提成）"的薪酬方式。

（一）固定薪酬

一般来说，公司会对销售人员支付固定薪酬。采用固定薪酬的设计时，企业调整销售人员的工作区域或安排他们的工作就比较容易，也有利于培养销售人员对组织有起码的忠诚度。其最大的缺点则是业绩和收入无关，这对提高销售额不利，可能会打击潜在的高绩效销售人员的工作积极性。

（二）佣金计划

佣金计划是直接按销售额的一定比例确定销售人员报酬的一种激励计划，这种计划能够最大限度地激励员工，并且有助于吸引高绩效的销售人员。佣金计划中，高绩效员工的回报计算公式简单而清晰。由于销售成本和销售额成比例，因此，在采用佣金制的情况下，公司的固定销售成本比较低。

佣金计划对销售型员工有较高的激励作用，但是这种方式也有不足之处。比如，销售人员可能只关注增加销售额和销售金额比较大的产品，而容易忽视一些非直接销售类的职责，比如对小客户的服务、对忠诚客户的培养以及推销一些难度比较大的产品；它也可能导致员工过度追逐个人业绩而忽视企业的整体利益；销售人员之间的收入差距可能会比较大，从而引发同类职位员工之间的不公平感。另外，在繁荣时期，销售人员的收入往往会过高，而在衰退期，他们的收入往往又过低。以地产经纪人行业来说，在房地产销售高峰，他们的佣金可以达到每月几万元；但是在房地产销售低潮时，佣金仅能度日，维持基本生计。由于佣金计划伴随着经济周期以及国家宏观政策调控带来的不稳定性，销售行业成为一个高流动率的行业，那些能够在竞争中脱颖而出，或者意志坚定的人能够伴随着某个行业的成长或衰退，而那些没有相应的技能和人格特点、意志不坚定的人将会很快地离开这个行业。

（三）综合报酬计划

大多数公司往往采用固定薪酬和佣金结合在一起的复合形式向销售人员支付报酬。这种薪酬设计中，固定薪酬的稳定性保证了员工的基本生活来源，佣金部分又能有效激励销售人员的工作激情。在综合报酬计划中，最普遍的组合是：80%的部分是基本薪酬，20%的部分是激励性报酬；其次是70%和30%的组合比例；最后是60%和40%的组合比例。

制定有效的销售定额是一门艺术，管理人员应该对销售团队在过去一段时间内的销售规律和未来的销售市场保持清醒而审慎的判断，做好一系列准备性的工作。比如，就销售定额的问题与销售总监和销售队伍作广泛而深入的交流，对未来的销售市场有一个初步的调研和判断，将销售额与公司的长期发展战略及短期经营计划紧密结合，保证多大比例的销售人员能够完成确定的销售定额等。

（四）战略性销售人员奖励计划

最近，越来越多的公司开始把佣金和除销售额以外的其他指标联系在一起。比如，在康柏计算机公司，销售收入的增长只能决定销售人员全部薪酬的一半左右。康柏公司向其销售人员支付佣金之外的其他部分时，发放的依据是公司的关键销售目标，包括客户的营利性及非财务指标——比如现有的客户中发现了新的运用价值。Siebel公司销售人员的奖金中大约有40%的部分是根据客户对销售人员的满意度来确定的。

五、其他专业人员和非管理人员奖励计划

如前所述，包括股票期权计划在内的奖励计划越来越多地被支付给其他专业人员或非管理人员。此外，绩效加薪（merit pay or merit raise/performance relate pay）是一种更为传统的奖励形式。

(一) 绩效加薪

绩效加薪是指根据员工个人的绩效提供的薪酬增长。尽管这一概念可以指企业提供给任何类型的员工（管理人员或非管理人员、办公室职员或工厂工人）的奖励性加薪，但在大多数情况下，这一概念更普遍地用于白领员工，尤其是专业人员、办公室文员以及事务类员工。与奖金的不同之处在于，前者通常一次性发放，而绩效加薪在给予之后通常会成为基本薪酬的组成部分。有两种比较流行的绩效加薪方案：

一种方案是每年一次性地将绩效加薪的总额支付给员工。相比传统累积式的绩效加薪方式，一次性绩效加薪的激励效果更明显。比如在传统的累积式绩效加薪中，如果年薪3万元的员工得到5%的加薪，那么第二年他的基本薪酬水平将达到年薪3.15万元，但是会按每月125元的标准逐月发放。在大多数一次性的绩效加薪中，如果某位员工的年薪为3万元，那么一次性绩效加薪5%的情况下，这个人就能一次性获得1 500元的加薪。

另一种方案是将一次性绩效加薪与个人和组织的绩效挂钩（见表7—7）。本案例中，计算员工的绩效加薪水平时，公司绩效与个人绩效这两种因素所占的权重相同，那么，对一位绩效水平突出的员工而言，当组织的绩效水平一般时，他也能获得本人应得的最高一次性加薪水平的70%；但是对于绩效水平低于可接受标准的员工而言，即使组织绩效优秀的年份，他们也不会得到任何加薪。

表7—7　　　　　　　　　　一次性奖金的决定矩阵

个人绩效（权重=0.5）	组织绩效（权重=0.5）				
	卓越	优良	较好	可接受	不可接受
卓越	1.00	0.90	0.80	0.70	0.00
优良	0.90	0.80	0.70	0.60	0.00
较好	0.80	0.70	0.60	0.50	0.00
可接受	—	—	—	—	—
不可接受	—	—	—	—	—

(二) 专业类员工的奖励计划

制订专业类员工的奖励计划是具有挑战性的任务。首先，这类员工的报酬通常在组织中属于较高的层次。其次，他们因为自己的工作岗位而获得尊重和认同，这些都属于经济类奖励之外的非物质激励。适当的奖励（包括经济奖励）会激发他们的工作热情，不当的经济奖励有时会有损他们做好工作的内驱力。

一般而言，对于这些专业类员工，除了必要的、直接的经济类奖励，比如股票期权、利润分享等，其他有吸引力的福利计划、更人性化的服务和管理模式会受到他们的欢迎。比如，条件更好的休假（学术休假）、更灵活的工作时间（提供家庭办公设备以及在家办公的工作形式等）、更好的学习和进修条件等。为了吸引国际性人才，越来越多的企业给这些专业人员提供了非常优厚的奖励计划。

第五节　员　工　福　利

福利是员工薪酬的重要组成部分，相对狭义的、特指直接经济报酬的薪酬概念，福利是间接经济性报酬。福利的形式可以是金钱与实物，更多的则是服务机会与特殊权利。同时，福利又可以分为两大类：一类是法定福利项目，企业根据政府法律、法令承担的对职工应尽的义务；另一类是企业自主福利（或称为"法定外福利项目"），是企业根据需要自行设立的项目。

一、员工福利在西方的发展

西方企业实施的员工福利计划约开始于 20 世纪 20 年代。第一次世界大战后劳动力的紧缺、科学管理新理论的影响，以及洛克菲勒计划树立的典范，促成美国进步的大企业家发起并实践了企业福利改革运动，旨在倡导由企业而不是政府或工会为工人提供除工资外的福利，以缓和伴随工业化、城市化而来的劳资纠纷与冲突，创造和谐的劳资关系，这在当时被称为"美国企业福利资本主义运动"。当时，包括美国钢铁、国际收割机、标准石油、通用电气、AT&T、柯达、宝洁、福特等精英企业都参与其中。这些福利资本主义计划主要包括各种津贴计划,培训与教育计划,健康、安全计划,娱乐计划,工业民主计划等。[①] 政府因工业人本主义的发展趋势及社会舆论的促使,开始逐步制定相应政策与法律,敦促企业提供员工福利。第二次世界大战中,美国因担心战时过度的通货膨胀,做出工资封顶与冻结的规定,企业因大批工人被征招入伍而急需劳动力,因而纷纷努力改善福利以吸引工人。这样工人在择业时不仅仅考虑工资的多寡,还比较福利的优劣。第二次世界大战之后,经济发展的需要、技术更新的加速与国际市场竞争的尖锐化,大大强化了企业对优秀劳动力的需求和依赖;随着工人文化水平的提高,他们的需要向更高层次发展,工会提出了全面"工作生活质量"的要求,于是企业进一步加强了员工福利计划,60年代以后也是福利大规模发展的时期。80年代初,组织管理领域对日本企业的研究发现,日本企业对员工全面关怀的家长式管理风格,正是日本员工对本企业有较高忠诚度和认同感的重要因素之一。而美国成功企业的管理经验也同样证明,以员工为中心,重视对员工的全面关怀,把企业办成兼具工作性和社会性的组织,也越来越成为一种趋势。从30年代到90年代,福利的开支在企业薪酬成本中的比例越来越高,成为组织最重要的支出之一。

进入20世纪90年代,各类组织的福利计划又出现两个重要的发展趋势。

1. 弹性福利计划(flexible benefits program/plan)/自助式福利计划(cafeteria benefits plan)大行其道并日臻完善。弹性福利计划起源于20世纪70年代,企业为每一位员工提供一个固定的福利基金预算,让员工在这个预算的范围内选择他们感兴趣的福利。这种福利计划有两个约束性条件:①企业必须严格限定每个一揽子福利计划的总成本定额;②在每一个福利计划包中都必须包含一些特定的福利项目——例如具有强制性的社会保险项目等。灵活性是弹性福利计划的主要优点:员工可以选择最适合他们需要的福利包,企业也可以根据员工需求的变化调整福利计划。当然,这种福利计划的管理成本可能相当沉重,企业必须为福利项目定价并且定期更新员工的福利包,基于个人计算机的福利管理系统使员工能够以交互的方式更新和管理自己的福利包,企业也可以利用计算机化的福利管

---

① 李月娥. 20世纪20年代美国企业福利资本主义运动评析. 东北师范大学学报(哲学社会科学版). 2009(5).

理系统把相关的福利信息通知到每位员工。

2. 组织开始寻求与其战略目标、组织文化和员工类型相匹配的福利模式。过去,传统的福利模式比较单一,企业之间福利计划的趋同性也比较强;随着组织和制度的发展,更多的福利计划被开发出来,更多有关福利和组织绩效的研究显示,组织要选择适合自己的福利包,针对不同层次、不同岗位的福利计划有助于提高组织的吸引力,并达到高绩效。

法定福利项目与法定外福利项目。20世纪90年代初,美国企业根据法律要求所支付的福利开支占企业福利开支总额的22.7%。美国企业根据自身实际和需要向员工提供的福利主要有退休金、人寿保险、医疗及有关费用的支付、带薪休闲、其他福利等,见表7—8。

表7—8　　　　　　　　1992年美国企业中员工福利的结构

福利名称	占福利总额的比例(%)
法定福利	22.7
医疗及有关福利	26.4
带薪假日	26.4
退休和储蓄计划	15.3
人寿保险	1.3
其他	7.9

日本企业法定福利主要包括健康保险、厚生年金保险、雇佣保险、工伤保险、儿童补贴基金、船员保险、劳动基本法法定补偿、残疾人雇佣资助金等。它在企业福利中占62.2%;法定外福利主要包括住宅、医疗保健、生活困难补助、互助会、保险文化、体育、娱乐等。这方面的费用支出占企业总福利费用支出的37.8%。从另一个标准看,日本企业的福利费占现金工资总额的比例为11%~14%。不同规模的企业在法定福利项目方面差别不大,法定外福利方面有较大差别。据1981年的调查资料,以规模5 000人以上企业的企业福利为100,则规模在300~999人之间的企业的法定福利为84.1,而法定外福利则仅为44.1。[1]

---

[1] 杨生勇. 中美日传统企业福利制度的比较及对我国的启示. 日本研究,2005(3).

二、员工福利的中国经验

和世界上其他国家的企业员工福利类似，我国企业的员工福利也包括法定福利和自主性福利两部分。中国企业的福利政策和福利实践具有从计划经济向市场经济转型的烙印。随着全球化的深入，不断走上国际舞台的中国企业在福利实践上也越来越与西方企业趋同。

（一）员工福利内涵的时代变迁

自新中国成立到改革开放之初，计划经济体制下的国有企业实行"低工资、高福利"的收入分配制度。职工调整工资、发放奖金，从政策到标准都由国家决定，企业没有分配的决策权，企业只能为职工提供低水平工资。同时，高福利成为计划经济时代中国企业的另外一个重要特征。职工福利由职工所在单位举办，它以职业为依托、以城镇职工为主体，只要凭本单位正式职工的身份即可享受，是消费基金分配的一种形式。职工福利作为新中国社会福利制度最重要的组成部分，大体可分为三类：①为职工生活提供方便、减轻家务劳动而举办的集体福利设施，如宿舍、食堂、浴室、理发室、托儿所、幼儿园等；②为减轻职工生活费用开支而建立的福利补贴，如生活困难补助、冬季宿舍取暖补贴、探亲补贴等；③为丰富职工生活建立的文化福利设施和组织的活动，如文化宫、俱乐部，以及开展各种文娱体育活动等。

20世纪80年代中期以后，传统的企业职工福利难以为继。配合企业改革，职工福利制度的改革主要沿着以下几个路径逐步展开：①理清工资与福利的关系，部分职工福利转化为工资的一部分。一是把各种带工资性质的福利补助纳入工资分配范畴，提高职工收入的工资化、货币化程度。按照一般市场经济国家的工资构成惯例，把各种带工资性的福利补贴纳入工资范畴，不再从企业职工福利基金中列支。二是把保险费用与福利费用严格分开，避免相互挤占、混淆不清。②单位福利设施服务的社会化。1992年6月，中共中央、国务院《关于加快发展第三产业的决定》提出，"现有的大部分福利型、公益型和事业型第三产业单位要逐步向经营型转变，实行企业化管理"，企业开始了以"企业后勤服务社会化、产业化"为主要内容的福利设施服务改革，逐渐从"企业办社会"的困扰中解脱出来，不仅把大多数原有的后勤服务设施推向社会、推向市场，成为社会化第三产业的重要组成部分，而且还使企业福利机制与市场经济运行机制有机地结合起来，实现了由封闭福利型到开放经营型的过渡。③住房福利制度改革。城镇住房制度的改革从20世纪80年代开始。1998年国务院11号文件指出，"我国城镇住房制度改革的目标是，按照社会主义有计划的商品经济的要求，实现住房商品化"。1996年，国务院住房制度改革领导小组下发《关于加强住房公积金管理的意见》，形成了我国住房公积金管理的初步政策。1999年发布的《住房公积金管理条例》(国务院令第262号)，标志着我国住房公积金管理政策的正式确立。

为建立现代企业制度，不少企业视福利为"包袱"，将原有的各种福利剥离，将诸多福利职能推向市场和社会；进入新世纪后，随着市场经济的不断完善和人们对市场经济认识的不断深化，以及经济全球化对人才竞争的加剧，不少企业意识到企业福利作为吸引人才具有重要的功能和意义，从而重新构建完善的员工福利体系。

(二) 福利费提取的政策规定

1969年以前，福利费按企业职工的工资总额8%从成本中提取；1969年之后则是根据财政部《关于做好1969年决算编审工作的通知》中的有关规定，中央国营企业原按工资总额2.5%提取的福利费、3%提取的奖励基金和5.5%提取的医疗卫生费实行合并，统一按照工资总额的11%提取职工福利基金，直接记入成本。1992年4月，财政部发布的《关于提高国营企业职工福利基金提取比例调整职工福利基金和职工教育经费计提基数的通知》规定，从1992年5月1日起，将职工福利费改按职工工资总额扣除各种奖金后的14%从成本中提取，计提福利基金的工资总额不再扣除副食品价格补贴；职工教育经费按同一口径的1.5%提取；将1985年以来国务院统一规定发给国营企业职工的各种副食品价格补贴，其中由企业福利基金负担的部分全部改为从企业成本中列支。2007年1月1日，新的《企业财务通则》开始施行，没有了应付福利费及其计提等相关规定，标志着职工福利基金开始从企业税后利润中提取、列支，即企业要根据自身条件和经济效益状况来设置职工福利项目、决定职工福利水平以及职工的福利待遇。

(三)法定福利及相关政策

1. 法定保险

1951年2月,政务院公布《劳动保险条例》,以立法的形式确定了企业职工享受法定的劳动保险,享受包括养老、医疗、生育、残疾在内的各项待遇;同时,劳动保险总基金由中华全国总工会用以举办各类集体劳动保险事业(包括疗养所、残疾院、养老院、孤儿保育院、休养所、其他)。改革开放以后,随着市场经济的逐步建立,作为市场经济基本支柱的社会保障制度也不断完善。我国现行的法律法规和政策体系中与企业职工相关的法定福利如下:

(1)基本养老保险。根据我国现行的法律法规和相关政策,职工应当参加基本养老保险,由用人单位和职工共同缴纳基本养老保险费。用人单位应当按照国家规定的本单位职工工资总额的比例缴纳基本养老保险费,记入基本养老保险统筹基金。职工应当按照国家规定的本人工资的比例缴纳基本养老保险费,记入个人账户。其中,用人单位按本单位在职职工工资总额的20%缴纳,个人按本人工资收入的8%缴纳。参加基本养老保险的个人,达到法定退休年龄时累计缴费满15年的,按月领取基本养老金。参加基本养老保险的个人,达到法定退休年龄时累计缴费不足15年的,可以缴费至满15年,按月领取基本养老金;也可以转入新型农村社会养老保险或者城镇居民社会养老保险,按照国务院规定享受相应的养老保险待遇。参加基本养老保险的个人,因病或者非因工死亡的,其遗属可以领取丧葬补助金和抚恤金;在未达到法定退休年龄时因病或者非因工致残完全丧失劳动能力的,可以领取病残津贴。国家建立基本养老金正常调整机制。根据职工平均工资增长、物价上涨情况,适时提高基本养老保险待遇水平。

(2)基本医疗保险。根据我国现行的法律法规和相关政策,职工应当参加职工基本医疗保险,由用人单位和职工按照国家规定共同缴纳基本医疗保险费。其中,用人单位按本单位在职职工工资总额的6%缴纳,在职职工按本人工资收入的2%缴纳。参加职工基本医疗保险的个人,达到法定退休年龄时累计缴费达到国家规定年限的,退休后不再缴纳基本医疗保险费,按照国家规定享受基本医疗保险待遇;未达到国家规定年限的,可以缴费至国家规定年限。医疗费用不纳入基本医疗保险基金支付范围的项目包括:应当从工伤保险基金中支付的,应当由第三人负担的，应当由公共卫生负担的，在境外就医的。

（3）工伤保险。根据我国现行的法律法规和相关政策，职工应当参加工伤保险，由用人单位缴纳工伤保险费，职工不缴纳工伤保险费。国家根据不同行业的工伤风险程度确定行业的差别费率，并根据工伤保险费使用、工伤发生率等情况在每个行业内确定费率档次。职工因工作原因受到事故伤害或者患职业病，且经工伤认定的，享受工伤保险待遇；其中经劳动能力鉴定丧失劳动能力的，享受伤残待遇，包括生活护理待遇、伤残补助金和伤残津贴等。职工因工作遭受事故伤害或者患职业病需要暂停工作接受工伤医疗的，在停工留薪期内，原工资福利待遇不变，由所在单位按月支付。职工因工死亡，其近亲属按照规定从工伤保险基金领取丧葬补助金、供养亲属抚恤金和一次性工亡补助金。

（4）失业保险。根据我国现行的法律法规和相关政策，职工应当参加失业保险，由用人单位和职工按照国家规定共同缴纳失业保险费。其中，用人单位按本单位在职职工工资总额的2%缴纳，个人按本人工资收入的1%缴纳。满足下列条件的可从失业保险基金中领取失业保险金：失业前用人单位和本人已经缴纳失业保险费满一年的；非因本人意愿中断就业的；已经进行失业登记，并有求职要求的。失业保险金的标准，由省、自治区、直辖市人民政府确定，不得低于城市居民最低生活保障标准。领取失业保险金的期限最长不超过24个月。失业人员在领取失业保险金期间，参加职工基本医疗保险，享受基本医疗保险待遇。失业人员应当缴纳的基本医疗保险费从失业保险基金中支付，个人不缴纳基本医疗保险费。失业人员在领取失业保险金期间死亡的，参照当地对在职职工死亡的规定，向其遗属发给一次性丧葬补助金和抚恤金。凡有下列情形之一的停止领取失业保险金，并同时停止享受其他失业保险待遇：重新就业的；应征服兵役的；移居境外的；享受基本养老保险待遇的；无正当理由，拒不接受当地人民政府指定部门或者机构介绍的适当工作或者提供的培训的。

（5）生育保险。根据我国现行的法律法规和相关政策，职工应当参加生育保险，由用人单位按照国家规定缴纳生育保险费，职工不缴纳生育保险费。用人单位已经缴纳生育保险费的，其职工享受生育保险待遇；职工未就业配偶按照国家规定享受生育医疗费用待遇。生育保险待遇包括生育医疗费用和生育津贴。生育

第七章 薪酬管理

医疗费用包括：生育的医疗费用、计划生育的医疗费用，以及法律、法规规定的其他项目费用。职工有下列情形之一的，可以按照国家规定享受生育津贴：女职工生育享受产假；享受计划生育手术休假；法律、法规规定的其他情形。生育津贴按照职工所在用人单位上年度职工月平均工资计发。

2. 法定假期

公休假日。公休假日是员工工作满一个工作周以后的休息时间。我国《劳动法》规定，国家实行劳动者每日工作时间不超过 8 小时、平均每周工作时间不超过 44 小时的工时制度。1995 年国务院修订颁布的《关于职工工作时间的规定》第 3 条规定："职工每日工作 8 小时，每周工作 40 小时。"《劳动法》第 41 条规定，用人单位由于生产经营需要，经与工会和劳动者协商后可以延长工作时间，一般每日不得超过 1 小时；因特殊原因需要延长工作时间的，在保障劳动者身体健康的条件下延长工作时间每日不得超过 3 小时，但是每月不得超过 36 小时。同时，明确有下列情形之一的，延长工作时间不受《劳动法》第 41 条的限制：发生自然灾害、事故或者因其他原因，威胁劳动者生命健康和财产安全，需要紧急处理的；生产设备、交通运输线路、公共设施发生故障，影响生产和公众利益，必须及时抢修的法律、行政法规规定的其他情形。

法定休假日。根据 2008 年 1 月 1 日起开始实行的《国务院关于修改〈全国年节及纪念日放假办法〉的决定》，全体公民放假的节日包括：新年、春节、清明节、劳动节、端午节、中秋节和国庆节。全体公民放假的假日，如果适逢星期六、星期日，应当在工作日补假。

带薪年休假。根据 2008 年 1 月 1 日起开始实行的《职工带薪年休假条例》，各类组织中职工连续工作 1 年以上的，享受带薪年休假，职工在年休假期间享受与正常工作期间相同的工资收入。单位确因工作需要不能安排职工休年休假的，经职工本人同意，可以不安排职工休年休假。对职工应休未休的年休假天数，单位应当按照该职工日工资收入的 300% 支付年休假工资报酬。职工依法享受的探亲假、婚丧假、产假等国家规定的假期以及因工伤停工留薪期间不计入年休假假期。劳务派遣单位的职工连续工作满 12 个月以上的，也依法享受带薪年休假。

生育假。根据 2012 年 4 月 28 日颁布的《女职工劳动保护特别规定》，女职工生育享受 98 天产假，其中产前可以休假 15 天；难产的，增加产假 15 天；生育多胞胎的，每多生育 1 个婴儿，增加产假 15 天。女职工怀孕未满 4 个月流产的，享受 15 天产假；怀孕满 4 个月流产的，享受 42 天产假。女职工产假期间的生育津贴，对已经参加生育保险的，按照用人单位上年度职工月平均工资的标准由生育保险基金支付；对未参加生育保险的，按照女职工产假前工资的标准由用人单位支付。

3. 住房公积金

根据 2002 年修订后的《住房公积金管理条例》，住房公积金是指国家机关、国有企业、城镇集体企业、外商投资企业、城镇私营企业及其他城镇企业、事业单位、民办非企业单位、社会团体（以下统称单位）及其在职职工缴存的长期住房储金。职工住房公积金的月缴存额为职工本人上一年度月平均工资乘以职工住房公积金缴存比例。单位为职工缴存的住房公积金的月缴存额为职工本人上一年度月平均工资乘以单位住房公积金缴存比例。职工和单位住房公积金的缴存比例均不得低于职工上一年度月平均工资的 5%；有条件的城市，可以适当提高缴存比例。

4. 企业自主类福利

（1）企业年金（补充养老保险）。根据劳动和社会保障部 2004 年颁布的《企业年金试行办法》，企业年金是指企业及其职工在依法参加基本养老保险的基础上，自愿建立的补充养老保险制度。我国的企业年金制度采取缴费确定型模式，企业年金基金实行完全积累，以个人账户方式进行管理。职工在达到国家规定的退休年龄时，可以从本人企业年金个人账户中一次或定期领取企业年金。2011 年，人力资源和社会保障部会同中国银监会、证监会、保监会发布《企业年金基金管理办法》，是我国企业年金法规建设迈出的重要一步，标志着我国开始全面推行企业年金制度。根据《2012 年度人力资源和社会保障事业发展统计公报》，2012 年年末，全国有 5.47 万户企业建立了企业年金，比上年增长 21.8%；参加职工人数为 1 847 万人，比上年增长 17.1%；年末企业年金基金累计结存 4 821 亿元。

我国企业年金的政策和实践存在以下问题：第一，建立企业年金计划的行业分布较窄，目前仍主要集中于电力、石化、交通、烟草、钢铁、金融等部分行业和企业，社会化程度较低。虽然非国有经济（民营、外资、合资）、中小型企业也有参与，但国有大中型企业依然是主角。第二，相关配套政策尚不完善，比如企业年金税收优惠政策需要进一步完善。第三，个别企业和部分管理机构的操作不规范。[①]

(2) 健康医疗保健计划。健康医疗保健计划包括企业补充医疗保险和其他类型的补充保险计划。企业补充医疗保险是企业在参加城镇基本医疗保险的基础上，国家给予政策鼓励，由企业自主举办或参加的一种补充性医疗保险形式。企业补充医疗保险费由企业缴纳，原则上控制在工资总额的4%以内，具体比例可根据当地基本医疗保险缴费和企业上年度支付医疗费情况而定。企业补充医疗保险费在职职工从福利费中列支，福利费不足列支的部分，经同级财政核准后列入成本；退休人员从劳保费中列支。个人不缴纳企业补充医疗保险费。补充医疗保险基金，用于企业按规定参加当地基本医疗保险，是对城镇职工基本医疗保险制度支付的待遇以外，由职工个人负担的医药费用的适当补助，以减轻参保职工的医疗费负担。

在企业补充医疗保险之外，有的企业还对本企业员工实施其他商业保险计划，比如意外伤害保险、重大疾病保险等。此外，员工保健计划也是企业通常的福利项目之一，比如年度体检、健身房卡赠予、家庭保健医生费用报销等。

(3) 住房和交通性福利。住房公积金之外，住房贷款计划是常见的一种补充福利。有的企业适时提出住房补助计划，提供住房的低息贷款，这对稳定企业骨干——进入婚龄育龄的年轻人具有重要意义。还有的企业为员工提供上下班的班车，或发放给员工交通补贴等。该福利往往针对特定的员工群体。例如，购车贷款计划重点针对企业的中高层经理，住房贷款计划重点针对毕业不久的大学生以及住房困难的员工等。

(4) 教育培训类福利。教育培训既是员工培训开发的重要内容之一，也常被纳入企业提供给员工的弹性福利包，包括支持员工工作能力的各类知识、技能和能力提升活动，企业还会以直接资助或报销部分费用的形式鼓励员工的继续教

---

① 胡晓义主编. 养老保险. 北京：中国劳动社会保障出版社，2011.

育。另外，教育培训类福利有时还会延伸到员工的直系亲属，比如子女、未成年兄弟姐妹等。

(5) 非经济性福利，包括儿童看护和老人照料、咨询服务、工作环境保护等。

儿童看护和老人照料都是为了解决职工家庭和事业之间的平衡设置的福利菜单。计划经济下，国有企业单位为职工开办托儿所、养老院是一种很受欢迎的员工福利。伴随着市场经济进程的企业福利改革，不少企业这类的职能被剥离；而最近几年，相关内容的福利计划又逐步进入企业人力资源市场，深受人们欢迎。

咨询服务是指在需要的时候，可以享受由专业顾问企业提供的专业个人咨询服务，如法律咨询、员工心理健康咨询等，协助员工从容地处理工作困扰或是家庭及心理问题。

工作环境保护则体现在实行弹性工作时间、缩短工作时间、员工参与民主化管理等。

【阅读参考】华为的员工激励

据华为2009年企业社会责任（CRS）报告显示，截至2009年年底，华为共拥有来自140多个国家的9.5万多名员工。其中，员工持股计划参与人数为61 457人，全部由华为员工构成。作为一家非上市私营企业，2/3的员工持股比例令人咂舌。

华为在报告中强调称，公司是100%由员工持有的私营企业，没有任何第三方（包括政府）持有华为控股的股份，其全资股东为深圳市华为投资控股有限公司，通过工会实行员工持股计划。

在员工健康与安全方面，华为通过了国际标准的环境、健康和安全（EHS）管理体系的认证以及HSAS18001：2007的认证。与此同时，已建立起完善的员工保障体系，除公司全球机构所在地法律规定的各类保险外，华为还为员工购买了包括人身意外伤害险、商业重大疾病险在内的商业保险，并设置特殊情况下的公司救助计划——2009年，华为员工保障共投入16.8亿元。

2009年华为还启动了新一轮海外员工福利保障回顾项目，以进一步完善公司的全球员工保障体系。项目预计持续 3 年,至 2012 年完成。此外,公司启动 2009 年员工家属保险认购计划,为增强员工家属保障搭建平台。

在华为所有员工中,研发员工占比 46%,销售和服务人员占比 31%;而其海外员工本地化比例达 65%。

值得一提的是,华为连续多年保持了相对较高的女性员工比例和较低的员工离职率。截至 2009 年年底,女性员工在公司占比达 23%,离职率为 8.51%。

资料来源:http://it.sohu.com/20100602/n272514462.shtml.

三、员工福利管理:理论与实务

(一)员工福利管理的理论

作为薪酬管理的有机构成部分,员工的福利项目设计对激励员工、提高组织的凝聚力具有重要作用。西方管理学界对企业福利的研究主要集中在员工福利满意度方面。美国学者米塞利(Marcia P. Miceli)和雷恩(Matthew C. Lane)把员工福利满意度分为两类:一类是员工对福利水平的满意度,它受员工感觉中"应该得到"与"实际得到"的福利之差的影响;另一类是员工对福利制度的满意度,与员工对企业"应该实施"和"实际实施"的福利制度的看法、员工的个人偏好、企业福利制度的灵活性、福利管理程序、管理人员和员工之间的沟通等因素相关。

根据组织公平理论,福利管理公平包括结果公平、程序公平和交往公平。结果公平是指员工会对自己与他人的得失进行比较,判断分配结果的公平性。程序公平主要是指企业福利决策过程是否公平。交往公平是指管理人员在福利管理工作中与一般员工交往的公平性。包括:①人际交往公平,指管理人员在制定与实施福利制度的过程中尊重员工、关心员工的利益;②信息公平,指管理人员向员工传递有关福利制度的信息,解释福利分配的过程与结果。

根据赫茨伯格的双因素理论,企业缺乏保健因素会引起员工的不满,但保健因素并不能调动员工的工作积极性。激励因素能增强员工工作满意度,调动员工的工作积极性。美国学者布劳(Gary Blau)等认为,员工福利满意度包括员工对基本福利的满意度和员工对职业发展型福利的满意度。基本福利包括假期、病假、事假、工伤保险、医疗保险、人寿保险、退休计划等满足员工安全、生活保障等基本需要的福利。职业发展型福利指企业满足员工提高就业能力、工作技能等需要的福利，包括企业为员工提供继续学习、在职培训机会，资助员工学费，灵活安排员工工作和学习时间，根据员工获得的学历证书和学位证书来奖励员工等。布劳等人指出，随着员工职业观念的变化，员工越来越重视职业发展型福利。他们的实证研究结果表明，员工通常更重视基本福利，对基本福利的满意度可增强他们对福利的总体满意度，降低他们的离职意向；员工对职业发展型福利的满意度会增强他们对企业的情感性归属感。[1]

（二）员工福利管理中应注意的问题

人力资源管理部门在设计和管理员工福利时，应注意以下问题：

1. 了解福利管理相关的各项法律法规和政策。国家方面的法律法规或政策（包括中央层面和地方层面）是企业人力资源管理者必须熟悉的基本领域。不管是福利政策还是总体薪酬管理，都要及时收集。不同领域内的立法和政策可能会经常变化，企业人力资源管理者要及时关注这些法律规定，确保自己的经营和管理不踩到法律或政策红线。

2. 熟悉行业规范，尤其关注竞争对手在员工福利方面的举措。根据本组织的发展战略采取合适的福利计划，通过员工福利计划提升企业在人力资源市场上的竞争力。

3. 对本企业内的员工队伍的诉求进行深入研究，注意提高员工在福利计划设计以及实行过程中的参与度。在进行福利计划的设计时，注意发掘带有普遍规律的，或者体现特殊规律的福利需求的差异，根据组织的战略导向和财务状况进行科学、合理的设计。比如，对某些紧缺型人才，人力资源管理者尤其要提供有差异性、有竞争性的福利计划。

4. 管理者细心的解释、真诚的沟通是提高员工福利满意度的有效手段。人力资源管理者要做到工作态度和工作方法的完美结合。这体现在福利设计之初对

---

[1] 伍晓奕，汪纯孝. 西方企业员工福利满意度研究述评. 外国经济与管理，2005（5）.

第七章 薪酬管理

组织内外环境的科学调查、计划制订过程富有人情味的沟通方式、制度执行的严谨和规范等工作细节。信息的及时发布和沟通、对问题的收集和反馈都是提高福利沟通的有效方式。

思 考 题

1. 什么是薪酬？薪酬与报酬的区别有哪些？
2. 薪酬的基本构成是什么？
3. 简述薪酬的决定要素。
4. 简述薪酬水平确定的几大关键步骤。
5. 简述职位评价中的排序法和职位分类法。
6. 简述职位评价中的计点法和要素比较法。
7. 概述激励理论有哪些代表性的理论。
8. 薪酬体系的分类及适用范围是什么？
9. 概述几种组织内常见的绩效奖励计划。
10. 操作类员工的绩效奖励计划有哪些？
11. 中高层管理人员的绩效奖励计划有哪些？
12. 销售人员的绩效奖励计划有哪些？
13. 中国企业员工的法定福利由哪些构成？
14. 员工福利管理的经典理论有哪些？

第八章

员工关系管理

本章导读

员工关系会对企业的发展潜力产生强烈的影响,这种关系取决于不同的社会环境以及管理者对员工的基本看法。管理者既要把员工看作是需要通过资源投入才能够形成的一笔财富(即真正的人力资源),也可以将员工仅仅看成是实现最小化支出的一项成本。

本章主要介绍员工关系管理的内涵和战略重要性;劳动关系管理、劳动合同的内容、订立劳动合同应遵循的原则、员工争议处理;离职管理、自愿离职与非自愿离职;员工安全与健康、劳动保护、对特殊人群的劳动保护、员工健康管理等。通过介绍,使读者全面理解员工关系管理的基本内涵与实务操作。

第一节 员工关系概述

一、什么是员工关系

在员工关系管理和企业文化建设中,管理者应是企业利益的代表者、群体最终的责任者、下属发展的培养者、新观念的开拓者、规则执行的督导者。在员工关系管理中,每一位管理者能否把握好自身的管理角色,实现自我定位、自我约束、自我发展、自我超越,不仅体现员工关系管理水平的高低,而且关系到一个优秀的企业文化建设的成败。

第八章　员工关系管理

（一）员工关系的定义

关键概念

从广义上讲，员工关系是在企业人力资源体系中，各级管理人员和人力资源职能管理人员，通过拟定和实施各项人力资源政策和管理行为，以及其他管理沟通手段调节企业与员工、员工与员工之间的联系和影响，从而实现组织的目标，并确保为员工、社会增值。

从狭义上讲，员工关系就是企业和员工的沟通管理，这种沟通更多地采用柔性的、激励性的、非强制的手段，从而提高员工满意度，支持组织其他管理目标的实现。其主要职责是：协调员工与管理者、员工与员工之间的关系，引导建立积极向上的工作环境。

（二）员工关系中包含的要素

现代员工关系管理主要包括劳动关系管理、法律问题及投诉、员工的活动和协调、心理咨询服务、员工冲突管理、员工内部沟通管理、工作丰富化、晋升、员工信息管理、员工奖惩管理、员工纪律管理、辞职、辞退、裁员及解聘、合并及收购、工作扩大化、工作轮换等。

其中，"劳动关系管理"是指传统的签订劳动合同、解决劳动纠纷等内容；而"心理咨询服务"是现代企业中最时髦、最流行的一种福利，这项福利的产生来源于日益强烈的竞争压力；"员工信息管理"对那些大型或特大型企业非常重要。另外，"辞退、裁员及解聘、合并及收购"则是针对问题员工或者企业经营方式发生变化时的劳动关系的处理。

（三）员工关系的具体内容

从广义的概念上看，员工关系管理的内容涉及了企业的企业文化和人力资源管理体系的构建，从企业愿景和价值观确立，内部沟通渠道的建设和应用，组织设计和调整，人力资源政策的制定和实施等。所有涉及劳动法律法规和行政规章，涉及企业与员工、员工与员工之间的联系和影响的方面，都是员工关系管理体系的内容。

从管理职责来看，员工关系管理主要有九个方面：

1. 劳动关系管理。劳动争议处理，员工上岗、离岗面谈及手续办理，处理员工申诉、人事纠纷等事件。

2. 员工纪律管理。引导员工遵守企业的各项规章制度、劳动纪律，提高员工的组织纪律性，在某种程度上对员工行为规范起约束作用。

3. 员工人际关系管理。引导员工建立良好的工作关系，营造有利于员工的人际关系环境。

4. 沟通管理。保证沟通渠道的畅通，引导公司上下及时双向沟通，完善员工建议制度。

5. 员工绩效管理。制定科学的考评标准和体系，执行合理的考评程序，考评工作既能真实反映员工的工作成绩，又能促进员工工作积极性的发挥。

6. 员工情况管理。组织员工心态、满意度调查，不利舆论、怠工预防、检测及处理，解决员工关心的问题。

7. 企业文化建设。建设积极有效、健康向上的企业文化，引导员工树立正确的价值观，维护公司的良好形象。

8. 服务与支持。为员工提供有关国家法律、法规、企业规章制度、个人身心等方面的咨询服务，协助员工平衡工作与生活。

9. 员工关系管理培训。组织员工进行人际交往、沟通技巧等方面的培训。

二、员工关系与劳动关系和劳资关系的联系与区别

（一）员工关系与劳动关系

在我国劳动领域劳动关系、劳资关系与员工关系这三者之间既存在着相互依存的关系，又有一定的区别。究其原因，一是体制原因，由于我国劳动用工制度在20世纪80年代末以前一直执行计划指标分配制度，劳动关系的管理归属于国家，劳动者个人实现就业或企业招工都受国家计划控制，企业没有用工自主权，劳动者也没有择业自主权。历史的原因造成劳资关系和员工关系的界定方面与国际通行的含义存在差异。二是政治原因，由于长期受"左"的思想影响，一直认为我国是社会主义国家，工人阶级是国家的主人，既然是主人，工人所从事的工作就是给自己干事，在社会主义国家里不存在剥削与被剥削的关系。劳资关系是

西方的称谓，内涵是劳方与资方的关系或雇员与雇主之间的关系，是资本主义社会资本家剥削工人的社会基本矛盾之一。因此，在相当长的时间里研究劳动制度改革（改革初期为劳动、工资、福利三大制度），或讨论国内的劳动问题或企业用工制度改革问题时，通常不使用劳资关系这一提法，而是用劳动关系的概念以表明与西方称谓的区别。

劳资关系也称产业关系，有广义和狭义之分。狭义的劳资关系仅指能够代表员工的工会与资方之间的集体关系，主要涉及工会、劳资谈判、集体协议等方面的内容；而广义的劳资关系则涵盖与雇佣关系相关的所有方面，其中包括人力资源管理（或人事管理）、员工关系以及工会与资方之间的关系（即狭义的劳资关系）。总的来说，在实践中，劳资关系通常采用狭义概念，即仅涉及工会化的那部分雇佣关系，至于未加入工会的那部分员工与企业之间的关系，则不在劳资关系的覆盖范围之内。①

在我国，按照《劳动法》《劳动合同法》的规定，建立全日制劳动关系的法律文书——签订书面劳动合同。劳动关系的双方主体是特定的，一方是用人单位，另一方是劳动者。对于用人单位来说，招聘、使用、监督管理、支付劳动报酬、职业安全卫生等均要符合劳动合同的约定；同时，不得违反国家的法律和行政规章。这种人身依附关系和经济关系所产生的法律关系，不只涉及劳动者个人和用人单位，还涉及用人单位与工会或职工代表大会之间的关系以及与政府之间的关系。根据《工会法》的规定，工会是职工自愿结合的工人阶级的群众组织。中华全国总工会及其各工会组织代表职工的利益，依法维护职工的合法权益。用人单位的工会组织应当接受劳动者的诉求，依法主张劳动者的合法权益，与用人单位协调关系。同时，由于劳动关系和谐与否关系到社会的稳定大局，政府在构建和谐劳动关系中发挥着重要作用，通过建立健全劳动法律法规、社会保险法、职业安全与卫生法、工会法、收入分配制度等多种法律对劳动关系进行调整。因此，在我国的劳动关系中也包括劳动合同、集体协商和集体合同、劳动争议处理、劳动标准、三方协商机制等方面的内容。但核心是劳动者与用人单位之间的法律关系，不包括劳资关系概念中强调的工会和集体谈判。

---

① 刘昕主编. 人力资源管理. 北京：中国人民大学出版社，2012.

由此可以看出，我国的劳动关系概念具有西方的劳资关系概念所代表的工会与企业之间关系的含义，但从法律角度清晰界定了用人单位和劳动者个人之间的劳动法律关系。

（二）员工关系与劳资关系

员工关系的概念有广义和狭义之分。狭义的员工关系是指企业与员工之间的组织内部关系，即雇主和雇员双方之间的关系，是雇主和雇员在一定的法律框架内形成的经济契约和心理契约的总和。广义的员工关系的概念基本与广义的劳资关系的概念相同（前面已有，不再赘述），它不仅涵盖企业和员工之间的组织内部关系、企业与工会之间的关系、企业与工会会员（包括非工会会员）之间的雇佣关系等，员工关系通常使用广义上的概念。

员工关系存在的基础是企业和劳动者之间的雇佣关系，没有雇佣关系，员工关系就无从谈起。在实践中，人力资源管理部门的职能是从企业的角度出发，代表企业处理与员工之间的利益关系，这种活动过程就是员工关系。同样，在我国员工关系是建立在劳动关系基础之上的，员工关系的一个根本性要求是必须遵守法律法规，强调用人单位如何通过一系列内部规章制度和管理政策实现用人单位与员工双方互赢，而企业与工会之间的关系则不属于员工关系的核心问题。再有，集体谈判、集体争议处理以及三方协商机制等内容，是从人力资源管理的角度来看待企业和员工之间的关系，而不是从政治、社会或法律的角度来看待双方的关系。员工关系中包括劳资关系的内容，所以我国学术界常用的员工关系概念与西方的广义员工关系概念基本一致，可以把劳资关系作为企业与员工之间的关系来看待。

三、员工关系管理的重点工作

员工关系管理是指企业在遵守国家法律法规的基础上，为了实现组织目标和确保公正平等对待员工，在调整企业与员工之间的关系方面所依据的基本理念，组织制定政策、实施规章制度和管理实践的总称。从广义的概念来看，员工关系管理的内容不仅涉及国家劳动法律法规和行政规章，还涉及企业的企业文化和人力资源管理体系的构建。从企业愿景和价值观体系确立，内部沟通渠道的建立和应用，组织的设计和调整，人力资源政策的制定和实施等，所有涉及企业与员工、员工与员工之间的联系和影响的方面，都是员工关系管理体系的内容。

从狭义的概念来看，即从人力资源部门的管理职能看，员工关系管理主要有劳动关系管理、员工人际关系管理、沟通管理、员工情况管理、企业文化建设、服务与支持、员工关系管理培训等内容。

不论是从影响企业与员工、员工与员工之间关系的工作设计、员工流动和员工激励三个方面，还是从员工关系管理的广义和狭义内容角度，我们都会发现，沟通渠道建设特别是涉及员工异动的员工成长管理，我们姑且称之为"员工成长沟通管理"，是管理者进行员工关系管理的重点。

员工成长沟通管理的内容与目的：员工成长沟通可以细分为入职前沟通、岗前培训沟通、试用期间沟通、转正沟通、工作异动沟通、定期考核沟通、离职面谈、离职后沟通管理八个方面，从而构成一个完整的员工成长沟通管理体系，以改善和提升人力资源员工关系管理水平，为公司领导经营管理决策提供重要参考信息。

四、员工关系战略的重要性

当今人力资源管理的内容已不仅仅是传统的人事管理，而是从企业战略出发，把人当作企业最宝贵的资源来规划、组织、管理和协同，帮助企业提升核心的组织能力，最终保障企业战略目标的实现，这就是战略人力资源管理。所谓战略性人力资源管理体系是指在企业总体战略框架下对人力资源进行使用、管理、控制、监测、维护和开发，借以创造协同价值，达成企业战略目标的方法体系，包括战略性人力资源管理理念、战略性组织管理体系、战略性工作管理体系、战略性人力资源配置体系、战略性薪酬管理体系、战略性绩效管理体系、战略性培训教育体系以及战略性人才培养体系等。

在对内外部环境理性分析的基础上，明确企业人力资源管理所面临的挑战以及现有人力资源管理体系的不足，清晰地勾勒出未来人力资源愿景目标，以及与企业未来发展相匹配的人力资源管理机制，并制定出能把目标转化为行动的可行措施，以及对措施执行情况的评价和监控体系，从而形成一个完整的人力资源战略系统。

战略性人力资源管理核心职能包括人力资源配置、人力资源开发、人力资源评价和人力资源激励四个方面的职能,从而构建科学有效的"招人、育人、用人和留人"的人力资源管理机制。

战略性人力资源配置的核心任务就是要基于企业的战略目标来配置所需的人力资源,根据定员标准来对人力资源进行动态调整,引进满足战略要求的人力资源,对现有人员进行职位调整和职位优化,建立有效的人员退出机制以输出不满足企业需要的人员,通过人力资源配置实现人力资源的合理流动。

战略性人力资源开发的核心任务是对企业现有人力资源进行系统的开发和培养,从素质和质量上保证满足企业战略的需要。根据企业战略需要组织相应培训,并通过制订领导者继任计划和员工职业发展规划来保证员工和企业保持同步成长。

战略性人力资源评价的核心任务是对企业员工的素质能力和绩效表现进行客观的评价,一方面保证企业的战略目标与员工个人绩效得到有效结合,另一方面为企业对员工激励和职业发展提供可靠的决策依据。

战略性人力资源激励的核心任务是依据企业战略需要和员工的绩效表现对员工进行激励,通过制定科学的薪酬福利和长期激励措施来激发员工充分发挥潜能,在为企业创造价值的基础上实现自己的价值。

有效建立战略性人力资源管理职能,并得到充分发挥,达到预期效果的前提是组织要为人力资源管理提供一个必要的平台,这个平台包括人力资源专业队伍、人力资源组织环境、人力资源专业化建设和人力资源基础建设四个方面,为构建战略性人力资源管理体系提供相应的专业能力和组织保证。

和谐社会必有和谐企业,和谐企业必有和谐员工,和谐员工必有和谐员工关系,和谐员工关系必有和谐员工关系管理,和谐员工关系管理必有战略性和谐员工关系管理规划,在现代企业竞争中,如何建立和谐的员工关系管理已是企业实现可持续发展的重要法宝。

五、创建和谐员工关系管理

目前,在我国企业的员工关系管理中需要从以下几个方面进行完善:

(一) 培养共同愿景意识

企业的共同愿景首先必须是企业利益相关者的共同追求,员工关系管理的起点是让员工认同企业的愿景,没有共同的愿景,缺乏共同的信念,就没有利益相关的前提。

(二) 淡化或消除短视行为

对短期利益的过度化追求,必定弱化企业员工关系管理的是非标准。企业的价值观(包括企业文化)造就了员工的基本思维模式和行为模式,是企业的伦理基准,是员工对事物共同的判定标准和行为准则。短视行为对企业百害而无一利,只有建立长远的奋斗目标,制定科学合理的长期发展规划,让员工看到自己的各种期望,树立与企业共同发展的理念,企业才能不断增强竞争力,才能得到可持续发展。

(三) 完善激励约束机制

制定科学、合理、公平的薪酬激励制度是完善员工管理的一个重要方面。一般造成员工离职、人才流失的原因是薪酬水平低或薪酬待遇不公平。如何完善激励约束机制,建立科学合理的薪酬制度和晋升机制成为员工关系管理的根本任务之一。

(四) 明确职责

在企业员工关系管理系统中,员工关系管理的主体不清晰,直线经理作为员工关系管理的第一责任人的理念有待进一步强化。职能部门负责人和人力资源部门处于联结企业和员工的中心环节,部门之间相互支持和配合,才能保证企业目标的实现。

(五) 提升员工的自身价值

20世纪70年代,美国心理学家施恩提出了心理契约的概念。虽然心理契约是无形的,但却发挥着有形契约的作用。目前企业对于劳动合同、协议等比较重视,但对心理契约普遍忽视,企业对员工个人的需求和发展愿望并不是十分了解,对员工需求进行适当引导的行为也不多见,导致员工需求期望和实现自身价值的程度不高,领导层和员工心理定位差距较大,双方的满意度不高。

第二节　劳动关系管理

一、劳动关系的概念与特征

(一) 劳动关系的概念

劳动关系的概念有广义和狭义之分。广义的概念是指人们在社会劳动过程中发生的一切关系，包括劳动力的使用关系、劳动管理关系、劳动服务关系等。狭义的概念是指劳动力所有者（劳动者）与劳动力使用者（用人单位）之间，以实现劳动为实质而发生的劳动力与生产资料相结合的社会关系。简言之，劳动关系是指劳动者在运用劳动能力，实现劳动过程中与用人单位产生的一种社会关系。我们常用的劳动关系的概念，通常是狭义的概念。

劳动关系是以劳动为实质，发生在劳动过程中的一种社会关系。因此，理解劳动关系的概念还需要明确以下几点：

1. 劳动关系属于生产关系的范畴。劳动关系是由劳动力同生产资料相结合而形成的一种社会关系，生产资料的性质决定劳动关系的性质。

2. 劳动关系的实质是人与人之间的社会关系。劳动固然是劳动力的使用过程，但劳动是人的劳动，在劳动中作为劳动力的所有者和劳动力的使用者，其实都是人与人之间的相互作用，产生人与人之间的关系。

3. 劳动关系体现的是权利和利益关系。在生产劳动过程中，劳动者与用人单位之间客观地存在着劳动权利和利益的矛盾，劳动关系正是在这种矛盾运动中存在和发展的。

(二) 劳动关系的特征

在现代市场经济条件下，劳动关系呈现出以下特征：

1. 以劳动为目的，并与生产资料相结合。它是在人们运用劳动能力、作用于劳动对象、实现劳动过程中发生。如果劳动力处于静止状态，不与生产资料相结合,不进入劳动过程,劳动关系就无从谈起。

2. 具有自然关系和社会关系。劳动关系不仅表现为单纯的劳动力的使用和被使用关系,即人与自然的关系,还包含着复杂的政治、经济、社会、文化、道德等的社会关系。

3. 双方主体特定。主体一方为劳动力所有者和支出者,即劳动者;另一方为生产资料占有者和劳动力使用者,即用人单位。劳动者自始至终(包括劳动过程中及其前后)都是劳动力的所有者,在劳动过程中是劳动力的支出者;用人单位以占有生产资料作为其成为劳动力使用者的必要条件。

4. 以劳动力的使用为核心,形成二元权利结构。劳动力是以劳动者自身为载体的产物,归劳动者个人占有、使用和支配。劳动者有权获得保障劳动力再生产所需要的时间、物质、技术、培训等方面的条件;有权自由转让劳动力的使用权和在转让之外支配自己劳动力的自由;劳动者与占有生产资料的用人单位相结合,用人单位有权使用劳动力所有权让渡的劳动者,根据生产劳动的需要对劳动力进行分配和安排,以实现同生产资料相结合。由此形成了二元权利结构。

5. 具有人身关系和财产关系。由于劳动力是以劳动者为载体,与人身不可分离,劳动者把劳动力让渡给用人单位使用,实质上就等于劳动者将其人身在一定限度内交给了用人单位,因而劳动关系具有人身关系;劳动者让渡劳动力使用权的目的是获得生活劳动报酬,用人单位使用劳动力就要向劳动者支付劳动报酬,这体现的是商品等价物交换原则。所以劳动关系同时又具有财产关系。

6. 具有平等性与隶属性。平等性表现在劳动者与用人单位之间,通过遵循合法、公平、平等自愿、协商一致、诚实信用的原则,以书面劳动合同的方式确立劳动关系,并可通过意思自治和平等协商,延续、变更或终止劳动关系。隶属性表现在劳动关系一旦建立,也就是说劳动者为用人单位提供劳动之日起,劳动者就成为用人单位的一名职工,劳动者的劳动力就让渡给用人单位使用,劳动者进入用人单位指定的工作场所,在生产劳动过程中要服从用人单位的指挥,接受用人单位的管理,遵守用人单位的规章制度,从而构成了隶属主体之间的管理和被管理的关系。

7. 权利义务以特定方式实现。在不同历史时期和不同经济体制下,实现方式有所不同。我国在计划经济条件下,劳动关系的建立、变更和终止以及在劳动过程中主体权利义务是以行政的方式实现;在市场经济条件下,劳动关系的确立、变更和终止以及在劳动过程中主体的权利义务,以劳动合同等法律形式实现。

(三) 劳动关系的模型

有许多中外学者通过对劳动关系的研究,提出并描绘了多种劳动关系的理论模型,丰富和完善了劳动关系理论,反映了劳动关系双方处理相互关系的规律。美国俄亥俄州立大学管理学院教授雷蒙德·A.诺伊综合各种理论,描绘一个较为全面的劳动关系图(见图8—1)。

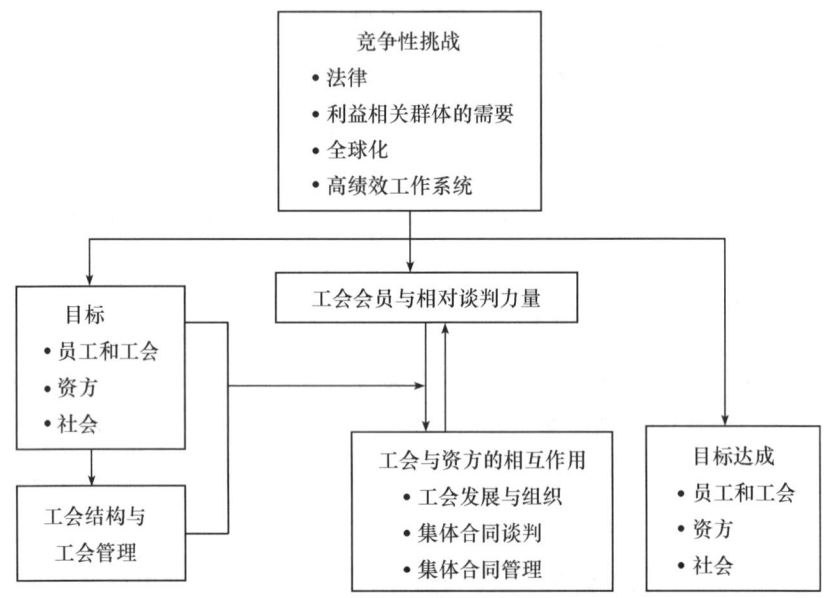

图8—1 劳资关系框架模型

资料来源:雷蒙德·A.诺伊,约翰·R.霍伦贝克,巴里·格哈特,帕特里克·M.赖特著. 人力资源管理:赢得竞争优势(第七版). 刘昕译. 北京:中国人民大学出版社,2013:603.

此模型综合了大多数劳动关系模型的理论思想,综合考虑了影响劳动关系的各种因素和相互作用,包括内外部环境的重要性,工会、资方和社会各自的目标,工会和资方之间相互作用与分类等。揭示了双方谈判力量对实现目标、工会与资方的相互作用,劳资双方各自达到目标的程度方面所起的重要作用。反过来,谈判力量还会对竞争环境以及工会会员的规模产生反作用,且具有一定的影响。

(四)劳动关系管理的原则

劳动关系管理作为员工关系管理的重要内容,既与员工关系管理的其他内容相联系,又具有不可替代的特点。因为劳动关系涉及企业与员工之间的关系,是员工关系中较为复杂、较难处理的关系之一;构建和谐劳动关系,规范劳动关系管理需要一整套行之有效、议事决策规范化、程序化的规章制度,公平、公正、及时解决企业与员工之间的矛盾与争议;劳动关系管理是员工关系管理中涉及法律、法规和行政规章内容最多的工作;劳动关系也是员工最为关注、与员工切身利益密切相关的内容之一。做好劳动关系管理需要遵循以下原则:

1. 合法性原则

市场主体的行为准则(或行为秩序)是法治原则,即遵守国家法律、法规与国际劳工组织公约。目前劳动领域的法律主要有:1995年1月1日实施的《劳动法》,1999年1月22日施行的《失业保险条例》,2004年12月1日施行的《劳动保障监察条例》,2008年1月1日实施的《就业促进法》《劳动合同法》,2008年5月1日实施的《劳动争议调解仲裁法》,2008年9月施行的《劳动合同法实施条例》,2011年1月1日开始施行并经过修订的《工伤保险条例》,2011年7月1日开始实施的《社会保险法》等,是我国劳动保障法律体系的重要组成部分。企业必须能够将这些法律法规的内容全面、准确地运用到企业制定规章制度和政策过程之中以及管理实践当中,避免出现违法行为。在企业的劳动关系管理中,合法性原则是企业与员工双方在处理相互关系时最基本、最重要的原则。

2. 公正性原则

在我国,人们多将正义、公正、公平、公道等词在相同的意义上使用,将公正原则作为处理问题的一项准则,它既包括内容公正,也包括形式公正。法治的本质要求当事人在行使自由裁量权时,不仅要合法、合理,而且还要公正。在劳动关系管理中公正性原则是企业管理活动应该遵循的重要原则,在涉及企业与员工、员工与管理人员之间利益分配、行为规则和管理程序中的意义或作用更为突出。公正性原则是决策层或管理者进行有效劳动关系管理的前提与基本标准,也是决策层或管理者依法依章办事的首要要求。

3. 符合企业文化的原则

企业文化是企业为解决生存和发展的问题而树立形成的,被组织成员认为有效而共享,并共同遵循的基本信念和认知。企业文化集中体现了一个企业经营管理的核心主张,以及由此产生的组织行为。因此,企业的经营理念、发展战略、规章制度、管理政策的最终贯彻执行,都有赖于企业文化的力量去助推。劳动关系管理制度与实践要与企业文化一脉相承,否则就不会得到员工的认同,甚至使员工产生抵触情绪,工作难以开展。因此,企业的决策层和管理者应当十分重视审视企业的各种劳动关系管理制度中有悖于企业文化的行为,以保证劳动关系管理系统与组织文化保持一致。

4. 高绩效原则

提升企业劳动关系管理的目的,是为了最大限度地调动或激励员工的积极性,最大限度地开发员工的潜能,提升企业绩效,为企业健康可持续发展打下坚实基础。所以,劳动关系管理必须以实现企业高绩效作为前提和落脚点,通过行之有效的规则、制度和方法提升企业的绩效。

二、劳动合同管理

(一)劳动合同的概念与内容

1. 劳动合同的概念

关键概念

劳动合同是劳动者与用人单位确立劳动关系,明确双方权利和义务的协议。劳动合同具有一般合同所具有的法律特征。一是劳动合同是双方当事人意思表示一致的法律行为,而不是单方的法律行为。二是劳动合同是合法行为,即当事人之间订立、变更、终止或者解除劳动合同,必须遵守国家法律的规定。

1994年7月5日公布,于1995年1月1日施行的《劳动法》对劳动合同的概念做出了法律上的界定:劳动合同是劳动者与用人单位确立劳动关系、明确双方权利和义务的协议。2007年6月29日,由第十届全国人民代表大会常务委员会第二十八次会议审议通过，于 2008 年 1 月 1 日起施行的《劳动合同法》第 10 条规定，建立劳动关系，应当订立书面劳动合同。已建立劳动关系，未同时订立劳动合同的，应当自用工之日起一个月内订立书面劳动合同。由此可见，劳动合同是发生在劳动者入职之前，或劳动者向用人单位提供劳动之日起一个月内必须履行的法律手续。也是劳动者作为员工正式成为企业的一员的标志。

2. 劳动合同的内容

《劳动合同法》第 17 条明确规定，劳动合同应当具备以下条款：用人单位的名称、住所和法定代表人或者主要负责人；劳动者的姓名、住址和居民身份证或其他有效身份证件号码；劳动合同期限；工作内容和工作地点；工作时间和休息休假；劳动报酬；社会保险；劳动保护、劳动条件和职业危害防护；法律、法规规定应该纳入劳动合同的其他事项。除以上必备条款外，用人单位与劳动者可以约定试用期、培训、保守秘密、补充保险和福利待遇等其他事项。

（二）签订劳动合同应遵循的原则

1. 合法原则

合法原则是指签订劳动合同时不能与国家及地方法律、法规等发生抵触。主要包括三个方面的要求：

第一，签订劳动合同时，主体须合法，不合法主体签订的劳动合同无效。比如，用人单位与未满 16 周岁的人签订的劳动合同无效。

第二，劳动合同的内容、条款等须合法，不合法的条款无效。比如，用人单位与劳动者在劳动合同中约定，"员工工作过程中因自己操作失误导致受伤的，咎由自取，公司概不承担任何责任"，该条款尽管双方已签字确认，但由于内容违法，因而无效。

第三，劳动合同的形式必须合法。对全日制用工不论是新签订的劳动合同还是协商变更的劳动合同，依《劳动合同法》都要求必须体现为书面形式，口头约定无效。

2. 公平原则

公平原则是指劳动合同的内容必须公平合理，用人单位与劳动者双方在劳动合同中的权利义务应当对等。任何一方都不能恃自己的强势或优势，强迫一方签订显失公平的劳动合同。

3. 平等自愿原则

平等自愿原则是指用人单位和劳动者在签订劳动合同时，必须是双方主体的自愿行为，是双方真实意思的体现，这种自愿是在双方平等的基础上实现的。一方发出要约，另一方承诺，双方形成合意。自愿是订立劳动合同的前提，是订立劳动合同的基础。

4. 协商一致原则

协商一致原则是指劳动合同的双方当事人在协商签订劳动合同的过程中，合同的相关内容应该由双方协商一致后约定而成。也就是说，劳动者不仅有权决定劳动合同的"签"与"不签"，而且有权就劳动合同的内容进行协商。只有在双方充分表达自己真实意思基础上，经过平等协商，取得一致意见的情况下，劳动合同才能成立。

5. 诚实信用原则

诚实信用原则源于伦理道德，它要求订立劳动合同的双方都必须提供真实的信息资料，不得以虚假、欺诈或者损害他人利益或社会公共利益的手段，骗取他人与其订立劳动合同。违反该原则的行为在民法中被称为"帝王条款"。此原则不仅适用于民事领域，同样适用于劳动领域。诚实信用原则弥补了过去法律上的漏洞，在劳动争议仲裁或诉讼中对于法律上没有依据或当事人没有约定或约定不明的争议，可以用诚实信用的原则进行解释或判断，平衡双方的利益关系。

（三）劳动关系的建立时间与签订劳动合同时间的区分

《劳动合同法》第7条规定，用人单位自用工之日起即与劳动者建立劳动关系。用人单位应当建立职工手册备查。第10条规定，已建立劳动关系，未同时订立劳动合同的，应当自用工之日起一个月内订立书面劳动合同。

实践中，用人单位与劳动者建立劳动关系，通常有以下两种情形：

第一种情形：用人单位与劳动者签订劳动合同在先，劳动者提供劳动在后，劳动关系的建立时间为劳动者提供劳动的第一天，即上班的第一天。

用人单位与劳动者双方就求职与用工意向签订劳动合同，劳动合同签订之日至用人单位用工之日期间，用人单位与劳动者尚未建立劳动关系，双方是一种民法意义上的民事关系，双方之间的权利义务关系受民法、合同法调整。在这种民事关系中，劳动者对用人单位做出了何时到用人单位上班、接受用人单位提供的劳动岗位、劳动条件和监督管理等承诺；用人单位则对劳动者做出了届时接受劳动者到本单位工作并提供相关工作条件及薪资福利待遇等承诺。只有劳动者真正到用人单位上班后，双方的要约与承诺才能生效，劳动关系才能建立。也就是说，用人单位可以在招聘结束后、用工之前，提前与应聘者签订书面劳动合同。在劳动合同中约定劳动者到岗上班的时间及相关违约责任，该时间来临，应聘者依约报到上班，此时双方劳动关系建立。

第二种情形：用人单位自用工之日起一个月内（法定期限），或超过法定期限后与劳动者签订劳动合同的，劳动关系的建立时间为劳动者提供劳动的第一天，即劳动者上班的第一天。对于用人单位来说，建立劳动关系一定要签订劳动合同，否则要承担不利的法律责任。同时，要建立职工名册备查。职工名册，应当包括劳动者姓名、性别、公民身份号码、户籍地址及现住址、联系方式、用工形式、用工起始时间、劳动合同期限等内容。建立详细的职工名册，一方面是用人单位的法律义务；另一方面也有利于用人单位加强对在职、离职人员的管理。

先签劳动合同后上班，可以解决两个问题：

第一，避免劳动者上班后不能及时签订劳动合同的法律风险。

第二，以该劳动合同取代传统的工作邀请函（OFFER），提高招聘效率。

（四）不依法签订劳动合同的法律风险

关键概念

事实劳动关系是指劳动关系双方当事人在建立劳动关系或变更劳动关系时，没有按照法律的要求签订书面的劳动合同，但符合确立劳动关系的其他构成要件，双方实际履行了劳动法所规定的劳动权利义务而形成的劳动关系。

《劳动合同法》针对用人单位用工不签订书面劳动合同，形成事实劳动关系的法律责任做了严格的规定；同时，对于因劳动者原因导致未签订书面劳动合同的责任也做了明确规定。

对于用人单位用工不签订书面劳动合同的情形，《劳动合同法》及其《劳动合同法实施条例》规定了应由用人单位承担的法律责任。

第一种情形：自用工之日起一个月内，经用人单位书面通知劳动者签订劳动合同后，劳动者不与用人单位订立书面劳动合同，用人单位应当书面通知劳动者终止劳动关系，无须向劳动者支付经济补偿，但是应当依法向劳动者支付其实际工作时间的劳动报酬。

第二种情形：自用工之日起超过一个月不满一年未订立书面劳动合同，用人单位应当依照劳动合同法向劳动者每月支付两倍的工资，并与劳动者补订书面劳动合同；劳动者不与用人单位订立书面劳动合同的，用人单位应当书面通知劳动者终止劳动关系，并依照劳动合同法规定支付经济补偿。劳动者两倍工资的起算时间为用工之日起满一个月的次日，截止时间为补订书面劳动合同的前一日。

第三种情形：自用工之日起满一年不与劳动者签订书面劳动合同的，视为用人单位与劳动者已订立无固定期限劳动合同。该情形下，用人单位自用工之日起满一个月的次日至满一年的前一日应当向劳动者每月支付两倍的工资，也就是说用人单位一年要向劳动者支付 23 个月的工资，并视为自用工之日起满一年的当日已经与劳动者订立无固定期限劳动合同，应当立即与劳动者补订书面无固定期限劳动合同。

劳动报酬一般应当在用人单位和劳动者签订的劳动合同中事先约定。用人单位与劳动者有约定的按照约定执行，没有约定或者约定不明确的首先执行集体合同的规定，没有集体合同或者集体合同未规定的实行同工同酬。同工同酬是指用人单位对相同或者相近岗位上的劳动者或者被派遣劳动者，应实行相同的工资分配制度。不因性别、年龄、种族、民族、身份、户籍等原因向劳动者支付劳动报酬时存在差异。

对于用人单位来说，将来考虑的重点应转向如何在管理中采取各种强化措施，建立单位内部严格的劳动合同签订制度，禁止或防范出现员工不与单位签订劳动合同的现象，避免与员工形成事实劳动关系。同时，如何有效与员工签订书面劳动合同及如何有效保管好已经签订的劳动合同，成为人事管理工作的重中之重。

（五）劳动合同管理

1. 建立不同类型劳动合同的分类管理体系。企业与不同类型的员工群体应当签订不同类型的劳动合同，根据劳动合同的性质、类别进行分类管理。同时，针对不同类型劳动合同的特点，制定相应的管理办法与措施，以确保企业通过劳动合同管理，实现优化员工关系管理的目的。

2. 严格遵守签订劳动合同的规范。签订劳动合同的宗旨是为了平等保护企业（用人单位）与员工（劳动者）双方的利益不受非法行为的侵害，目的在于用法律文书约束用人单位和劳动者双方的行为，使双方约定的权利义务能够得以充分实现。故企业在进行劳动合同管理时，应该严格遵循劳动法律法规或与之相关的其他法律规定，建立起一整套完备、系统、规范的劳动关系管理体系。

3. 劳动合同管理的程序。对于劳动合同的管理，可以按劳动合同的订立、履行、变更、解除、终止、续签等流程进行管理。

（1）劳动合同的订立。用人单位与劳动者签订劳动合同时，根据《劳动法》《劳动合同法》的有关规定以及订立劳动合同的时间，签订劳动合同的程序一般为提议、协商和签约。

（2）劳动合同的履行。劳动合同的履行，是指劳动合同在依法订立生效之后，双方当事人按照合同中约定的条款执行，完成各自应该履行的义务，享受各自依法可以获得的权利。

劳动合同履行的基本要求：

①合法履行。是指劳动合同双方当事人在履行劳动合同过程中，必须遵守法律法规，不得有违法行为。

②实际履行。是指劳动合同双方当事人要按照劳动合同规定的事项履行自己的义务和实现自己的权利，不得以其他事项或方式来代替。实际履行原则要求劳动者一方要给企业提供自己一定数量和质量的劳动，以保证企业生产经营活动的正常开展；企业一方要为劳动者支付必要的劳动报酬和提供必要的劳动条件等，以保障劳动者正常的生活和工作需要。

③全面履行。是指劳动合同双方当事人在任何时候，均应当履行劳动合同约定的全部义务，不能有选择的取舍。用人单位按时足额支付工资报酬是履行劳动合同的核心。

（3）劳动合同的变更。劳动合同订立后、履行过程中，由于主客观条件变化，允许变更劳动合同。引起劳动合同变更的原因是多方面的，可以是来自于用人单位或劳动者方面的原因，也可以是来自于劳动者与用人单位之外的客观原因；可以是法定原因，也可以是约定原因。劳动合同的变更，必须符合法定的条件，并经双方协商一致；否则，所变更的内容无效，得不到法律的保护，并被视为违反劳动合同的行为而承担相应的责任。

根据有关劳动法的规定以及劳动合同实践，具有下列情形之一的，劳动合同可以变更：一是当事人双方协商一致同意变更劳动合同；二是订立劳动合同时所依据的法律、法规、规章发生变化的，应该依法变更劳动合同的相关内容；三是订立劳动合同时所依据的客观情况发生重大变化，致使合同无法继续履行，当事人一方要求变更相关内容的，经双方协商同意后，按照法定程序可以变更劳动合同；四是由于严重亏损或自然灾害，用人单位确实无法全面履行劳动合同；五是劳动者因故部分丧失劳动能力或身体健康状况发生变化，需要变更劳动合同；六是因企业转产、重大技术革新或经营方式调整等经济性因素导致劳动合同需要变更；七是用人单位发生合并或分立，原合同继续有效，劳动合同由继承权利义务的单位继续履行。所谓承继，是指用人单位的主体发生变更后，由新用人单位接替，原用人单位继续履行原劳动关系的权利和义务。承继通过劳动合同的主体变更，使原劳动权利义务内容得以保留。

(4) 劳动合同的解除。是指劳动合同有效成立后，在一定条件下通过当事人的单方行为或者双方协商终止合同效力或者溯及地消灭合同关系的行为。劳动合同的解除可以分为单方解除和双方协议解除两种类型。单方解除，即享有合同解除权的一方当事人通过行使解除权而解除合同，劳动者本人和用人单位都有权提出解除劳动合同。关于用人单位和劳动者有权单方解除劳动合同的行为，在《劳动合同法》和《劳动合同法实施条例》中做出了具体的规定。

劳动者单方解除劳动合同的行为。劳动者与用人单位协商一致的；劳动者提前 30 日以书面形式通知用人单位的（劳动者只需提前 30 日以书面形式通知用人单位即可，并不需要用人单位的同意）；劳动者在试用期内提前 3 日通知用人单位的；用人单位未按照劳动合同约定提供劳动保护或者劳动条件的；用人单位未及时足额支付劳动报酬的；用人单位未依法为劳动者缴纳社会保险费的；用人单位的规章制度违反法律、法规的规定，损害劳动者权益的；用人单位以欺诈、胁迫的手段或者乘人之危，使劳动者在违背真实意思的情况下订立或者变更劳动合同的；用人单位在劳动合同中免除自己的法定责任、排除劳动者权利的；用人单位违反法律、行政法规强制性规定的；用人单位以暴力、威胁或者非法限制人身自由的手段强迫劳动者劳动的；用人单位违章指挥、强令冒险作业危及劳动者人身安全的；法律、行政法规规定劳动者可以解除劳动合同的其他情形。

用人单位单方解除劳动合同的行为。用人单位与劳动者协商一致的；劳动者在试用期间被证明不符合录用条件的；劳动者严重违反用人单位的规章制度的；劳动者严重失职，营私舞弊，给用人单位造成重大损害的；劳动者同时与其他用人单位建立劳动关系，对完成本单位的工作任务造成严重影响，或者经用人单位提出，拒不改正的；劳动者以欺诈、胁迫的手段或者乘人之危，使用人单位在违背真实意思的情况下订立或者变更劳动合同的；劳动者被依法追究刑事责任的；劳动者患病或者非因工负伤，在规定的医疗期满后不能从事原工作，也不能从事由用人单位另行安排的工作的；劳动者不能胜任工作，经过培训或者调整工作岗位，仍不能胜任工作的；劳动合同订立时所依据的客观情况发生重大变化，致使劳动合同无法履行，经用人单位与劳动者协商，未能就变更劳动合同内容达成协议的；用人单位依照企业破产法规定进行重整的；用人单位生产经营发生严重困难的；企业转产、重大技术革新或者经营方式调整，经变更劳动合同后，仍需裁减人员的；其他因劳动合同订立时所依据的客观经济情况发生重大变化，致使劳动合同无法履行的。

(5) 劳动合同的终止。

关键概念

劳动合同终止有广义和狭义两种理解。广义上的劳动合同终止，泛指劳动合同的法律效力终结的各种情形，将劳动合同解除也作为劳动合同终止的一种。狭义上的劳动合同终止，仅指劳动合同解除之外劳动合同法律效力终结的情形，将劳动合同解除与劳动合同终止并列。也就是说，劳动合同终止是指劳动关系由于一定的法律事实的出现而终结，劳动者与用人单位之间的权利义务关系不再存在。在我国劳动合同立法上，一直是从狭义上使用"劳动合同终止"一词的。

终止劳动合同应当依法进行。《劳动法》第 23 条规定，劳动合同期满或者当事人约定的劳动合同终止条件出现，劳动合同即行终止。《劳动合同法》第 44 条规定，有下列情形之一的，劳动合同终止：劳动合同期满的；劳动者开始依法享受基本养老保险待遇的；劳动者死亡，或者被人民法院宣告死亡或者宣告失踪的；用人单位被依法宣告破产的；用人单位被吊销营业执照、责令关闭、撤销或者用人单位决定提前解散的；法律、行政法规规定的其他情形。劳动合同的终止时间，应当以劳动合同期限最后一日的 24 时为准。

《劳动合同法》同时也明确了不得解除劳动合同的一些特定情形。例如，从事接触职业病危害作业的劳动者未进行离岗前职业健康检查，或者疑似职业病病人在诊断或者医学观察期间的；在本单位患职业病或者因工负伤并被确认丧失或者部分丧失劳动能力的；患病或者非因工负伤，在规定的医疗期内的；女职工在孕期、产期、哺乳期的；在本单位连续工作满 15 年，且距法定退休年龄不足 5 年的；法律、行政法规规定的其他情形。企业在劳动合同的解除和终止方面不能违反法律规定。

解除或终止劳动合同经济补偿的支付。《劳动合同法》规定，经济补偿金按劳动者的工作年限计算，劳动者在本单位工作每满 1 年支付 1 个月工资的标准向劳动者支付。6 个月以上不满 1 年的，按 1 年计算；不满 6 个月的，向劳动者支付半个月工资的经济补偿。劳动者月工资高于用人单位所在直辖市、设区的市级人民政府公布的本地区上年度职工月平均工资 3 倍的，向其支付经济补偿的标准按职工月平均工资 3 倍的数额支付，向其支付经济补偿的年限最高不超过 12 年。这里的月工资是指劳动者在劳动合同解除或者终止前 12 个月的平均工资。

劳动者与用人单位双方协商一致解除劳动合同或单方解除劳动合同的动议是劳动者提出的；劳动合同届满用人单位对续签劳动合同标准没有降低或者高于原标准的，由劳动者提出不续签的，用人单位可以不支付经济补偿金。

(6) 劳动合同的续订。是指劳动合同期限届满，经双方协商一致，可以续订劳动合同。续订劳动合同包括双方协商续订劳动合同和上述不得终止劳动合同的六种情形。

三、劳务派遣用工管理

关键概念

劳务派遣，顾名思义，就是关于活劳动服务的派遣，它是指依法设立的劳务派遣机构先与劳动者订立劳动合同，然后依特定的派遣协议，将劳动者派往劳务需求单位去工作。该定义确定了以下要点：①劳务派遣机构与劳动者之间具有劳动关系，劳动者是派遣机构所属的员工；②劳务派遣机构与被派遣单位（或称用工单位）之间订有派遣协议，具有劳务派遣关系；③劳动者（劳务人员或派遣工）依据劳动合同接受劳务派遣机构的派遣，再依据劳务派遣协议的要求向被派遣单位提供活劳动服务。

劳务派遣作为一种非传统、非典型、非正规的就业形式，随着经济的全球化和资本在全球范围内的快速流通，这种弹性就业的方式引进我国，并在近年内得到迅猛发展。传统的或典型的劳动关系，往往表现为劳动者和用人单位通过直接签订劳动合同确定相互之间的劳动权利和劳动义务。而劳务派遣则是由专门从事劳务派遣的派遣机构与劳动者签订劳动合同，再由派遣机构根据与用工单位订立的派遣协议将劳务派遣到用工单位工作。在劳务派遣中，劳动者并不是与实际用工的单位直接签订劳动合同，而是通过与劳务派遣机构签订合同，再派至用工单位工作。在这个过程中产生了"三方两地"的主体结构，并且实现了"招工"和"用工"的分离，形成"有关系、没劳动"和"有劳动、没关系"的格局。

（一）我国劳务派遣发展历程

劳务派遣在我国经过近30年的发展，已颇具规模，日趋成熟。经济转型对于劳动力市场产生了强大的撞击，劳动关系发生了深刻的变化，就业形式呈现多元化发展格局。劳务派遣作为一种灵活的就业形式日益成为我国多元化就业格局的组成部分。我国劳务派遣发展大致经历了四个阶段。

1. 萌芽阶段。20世纪70年代中后期，一些外国企业在北京、上海等大城市设立办事机构，受当时计划经济体制下的人事政策所限，国家规定外企驻华机构招聘中国员工必须由指定机构统一派遣，这个指定机构就是外企服务中心。当时无论哪家外企招聘的中国员工都必须首先与外企服务中心签订劳动合同，存放人事档案，外企服务中心也就成了实际意义上的劳务派遣公司。北京外企人力资源服务有限公司、上海对外服务有限公司于这一阶段成立，以满足外企对人力资源的特殊需求。

2. 起步阶段。20世纪80年代后期，国有企业改革拉开序幕，为配合国有企业产权变动、减员增效、主辅分离等改革，劳务派遣开始出现在国有企业用工形式中。在80年代末期，国有企业下岗分流人员已达17万多人，这一阶段的劳务派遣社会化程度很低，派遣机构是国有企业或其改制后公司的分支机构或子公司，只派遣下岗失业人员和职工家属，有的甚至只向国有企业或其改制后的公司派遣。

3. 无序快速发展阶段。自20世纪90年代初期，我国加快了经济体制改革的步伐，进行了大规模的产业结构调整和国有企业改制，1998年到2001年年底，全国国有企业累计产生下岗职工2 550万人，先后有1 700多万名职工进入再就业服务中心。与此同时，农村剩余劳动力的大量涌入城市以及新生劳动力的增加，使我国就业压力骤然加大，传统的用工形式已无法吸收过剩的劳动力。为了解决严峻的就业问题，国家鼓励各种灵活就业形式的发展，于是各种劳动服务机构相继出现，劳务派遣也于这一时期急剧膨胀。这一阶段派遣机构的地位和业务都已社会化，服务对象包括各种所有制形式的雇主及本地、外地劳动者。但由于市场不成熟以及缺乏相关法规的管制，用工单位滥用劳务派遣及派遣员工合法权益受到侵犯的案件时有发生。

4. 规范发展阶段。劳务派遣业的发展，也促使了各地政府出台相关文件加以规范。1998年，南京市人事局出台了《南京市人才租赁暂行办法》；1999年，北京市劳动和社会保障局、北京市财政局、北京市工商局制定了《北京市劳务派遣组织管理暂行办法》；2000年3月，上海市地税局、上海市工商局、上海市劳动和社会保障局出台了《关于进一步规范劳务用工和劳务型公司的意见》；2002年6月，深圳市政府通过了《深圳特区人才市场条例》，在国内首次明确了人才租赁的法律地位；2003年3月，青岛市人事局、财政局出台了《青岛市市直机关事业单位新补充工勤人员实施派遣管理的试行意见》；2003年6月，河北省劳动和社会保障厅、河北省工商局、河北省国税局和地税局出台了《河北省劳务派遣企业管理暂行办法》；2003年6月，扬州市人事局下发了《关于市直机关、企事业开展人才租赁工作的通知》。地方政府的立法实践为国家层面关于劳务派遣的规范提供了经验与借鉴，推动了国家层面的立法步伐。

为了解决劳务派遣在快速发展的同时所带来的种种问题，2007年6月29日，第十届全国人大常委会第二十八次会议正式通过的《劳动合同法》中，将劳务派遣专门作为一节（共11条）加以规定，改变了多年来劳务派遣法律缺位的状况。但是《劳动合同法》关于劳务派遣的相关规定过于原则，可操作性不强，在劳务派遣的实践中仍存在诸多问题。为了进一步完善劳务派遣管理制度，加强劳务派遣市场监管，促进劳务派遣市场健康有序发展，2012年12月28日，第十一届全国人民代表大会常务委员会第三十次会议审议通过了《全国人大常委会关于修改〈中华人民共和国劳动合同法〉的决定》。国家主席胡锦涛签署第73号主席令予以公布，自2013年7月1日起施行。人力资源和社会保障部于2013年6月20日公布了《劳务派遣行政许可实施办法》（人力资源和社会保障部令第19号），自2013年7月1日起施行，2014年1月24日公布了《劳务派遣暂行规定》（人力资源和社会保障部令第22号），自2014年3月1日起施行。

（二）劳务派遣适用单位

根据《劳务派遣暂行规定》的规定，劳务派遣单位经营劳务派遣业务，企业使用被派遣劳动者；依法成立的会计师事务所、律师事务所等合伙组织和基金会以及民办非企业单位等组织使用被派遣劳动者，依照本规定执行。

（三）劳务派遣用工范围和用工比例

修正案规定，劳动合同用工是我国的企业基本用工形式。劳务派遣用工是补充形式，只能在临时性、辅助性或者替代性的工作岗位上实施。

临时性工作岗位是指存续时间不超过6个月的岗位；辅助性工作岗位是指为主营业务岗位提供服务的非主营业务岗位；替代性工作岗位是指用工单位的劳动者因脱产学习、休假等原因无法工作的一定期间内，可以由其他劳动者替代工作的岗位。

用工单位应当严格控制劳务派遣用工数量，使用的被派遣劳动者数量不得超过其用工总量的10%。用工总量是指用工单位订立劳动合同人数与使用的被派遣劳动者人数之和；计算劳务派遣用工比例的用工单位是指依照劳动合同法和劳动合同法实施条例可以与劳动者订立劳动合同的用人单位。

由此可见，劳务派遣的适用范围会受到如下三个方面的限制：

1. 用工单位的限制。规定除企业、合伙组织和基金会以及民办非企业单位等组织以外，其他单位不得使用劳务派遣用工。

2. 岗位的限制。对临时性、辅助性、替代性这三性有了较明确的规定。

3. 人数的限制。这一点也相当严格，只要劳务派遣用工的比例受到限制，事实上就大大压缩了劳务派遣的适用范围。

如果超出上述标准使用劳务派遣，将会导致如下法律后果：

第一，超出范围使用劳务派遣的，可被责令改正；逾期不改正的，可处以罚款（按违法使用劳务派遣用工人数，每人5 000元以上1万元以下）。这类处罚既可对劳务派遣单位实施，也可以对用工单位实施。逾期不改正，还可吊销劳务派遣业务经营许可证，这是针对劳务派遣单位的。

第二，如果超出范围适用，则原来建立且履行的劳务派遣关系是否还有效？与此相关联的问题是：劳动者可能会主张与用工单位建立事实劳动关系，进而主张未签订劳动合同的双倍工资，要求签订无固定期限劳动合同。这一规定应引起用工单位的重视。

（四）选择劳务派遣单位时应注意的问题

用工单位选择劳务派遣单位时应注意把握以下几点：

1. 资质审查。一是是否按照《劳动合同法》的规定，在工商管理行政部门正式登记注册。注册资金是否达到了法律规定的200万元，是否按《公司法》的规定领取了法人营业执照，有无明确的劳务派遣业务和企业的法定代表人等，以此来确定该派遣单位是否具有合法的劳务派遣资格。二是是否注明有与开展业务相适应的固定的经营场所和设备。三是是否有符合法律、行政法规规定的劳务派遣制度。也就是说，劳务派遣单位不仅要具有完备的规章制度，而且规章制度的内容不得违反劳动法律法规和行政规章。四是开展劳务派遣业务是否已依法申请许可，并获得人力资源和社会保障行政部门的批准。

2. 信誉审查。重点审查拟选劳务派遣单位的机构设置、业务规模、运营状况，包括劳动力的储存数量、人员素质，以及与被派遣劳动者和被派遣单位（用工方）是否发生过纠纷等，以此确认其是否有较高的信誉度。

3. 劳动合同审查。重点审查劳务派遣单位与被派遣劳动者签订的劳动合同。一是劳动合同期限，确认派遣单位与被派遣劳动者之间劳动关系的稳定性。二是劳动合同的必备条款是否齐全、内容是否合法，确认劳动合同的质量。三是双方当事人是否签字或盖章，确认劳动合同是否是已生效的劳动合同。四是劳动合同管理记录，确认是否将劳动合同文本交付给劳动者。

4. 服务能力审查。重点审查拟选劳务派遣单位工作团队的专业水平、劳动保障政策水平和人力资源管理水平，派遣工作经验，对派遣员工的日常服务信息管理经验，以及解决或处理被派遣员工与被派遣单位（用工方）之间纠纷的能力等。

通过资格审查确定劳务派遣单位后，用工单位必须与劳务派遣单位签订劳务派遣协议，劳务派遣协议一般应当载明下列相关事项：

（1）派遣的工作岗位名称和岗位性质。

（2）工作地点。

（3）派遣人员数量和派遣期限。

（4）按照同工同酬原则确定的劳动报酬数额和支付方式。

（5）社会保险费的数额和支付方式。

（6）工作时间和休息休假事项。

（7）被派遣劳动者工伤、生育或者患病期间的相关待遇。

（8）劳动安全卫生以及培训事项。

（9）经济补偿等费用。

（10）劳务派遣协议期限。

（11）劳务派遣服务费的支付方式和标准。

（12）违反劳务派遣协议的责任。

（13）法律、法规、规章规定应当纳入劳务派遣协议的其他事项。

（五）劳务派遣单位对被派遣劳动者应当履行的义务

根据《劳务派遣暂行规定》的规定，劳务派遣单位应当对被派遣劳动者履行下列义务：

1. 如实告知被派遣劳动者《劳动合同法》第 8 条规定的事项、应遵守的规章制度以及劳务派遣协议的内容。

2. 建立培训制度，对被派遣劳动者进行上岗知识、安全教育培训。

3. 按照国家规定和劳务派遣协议约定，依法支付被派遣劳动者的劳动报酬和相关待遇。

4. 按照国家规定和劳务派遣协议约定，依法为被派遣劳动者缴纳社会保险费，并办理社会保险相关手续。

5. 督促用工单位依法为被派遣劳动者提供劳动保护和劳动安全卫生条件。

6. 依法出具解除或者终止劳动合同的证明。

7. 协助处理被派遣劳动者与用工单位的纠纷。

8. 法律、法规和规章规定的其他事项。

（六）被派遣单位对被派遣劳动者应当承担的义务

当劳务派遣单位按照劳务派遣协议将被派遣劳动者输送到被派遣单位，三方之间的权利义务关系即形成。《劳动合同法》对劳务派遣三方（派遣单位、被派遣单位、被派遣劳动者）之间的权利义务做了明确的规定，特别是对劳务派遣单位与被派遣单位（用工单位）之间的权利义务做了明确的划分：派遣单位是本法所称的用人单位，应当与被派遣劳动者订立两年以上的固定期限劳动合同。而劳务派遣单位与被派遣单位（用工单位）之间签订的是劳务派遣协议，双方之间是民事劳务关系，被派遣单位不与劳动者（被派遣劳动者）直接签订合同或协议。但由于劳动用工是直接发生在被派遣单位，被派遣劳动者在劳动过程中受被派遣单位监督与管理。所以，《劳动合同法》第 62 条又明确规定了被派遣单位对被派遣劳动者应当承担部分劳动法上的用人单位的义务。

1. 严格执行国家劳动标准，为劳动者提供相应的劳动条件和劳动保护。

2. 告知被派遣劳动者的工作要求和劳动报酬。

3. 应按国家规定支付加班费、绩效奖金，提供与工作岗位相关的福利待遇。

4. 对在岗被派遣劳动者进行工作岗位所必需的知识技能培训。

5. 被派遣劳动者属于在本单位连续用工的，实行正常的工资调整机制。

第八章　员工关系管理

6. 支持被派遣劳动者参加本单位工会或组织工会。

7. 其他依法应当履行的义务。

（七）被派遣单位不得自行派遣的法律规定

依照《劳动合同法》的规定，用人单位不得设立劳务派遣单位向本单位或者所属单位派遣劳动者。《劳动合同法实施条例》进一步明确，禁止用人单位或其所属单位出资或者合伙设立的劳务派遣单位向本单位或者所属单位派遣劳动者。

"所属单位"，从形式上一般可以理解为用人单位的分支机构或者下属单位，包括：①企业集团公司的下属子公司、分公司等；②国家机关、事业单位、社会团体的直属单位、分支机构或者代表机构；③律师事务所、会计师事务所及其他组织设立的分支机构等。

"出资"，按照《公司法》第27条的规定主要有下列方式："股东可以用货币出资，也可以用实物、知识产权、土地使用权等可以用货币估价并可以依法转让的非货币财产作价出资；但是，法律、行政法规规定不得作为出资的财产除外。"

"合伙"，按照《合伙企业法》第16条的规定："合伙人可以用货币、实物、知识产权、土地使用权或者其他财产权利出资，也可以用劳务出资。"

（八）被派遣单位使用劳务派遣工应注意的问题

被派遣劳动者与派遣单位形成劳动关系，派遣单位与被派遣单位（用工方）签订劳务协议，形成劳务关系。因此，在劳动权利义务上形成了派遣单位、用工单位和劳动者三方的特殊关系，必须注意以下一些问题：

1. 实行同工同酬。被派遣劳动者享有与用工单位的劳动者同工同酬的权利。同工同酬必须具备三个条件：一是劳动者的工作岗位、工作内容相同；二是在相同的工作岗位上付出了与别人同样的劳动工作量；三是同样的工作量取得了相同的工作业绩，并不是简单的岗位相同就拿同样的工资。同工同酬不包括福利和社会保险。

2. 用工单位的规章制度与派遣单位的规章制度的内容、标准要有可操作性，最好能相互衔接，避免发生冲突。因为被派遣劳动者既要遵守派遣单位的规章制度，也要遵守实际用工单位的规章制度。如果用工单位与派遣单位的规章制度冲突，在处理劳动者相关事务时会出现混乱，最终对被派遣单位不利。

3. 被派遣劳动者在工作中接触用人单位的商业秘密，应与被派遣劳动者签订保密协议，保密协议一般应由派遣单位与被派遣劳动者和被派遣单位三方共同签订。如果被派遣单位单独与被派遣劳动者签订保密协议，而没有派遣单位参与，一旦出现纠纷，被派遣劳动者会以与用工单位无劳动关系为由而逃避责任，使被派遣单位处于被动地位。同时，保密协议中的三方主体责任一定要具体清晰、可操作。

4. 建立被派遣单位与派遣单位之间的情况互通制度，随时将被派遣劳动者的情况向派遣单位通报，双方共同对被派遣劳动者进行管理。

5. 对于被派遣劳动者在工作中出现的问题，用工单位不要对其直接进行处理，应及时与劳务派遣单位联系，或者依照派遣协议约定的条件或理由，将被派遣劳动者退回，由派遣单位进行处理。

6. 用人单位或其所属单位出资或者合伙设立的劳务派遣单位，不能向本单位或所属单位派遣劳动者，否则违反《劳动合同法》第67条的规定，属违法行为。

7. 严格控制用工成本。作为企业，不管采用哪一种用工方式，用工成本必须合理。如果被派遣劳动者经过一定时间的岗位实践，掌握了一定的技能，具备了应有的素质能力，可以考虑录用为本企业员工。

（九）用工单位将被派遣劳动者退回劳务派遣单位的情形

1. 用工单位有《劳动合同法》第40条第3项、第41条规定情形的。

2. 用工单位被依法宣告破产、吊销营业执照、责令关闭、撤销、决定提前解散或者经营期限届满不再继续经营的。

3. 劳务派遣协议期满终止的。

具有上述情形之一的，用工单位可以将被派遣劳动者退回劳务派遣单位。

退回不合格的被派遣劳动者应注意的问题：

由于被派遣单位使用的被派遣劳动者与本企业没有劳动关系，如何退回不合格被派遣劳动者，应把握以下几点：

一是对不合格被派遣劳动者的认定。所谓不合格被派遣劳动者（劳务派遣工），是指劳务派遣单位派出的员工不符合用工单位的要求，不能完成用工单位的工作任务，或者有严重违规违纪行为。不合格分为两种情形：一种是被派遣劳动者本人无过错，但能力不及，不能胜任工作；另一种是被派遣劳动者有过错，本人违法违纪，不能或不宜继续留在用工单位工作。

二是退回不合格被派遣劳动者要符合法定条件。对于被派遣劳动者是否合格，不能由用工单位随意认定，必须按照法定条件确认。按照《劳动合同法》的规定，被派遣劳动者有下列情形之一的，可以认定为不合格，用工单位可以将其退回劳务派遣公司：在试用期间被证明不符合录用条件的；严重违反用工单位的规章制度的；严重失职，徇私舞弊，给用工单位造成重大损害的；在用工单位期间，又与其他用人单位建立劳动关系。对用工单位的工作任务造成严重影响，或者经用工单位提出，拒不改正的；因《劳动合同法》第26条第1款规定的情形，致使其与派遣单位订立的劳动合同无效的；被依法追究刑事责任的；患病或非因工负伤，在规定的医疗期满后不能从事原工作，也不能从事由用工单位另行安排的工作的；不能胜任工作，经培训或调整工作岗位，仍不能胜任工作的；符合法律法规规定的其他可以退回派遣单位的条件的。

三是退回不合格被派遣劳动者应遵循的一般做法。用工单位退回不合格被派遣劳动者，可以按以下步骤进行：

第一，用工单位拟将不合格被派遣劳动者退回派遣单位时，首先应对不合格被派遣劳动者的不合格事实进行认定，是哪一方面不合格，要有证据证明被派遣劳动者不合格。

第二，与被派遣劳动者本人沟通。用工单位在认定被派遣劳动者不合格事实和取得相关证据后，应就不合格事实与被退回劳动者进行沟通，讲明情况，并让其认可，同时表明要将其退回的意向。

第三，向劳务派遣单位发出退回不合格被派遣劳动者的通知。通知内容包括退回不合格被派遣劳动者的姓名、性别、从事的工作岗位、派遣时间以及退回的理由等。

第四，办理相关手续。办理相关手续包括与劳务派遣单位结清相关的工资、社保以及其他劳务派遣协议约定的应当履行的义务，与退回的劳动者本人进行工作交接和其他双方需要结清的有关事务。

（十）跨地区劳务派遣的社会保险

1. 劳务派遣单位跨地区派遣劳动者的，应当在用工单位所在地为被派遣劳动者参加社会保险，按照用工单位所在地的规定缴纳社会保险费，被派遣劳动者按照国家规定享受社会保险待遇。

2. 劳务派遣单位在用工单位所在地设立分支机构的，由分支机构为被派遣劳动者办理参保手续，缴纳社会保险费。

3. 劳务派遣单位未在用工单位所在地设立分支机构的，由用工单位代劳务派遣单位为被派遣劳动者办理参保手续，缴纳社会保险费。

（十一）过渡期问题

1. 修改《劳动合同法》的决定自2013年7月1日起生效。

2. 修改决定公布前已依法签约的劳务派遣业务继续履行至期限届满，即可以不受本修改决定中劳务派遣适用范围、劳务派遣资质要求的限制。请注意，这里说的"之前"，是修改决定公布前，即2012年12月28日前。

3. 在2012年12月28日之后至2013年7月1日之前已经开始履行的劳务派遣业务，必须在2013年7月1日之后符合劳务派遣的岗位要求；同时，最迟在2014年7月1日之前必须获得劳务派遣的资质许可。

4. 在2013年7月1日以后新开始的劳务派遣业务，必须有劳务派遣的资质许可，且符合岗位等要求。

5. 自2013年7月1日起，劳务派遣用工与劳动合同用工同工同酬的规定即必须执行。

【案例分析】《劳动合同法》修正案生效前签订的劳务派遣协议生效后如何处理

某劳务派遣单位与用工单位A于2012年12月10日签署劳务派遣协议，派遣期限为两年，派遣员工岗位是A单位的主营业务岗位。2012年12月30日，某劳务派遣单位与用工单位B新签一笔劳务派遣业务，期限也是两年，派遣员工也是单位的主营业务岗位。2013年6月，又与用工单位C开展一批劳务派遣业务，派遣员工的岗位是C单位的辅助性岗位，期限为两年。2014年6月，某劳务派遣单位公司办理了劳务派遣许可，则：

1. 与 A 单位的劳务派遣业务仍可以延期至 2014 年 12 月 10 日正常到期终止，但 2013 年 7 月 1 日起必须遵守同工同酬的规定。

2. 与 B 单位的劳务派遣业务在 2013 年 7 月 1 日之后必须终止或变更。假设某劳务派遣单位在 2013 年 7 月 1 日之后取得了劳务派遣的许可，该项劳务派遣业务也必须终止，否则即为违法（因为该业务不符合劳务派遣的岗位要求）。

3. 与 C 单位的劳务派遣业务可以正常经营至 2014 年 7 月 1 日，但自 2013 年 7 月 1 日起必须遵守同工同酬的规定。

4. 自 2013 年 7 月 1 日起一年内，原劳务派遣单位必须办理许可手续，方能从事新的劳务派遣业务。

四、劳动争议与处理

（一）劳动争议概述

近年来，随着工业化、城镇化和经济结构调整进程的加快，企业制度改革不断深化，企业形式和劳动关系日趋多样化，劳动用工制度发生深刻变革，劳动争议案件数量大幅度上升，争议案件日趋复杂，争议内容日益多样化，调处难度加大；同时，劳动争议处理周期长，劳动者维权成本高，以及仲裁与诉讼不衔接等问题的存在，影响了对劳动争议案件的公正及时处理。如何预防劳动争议、有效解决争议，是政府主管部门、企业和劳动者都必须面临的重要课题。

为了进一步完善劳动争议处理的程序制度，公正及时地解决劳动争议，促进劳动关系和谐稳定，2007 年 8 月《劳动争议调解仲裁法（草案）》提交第十届全国人大常委会第二十九次会议审议，经过三次审议，于 2007 年 12 月 29 日第十届全国人大常委会第三十一次会议审议通过了《劳动争议调解仲裁法》，于 2008 年 5 月 1 日起施行。

关键概念

劳动争议也称"劳动纠纷""劳资争议"，是指用人单位和劳动者在执行劳动方面的法律、法规和劳动合同、集体合同的过程中，就劳动的权利义务发生分歧而引起的争议。劳动争议不同于民事争议，用人单位和劳动者双方存在管理和被管理关系，双方并不是处于平等主体的地位。劳动争议的特点是：第一，劳动争议的主体是劳动关系双方，即发生在用人单位和劳动者之间，两者之间形成了劳动关系，因而所发生的争议称为劳动争议；第二，劳动争议必须是因为执行劳动法律、法规或者订立、履行、变更、解除和终止劳动合同而引起的争议。有的争议虽然发生在用人单位和劳动者之间，但争议的内容不涉及劳动合同和其他执行劳动法律、法规方面的问题，如劳动者一方与用人单位发生买卖合同方面的纠纷，属于民事争议，不是劳动争议。

根据《劳动争议调解仲裁法》第2条的规定，我国纳入劳动争议仲裁和诉讼范围内的劳动争议包括劳动者个人和用人单位之间因具体权利义务关系发生的争议。由此定义可以看出，劳动争议具有以下特征：第一，劳动争议发生在劳动者和用人单位之间；第二，劳动争议的实质是劳动双方针对劳动关系的权利义务所发生的分歧和纠纷。

（二）劳动争议的范围

根据法律规定，劳动争议的具体范围一般包括：因确认劳动关系发生的争议；因订立、履行、变更、解除和终止劳动合同发生的争议；因除名、辞退和辞职、离职发生的争议；因工作时间、休息休假、社会保险、福利、培训以及劳动保护发生的争议；因劳动报酬、工伤医疗费、经济补偿或者赔偿金等发生的争议；法律、法规规定的其他劳动争议。

（三）劳动争议的处理原则

解决劳动争议，应当根据事实，遵循合法、公正、及时、着重调解的原则，依法保护当事人的合法权益。

1. 根据事实原则。事实，就是客观存在的、已经发生的事情。罗素曾指出："事实的意义就是某个存在的事物，不管有没有人认为它存在还是不存在。"尽管对同一事物存在的看法可能会基本一致，当事人的认识或主张也可能会南辕北辙。如何认清事实，就成为处理和解决劳动争议案件的前提和基础。只有坚持实事求是，一切从实际出发，注重证据，注重调查研究，还客观事实以本来面目，才能分清当事人是非曲直和找到裁判的依据。

2. 合法原则。是指劳动争议处理机构在调解、仲裁过程中坚持以事实为根据，以法律为准绳，依法处理劳动争议案件。即调解、仲裁的程序、方法和内容都不得违反法律，不得损害国家、集体和他人的权益。

3. 公正原则。是指在处理劳动争议的过程中，调解和仲裁机构能够公平正义、不偏不倚，保证争议当事人处于平等的法律地位，具有平等的权利和义务，并对人们之间权利或利益关系进行合理的分配。坚持公正原则是正确处理劳动争议的基本前提。

4. 及时原则。是指遵循劳动争议处理法律法规规定的期限，尽可能快捷、高效率地处理和解决劳动争议。否则，不仅会直接影响生产、影响劳动者及其家人的生活，甚至影响社会的稳定。因此，对劳动争议必须及时处理，及时保护权利受侵害一方的合法权益，以协调劳动关系，维护社会和生产的正常秩序。

5. 维护当事人的合法权益原则。调解、仲裁的落脚点是为了依法保护当事人的合法权益。由于劳动关系双方的利益存在差异，劳动争议的发生不可避免，劳动争议处理制度为双方当事人开通了权利救济渠道，使争议能够依照法律途径解决。第一，遵循劳动争议调解仲裁法规定的程序，能够公正、及时地解决当事人之间的劳动争议，使当事人的合法权益得到尊重和维护。第二，遵循劳动争议调解仲裁法规定的程序，合法、公正地对待当事人，体现出应有的尊重和人文关怀。

6. 着重调解的原则。调解是指在第三人的主持下，依法劝说争议双方进行协商，在互谅互让的基础上达成协议，从而消除矛盾的一种方法。劳动争议属于人民内部矛盾，劳动者与用人单位不存在对立的不可调和的矛盾，经过说服教育和协商对话就有可能及时解决纠纷，化解矛盾，而且由于调解气氛平缓，方式温和，易于被双方接受，因此各国都重视采用调解方法，使之成为解决劳动争议的重要手段。

（四）劳动争议的处理程序

根据《劳动争议调解仲裁法》的规定，劳动争议处理的程序为，协商→调解→仲裁→诉讼。

1. 协商。劳动争议发生后，用人单位与劳动者双方当事人可以本着和解、公平、合理的原则自行协商，达成协议。协商不成的可以申请调解。

因签订集体合同发生争议，当事人协商解决不成的，当地人民政府劳动行政部门可以组织有关各方协调处理。当事人协商解决不成的，可以向劳动争议仲裁委员会申请仲裁；对仲裁裁决不服的，可以自收到仲裁裁决书之日起15日内向人民法院提起诉讼。

2. **申请调解。** 劳动争议的调解是指在劳动争议调解委员会的主持下，在双方当事人自愿的基础上，通过宣传法律、法规、规章和政策，劝导当事人化解矛盾，自愿就争议事项达成协议，使劳动争议及时得到解决的一种活动。但是当事人不愿协商、协商不成或者达成和解协议后不履行的，可以向劳动争议调解组织申请调解。劳动争议调解组织包括：一是企业劳动争议调解委员会；二是依法设立的基层人民调解组织；三是在乡镇、街道设立的具有劳动争议调解职能的组织。这里需要指出的是，调解程序也是一个自愿程序，当事人不愿调解的，可以直接向劳动争议仲裁委员会申请仲裁；如果自劳动争议调解组织收到调解申请之日起15日内没有达成调解协议，或者达成调解协议后在协议约定的期限内，一方当事人不履行的，另一方当事人可以向劳动争议仲裁委员会申请仲裁。

3. **申请仲裁。** 当事人不愿调解、调解不成或者达成调解协议后不履行的，可以向劳动争议仲裁委员会申请仲裁。仲裁也称"公断"，是指争议双方在同一问题上无法取得一致时，由无利害关系的第三者居中做出裁决的活动。仲裁主要分为对经济纠纷的经济仲裁和对劳动争议的劳动仲裁。劳动争议仲裁委员会由劳动行政部门代表、同级工会代表、用人单位方面的代表组成。劳动争议仲裁委员会主任由劳动行政部门代表担任。提出仲裁要求的一方应当自劳动争议发生之日起一年内向劳动争议仲裁委员会提出书面申请。仲裁裁决一般应在收到仲裁申请的45日内做出。对案情复杂需要延期的，经批准最长不超过15日。对仲裁裁决无异议的，当事人必须履行。劳动争议当事人对仲裁裁决不服的，可以自收到仲裁裁决书之日起15日内向人民法院提起诉讼。逾期不起诉的，裁决书即发生法律效力。一方当事人在法定期限内不起诉又不履行仲裁裁决的，另一方当事人可以申请人民法院强制执行。

4. **向人民法院提起诉讼。** 当事人对劳动争议仲裁委员会的仲裁裁决不服的，除法律另有规定的外，当事人可以向人民法院提起诉讼。诉讼处理是劳动争议处理的最后一道程序。最终生效的判决标志着这一劳动争议案件的诉讼程序的终结，即劳动争议的最终解决。

第三节　离职管理

一、离职的概念与分类

（一）离职的概念

离职（turnover）是指企业员工（劳动者）流出企业的过程。对企业来说，把员工的数量、知识结构、技能结构和年龄结构等，保持在企业生产所需的合理范围内是最理想的结果，既能保持企业的活力，又不会造成人浮于事；既有利于内部各类人员得到适度或合理的发展空间，发挥出人力资源的作用，又避免了过重的人力成本负担。同时我们应该看到，劳动者行使择业自主权的结果必定会在一定程度上带来人员流动。企业人员的流动会对企业产生两个方面的作用：一是人员移动的灵活性会给企业带来新鲜活力，补充新的技术能量；二是也会给企业带来一定的负面影响，如短缺技术人员的跳槽造成人才流失，为企业的员工关系管理带来了新的挑战。

（二）离职率

一般情况下，个别或少数员工离职，对于企业的影响并不十分重要，重要的是企业员工的离职率。所谓离职率，是指在一定时期内，企业离职人员的数量占员工总数的比率。通过对离职率的分析，可以对本企业的竞争优势度、员工的吸引力、员工的满意度，以及企业在管理或发展过程中需要完善或解决的问题。

企业管理层特别是决策层应当认识到，人员的流动是正常现象，应正确对待，不应刻意设置限制条件。将离职率保持在正常的、适度的范围内，对企业生产经营和发展利大于弊。但是，如果离职率过高，尤其是当企业希望挽留那些有一技之长的员工,而且这类人员占到一定高的比率时,给企业带来的负面作用就会超过它的正面作用。所以,企业应该尽量保证关键岗位、高绩效、高技能员工的数量,尽可能降低离职率。对于绩效低、技能差、素质不高、不适应组织文化的员工,在企业里应降到最低限度。

(三) 离职的分类

离职意味着员工离开企业。但是由于员工离开企业的原因不同,所以离职又可以分为自愿离职、非自愿离职与自然离职三种类型。

二、自愿离职管理

大多数自愿离职都是员工本人主动要求离开企业。因为每个人都在追求实现自身价值,在社会上能够找到自己的职业生涯坐标,适者生存,劣者淘汰,对用人单位和劳动者都是公平的。当员工对外部的心理预期远大于对内部的预期时,员工可能会选择离开所在的企业。这时,企业的留人措施能否真正留得住人才,更多地取决于人力资源市场的供需状况,以及企业间的相互作用。离职毕竟是跨组织的行为,组织间的人才竞争,导致各组织不断推出新型激励因素,一方面,那些缺乏竞争力的企业同样缺乏避免人才流失的能力而在人才竞争中失败;另一方面,掌握高、精、新、尖、专、特技术的人员非常短缺,成为企业相互竞争的宠儿,稀缺技能的人才被挖来挖去,个人的薪资被抬得越来越高,从而造成人才的恶性竞争。如果企业的发展不适合劳动者时,劳动者不会再对一个特定的组织保持自始至终的忠诚。在这种情况下,对本组织中的员工自愿离职现象进行研究,制定或完善相应的政策,是企业员工关系管理的一项重要内容。

(一) 分析原因

造成员工自愿离职的原因主要可以归结为三点:个人因素、组织因素、报酬因素。

1. 个人因素离职。是指由于员工个人工作以外的原因而离职。大多数情况下员工选择离开企业,是经过充分思考甚至心理斗争才做出的,因为重新找到一份适合自己的工作往往并非易事,很可能会花费较长的时间,所以员工对于辞职通常会持一种谨慎的态度,没有特殊事情一般不会突然做出辞职的决定。如果员工从没有跳槽离开企业的想法到萌生离职的意向再到最终决意离职，往往会对组织的不满意有一个渐变的过程，当不满意程度达到极限时即使没有外部的吸引动力，员工也有可能会选择离开企业。

2. **组织因素离职**。是指由于员工认为组织给其带来的心理满足低于其心理期望而导致的离职。员工的直接上级和同事是他们在工作场所中接触最为频繁的人，如果他们的行为或语言表现为消极，就很可能会给员工带来对工作的不满意。很多已经或准备辞职的员工在阐述自己的离职原因时，最普遍最常援引的理由就是自己的直接上级对待自己的方式存在这样或那样的问题，他们忽视自己的存在，不尊重自己，根本就不看重自己的价值。如果管理人员不能及时有效地解决员工之间的冲突，也有可能会引起员工对工作的不满意，引发员工的工作消极行为或者干脆离职。

3. **报酬因素离职**。是指由于员工认为企业所提供的物质回报低于其心理预期所导致的离职。对于大多数员工来说，工作是他们的主要收入来源和经济保障。同时，薪酬是劳动者在组织内部和社会上地位的象征，是自我价值反映。从工作满意度的角度来看，薪酬水平的高低体现员工对企业的满意度，体现企业对保留员工具有非常重要的意义。企业在招聘紧缺人才时承诺提供更高水平的薪酬，都是获得竞争成功非常重要的手段之一。利益需求是刚性的，获得报酬的多少始终是员工所关注的核心问题。正是出于以上这些原因，很多诸如保险和休假时间等福利也非常重要，但由于许多员工难以确切了解这些福利的货币价值，对福利的价值往往看得不如薪酬那么重要，福利虽然也会影响员工的工作满意度，但员工对薪酬的满意度才是最重要的。

（二）查找组织层面因素

员工对所承担工作任务的性质或所完成的工作质量，其本身就是预测工作满意与否的一种最有效指标。工作任务的复杂程度、体力耗费程度以及员工对工作任务本身的价值所做的评价等，与工作不满意之间的联系是最为显著的。员工对单调、枯燥和重复程度高的工作会感到不满意，对与自己无关或与自身利益无关的事情或没有兼职的事情也会感到不满意，对费力不讨好的工作更加不满意。还有人际关系、管理者的人格魅力对于员工的满意度也很重要，员工感受到的不公平对待尽管源于公司的政策和制度设计缺陷，但是相当多的不公平感却来自管理者尤其是直接上级，组织通过调换缺乏领导艺术或沟通技巧的管理人员也会大幅降低员工离职率。当管理者对离职员工的各种离职原因进行收集与提炼后，就可以着手探寻在离职者个人因素外，究竟是组织的哪些制度弊端造成了离职者的离职。

（三）晋升

在很多组织中，员工对工作不满意的一个重要原因在于组织的晋升通道狭窄、不畅通。员工之所以重视晋升主要原因有四个：一是展现自我才能，实现自身价值；二是科层制对下行使权力，掌握调动、控制或支配、使用一定的组织资源（包括人、财、物等）的权力；三是晋升结果往往与薪酬和福利待遇紧密联系在一起；四是体现或标志一个人在组织中和社会上的地位。因此，组织的晋升渠道是否畅通、组织规则是否明确、晋升决策是否公平，都会直接影响员工的工作满意度。

（四）工作满意度监控与管理措施改善

对工作不满意是导致员工出现工作退出最终主动离职的主要原因。由于员工对于价值观的认同存在差异，即使是在完全相同的情形下，不同的员工也会有不同的工作满意度。员工工作满意度是建立在感知基础上的，由于受到知识、阅历、经验、环境等诸多因素的影响，在一定程度上存在非理性、非客观性的判断。为了避免出现工作退出现象，留住员工特别是留住绩效优秀的员工，企业就需要提高员工的工作满意度。提高员工的工作满意度，前提条件是能够了解员工的工作满意度，改进措施的基础与方法就是围绕薪酬、工作本身、直接上级、同事以及晋升机会等员工满意度的发展趋势；员工保留政策是否真正有效；不同部门之间调查结果比较分析；利用调查数据与同行业中的其他企业进行横向比较等开展调查活动，进行分析，最终帮助企业在竞争性的人力资源市场上吸引以及留住员工。任何组织层面的变革都会遇到很大的阻力和困难，这种对组织制度和政策的修补与调整通常都具有复杂、难度大、所需时间长等特点，会给企业管理者带来较大的挑战。

（五）效果评估

在进行完上述工作之后，工作人员需要对离职管理的效果进行评估。组织的评估可以从以下三个方面来进行：一是考察组织在下一个时间段内的员工离职情况，优秀人才的离职率是否有所降低；二是调查在职员工的满意度是否有所提高；三是对离职管理的成本进行核算，在合理范围内尽量降低成本。

分析员工离职的原因所使用的方法包括：离职人员访谈法、员工主管座谈法、员工工作满意度调查、员工意见箱制度、倾听工会的声音等。其中离职人员访谈法与员工工作满意度调查是最常用的两种方式。通过以上工作的努力，改进和完善组织中相关制度与政策的缺陷，为构建和谐员工关系，降低自愿离职的发生提供制度保证。

三、非自愿离职管理

非自愿离职（involuntary turnover）是指由于企业的原因或其他客观原因而非出于员工意愿所产生的企业人员流出的行为。非自愿离职的原因也有很多，如企业依法破产进行重整；生产经营发生重大困难；企业转产、重大技术革新或者经营方式调整；订立劳动合同时所依据的客观经济情况发生重大变化，致使劳动合同无法履行；员工严重违反企业的规章制度，或无视劳动法律法规给企业造成重大严重后果；少数员工由于自身素质的原因无法达到组织的要求。当上述情况出现时，企业很可能会与员工解除劳动关系（解雇员工）。

（一）裁员管理

裁员（layoff）是非自愿离职的典型形态，依照法律规定，在企业依法破产进行重整；生产经营发生重大困难；企业转产、重大技术革新或者经营方式调整；订立劳动合同时所依据的客观经济情况发生重大变化，致使劳动合同无法履行；或遭遇经济危机时期企业才能裁员。裁员是企业降低人工成本、提高劳动生产率和竞争力的重要手段。裁员是员工的非自愿离职，可能会引起一部分员工的不满和怨言。第一，如果员工认为自己被企业解雇的原因或过程是不公平的，他们就很可能诉诸劳动争议仲裁或提起法律诉讼。如果企业没有充分的理由裁员，或者解雇员工的程序不合法，企业要承担相应的经济责任或其他不利的法律后果。第二，解雇员工除了可能带来经济方面的风险，还会引起与人身安全有关的问题，个别员工会通过暴力手段来对企业或相关人员做出的解雇决策给予报复性回应。在工作场所中发生的暴力已经成为组织中存在的一个重要问题。员工因为被解雇而在头脑中产生的"反正我已经一无所有"的念头，往往会使情况变得更加危险，特别是当工作性质本身会导致更多的风险因素存在的情况下。因此，人力资源管理一方面应当帮助组织将出现非自愿离职的可能性降到最小；另一方面还应当在必须解雇员工时有效地管理员工离职过程，尽量减少企业可能面临的各种风险。

裁员是一把双刃剑，并不仅仅只是降低了企业的人力成本，同时在某种程度上也会增加企业的管理成本，如招聘成本、培训成本、对员工的补偿成本等。如果裁员不当，在经济好转时，还必须付出更大的成本重新招聘、培训等。所以，裁员一定要有规划，不能盲目裁员。

当企业经营过程中出现法定事由不得不进行裁员时，也要进行周密细致的规划，设计裁员方案，尽量把不利影响降到最低。

(二) 裁员计划

裁员计划阶段，需要经过以下步骤：

1. 明确企业战略及目标。充分考虑企业的现状和未来，对裁员所带来的利弊关系进行评估，列出具体裁员岗位和数目及依据。

2. 制订计划。包括甄选被裁员工的依据，确定经济补偿费标准及相关法律依据，制定优先留用或保留人员名单，制定优先招用、重新雇用战略。

3. 制定沟通策略。沟通内容包括公司经营现状、裁员原因、标准和过程说明等，确定沟通方式。

4. 建立裁员小组。

5. 制定裁员时间表。

(三) 裁员法定程序

如果企业裁减人员20人以下，且占企业职工总数10%以下的，符合《劳动合同法》规定的条件，企业可依法进行裁员，没有特别程序要求。如果企业裁减人员20人以上或者裁减虽不足20人，但占企业职工总数10%以上的，必须经过一定的程序后，才能进行裁员。

其程序如下：裁员方案实施前30日，向工会或全体职工说明情况，听取工会或职工意见后,裁减人员方案向所在地人力资源行政部门报告。报告附件材料包括:营业执照副本或有关登记证副本及复印件,社会保险缴费单位人员减少花名册,被裁减人员解除或者终止劳动合同证明书,用人单位提前30日向工会或者全体职工说明裁员情况的书面材料,裁减人员方案,符合经济性裁员情形的证明材料(如财务报表,用人单位注销登记证明,发生企业转产、企业分立等情形的单位内部文件等)。

(四)裁员筛选与实施

1. 裁员的选择。主要有制定选择标准,依据该标准对需要被裁减的员工进行初步评估;确定依法应优先留用人员或依技能最优秀和最应留用员工名单,并对名单进行评估;确定裁员对象,对裁员名单再次进行评估;人力资源管理部门工作人员与部门主管进行沟通和商讨,确定最终的裁员名单。在此过程中,要注意保留筛选依据。

2. 裁员的实施。裁员方案报经所在地人力资源和社会保障行政部门后,裁员实施过程主要包括:

(1) 面谈并提供咨询帮助。由企业人力资源部门负责人与被裁员工进行面谈,沟通裁员结果并充分解释裁员原因。态度要诚实,尽可能详尽地介绍人力资源市场的情况,真诚地表示愿意为员工提供咨询服务,使他们尽快实现重新就业。

(2) 办理经济补偿金手续。包括支付经济补偿金的计算依据、计算公式以及审定福利授予方案,处理相关法律问题和手续。

(3) 与留用员工进行沟通。消除留用人员对于裁员事件的恐惧心理,使他们尽快平复情绪,全身心地投入正常的工作状态。

(五)裁员评估

裁员工作结束后要对其产生的效果进行评估。评估内容包括:

1. 裁员计划和裁员方案的完整性和科学性。

2. 裁员工作的进展情况:是否按规划进行;时间掌控,使用成本;预期目的是否达到,效果是否理想。

3. 员工的情绪是否平稳,不满情绪是否得到消除,裁员执行过程中是否发生与员工矛盾激化、仲裁、诉讼等问题。

4. 确定的被裁人员是否科学、合理，有没有裁掉不应该被裁的员工或保留了不该保留的员工。根据评估结果，总结经验、吸取教训，提出改进或完善方案。

四、自然离职

自然离职是基于一些不可避免的人力资源损耗而导致企业员工流失的现象，如退休、死亡、工伤等。

五、离职管理的注意事项

员工离开原单位后无论事先有无考虑，都会寻找机会尽快找到适合自己的新工作岗位。前面我们提到个别员工或少数人员的离职对企业影响不大，但社会紧缺人才的跳槽会对企业产生较大影响。如果人力资源管理者能够很好地对员工离职进行管理，积极化解矛盾、稳定员工情绪，既能帮助企业在一定范围内消除误解或隔阂，又能帮助企业挽回声誉，聚集正能量。所以，企业应该切实重视对员工离职的管理，构建一整套科学规范、行之有效的体系来对员工的离职进行监督和管理。

（一）员工非自愿离职的风险防范

企业在管理员工非自愿离职的过程中，首先要做到遵守劳动法律法规以及相关法律法规的规定。其次要确保公平对待离职员工，即在程序、结果以及人际关系等方面不产生强烈的不公平感。此外，为了顺利地解雇绩效不佳或行为不当的员工，企业往往采取逐级惩戒措施。逐级惩戒是指员工由于业绩不佳或行为不当受到提醒或警告后仍无明显变化，犯错误或绩效不佳而受到惩罚的程度越来越严重，这种做法就称为逐级惩戒。在行使这种措施的企业应当制定一套标准化和系统性的惩戒以及解雇方法，任何人不能简单地凭想象、拍脑门，以个人感情或意志代替组织原则或规章制度。只有这样才能确保企业的解雇政策建立在合法、公平、合理的基础之上，帮助企业避免或化解不必要的风险。

（二）人文关怀

人力资源管理人员和部门领导者应加强平时对下属员工的观察和关心，对员工的素质、心理、心态、思维逻辑、处事原则、技能水平等基本情况要做到心中有数,一旦发现员工有与素日异样状况时,迅速做出基本的判断,及时与员工进行沟通,随时了解员工的需求和心理变化,帮助员工排遣压力和对工作的不良情绪,让员工体会到上级的关心,能够有效降低员工的离职意愿。

(三) 依法、依章办事

按照《劳动合同法》的规定,员工提前30日以书面形式通知用人单位,可以解除劳动合同;试用期内,提前3天通知用人单位,可以解除劳动合同。在员工递交辞职信后,管理者应该及时与员工进行沟通,了解其辞职原因。对于优秀的员工和组织的核心员工,人力资源管理人员应该与其部门领导进行沟通,尽力帮助其解决问题,在条件允许的范围内满足其需求,真心实意地加以挽留。如果挽留不成功,不能恶化与该员工的关系,更不能故意克扣员工应得的工资和证件(因为在这种情况下,只要员工离职要求在程序上合法,就得无条件同意员工离职,不需要审批同意),按照劳动法律法规的规定和公司的规章制度对各项事宜依法、依规、依章进行处理。对于属于负有保密义务或竞业限制的人员,企业应进行后续的跟踪调查,以确定其是否违反劳动合同中约定的保密义务或者竞业限制。

在接受辞呈后,企业一方面应当在与员工解除或者终止劳动合同时出具解除或者终止劳动合同的证明,并在15日内为离职员工办理档案和社会保险转移手续;另一方面,人力资源管理人员及时与部门主管协商、沟通,寻找合适的员工接替离职员工的工作,如果内部没有合适人选,应立即着手从外部招聘,争取在法定时间内由其直接上级监督离职员工与接替者完成工作交接,不影响部门工作的正常运转。

(四) 深入沟通,征求意见

员工正式离职前,人力资源管理人员有必要再次与该员工进行深度沟通,探究其对企业的真实看法和意见建议。此时,离职员工已属局外人,将不再有自身利益或各种顾虑的牵涉,一般会真实地表达自己的看法,可能会很尖锐,包括在职人员中普遍存在的、由于种种原因谁都不愿意说出的不满和问题,以及问题的症结所在,也有可能提出一些建设性的意见。但无论是正面的意见还是消极的意见,只要能正确对待、辩证理解,都会对强化人力资源管理工作有所帮助。

第四节　员工安全与健康

一、劳动保护

（一）劳动保护的概念

关键概念

劳动保护（labour protection）是保障劳动安全的重要手段，是国家和单位为保护劳动者在劳动生产过程中的安全和健康所采取的立法、组织和技术措施的总称。劳动保护的目的是为劳动者创造安全、卫生、舒适的劳动工作条件，消除和预防劳动生产过程中可能发生的伤亡事故、职业病等，保障劳动者健康地参加社会生产，促进劳动生产率的提高，保障劳动者的合法权益不受侵害，维护社会和谐稳定。

（二）劳动保护的内容

劳动保护所针对的是生产过程中存在的隐患或可能导致危害劳动者人身安全的危险因素，采取有效防范措施予以消除，达到符合安全生产要求的劳动条件，防止伤亡事故、职业病等危害结果的发生。其内容包括劳动时间规定、安全生产技术、职业卫生和对特殊劳动群体的保护。

（三）劳动保护的步骤

劳动保护是国家对劳动者在生产过程中的安全与健康所提供的保护，企业如何针对劳动现场和现有的劳动条件，利用技术手段和设备与其他资源实现劳动保护标准，达到理想效果，为员工提供更为优质的劳动保护条件，企业需要注意的一些事项如下：

1. 建章立制。建立健全劳动安全卫生管理制度。安全卫生管理制度是企业安全管理的行为准则，严格执行国家劳动安全卫生规程和标准，对劳动者进行劳动安全卫生教育,劳动者在劳动过程中必须严格遵守安全操作规程,防止劳动过程中的事故发生,企业管理人员不得违章指挥、强令劳动者冒险作业。做到依规依章办事,在制度面前人人平等。

2. 保障防护用品。企业必须为劳动者提供符合国家标准规定的劳动安全卫生条件和必需的劳动防护用品,对从事有职业危害作业的劳动者应当定期进行健康检查。

3. 持证上岗。对从事特种作业的劳动者必须经过专门培训并取得特种作业资格,不得无证上岗。

4. 排查隐患。排查隐患是指通过企业安全卫生主管部门与全体员工的努力,对工作场所(包括新建、改建、扩建办公场所)寻找发现可能威胁企业员工工作安全与身心健康的事故隐患和问题。

5. 评估风险。查找到工作(事故)隐患或问题之后,要对这些隐患或问题按照轻重大小进行评估排序。根据霍特与安德鲁所提出的理论,风险评估可以用风险的严重性评估指数乘以风险的可能性指数来计算。即:

$$风险 = 严重程度 \times 概率值$$

利用这一计算公式的评估结果,根据隐患的潜在严重程度进行排序。

6. 采取措施。通过排查和评估确定技术设备、资金优先投入的顺序。针对存在的隐患或问题以及危险程度大小,企业要采取切实有效的措施防控已检测出的隐患演变为真实的事故,改善员工的工作条件。

劳动保护的改进措施主要针对工作层面和员工层面来进行。

(1) 工作层面的改进措施。工作层面的改进措施要把着眼点和落脚点放在工作中所存在的隐患点或问题点上,通过对工作层面的改进,消除或降低危险隐患点或问题点的威胁程度。

(2) 员工层面的改进措施。与工作层面的改进措施不同,针对员工层面的改进措施更依赖于对劳动者素质的提高、防范意识能力的增强、安全卫生知识的普及、应对突发事件的敏锐等主体的资源投入。通过提升员工一系列能力要求,使员工远离危险隐患,将危险隐患对员工的伤害可能性与程度降至最低。

7. 监管控制。监管控制是企业改善劳动保护成果的最后一个环节,其作用不容忽视。用以监督企业所制定的各项改善措施的可行性、有效性与落实情况，科学、客观评价改善措施的实施效果。在效果评估过程中，企业通过各个方面的信息总结经验，积累素材，丰富知识，提升应变能力，为进一步建立健全规章制度和安全卫生防范措施与规范管理打下基础。

（四）对特殊人员的劳动保护

1. 未成年工特殊劳动保护

未成年工是指已满16周岁不满18周岁的劳动者。《未成年人保护法》规定："保护未成年人，是国家机关、武装力量、政党、社会团体、企业事业组织、城乡基层群众性自治组织、未成年人的监护人和其他成年公民的共同责任。"国家机关、社会团体、企业事业单位、民办非企业单位或者个体工商户均不得招用不满16周岁的未成年人（未满16周岁，与单位或者个人发生劳动关系从事有经济收入的劳动或者从事个体劳动的少年、儿童属于童工）。文艺、体育和特种工艺单位招用未满16周岁未成年人的，必须依照国家有关规定，履行审批手续，并保障其接受义务教育的权利。

由于未成年工的身体还没有完全发育成熟，从事某些工作会危害生长发育和身体健康。因此，国外对未成年人就业做出了一些保护性的规定，主要包括：用人单位不得安排其从事矿山井下及有毒有害的工作；不得安排其从事重体力劳动；不得安排其从事其他禁忌从事的劳动，包括森林业伐木及流放作业、高空作业、放射性物质超标的作业以及其他会影响生长发育的作业等17种。

除此之外，用人单位应按下列要求对未成年工定期进行健康检查：①安排工作岗位之前；②工作满1年；③年满18周岁，距前一次体检时间已超过半年。用人单位应根据未成年工的健康检查结果安排其从事适合的劳动，对不能胜任原劳动岗位的，应根据医务部门的证明，予以减轻劳动量或安排其他劳动。

《禁止使用童工规定》规定，凡用人单位使用童工的，由劳动保障行政部门按照每使用一名童工每月处5 000元罚款的标准给予处罚；在有毒物品的作业场所使用童工的，从重处罚；用人单位在规定期限内仍不改正的，将按照每使用一名童工每月处1万元罚款的标准给予处罚，并吊销营业执照或撤销民办非企业单位登记。单位或个人为不满16周岁的未成年人介绍就业的，按照每介绍一人处

5 000 元罚款的标准给予处罚。拐骗童工,强迫童工劳动,使用童工从事高空、井下、放射性、高毒、易燃易爆以及国家规定的第四级体力劳动强度的劳动,使用不满 14 周岁的童工,或造成童工死亡或严重伤残的,依法追究刑事责任。

对未成年工的使用和特殊保护实行登记制度。未成年工上岗前用人单位应对其进行有关的职业安全卫生教育、培训;未成年工体检和登记,由用人单位统一办理和承担费用。

《职业病防治法》第 68 条规定,安排未经职业健康检查的劳动者、有职业禁忌的劳动者、未成年工或者孕期、哺乳期女职工从事接触职业病危害的作业或者禁忌作业的,由卫生行政部门责令限期治理,并处 5 万元以上 30 万元以下的罚款;情节严重的,责令停止产生职业病危害的作业,或者提请有关人民政府按照国务院规定的权限责令关闭。

2. 女职工特殊劳动保护

女职工特殊保护又称为女职工在劳动方面的特殊保护,是指根据女职工身体结构、生理机能的特点以及抚育子女的特殊需要,在劳动方面享有特殊权益的法律保障。其适用范围为:我国对女职工特殊保护的有关法律规定,如 2012 年 4 月 28 日公布的《女职工劳动保护特别规定》(国务院令第 619 号)第 2 条规定,中华人民共和国境内的国家机关、企业、事业单位、社会团体、个体经济组织以及其他社会组织等用人单位及其女职工,适用本规定。

其内容为:对女职工在劳动过程中劳动强度、劳动范围的特殊保护;对妇女生理机能变化过程中的保护,包括对女职工的经期、孕期、产期和哺乳期的保护;女职工劳动安全卫生保护设施的规定。

根据《宪法》及《劳动法》《劳动合同法》《妇女权益保障法》《女职工劳动保护特别规定》《女职工禁忌劳动范围的规定》等法律、法规和政策,对女职工实行特殊劳动保护的规定主要包括以下几个方面:

(1) 男女同工同酬。《宪法》规定,国家保护妇女的权利和利益,实行男女同工同酬。《妇女权益保障法》规定,在分配住房和享受福利待遇方面男女平等。

(2) 男女就业平等。《就业促进法》规定,劳动者依法享有平等就业和自主择业的权利。劳动者就业,不因民族、种族、性别、宗教信仰等不同而受歧视。

《妇女权益保障法》规定，国家保障妇女享有与男子平等的劳动权利。各单位在录用职工时，除不适合妇女的工种或者岗位外，不得以性别为由，拒绝录用妇女或者提高对妇女的录用标准。《女职工劳动保护特别规定》规定，凡适合妇女从事劳动的单位，不得拒绝招收女职工。

(3) 女职工禁忌从事的劳动范围。

①矿山井下作业。

②体力劳动强度分级标准中规定的第四级体力劳动强度的作业。

③每小时负重6次以上、每次负重超过20千克的作业，或者间断负重、每次负重超过25千克的作业。

(4) 女职工在经期禁忌从事的劳动范围。

①冷水作业分级标准中规定的第二级、第三级、第四级冷水作业。

②低温作业分级标准中规定的第二级、第三级、第四级低温作业。

③体力劳动强度分级标准中规定的第三级、第四级体力劳动强度的作业。

④高处作业分级标准中规定的第三级、第四级高处作业。

(5) 女职工在孕期禁忌从事的劳动范围。

①作业场所空气中铅及其化合物、汞及其化合物、苯、镉、铍、砷、氰化物、氮氧化物、一氧化碳、二硫化碳、氯、己内酰胺、氯丁二烯、氯乙烯、环氧乙烷、苯胺、甲醛等有毒物质浓度超过国家职业卫生标准的作业。

②从事抗癌药物、己烯雌酚生产，接触麻醉剂气体等的作业。

③非密封源放射性物质的操作，核事故与放射事故的应急处置。

④高处作业分级标准中规定的高处作业。

⑤冷水作业分级标准中规定的冷水作业。

⑥低温作业分级标准中规定的低温作业。

⑦高温作业分级标准中规定的第三级、第四级的作业。

⑧噪声作业分级标准中规定的第三级、第四级的作业。

⑨体力劳动强度分级标准中规定的第三级、第四级体力劳动强度的作业。

⑩在密闭空间、高压室作业或者潜水作业，伴有强烈振动的作业，或者需要频繁弯腰、攀高、下蹲的作业。

(6) 女职工在哺乳期禁忌从事的劳动范围。

①孕期禁忌从事的劳动范围的第一项、第三项、第九项。

②作业场所空气中锰、氟、溴、甲醇、有机磷化合物、有机氯化合物等有毒物质浓度超过国家职业卫生标准的作业。

对怀孕7个月以上的女职工，用人单位不得安排其延长工作时间或者安排夜班劳动，在劳动时间内应当安排一定的休息时间，产前检查时间应计入劳动时间。怀孕期间的女职工如不能担任原劳动的，应根据医务部门的证明，予以减轻劳动量或者安排其他能够适应的劳动。

(7) 女职工生育享受不少于98天的产假。产假可分产前和产后共同享用，产前可以休息15天，计算是按预产期前15天为产前假。如果孕妇提前生产，多余的天数并入产后。如果孕妇推迟生产，超出的天数可按病假计。如遇难产，增加15天产假。如遇多胞胎生育，每多生一个婴儿增加15天产假。女职工怀孕未满4个月流产的，享受15天产假；怀孕满4个月流产的，享受42天产假。在产假期间，工资照发。

对哺乳未满1周岁婴儿的女职工，用人单位不得延长劳动时间或者安排夜班劳动；应当在每天的劳动时间内为哺乳期女职工安排1小时哺乳时间；生育多胎的，每多哺乳1个婴儿每天增加1小时哺乳时间。

女职工在孕期、产期、哺乳期的，所在单位不得降低其基本工资，不得依照《劳动合同法》第40条、第41条的规定解除劳动合同，不得终止到期的劳动或者聘用合同等。

(8) 对女职工劳动保护设施的规定。根据《女职工劳动保护特别规定》的规定，女职工比较多的用人单位，应当根据女职工的需要，建立女职工卫生室、孕妇休息室、哺乳室等设施，妥善解决女职工在生理卫生、哺乳方面的困难。

二、员工健康管理与措施

(一) 员工压力管理

"压力 (stress)"一词首先由生理学家汉斯·塞里 (Hans Selye) 提出。塞里认为，压力是机体对伤害性刺激的非特异性防御反应，是机体对各种内外界刺激因素做出的适应性反应过程。[①] 当人受到压力作用时，就会产生一种相应的反应，并在新的情况下逐渐适应。如果人不能适应这种刺激，就可能在生理上或心理上产生异常，甚至可能发生疾病。员工长期处于压力过大的状态下，会对身体健康状况产生严重影响，而且可能产生情绪浮躁、神情倦怠、厌倦工作、效率低下、工作撤出等消极怠工的现象，对于员工个人、企业的发展和企业文化的建设都不利。所以，企业管理人员一定要关注下属员工的心理状态，利用人格魅力赢得员工的信赖，而不是一味靠权威管理员工，同时企业也应该形成一套压力管理机制，及时帮助员工排遣压力，舒缓情绪，体魄健康地投入工作中。

潜在压力转化为现实压力需要两个必备条件：一是结果必须是难以预料、不确定的；二是结果必须是重要的。只有当结果难以预料、不确定，员工无法预知即将发生的一切，不清楚自己能否成功或能否避免损失时，压力才有可能产生。只有当结果对员工个体而言具有重要意义，才会把结果看得十分重，压力才会产生。

一般来说，工作中的压力可以划分为长期积累的压力和短期紧急压力。工作压力可能来自工作方面的原因，也可能来自员工个人方面的原因。与工作相关的各种因素，比如工作进度、工作速度、工作保障、上下班路线、工作场所噪声、不健全的监督、顾客和客户的数量和特性等，员工长期处于复杂、紧张的人际关系网中，担负沉重的工作任务，对于薪酬、福利待遇或职位提升的渴望等因素，日积月累、由小成大、由少成多，最终都有可能导致员工承受巨大的压力。后者则是工作中突发的事件或变化而使员工感受到的压力，例如工作环境的变化、人员调整、晋升机会的出现、重要任务的限时完成等。往往后者的压力更急、更大，但是事件一旦结束，压力也会消失。对员工的真正考验或对员工工作压力长期过大导致员工离职的因素是前者。

对于员工个体而言，员工可以实行时间管理策略、扩大社会支持网络、寻求正确恰当的方法释放压力，等等。常用的时间管理策略包括：

1. 工作有计划，列出每天的工作计划——要完成的事情。
2. 轻重区分，根据轻重缓急程度对要做的事情进行排序。

[①] 董克用主编. 人力资源管理概论（第三版）. 北京：中国人民大学出版社，2011.

3. 排序，按照先后顺序安排日程。除此之外，拓宽自己的社会交往面，遇到问题时主动和朋友进行沟通，既可以获得客观的建议与解决方法，也可以使压力情绪获得宣泄释放。还可以向专业人员进行咨询，寻求他们的帮助，而不应该将负面情绪压抑在心里。在日益激烈的市场竞争中，不仅企业员工的素质和能力决定着企业的命运，而且员工的心理状态和身体状态也决定着企业的发展和生命周期。

（二）组织的压力管理与措施

现实生活中压力无处不存在，员工在成长中存在压力也是正常的，对组织的绩效管理和员工成长是有积极意义的。近年来，压力管理的研究重点从个体日益转移至组织层面，组织压力管理研究是一个发展迅速的领域，如何突破传统的停留在个体层面的压力管理思路，通过设立适当的压力、营造良好的成长环境，有效地进行组织压力的管理，对于组织的可持续发展显得尤为重要。

压力是一把双刃剑。上至管理者下到员工普遍承受着巨大的工作压力。从企业方面来讲，管理者也可以采取多种举措控制和缓解员工的压力。

1. 规范管理。一是健全制度。建立一套完整的，行之有效的员工危机管理机制与压力管理体系，通过组织制度、机制体制、工作规程的健全减轻员工压力。二是建立科学的招聘制度。人力资源管理部门确定的备选人员应当具有与职位相对应的心理素质与能力要求。三是建立良好的沟通机制。为员工提供释放压力的情绪表达机制。

2. 科学管理。一是进行工作再设计。好的工作设计能够减少工作中的重复性、职责模糊性所造成的浪费与不良影响，使工作具有适度的挑战性和刺激性。二是加强对员工的培训。企业提供充分的技术和心理上的上岗训练，使员工具备与岗位要求相符的技能。三是为员工提供一些人际沟通培训机会，帮助其改善人际关系。四是帮助员工做好职业规划。员工职业生涯管理是企业发展计划和员工个人生涯发展计划相结合的产物。通过对员工进行职业生涯管理，企业可以有效地帮助员工解决在工作中出现的各类问题。

3. 采取积极有效的措施改善内外部环境，减少不利环境给员工带来的不良压力。一是增强员工间相互信任、合作和支持的意识。二是加强上下级间的沟通。三是从企业文化氛围上鼓励并帮助员工提高心理保健能力，学会自我缓解压力、自我放松。

4. 人文关怀。一是为员工营造良好的工作环境。良好的工作环境能够减轻或消除恶劣工作条件给员工带来的不适。比如，办公场所内部设计、布局、装潢、灯光、温度、环保、办公用品等方面；办公场所外部环境整洁、绿化、活动空间、运动场地等方面。二是为员工提供健康、营养的工作餐以及健身、锻炼设施。对员工工作用餐实行营养配餐，达到合理饮食，增强员工的身体机能。同时，在工作场所中适当设置一些在工作之余，或工休时间可以使用的健身或运动器材，有利于员工参与各种锻炼以及文体活动，丰富员工的业余生活，使员工高度紧张的情绪得到缓解放松，减少压力，从而增强员工的体魄，保持身心健康，预防各种疾病。三是关心员工的工作和生活，帮助员工解决实际困难，消除或者减轻其面临的工作和生活压力。比如，为职工家庭提供支持和帮助，帮助员工提高处理家庭事务和沟通交流的能力，解决其家庭生活的后顾之忧。四是建立咨询机制，为员工提供职业咨询和心理咨询。五是安排专门的员工谈心时间。开展与员工开诚布公的谈心活动，既可以让员工把对人和事的不满讲出来，紧张情绪得到宣泄，企业又可以了解到日常工作中无法接触到的问题，以引起企业管理者对压力问题的重视，有效地解决压力问题。

（三）员工关系与人际关系改善

社会是人类的社会，人是社会的一分子，因此无可避免地会与他人进行交流、沟通。处理人际关系的方法是每个人都必须掌握的，如何改善人际关系，人与人之间的关系纷繁复杂，不同人的要求、期望各不相同，每个人的交往动机也有着巨大的差别。

由于经济全球化的高速发展和社会转型与产业结构调整、生产技术升级换代带来的剧烈变化，各种矛盾集中凸显，企业需要构建和谐的劳工关系体系。为了保证组织内部人力资源的数量和质量，企业在追求利益最大化的同时，必须在审慎处理劳工关系问题时加大投入。建立员工帮助计划（EAP），是企业组织为员工提供的系统的、长期的援助与福利项目；通过专业人员对组织以及员工进行诊断和建议，提供专业指导、培训和咨询，帮助员工及其家庭成员解决心理和行为问题，提高绩效及改善组织气氛和管理。一方面，EAP致力于培养和训练员工学会改善人际关系技巧，提高处理人际关系的能力；另一方面，建立合理的组织结构，营造有利的沟通渠道和交往气氛，帮助组织管理者引导组织内的人际关系朝着积极的方向发展。其根本作用就是调整劳工关系，增强企业的竞争力，组织内部人员良好的人际关系也是企业健康、正常发展的必要保障。简言之，EAP是企业用于管理和解决员工个人问题，从而提高员工与企业绩效的有效机制。

三、工作时间

（一）工作时间的概念

工作时间又称法定工作时间，是指劳动者为履行工作义务，在法定限度内，在用人单位从事工作或者生产的时间。工作时间具有如下一些特点：

1. 工作时间是劳动者履行劳动义务的时间，劳动时间有工作小时、工作日和工作周三种，其中工作日即在一昼夜内的工作时间，是工作时间的基本形式。

2. 工作时间不限于实际工作时间。工作时间的范围，既包括具体的作业时间，也包括准备工作时间、结束工作时间以及法定非劳动消耗时间。其中，法定非劳动消耗时间是指劳动者自然中断的时间、停工待料时间、女职工哺乳期时间、出差时间、路途时间等。此外，工作时间还包括依据法律、法规或单位行政安排的从事其他活动的时间。

3. 工作时间是用人单位计发劳动者报酬的依据之一。劳动者按照劳动合同约定的时间提供劳动，应当获得相应的工资福利待遇。加班加点的，可获得加班加点工资。

4. 工作时间的长度由法律规定，或由集体合同或劳动合同直接规定。

5. 劳动者或用人单位不遵守工作时间的规定或约定，要承担相应的法律责任。

（二）工作时间的基本种类

1. 标准工作日。也称标准工作时间，是指根据法律规定在一般情况下普遍适用的按照正常作息办法安排的工作日和工作周的工时制度。我国《劳动法》规定，国家实行劳动者每日工作时间不超过8小时、平均每周工作时间不超过44

小时的工时制度。

2. 缩短工作日。是指法律规定在特殊情况下劳动者的工作时间长度少于标准工作时间的工时制度，即每日工作时间少于 8 小时或者每周工作时间少于 40 小时。缩短工作日适用于从事矿山井下、高温、有毒有害、特别繁重或过度紧张等作业的劳动者，从事夜班工作的劳动者，哺乳期内的女职工。

3. 不定时工作日。又称不定时工作制，是指无固定工作时数限制的工时制度。主要适用于因工作性质和职责范围等原因，无法实行标准工作日的劳动者。比如，企业中的外勤人员、市场销售人员、后勤服务人员、值班人员等。采用这种形式时，企业应该与劳动者协商，履行审批手续。

4. 综合计算工作日。又称综合计算工时工作制，是指以一定时间为周期，集中安排并综合计算工作时间和休息时间的工时制度。即分别以周、月、季、年为周期综合计算工作时间，但平均日工作时间和平均周工作时间应与标准工作日基本相同。可以考虑采用综合计算工作日的有：航空、铁路、邮电、物流、建筑、制盐、旅游等受季节和自然条件限制的从业者。采用这种形式时，企业也应该与劳动者协商，履行审批手续。

5. 计件工作日。是指劳动者以完成一定劳动定额为计酬标准的工作时间制度。实行计件工作日的用人单位应当按日工作定额确定工作时间，用人单位确定劳动定额应当符合法律规定。《国务院关于修改〈国务院关于职工工作时间的规定〉的决定》规定："职工每日工作 8 小时、每周工作 40 小时；在特殊条件下从事劳动和有特殊情况，需要适当缩短工作时间的，按照国家有关规定执行；因工作性质和生产特点的限制，不能实行每日工作 8 小时、每周工作 40 小时标准工时制度的，按照国家有关规定，可以实行其他工作和休息办法。"劳动者超过合理劳动定额以外的工作都应当算作延长工作时间，用人单位应当遵守法律关于延长工作时间的规定，依法支付延长工作时间的报酬。

6. 弹性工作日。是指在完成规定的工作任务或固定工作时间长度的前提下，员工可以自由选择工作的具体时间安排，以代替统一固定的上下班时间的一种制度。弹性工作日是 20 世纪 60 年代由德国经济学家提出的，当时主要是为了解决职工上下班交通拥挤的问题。

（三）加班加点

加班加点是指延长劳动时间，劳动者在法定工作时间之外继续工作。加班是指劳动者在休息日和法定休假节日工作；加点是指劳动者在法定标准工作时间之外延长的工作时间，即提前上班或推迟下班。现实中，人们习惯把加班加点统称为加班。对实行标准工作日、缩短工作日或弹性工作日的劳动者，才存在加班加点；对实行综合计算工作日或计件工作日的劳动者，如果计算出来的超过法定标准工时的，超出部分应计算为加班或加点；对实行不定时工作日的劳动者，不存在加班加点。

用人单位由于生产经营需要，可以延长劳动时间。《劳动法》第41条规定："用人单位由于生产经营需要，经与工会和劳动者协商后可以延长工作时间，一般每日不得超过1小时；因特殊原因需要延长工作时间的，在保障劳动者身体健康的条件下延长工作时间每日不得超过3小时，但是每月不得超过36小时。"

《劳动法》对加班不受时间限制的情形也做出了规定：发生自然灾害、事故或者因其他原因，威胁劳动者生命健康和财产安全，需要紧急处理的；生产设备、交通运输线路、公共设施发生故障，影响生产和公众利益，必须及时抢修的；法律、行政法规规定的其他情形。

对于支付加班费的计算标准。《劳动合同法》第31条规定，用人单位安排加班的，应当按照国家有关规定向劳动者支付加班费。《劳动法》第44条规定："有下列情形之一的，用人单位应当按照下列标准支付高于劳动者正常工作时间工资的工资报酬：①安排劳动者延长工作时间的，支付不低于工资的150%的工资报酬；②休息日安排劳动者工作又不能安排补休的，支付不低于工资的200%的工资报酬；③法定休假日安排劳动者工作的，支付不低于工资的300%的工资报酬。"

（四）休息休假

休息休假又称休息时间，是指劳动者在国家规定的法定工作时间外自行支配的时间，包括劳动者每天休息的时数、每周休息的天数、节假日、年休假、探亲假、带薪年休假等。根据《劳动法》与相关劳动法律法规规定，劳动者的休息休假主要有：①工作间隙休息，是指劳动者在工作日的工作时间内享有的休息时间和用膳时间。②日休息，是指劳动者在每昼夜（24小时）内，除工作时间外，由自己支配的时间。也就是说，除了最多8小时工作时间以外，其余时间均为劳动者休息时间，包括上午上班前、下午下班后、中午用餐等所有的时间。③周休息，又称公休日，按现行规定，一般情况下劳动者每周应休息两天，即星期六和星期日两天的休息时间。④法定节日休假，即全体公民放假的节日。⑤探亲休假，是指劳动者享有的探望与自己分居两地的配偶和父母的休息时间。⑥带薪年休假，简称年休假，是指劳动者连续工作一年以上，就可以享受一定时间连续休息的带薪年假。⑦其他休假，比如婚假和丧假。

（五）带薪年休假

1. 年休假标准。根据《职工带薪年休假条例》（国务院令第514号）和《企业职工带薪年休假实施办法》（人力资源和社会保障部令第1号）的规定，职工连续或累计工作已满1年不满10年的，年休假5天；已满10年不满20年的，年休假10天；已满20年的，年休假15天。

(1) 职工连续工作满12个月以上，既包括职工在同一用人单位连续工作满12个月以上的情形，也包括职工在不同用人单位连续工作满12个月以上的情形。

(2) 累计工作时间，包括职工在机关、团体、企业事业单位、民办非企业单位、有雇工的个体工商户等单位从事全日制工作期间，以及依法服兵役和其他按照国家法律、行政法规和国务院规定可以计算为工龄的期间（视同工作期间）。职工的累计工作时间可以根据档案记载、单位缴纳社保费记录、劳动合同或者其他具有法律效力的证明材料确定。

(3) 职工新进入用人单位，且符合连续工龄12个月以上的当年度年休假天数，按照在本单位剩余日历天数折算确定，折算后不足一整天的部分不享受年休假。

折算方法为：（当年度在本单位剩余日历天数÷365天）×职工本人全年应当享受的年休假天数。

(4) 确因工作需要，职工享受的寒暑假天数少于其年休假天数的，用人单位应当安排补足年休假天数。

(5）劳务派遣单位的职工符合规定条件的，享受年休假。

被派遣职工在劳动合同期限内无工作期间由劳务派遣单位依法支付劳动报酬的天数少于其全年应当享受的年休假天数的，劳务派遣单位、用工单位应当协商安排补足被派遣劳动者年休假天数。

2. 不享受年休假的情形。根据《职工带薪年休假条例》（国务院令第514号）第4条的规定，职工有下列情形之一的，不享受当年的年休假：

（1）职工依法享受寒暑假，其休假天数多于年休假天数的。

（2）职工请事假累计20天以上且单位按照规定不扣工资的。

（3）累计工作满1年不满10年的职工，请病假累计2个月以上的。

（4）累计工作满10年不满20年的职工，请病假累计3个月以上的。

（5）累计工作满20年以上的职工，请病假累计4个月以上的。

（6）被派遣劳动者在劳动合同期限内无工作期间由劳务派遣单位依法支付劳动报酬的天数多于其全年应当享受的年休假天数的，不享受当年度年休假。

3. 年休假的安排使用。单位根据生产、工作的具体情况，并考虑职工本人意愿，统筹安排职工年休假。年休假在一个年度内可以集中安排，也可以分段安排，一般不跨年度安排。单位因生产、工作特点确有必要跨年度安排职工年休假的，可以跨一个年度安排。

单位确因工作需要不能安排职工休年休假的，经职工本人同意，可以不安排职工休年休假。应当在本年度内对职工应休未休年休假天数，按照其日工资收入的300%支付未休年休假工资报酬，其中包含用人单位支付职工正常工作期间的工资收入。

劳动合同、集体合同约定的或者用人单位规章制度规定的年休假天数、未休年休假工资报酬高于法定标准的，用人单位应当按照有关约定或者规定执行。

4. 支付标准计算。

（1）计算未休年休假工资报酬的日工资收入按照职工本人的月工资除以月计薪天数（21.75天）进行折算。月工资是指职工在用人单位支付其未休年休假工资报酬前12个月剔除加班工资后的月平均工资。在本用人单位工作时间不满12个月的，按实际月份计算月平均工资。

(2) 用人单位与职工解除或者终止劳动合同时，当年度未安排职工休满应休年休假的，应当按照职工当年已工作时间折算应休未休年休假天数并支付未休年休假工资报酬，但折算后不足一整天的部分不支付未休年休假工资报酬。

(3) 用人单位当年已安排职工年休假的，多于折算应休年休假的天数不再扣回。

折算方法为：(当年度在本单位已过日历天数÷365天)×职工本人全年应当享受的年休假天数－当年度已安排年休假天数。

5. 其他情形。用人单位确因工作需要不能安排职工年休假或者跨一个年度安排年休假的，应征得职工本人同意。用人单位安排职工休年休假，但是职工因本人原因且书面提出不休年休假的，用人单位可以只支付其正常工作期间的工资收入。

法定休假日、休息日、探亲假、婚丧假、产假等国家规定的假期以及因工伤停工留薪期间不计入年休假假期。

（六）全年月平均工作时间和工资折算

根据《劳动法》《关于职工全年月平均工作时间和工资折算问题的通知》（劳社部发〔2008〕3号）的规定：

1. 全年工作日：365天－104天（休息日）－11天（法定节假日）＝250天。
2. 季工作日：250天÷4季＝62.5天/季。
3. 月工作日：250天÷12月＝20.83天/月。
4. 工作小时数的计算：以月、季、年的工作日乘以每日的8小时。
5. 日工资：月工资收入÷月计薪天数。
6. 小时工资：月工资收入÷(月计薪天数×8小时)。
7. 月计薪天数＝(365天－104天)÷12月＝21.75天。

思 考 题

1. 为什么要做好员工关系管理工作？
2. 员工关系、劳资关系、劳动关系有哪些联系与区别？
3. 劳动关系有哪些特征？

4. 签订劳动合同应遵循哪些原则?
5. 履行、变更、解除、终止劳动合同的要点分别包括哪些?
6. 如何有效预防劳动争议?
7. 简述离职管理、自愿离职、非自愿离职的概念。
8. 保护员工身心健康有哪些主要措施?
9. 裁员有哪些种类与程序?
10. 使用劳务派遣工应注意哪些问题?

主要参考文献

1. [美] 哈罗德·孔茨，海因茨·韦里克. 管理学. 北京：经济出版社，1998.
2. [美] 加里·德斯勒著. 人力资源管理（第十二版）. 刘昕译. 北京：中国人民大学出版社，2013.
3. [美] 理查德·L.达夫特著. 组织理论与设计（第十版）. 王风彬，张秀萍，刘松博，石鸟云等译. 北京：清华大学出版社，2011.
4. [美] 约翰·M.伊万切维奇. 人力资源管理（原书第九版）. 赵曙明译. 北京：机械工业出版社，2008.
5. 董克用主编. 人力资源管理概论（第三版）. 北京：中国人民大学出版社，2011.
6. 方振邦，罗海元编著. 战略性绩效管理（第三版）. 北京：中国人民大学出版社，2012.
7. 胡晓义主编. 养老保险. 北京：中国劳动社会保障出版社，2011.
8. 李艳编著. 人力资源管理工具大全. 北京：人民邮电出版社，2009.
9. 刘松博，龙静编著. 组织理论与设计. 北京：中国人民大学出版社，2011.
10. 刘昕编著. 薪酬管理（第二版）. 北京：中国人民大学出版社，2009.
11. 刘昕主编. 人力资源管理. 北京：中国人民大学出版社，2012.
12. 罗宾斯. 组织行为学. 北京：中国人民大学出版社，2008.
13. 邱小平主编. 工资收入分配（第二版）. 北京：中国劳动社会保障出版社，2005.
14. 吴敬琏. 当代中国经济改革教程. 上海：上海远东出版社，2010.
15. 萧鸣政主编. 人力资源开发与管理. 北京：科学出版社，2009.
16. 杨志明主编. 劳动关系. 北京：中国劳动社会保障出版社，2012.

17. 余凯成，程文文，陈维政编著. 人力资源管理. 大连：大连理工大学出版社，2001.

18. 张小建主编. 中国就业的改革发展. 北京：中国劳动社会保障出版社，2008.

19. 赵曙明编著. 人力资源战略与规划（第二版）. 北京：中国人民大学出版社，2011.

20. 中国职工教育和职业培训协会编. 中国职业培训发展报告（2007）. 北京：中国铁道出版社，2008.

21. 中国职工教育和职业培训协会编. 1996—1999职工教育研究成果获奖论文选编. 北京：中国劳动社会保障出版社，2001.

22. 朱勇国. 工作分析与研究. 北京：中国劳动社会保障出版社，2006.

后 记

这本《企业人力资源开发与管理》终于要与读者见面了。组织编写企业人力资源管理核心教材的想法已有多年。呈现在读者面前的这本书暂时还称不上完美，但是在试图将国外企业组织管理的经典理论、我国的宏观政策与本土企业的实践有机融合方面，是一次大胆的创新，更是一次宝贵的尝试。

本书的编写不但诠释了教培中心多年的教育培训经验，更是中心集体智慧的体现。本书由人力资源和社会保障部教育培训中心主任宋连辉担任主编，从构思到编写的整个过程中，大到写作的必要性、可行性和紧迫性，小到具体的读者定位、结构安排都给予一以贯之的关注、指导、鼓励和支持。否则，本书可能还只是一个空中楼阁般的概念。

本书由教学教研处岳俊林处长负责统稿，由中国人民大学公共管理学院刘昕教授进行审阅。本书的撰写人员分别是：岳俊林（第一章、第二章和第八章），葛婧（第三章、第四章、第五章、第六章和第七章）。本书在修改过程中得到了中心各位领导和全体同志的大力支持和帮助。在此，谨向为本书的编写工作付出辛勤劳动和给予无私帮助的同志表示衷心的感谢！

尽管我们尽最大的努力来完成本书的写作，由于水平所限，加之人力资源管理理论和实践中的一些理念尚在探索与发展中，疏漏之处在所难免，恳请各位读者海涵，不吝指教。

编　者

2014 年 7 月